人称代名詞

	私	私たち	君 (親しい相手)	あなた (相手)
~は	ben	biz		
~を	beni			
~の	benim			
~に	bana (不規則形)			
~で	bende	bi	sende	sizde
~から	benden	bizden	senden	sizden
~と	benimle	bizimle	seninle	sizinle

	きみたち/あなたたち	彼/彼女	彼たち/彼女たち
~は	siz	o	onlar
~を	sizi	onu	onları
~の	sizin	onun	onların
~に	size	ona	onlara
~で	sizde	onda	onlarda
~から	sizden	ondan	onlardan
~と	sizinle	onunla	onlarla

よく使われる疑問詞

hangi	ハンギ	どれ
kaç	カチ	どれくらい
kim	キム	誰
ne	ネ	何
ne kadar	ネ カダル	いくら
ne zaman	ネ ザマーン	いつ
neden	ネデン	なぜ
nerede	ネレデ	どこで
nereye	ネレイェ	どこへ

デイリー
日本語・
トルコ語・
英語辞典

川口裕司［監修］
三省堂編修所［編］

Daily
Japanese-Turkish-
English Dictionary

三省堂

[監修] 川口裕司

[編集協力] 津久井優, ANGI Ayşegül

[会話吹き込み] YİĞİT Eylem

[組版] 三省堂データ編集室
[音声収録] Aquädukt Studio

[装画] 内山洋見
[装丁] 三省堂デザイン室

まえがき

　近年，日本アニメのブームがわき起こったり，和食が世界遺産に登録されたりと，日本の文化・芸術が世界的に注目を集めています。それに伴い，海外からの観光客や日本での留学・就労をもとめる外国人が増えています。そして，2020年の東京オリンピック・パラリンピック招致をきっかけとして，多くの日本人がさまざまな言語や文化背景をもつ人たちをおもてなしの心で迎え入れようとしています。

　2002年より刊行を開始した「デイリー3か国語辞典」シリーズは，ハンディかつシンプルで使いやすいとのご好評をいただき，増刷を重ねてまいりました。このたび，世界における有力言語の1つ，トルコ語に焦点を当てた『デイリー日本語・トルコ語・英語辞典』を刊行いたします。近年トルコを訪れる日本人旅行客は急増しており，2023年のトルコ建国100周年に向けて，海外旅行先・企業の進出先としてますます重要性が高まっています。コミュニケーションや初歩の学習に本書をどうぞご活用下さい。

　本書の構成は次の通りです。詳しくは「この辞書の使い方」をごらんください。

◇**日本語・トルコ語・英語辞典**…
　日本語に対応するトルコ語がひと目でわかります。分野別単語集と合わせ約1万2千項目収録しました。見出しの日本語には「ふりがな」に加え「ローマ字」も示し，語義が複数にわたるものには（　）で中見出しを設けました。トルコ語と英語にはシンプルなカタカナ表記で発音を示しました。

◇**日常会話**…
　場面や状況別に，よく使われるごく基本的な表現をまとめました。トルコ語と英語の音声は無料ウェブサービスで聴くことができます。

◇**分野別単語集**…
　「職業」「病院」などの分野別に，関連する基本的な単語をまとめました。

　本書の編集は，日本語と英語の選定および英語のカナ発音は原則としてシリーズ共通のものとしたうえで，トルコ語部分の監修を東京外国語大学教授の川口裕司先生にお願いいたしました。また実際の作業にあたっては，津久井優氏とマルマラ大学のANGI Ayşegül氏に多大なご尽力をいただきました。この場を借りて篤く御礼申し上げます。

　2020年晩春

三省堂編修所

この辞書の使い方

【日本語・トルコ語・英語辞典】
○日本語見出し
・日常よく使われる日本語を五十音順に配列した。
・長音「ー」は直前の母音に置き換えて配列した。

  例： **アーモンド** → ああもんど **チーム** → ちいむ

・見出し上部にふりがなを付け，常用漢字以外の漢字も用いた。
・見出し下部にローマ字を付けた。

  例： **上達する** → joutatsusuru **長所** → chousho

・語義が複数あるものなどには（ ）で中見出しを設けた。
・熟語見出しについては見出しを～で省略した。
・必要に応じて，反対語，対になる語を **反** として示した。

○トルコ語
・見出しの日本語に対応するトルコ語の代表的な語句を示した。
・トルコ語にはシンプルなカナ発音を付け，アクセント位置は太字で示した。
・特定の接尾辞をとる語句はそれを表記した。

○英語
・見出しの日本語に対応する英語の代表的な語句を示した。
・原則的にアメリカ英語とし，イギリス英語には British の略記号 Ⓑ を付けた。
・冠詞・複数形などの詳細な表記は原則的に割愛した。
・英語にはシンプルなカナ発音を付け，アクセント位置は太字で示した。

【日常会話】
・「あいさつ」「食事」「買い物」「トラブル・緊急事態」の４つの場面別に，
　よく使われる日常会話表現をまとめた。
・日本語・トルコ語・英語の順に配列し，同じ意味を表す別の表現は / で
　区切って併記した。

【分野別単語集】
・分野別によく使われる語句をまとめた。
・日本語・トルコ語・英語の順に配列し，英語は Ⓐ で示した。

参考文献
『トルコ語辞典　改訂増補版』竹内和夫，大学書林，1996 年
『トルコ語分類単語集』松谷浩尚，大学書林，1998 年
『日本語トルコ語辞典』竹内和夫，大学書林，2000 年
Berlitz Turkish Standard Dictionary, Berlitz Publishing, 2009.
Cambridge Learner's Dictionary English-Turkish, Cambridge University
 Press, 2009.
Tureng Multilingual Dictionary (https://tureng.com)
Türk Dil Kurumu Sözlükleri (https://sozluk.gov.tr)
トルコ語の綴り字，発音，長母音に関しては，Türk Dil Kurumu Sözlükleri
の記述に従った。アクセント位置については，同サイトの発音例による。

トルコ語について

　トルコ語は，アゼルバイジャン語，ウズベク語などとともにチュルク系諸語に属する言語の一つです。話し手の大部分はトルコ共和国に住んでおり，トルコ国家統計庁によると，人口は 8300 万人（2019 年）だそうです。トルコ共和国の周辺地域，ブルガリア，ギリシャ，キプロス島北部にもトルコ語を話す人々が住んでいます。またドイツを中心として，西ヨーロッパの国々にもたくさんのトルコ系移民が暮らしています。

　トルコ語は，1928 年に制定された法律によって，英語やフランス語と同じようにラテン・アルファベットで表記されるようになりました。以下でごく簡単に，最も重要なトルコ語の特徴を説明します。

母音調和

　直前にくる母音によって，次に続く母音が決まる現象を母音調和と言います。たとえば ada（島），ekmek（パン），iyi（よい）などの単語では，最初の母音と同じ母音が 2 番目にも現れていて，母音調和が起きていることがわかります。ただ現在のトルコ語では，外来語などがたくさんあるため，母音調和の起きていない単語，たとえば garip（変な），kanepe（ソファ），lacivert（紺色）が数多く見られます。

接尾辞の母音調和　その1　(-ler/-lar, -den/-dan, -e/-a の場合)

　上で述べたように，結局のところ，現在のトルコ語では，単語の後に接尾辞がつけられる時にのみ，規則的に母音調和が見られます。たとえば anne（母）と baba（父）に，それぞれ「複数」を表す接尾辞と「〜から」を表す接尾辞をつけると次のようになります。

母たち	母から	父たち	父から
anneler	anneden	babalar	babadan
アンネレル	アンネデン	ババラル	ババダン

例のように，-ler と -den の形になるか，-lar と -dan の形になるかは，すべて直前の母音が決めていると言えます。この辞書の中でも，-e ait エアー**イ**ット（〜に関する），-den farklı デンファルク**ル**（〜と違う）のように，接尾辞の -e や -den をつけて記載されることがあります。これは -e や -den の部分が母音調和することを示しています。たとえば，eve ait（家に関する）と gaza ait（ガスに関する），evden farklı（家と違う）と gazdan farklı（ガスと違う）のようになり，接尾辞の -e と -den は，それぞれ直前の母音によって，-e あるいは -a の形，-den あるいは -dan の形になります。身体に関係する単語を使って表にまとめておきましょう。

複数 -ler/-lar		「～に」 -e/-a		「～から」 -den/-dan	
eller エルレル 手（複数）	kanlar カンラル 血（複数）	ele エレ 手に	kana カナ 血に	elden エルデン 手から	kandan カンダン 血から
dizler ディズレル 膝（複数）	karınlar カルンラル 腹（複数）	dize ディゼ 膝に	karna* カルナ 腹に	dizden ディズデン 膝から	karından カルンダン 腹から
gözler ギョズレル 目（複数）	kollar コルラル 腕（複数）	göze ギョゼ 目に	kola コラ 腕に	gözden ギョズデン 目から	koldan コルダン 腕から
yüzler ユズレル 顔（複数）	omuzlar オムズラル 肩（複数）	yüze ユゼ 顔に	omza* オムザ 肩に	yüzden ユズデン 顔から	omuzdan オムズダン 肩から

* karın と omuz は，母音の ı と u が脱落して接尾辞 -a がつきます。

接尾辞の母音調和 その2 （人称接尾辞と疑問接尾辞）

「私は～です」の場合や疑問を表す場合，母音調和は少しだけ複雑になります。たとえば「私は～です」は，-im, -ım, -um, -üm のいずれかの形になります。

İngilizim. **イ**ンギリ**ズ**ィム 私はイギリス人です。	Fransızım. フラン**スズ**ム 私はフランス人です。	Japonum. ジャ**ポ**ヌム 私は日本人です。	Türküm. **テュ**ルキュム 私はトルコ人です。

疑問を表す形も，直前の母音に従って，mi, mı, mu, mü のいずれかになります。

İngiliz mi ? **イ**ンギリズ ミ 彼はイギリス人ですか。	Fransız mı ? フラン**スズ** ム 彼はフランス人ですか。	Japon mu ? ジャ**ポ**ン ム 彼は日本人ですか。	Türk mü ? **テュ**ルキ ミュ 彼はトルコ人ですか。

トルコ語の語順

　一見すると複雑なように思えるトルコ語ですが，語順が日本語ととてもよく似ているため，私たちにとっては，トルコ語を話したり書いたりすることは比較的容易です。たとえば，Bu masa boş mu?「このテーブルは空いていますか」は，単語の並び方を説明すると次のようになります。

Bu	masa	boş	mu
ブ	**マ**サ	**ボ**シ	ム
この	テーブル	空いている	疑問を表す

つまり，「この・テーブル（は）・空いている・か」となり，日本語と同じであることがわかります。もう少し複雑な文章になっても同じです。たとえば，Japonya'dan hediye getirdim.「（私は）日本からおみやげを持ってきました」という文は，

Japonya	-dan	hediye	getir	-di	-m
ジャ**ポ**ンヤ	ダン	ヘディ**イェ**	ゲティル	**ディ**	ム
日本	から	おみやげ	持ってくる	過去を表す	私は

「日本・から・おみやげ(を)・持ってき・た・私は」となります。ちょっと違っているところはありますが、日本語にとてもよく似ていることがわかります。トルコ語では、動詞の活用形を見ると主語が誰なのかわかるため、ben「私は」のような主語はふつう省略されます。

さらに長い文、Bu lokantada yemekler lezzetli ve fiyatları da fena değil.「この食堂は食べ物はおいしくて値段も手ごろです.」はどうでしょう。

Bu lokanta -da yemek -ler lezzetli ve　　fiyat -lar -ı　da　fena değil
この 食堂　で　食べ物　複数　おいしい そして 値段 複数 その もまた 悪い　ない

この場合も語順はかなり日本語に近いと言えるでしょう。しかし安心はしていられません。短い文であっても、否定を表したり、完了した動作が関係してくる場合は、やはり外国語なのだということを思い知らされます。たとえば、Doyduğum için tatlı istemiyorum.「お腹が一杯でデザートは要りません。」は次のようになります。

Doy　　-duğ　　-um için tatlı iste -m -iyor　　-um
満腹になる 完了を表す 私は ために デザート 欲しい 否定 現在を表す 私は

このように動詞に関係する文法要素は日本語とかなり違っていると言えるでしょう。最後に、いくつかの基本動詞の活用例をあげておきます。

動詞の活用例

人称	現在形 (行く)	未来形 (行く予定だ)	過去形 (行った)	否定の過去形 (行かなかった)	疑問の過去形 (行かなかったのか)
			gitmek 行く		
私	gidiyorum	gideceğim	gittim	gitmedim	gitmedim mi?
私たち	gidiyoruz	gideceğiz	gittik	gitmedik	gitmedik mi?
きみ	gidiyorsun	gideceksin	gittin	gitmedin	gitmedin mi?
あなた	gidiyorsunuz	gideceksiniz	gittiniz	gitmediniz	gitmediniz mi?
きみたち/ あなたたち	gidiyorsunuz	gideceksiniz	gittiniz	gitmediniz	gitmediniz mi?
彼/彼女	gidiyor	gidecek	gitti	gitmedi	gitmedi mi?
彼たち/ 彼女たち	gidiyorlar	gidecekler	gittiler	gitmediler	gitmediler mi?

人称	現在形 (見る)	未来形 (見る予定だ)	過去形 (見た)	否定の過去形 (見なかった)	疑問の過去形 (見なかったのか)
			görmek 見る		
私	görüyürum	göreceğim	gördüm	görmedim	görmedim mi
私たち	görüyoruz	göreceğiz	gördük	görmedik	görmedik mi
きみ	görüyorsun	göreceksin	gördün	görmedin	görmedin mi
あなた	görüyorsunuz	göreceksiniz	gördünüz	görmediniz	görmediniz mi
きみたち/ あなたたち	görüyorsunuz	göreceksiniz	gördünüz	görmediniz	görmediniz mi
彼/彼女	görüyor	görecek	gördü	görmedi	görmedi mi
彼たち/ 彼女たち	görüyorlar	görecekler	gördüler	görmediler	görmediler mi

okumak　読む

人称	現在形 (読む)	未来形 (読む予定だ)	過去形 (読んだ)	否定の過去形 (読まなかった)	疑問の過去形 (読まなかったのか)
私	okuyorum	okuyacağım	okudum	okumadım	okumadım mı
私たち	okuyoruz	okuyacağız	okuduk	okumadık	okumadık mı
きみ	okuyorsun	okuyacaksın	okudun	okumadın	okumadın mı
あなた	okuyorsunuz	okuyacaksınız	okudunuz	okumadınız	okumadınız mı
きみたち / あなたたち	okuyorsunuz	okuyacaksınız	okudunuz	okumadınız	okumadınız mı
彼 / 彼女	okuyor	okuyacak	okudu	okumadı	okumadı mı
彼たち / 彼女たち	okuyorlar	okuyacaklar	okudular	okumadılar	okumadılar mı

olmak　（ある状態に）なる

人称	現在形 (なる)	未来形 (なる予定だ)	過去形 (なった)	否定の過去形 (ならなかった)	疑問の過去形 (ならなかったのか)
私	oluyorum	olacağım	oldum	olmadım	olmadım mı
私たち	oluyoruz	olacağız	olduk	olmadık	olmadık mı
きみ	oluyorsun	olacaksın	oldun	olmadın	olmadın mı
あなた	oluyorsunuz	olacaksınız	oldunuz	olmadınız	olmadınız mı
きみたち / あなたたち	oluyorsunuz	olacaksınız	oldunuz	olmadınız	olmadınız mı
彼 / 彼女	oluyor	olacak	oldu	olmadı	olmadı mı
彼たち / 彼女たち	oluyorlar	olacaklar	oldular	olmadılar	olmadılar mı

yapmak　する

人称	現在形 (する)	未来形 (する予定だ)	過去形 (した)	否定の過去形 (しなかった)	疑問の過去形 (しなかったのか)
私	yapıyorum	yapacağım	yaptım	yapmadım	yapmadım mı
私たち	yapıyoruz	yapacağız	yaptık	yapmadık	yapmadık mı
きみ	yapıyorsun	yapacaksın	yaptın	yapmadın	yapmadın mı
あなた	yapıyorsunuz	yapacaksınız	yaptınız	yapmadınız	yapmadınız mı
きみたち / あなたたち	yapıyorsunuz	yapacaksınız	yaptınız	yapmadınız	yapmadınız mı
彼 / 彼女	yapıyor	yapacak	yaptı	yapmadı	yapmadı mı
彼たち / 彼女たち	yapıyorlar	yapacaklar	yaptılar	yapmadılar	yapmadılar mı

yemek　食べる

人称	現在形 (食べる)	未来形 (食べる予定だ)	過去形 (食べた)	否定の過去形 (食べなかった)	疑問の過去形 (食べなかったのか)
私	yiyorum	yiyeceğim	yedim	yemedim	yemedim mi
私たち	yiyoruz	yiyeceğiz	yedik	yemedik	yemedik mi
きみ	yiyorsun	yiyeceksin	yedin	yemedin	yemedin mi
あなた	yiyorsunuz	yiyeceksiniz	yediniz	yemediniz	yemediniz mi
きみたち / あなたたち	yiyorsunuz	yiyeceksiniz	yediniz	yemediniz	yemediniz mi
彼 / 彼女	yiyor	yiyecek	yedi	yemedi	yemedi mi
彼たち / 彼女たち	yiyorlar	yiyecekler	yediler	yemediler	yemediler mi

日	トルコ	英

あ, ア

あーてぃすてぃっくすいみんぐ
**アーティスティック
スイミング**
aatisutikkusuimingu
| **artistik yüzme**
アルティス**ティッキ** ユズメ
| artistic swimming
アーティスティック　スウィミング

あーもんど
アーモンド
aamondo
| **badem**
バーデム
| almond
アーモンド

あい
愛
ai
| **aşk**
アシク
| love
ラヴ

あいかぎ
合い鍵
aikagi
| **yedek anahtarı**
イェデッキ アナフタ**ル**
| duplicate key
デュープリケト **キー**

あいきょうのある
愛嬌のある
aikyounoaru
| **çekici**
チェキジ
| charming
チャーミング

あいこくしん
愛国心
aikokushin
| **yurtseverlik**
ユルトセヴェル**リッ**キ
| patriotism
ペイトリオティズム

あいこん
アイコン
aikon
| **ikon**
イコン
| icon
アイカン

あいさつ
挨拶
aisatsu
| **selam**
セラーム
| greeting
グリーティング

〜する
| **selamlamak**
セラームラ**マッ**ク
| greet, salute
グリート, サルート

あいしゃどー
アイシャドー
aishadoo
| **göz farı**
ギョス ファル
| eye shadow
アイ シャドウ

あいしょう
愛称
aishou
| **lakap**
ラ**カ**ップ
| nickname
ニクネイム

あいじょう
愛情
aijou
| **sevgi, aşk**
セヴ**ギ**, **ア**シク
| love, affection
ラヴ, アフェクション

あいず
合図
aizu
| **işaret**
イシャー**レッ**ト
| signal, sign
ス**イ**グナル, **サ**イン

あいすくりーむ
アイスクリーム
aisukuriimu
| **dondurma**
ドンドゥル**マ**
| ice cream
アイス クリーム

あいすこーひー
アイスコーヒー
aisukoohii
| **soğuk kahve**
ソ**ウッ**ク カフ**ヴェ**
| iced coffee
アイスト **コー**フィ

あいすてぃー
アイスティー
aisutii
| **buzlu çay**
ブズル チャイ
| iced tea
アイスト **ティー**

日	トルコ	英
あいすほっけー **アイスホッケー** aisuhokkee	**buz hokeyi** ブズ ホケイ	ice hockey **ア**イス **ハ**キ
あいすらんど **アイスランド** aisurando	**İzlanda** イズランダ	Iceland **ア**イスランド
あいする **愛する** aisuru	**sevmek** セヴメッキ	love **ラ**ヴ
あいそがつきる **愛想が尽きる** aisogatsukiru	**-den bıkmak** デン ブクマック	(get) fed up with (ゲト) **フェ**ド **ア**プ ウィズ
あいそのよい **愛想のよい** aisonoyoi	**cana yakın, nazik** ジャナ ヤクン, ナー**ズ**ィッキ	affable, approach-able **ア**ファブル, アプロウチャブル
あいた **空いた** aita	**boş** ボシ	empty, vacant **エ**ンプティ, **ヴェ**イカント
あいだ **間** (時間) aida	**ara** アラ	time, interval **タ**イム, **イ**ンタヴァル
(距離)	**mesafe, uzaklık** メサーフェ, ウザックルック	distance **ディ**スタンス
(空間)	**boşluk** ボシルック	space ス**ペ**イス
あいて **相手** aite	**karşı kişi** カル**シュ** キシ	other person **ア**ザ **パ**ースン
(敵)	**düşman, rakip** デュシ**マ**ン, ラ**キ**ップ	opponent オ**ポ**ウネント
あいでぃあ **アイディア** aidia	**fikir** フィ**キ**ル	idea アイ**ディ**ーア
あいてぃー **IT** aitii	**bilim teknoloji** ビリム テクノロジ	information tech-nology インフォ**メ**イション テク**ナ**ロヂ
あいている **開いている** aiteiru	**açık** ア**チュ**ック	open **オ**ウプン
あいている **空いている** aiteiru	**boş** ボシ	vacant **ヴェ**イカント
(自由だ)	**serbest** セルベスト	free フ**リ**ー

日	トルコ	英
^{あいどる}**アイドル** aidoru	**idol** イドル	idol **ア**イドル
^{あいま}**合間** aima	**ara** ア**ラ**	interval **イ**ンタヴァル
^{あいまいな}**曖昧な** aimaina	**belirsiz** ベリル**ス**ィス	vague, ambiguous **ヴェ**イグ, アン**ビ**ギュアス
^{あいるらんど}**アイルランド** airurando	**İrlanda** イル**ラ**ンダ	Ireland **ア**イアランド
^{あいろん}**アイロン** airon	**ütü** ユ**テュ**	iron **ア**イアン
^{あう}**会う** au	**görmek** ギョル**メ**ッキ	see, meet **ス**ィー, **ミ**ート
（約束して）	**ile görüşmek** イレ ギョリュシ**メ**ッキ	meet **ミ**ート
^{あう}**合う**　（一致する） au	**ile uymak** イレ ウイ**マ**ック	match with, conform to **マ**チ ウィズ, コン**フォ**ームトゥ
（正確だ）	**doğru** **ド**ール	(be) correct (ビ) コ**レ**クト
^{あうとぷっと}**アウトプット** autoputto	**verim** ヴェ**リ**ム	output **ア**ウトプト
反 インプット	**giriş** ギ**リ**シ	input **イ**ンプト
^{あうとらいん}**アウトライン** autorain	**özet** ウ**ゼ**ット	outline **ア**ウトライン
^{あえる}**和える** aeru	**ile karıştırmak** イレ カルシトゥル**マ**ック	dress with **ド**レス ウィズ
^{あお}**青** ao	**mavi** マー**ヴ**ィ	blue **ブ**ルー
^{あおい}**青い** aoi	**mavi** マー**ヴ**ィ	blue **ブ**ルー
（顔色などが）	**soluk** ソ**ル**ック	pale **ペ**イル
^{あおぐ}**扇ぐ** aogu	**yelpazelemek** イェルパーゼレ**メ**ッキ	fan **フ**ァン

あ

日	トルコ	英
あ あおじろい **青白い** aojiroi	**solgun** ソルグン	pale, wan ペイル, ワン
あおむけ **仰向け** aomuke	**sırtüstü** スルテュステュ	on one's back オン バク
反 うつ伏せ	**yüzüstü** ユズュステュ	on one's face オン フェイス
あか **赤** aka	**kırmızı** クルムズ	red レド
あかい **赤い** akai	**kırmızı** クルムズ	red レド
あかくなる **赤くなる** akakunaru	**kızarmak** クザルマック	turn red ターン レド
あかじ **赤字** akaji	**bütçe açığı** ビュッチェ アチュウ	deficit デフィスィト
（損）	**zarar** ザラル	loss ロス
あかちゃん **赤ちゃん** akachan	**bebek** ベベッキ	baby ベイビ
あかみ **赤身**　（肉の） akami	**yağsız kırmızı eti** ヤースス クルムズ エティ	lean リーン
あかり **明かり** akari	**ışık** ウシュック	light, lamp ライト, ランプ
あがる **上がる**　（上に行く） agaru	**yukarı çıkmak** ユカル チュクマック	go up, rise ゴウ アプ, ライズ
（増加する）	**artmak** アルトマック	increase, rise インクリース, ライズ
（興奮する・緊張する）	**heyecanlanmak** ヘイェジャンランマック	(get) nervous （ゲト）ナーヴァス
あかるい **明るい** akarui	**aydın, aydınlık** アイドゥン, アイドゥンルック	bright ブライト
（性格が）	**neşeli** ネシェリ	cheerful チアフル
あかわいん **赤ワイン** akawain	**kırmızı şarap** クルムズ シャラップ	red wine レド ワイン
あき **空き**　（透き間） aki	**ara** アラ	opening, gap オウプニング, ギャプ

日	トルコ	英
（余地）	**yer** イェル	room, space ルーム，スペイス
あき 秋 aki	**sonbahar** ソンバハール	fall, ⑧autumn フォール，オータム
あきかん 空き缶 akikan	**boş kutu** ボシ クトゥ	empty can エンプティ キャン
あきち 空き地 akichi	**açık alan, boş arazi** アチュック アラン，ボシ アラーズィ	vacant land ヴェイカント ランド
あきびん 空きびん akibin	**boş şişe** ボシ シシェ	empty bottle エンプティ バトル
あきべや 空き部屋 akibeya	**boş oda** ボシ オダ	vacant room ヴェイカント ルーム
あきらかな 明らかな akirakana	**belli** ベッリ	clear, evident クリア，エヴィデント
あきらかに 明らかに akirakani	**belli bir şekilde** ベッリ ビル シェキルデ	clearly クリアリ
あきらめる 諦める akirameru	**vazgeçmek** ヴァズゲチメッキ	give up, abandon ギヴ アプ，アバンドン
あきる 飽きる akiru	**-den sıkılmak** デン スクルマック	(get) tired of （ゲト）タイアド オヴ
あきれすけん アキレス腱 akiresuken	**aşil kirişi** アシル キリシ	Achilles' tendon アキリーズ テンドン
あきれる 呆れる akireru	**şaşa kalmak** シャシャ カルマック	(be) bewildered by （ビ）ビウィルダド バイ
あく 悪 aku	**kötülük** キョテュリュック	evil, vice イーヴィル，ヴァイス
反善	**iyilik** イイリッキ	good, goodness グド，グドネス
あく 開く aku	**açmak** アチマック	open オウプン
あく 空く aku	**boşalmak** ボシャルマック	(become) vacant （ビカム）ヴェイカント
あくい 悪意 akui	**kötü niyeti** キョテュ ニィエティ	malice マリス
あくじ 悪事 akuji	**kötülük** キョテュリュック	evil deed イーヴィル ディード

日	トルコ	英
あくしつな **悪質な** akushitsuna	**kötü** キョテュ	vicious, vile **ヴィ**シャス, **ヴァ**イル
あくしゅ **握手** akushu	**tokalaşma** トカラシマ	handshake **ハ**ンドシェイク
あくせいの **悪性の** akuseino	**kötücül** キョテュジュル	malignant マ**リ**グナント
あくせさりー **アクセサリー** akusesarii	**aksesuar** アクセス**ワ**ル	accessories アク**セ**ソリズ
あくせす **アクセス** akusesu	**erişim** エリ**シ**ム	access **ア**クセス
(交通)	**ulaşım** ウラ**シュ**ム	access **ア**クセス
あくせる **アクセル** akuseru	**gaz pedalı** ガズ ペ**ダ**ル	accelerator アク**セ**ラレイタ
あくせんと **アクセント** akusento	**vurgu, aksan** ヴル**グ**, アク**サ**ン	accent **ア**クセント
あくび **あくび** akubi	**esneyiş** エスネ**イ**シ	yawn **ヨ**ーン
あくま **悪魔** akuma	**şeytan** シェイ**タ**ン	devil, Satan **デ**ヴィル, **セ**イタン
反天使	**melek** メレッキ	angel **エ**インヂェル
あくむ **悪夢** akumu	**kâbus** キャー**ブ**ース	nightmare **ナ**イトメア
あくめい **悪名** akumei	**kötü şöhret** キョテュ ショフレット	bad reputation **バ**ド レピュ**テ**イション
あくようする **悪用する** akuyousuru	**kötüye kullanmak** キョテュ**イェ** クッラン**マ**ック	abuse, misuse ア**ビ**ューズ, ミス**ユ**ーズ
あくりょく **握力** akuryoku	**kavrama gücü** カヴラ**マ** ギュジュ	grip strength グリプ スト**レ**ングス
あくりる **アクリル** akuriru	**akrilik** アクリ**リ**ッキ	acrylic ア**ク**リク
あけがた **明け方** akegata	**şafak** シャ**ファ**ック	daybreak **デ**イブレイク
あける **開ける** akeru	**açmak** アチ**マ**ック	open **オ**ウプン

あ

日	トルコ	英
<ruby>空<rt>あ</rt></ruby>ける akeru	**boşaltmak** ボシャルトマック	empty エンプティ
<ruby>上<rt>あ</rt></ruby>げる ageru	**kaldırmak** カルドゥルマック	raise, lift レイズ, リフト
（与える）	**vermek** ヴェルメッキ	give, offer ギヴ, オーファ
<ruby>揚<rt>あ</rt></ruby>げる ageru	**kızartmak** クザルトマック	deep-fry ディープフライ
<ruby>顎<rt>あご</rt></ruby> ago	**çene** チェネ	jaw, chin ヂョー, チン
<ruby>憧<rt>あこが</rt></ruby>れ akogare	**özlem** ウズレム	yearning ヤーニング
<ruby>朝<rt>あさ</rt></ruby> asa	**sabah** サバフ	morning モーニング
<ruby>麻<rt>あさ</rt></ruby> asa	**kenevir** ケネヴィル	hemp ヘンプ
（布）	**keten bezi** ケテン ベズィ	linen リネン
<ruby>浅<rt>あさ</rt></ruby>い asai	**sığ** スー	shallow シャロウ
<ruby>朝顔<rt>あさがお</rt></ruby> asagao	**kahkaha çiçeği** カフカハチチェイ	morning glory モーニング グローリ
あさって asatte	**öbür gün** ウビュル ギュン	day after tomor-row デイ アフタ トモーロウ
<ruby>朝日<rt>あさひ</rt></ruby> asahi	**sabah güneşi** サバフ ギュネシ	morning sun モーニング サン
<ruby>浅<rt>あさ</rt></ruby>ましい asamashii	**utandırıcı, ayıp** ウタンドゥルジュ, アユップ	shameful シェイムフル
<ruby>欺<rt>あざむ</rt></ruby>く azamuku	**kandırmak** カンドゥルマック	cheat チート
<ruby>鮮<rt>あざ</rt></ruby>やかな azayakana	**canlı** ジャンル	vivid ヴィヴィド
（手際が）	**ustalıklı** ウスタルックル	splendid, master-ful スプレンディド, マスタフル

日	トルコ	英
あ		
あざらし **海豹** azarashi	**ayı balığı** アユ バルウ	seal スィール
あざわらう **あざ笑う** azawarau	**alay etmek** アライ エトメッキ	ridicule リディキュール
あし **足**（人の足首から先） ashi	**ayak** アヤック	foot フト
～首	**ayak bileği** アヤック ビレイ	ankle アンクル
あし **脚** ashi	**bacak** バジャック	leg レグ
あじ **味** aji	**tat** タット	taste テイスト
（風味）	**çeşni** チェシニ	flavor, ⑧flavour フレイヴァ, フレイヴァ
あじあ **アジア** ajia	**Asya** アスヤ	Asia エイジャ
～の	**Asyalı** アスヤル	Asian エイジャン
あじけない **味気ない** ajikenai	**tatsız** タトスス	uninteresting アニンタレスティング
あした **明日** ashita	**yarın** ヤルン	tomorrow トモーロウ
あじつけする **味付けする** ajitsukesuru	**tatlandırmak** タトランドゥルマック	season with スィーズン ウィズ
あしば **足場** ashiba	**yapı iskelesi** ヤプ イスケレスィ	scaffold スキャフォルド
あじみする **味見する** ajimisuru	**-in tadına bakmak** イン タドゥナ バクマック	taste テイスト
あじわう **味わう** ajiwau	**tatmak** タトマック	taste, relish テイスト, レリシュ
あずかる **預かる** azukaru	**emanet almak** エマーネット アルマック	look after ルク アフタ
あずき **小豆** azuki	**kırmızı fasulye** クルムズ ファスリイェ	red bean レド ビーン
あずける **預ける** azukeru	**emanet etmek** エマーネット エトメッキ	leave, deposit リーヴ, ディパズィット

日	トルコ	英
あすぱらがす **アスパラガス** asuparagasu	**kuşkonmaz** クシコンマス	asparagus アスパラガス
あすぴりん **アスピリン** asupirin	**aspirin** アスピリン	aspirin **ア**スピリン
あせ **汗** ase	**ter** テル	sweat スウェット
あせも **あせも** asemo	**isilik** イスィリッキ	heat rash **ヒート ラ**シュ
あせる **焦る** aseru	**acele etmek** アジェレ エトメッキ	(be) impatient (ビ) イン**ペイ**シェント
あそこ **あそこ** asoko	**orası** オラス	over there **オ**ウヴァ **ゼ**ア
あそび **遊び** asobi	**oyun** オユン	play プレイ
（娯楽）	**eğlence** エーレンジェ	amusement アミューズメント
（気晴らし）	**eğlence** エーレンジェ	diversion ディ**ヴァー**ジョン
あそぶ **遊ぶ** asobu	**oynamak** オイナマック	play プレイ
あたい **価** （価値） atai	**değer** デエル	value, worth **ヴァ**リュ, **ワー**ス
（値段）	**fiyat** フィヤット	price, cost プ**ラ**イス, **コ**スト
あたえる **与える** ataeru	**vermek** ヴェルメッキ	give, present **ギ**ヴ, プリ**ゼ**ント
（被害を）	**uğratmak** ウーラトマック	cause, inflict **コー**ズ, イン**フ**リクト
あたたかい **暖かい** atatakai	**sıcak** スジャック	warm **ウォー**ム
あたたかい **温かい** （心が） atatakai	**yüreği sıcak** ユレイ スジャック	warm-hearted **ウォー**ムハーティド
あたたまる **暖まる** atatamaru	**ısınmak** ウスンマック	(get) warm (ゲト) **ウォー**ム
あたためる **暖める** atatameru	**ısıtmak** ウストマック	warm (up), heat **ウォー**ム (**ア**プ), **ヒー**ト

あ

日	トルコ	英
<small>あだな</small> **あだ名** adana	**lakap** ラカップ	nickname ニクネイム
<small>あたま</small> **頭** atama	**baş** バシ	head ヘド
（頭脳）	**kafa** カファ	brains, intellect ブレインズ, インテレクト
<small>あたらしい</small> **新しい** atarashii	**yeni** イェニ	new ニュー
（最新の）	**son** ソン	recent リースント
（新鮮な）	**taze** ターゼ	fresh フレシュ
<small>あたり</small> **当たり** （球の） atari	**vuruş** ヴルシ	hit, strike ヒト, ストライク
（事業などの）	**başarı** バシャル	success サクセス
<small>あたり</small> **辺り** atari	**etraf** エトラフ	vicinity ヴィスィニティ
<small>あたりまえの</small> **当たり前の** atarimaeno	**normal, yaygın** ノルマル, ヤイグン	common, ordinary カモン, オーディネリ
<small>あたる</small> **当たる** ataru	**vurmak, çarpmak** ヴルマック, チャルプマック	hit, strike ヒト, ストライク
（事業などが）	**başarmak** バシャルマック	hit, succeed ヒト, サクスィード
<small>あちら</small> **あちら** achira	**orası** オラス	(over) there (オウヴァ) ゼア
<small>あつい</small> **熱[暑]い** atsui	**sıcak** スジャック	hot ハト
<small>あつい</small> **厚い** atsui	**kalın** カルン	thick スィク
<small>あつかい</small> **扱い** atsukai	**muamele** ムアーメレ	treatment, handling トリートメント, ハンドリング
<small>あつかう</small> **扱う** atsukau	**ele almak** エレ アルマック	handle ハンドル

あ

日	トルコ	英
（担当する）	**-den sorumlu olmak** デン ソルムル オルマック	manage, deal with マニヂ, ディール ウィズ
（待遇する）	**muamele etmek, davran-mak** ムアーメレ エトメッキ, ダヴランマック	treat, deal with トリート, ディール ウィズ
あっかする **悪化する** akkasuru	**kötüleşmek** キョテュレシメッキ	grow worse グロウ ワース
あつかましい **厚かましい** atsukamashii	**arsız, edepsiz** アルスス, エデプスィス	impudent インピュデント
あつぎする **厚着する** atsugisuru	**kalın giyinmek** カルン ギインメッキ	dress warmly ドレス ウォームリ
あつくるしい **暑苦しい** atsukurushii	**bunaltıcı** ブナルトゥジュ	sultry, stuffy サルトリ, スタフィ
あつさ **厚さ** atsusa	**kalınlık** カルンルック	thickness スィクネス
あっしゅくする **圧縮する** asshukusuru	**sıkıştırmak** スクシトゥルマック	compress コンプレス
あつでの **厚手の** atsudeno	**kalın** カルン	thick スィク
あっとうする **圧倒する** attousuru	**alt etmek, boğmak** アルト エトメッキ, ボーマック	overwhelm オウヴァ(ホ)ウェルム
あっとまーく **アットマーク** attomaaku	**at işareti** アット イシャーレティ	at sign, @ アト サイン
あっぱくする **圧迫する** appakusuru	**bastırmak** バストゥルマック	oppress, press オプレス, プレス
あつまり **集まり**　（会合） atsumari	**toplantı** トプラントゥ	gathering, meeting ギャザリング, ミーティング
（人だかり）	**kalabalık** カラバルック	crowd, gathering クラウド, ギャザリング
あつまる **集まる**　（会合する） atsumaru	**toplanmak, toplantı yap-mak** トプランマック, トプラントゥ ヤプマック	meet, assemble ミート, アセンブル
（群がる）	**doluşmak** ドルシマック	gather ギャザ
あつみ **厚み** atsumi	**kalınlık** カルンルック	thickness スィクネス

日	トルコ	英
あつめる **集める** atsumeru	**toplamak** トプラマック	gather, collect **ギャザ**, コレクト
あつらえる **誂える** atsuraeru	**sipariş etmek** スィパーリシ エトメッキ	order **オー**ダ
あつりょく **圧力** atsuryoku	**baskı** バスク	pressure **プレ**シャ
あてさき **宛て先** atesaki	**alıcı adresi** アルジュ アドレスィ	address ア**ド**レス
あてな **宛て名** atena	**alıcı ismi** アルジュ イスミ	addressee アドレ**スィー**
あてる **充てる** ateru	**tahsis etmek** タフスィース エトメッキ	assign, allot ア**サ**イン, ア**ラ**ト
あてる **当てる** （ぶつける） ateru	**çarpmak** チャルプマック	hit, strike **ヒ**ト, スト**ラ**イク
（推測する）	**tahmin etmek** タフミーン エトメッキ	guess **ゲ**ス
（成功する）	**başarılı olmak** バシャルル オルマック	succeed サク**スィー**ド
あと **跡** ato	**iz** イス	mark, trace **マー**ク, ト**レ**イス
あとあし **後足** atoashi	**arka bacağı** アルカ バジャウ	hind leg **ハ**インド **レ**グ
あどけない **あどけない** adokenai	**saf** サフ	innocent **イ**ノセント
あとつぎ **跡継ぎ** atotsugi	**halef** ハレフ	successor サク**セ**サ
あとで **後で** atode	**sonra** ソンラ	later, after **レ**イタ, **ア**フタ
あとの **後の** atono	**sonraki** ソンラキ	next, latter **ネ**クスト, **ラ**タ
あどばいす **アドバイス** adobaisu	**tavsiye** タヴスィイェ	advice アド**ヴァ**イス
あどれす **アドレス** adoresu	**adres** アドレス	address ア**ド**レス
あな **穴** ana	**delik, çukur** デリッキ, チュクル	hole, opening **ホ**ウル, **オ**ウプニング

日	トルコ	英
あなうんさー **アナウンサー** anaunsaa	**spiker** スピケル	announcer アナウンサ
あなうんす **アナウンス** anaunsu	**anons, duyuru** アノンス, ドゥユル	announcement アナウンスメント
あなた **あなた** (きみ) anata	**sen** セン	you ユー
(あなた)	**siz** スィス	you ユー
あなどる **侮る** anadoru	**hafife almak** ハフィフェ アルマック	underestimate, make light of アンダレスティメイト, メイ ク ライト オヴ
あなろぐの **アナログの** anaroguno	**analog** アナログ	analog, ⑧analogue アナローグ, アナローグ
あに **兄** ani	**ağabey, abi** アーベイ, アービ	(older) brother (オウルダ) ブラザ
あにめ **アニメ** anime	**animasyon** アニマスィオン	animation アニメイション
(映像)	**çizgi film** チズギ フィルム	animation アニメイション
あね **姉** ane	**abla** アブラ	(older) sister (オウルダ) スィスタ
あの **あの** ano	**o** オ	that ザト
あのころ **あの頃** anokoro	**o zamanlarda** オ ザマーンラルダ	in those days イン ゾウズ デイズ
あぱーと **アパート** apaato	**apartman** アパルトマン	apartment, ⑧flat アパートメント, フラト
あばく **暴く** abaku	**açığa çıkarmak, ifşa et-mek** アチュア チュカルマック, イフシャー エト メッキ	disclose ディスクロウズ
あびせる **浴びせる** abiseru	**-in üzerine dökmek** イン ユゼリネ ドゥキメッキ	pour on ポー オン
あひる **家鴨** ahiru	**ördek** ウルデッキ	(domestic) duck (ドメスティク) ダク

日	トルコ	英
あ		
あふがにすたん **アフガニスタン** afuganisutan	**Afganistan** アフガニスタン	Afghanistan アフギャニスタン
あふたーけあ **アフターケア** afutaakea	**sonraki bakım** ソンラキ バクム	aftercare アフタケア
あふたーさーびす **アフターサービス** afutaasaabisu	**satış sonrası hizmetler** サトゥシ ソンラス ヒズメットレル	after-sales service アフタセイルズ サーヴィス
あぶない **危ない** abunai	**tehlikeli** テフリケリ	dangerous, risky デインヂャラス, リスキ
あぶら **脂** abura	**yağ** ヤー	grease, fat グリース, ファト
あぶら **油** abura	**yağ** ヤー	oil オイル
あぶらえ **油絵** aburae	**yağlı boya** ヤール ボヤ	oil painting オイル ペインティング
あぶらっこい **油っこい** aburakkoi	**yağlı** ヤール	oily オイリ
あふりか **アフリカ** afurika	**Afrika** アフリカ	Africa アフリカ
〜の	**Afrikalı** アフリカル	African アフリカン
あぶる **あぶる** aburu	**kızartmak** クザルトマック	roast ロウスト
あふれる **あふれる** afureru	**taşmak** タシマック	overflow, flood オウヴァフロウ, フラド
あべこべの **あべこべの** abekobeno	**ters** テルス	contrary, reverse カントレリ, リヴァース
あぼかど **アボカド** abokado	**avokado** アヴォカド	avocado アヴォカードウ
あまい **甘い** amai	**tatlı, şekerli** タトル, シェケルリ	sweet スウィート
(物事に対して)	**hoşgörücü, müsama-hakâr** ホシギョリュジュ, ミュサーマハキャル	indulgent インダルヂェント
あまえる **甘える** amaeru	**şımarmak** シュマルマック	behave like a baby ビヘイヴ ライカ ベイビ

日	トルコ	英
あまくちの **甘口の** amakuchino	**tatlı** タトル	sweet スウィート
あまずっぱい **甘酸っぱい** amazuppai	**tatlı ekşi** タトル エクシ	bittersweet ビタスウィート
あまちゅあ **アマチュア** amachua	**amatör** アマトゥル	amateur アマチャ
あまど **雨戸** amado	**kepenk** ケペンキ	(sliding) shutter (スライディング) シャタ
あまやかす **甘やかす** amayakasu	**şımartmak** シュマルトマック	spoil スポイル
あまり **余り** amari	**kalan** カラン	rest, remainder レスト, リマインダ
あまんじる **甘んじる** amanjiru	**ile yetinmek** イレ イェティンメッキ	(be) contented with (ビ) コンテンティド ウィズ
あみ **網** ami	**ağ** アー	net ネト
あみのさん **アミノ酸** aminosan	**amino asit** アミノ アスィット	amino acid アミーノウ アスィド
あみもの **編物** amimono	**örme işi** ウルメ イシ	knitting ニティング
あむ **編む** amu	**örmek** ウルメッキ	knit ニト
あめ **飴** ame	**şeker** シェケル	candy, ®sweets キャンディ, スウィーツ
あめ **雨** ame	**yağmur** ヤームル	rain レイン
あめりか **アメリカ** amerika	**Amerika** アメリカ	America アメリカ
～合衆国	**Amerika Birleşik Devletleri** アメリカ ビルレシッキ デヴレットレリ	United States (of America) ユナイティド ステイツ (オヴ アメリカ)
～人	**Amerikalı** アメリカル	American アメリカン
～の	**Amerikalı** アメリカル	American アメリカン

あ

日	トルコ	英
あ		
あやしい **怪しい** ayashii	**şüpheli** シュプヘリ	doubtful, suspicious ダウトフル, サスピシャス
あやまち **過ち** ayamachi	**hata** ハ**ター**	fault, error **フォ**ルト, **エ**ラ
あやまり **誤り** ayamari	**yanlışlık** ヤンルシ**ル**ック	mistake, error ミス**テ**イク, **エ**ラ
あやまる **誤る** ayamaru	**yanılmak, hata yapmak** ヤヌル**マ**ック, ハ**ター** ヤプ**マ**ック	mistake, fail in ミス**テ**イク, **フェ**イル イン
あやまる **謝る** ayamaru	**-den özür dilemek** デン ウ**ズ**ュル ディレ**メ**ッキ	apologize to ア**パ**ロチャイズ トゥ
あゆみ **歩み** ayumi	**adım** ア**ド**ゥム	walking, step **ウォ**ーキング, ス**テ**プ
あゆむ **歩む** ayumu	**yürümek** ユ**ル**メッキ	walk **ウォ**ーク
あらあらしい **荒々しい** araarashii	**yabani** ヤバー**ニ**ー	wild, brutal **ワ**イルド, ブ**ルー**トル
あらい **粗い** arai	**pürüzlü** ピュリュズ**リュ**	rough, coarse **ラ**フ, **コ**ース
あらう **洗う** arau	**yıkamak** ユカ**マ**ック	wash, cleanse **ワ**シュ, ク**レ**ンズ
あらかじめ **あらかじめ** arakajime	**önceden** **ウ**ンジェデン	in advance, beforehand イン アド**ヴァ**ンス, ビ**フォ**ーハンド
あらし **嵐** arashi	**fırtına** フル**トゥ**ナ	storm, tempest ス**トー**ム, **テ**ンペスト
あらす **荒らす** arasu	**zarar vermek** ザ**ラ**ル ヴェル**メ**ッキ	damage **ダ**ミヂ
あらそい **争い** arasoi	**kavga** カヴ**ガ**	quarrel ク**ウォ**レル
（口論）	**tartışma** タル**トゥ**シマ	dispute ディス**ピュー**ト
あらそう **争う** （けんかする） arasou	**kavga etmek** カヴ**ガ** エト**メ**ッキ	fight, quarrel **ファ**イト, ク**ウォ**レル
（口論する）	**ile tartışmak** イ**レ** タル**トゥ**シマック	dispute with ディス**ピュー**ト ウィズ

日	トルコ	英
あらたまる **改まる**（新しくなる） aratamaru	**yenilenmek** イェニレンメッキ	(be) renewed (ピ) リニュード
（変わる）	**değişmek** デイシメッキ	change チェインヂ
（改善される）	**iyileşmek** イイレシメッキ	reform, improve リフォーム，インプルーヴ
（儀式ばる）	**resmî olmak** レスミー オルマック	(be) formal (ピ) フォーマル
あらためる **改める**（新しくする） aratameru	**yenilemek** イェニレメッキ	renew, revise リニュー，リヴァイズ
（変える）	**değiştirmek** デイシティルメッキ	change チェインヂ
あらびあ **アラビア** arabia	**Arap** アラプ	Arabia アレイビア
～語	**Arapça** アラプチャ	Arabic アラビク
～数字	**Arap rakamları** アラプ ラカムラル	Arabic numerals アラビク ヌメラルズ
あらぶしゅちょうこくれんぽう **アラブ首長国連邦** arabushuchoukoku renpou	**Birleşmiş Arap Emirlikle-ri** ビルレシミッシ アラプ エミルリッキレリ	UAE, United Arab Emirates ユーエイイ，ユナイティド アラブ イミレツ
あらぶの **アラブの** arabuno	**Arap** アラプ	Arabian アレイビアン
あらゆる **あらゆる** arayuru	**her** ヘル	all, every オール，エヴリ
あらわす **表す** arawasu	**göstermek, ifade etmek** ギョステルメッキ，イファーデ エトメッキ	show, manifest ショウ，マニフェスト
あらわれる **現れる** arawareru	**görünmek** ギョリュンメッキ	come out, appear カム アウト，アピア
あり **蟻** ari	**karınca** カルンジャ	ant アント
ありうる **有り得る** ariuru	**mümkün** ミュミュキュン	possible パスィブル
ありえない **有り得ない** arienai	**imkânsız** イムキャーンスス	impossible インパスィブル

日	トルコ	英

あ

ありがたい
有り難い
arigatai
-e minnettar
エ ミンネッタール
thankful
サンクフル

ある
ある (存在する)
aru
var
ワル
there is, be
ゼア イズ, **ビ**ー

(位置する)
bulunmak
ブルンマック
(be) situated
(ビ) **ス**イチュエイティド

(持っている)
-de var
デ ワル
have, possess
ハヴ, **ポ**ゼス

あるいは
あるいは
aruiwa
veya
ヴェヤー
(either) or
(**イ**ーザ) **オ**ー

あるかり
アルカリ
arukari
alkali
アルカリ
alkali
アルカライ

あるく
歩く
aruku
yürümek
ユリュメッキ
walk, go on foot
ウォーク, **ゴ**ウ オン フト

あるこーる
アルコール
arukooru
alkol
アルコル
alcohol
アルコホール

あるじぇりあ
アルジェリア
arujeria
Cezayir
ジェ**ザ**ーイル
Algeria
アル**チ**アリア

あるぜんちん
アルゼンチン
aruzenchin
Arjantin
アル**ジャ**ンティン
Argentina
アーヂェン**ティ**ーナ

あるつはいまーびょう
アルツハイマー病
arutsuhaimaabyou
alzheimer hastalığı
アルツ**ヘイ**メル ハスタル**ウ**
Alzheimer's disease
アールツハイマズ ディ**ズ**ィーズ

あるばいと
アルバイト
arubaito
parttaym
パルトタイム
part-time job
パートタイム **チャ**プ

あるばむ
アルバム
arubamu
albüm
アル**ビュ**ム
album
アルバム

あるみにうむ
アルミニウム
aruminiumu
alüminyum
アリュ**ミ**ニウム
aluminum
ア**ル**ーミナム

あれ
あれ
are
o
オ
that, it
ザト, **イ**ト

あれから
あれから
arekara
o zamandan beri
オ ザマンダン ベリ
since then
スィンス **ゼ**ン

あれほど
あれほど
arehodo
o kadar
オ カダル
so (much)
ソウ (**マ**チ)

日	トルコ	英
あれらの **あれらの** arerano	**onların** オンラルン	those ゾウズ
あれる **荒れる**（天候などが） areru	**bozulmak** ボズルマック	(be) rough, deteriorate (ビ) ラフ, ディ**ティ**アリオレイト
あれるぎー **アレルギー** arerugii	**alerji** アレルジ	allergy **ア**ラヂ
あれんじする **アレンジする** arenjisuru	**düzenlemek** ドュゼンレ**メ**ッキ	arrange ア**レ**インヂ
あわ **泡** awa	**köpük** キョ**ピュ**ック	bubble, foam バブル, **フォ**ウム
あわせる **合わせる** awaseru	**birleştirmek** ビルレシティル**メ**ッキ	put together, unite **プ**ト トゲ**ザ**, ユー**ナ**イト
（照合する）	**karşılaştırmak** カルシュラシトゥル**マ**ック	compare コン**ペ**ア
（設定・調整する）	**ayarlamak** アヤラ**マ**ック	set, adjust **セ**ト, ア**ヂャ**スト
あわだつ **泡立つ** awadatsu	**köpürmek** キョピュル**メ**ッキ	bubble, foam バブル, **フォ**ウム
あわてる **慌てる**（急ぐ） awateru	**acele etmek** アジェ**レ** エト**メ**ッキ	(be) hurried, (be) rushed (ビ) **ハ**ーリド, (ビ) **ラ**シュト
（動転する）	**telaşlanmak** テラーシラン**マ**ック	(be) upset (ビ) ア**プセ**ト
あわれな **哀れな** awarena	**zavallı** ザヴァッ**ル**	sad, poor **サ**ド, **プ**ア
あわれむ **哀れむ** awaremu	**-e acımak** エ アジュ**マ**ック	pity, feel pity for **ピ**ティ, **フィ**ール **ピ**ティ フォ
あん **案**（計画） an	**plan** ピ**ラ**ン	plan **プ**ラン
（提案）	**fikir** フィ**キ**ル	suggestion サグ**チェ**スチョン
あんいな **安易な** an-ina	**kolay** コ**ラ**イ	easy **イ**ーズィ

あ

日	トルコ	英
あんきする **暗記する** ankisuru	**ezberlemek** エズベルレメッキ	memorize, learn by heart メモライズ, **ラーン** バイ **ハート**
あんけーと **アンケート** ankeeto	**anket** アンケット	questionnaire クウェスチョ**ネ**ア
あんごう **暗号** angou	**şifre** シフレ	cipher, code **サ**イファ, **コ**ウド
あんこーる **アンコール** ankooru	**bir daha** ビ(ル) ダハ	encore **アー**ンコー
あんさつ **暗殺** ansatsu	**suikast** スイ**カ**スト	assassination アサスィ**ネ**イション
あんざん **暗算** anzan	**zihin hesabı** ズィ**ヒ**ン ヘサーブ	mental arithmetic **メ**ンタル ア**リ**スメティク
あんじ **暗示** anji	**ima** イー**マ**ー	hint, suggestion **ヒ**ント, サグ**チェ**スチョン
あんしょうする **暗唱する** anshousuru	**ezbere okumak** エズベレ オク**マ**ック	recite リ**サ**イト
あんしょうばんごう **暗証番号** anshoubangou	**şifre** シフレ	code number **コ**ウド **ナ**ンバ
あんしんする **安心する** anshinsuru	**rahatlamak** ラハトラ**マ**ック	feel relieved **フィ**ール リ**リ**ーヴド
あんず **杏** anzu	**kayısı** カ**ユ**ス	apricot **ア**プリカト
あんせい **安静** ansei	**istirahat** イスティラ**ハ**ット	rest **レ**スト
あんぜん **安全** anzen	**güvenlik** ギュヴェン**リ**ッキ	security スィ**キュ**アリティ
〜な	**güvenli** ギュヴェン**リ**	safe, secure **セ**イフ, スィ**キュ**ア
あんてい **安定** antei	**istikrar** イスティク**ラ**ール	stability, balance スタ**ビ**リティ, **バ**ランス
あんてぃーく **アンティーク** antiiku	**antik** アン**ティ**ッキ	antique アン**ティ**ーク
あんてな **アンテナ** antena	**anten** アン**テ**ン	antenna, aerial アン**テ**ナ, **エ**アリアル

日	トルコ	英
<ruby>あんな<rt>あんな</rt></ruby>**あんな** anna	**öyle** ウイレ	such, like that **サ**チ, ライク **ザ**ト
<ruby>案内<rt>あんない</rt></ruby>**案内** annai	**rehberlik** レフベル**リ**ッキ	guidance **ガ**イダンス
（通知）	**duyuru** ドゥ**ユ**ル	information, noti-fication インフォ**メ**イション, ノウティフィ**ケ**イション
～する	**rehberlik yapmak** レフベル**リ**ッキ ヤプ**マ**ック	guide, show **ガ**イド, **ショ**ウ
（通知する）	**bildirmek** ビルディル**メ**ッキ	notify ノウティファイ
<ruby>アンバランス<rt>あんばらんす</rt></ruby>**アンバランス** anbaransu	**dengesiz** デンゲ**ス**ィス	imbalance イン**バ**ランス
<ruby>アンペア<rt>あんぺあ</rt></ruby>**アンペア** anpea	**amper** アン**ペ**ル	ampere **ア**ンピア
<ruby>暗黙の<rt>あんもくの</rt></ruby>**暗黙の** anmokuno	**söylenmeden anlaşılan** ソイ**レ**ンメデン アンラ**シ**ュラン	tacit **タ**スィト
<ruby>アンモニア<rt>あんもにあ</rt></ruby>**アンモニア** anmonia	**amonyak** アモ**ニャ**ック	ammonia ア**モ**ウニャ

あ

日	トルコ	英

い, イ

い 胃 i	mide ミーデ	stomach スタマク
いい いい ii	iyi イイ	good, fine, nice グド, ファイン, ナイス
いいあらそう 言い争う iiarasou	ile tartışmak イレ タルトゥシマック	quarrel with クウォレル ウィズ
いいえ いいえ iie	hayır, yok ハユル, ヨック	no ノウ
いいかげんな いい加減な (無計画な) iikagenna	plansız プランスス	haphazard ハプハザド
(無責任な)	sorumsuz ソルムスス	irresponsible イリスパンスィブル
いいつけ 言い付け iitsuke	emir エミル	order, instruction オーダ, インストラクション
いいつたえ 言い伝え iitsutae	efsane エフサーネ	tradition, legend トラディション, レデェンド
いいふらす 言いふらす (噂を広める) iifurasu	dedikodu yaymak デディコドゥ ヤイマック	spread スプレド
いいわけ 言い訳 iiwake	bahane バハーネ	excuse, pretext イクスキュース, プリーテクスト
いいん 委員 iin	komite üyesi コミテ ユイェスィ	member of a committee メンバ オヴ ア コミティ
～会	komite コミテ	committee コミティ
いう 言う iu	demek, söylemek デメッキ, ソイレメッキ	say, tell セイ, テル
いえ 家 (住居) ie	ev エヴ	house ハウス
(自宅)	kendi evi ケンディ エヴィ	home ホウム
(家族)	aile アイレ	family ファミリ

日	トルコ	英
いえでする **家出する** iedesuru	**evden kaçmak** エヴデン カチマック	run away from home ラン アウェイ フラム **ホ**ウム
いおう **硫黄** iou	**kükürt** キュキュルト	sulfur **サ**ルファ
いおん **イオン** ion	**iyon** イヨン	ion **ア**イオン
いか **以下** （数・量が少ない） ika	**-den daha az** デン ダハ アス	less than **レ**ス ザン
（レベルが低い）	**-in altında** イン アルトゥンダ	under **ア**ンダ
いか **烏賊** ika	**kalamar** カラマル	squid, cuttlefish スク**ウィ**ード, **カ**トルフィ シュ
いがい **以外** igai	**-in dışında, hariç, -in ha- ricinde** イン ドゥシュンダ, ハーリチ, イン ハーリ ジンデ	except, excepting イク**セ**プト, イク**セ**プティン グ
いがいな **意外な** igaina	**beklenmedik** ベクレンメディック	unexpected アニクス**ペ**クティド
いかいよう **胃潰瘍** ikaiyou	**mide ülseri** ミーデ ユルセリ	gastric ulcer, stom- ach ulcer **ギャ**ストリク **ア**ルサ, ス**タ** マク **ア**ルサ
いかがわしい **いかがわしい** （疑わしい） ikagawashii	**şüpheli** シュプヘリ	doubtful **ダ**ウトフル
（わいせつな）	**müstehcen** ミュステフジェン	obscene, indecent アブ**スィ**ーン, イン**ディ**ーセ ント
いがく **医学** igaku	**tıp bilimi** トゥップ ビリミ	medical science **メ**ディカル **サ**イエンス
いかす **生かす**　（命を保つ） ikasu	**hayatta tutmak** ハヤッタ トゥトマック	keep alive **キ**ープ ア**ラ**イヴ
（活用する）	**-den faydalanmak** デン ファイダランマック	put to good use プト トゥ グド **ユ**ース
いかすい **胃下垂** ikasui	**mide düşüklüğü** ミーデ ドゥシックリュ**ウ**	gastroptosis ガストラプ**ト**ウスィス
いかめしい **厳めしい** ikameshii	**vakur** ヴァクル	solemn, stern **サ**レム, ス**タ**ーン

日	トルコ	英
い		
いかり **怒り** ikari	**kızgınlık** クズグンルック	anger, rage **アン**ガ, **レイ**ヂ
いき **息** iki	**nefes** ネフェス	breath ブレス
いぎ **意義** igi	**anlam, önem** アンラム, ウネム	significance スィグ**ニ**フィカンス
いぎ **異議** igi	**itiraz** イーティ**ラー**ス	objection オブ**チェ**クション
いきいきした **生き生きした** ikiikishita	**canlı** ジャンル	lively, fresh **ライ**ヴリ, フレシュ
いきおい **勢い** ikioi	**hız** フズ	momentum モウ**メン**タム
いきかえる **生き返る** ikikaeru	**hayata dönmek** ハヤ**タ** ドゥン**メッ**キ	come back to life **カム** バクトゥ **ライ**フ
いきかた **生き方** ikikata	**yaşam stili** ヤシャム スティリ	lifestyle **ライ**フスタイル
いきさき **行き先** ikisaki	**varış yeri** ヴァルシ イェリ	destination デスティ**ネイ**ション
いきさつ　(事情) **いきさつ** ikisatsu	**durumlar, koşullar** ドゥルム**ラ**ル, コシュル**ラ**ル	circumstances **サー**カムスタンセズ
(詳細)	**detay** デタイ	details **ディー**テイルズ
いきている **生きている** ikiteiru	**sağ, hayatta** **サー**, ハヤッタ	alive, living ア**ライ**ヴ, **リ**ヴィング
いきどまり **行き止まり** ikidomari	**çıkmaz** チュク**マ**ス	dead end **デド** エンド
いきなり **いきなり** ikinari	**birden** ビルデン	suddenly, abruptly **サ**ドンリ, ア**ブラ**プトリ
いきぬき **息抜き** ikinuki	**mola** モラ	rest, breather レスト, **ブリー**ザ
いきのこる **生き残る** ikinokoru	**hayatta kalmak** ハヤッタ カル**マッ**ク	survive サ**ヴァイ**ヴ
いきもの **生き物** ikimono	**canlı** ジャンル	living thing **リ**ヴィング ス**ウィ**ング

日	トルコ	英
いぎりす **イギリス** igirisu	**İngiltere, Birleşik Krallık** インギル**テ**レ, ビル**レ**シック クラル**ル**ック	England, Great Britain **イ**ングランド, グレイト ブリトン
～人	**İngiliz** インギ**リ**ズ	English (person) **イ**ングリッシュ (パースン)
いきる **生きる** ikiru	**yaşamak** ヤシャ**マ**ック	live, (be) alive **リ**ヴ, (ビ) ア**ラ**イヴ
いく **行く** iku	**gitmek** ギト**メ**ッキ	go **ゴ**ウ
（去る）	**ayrılmak** アイルル**マ**ック	leave **リ**ーヴ
いくじ **育児** ikuji	**çocuk bakımı** チョ**ジュ**ック バ**ク**ム	childcare **チャ**イルドケア
いくつ **いくつ** ikutsu	**kaç, kaç tane** **カ**チ, **カ**チ **タ**ーネ	how many **ハ**ウ **メ**ニ
（年齢が）	**kaç yaşında** **カ**チ ヤ**シュ**ンダ	how old **ハ**ウ **オ**ウルド
いくつか **いくつか** ikutsuka	**birkaç** ビル**カ**チ	some, several **サ**ム, **セ**ヴラル
いけ **池** ike	**gölcük** ギョル**ジュ**ック	pond, pool **パ**ンド, **プ**ール
いけいれん **胃痙攣** ikeiren	**mide krampı** ミー**デ** ク**ラ**ンプ	stomach cramps **スタ**マク ク**ラ**ンプス
いけない **いけない**　（悪い） ikenai	**kötü** キョ**テ**ュ	bad, naughty **バ**ド, **ノ**ーティ
（してはならない）	**etmemeli, yapmamalı** エトメ**メ**リ, ヤプマ**マ**ル	must not do **マ**スト **ナ**ト
いけん **意見**　（考え） iken	**fikir** フィ**キ**ル	opinion, idea オ**ピ**ニョン, アイ**ディ**ーア
（忠告）	**öğüt, öneri** ウ**ユ**ット, ウ**ネ**リ	advice アド**ヴァ**イス
いげん **威厳** igen	**haysiyet, vakar** ハイスィ**イェ**ット, ワ**カ**ール	dignity **ディ**グニティ
いご **以後**　（今後） igo	**bundan sonra** ブン**ダ**ン **ソ**ンラ	from now on フラム **ナ**ウ **オ**ン

い

い

日	トルコ	英
（その後）	**ondan sonra** オンダン ソンラ	after, since **ア**フタ, ス**イ**ンス
いこう 意向 ikou	**niyet, maksat** ニ**イ**エット, マク**サ**ット	intention イン**テ**ンション
いざかや 居酒屋 izakaya	**meyhane** メイハー**ネ**	pub **パ**ブ
いざこざ いざこざ izakoza	**tartışma, kavga** タルトゥシ**マ**, カヴ**ガ**	dispute, quarrel ディス**ピュ**ート, ク**ウォ**レル
いさましい 勇ましい isamashii	**cesaretli** ジェサーレット**リ**	brave, courageous ブ**レ**イヴ, カ**レ**イヂャス
いさめる 諫める isameru	**çelmek** チェル**メ**ッキ	remonstrate リ**マ**ンストレイト
いさん 遺産 isan	**miras** ミー**ラ**ース	inheritance, legacy イン**ヘ**リタンス, **レ**ガスィ
いし 意志 ishi	**istek** イス**テ**ッキ	will, volition **ウィ**ル, ヴォウ**リ**ション
いし 意思 ishi	**niyet** ニ**イ**エット	intention イン**テ**ンション
いし 石 ishi	**taş** **タ**シ	stone ス**ト**ウン
いじ 意地 iji	**inatçılık** イナッ**チュ**ルック	obstinacy **ア**ブスティナスィ
いしき 意識 ishiki	**bilinç, şuur** ビ**リ**ンチ, シュ**ウ**ール	consciousness **カ**ンシャスネス
～する	**-in bilincinde olmak** イン ビリンジン**デ** オル**マ**ック	(be) conscious of (ビ) **カ**ンシャス オヴ
いしつの 異質の ishitsuno	**farklı cinsten** ファルク**ル** ジンス**テ**ン	heterogeneous ヘテロ**ヂ**ーニアス
いしゃ 医者 isha	**doktor** ドク**ト**ル	doctor **ダ**クタ
いしゃりょう 慰謝料 （精神的被害の） isharyou	**manevi zarar için tazmi-nat** マーネ**ヴィ** ザラル イ**チ**ン タズミー**ナ**ート	compensation カンペン**セ**イション
いじゅう 移住　（他国からの） ijuu	**göç** ギョッチ	immigration イミグ**レ**イション

日	トルコ	英
(他国への)	**göç** ギョッチ	emigration エミグレイション
いしょ 遺書 isho	**vasiyetname** ヴァスィイェットナーメ	will, testament **ウィ**ル, **テ**スタメント
いしょう 衣装 ishou	**kostüm** コス**テュ**ム	clothes, costume ク**ロ**ウズ, **カ**スチューム
いじょう (数・量が) 以上 ijou	**-den daha çok** デン ダハ **チョ**ック	more than **モ**ー ザン
(レベルが)	**-in üzeri** イン ユ**ゼ**リ	over **オ**ウヴァ
いじょうな 異常な ijouna	**anormal, olağan dışı** アノル**マ**ル, オラ**ア**ン ドゥ**シュ**	abnormal アブ**ノ**ーマル
いしょく (植物の) 移植 ishoku	**başka yere dikmek** バシ**カ** イェレ ディキ**メ**ッキ	transplantation トランスプラン**テ**イション
(生体の)	**nakil** ナ**キ**ル	transplant トランスプ**ラ**ント
臓器〜	**organ nakli** オル**ガ**ン ナク**リ**	(internal) organ transplant (イン**タ**ーナル) **オ**ーガント トランスプ**ラ**ント
いしょくの 異色の ishokuno	**sıra dışı, eşsiz** スラ ドゥ**シュ**, エシス**ィ**ス	unique ユー**ニ**ーク
いじる いじる ijiru	**ellemek** エルレ**メ**ッキ	finger, fumble with **フィ**ンガ, **ファ**ンブル ウィズ
いじわるな 意地悪な ijiwaruna	**kötü niyetli** キョ**テュ** ニ**イェ**ットリ	ill-natured, nasty **イ**ルネイチャド, **ナ**スティ
いじん 偉人 ijin	**büyük adam** ビュ**ユ**ック ア**ダ**ム	great person グ**レ**イト **パ**ーソン
いす 椅子 isu	**sandalye** サン**ダ**リイェ	chair, stool **チェ**ア, ス**トゥ**ール
いすらえる イスラエル isuraeru	**İsrail** イス**ラ**イル	Israel **イ**ズリエル
いすらむきょう イスラム教 isuramukyou	**İslam** イス**ラ**ーム	Islam イス**ラ**ーム
〜徒	**Müslüman** ミュスリュ**マ**ン	Muslim **マ**ズリム

日	トルコ	英
いずれ (そのうち) いずれ izure	**bir bün** ビ(ル) ギュン	someday サムデイ
異性 いせい isei	**karşı cinsiyet** カルシュ ジンスィイェット	opposite sex アポズィト セクス
遺跡 いせき iseki	**kalıntı** カルントゥ	ruins ルーインズ
以前 いぜん izen	**önce** ウンジェ	ago, before アゴウ, ビフォー
依然として いぜんとして izentoshite	**hâlâ** ハーラー	still スティル
忙しい いそがしい isogashii	**meşgul** メシグル	(be) busy (ビ) ビズィ
急ぐ いそぐ isogu	**acele etmek** アジェレ エトメッキ	hurry, hasten ハーリ, ヘイスン
遺族 いぞく izoku	**arkada bırakıldığı aile** アルカダ ブラクルドゥウ アイレ	bereaved family ビリーヴド ファミリ
依存する いそんする isonsuru	**bağlı olmak** バール オルマック	depend on ディペンド オン
板 (木などの) いた ita	**tahta** タフタ	board ボード
(金属の)	**sac** サチ	plate プレイト
遺体 いたい itai	**cenaze** ジェナーゼ	dead body デド バディ
痛い (胃などが) いたい itai	**ağrımak** アールマック	painful ペインフル
(傷などが)	**acımak** アジュマック	sore ソー
偉大な いだいな idaina	**büyük** ビュユック	great, grand グレイト, グランド
抱く いだく idaku	**taşımak** タシュマック	have, bear ハヴ, ベア
いたずら いたずら itazura	**yaramazlık** ヤラマズルック	mischief, trick ミスチフ, トリク
～な	**yaramaz** ヤラマス	naughty ノーティ

日	トルコ	英
いただく **頂く** （もらう） itadaku	**almak** アルマック	receive リ**スィー**ヴ
いたみ **痛み** （胃などが） itami	**ağrı** アール	pain, ache **ペ**イン, **エ**イク
（傷などが）	**acı** アジュ	pain **ペ**イン
いたむ **痛む** （胃などが） itamu	**ağrımak** アール**マ**ック	ache **エ**イク
（傷などが）	**acımak** アジュ**マ**ック	hurt **ハ**ート
いたむ **傷む** （壊れる） itamu	**bozulmak** ボズル**マ**ック	(become) damaged (ビカム) **ダ**ミヂド
（腐る）	**çürümek** チュリュ**メ**ッキ	rot, go bad **ラ**ト, **ゴ**ウ バド
いためる **炒める** itameru	**kavurmak** カヴル**マ**ック	fry フ**ラ**イ
いたりあ **イタリア** itaria	**İtalya** イ**タ**リヤ	Italy **イ**タリ
～語	**İtalyanca** イタリ**ヤ**ンジャ	Italian イ**タ**リャン
いたりっく **イタリック** itarikku	**italik yazı** イ**タ**リッキ ヤズ	italics イ**タ**リクス
いたる **至る** itaru	**-e varmak** エ ワァル**マ**ック	arrive at ア**ラ**イヴ アト
いたるところに **至る所に** itarutokoroni	**her yerde** ヘル イェル**デ**	everywhere **エ**ヴリ(ホ)ウェア
いたわる **労る** itawaru	**-e bakmak, saygılı olmak** エ バク**マ**ック, サイグ**ル** オル**マ**ック	take care of, show kindness to **テ**イク **ケ**ア オヴ, **ショ**ウ カ インドネス トゥ
いち **一** ichi	**bir** ビル	one **ワ**ン
いち **位置** ichi	**konum** コ**ヌ**ム	position ポ**ズィ**ション
いち **市** ichi	**fuar, pazar** フ**ア**ル, パ**ザ**ル	fair, market **フェ**ア, **マ**ーケト

日	トルコ	英
いちおく 一億 ichioku	yüz milyon ユズ ミリオン	one hundred million ワン ハンドレド ミリョン
いちがつ 一月 ichigatsu	ocak オジャック	January ヂャニュエリ
いちげき 一撃 ichigeki	vuruş ヴルシ	single strike スィングル ストライク
いちご 苺 ichigo	çilek チレッキ	strawberry ストローベリ
いちじく 無花果 ichijiku	incir インジル	fig フィグ
いちじの 一次の ichijino	ilk イルキ	primary, first プライメリ, ファースト
いちじるしい 著しい ichijirushii	göze çarpan ギョゼ チャルパン	remarkable, marked リマーカブル, マークト
いちど 一度 ichido	bir defa ビ(ル) デファー	once, one time ワンス, ワン タイム
いちどう 一同 ichidou	herkes ヘルケス	all, everyone オール, エヴリワン
いちどに 一度に ichidoni	bir seferde ビ(ル) セフェルデ	at the same time アト ザ セイム タイム
いちにち 一日 ichinichi	bir gün ビ(ル) ギュン	(a) day, one day (ア) デイ, ワン デイ
～おきに	her iki günde bir ヘル イキ ギュンデ ビル	every other day エヴリ アザ デイ
いちにちじゅう 一日中 ichinichijuu	bütün gün ビュテュン ギュン	all day (long) オール デイ (ローング)
いちねん 一年 ichinen	bir yıl, bir sene ビ(ル) ユル, ビ(ル) セネ	(a) year, one year (ア) イア, ワン イア
いちねんじゅう 一年中 ichinenjuu	bütün yıl ビュテュン ユル	all (the) year オール (ザ) イア
いちば 市場 ichiba	pazar パザル	market マーケト
いちばん 一番 ichiban	bir numara ビ(ル) ヌマラ	first, No.1 ファースト, ナンバ ワン

日	トルコ	英
（最も）	**en çok** エン チョック	most, best モウスト，ベスト
いちぶ **一部** （一部分） ichibu	**bir kısım** ビ(ル) クスム	(a) part (ア) パート
いちまん **一万** ichiman	**on bin** オン ビン	ten thousand テン サウザンド
いちめん **一面** （一つの面） ichimen	**bir taraf** ビ(ル) タラフ	one side ワン サイド
（全面）	**her taraf** ヘル タラフ	whole surface ホウル サーフェス
いちょう **公孫樹** ichou	**mabet ağacı** マーベット アージュ	ginkgo ギンコウ
いちりゅうの **一流の** ichiryuuno	**birinci sınıf** ビリンジ スヌフ	first-class ファーストクラス
いつ **いつ** itsu	**ne zaman** ネ ザマーン	when (ホ)ウェン
いつう **胃痛** itsuu	**mide ağrısı** ミーデ アールス	stomachache スタマケイク
いっか **一家** ikka	**aile** アイレ	family ファミリ
いつか **いつか** itsuka	**bir gün** ビ(ル) ギュン	some time サム タイム
いっきに **一気に** ikkini	**bir seferde** ビ(ル) セフェルデ	in one try, Ⓑin one go イン ワン トライ，イン ワン ゴウ
いっこ **一個** ikko	**bir tane** ビ(ル) ターネ	one, (a) piece ワン，(ア) ピース
いっこう **一行** ikkou	**grup, delegasyon** グルップ，デレガスィオン	party, suite パーティ，スウィート
いっさんかたんそ **一酸化炭素** issankatanso	**karbonmonoksit** カルボンモノクスィット	carbon monoxide カーボン モナクサイド
いっしき **一式** isshiki	**bir takım** ビ(ル) タクム	complete set コンプリート セト
いっしゅ **一種** isshu	**bir çeşit** ビ(ル) チェシット	a kind, a sort ア カインド，ア ソート

い

日	トルコ	英
いっしゅん **一瞬** isshun	**bir an** ビラン	(a) moment (ア) モウメント
いっしょう **一生** isshou	**ömür boyu** ウミュル ボユ	life, whole life ライフ, ホウル ライフ
いっしょうけんめい **一生懸命** isshoukenmei	**tüm gücüyle** テュム ギュジュイレ	with all one's might ウィズ オール マイト
いっしょに **一緒に** isshoni	**beraber, birlikte** ベラーベル, ビルリッキテ	together, with トゲザ, ウィズ
いっせいに **一斉に** isseini	**aynı anda** アイヌ アンダ	all at once オール アト ワンス
いっそう **一層** issou	**daha** ダハ	much more マチ モー
いっちする **一致する** icchisuru	**ile birbirini tutmak** イレ ビルビリニ トゥトマック	coincide with コウインサイド ウィズ
いっちょくせんに **一直線に** icchokusenni	**düz çizgi halinde** デュス チズギ ハーリンデ	in a straight line イン ア ストレイト ライン
いっついの **一対の** ittsuino	**bir çift** ビ(ル) チフト	a pair of ア ペア オヴ
いっていの **一定の** itteino	**sabit** サービット	fixed フィクスト
いつでも **いつでも** itsudemo	**her zaman** ヘル ザマーン	always オールウェイズ
いっとう **一等** (賞) ittou	**birincilik ödülü** ビリンジリッキ ウデュリュ	first prize ファースト プライズ
(一番良い等級)	**birinci sınıf** ビリンジ スヌフ	first class ファースト クラス
いっぱい **一杯** (満杯) ippai	**ile dolu** イレ ドル	full of フル オヴ
～の	**dolu** ドル	full フル
いっぱん **一般** ippan	**genellik** ゲネルリッキ	generality チェネラリティ
～的な	**genel** ゲネル	general, common チェネラル, カモン

日	トルコ	英
～に	**genellikle, genel olarak** ゲネルリッキレ, ゲネル オララック	generally **チェ**ネラリ
いっぽう 一方 （一つの方面） ippou	**bir yön** ビ(ル) ヨン	one side, direction **ワン** サイド, ディレクション
（他方では）	**öte yandan** ウテ ヤンダン	on the other hand, meanwhile オン ズィ アザ ハンド, ミーン(ホ)ワイル
～通行	**tek yön** テッキ ヨン	one-way traffic **ワン**ウェイト ラフィック
～的な	**tek yönlü** テッキ ヨンリュ	one-sided **ワン**サイデド
いつまでも いつまでも itsumademo	**ebediyen, sonsuzluğa dek** エベ**ディ**イェン, ソンスズルア **デ**ッキ	forever フォ**レ**ヴァ
いつも いつも itsumo	**her zaman** ヘル ザマーン	always **オー**ルウェイズ
いつわり 偽り itsuwari	**sahtelik, yalan** サフテ**リ**ッキ, ヤラン	lie, falsehood **ラ**イ, **フォー**ルスフド
いつわる 偽る itsuwaru	**aldatmak** アルダトマック	lie, deceive **ラ**イ, ディ**スィ**ーヴ
いてざ 射手座 iteza	**Yay Burcu** ヤイ ブルジュ	Archer, Sagittarius **アー**チャ, サヂ**テ**アリアス
いてん 移転 iten	**taşınma** タシュンマ	relocation リーロウ**ケ**イション
いでん 遺伝 iden	**kalıtım** カル**トゥ**ム	heredity **ヒ**レディティ
～子	**gen** ゲン	gene **チ**ーン
～子組み換え	**genetik rekombinasyon** ゲネ**ティ**キ レコンビナスィ**オ**ン	gene recombination **チ**ーン リーカンビ**ネ**イション
いと 糸 ito	**ip** イップ	thread, yarn ス**レ**ド, **ヤー**ン
いど 井戸 ido	**kuyu** クユ	well **ウェ**ル

日	トルコ	英
いどう **移動** idou	**geçme** ゲチメ	movement ムーヴメント
〜する	**geçmek** ゲチメッキ	move ムーヴ
いとこ **従兄弟[従姉妹]** itoko	**kuzen** クゼン	cousin カズン
いどころ **居所** idokoro	**olduğu yer** オルドゥウ イェル	whereabouts (ホ)ウェラバウツ
いとなむ **営む** itonamu	**işletmek** イシレトメッキ	conduct, carry on コンダクト，キャリ オン
いどむ **挑む** idomu	**meydan okumak** メイダン オクマック	challenge チャレンヂ
いない **以内** inai	**içerisinde** イチェリスィンデ	within, less than ウィズィン，レス ザン
いなか **田舎** inaka	**kırsal bölge, kırlık** クルサル ボルゲ，クルルック	countryside カントリサイド
いなずま **稲妻** inazuma	**yıldırım** ユルドゥルム	lightning ライトニング
いにんする **委任する** ininsuru	**emanet etmek** エマーネット エトメッキ	entrust, leave イントラスト，リーヴ
いぬ **犬** inu	**köpek** キョペッキ	dog ドーグ
いね **稲** ine	**pirinç otu** ピリンチ オトゥ	rice ライス
いねむり **居眠り** inemuri	**şekerleme** シェケルレメ	nap, doze ナプ，ドウズ
いのち **命** inochi	**ömür** ウミュル	life ライフ
いのり **祈り** inori	**dua** ドゥアー	prayer プレア
いのる **祈る** inoru	**dua etmek** ドゥアー エトメッキ	pray to プレイ トゥ
(望む)	**dilemek** ディレメッキ	wish ウィシュ

日	トルコ	英
いばる **威張る** ibaru	**böbürlenmek** ビョビュルレンメッキ	(be) haughty, swagger (ビ) **ホ**ーティ, ス**ワ**ガ
いはん **違反** ihan	**ihlal** イフラール	violation ヴァイオ**レ**イション
いびき **いびき** ibiki	**horlama** ホルラ**マ**	snore ス**ノ**ー
いべんと **イベント** ibento	**olay** オ**ラ**イ	event イ**ヴェ**ント
いほうの **違法の** ihouno	**yasadışı, kanunsuz** ヤサドゥ**シュ**, カーヌン**スス**	illegal イ**リ**ーガル
いま **今** ima	**şimdi** シム**ディ**	now **ナ**ウ
いまごろ **今頃** imagoro	**bu zamanlarda** ブ ザマンラル**ダ**	at this time アト **ズ**ィス **タ**イム
いみ **意味** imi	**anlam, mana** アン**ラ**ム, マー**ナ**ー	meaning, sense **ミ**ーニング, **セ**ンス
〜する	**anlamına gelmek** アンラム**ナ** ゲル**メ**ッキ	mean, signify **ミ**ーン, ス**ィ**グニファイ
いみてーしょん **イミテーション** imiteeshon	**imitasyon** イミタスィオン	imitation イミ**テ**イション
いみん **移民** (他国からの) imin	**göçmen** ギョチ**メ**ン	immigrant **イ**ミグラント
(他国への)	**göçmen** ギョチ**メ**ン	emigrant **エ**ミグラント
いめーじ **イメージ** imeeji	**imaj** イ**マ**ージ	image **イ**ミヂ
いもうと **妹** imouto	**kız kardeş** **ク**ス カル**デ**シ	(younger) sister (**ヤ**ンガ) ス**ィ**スタ
いやいや **いやいや** iyaiya	**istemeyerek** イス**テ**メイェレッキ	reluctantly, unwill- ingly リ**ラ**クタントリ, アン**ウィ**リ ングリ
いやがらせ **嫌がらせ** iyagarase	**taciz** ター**ジ**ズ	harassment, abuse **ハ**ラスメント, ア**ビ**ュース
いやくきん **違約金** iyakukin	**ceza** ジェ**ザ**ー	penalty **ペ**ナルティ

い

日	トルコ	英
卑しい いやしい iyashii	**alçak** アルチャック	low, humble ロウ, ハンブル
嫌な いやな iyana	**fena** フェナー	disgusting ディスガスティング
イヤホン いやほん iyahon	**kulaklık** クラックルック	earphone イアフォウン
いやらしい いやらしい iyarashii	**çapkın** チャプクン	flirtatious フラーテイシャス
イヤリング いやりんぐ iyaringu	**küpe** キュペ	earring イアリング
いよいよ（とうとう） いよいよ iyoiyo	**sonunda** ソヌンダ	at last アト ラスト
（ますます）	**gittikçe** ギッティクチェ	more and more モー アンド モー
意欲 いよく iyoku	**istek** イステッキ	volition, desire ヴォウリション, ディザイア
以来 いらい irai	**-den beri** デン ベリ	since, after that スィンス, アフタ ザト
依頼 いらい irai	**rica** リジャー	request リクウェスト
～する	**rica etmek** リジャー エトメッキ	ask, request アスク, リクウェスト
いらいらする いらいらする irairasuru	**sinirlenmek** スィニルレンメッキ	(be) irritated (ビ) イリテイティド
イラク いらく iraku	**Irak** ウラク	Iraq イラーク
イラスト いらすと irasuto	**resim** レスィム	illustration イラストレイション
イラストレーター いらすとれーたー irasutoreetaa	**çizimci, illüstratör** チズィムジ, イリュストラトゥル	illustrator イラストレイタ
イラン いらん iran	**İran** イーラン	Iran イラン
入り口 いりぐち iriguchi	**giriş** ギリシ	entrance エントランス
医療 いりょう iryou	**tıbbi tedavi** トゥッビー テダーヴィー	medical treatment メディカル トリートメント

日	トルコ	英
いりょく **威力** iryoku	**güç** ギュチ	power, might パウア, マイト
いる **居る** iru	**var** ワル	be, there is, there are ビー, ゼア イズ, ゼア アー
いる **要る** iru	**lazım, gerekmek** ラーズム, ゲレッキメッキ	need, want ニード, ワント
いるか **海豚** iruka	**yunus** ユヌス	dolphin ダルフィン
いれいの **異例の** ireino	**istisnai** イスティスナーイー	exceptional イクセプショナル
いれかえる **入れ替える** irekaeru	**yer değiştirmek** イェル デイシティルメッキ	replace リプレイス
いれずみ **入れ墨** irezumi	**dövme** ドゥヴメ	tattoo タトゥー
いれば **入れ歯** ireba	**takma diş** タクマ ディシ	false teeth フォールス ティース
いれもの **入れ物** iremono	**kap** カップ	receptacle リセプタクル
いれる **入れる** (中に) ireru	**içine koymak** イチネ コイマック	put in プト イン
(人を)	**buyurmak** ブユルマック	let into, admit into レト イントゥ, アドミト イントゥ
(受け入れる)	**kabul etmek** カブール エトメッキ	accept, take アクセプト, テイク
いろ **色** iro	**renk** レンキ	color, ⒷColour カラ, カラ
いろいろな **色々な** iroirona	**çeşitli** チェシットリ	various ヴェアリアス
いろけ **色気** iroke	**işve** イシヴェ	sex appeal セクス アピール
いろん **異論** iron	**itiraz** イーティラース	objection オブチェクション
いわ **岩** iwa	**kaya** カヤ	rock ラク

日	トルコ	英
い		
いわう **祝う** iwau	**kutlamak** クトラマック	celebrate セレブレイト
いわし **鰯** iwashi	**sardalya** サルダリヤ	sardine サーディーン
（カタクチイワシ）	**hamsi** ハムスィ	anchovy アンチョウヴィ
いわゆる **いわゆる** iwayuru	**sözde** ソズデ	so-called ソウコールド
いわれ **いわれ** iware	**sebep** セベップ	reason, origin リーズン, オーリヂン
いんかん **印鑑** inkan	**mühür** ミュヒュル	stamp, seal スタンプ, スィール
いんきな **陰気な** inkina	**kasvetli** カスヴェットリ	gloomy グルーミ
いんく **インク** inku	**boya** ボヤ	ink インク
いんけんな **陰険な** inkenna	**sinsi** スィンスィ	crafty, insidious クラフティ, インスィディアス
いんこ **インコ** inko	**muhabbet kuşu** ムハッベット クシュ	parakeet パラキート
いんさつ **印刷** insatsu	**baskı** バスク	printing プリンティング
〜する	**basmak** バスマック	print プリント
いんし **印紙** inshi	**damga pulu** ダムガ プル	revenue stamp レヴェニュー スタンプ
いんしゅりん **インシュリン** inshurin	**insülin** インスュリン	insulin インシュリン
いんしょう **印象** inshou	**izlenim** イズレニム	impression インプレション
いんすたんとの **インスタントの** insutantono	**hazır** ハズル	instant インスタント
いんすとーるする **インストールする** insutoorusuru	**kurmak** クルマック	install インストール

日	トルコ	英
いんすとらくたー **インストラクター** insutorakutaa	**eğitmen** エイトメン	instructor インスト**ラ**クタ
いんすぴれーしょん **インスピレーション** insupireeshon	**ilham** イル**ハ**ム	inspiration インスピ**レ**イション
いんぜい **印税** （著作権料） inzei	**telif hakkı ücreti** テーリフ ハック ユジュレ**ティ**	royalty **ロ**イアルティ
いんそつする **引率する** insotsusuru	**önderlik etmek** ウンデル**リ**ッキ エトメッキ	lead **リ**ード
いんたーちぇんじ **インターチェンジ** intaachenji	**kavşak** カヴ**シャ**ック	(travel) inter-change （ト**ラ**ヴェル）**イ**ンタチェインヂ
いんたーねっと **インターネット** intaanetto	**internet** インテル**ネ**ット	Internet **イ**ンタネト
いんたーふぇろん **インターフェロン** intaaferon	**interferon** インテルフェ**ロ**ン	interferon インタ**フィ**ラン
いんたい **引退** intai	**emeklilik** エメッキリ**リ**ッキ	retirement リ**タ**イアメント
～した	**emekli** エメック**リ**	retired リ**タ**イアド
反 現役の	**aktif** アク**ティ**フ	active **ア**クティヴ
～する	**emekli olmak** エメッキ**リ** オル**マ**ック	retire リ**タ**イア
いんたびゅー **インタビュー** intabyuu	**görüşme, röportaj** ギョリュシ**メ**, ルゥポルタ**ジ**	interview **イ**ンタヴュー
いんち **インチ** inchi	**pus** **プ**ス	inch **イ**ンチ
いんてりあ **インテリア** interia	**iç dekorasyon** **イ**チ デコラスィ**オ**ン	interior design イン**ティ**アリア デ**ザ**イン
いんど **インド** indo	**Hindistan** ヒンディス**タ**ン	India **イ**ンディア
～の	**Hint** **ヒ**ント	Indian **イ**ンディアン
いんとねーしょん **イントネーション** intoneeshon	**tonlama** トンラ**マ**	intonation イント**ネ**イション

日	トルコ	英
いんどねしあ **インドネシア** indoneshia	**Endonezya** エンドネズィヤ	Indonesia インド**ニー**ジャ
いんぷっと **インプット** inputto	**giriş** ギリシ	input **イ**ンプト
反 **アウトプット**	**çıkış** チュ**ク**シ	output **ア**ウトプト
いんふるえんざ **インフルエンザ** infuruenza	**grip** グリップ	influenza インフル**エ**ンザ
いんふれ **インフレ** infure	**enflasyon** エンフラスィ**オ**ン	inflation インフ**レ**イション
反 **デフレ**	**deflasyon** デフラスィ**オ**ン	deflation ディフ**レ**イション
いんぼう **陰謀** inbou	**komplo** コンプロ	plot, intrigue プ**ラ**ト, **イ**ントリーグ
いんよう **引用** in-you	**alıntı** アル**ン**トゥ	citation サイ**テ**イション
～する	**alıntı yapmak** アル**ン**トゥ ヤプ**マ**ック	quote, cite ク**ウォ**ウト, **サ**イト
いんりょく **引力** inryoku	**yer çekimi** **イ**ェル チェキ**ミ**	attraction, gravita- tion アト**ラ**クション, グラヴィ**テ**イション

日	トルコ	英

う，ウ

ういすきー
ウイスキー
uisukii
viski ヴィスキ	whiskey, ⑧whisky (ホ)**ウィ**スキ，**ウィ**スキ

ういるす
ウイルス
uirusu
| **virüs**
ヴィリュス | virus
ヴァイアラス |

うーる
ウール
uuru
| **yün**
ユン | wool
ウル |

うえ
上　（上方）
ue
| **yukarı**
ユカ**ル** | upper part
アパ **パ**ート |

　　　　（表面）
| **üst**
ユスト | surface
サーフェス |

　　　　⑤**下**
| **alt, aşağı**
アルト，アシャ**ウ** | lower part
ロウア **パ**ート |

　　～に
| **yukarıda, üstünde**
ユカル**ダ**，ユステュン**デ** | on
オン |

うえいたー
ウエイター
ueitaa
| **garson**
ガル**ソン** | waiter
ウェイタ |

うえいとれす
ウエイトレス
ueitoresu
| **(kadın) garson**
(カ**ドゥ**ン) ガル**ソン** | waitress
ウェイトレス |

うえすと
ウエスト
uesuto
| **bel**
ベル | waist
ウェイスト |

うぇぶさいと
ウェブサイト
webusaito
| **web sitesi**
ウェブ スィテス**ィ** | website
ウェブサイト |

うえる
植える
ueru
| **dikmek**
ディキメッキ | plant
プ**ラ**ント |

うえる
飢える
ueru
| **açlık çekmek**
アチ**ル**ック チェキメッキ | go hungry, starve
ゴウ **ハ**ングリ，ス**タ**ーヴ |

うぉーみんぐあっぷ
ウォーミングアップ
woominguappu
| **ısınma**
ウスン**マ** | warm-up
ウォームアプ |

うおざ
魚座
uoza
| **Balık Burcu**
バ**ル**ック ブル**ジュ** | Fishes, Pisces
フィシェズ，**パ**イスィーズ |

うがい
うがい
ugai
| **gargara**
ガルガ**ラ** | gargling
ガーグリング |

日	トルコ	英
うかいする **迂回する** ukaisuru	**dolambaçlı yoldan git-mek** ドランバチ**ル** ヨル**ダン** ギト**メッ**キ	make a detour メイク ア **ディー**トゥア
うかがう **伺う** （尋ねる） ukagau	**sormak** ソル**マッ**ク	ask **ア**スク
（訪問する）	**ziyaret etmek** ズィヤー**レッ**ト エト**メッ**キ	visit **ヴィ**ズィト
うかつな **迂闊な** ukatsuna	**dikkatsiz** ディッカット**ス**ィス	careless **ケ**アレス
うかぶ **浮かぶ** （水面に） ukabu	**yüzmek** ユズ**メッ**キ	float フ**ロ**ウト
（心に）	**aklına gelmek** アクル**ナ** ゲル**メッ**キ	come to **カ**ム トゥ
うかる **受かる** （試験に） ukaru	**(sınavı) kazanmak** (ス**ナ**ヴ) カザン**マッ**ク	pass **パ**ス
うき **浮き** uki	**şamandıra** シャ**マ**ンドゥラ	float フ**ロ**ウト
うきぶくろ **浮き袋** ukibukuro	**yüzme halkası** ユズメ ハル**カ**ス	swimming ring ス**ウィ**ミング **リ**ング
（救命用の）	**cankurtaran simidi** ジャンクルタラン スィミ**ディ**	life buoy **ラ**イフ **ブ**ーイ
うく **浮く** （水面に） uku	**yüzmek** ユズ**メッ**キ	float フ**ロ**ウト
（余る）	**fazla olmak** ファズ**ラ** オル**マッ**ク	(be) left, (be) saved (ビ) **レ**フト, (ビ) **セ**イヴド
うけいれる **受け入れる** ukeireru	**kabul etmek** カ**ブ**ール エト**メッ**キ	receive, accept リ**スィ**ーヴ, アク**セ**プト
うけおう **請け負う** ukeou	**üstlenmek** ユストレン**メッ**キ	contract, under-take コント**ラ**クト, アンダ**テ**イク
うけつぐ **受け継ぐ** （後を継ぐ） uketsugu	**halef olarak sahip olmak** ハレフ オラ**ラッ**ク サ**ヒッ**プ オル**マッ**ク	succeed to サク**スィ**ード トゥ
（相続する）	**miras almak** ミー**ラ**ース アル**マッ**ク	inherit イン**ヘ**リト

う

日	トルコ	英
うけつけ 受付 （受付所） uketsuke	**danışma** ダヌシマ	information office, reception インフォメイション　オーフィス, リセプション
（受領）	**alındı** アルンドゥ	receipt, acceptance リスィート, アクセプタンス
うけつける 受け付ける uketsukeru	**kabul etmek** カブール エトメッキ	receive, accept リスィーヴ, アクセプト
うけとりにん 受取人 uketorinin	**alıcı** アルジュ	receiver リスィーヴァ
（受給者・受益者）	**alıcı** アルジュ	recipient リスィピアント
うけとる 受け取る uketoru	**almak** アルマック	receive, get リスィーヴ, ゲト
うけみ 受け身 （受動態） ukemi	**edilgen** エディルゲン	passive voice パスィヴ ヴォイス
（受動的態度）	**pasiflik** パスィフリッキ	passivity パスィヴィティ
うけもつ 受け持つ ukemotsu	**-den sorumlu olmak** デン ソルムル オルマック	take charge of テイク チャーデ オヴ
うける 受ける （物などを） ukeru	**kabul etmek** カブール エトメッキ	receive, get リスィーヴ, ゲト
（損害などを）	**zarar çekmek** ザラル チェキメッキ	suffer サファ
（試験を）	**sınava girmek** スナヴァ ギルメッキ	take テイク
うごかす 動かす ugokasu	**harekete getirmek** ハレケテ ゲティルメッキ	move ムーヴ
（機械を）	**işletmek** イシレットメッキ	run, work, operate ラン, ワーク, アペレイト
（心を）	**etkilemek** エトキレメッキ	move, touch ムーヴ, タチ
うごき 動き ugoki	**hareket** ハレケット	movement, motion ムーヴメント, モウション
（活動）	**aktivite, hareket** アクティヴィテ, ハレケット	activity アクティヴィティ

日		トルコ	英
	(動向)	**trend, temayül** ティレンド, テマーユル	trend トレンド
動く ugoku		**hareket etmek** ハレケット エトメッキ	move ムーヴ
	(作動する)	**çalışmak** チャルシマック	run, work ラン, ワーク
	(心が)	**etkilenmek** エトキレンメッキ	(be) moved (ビ) ムーヴド
兎 usagi		**tavşan** タヴシャン	rabbit ラビト
牛 ushi		**sığır** スウル	cattle キャトル
	(子牛)	**dana** ダナ	calf キャフ
	(雄牛)	**boğa** ボア	bull, ox ブル, アクス
	(雌牛)	**inek** イネキ	cow カウ
失う ushinau		**kaybetmek** カイベトメッキ	lose, miss ルーズ, ミス
後ろ ushiro		**arka** アルカ	back, behind バク, ビハインド
渦 uzu		**girdap** ギルダープ	whirlpool (ホ)ワールプール
薄い usui	(厚みが)	**ince** インジェ	thin スィン
	(色が)	**açık** アチュック	pale ペイル
	(濃度が)	**açık** アチュック	weak ウィーク
薄暗い usugurai		**loş** ロシ	dim, dark, gloomy ディム, ダーク, グルーミ
渦巻き uzumaki		**girdap** ギルダープ	whirlpool (ホ)ワールプール
薄める usumeru	(色を)	**açmak** アチマック	thin, dilute スィン, ダイリュート

う

日	トルコ	英
右折する usetsusuru うせつする	**sağa dönmek** サア ドゥンメッキ	turn right ターン ライト
嘘 uso うそ	**yalan** ヤラン	lie ライ
～つき	**yalancı** ヤランジュ	liar ライア
歌 uta うた	**şarkı** シャルク	song ソーング
歌う utau うたう	**şarkı söylemek** シャルク ソウイレメッキ	sing スィング
疑い （疑念） utagai うたがい	**kuşku** クシュク	doubt ダウト
（不信）	**güvensizlik** ギュヴェンスィズリッキ	distrust ディストラスト
（容疑・嫌疑）	**şüphe** シュプヘ	suspicion サスピション
疑う （疑念を抱く） utagau うたがう	**kuşkulanmak** クシクランマック	doubt ダウト
（嫌疑をかける）	**-den şüphelenmek** デン シュプヘレンメッキ	suspect サスペクト
（不信に思う）	**güvenmemek** ギュヴェンメメッキ	distrust ディストラスト
疑わしい utagawashii うたがわしい	**kuşkulu** クシクル	doubtful ダウトフル
（不審な）	**şüpheli** シュプヘリ	suspicious サスピシャス
家 （家屋） uchi うち	**ev** エヴ	house ハウス
（家庭）	**aile** アイレ	family, household ファミリ, ハウスホウルド
内 uchi うち	**iç** イチ	inside, interior インサイド, インティアリア
反外	**dışarı** ドゥシャル	outside アウトサイド
打ち明ける uchiakeru うちあける	**açıklamak** アチュックラマック	confess, confide コンフェス, コンファイド

日	トルコ	英
うちあわせる **打ち合わせる** uchiawaseru	**hazırlık yapmak** ハズル**ルック** ヤプ**マック**	arrange ア**レ**インヂ
うちがわ **内側** uchigawa	**iç kısmı** **イチ** クスム	inside イン**サ**イド
うちきな **内気な** uchikina	**çekingen** チェキン**ゲン**	shy, timid **シャ**イ，**ティ**ミド
うちけす **打ち消す** uchikesu	**yalanlamak, reddetmek** ヤランラ**マック**，レッデト**メキ**	deny ディ**ナ**イ
うちゅう **宇宙** uchuu	**uzay, evren** ウ**ザ**イ，エ**ヴレン**	universe **ユ**ーニヴァース
〜飛行士	**astronot** アストロ**ノット**	astronaut **ア**ストロノート
うつ **打つ** utsu	**vurmak** ヴル**マック**	strike, hit スト**ラ**イク，**ヒ**ト
うつ **撃つ** utsu	**ateşlemek** アテシレ**メキ**	fire, shoot **ファ**イア，**シュ**ート
うっかりして **うっかりして** ukkarishite	**dikkatsizce** ディッカト**スィ**ズジェ	carelessly **ケ**アレスリ
うつくしい **美しい** utsukushii	**güzel** ギュ**ゼ**ル	beautiful **ビュ**ーティフル
うつす **写す** utsusu	**kopyalamak** コピィヤラ**マック**	copy **カ**ピ
（写真を）	**fotoğraf çekmek** フォトー**ラ**フ チェキ**メキ**	take a photo **テ**イク ア **フォ**ウトウ
うつす **移す** utsusu	**taşımak** タシュ**マック**	move, transfer **ムー**ヴ，ト**ラ**ンスファ
（病気を）	**bulaştırmak** ブラシトゥル**マック**	give, infect **ギ**ヴ，イン**フェ**クト
うったえる **訴える** （裁判に） uttaeru	**-e dava açmak** エ ダー**ヴァー** アチ**マック**	sue **スー**
（最終手段に）	**-e son çare olarak baş-vurmak** エ **ソン** チャーレ オ**ラ**ラック バシヴル**マック**	resort to リ**ゾ**ート トゥ
うっとうしい **うっとうしい** uttoushii	**rahatsız edici** ラハト**スス** エ**ディ**ジ	bothersome **バ**ザサム

日	トルコ	英
<ruby>うつ<rt>うつぶせ</rt></ruby>伏せ utsubuse	**yüzüstü** ユズュステュ	on one's face オン フェイス
反 仰向け	**sırtüstü** スルテュステュ	on one's back オン バク
<ruby>うつむく<rt>うつむく</rt></ruby> utsumuku	**başını önüne eğmek** バシュヌ ウニュネ エーメッキ	hang one's head ハング ヘド
<ruby>移<rt>うつ</rt></ruby>る utsuru	**taşınmak** タシュンマック	move ムーヴ
（病気が）	**bulaşmak** ブラシマック	catch キャチ
<ruby>器<rt>うつわ</rt></ruby> utsuwa	**kap** カップ	vessel, container ヴェスル, コンテイナ
<ruby>腕<rt>うで</rt></ruby> ude	**kol** コル	arm アーム
（技能）	**yetenek, beceri** イェテネッキ, ベジェリ	ability, skill アビリティ, スキル
～<ruby>時計<rt></rt></ruby>	**kol saati** コル サアティ	wristwatch リストウチ
<ruby>鰻<rt>うなぎ</rt></ruby> unagi	**yılan balığı** ユラン バルウ	eel イール
<ruby>うなずく<rt>うなずく</rt></ruby> unazuku	**baş sallamak** バシ サッラマック	nod ナド
<ruby>唸<rt>うな</rt></ruby>る unaru	**inlemek** インレメッキ	groan グロウン
（犬が）	**hırlamak** フルラマック	growl グラウル
<ruby>海胆<rt>うに</rt></ruby> uni	**deniz kestanesi** デニス ケスターネスィ	sea urchin スィー アーチン
<ruby>右派<rt>うは</rt></ruby> uha	**sağcı** サージュ	right wing ライト ウィング
反 左派	**solcu** ソルジュ	left wing レフト ウィング
<ruby>奪<rt>うばう</rt></ruby>う （取り上げる・盗む） ubau	**çalmak** チャルマック	take away, rob テイク アウェイ, ラブ

う

日	トルコ	英
（剥奪する）	**elinden almak** エリンデン アルマック	deprive ディプライヴ
うばぐるま 乳母車　（箱形の） ubaguruma	**bebek arabası, puset** ベベッキ アラバス, プセット	baby carriage, Ⓑpram ベイビ キャリヂ, プラム
（椅子形の）	**çocuk arabası** チョジュック アラバス	stroller,　Ⓑpush- chair ストロウラ, プシュチェア
うぶな 初な ubuna	**saf** サフ	innocent, naive イノセント, ナーイーヴ
うま 馬 uma	**at** アット	horse ホース
（子馬）	**tay** タイ	foal, colt フォウル, コウルト
うまい　（おいしい） umai	**lezzetli** レッゼットリ	good, delicious グド, ディリシャス
（上手だ）	**yetenekli** イェテネッキリ	good, skillful グド, スキルフル
うまる 埋まる umaru	**gömülmek** ギョミュルメッキ	(be) buried (ビ) ベリド
うまれる 生[産]まれる umareru	**doğmak** ドーマック	(be) born (ビ) ボーン
（生じる）	**meydana gelmek** メイダナ ゲルメッキ	come into exis- tence カム イントゥ イグズィステ ンス
うみ 海 umi	**deniz** デニス	sea スィー
うみだす 生み出す umidasu	**üretmek** ユレトメッキ	produce プロデュース
うみべ 海辺 umibe	**sahil** サーヒル	beach ビーチ
うむ 生[産]む umu	**doğurmak** ドゥルマック	bear ベア
うめく うめく umeku	**inlemek** インレメッキ	groan, moan グロウン, モウン
うめたてる 埋め立てる umetateru	**doldurmak** ドルドゥルマック	fill up, reclaim フィル アプ, リクレイム

日	トルコ	英
うめる **埋める** umeru	**gömmek** ギョンメッキ	bury ベリ
（損失などを）	**telafi etmek** テラーフィー エトメッキ	cover カヴァ
（満たす）	**doldurmak** ドルドゥルマック	fill フィル
うもう **羽毛** umou	**tüy** テュイ	feathers, down フェザズ, ダウン
うやまう **敬う** uyamau	**saygı göstermek** サイグ ギョステルメッキ	respect, honor, ®honour リスペクト, アナ, アナ
うら **裏** （表面や正面に対する） ura	**arka** アルカ	back バク
（反対側）	**ters** テルス	reverse リヴァース
うらがえす **裏返す** uragaesu	**ters çevirmek** テルス チェヴィルメッキ	turn over ターン オウヴァ
うらがわ **裏側**（前に対する後） uragawa	**arkası** アルカス	back バク
（表に対する裏）	**tersi** テルスィ	reverse side リヴァース サイド
うらぎる **裏切る** uragiru	**ihamet etmek** イハーネット エトメッキ	betray ビトレイ
うらぐち **裏口** uraguchi	**arka giriş** アルカ ギリシ	back door バク ドー
うらごえ **裏声** uragoe	**falseto** ファルセト	falsetto フォールセトウ
うらじ **裏地** uraji	**astar** アスタル	lining ライニング
うらづける **裏付ける** urazukeru	**kanıtlamak** カヌットラマック	prove, confirm プルーヴ, コンファーム
うらどおり **裏通り** uradoori	**arka sokak** アルカ ソカック	back street バク ストリート
うらない **占い** uranai	**fal** ファル	fortune-telling フォーチュンテリング

日	トルコ	英
うらなう **占う** uranau	**fala bakmak, fal açmak** ファラ バクマック，ファル アチマック	tell a person's for- tune テル フォーチュン
うらむ **恨む** uramu	**kin beslemek, kin tutmak** キン ベスレメッキ，キン トゥトマック	bear a grudge ベア ア グラヂ
うらやましい **羨ましい** urayamashii	**kıskandırıcı** クスカンドゥルジュ	enviable エンヴィアブル
うらやむ **羨む** urayamu	**kıskanmak** クスカンマック	envy エンヴィ
うらん **ウラン** uran	**uranyum** ウラニユム	uranium ユアレイニアム
うりあげ **売り上げ** uriage	**satış** サトゥシ	amount sold アマウント ソウルド
うりきれる **売り切れる** urikireru	**bitmek** ビトメッキ	(be) sold out (ビ) ソウルド アウト
うりだす **売り出す** uridasu	**satışa çıkarmak** サトゥシャ チュカルマック	put on sale プト オン セイル
うりば **売り場** uriba	**reyon** レヨン	department ディパートメント
うる **売る** uru	**satmak** サトマック	sell セル
うるうどし **閏年** uruudoshi	**artık yıl** アルトゥック ユル	leap year リープ イア
うるおい **潤い** uruoi	**nem** ネム	moisture モイスチャ
うるおう **潤う** uruou	**nemlenmek** ネムレンメッキ	(be) moistured, (be) moistened (ビ) モイスチャド, (ビ) モイ スンド
うるぐあい **ウルグアイ** uruguai	**Uruguay** ウルグアイ	Uruguay ユアラグワイ
うるさい **うるさい** urusai	**gürültülü** ギュルュルテュリュ	noisy ノイズィ
（しつこい）	**ısrarcı** ウスラルジュ	pesky, persistent ペスキ, パスィステント
うるし **漆** urushi	**vernik** ヴェルニッキ	(Japanese) lacquer (ヂャパニーズ) ラカ

う

日	トルコ	英
うれしい **嬉しい** ureshii	**memnun** メムヌン	happy, delightful ハピ, ディライトフル
うれる **売れる** ureru	**iyi satmak** イイ サトマック	sell well セル ウェル
うろたえる **うろたえる** urotaeru	**telaşlanmak** テラシランマック	(be) upset (ビ) アプセト
うわき **浮気** uwaki	**gizli aşk ilişkisi** ギズリ アシク イリシキスィ	(love) affair (ラヴ) アフェア
うわぎ **上着** uwagi	**ceket** ジェケット	jacket, coat チャケト, コウト
うわさ **噂** uwasa	**dedikodu** デディコドゥ	rumor, ⑧rumour ルーマ, ルーマ
うわべ **上辺** uwabe	**yüzey** ユゼイ	surface サーフェス
うわまわる **上回る** uwamawaru	**aşmak** アシマック	exceed イクスィード
うわやく **上役** uwayaku	**patron** パトロン	superior, boss スーピアリア, バス
うん **運**　(運命) un	**kader** カデル	fate, destiny フェイト, デスティニ
(幸運)	**şans** シャンス	fortune, luck フォーチュン, ラク
うんえい **運営** un-ei	**yönetim** ヨネティム	management マニヂメント
うんが **運河** unga	**kanal** カナル	canal カナル
うんこう **運行** unkou	**servis** セルヴィス	service, operation サーヴィス, アペレイション
うんざりする **うんざりする** unzarisuru	**-den bıkmak** デン ブクマック	(be) sick of (ビ) スィク オヴ
うんせい **運勢** unsei	**talih** ターリヒ	fortune フォーチュン
うんちん **運賃** unchin	**bilet ücreti** ビレット ユジュレティ	fare フェア
うんてん **運転**　(車の) unten	**araba kullanma** アラバ クッランマ	driving ドライヴィング

日	トルコ	英
（機械の）	**işletme** イシレット**メ**	operation アペレイション
～手	**şöför** ショ**フ**ゥル	driver ド**ラ**イヴァ
～する	**kullanmak** クッラン**マ**ック	drive ド**ラ**イヴ
（機械を）	**işletmek** イシレット**メ**ッキ	operate **ア**ペレイト
～免許証	**sürücü belgesi, sürücü ehliyet** スュリュ**ジュ** ベルゲ**ス**ィ, スュリュ**ジュ** エフリ**イェ**ット	driver's license ド**ラ**イヴァズ **ラ**イセンス
うんどう **運動** undou	**egzersiz** エグゼル**ス**ィス	exercise **エ**クササイズ
（競技としての）	**spor** ス**ポ**ル	sports ス**ポ**ーツ
（行動）	**kampanya** カン**パ**ンヤ	campaign キャン**ペ**イン
～する	**spor yapmak** ス**ポ**ル ヤプ**マ**ック	exercise **エ**クササイズ
うんめい **運命** unmei	**kader** カ**デ**ル	fate, destiny **フェ**イト, **デ**スティニ
うんゆ **運輸** un-yu	**taşımacılık, nakliyat** タシュマジュ**ル**ック, ナクリ**ヤ**ート	transportation トランスポー**テ**イション
うんよく **運よく** un-yoku	**şanslı** シャンス**ル**	fortunately **フォ**ーチュネトリ

日	トルコ	英

え

え, エ

え 絵 e	**resim** レスィム	picture ピクチャ
え 柄 e	**sap, tutak** サップ, トゥタック	handle ハンドル
えあこん エアコン eakon	**klima** クリマ	air conditioner エア コンディショナ
えいえんの 永遠の eienno	**sonsuz** ソンスス	eternal イターナル
えいが 映画 eiga	**sinema** スィネマ	movie, film ムーヴィ, フィルム
〜館	**sinema** スィネマ	(movie) theater, ®cinema (ムーヴィ) スィアタ, スィ ネマ
えいきゅうに 永久に eikyuuni	**sonsuza dek** ソンスザ デック	permanently パーマネントリ
えいきょう 影響 eikyou	**etki** エトキ	influence インフルエンス
えいぎょう 営業 eigyou	**satış** サトゥシ	sales セイルス
(商売)	**ticaret** ティジャーレット	business, trade ビズネス, トレイド
〜する	**ticaret yapmak** ティジャーレット ヤプマック	do business ドゥー ビズネス
〜中	**açık** アチュック	open オゥプン
えいご 英語 eigo	**İngilizce** インギリズジェ	English イングリシュ
えいこう 栄光 eikou	**şeref** シェレフ	glory グローリ
えいこく 英国 eikoku	**İngiltere, Birleşik Krallık** インギルテレ, ビルレシッキ クラルルック	England, Great Britain イングランド, グレイト ブ リトン
えいず エイズ eizu	**AİDS** エイズ	AIDS エイヅ

日	トルコ	英
えいせい **衛星** eisei	**uydu** ウイドゥ	satellite サテライト
えいせいてきな **衛生的な** eiseitekina	**hijyenik, sıhhi** ヒジィエニック, スッヒー	hygienic, sanitary ハイヂーニク, サニテリ
えいぞう **映像** eizou	**video** ヴィデオ	image イミヂ
えいてんする **栄転する** eitensuru	**terfi olmak** テルフィー オルマック	(be) promoted (ビ) プロモウティド
えいゆう **英雄** eiyuu	**kahraman** カフラマン	hero, heroine ヒアロウ, ヘロウイン
えいよ **栄誉** eiyo	**onur** オヌル	honor, Ⓑhonour アナ, アナ
えいよう **栄養** eiyou	**besin** ベスィン	nutrition ニュートリション
えーじぇんと **エージェント** eejento	**ajans** アジャンス	agent エイヂェント
えーす **エース** (トランプの) eesu	**birli** ビルリ	ace エイス
えがお **笑顔** egao	**güler yüz** ギュレル ユス	smiling face スマイリング フェイス
えがく **描く** egaku	**çizmek** チズメッキ	draw, paint ドロー, ペイント
えき **駅** eki	**istasyon, gar** イスタスィオン, ガル	station ステイション
えきしょう **液晶** ekishou	**sıvı kristal** スヴ クリスタル	liquid crystal リクウィド クリスタル
えきす **エキス** ekisu	**ekstre, özüt** エクストレ, ウズット	extract イクストラクト
えきすとら **エキストラ** ekisutora	**figüran** フィギュラン	extra エクストラ
えきぞちっくな **エキゾチックな** ekizochikkuna	**egzotik** エグゾティッキ	exotic イグザティク
えきたい **液体** ekitai	**sıvı madde** スヴ マッデ	liquid, fluid リクウィド, フルーイド
反 固体	**katı madde** カトゥ マッデ	solid サリド

日	トルコ	英
えぐぜくてぃぶ **エグゼクティブ** eguzekutibu	**yönetici, idareci** ヨネティジ, イダーレジ	executive イグ**ゼ**キュティヴ
えくぼ **えくぼ** ekubo	**gamze** ガム**ゼ**	dimple **ディ**ンプル
えごいすと **エゴイスト** egoisuto	**egoist** エゴ**イ**スト	egoist **イ**ーゴウイスト
えごいずむ **エゴイズム** egoizumu	**egoizm** エゴ**イ**ズム	egoism **イ**ーゴウイズム
えこのみーくらす **エコノミークラス** ekonomiikurasu	**ekonomi sınıfı** エコノ**ミ** スヌ**フ**	economy class イ**カ**ノミ **ク**ラス
えこのみすと **エコノミスト** ekonomisuto	**iktisatçı** イクティサー**チュ**	economist イ**カ**ノミスト
えころじー **エコロジー** ekorojii	**ekoloji** エコロ**ジ**	ecology イー**カ**ロヂ
えさ **餌** esa	**mama, hayvan yemeği** マ**マ**, ハイ**ヴァ**ン イェメ**イ**	pet food **ペ**ット **フ**ード
(釣りの餌)	**yem** イェ**ム**	bait **ベ**イト
えじき **餌食** ejiki	**kurban** クル**バ**ン	prey, victim **プ**レイ, **ヴィ**クティム
えじぷと **エジプト** ejiputo	**Mısır** ム**ス**る	Egypt **イ**ーヂプト
えしゃくする **会釈する** eshakusuru	**baş eğmek** バ**シ** エー**メ**ッキ	salute, bow サ**ルー**ト, **バ**ウ
えすえふ **SF** esuefu	**bilim kurgu** ビ**リ**ム クル**グ**	science fiction **サ**イエンス **フィ**クション
えすかるご **エスカルゴ** esukarugo	**salyangoz** サリヤン**ゴ**ス	escargot エスカー**ゴ**ウ
えすかれーたー **エスカレーター** esukareetaa	**yürüyen merdiven** ユリュ**イ**エン メルディ**ヴェ**ン	escalator, ⑧moving staircase **エ**スカレイタ, **ムー**ヴィング ス**テ**アケイス
えだ **枝** eda	**dal** **ダ**ル	branch, bough **ブ**ランチ, **バ**ウ
えちおぴあ **エチオピア** echiopia	**Etiyopya** エティ**ヨ**ピヤ	Ethiopia イースィ**オ**ウピア

え

日	トルコ	英
えっせい **エッセイ** essei	**deneme** デネメ	essay エセイ
えなめる **エナメル** enameru	**emay** エマーイ	enamel イナメル
えねるぎー **エネルギー** enerugii	**enerji** エネルジ	energy エナヂ
えのぐ **絵の具** enogu	**boya** ボヤ	paints, colors, ⑧colours ペインツ, カラズ, カラズ
えはがき **絵葉書** ehagaki	**kartpostal** カルトポスタル	picture postcard ピクチャ ポウストカード
えび **海老** ebi	**karides** カリデス	shrimp, prawn シュリンプ, プローン
(アカザエビ)	**Japon ıstakozu** ジャポン ウスタコズ	Japanese lobster チャパニーズ ラブスタ
(ロブスター)	**ıstakoz** ウスタコス	lobster ラブスタ
えぴそーど **エピソード** episoodo	**olay** オライ	episode エピソウド
えぴろーぐ **エピローグ** epiroogu	**son söz** ソン ソゥス	epilogue エピローグ
えぷろん **エプロン** epuron	**önlük** ウンリュック	apron エイプロン
えほん **絵本** ehon	**resimli kitap** レスィムリ キタップ	picture book ピクチャ ブク
えめるらるど **エメラルド** emerarudo	**zümrüt** ズュムリュット	emerald エメラルド
えらー **エラー** eraa	**hata** ハター	error エラ
えらい **偉い** erai	**büyük** ビュユック	great グレイト
えらぶ **選ぶ** erabu	**seçmek** セチメッキ	choose, select チューズ, セレクト
(選出する)	**seçmek** セチメッキ	elect イレクト

日	トルコ	英
えり **襟** eri	**yaka** ヤカ	collar カラ
えりーと **エリート** eriito	**elit** エリット	elite エイリート
える **得る** eru	**elde etmek** エルデ エトメッキ	get, obtain ゲト, オブテイン
えれがんとな **エレガントな** eregantona	**zarif** ザリフ	elegant エリガント
えれべーたー **エレベーター** erebeetaa	**asansör** アサンソゥル	elevator, ⑧lift エレヴェイタ, リフト
えん **円**　　((図形の)円) en	**daire** ダイレ	circle サークル
(円(通貨))	**Japon yeni** ジャポン イェニ	yen イェン
えんかい **宴会** enkai	**ziyafet, parti** ズィヤーフェット, パルティ	banquet バンクウェット
えんかくの **遠隔の** enkakuno	**uzaktan** ウザックタン	remote, distant リモウト, ディスタント
えんがん **沿岸** engan	**sahil** サーヒル	coast コウスト
えんき **延期** enki	**erteleme** エルテレメ	postponement ポウストポウンメント
〜する	**ertelemek** エルテレメッキ	postpone ポウストポウン
えんぎ **演技** engi	**rol, oyun** ロル, オユン	performance, acting パフォーマンス, アクティング
〜する	**oynamak** オイナマック	act, perform アクト, パフォーム
えんきょくな **婉曲な** enkyokuna	**örtmeceli** ウルトメジェリ	euphemistic ユーフェミスティク
えんきんほう **遠近法** enkinhou	**perspektif** ペルスペクティフ	perspective パスペクティヴ
えんげい **園芸** engei	**bahçecilik** バフチェジリッキ	gardening ガードニング

え

え

日	トルコ	英
えんげき 演劇 engeki	**tiyatro, dram** ティヤトロ, ドラム	theater, drama, Ⓑtheatre スィアタ, ドラーマ, スィア タ
えんこ 縁故　(関係) enko	**ilişki** イリシキ	relation リレイション
えんし 遠視 enshi	**hipermetropluk** ヒペルメトロプルック	farsightedness ファーサイティドネス
えんじにあ エンジニア enjinia	**mühendis** ミュヘンディス	engineer エンヂニア
えんしゅう 円周 enshuu	**daire çevresi** ダイレ チェヴレスィ	circumference サカムファレンス
えんしゅつ 演出 enshutsu	**yönetim** ヨネティム	direction ディレクション
～家	**yönetmen** ヨネトメン	director ディレクタ
～する	**yönetmek** ヨネトメッキ	direct ディレクト
えんじょ 援助 enjo	**yardım, destek** ヤルドゥム, デステッキ	help, assistance ヘルプ, アスィスタンス
～する	**yardım etmek, destek vermek** ヤルドゥム エトメッキ, デステッキ ヴェル メッキ	help, assist ヘルプ, アスィスト
えんしょう 炎症 enshou	**iltihap** イルティハープ	inflammation インフラメイション
えんじる 演じる enjiru	**oynamak** オイナマック	perform, play パフォーム, プレイ
えんじん エンジン enjin	**motor** モトル	engine エンヂン
えんしんりょく 遠心力 enshinryoku	**merkezkaç kuvvet** メルケズカッチ クヴェット	centrifugal force セントリフュガル フォース
えんすい 円錐 ensui	**koni** コニ	cone コウン
えんぜつ 演説 enzetsu	**konuşma** コヌシマ	speech スピーチ
えんそ 塩素 enso	**klor** クロル	chlorine クローリーン

日	トルコ	英
えんそう 演奏 ensou	**müziksel performans** ミュズィクセル ペルフォルマンス	musical perfor-mance ミューズィカル パフォーマンス
～する	**konser vermek** コンセル ヴェルメッキ	play, perform プレイ, パフォーム
えんそく 遠足 ensoku	**gezi** ゲズィ	excursion, field trip イクスカージョン, フィールドトリプ
えんたい 延滞 entai	**gecikme** ゲジクメ	delay ディレイ
えんだか 円高 endaka	**güçlü yen oranı** ギュチリュ イェン オラヌ	strong yen rate ストローング イェン レイト
えんちゅう 円柱 enchuu	**sütun** スュトゥン	column カラム
えんちょう 延長 enchou	**uzatma** ウザトマ	extension イクステンション
～する	**uzatmak** ウザトマック	prolong, extend プロローング, イクステンド
～戦	**uzatma** ウザトマ	overtime, ⓑextra time オウヴァタイム, エクストラタイム
えんどうまめ えんどう豆 endoumame	**bezelye** ベゼリイェ	(green) pea (グリーン) ピー
えんとつ 煙突 entotsu	**baca** バジャ	chimney チムニ
えんぴつ 鉛筆 enpitsu	**kurşun kalem** クルシュン カレム	pencil ペンスル
えんぶん 塩分 enbun	**tuz** トゥス	salt (content) ソールト (カンテント)
えんまんな 円満な enmanna	**uyumlu, ahenkli** ウユムル, アヘンクリ	harmonious ハーモウニアス
えんやす 円安 en-yasu	**güçsüz yen oranı** ギュチスュス イェン オラヌ	weak yen rate ウィーク イェン レイト
えんりょ 遠慮 (ためらい) enryo	**duraksama** ドゥラックサマ	hesitation ヘズィテイション

日	トルコ	英

お

| (謙虚) | **alçak gönüllülük, tevazu**
アルチャック ギョニュルリュリュック, テヴァーズー | modesty
マディスティ |
| ～する | **çekinmek**
チェキンメッキ | (be) reserved, hold back
(ビ) リザーヴド, ホウルド バク |

お, オ

お 尾 o	**kuyruk** クイルック	tail テイル
おい 甥 oi	**yeğen** イェエン	nephew ネフュー
おいかえす 追い返す oikaesu	**geri püskürtmek** ゲリ ピュスキュルトメッキ	repel, repulse リペル, リパルス
おいかける 追いかける oikakeru	**kovalamak, peşinden koşmak** コヴァラマック, ペシンデン コシマック	run after, chase ラン アフタ, チェイス
おいこしきんし 追い越し禁止 oikoshikinshi	**sollama yapılmaz** ソッラマ ヤプルマズ	no passing ノウ パシィング
おいこす 追い越す oikosu	**sollamak** ソッラマック	overtake オウヴァテイク
おいしい 美味しい oishii	**lezzetli** レッゼットリ	nice, delicious ナイス, ディリシャス
おいだす 追い出す oidasu	**çıkarmak** チュカルマック	drive out ドライヴ アウト
おいつく 追いつく oitsuku	**yetişmek** イェティシメッキ	catch up キャチ アプ
おいつめる 追い詰める oitsumeru	**kıstırmak** クストゥルマック	drive into, corner ドライヴ イントゥ, コーナ
おいはらう 追い払う oiharau	**defetmek** デフェトメッキ	drive away, chase off ドライヴ アウェイ, チェイス オーフ
おいる オイル oiru	**yağ** ヤー	oil オイル

日	トルコ	英
おいる **老いる** oiru	**yaşlanmak** ヤシランマック	grow old グロウ **オ**ウルド
おう **追う** ou	**takip etmek** ター**キ**ップ エト**メ**ッキ	run after, chase ラン **ア**フタ，**チェ**イス
（流行を）	**takip etmek** ター**キ**ップ エト**メ**ッキ	follow **ファ**ロウ
おう **負う**　（背負う） ou	**sırtlamak** スルトラ**マ**ック	bear on one's back ベア オン バク
（責任・義務を）	**yüklenmek, üzerine al- mak** ユクレン**メ**ッキ，ユゼリ**ネ** アル**マ**ック	take upon oneself **テ**イク ア**ポ**ン
おう **王** ou	**kral** ク**ラ**ル	king **キ**ング
おうえん **応援**　（声援） ouen	**alkışlama, teşvik** アルクシ**ラ**マ，テシ**ヴィ**ーキ	cheering, rooting **チ**アリング，**ル**ーティング
～する	**alkışlamak, teşvik etmek** アルクシラ**マ**ック，テシ**ヴィ**ーキ エト**メ**ッキ	cheer, root for **チ**ア，**ル**ート フォ
おうかくまく **横隔膜** oukakumaku	**diyafram** ディヤフ**ラ**ム	diaphragm **ダ**イアフラム
おうかん **王冠** oukan	**taç** タチ	crown ク**ラ**ウン
おうきゅうてあて **応急手当** oukyuuteate	**ilk yardım** **イ**ルキ ヤル**ドゥ**ム	first aid **ファ**ースト エイド
おうこく **王国** oukoku	**krallık** クラル**ル**ック	kingdom **キ**ングダム
おうじ **王子** ouji	**prens** プ**レ**ンス	prince プ**リ**ンス
おうしざ **牡牛座** oushiza	**Boğa Burcu** ボ**ア** ブル**ジュ**	Bull, Taurus **ブ**ル，**ト**ーラス
おうじて **応じて** oujite	**-e göre** エ ギョ**レ**	according to ア**コ**ーディング トゥ
おうしゅうする **押収する** oushuusuru	**-e el koymak** エ **エ**ル コイ**マ**ック	seize **ス**ィーズ
（没収する）	**müsadere etmek** ミュサー**デ**レ エト**メ**ッキ	confiscate **カ**ンフィスケイト

日	トルコ	英

お

おうじょ
王女
oujo

prenses
プレンセス

princess
プリンセス

おうじる
応じる （応える）
oujiru

-e yanıt vermek
エ ヤヌット ヴェルメッキ

answer, reply to
アンサ, リプライ トゥ

（受け入れる）
kabul etmek
カブール エトメッキ

comply with, accept
コンプライ ウィズ, アクセプト

おうせつしつ
応接室
ousetsushitsu

salon, kabul odası
サロン, カブール オダス

reception room
リセプション ルーム

おうだん
横断
oudan

geçiş
ゲチシ

crossing
クロースィング

〜する

karşıya geçmek
カルシュヤ ゲチメッキ

cross
クロース

〜歩道

yaya geçidi
ヤヤ ゲチディ

crosswalk, Ⓑpedestrian crossing
クロースウォーク, ペデストリアン クロースィング

おうとう
応答
outou

yanıt
ヤヌット

reply
リプライ

おうねつびょう
黄熱病
ounetsubyou

sarıhumma
サルフンマ

yellow fever
イェロウ フィーヴァ

おうひ
王妃
ouhi

kraliçe
クラリチェ

queen
クウィーン

おうふく
往復
oufuku

gidiş dönüş
ギディシ ドゥニュシ

round trip, to and from
ラウンド トリプ, トゥー アンド フラム

おうぼ
応募
oubo

başvuru
バシヴル

application
アプリケイション

〜する

başvurmak
バシヴルマック

apply, enter
アプライ, エンタ

おうぼうな
横暴な
oubouna

zalim
ザーリム

tyrannical, oppressive
ティラニカル, オプレスィヴ

おうむ
鸚鵡
oumu

papağan
パパアン

parrot
パロト

おうよう
応用
ouyou

uygulama
ウイグラマ

application, use
アプリケイション, ユーズ

日	トルコ	英
〜する	**uygulamak** ウイグラマック	apply アプライ
おえる 終える oeru	**bitirmek, tamamlamak** ビティルメッキ, タマムラマック	finish, complete フィニシュ, コンプリート
おおあめ 大雨 ooame	**sağanak** サアナック	heavy rain ヘヴィ レイン
おおい 多い ooi	**çok** チョック	much マチ
(回数が)	**sık sık olan** スック スック オラン	frequent フリークウェント
(数が)	**çok** チョック	many メニ
おおい 覆い ooi	**örtü** ウルテュ	cover カヴァ
おおいに 大いに ooini	**iyice, çokça** イイジェ, チョックチャ	greatly, very much グレイトリ, ヴェリ マチ
おおう 覆う　(かぶせる) oou	**örtmek** ウルトメッキ	cover カヴァ
(隠す)	**saklamak** サクラマック	disguise ディスガイズ
おおがたの 大型の oogatano	**büyük ölçekli** ビュユック ウルチェッキリ	large-scale ラーデスケイル
おおかみ 狼 ookami	**kurt** クルト	wolf ウルフ
おおきい 大きい ookii	**büyük** ビュユック	big, large ビグ, ラーヂ
おおきくする 大きくする ookikusuru	**büyütmek** ビュユトメッキ	enlarge インラーヂ
おおきくなる 大きくなる ookikunaru	**büyümek** ビュユメッキ	(get) bigger, (get) larger (ゲト) ビガ, (ゲト) ラーヂャ
おおきさ 大きさ ookisa	**büyüklük, boy** ビュユックリュック, ボイ	size サイズ
おおきな 大きな ookina	**büyük** ビュユック	big, large ビグ, ラーヂ

お

日	トルコ	英

お

(巨大な・莫大な) | **kocaman**
コジャマン | huge, enormous
ヒューヂ, イノーマス

おーくしょん
オークション
ookushon | **ihale**
イハーレ | auction
オークション

おおぐまざ
大熊座
oogumaza | **Büyükayı Burcu**
ビュユッカユ ブルジュ | Great Bear
グレイト ベア

おおげさな
大袈裟な
oogesana | **abartmacı**
アバルトマジュ | exaggerated
イグザヂェレイティド

おーけすとら
オーケストラ
ookesutora | **orkestra**
オルケストラ | orchestra
オーケストラ

おおごえ
大声
oogoe | **yüksek ses**
ユクセッキ セス | loud voice
ラウド ヴォイス

おおざら
大皿
oozara | **büyük tabak**
ビュユック タバック | platter
プラタ

おーすとらりあ
オーストラリア
oosutoraria | **Avustralya**
アヴストラリヤ | Australia
オーストレイリャ

おーすとりあ
オーストリア
oosutoria | **Avusturya**
アヴストゥリヤ | Austria
オーストリア

おおぜいの
大勢の
oozeino | **çok sayıda**
チョック サユダ | (a) large number of
(ア) ラーヂ ナンバ オヴ

おーそどっくすな
オーソドックスな
oosodokkusuna | **ortodoks**
オルトドックス | orthodox
オーソダクス

おーでぃおの
オーディオの
oodiono | **ses**
セス | audio
オーディオウ

おーでころん
オーデコロン
oodekoron | **kolonya**
コロンヤ | eau de cologne
オウ デ コロウン

おおての
大手の
ooteno | **büyük**
ビュユック | big, major
ビグ, メイヂャ

おおどおり
大通り
oodoori | **cadde**
ジャッデ | main road
メイン ロウド

おーとばい
オートバイ
ootobai | **motosiklet**
モトスィクレット | motorcycle
モウタサイクル

おーどぶる
オードブル
oodoburu | **meze**
メゼ | hors d'oeuvre
オー ダーヴル

日	トルコ	英
おーとまちっくの **オートマチックの** ootomachikkuno	**otomatik** オトマ**ティッ**キ	automatic オート**マ**ティック
おーとめーしょん **オートメーション** ootomeeshon	**otomasyon** オトマスィ**オ**ン	automation オート**メ**イション
おーなー **オーナー** oonaa	**sahip** サー**ヒ**ップ	owner **オ**ウナ
おーばー **オーバー** （上着） oobaa	**palto** パルト	overcoat **オ**ウヴァコウト
おーびー **OB** （卒業生） oobii	**mezun** メーズン	graduate **グ**ラデュエト
おーぷにんぐ **オープニング** oopuningu	**açılış** ア**チュ**ルシ	opening **オ**ウプニング
おーぶん **オーブン** oobun	**fırın** フルン	oven **ア**ヴン
おーぶんな **オープンな** oopunna	**açık** ア**チュ**ック	open **オ**ウプン
おーぼえ **オーボエ** ooboe	**obua** オブ**ア**	oboe **オ**ウボウ
おおみそか **大晦日** oomisoka	**yılbaşı gecesi** ユルバ**シュ** ゲジェ**ス**ィ	New Year's Eve **ニュー イ**アズ **イ**ーヴ
おおもじ **大文字** oomoji	**büyük harf** ビュ**ユ**ック **ハ**ルフ	capital letter **キャ**ピトル **レ**タ
反 小文字	**küçük harf** キュ**チュ**ック **ハ**ルフ	lowercase letter **ロ**ウアケイス **レ**タ
おおや **大家** ooya	**ev sahibi** **エ**ヴ サー**ヒ**ビ	owner, land lord **オ**ウナ, **ラ**ンド ロード
おおやけの **公の** （公共の） ooyakeno	**umumî** ウムー**ミ**ー	public **パ**ブリク
（公式の）	**resmî** レス**ミ**ー	official オ**フィ**シャル
反 民間の	**özel** **ウ**ゼル	private, civil **プ**ライヴェト, **ス**ィヴィル
おおらかな **おおらかな** oorakana	**yüce gönüllü** ユ**ジェ** ギョ**ニュ**ル**リュ**	bighearted, mag- nanimous ビグ**ハ**ーティド, マグ**ナ**ニマ ス

お

お

日	トルコ	英
お母さん おかあさん okaasan	**anne** アンネ	mother マザ
おかしい （こっけいな） okashii	**komik** コミック	funny ファニー
（楽しい）	**eğlenceli** エーレンジェリ	amusing アミューズィング
（奇妙な）	**tuhaf** トゥハフ	strange ストレインヂ
犯す おかす （罪などを） okasu	**işlemek** イシレメッキ	commit コミト
（法律などを）	**ihlal etmek** イフラール エトメッキ	violate ヴァイオレイト
（婦女を）	**tecavüz etmek** テジャーヴュス エトメッキ	rape レイプ
侵す おかす okasu	**ihlal etmek** イフラール エトメッキ	violate, infringe on ヴァイオレイト, インフリンヂ オン
冒す おかす （危険を） okasu	**risk almak** リスク アルマック	run ラン
お金 おかね okane	**para** パラ	money マニ
小川 おがわ ogawa	**çay** チャイ	brook, stream ブルク, ストリーム
悪寒 おかん okan	**üşüme** ユシュメ	chill チル
沖 おき （外洋） oki	**açık deniz** アチュック デニス	offing オーフィング
起き上がる おきあがる okiagaru	**kalkmak** カルクマック	get up ゲト アプ
オキシダント おきしだんと okishidanto	**oksidan** オクスィダン	oxidant アクシダント
補う おぎなう oginau	**telafi etmek** テラーフィ エトメッキ	make up for メイク アプ フォ

日	トルコ	英
お気に入り okiniiri	**gözde, favori** ギョズデ, ファヴォリ	favorite, Ⓑfavour-ite フェイヴァリト, フェイヴァリト
置物 okimono	**süs** スュス	ornament オーナメント
起きる okiru	**kalkmak** カルクマック	get up, rise ゲト アプ, ライズ
（目を覚ます）	**uyanmak** ウヤンマック	wake up ウェイク アプ
（発生する）	**meydana gelmek** メイダナ ゲルメッキ	happen, occur ハプン, オカー
置き忘れる okiwasureru	**unutmak** ウヌトマック	forget, leave フォゲト, リーヴ
奥 oku	**dip** ディップ	innermost, far back イナモウスト, ファー バク
億 oku	**yüz milyon** ユズ ミリヨン	one hundred million ワン ハンドレド ミリョン
置く oku	**koymak, yerleştirmek** コイマック, イェルレシティルメッキ	put, place プト, プレイス
屋外の okugaino	**açık (hava)** アチュック（ハワ）	outdoor アウトドー
奥さん okusan	**eş** エシ	Mrs, wife ミスィズ, ワイフ
屋上 （屋根） okujou	**dam, çatı** ダム, チャトゥ	roof ルーフ
憶測 okusoku	**tahmin** タフミーン	supposition サポジション
屋内の okunaino	**ev içinde olan** エヴ イチンデ オラン	indoor インドー
臆病な okubyouna	**korkak** コルカック	cowardly, timid カワドリ, ティミド
奥深い okufukai	**derin** デリン	deep, profound ディープ, プロファウンド
奥行き okuyuki	**derinlik** デリンリッキ	depth デプス

お

日	トルコ	英
お		
おくりさき **送り先** （届け先） okurisaki	**alıcı** アルジュ	destination デスティネイション
おくりじょう **送り状** okurijou	**fatura, gönderi formu** ファトゥラ, ギョンデリ フォルム	invoice インヴォイス
おくりぬし **送り主** okurinushi	**gönderici** ギョンデリジ	sender センダ
おくりもの **贈り物** okurimono	**hediye** ヘディイェ	present, gift プレゼント, ギフト
おくる **送る** okuru	**göndermek** ギョンデルメッキ	send センド
（見送る）	**uğurlamak** ウウルラマック	see off スィー オーフ
おくる **贈る** okuru	**hediye etmek** ヘディイェ エトメッキ	present プリゼント
（賞などを）	**ödüllendirmek** オデュルレンディルメッキ	award アウォード
おくれる **遅れる** okureru	**gecikmek** ゲジクメッキ	(be) late for (ビ) レイト フォ
おくれる **後れる** （時代などに） okureru	**geri kalmak** ゲリ カルマック	(be) behind (ビ) ビハインド
おこす **起こす** okosu	**kaldırmak** カルドゥルマック	raise, set up レイズ, セト アプ
（目覚めさせる）	**uyandırmak** ウヤンドゥルマック	wake up ウェイク アプ
（引き起こす）	**-e sebep olmak** エ セベップ オルマック	cause コーズ
おこたる **怠る** okotaru	**ihmal etmek** イフマール エトメッキ	neglect ニグレクト
おこない **行い** okonai	**hareket** ハレケット	act, action アクト, アクション
（品行）	**davranış** ダヴラヌシ	conduct カンダクト
おこなう **行う** okonau	**etmek, yapmak** エトメッキ, ヤプマック	do, act ドゥー, アクト
（挙行する）	**gerçekleştirmek** ゲルチェッキレシティルメッキ	hold, celebrate ホウルド, セレプレイト

日	トルコ	英
（実施する）	**icra etmek** イジュ**ラー** エト**メ**ッキ	put in practice **プ**ト イン プ**ラ**クティス
おこる **起こる** okoru	**meydana gelmek** メイダ**ナ** ゲル**メ**ッキ	happen, occur **ハ**プン, オ**カー**
（勃発する）	**patlamak** パトラ**マ**ック	break out ブ**レ**イク **ア**ウト
おこる **怒る** okoru	**kızmak** ク**ズ**マック	(get) angry （ゲト）**ア**ングリ
おごる **驕る** ogoru	**kibirlenmek** キビルレン**メ**ッキ	(be) haughty （ビ）**ホー**ティ
おさえる **押さえる** osaeru	**bastırmak** バストゥル**マ**ック	hold down **ホ**ウルド **ダ**ウン
おさえる **抑える**　（制圧する） osaeru	**bastırmak** バストゥル**マ**ック	suppress サプ**レ**ス
（阻止する）	**engellemek** エンゲルレ**メ**ッキ	check, inhibit **チェ**ク, イン**ヒ**ビト
（抑制・制御する）	**kontrol etmek** コント**ロ**ル エト**メ**ッキ	control コント**ロ**ウル
おさない **幼い** osanai	**çocuksu** チョジュック**ス**	infant, juvenile **イ**ンファント, **デュー**ヴェナ イル
おさまる **治まる**　（鎮まる） osamaru	**sakinleşmek** サーキンレシ**メ**ッキ	calm down, sub- side **カー**ム **ダ**ウン, サブ**サ**イド
（元に戻る）	**yerine dönmek** イェリ**ネ** ドゥン**メ**ッキ	(be) restored to （ビ）リス**トー**ド トゥ
おさまる **納まる**　（入る） osamaru	**sığmak** スー**マ**ック	(be) put in, fit in （ビ）**プ**ト イン, **フィ**ト イン
おさめる **治める**　（鎮圧する） osameru	**bastırmak** バストゥル**マ**ック	suppress サプ**レ**ス
（統治する）	**hükmetmek, hüküm sür- mek** **ヒュ**クメットメッキ, **ヒュ**キュム　スュル メッキ	rule, govern **ルー**ル, **ガ**ヴァン
おさめる **納める**　（納品する） osameru	**teslim etmek** テス**リ**ム エト**メ**ッキ	deliver ディ**リ**ヴァ
（納金する）	**ödemek** ウデ**メ**ッキ	pay **ペ**イ

お

日	トルコ	英

お

伯[叔]父（父方の）
oji

amca
アムジャ

uncle
アンクル

（母方の）

dayı
ダユ

uncle
アンクル

惜しい
oshii

üzücü
ユズュジュ

regrettable
リグレタブル

おじいさん（祖父）
ojiisan

dede
デデ

grandfather
グランドファーザ

（老人）

yaşlı adam
ヤシル アダム

old man
オウルド マン

教え
oshie

ders
デルス

lesson, teachings
レスン, ティーチングズ

教える
oshieru

öğretmek
ウーレトメッキ

teach, instruct
ティーチ, インストラクト

（告げる）

anlatmak
アンラトマック

tell
テル

（知らせる）

bildirmek
ビルディルメッキ

inform
インフォーム

お辞儀
ojigi

reverans
レヴェランス

bow
バウ

押し込む
oshikomu

sıkıştırmak
スクシトゥルマック

push in, stuff into
プシュ イン, スタフ イン
トゥ

押しつける
（強制する）
oshitsukeru

zorlamak
ゾルラマック

force
フォース

雄しべ
oshibe

ercik
エルジッキ

stamen
ステイメン

惜しむ
（残念に思う）
oshimu

üzülmek
ユズュルメッキ

regret
リグレト

お喋りな
oshaberina

konuşkan
コヌシカン

talkative
トーカティヴ

お洒落する
osharesuru

süslenmek
スュスレンメッキ

dress up
ドレス アプ

お洒落な
osharena

şık
シュック

stylish
スタイリシュ

日	トルコ	英
おじょうさん **お嬢さん** ojousan	**genç bayan** ゲンチ バヤン	young lady ヤング レイディ
おしょく **汚職** oshoku	**rüşvet** リュシヴェット	corruption コラプション
おす **押す** osu	**itmek** イトメッキ	push, press プシュ, プレス
おす **雄** osu	**erkek** エルケッキ	male メイル
おせじ **お世辞** oseji	**kompliman, pohpohlama** コンプリマン, ポフポフラマ	compliment, flattery カンプリメント, フラタリ
おせっかいな **お節介な** osekkaina	**işgüzar, burnunu sokan** イシギュザル, ブルヌヌ ソカン	meddlesome メドルサム
おせん **汚染** osen	**kirlilik** キルリリッキ	pollution ポリューション
おそい **遅い** osoi	**geç** ゲッチ	late レイト
反 早い	**erken** エルケン	early アーリ
(速度が)	**yavaş** ヤヴァシ	slow スロウ
反 速い	**hızlı** フズル	quick, fast クウィック, ファスト
おそう **襲う** osou	**saldırmak** サルドゥルマック	attack アタク
(天災などが)	**-e çarpmak, vurmak** エ チャルプマック, ヴルマック	hit, strike ヒト, ストライク
おそらく **恐らく** osoraku	**belki** ベルキ	perhaps パハプス
おそれ **おそれ** (懸念) osore	**endişe** エンディシェ	apprehension アプリヘンション
(恐怖)	**korku** コルク	fear フィア
おそれる **恐れる** osoreru	**-den korkmak** デン コルクマック	fear, (be) afraid of フィア, (ビ) アフレイド オヴ

日	トルコ	英
お **恐ろしい** (おそろしい) osoroshii	**korkunç** コルクンチ	fearful, awful フィアフル, オーフル
教わる (おそわる) osowaru	**öğrenmek** ウーレンメッキ	learn ラーン
オゾン (おぞん) ozon	**ozon** オゾン	ozone オウゾウン
お互いに (おたがいに) otagaini	**birbirine, birbirini** ビルビリネ, ビルビリニ	each other イーチ アザ
おたふく風邪 (おたふくかぜ) otafukukaze	**kabakulak** カバクラック	mumps マンプス
穏やかな (平穏な) (おだやかな) odayakana	**huzurlu** フズルル	calm, tranquil カーム, トランクウィル
陥る (おちいる) ochiiru	**-in içine düşmek** イン イチネ デュシメッキ	fall into フォール イントゥ
落ち着く (おちつく) ochitsuku	**sakinleşmek** サーキンレシメッキ	(become) calm, calm down (ビカム) カーム, カーム ダウン
(定住する)	**yerleşmek** イェルレシメッキ	settle down セトル ダウン
落ちる (おちる) ochiru	**düşmek** デュシメッキ	fall, drop フォール, ドラプ
(汚れ・しみが)	**çıkmak** チュクマック	come off カム オーフ
(試験に)	**kazanamamak** カザナママック	fail フェイル
夫 (おっと) otto	**eş, koca** エシ, コジャ	husband ハズバンド
お釣り (おつり) otsuri	**para üstü** パラ ユストュ	change チェインヂ
おでこ (おでこ) odeko	**alın** アルン	forehead フォーレド
音 (おと) oto	**ses** セス	sound サウンド
お父さん (おとうさん) otousan	**baba** パパ	father ファーザ

日	トルコ	英
おとうと **弟** otouto	**(küçük) erkek kardeş** (キュチュック) エルケッキ カルデシ	(younger) brother (ヤンガ) ブラザ
おどかす **脅かす** odokasu	**tehdit etmek** テフディット エトメッキ	threaten, menace スレトン, メナス
おとこ **男** otoko	**erkek, adam** エルケッキ, アダム	man, male マン, メイル
おとこのこ **男の子** otokonoko	**erkek çocuk** エルケッキ チョジュック	boy ボイ
おどし **脅し** odoshi	**tehdit** テフディット	threat, menace スレト, メナス
おとしだま **お年玉** otoshidama	**yeni yılda çocuklara ve-rilen para** イェニ ユルダ チョジュックララ ヴェリレン パラ	New Year's gift ニュー イアズ ギフト
おとす **落とす** otosu	**düşürmek** デュシュルメッキ	drop, let fall ドラプ, レト フォール
(汚れを)	**çıkartmak** チュカルトマック	remove リムーヴ
(信用・人気を)	**kaybetmek** カイベトメッキ	lose ルーズ
おどす **脅す** odosu	**tehdit etmek** テフディット エトメッキ	threaten, menace スレトン, メナス
おとずれる **訪れる** otozureru	**-i ziyaret etmek** イ ズィヤーレット エトメッキ	visit ヴィズィト
おととい **一昨日** ototoi	**evvelki gün** エッヴェルキ ギュン	day before yester-day デイ ビフォー イェスタデイ
おととし **一昨年** ototoshi	**evvelki yıl** エッヴェルキ ユル	year before last イア ビフォー ラスト
おとな **大人** otona	**yetişkin** イェティシキン	adult, grown-up アダルト, グロウナプ
おとなしい **おとなしい** otonashii	**sakin** サーキン	quiet, docile クワイエト, ダスィル
おとめざ **乙女座** otomeza	**Başak Burcu** パシャック ブルジュ	Virgin, Virgo ヴァーヂン, ヴァーゴウ
おどり **踊り** odori	**dans, oyun** ダンス, オユン	dance ダンス

日	トルコ	英
お		
<ruby>劣<rt>おと</rt></ruby>る otoru	**-den aşağı olmak** デン アシャウ オルマック	(be) inferior to (ビ) インフィアリア トゥ
<ruby>踊<rt>おど</rt></ruby>る odoru	**dans etmek, oynamak** ダンス エトメッキ, オイナマック	dance ダンス
<ruby>衰<rt>おとろ</rt></ruby>える （健康・人気が） otoroeru	**gerilemek** ゲリレメッキ	decline ディクライン
（人などが）	**zayıflamak** ザユフラマック	(become) weak (ビカム) ウィーク
<ruby>驚<rt>おどろ</rt></ruby>かす odorokasu	**şaşırtmak** シャシュルトマック	surprise, astonish サプライズ, アスタニシュ
<ruby>驚<rt>おどろ</rt></ruby>き odoroki	**sürpriz, hayret** スュルプリズ, ハイレット	surprise サプライズ
<ruby>驚<rt>おどろ</rt></ruby>く odoroku	**şaşırmak** シャシュルマック	(be) surprised (ビ) サプライズド
<ruby>お腹<rt>おなか</rt></ruby> onaka	**karın** カルン	stomach スタマク
<ruby>同<rt>おな</rt></ruby>じ　（同一の） onaji	**aynı** アイヌ	same セイム
（等しい）	**eşit** エシット	equal, equivalent イークワル, イクウィヴァレント
（類似の）	**benzer** ベンゼル	similar スィミラ
（共通の）	**ortak** オルタック	common カモン
<ruby>鬼<rt>おに</rt></ruby> oni	**dev, şeytan** デヴ, シェイタン	ogre, demon オウガ, ディーモン
（遊びの）	**ebe** エベ	it イト
<ruby>斧<rt>おの</rt></ruby> ono	**balta** バルタ	ax, hatchet, ⑧axe アクス, ハチト, アクス
<ruby>各々<rt>おのおの</rt></ruby> onoono	**her bir** ヘル ビル	each イーチ
<ruby>伯[叔]母<rt>おば</rt></ruby>（父方の） oba	**hala** ハラ	aunt アント

日	トルコ	英
（母方の）	**teyze** テイゼ	aunt アント
おばあさん（祖母） obaasan	**nine** ニネ	grandmother グランドマザ
（老女）	**nine, yaşlı kadın** ニネ, ヤシル カドゥン	old woman オウルド ウマン
おぱーる オパール opaaru	**opal** オパル	opal オウパル
おばけ お化け obake	**hayalet** ハヤーレット	ghost ゴウスト
おびえる 怯える obieru	**korkmak** コルクマック	(be) frightened at (ビ) フライトンド アト
おひつじざ 牡羊座 ohitsujiza	**Koç Burcu** コッチ ブルジュ	Ram, Aries ラム, エアリーズ
おぺら オペラ opera	**opera** オペラ	opera アパラ
おぺれーたー オペレーター opereetaa	**operatör** オペラトゥル	operator アパレイタ
おぼえている 覚えている oboeteiru	**hatırlamak** ハトゥルラマック	remember リメンバ
おぼえる 覚える oboeru	**ezberlemek** エズベルレメッキ	memorize メモライズ
（習得する）	**öğrenmek** ウーレンメッキ	learn ラーン
おぼれる 溺れる oboreru	**boğulmak** ボウルマック	(be) drowned (ビ) ドラウンド
おまけする おまけする （割引する） omakesuru	**indirim yapmak** インディリム ヤプマック	discount ディスカウント
おまもり お守り omamori	**muska** ムスカ	charm, talisman チャーム, タリスマン
おまわりさん お巡りさん omawarisan	**polis** ポリス	police officer, cop, policeman ポリース オーフィサ, カプ, ポリースマン
おむつ おむつ omutsu	**bebek bezi** ベベッキ ベズィ	diaper, Ⓑnappy ダイアパ, ナピ

お

日	トルコ	英
お おもい **重い** omoi	**ağır** アウル	heavy ヘヴィ
（役割や責任が）	**önemli** ウネムリ	important, grave インポータント, グレイヴ
（病が）	**ciddi** ジッディー	serious スィアリアス
おもいがけない **思いがけない** omoigakenai	**beklenmeyen** ベクレンメイェン	unexpected アニクスペクティド
おもいだす **思い出す** omoidasu	**hatırlamak** ハトゥルラマック	remember, recall リメンバ, リコール
おもいつく **思いつく** omoitsuku	**aklına gelmek** アクルナ ゲルメッキ	think of スィンク オヴ
おもいで **思い出** omoide	**hatıra** ハートゥラ	memories メモリズ
おもう **思う** omou	**düşünmek** デュシュンメッキ	think スィンク
（見なす）	**saymak** サイマック	consider as コンスィダ アズ
（推測する）	**sanmak, zannetmek** サンマック, ザンネトメッキ	suppose サポウズ
おもさ **重さ** omosa	**ağırlık** アウルルック	weight ウェイト
おもしろい **面白い** omoshiroi	**ilginç** イルギンチ	interesting インタレスティング
（奇抜た）	**tuhaf** トゥハフ	odd, novel アド, ナヴェル
おもちゃ **玩具** omocha	**oyuncak** オユンジャック	toy トイ
おもて **表**　（前面） omote	**ön** ウン	front, face フラント, フェイス
（表面・正面）	**ön** ウン	face フェイス
（戸外）	**dışarı** ドゥシャル	outdoors アウトドーズ
おもな **主な** omona	**başlıca** バシルジャ	main, principal メイン, プリンスィパル

日	トルコ	英
おもに **主に** omoni	**başlıca, çoğunlukla** バシルジャ, チョウンルックラ	mainly, mostly メインリ, モウストリ
おもわく **思惑** omowaku	**niyet, düşünce** ニイェット, デュシュンジェ	intention, thought インテンション, ソート
おもんじる **重んじる** omonjiru	**-e önem vermek** エ ウネム ヴェルメッキ	place importance upon プレイス インポータンス アポン
(尊重する)	**-e saygı göstermek** エ サイグ ギョステルメッキ	value ヴァリュ
おや **親** oya	**ebeveyn** エベヴェイン	parent ペアレント
(母)	**anne** アンネ	mother マザ
(父)	**baba** ババ	father ファーザ
(両親)	**ebeveyn** エベヴェイン	parents ペアレンツ
おやつ **おやつ** (スナック) oyatsu	**atıştırmalık** アトゥシトゥルマルック	snack スナク
おやゆび **親指** oyayubi	**baş parmağı** バシ パルマウ	thumb サム
(足の)	**baş parmağı** バシ パルマウ	big toe ビグ トウ
およぐ **泳ぐ** oyogu	**yüzmek** ユズメッキ	swim スウィム
およそ **およそ** oyoso	**yaklaşık** ヤクラシュック	about, nearly アバウト, ニアリ
およぶ **及ぶ** oyobu	**-e değmek** エ デーメッキ	reach, amount to リーチ, アマウント トゥ
おらんだ **オランダ** oranda	**Hollanda** ホッランダ	Netherlands ネザランツ
おりーぶ **オリーブ** oriibu	**zeytin** ゼイティン	olive アリヴ
～油	**zeytin yağı** ゼイティン ヤウ	olive oil アリヴ オイル

お

日	トルコ	英
おりおんざ **オリオン座** orionza	**Oryon** オリヨン	Orion オライオン
おりじなるの **オリジナルの** orijinaruno	**orijinal, asıl** オリジナル, アスル	original オリヂナル
おりたたむ **折り畳む** oritatamu	**katlamak** カトラマック	fold up フォウルド アプ
おりもの **織物** orimono	**dokuma, tekstil** ドクマ, テクスティル	textile, fabrics テクスタイル, ファブリクス
おりる **下りる** oriru	**inmek** インメッキ	come down カム ダウン
おりる **降りる** oriru	**inmek** インメッキ	get off, get out of ゲト オーフ, ゲト アウト オ ヴ
反**乗る**	**binmek** ビンメッキ	ride, take ライド, テイク
おりんぴっく **オリンピック** orinpikku	**Olimpiyat Oyunları** オリンピヤット オユンラル	Olympic Games オリンピク ゲイムズ
おる **折る** oru	**bükmek** ビュキメッキ	bend ベンド
（切り離す）	**koparmak** コパルマック	break, snap ブレイク, スナプ
おる **織る** oru	**dokumak** ドクマック	weave ウィーヴ
おるがん **オルガン** orugan	**org** オルク	organ オーガン
おれがの **オレガノ** oregano	**kekik** ケキッキ	oregano オレーガノウ
おれる **折れる** oreru	**kopmak** コプマック	break, snap ブレイク, スナプ
（譲歩する）	**kabullenmek** カブルレンメッキ	give in ギヴ イン
おれんじ **オレンジ** orenji	**portakal** ポルタカル	orange オリンヂ
おろかな **愚かな** orokana	**aptal** アプタル	foolish, silly フーリシュ, スィリ

日	トルコ	英
おろし 卸 oroshi	**toptan satış** トプタン サトゥッシ	wholesale ホウルセイル
反 小売り	**perakende** ペラーケンデ	retail リーテイル
～値	**toptan fiyat** トプタン フィヤット	wholesale price ホウルセイル プライス
おろす 降ろす orosu	**indirmek** インディルメッキ	drop off ドラプ オーフ
（積み荷を）	**indirmek** インディルメッキ	unload アンロウド
おろす 下ろす orosu	**indirmek** インディルメッキ	take down テイク ダウン
おわり 終わり owari	**son** ソン	end, close エンド, クロウズ
おわる 終わる owaru	**bitmek** ビトメッキ	end, close エンド, クロウズ
（完成する）	**tamamlanmak** タマムランマック	complete コンプリート
（完結する）	**sonuçlanmak** ソヌッチランマック	conclude コンクルード
おん 恩 on	**minnet** ミンネット	obligation, debt of gratitude アブリゲイション, デト オ ヴ グラティテュード
おんかい 音階 onkai	**gam** ガム	scale スケイル
おんがく 音楽 ongaku	**müzik** ミュズィッキ	music ミューズィック
おんきゅう 恩給 onkyuu	**emekli maaşı** エメッキリ マアシュ	pension パーンスィアン
おんけい 恩恵 onkei	**yarar, fayda** ヤラル, ファイダ	favor, benefit, Ⓑfavour フェイヴァ, ベニフィト, フェイヴァ
おんこうな 温厚な onkouna	**nazik** ナーズィッキ	gentle チェントル
おんしつ 温室 onshitsu	**sera** セラ	greenhouse グリーンハウス

お

日	トルコ	英
～効果	**sera etkisi** セラ エトキスィ	greenhouse effect グリーンハウス イ**フェ**クト
おんじん **恩人** onjin	**velinimet** ヴェリーニーメット	benefactor ベネ**ファ**クタ
おんす **オンス** onsu	**ons** オンス	ounce **ア**ウンス
おんすい **温水** onsui	**sıcak su** スジャック ス	hot water ハト **ウォ**ータ
おんせい **音声** onsei	**ses** セス	voice **ヴォ**イス
おんせつ **音節** onsetsu	**hece** ヘジェ	syllable **スィ**ラブル
おんせん **温泉** onsen	**kaplıca, ılıca** カプルジャ, ウルジャ	hot spring, spa ハト スプリング, ス**パ**ー
おんたい **温帯** ontai	**ılıman kuşak** ウルマン ク**シャ**ック	temperate zone **テ**ンペレト **ゾ**ウン
おんだんな **温暖な** ondanna	**ılık** ウルック	warm, mild **ウォ**ーム, **マ**イルド
おんど **温度** ondo	**sıcaklık** スジャック**ル**ック	temperature **テ**ンパラチャ
～計	**sıcakölçer** スジャックウルチェル	thermometer サ**マ**メタ
おんな **女** onna	**kadın** カ**ド**ゥン	woman **ウ**マン
おんなのこ **女の子** onnanoko	**kız** クス	girl, daughter **ガ**ール, **ド**ータ
おんぷ **音符** onpu	**nota** ノタ	note **ノ**ウト
おんぶする **負んぶする** onbusuru	**sırtına taşımak** スルトゥ**ナ** タシュマック	carry on one's back **キャ**リ オン **パ**ク
おんらいんの **オンラインの** onrainno	**çevrim içi, online** チェヴリム イ**チ**, オンライン	online **ア**ンライン

お

日	トルコ	英

か，カ

か 科 （学校・病院の） ka	**bölüm** ブリュム	department ディパートメント
（学習上の）	**kurs** クルス	course コース
か 課 （教科書などの） ka	**ders** デルス	lesson レスン
（組織の区分の）	**bölüm** ブリュム	section, division セクション，ディヴィジョン
か 蚊 ka	**sivrisinek** スィヴリスィネッキ	mosquito モスキートウ
が 蛾 ga	**güve, pervane** ギュヴェ, ペルヴァーネ	moth モース
かーそる カーソル kaasoru	**imleç** イムレッチ	cursor カーサ
かーでぃがん カーディガン kaadigan	**hırka** フルカ	cardigan カーディガン
かーてん カーテン kaaten	**perde** ペルデ	curtain カートン
かーど カード kaado	**kart** カルト	card カード
がーどまん ガードマン gaadoman	**bekçi** ベクチ	guard ガード
かーとりっじ カートリッジ kaatorijji	**kartuş** カルトゥシュ	cartridge カートリヂ
がーな ガーナ gaana	**Gana** ガナ	Ghana ガーナ
かーねーしょん カーネーション kaaneeshon	**karanfil** カランフィル	carnation カーネイション
がーねっと ガーネット gaanetto	**lal taşı** ラール タシュ	garnet ガーネット
かーぶ カーブ kaabu	**eğri, kıvrım** エーリ, クヴルム	curve, turn カーヴ，ターン
かーぺっと カーペット kaapetto	**halı** ハル	carpet カーペト

日	トルコ	英
がーるふれんど **ガールフレンド** gaarufurendo	**kız arkadaş** クス アルカダシ	girlfriend ガールフレンド
かい **回** （ボクシングの） kai	**raunt** ローント	round ラウンド
（野球の）	**vuruş sırası** ヴルッシ スラス	inning イニング
（回数）	**defa, kez** デファー, ケス	time タイム
かい **会** （集まり） kai	**toplantı, parti** トプラントゥ, パルティ	meeting, party ミーティング, パーティ
（団体）	**grup, dernek** グルップ, デルネッキ	society ソサイエティ
かい **貝** kai	**deniz kabukları** デニス カブックラル	shellfish シェルフィシュ
がい **害** gai	**zarar** ザラル	harm, damage ハーム, ダミヂ
かいいん **会員** kaiin	**üye, üyelik** ユイェ, ユイェリッキ	member, member-ship メンバ, メンバシプ
かいおうせい **海王星** kaiousei	**Neptün** ネプテュン	Neptune ネプテューン
がいか **外貨** gaika	**döviz** ドゥヴィス	foreign money フォーリン マニ
かいがい **海外** kaigai	**yurt dışı, yabancı ülke** ユルト ドゥシュ, ヤバンジュ ユルケ	foreign countries フォーリン カントリズ
かいかく **改革** kaikaku	**reform, devrim** レフォルム, デヴリム	reform, innovation リフォーム, イノヴェイション
～する	**reform yapmak, inkılap etmek** レフォルム ヤプマック, インクラープ エトメッキ	reform, innovate リフォーム, イノヴェイト
かいかつな **快活な** kaikatsuna	**neşeli** ネシェリ	cheerful チアフル
かいがら **貝殻** kaigara	**kabuk** カブック	shell シェル
かいがん **海岸** kaigan	**sahil** サーヒル	coast, seashore コウスト, スィーショー

日	トルコ	英
がいかん **外観** gaikan	**görünüm** ギョリュ**ニュ**ム	appearance アピアランス
かいぎ **会議** kaigi	**toplantı, konferans** トプラン**トゥ**, コンフェ**ランス**	meeting, conference ミーティング, **カ**ンファレンス
かいきゅう **階級** kaikyuu	**sınıf** ス**ヌ**フ	class, rank クラス, **ラ**ンク
かいきょう **海峡** kaikyou	**boğaz** ボ**ア**ズ	strait, channel ストレイト, **チャ**ネル
かいぐん **海軍** kaigun	**deniz kuvvetleri** デニス クッ**ヴェ**トレ**リ**	navy **ネ**イヴィ
かいけい **会計** (勘定) kaikei	**hesap** ヘ**サ**ープ	check, ⑧bill, cheque チェク, **ビ**ル, **チェ**ク
(経済状況)	**muhasebe, finans** ムハー**セ**ベ, フィ**ナ**ンス	accounting, finance ア**カ**ウンティング, フィ**ナ**ンス
～士	**muhasebeci** ムハー**セ**ベジ	accountant ア**カ**ウンタント
かいけつ **解決** kaiketsu	**çözüm** チョ**ズュ**ム	solution, settlement ソ**ルー**ション, **セ**トルメント
～する	**çözmek, çözülmek** チョズ**メ**キ, チョ**ズュ**ルメ**キ**	solve, resolve **サ**ルヴ, リ**ザ**ルヴ
かいけん **会見** kaiken	**mülakat** ミュラー**カ**ート	interview **イ**ンタヴュー
(発表)	**açıklama** アチュック**ラ**マ	press conference プレス **カ**ンファレンス
がいけん **外見** gaiken	**dış görünüş** **ドゥ**シ ギョリュ**ニュ**シ	appearance ア**ピ**アランス
かいげんれい **戒厳令** kaigenrei	**sıkıyönetim** ス**クョ**ネ**ティ**ム	martial law **マ**ーシャル **ロ**ー
かいご **介護** kaigo	**bakım** バ**ク**ム	care **ケ**ア
かいごう **会合** kaigou	**toplantı** トプラン**トゥ**	meeting, gathering ミーティング, **ギャ**ザリング

か

日	トルコ	英
<ruby>外交<rt>がいこう</rt></ruby> gaikou	**dış işleri** ドゥシ イシュレリ	diplomacy ディプロウマスィ
～官	**diplomat** ディプロマット	diplomat ディプロマト
<ruby>外国<rt>がいこく</rt></ruby> gaikoku	**yabancı ülke** ヤバンジュ ユルケ	foreign country フォーリン カントリ
～人	**yabancı** ヤバンジュ	foreigner フォーリナ
～の	**yabancı** ヤバンジュ	foreign フォーリン
<ruby>骸骨<rt>がいこつ</rt></ruby> gaikotsu	**iskelet** イスケレット	skeleton スケルトン
<ruby>開催する<rt>かいさいする</rt></ruby> kaisaisuru	**düzenlemek, yapmak** ドュゼンレメッキ, ヤプマック	hold, open ホウルド, オウプン
<ruby>改札口<rt>かいさつぐち</rt></ruby> kaisatsuguchi	**turnike** トゥルニケ	ticket gate ティケト ゲイト
<ruby>解散<rt>かいさん</rt></ruby> （議会や組織の） kaisan	**fesih** フェスィフ	dissolution ディソルーション
（集まりの）	**dağılma, ayrılma** ダウルマ, アイルルマ	breakup ブレイカプ
<ruby>概算<rt>がいさん</rt></ruby> gaisan	**toparlak hesap** トパルラック ヘサープ	rough estimate ラフ エスティメト
<ruby>海産物<rt>かいさんぶつ</rt></ruby> kaisanbutsu	**deniz ürünleri, deniz mahsulleri** デニス ユリュンレリ, デニス マフスールレリ	marine products マリーン プラダクツ
<ruby>開始<rt>かいし</rt></ruby> kaishi	**başlangıç** バシラングッチ	start, beginning スタート, ビギニング
～する	**başlamak** バシラマック	begin, start ビギン, スタート
<ruby>買い占める<rt>かいしめる</rt></ruby> kaishimeru	**stoklamak** ストックラマック	buy up, corner バイ アプ, コーナ
<ruby>会社<rt>かいしゃ</rt></ruby> kaisha	**şirket, firma** シルケット, フィルマ	company, firm カンパニ, ファーム

か

日	トルコ	英
～員	**ofis çalışanı** オフィス チャルシャヌ	office worker, employee オーフィス ワーカ, インプロイイー
かいしゃく 解釈 kaishaku	**yorum, tefsir** ヨルム, テフスィール	interpretation インタープリテイション
～する	**yorumlamak** ヨルムラマック	interpret インタープリト
かいしゅう 回収 kaishuu	**toplama** トプラマ	recovery, collection リカヴァリ, コレクション
かいしゅう 改宗 kaishuu	**din değiştirme** ディン デイシティルメ	conversion コンヴァージョン
(イスラム教への)	**dönme** ドゥンメ	conversion コンヴァージョン
がいしゅつする 外出する gaishutsusuru	**dışarı çıkmak** ドゥシャル チュクマック	go out ゴウ アウト
かいじょう 会場 kaijou	**yer** イェル	site, venue サイト, ヴェニュー
がいしょくする 外食する gaishokusuru	**dışarıda yemek** ドゥシャルダ イェメッキ	eat out イート アウト
かいすい 海水 kaisui	**deniz suyu** デニス スユ	seawater スィーウォータ
～浴	**deniz banyosu** デニス バンヨス	sea bathing スィー ベイズィング
かいすうけん 回数券 kaisuuken	**karne, kupon** カルネ, クポン	book of tickets, commutation tickets ブク オヴ ティケツ, カミュテイション ティケツ
がいする 害する gaisuru	**incitmek** インジトメッキ	injure インヂャ
かいせいする 改正する kaiseisuru	**düzeltmek, revize etmek** デュゼルトメッキ, レヴィゼ エトメッキ	revise リヴァイズ
(法案などを)	**değiştirmek** デイシティルメッキ	amend アメンド
かいせつ 解説 kaisetsu	**yorum, açıklama** ヨルム, アチュックラマ	comment カメント

日	トルコ	英
～する	**anlatmak, yorumlamak** アンラト**マック**, ヨルムラ**マック**	explain, comment イクスプレイン, **カ**メント
かいぜん **改善する** kaizen	**iyileştirmek** イイレシティル**メッキ**	improve インプ**ルー**ヴ
かいそう **海草[藻]** kaisou	**yosun** ヨ**ス**ン	seaweed **ス**ィーウィード
かいぞく **海賊** kaizoku	**korsan** コル**サ**ン	pirate **パ**イアレト
～版	**korsan versiyon, korsan baskı** コル**サ**ン ヴェルスィ**ヨ**ン, コル**サ**ン バス**ク**	pirated edition **パ**イアレイティド イ**ディ**ション
かいだん **会談** kaidan	**görüşme** ギョリュシ**メ**	talk, conference **トー**ク, **カ**ンファレンス
かいだん **階段** kaidan	**merdiven** メルディ**ヴェ**ン	stairs ス**テ**アズ
がいちゅう **害虫** gaichuu	**zararlı böcek** ザラル**ル** ボ**ジェッ**キ	harmful insect, vermin **ハ**ームフル **イ**ンセクト, **ヴァ**ーミン
かいちゅうでんとう **懐中電灯** kaichuudentou	**el feneri** **エ**ル フェネ**リ**	flashlight, ⑧torch フ**ラ**シュライト, **トー**チ
かいちょう **会長** kaichou	**başkan** バシュ**カ**ン	president, CEO, chairman プ**レ**ズィデント, **ス**ィーイーオウ, **チェ**アマン
かいつうする **開通する** kaitsuusuru	**(trafiğe) açılmak** (トラフィ**エ**) ア**チュルマック**	(be) opened to traffic (ビ) **オ**ウプンド トゥ ト**ラ**フィク
かいて **買い手** kaite	**alıcı** アル**ジュ**	buyer **バ**イア
かいてい **海底** kaitei	**deniz dibi** デ**ニ**ス ディ**ビ**	bottom of the sea **バ**トム オヴ ザ **ス**ィー
かいていする **改定する** kaiteisuru	**revize etmek, düzeltme yapmak** レヴィ**ゼ** エト**メッキ**, デュゼルト**メ** ヤプ**マック**	revise リ**ヴァ**イズ
かいてきな **快適な** kaitekina	**rahat, konforlu** ラ**ハ**ト, コンフォル**ル**	agreeable, comfortable アグ**リー**アブル, **カ**ンフォタブル

日	トルコ	英
かいてん **回転** kaiten	**devir** デヴィル	turning, rotation **ター**ニング, ロウ**テ**イション
～する	**dönmek** ドゥン**メ**キ	turn, rotate **ター**ン, **ロ**ウテイト
かいてん **開店** kaiten	**açılış, açış** アチュ**ル**シ, ア**チュ**シ	opening **オ**ウプニング
がいど **ガイド** gaido	**rehber** レフ**ベ**ル	guide **ガ**イド
～ブック	**rehber kitabı** レフ**ベ**ル キタ**ブ**	guidebook **ガ**イドブク
かいとう **解答** kaitou	**cevap** ジェ**ヴァ**ップ	answer, solution **ア**ンサ, ソ**ル**ーション
～する	**cevaplamak, cevap ver-mek** ジェ**ヴァ**ップラ**マ**ック, ジェ**ヴァ**ップ ヴェルメッキ	answer, solve **ア**ンサ, **サ**ルヴ
かいとう **回答** kaitou	**yanıt** ヤ**ヌ**ット	reply リプ**ラ**イ
～する	**yanıtlamak, yanıt ver-mek** ヤ**ヌ**ットラ**マ**ック, ヤ**ヌ**ット ヴェル**メ**ッキ	reply to リプ**ラ**イ トゥ
かいどくする **解読する** kaidokusuru	**çözmek** チョズ**メ**ッキ	decipher, decode ディ**サ**イファ, ディ**コ**ウド
かいなんきゅうじょ **海難救助** kainankyuujo	**deniz kurtarma** デ**ニ**ス クルタル**マ**	sea rescue, salvage **ス**ィー **レ**スキュー, **サ**ルヴィデ
かいにゅう **介入** kainyuu	**müdahale, araya girme** ミュダーハ**レ**, アラ**ヤ** ギル**メ**	intervention インタ**ヴェ**ンション
～する	**müdahale etmek, araya girmek** ミュダーハ**レ** エト**メ**ッキ, アラ**ヤ** ギル**メ**ッキ	intervene インタ**ヴィ**ーン
がいねん **概念** gainen	**kavram** カヴ**ラ**ム	notion, concept **ノ**ウション, **カ**ンセプト
かいはつ **開発** (商業的な) kaihatsu	**geliştirme** ゲリシティル**メ**	(business) ex-ploitation (**ビ**ズネス) エクスプロイ**テ**イション

日	トルコ	英
（新製品などの）	**geliştirme** ゲリシティルメ	development ディヴェロプメント
〜する	**geliştirmek** ゲリシティルメッキ	develop, exploit ディヴェロプ, イクスプロイト
〜途上国	**gelişmekte olan ülke** ゲリシメッキテ オラン ユルケ	developing country ディヴェロピング カントリ
かいばつ 海抜 kaibatsu	**yükselti, rakım** ユクセルティ, ラークム	above the sea アバヴ ザ スィー
かいひ 会費 kaihi	**üyelik aidatı** ユイェリッキ アーイダートゥ	fee, membership fee フィー, メンバシプ フィー
がいぶ 外部 gaibu	**dış kısmı** ドゥシ クスム	outer section, outer part アウタ セクション, アウタ パート
かいふくする 回復する kaifukusuru	**iyileşmek** イイレシメッキ	recover, restore リカヴァ, リストー
かいぼう 解剖 kaibou	**otopsi** オトプスィ	dissection ディセクション
かいほう 解放する kaihou	**serbest bırakmak** セルベスト ブラクマック	release, liberate リリース, リバレイト
かいほうする 開放する kaihousuru	**açık tutmak** アチュック トゥトマック	keep open キープ オウプン
かいまく 開幕 kaimaku	**açılış** アチュルシ	opening オウプニング
がいむ 外務 gaimu	**dış işleri** ドゥシ イシュレリ	foreign affairs フォーリン アフェアズ
かいもの 買い物 kaimono	**alışveriş** アルシヴェリシ	shopping シャピング
かいやく 解約 kaiyaku	**iptal** イプタール	cancellation キャンセレイション
がいらいご 外来語 gairaigo	**yabancı kelime** ヤバンジュ ケリメ	loanword ロウンワード
かいりつ 戒律 （イスラム教の） kairitsu	**farz** ファルス	precept プリーセプト

日	トルコ	英
がいりゃく **概略** gairyaku	**özet, taslak** ウゼット, タスラック	outline, summary **ア**ウトライン, **サ**マリ
かいりゅう **海流** kairyuu	**deniz akıntısı** デニス アクントゥス	sea current **スィー カー**レント
かいりょう **改良** kairyou	**gelişme** ゲリシメ	improvement インプ**ルー**ヴメント
かいろ **回路** kairo	**devre** デヴレ	(electronic) circuit (イレクト**ラ**ニク) **サー**キト
かいわ **会話** kaiwa	**konuşma, sohbet** コヌシマ, ソフベット	conversation カンヴァ**セイ**ション
かいん **下院** (米国の) kain	**Temsilciler Meclisi** テムスィルジレル メジュリスィ	House of Representatives **ハ**ウス オヴ レプリ**ゼ**ンタティヴズ
(英国の)	**Avam Kamarası** ア**ヴァ**ム カマラ**ス**	House of Commons **ハ**ウス オヴ **カ**モンズ
かう **飼う** kau	**bakmak** バク**マ**ック	keep **キー**プ
(育てる)	**beslemek** ベスレ**メ**キ	raise **レ**イズ
かう **買う** kau	**almak, satın almak** アル**マ**ック, サ**トゥ**ン アル**マ**ック	buy, purchase **バ**イ, **パー**チェス
かうんせらー **カウンセラー** kaunseraa	**danışman** ダヌシマン	counselor **カ**ウンセラ
かうんせりんぐ **カウンセリング** kaunseringu	**danışmanlık** ダヌシマンルック	counseling **カ**ウンセリング
かうんたー **カウンター** kauntaa	**tezgâh** テズ**ギャ**フ	counter **カ**ウンタ
かえす **返す** kaesu	**geri göndermek, iade etmek** ゲリ ギョンデル**メ**ッキ, イア**デ** エト**メ**ッキ	return, send back リ**ター**ン, **セ**ンド **バ**ク
かえり **帰り** kaeri	**dönüş** ドゥ**ニュ**シ	way home **ウェ**イ **ホ**ウム
かえりみる **顧みる** kaerimiru	**geçmişe bakmak** ゲチミシェ バク**マ**ック	look back, reflect on **ル**ク **バ**ク, リフ**レ**クト **オ**ン

か

日	トルコ	英
かえる **蛙** kaeru	**kurbağa** クルバ**ア**	frog フロ－グ
かえる **返る** kaeru	**geri gitmek, geri gelmek** ゲリ ギト**メ**ッキ, ゲリ ゲル**メ**ッキ	return, come back リ**タ**－ン, **カ**ム バク
かえる **帰る** kaeru	**dönmek** ドゥン**メ**ッキ	come home, go home カム **ホ**ウム, ゴウ **ホ**ウム
(去る)	**ayrılmak** アイルル**マ**ック	leave **リ**－ヴ
かえる **変える** kaeru	**değiştirmek** デイシ**ティ**ル**メ**ッキ	change **チェ**インヂ
かえる **替[換]える** （外貨を） kaeru	**bozdurmak** ボズドゥル**マ**ック	exchange イクス**チェ**インヂ
かお **顔** kao	**yüz** **ユ**ス	face, look **フェ**イス, **ル**ク
かおり **香り** kaori	**koku** コ**ク**	smell, fragrance ス**メ**ル, フ**レ**イグランス
がか **画家** gaka	**ressam** レッ**サ**ム	painter **ペ**インタ
かがいしゃ **加害者** kagaisha	**saldırgan** サルドゥル**ガ**ン	assailant ア**セ**イラント
反 被害者	**kurban** クル**バ**ン	victim **ヴィ**クティム
かかえる **抱える** kakaeru	**kucaklamak** クジャックラ**マ**ック	hold in one's arms **ホ**ウルド イン **ア**－ムズ
かかく **価格** kakaku	**fiyat** フィ**ヤ**ット	price, value プ**ラ**イス, **ヴァ**リュ
かがく **化学** kagaku	**kimya** キミ**ヤ**－	chemistry **ケ**ミストリ
かがく **科学** kagaku	**bilim** ビ**リ**ム	science **サ**イエンス
～者	**bilim adamı, bilgin** ビ**リ**ム ア**ダ**ム, ビル**ギ**ン	scientist **サ**イエンティスト

日	トルコ	英
かかげる **掲げる** kakageru	**yukarı çekmek, yukarı kaldırmak** ユカル チェキメッキ, ユカル カルドゥルマック	hoist, hold up **ホ**イスト, **ホ**ウルド **ア**プ
かかと **踵** kakato	**topuk** ト**プ**ック	heel **ヒ**ール
かがみ **鏡** kagami	**ayna** ア**イナ**	mirror, glass **ミ**ラ, **グ**ラス
かがやかしい **輝かしい** kagayakashii	**parlak** パル**ラ**ック	brilliant **ブ**リリアント
かがやき **輝き** kagayaki	**parlaklık** パル**ラ**ック**ル**ック	brilliance **ブ**リリャンス
かがやく **輝く** kagayaku	**parlamak** パル**ラ**マック	shine, glitter **シ**ャイン, **グ**リタ
かかりいん **係員** kakariin	**görevli** ギョレヴ**リ**	person in charge of **パ**ースン イン **チャ**ーヂ オヴ
かかる **掛かる** （物が） kakaru	**asılmak** アスル**マ**ック	hang from **ハ**ング フラム
（金が）	**mal olmak, tutmak** **マ**ル オル**マ**ック, トゥット**マ**ック	cost **コ**スト
（時間が）	**sürmek** スュル**メ**ッキ	take **テ**イク
かかわる **かかわる** kakawaru	**ile ilgilenmek** イ**レ** イルギレン**メ**ッキ	(be) concerned in (ビ) コン**サ**ーンド イン
かき **牡蠣** kaki	**istiridye** イスティ**リ**ディエ	oyster **オ**イスタ
かき **柿** kaki	**trabzon hurması** トラブ**ゾ**ン フル**マ**ス	persimmon パース**ィ**モン
かぎ **鍵** kagi	**anahtar** アナフ**タ**ル	key **キ**ー
かきとめる **書き留める** kakitomeru	**not almak** ノット アル**マ**ック	write down **ラ**イト **ダ**ウン
かきとり **書き取り** kakitori	**dikte** ディク**テ**	dictation ディク**テ**イション

日	トルコ	英
かきとる **書き取る** kakitoru	**not almak** ノット アルマック	write down, jot down ライト ダウン, チャト ダウン
かきなおす **書き直す** kakinaosu	**düzeltmek** ドュゼルトメッキ	rewrite リーライト
かきまぜる **掻き混ぜる** kakimazeru	**karıştırmak** カルシトゥルマック	mix up ミクス アプ
かきまわす **掻き回す** kakimawasu	**karıştırmak** カルシトゥルマック	stir スター
かきゅう **下級** kakyuu	**alt sınıf** アルト スヌフ	lower class ロウア クラス
かぎる **限る** kagiru	**sınırlamak** スヌルラマック	limit, restrict リミト, リストリクト
かく **核** kaku	**öz, esas** ウス, エサース	core コー
（原子核）	**nükleer** ニュクレエル	nucleus ニュークリアス
～兵器	**nükleer silah** ニュクレエル スィラフ	nuclear weapon ニュークリア ウェポン
かく **書く** kaku	**yazmak** ヤズマック	write ライト
かく **掻く** kaku	**kaşımak** カシュマック	scratch スクラチ
かぐ **家具** kagu	**mobilya** モビリヤ	furniture ファーニチャ
かぐ **嗅ぐ** kagu	**koklamak** コクラマック	smell, sniff スメル, スニフ
がく **額**　（金額） gaku	**fiyat** フィヤット	sum, amount サム, アマウント
（額縁）	**çerçeve** チェルチェヴェ	frame フレイム
がくい **学位** gakui	**diploma** ディプロマ	(university) degree (ユーニヴァースィティ) ディグリー
かくうの **架空の** kakuuno	**hayalî** ハヤーリー	imaginary イマヂネリ

日	トルコ	英
かくえきていしゃ **各駅停車** kakuekiteisha	**banliyö treni** バンリュ トレニ	local train ロウカル トレイン
かくげん **格言** kakugen	**atasözü** アタソゥズュ	maxim マクスィム
かくさ **格差** kakusa	**fark, ayrılık** ファルク, アイルルック	difference, gap ディファレンス, ギャプ
かくじつな **確実な** kakujitsuna	**emin, kesin** エミン, ケスィン	sure, certain シュア, サートン
がくしゃ **学者** gakusha	**bilgin** ビルギン	scholar スカラ
がくしゅう **学習** gakushuu	**öğrenim** ウーレニム	learning ラーニング
～する	**öğrenmek** ウーレンメッキ	study, learn スタディ, ラーン
がくじゅつ **学術** gakujutsu	**bilim** ビリム	learning, science ラーニング, サイエンス
かくしん **確信** kakushin	**inanç** イナンチ	conviction コンヴィクション
～する	**-e emin** エ エミン	(be) convinced of (ビ) コンヴィンスト オヴ
かくす **隠す** kakusu	**saklamak** サクラマック	hide, conceal ハイド, コンスィール
がくせい **学生** gakusei	**öğrenci** ウーレンジ	student ステューデント
～証	**öğrenci belgesi** ウーレンジ ベルゲスィ	student ID card ステューデント アイディー カード
かくせいざい **覚醒剤** kakuseizai	**uyuşturucu** ウユシトゥルジュ	stimulant スティミュラント
がくせつ **学説** gakusetsu	**doktrin, teori** ドクトリン, テオリ	doctrine, theory ダクトリン, スィオリ
かくだいする **拡大する** kakudaisuru	**büyütmek** ビュユトメッキ	magnify, enlarge マグニファイ, インラーヂ
かくちょう **拡張** (規模の) kakuchou	**büyütme** ビュユトメ	extension イクステンション

か

日	トルコ	英
（長さの）	**uzatma** ウザトマ	extension イクステンション
～する （規模を）	**büyütmek** ビュユトメッキ	extend イクステンド
（長さを）	**uzatmak** ウザトマック	extend イクステンド
がくちょう 学長 （大学の） gakuchou	**rektör** レクトル	president プレズィデント
かくづけ 格付け kakuzuke	**derecelendirme, sınıfla-ma** デレジェレンディルメ, スヌフラマ	rating レイティング
かくていする 確定する kakuteisuru	**karar vermek** カラル ヴェルメッキ	decide ディサイド
かくてる カクテル kakuteru	**kokteyl** コクテイル	cocktail カクテイル
かくど 角度 kakudo	**açı** アチュ	angle アングル
かくとう 格闘 kakutou	**dövüş** ドゥヴュシ	fight ファイト
かくとくする 獲得する kakutokusuru	**elde etmek** エルデ エトメッキ	acquire, obtain アクワイア, オブテイン
かくにんする 確認する kakuninsuru	**tasdik etmek, doğrula-mak** タスディーキ エトメッキ, ドールラマック	confirm コンファーム
がくねん 学年 gakunen	**sınıf** スヌフ	school year スクール イア
がくひ 学費 gakuhi	**okul ücreti** オクル ユジュレティ	tuition, school ex-penses テューイション, スクール イクスペンセズ
がくふ 楽譜 （総譜） gakufu	**partisyon** パルティスィオン	score スコー
（譜面）	**nota** ノタ	music ミューズィク
がくぶ 学部 gakubu	**fakülte** ファキュルテ	faculty, depart-ment ファカルティ, ディパートメント

日	トルコ	英
かくほする **確保する** kakuhosuru	**güvenceye almak** ギュヴェンジェイェ アルマック	secure スィキュア
かくまく **角膜** kakumaku	**kornea** コルネア	cornea コーニア
かくめい **革命** kakumei	**devrim** デヴリム	revolution レヴォルーション
がくもん **学問** gakumon	**bilim, ilim** ビリム，イリム	learning, study ラーニング，スタディ
かくりつ **確率** kakuritsu	**olasılık** オラスルック	probability プラバビリティ
かくりつする **確立する** kakuritsusuru	**kurmak** クルマック	establish イスタブリシュ
かくりょう **閣僚** kakuryou	**kabine bakanı** カビネ バカヌ	cabinet minister キャビネト ミニスタ
がくりょく **学力** gakuryoku	**akademik yetenek** アカデミッキ イェテネッキ	academic ability アカデミク アビリティ
がくれき **学歴** gakureki	**akademik geçmiş** アカデミッキ ゲチミッシ	academic back-ground アカデミク バクグラウンド
かくれる **隠れる** kakureru	**saklanmak** サクランマック	hide oneself ハイド
がくわり **学割** gakuwari	**öğrenci indirimi** ウーレンジ インディリミ	student discount ステューデント ディスカウント
かけ **賭け** kake	**kumar** クマル	gambling ギャンブリング
かげ **陰** kage	**gölge** ギョルゲ	shade シェイド
かげ **影** kage	**gölge** ギョルゲ	shadow, silhouette シャドウ，スィルエト
がけ **崖** gake	**uçurum** ウチュルム	cliff クリフ
かけい **家計** kakei	**hane halkı bütçesi** ハーネ ハルク ビュッチェスィ	household budget ハウスホウルド バヂェト
かけざん **掛け算** kakezan	**çarpma** チャルプマ	multiplication マルティプリケイション

日	トルコ	英
反 割り算	**bölme** ボゥルメ	division ディヴィジョン
かけつする **可決する** kaketsusuru	**onaylamak** オナイラマック	approve アプルーヴ
かけひき **駆け引き** kakehiki	**taktik, yöntem** タクティッキ, ヨンテム	tactics タクティクス
かけぶとん **掛け布団** kakebuton	**yorgan** ヨルガン	quilt, comforter クウィルト, カンフォタ
かけら **かけら** kakera	**fragman** フラグマン	fragment フラグメント
かける **掛ける** kakeru	**asmak** アスマック	hang, suspend ハング, サスペンド
(時間・金を)	**harcamak** ハルジャマック	spend スペンド
(電話を)	**(telefon) açmak** (テレフォン) アチマック	call コール
(CD・レコードを)	**(müzik) çalmak** (ミュズィッキ) チャルマック	play プレイ
(ラジオなどを)	**(radyo) açmak** (ラディオ) アチマック	turn on ターン オン
(掛け算する)	**çarpmak** チャルプマック	multiply マルティプライ
かける **駆ける** kakeru	**koşmak** コシマック	run ラン
かける **欠ける** (一部が取れる) kakeru	**kırılmak** クルルマック	break off ブレイク オーフ
(不足する)	**eksik olmak** エキスィッキ オルマック	lack ラク
かける **賭ける** kakeru	**bahse girmek** バフセ ギルメッキ	bet on ベト オン
かげる **陰る** kageru	**kararmak** カラルマック	darken ダークン
かこ **過去** kako	**geçmiş (zaman)** ゲチミッシ (ザマーン)	past パスト

日	トルコ	英
<ruby>籠<rt>かご</rt></ruby> kago	**sepet** セペット	basket, cage バスケット, **ケ**イヂ
<ruby>加工<rt>かこう</rt></ruby> kakou	**işlem** イシレム	processing プ**ラ**セシング
～する	**işlemek** イシレメッキ	process プ**ラ**セス
<ruby>化合<rt>かごう</rt></ruby> kagou	**birleşim** ビルレ**シ**ム	combination カンビ**ネ**イション
～する	**birleşmek** ビルレシメッキ	combine コン**バ**イン
<ruby>囲む<rt>かこむ</rt></ruby> kakomu	**etrafını sarmak** エトラフ**ヌ** サル**マ**ック	surround, enclose サ**ラ**ウンド, イン**クロ**ウズ
<ruby>傘<rt>かさ</rt></ruby> kasa	**şemsiye** シェムスィ**イエ**	umbrella アン**ブレ**ラ
<ruby>火災<rt>かさい</rt></ruby> kasai	**yangın** ヤン**グ**ン	fire **ファ**イア
～報知機	**yangın alarmı** ヤン**グ**ン アラル**ム**	fire alarm **ファ**イア ア**ラ**ーム
～保険	**yangın sigortası** ヤン**グ**ン スィ**ゴ**ルタス	fire insurance **ファ**イア イン**シュ**アランス
<ruby>重なる<rt>かさなる</rt></ruby> kasanaru	**üst üste binmek** **ユ**スト ユス**テ** ビンメッキ	(be) piled up, overlap (ビ) **パ**イルド **ア**プ, オウ**ヴァ**ラプ
（繰り返される）	**tekrarlanmak** テクラルラン**マ**ック	(be) repeated (ビ) リ**ピ**ーティド
（同じ時に起こる）	**üst üste gelmek** **ユ**スト ユス**テ** ゲルメッキ	fall on, overlap **フォ**ール **オ**ン, オウ**ヴァ**ラプ
<ruby>重ねる<rt>かさねる</rt></ruby>（上に置く） kasaneru	**yığmak, üstüne koymak** ユー**マ**ック, ユステュ**ネ** コイ**マ**ック	pile up **パ**イル **ア**プ
（繰り返す）	**tekrarlamak** テクラール**ラ**マック	repeat リ**ピ**ート
<ruby>かさ張る<rt>かさばる</rt></ruby> kasabaru	**hantal olmak** ハン**タ**ル オル**マ**ック	(be) bulky (ビ) **バ**ルキ
（場所をとる）	**fazla yer işgal etmek** ファズ**ラ** イェル イシ**ガ**ール エト**メ**ッキ	(be) bulky (ビ) **バ**ルキ

日	トルコ	英
<ruby>飾<rt>かざり</rt></ruby>り kazari	**süs** スュス	decoration, ornament デコレイション, オーナメント
<ruby>飾<rt>かざ</rt></ruby>る （装飾する） kazaru	**süslemek, dekore etmek** スュスレメッキ, デコレ エトメッキ	decorate, adorn デコレイト, アドーン
（陳列する）	**sergilemek** セルギレメッキ	put on show, display プト オン ショウ, ディスプレイ
<ruby>火山<rt>かざん</rt></ruby> kazan	**volkan** ヴォルカン	volcano ヴァルケイノウ
<ruby>華氏<rt>かし</rt></ruby> kashi	**fahrenhayt** ファフレンハイト	Fahrenheit ファレンハイト
<ruby>菓子<rt>かし</rt></ruby> kashi	**tatlı** タトル	sweets, confectionery スウィーツ, コンフェクショネリ
<ruby>貸<rt>かし</rt></ruby>し kashi	**borç** ボルチ	loan ロウン
<ruby>歌詞<rt>かし</rt></ruby> kashi	**söz** ソゥス	words, lyrics ワーヅ, リリクス
<ruby>樫<rt>かし</rt></ruby> kashi	**meşe** メシェ	oak オウク
<ruby>火事<rt>かじ</rt></ruby> kaji	**yangın** ヤングン	fire ファイア
<ruby>家事<rt>かじ</rt></ruby> kaji	**ev işleri** エヴ イシレリ	housework ハウスワーク
<ruby>貸<rt>かし</rt></ruby>し<ruby>切<rt>き</rt></ruby>りの kashikirino	**kiralanmış** キラーランムシ	chartered チャータド
<ruby>賢<rt>かしこ</rt></ruby>い kashikoi	**akıllı, zeki** アクッル, ゼキー	wise, clever ワイズ, クレヴァ
<ruby>貸<rt>かし</rt></ruby>し<ruby>出<rt>だ</rt></ruby>し kashidashi	**ödünç verme** ウデュンチ ヴェルメ	lending レンディング
<ruby>過失<rt>かしつ</rt></ruby> kashitsu	**hata** ハター	fault, error フォルト, エラ
<ruby>貸<rt>かし</rt></ruby>し<ruby>付<rt>つ</rt></ruby>け kashitsuke	**kredi** クレディ	loan, credit ロウン, クレディト

日	トルコ	英
^{かじの} **カジノ** kajino	**gazino** ガ**ズィ**ノ	casino カ**スィ**ーノウ
^{かしみや} **カシミヤ** kashimiya	**kaşmir** カシ**ミ**ル	cashmere **キャ**ジュミア
^{かしゃ} **貨車** kasha	**yük vagonu** **ユ**ック ヴァ**ゴ**ヌ	freight car フレイト **カ**ー
^{かしや} **貸家** kashiya	**kiralık ev** キラー**ルッ**ク **エ**ヴ	house for rent **ハ**ウス フォ **レ**ント
^{かしゅ} **歌手** kashu	**şarkıcı** シャルク**ジュ**	singer **スィ**ンガ
^{かじゅあるな} **カジュアルな** kajuaruna	**gündelik** ギュンデ**リッ**キ	casual **キャ**ジュアル
^{かじゅう} **果汁** kajuu	**meyve suyu** メイ**ヴェ ス**ユ	fruit juice フルート **ヂュ**ース
^{かじょう} **過剰**　(過多) kajou	**fazlalık** ファズラ**ルッ**ク	excess, surplus イク**セ**ス, **サ**ープラス
^{かしょくしょう} **過食症** kashokushou	**bulimia** ブ**リ**ミア	bulimia ビュ**リ**ーミア
^{かしらもじ} **頭文字** kashiramoji	**baş harf** **バ**シ **ハ**ルフ	initial letter, initials イ**ニ**シャル **レ**タ, イ**ニ**シャルズ
^{かじる} **かじる** kajiru	**ısırmak** ウスル**マッ**ク	gnaw at, nibble at **ノ**ー アト, **ニ**ブル アト
^{かす} **滓** kasu	**tortu** トル**トゥ**	dregs ド**レ**グズ
(果汁の搾りかす)	**posa** **ポ**サ	marc **マ**ーク
^{かす} **貸す** kasu	**ödünç vermek, borç vermek** ウ**デュ**ンチ ヴェル**メッ**キ, **ボ**ルチ ヴェル**メッ**キ	lend **レ**ンド
(家などを)	**kiraya vermek** キラー**ヤ** ヴェル**メッ**キ	rent **レ**ント
(土地などを)	**kiraya vermek** キラー**ヤ** ヴェル**メッ**キ	lease **リ**ース

か

日	トルコ	英
かず **数** kazu	**sayı, rakam** サユ, ラカム	number, figure **ナンバ**, **フィギャ**
がす **ガス** gasu	**gaz** ガス	gas **ギャス**
かすかな **かすかな** kasukana	**hafif** ハフィフ	faint, slight **フェイント**, **スライト**
かすむ **霞む** kasumu	**puslu olmak, puslanmak** プスル オルマック, プスランマック	(be) hazy (ビ) **ヘイズィ**
かすれる **掠れる**　(声などが) kasureru	**kısık olmak, sesi kısıl- mak** クスック オルマック, セスィ クスルマック	(get) hoarse (ゲト) **ホース**
かぜ **風** kaze	**rüzgâr** リュズギャル	wind, breeze **ウィンド**, **ブリーズ**
かぜ **風邪** kaze	**nezle** ネズレ	cold **コウルド**
（インフルエンザ）	**grip** グリップ	flu **フルー**
かせい **火星** kasei	**Mars** マルス	Mars **マーズ**
かぜい **課税** kazei	**vergilendirme** ヴェルギレンディルメ	taxation **タクセイション**
かせき **化石** kaseki	**fosil, taşıl** フォスィル, タシュル	fossil **ファスィル**
かせぐ **稼ぐ** kasegu	**kazanmak** カザンマック	earn **アーン**
かせつ **仮説** kasetsu	**varsayım, hipotez** ヴァルサユム, ヒポテズ	hypothesis **ハイパセスィス**
がぞう **画像** gazou	**görsel** ギョルセル	picture, image **ピクチャ**, **イミヂ**
かぞえる **数える** kazoeru	**saymak** サイマック	count, calculate **カウント**, **キャルキュレイト**
かぞく **家族** kazoku	**aile** アイレ	family **ファミリ**
かそくする **加速する** kasokusuru	**hızlanmak** フズランマック	accelerate **アクセラレイト**

日	トルコ	英
<ruby>ガ<rt>がそりん</rt></ruby>ソリン gasorin	**benzin** ベンズィン	gasoline, gas, Ⓑpetrol **ギャ**ソリーン, **ギャ**ス, ペトロル
～スタンド	**benzin istasyonu** ベンズィン イスタスィオ**ヌ**	gas station, filling station **ギャ**ス ス**テ**イション, **フィ**リング ス**テ**イション
<ruby>形<rt>かた</rt></ruby>　（パターン） kata	**model** モデル	pattern **パ**タン
（形式・形状）	**biçim, şekil** ビ**チ**ム, シェ**キ**ル	form, shape **フォ**ーム, **シェ**イプ
<ruby>型<rt>かた</rt></ruby>　（鋳型） kata	**kalıp** カ**ル**ップ	mold, cast **モウ**ルド, **キャ**スト
（様式）	**stil, şekil** ス**ティ**ル, シェ**キ**ル	style, mode, type ス**タ**イル, **モウ**ド, **タ**イプ
<ruby>肩<rt>かた</rt></ruby> kata	**omuz** オ**ム**ス	shoulder **ショ**ウルダ
<ruby>固<rt>かたい</rt></ruby>【堅, 硬】い katai	**sert, katı** セルト, カ**トゥ**	hard, solid **ハ**ード, **サ**リド
（態度・状態が）	**sert** セルト	strong, firm スト**ロ**ング, **ファ**ーム
<ruby>課題<rt>かだい</rt></ruby>　（任務） kadai	**görev** ギョレヴ	task **タ**スク
（主題）	**konu** コ**ヌ**	subject, theme **サ**ブデェクト, **スィ**ーム
<ruby>肩書<rt>かたがき</rt></ruby> katagaki	**unvan** ウン**ヴァ**ーン	title **タ**イトル
<ruby>型紙<rt>かたがみ</rt></ruby> katagami	**kalıp kağıdı** カ**ル**ップ キャウドゥ	paper pattern **ペイ**パ **パ**タン
<ruby>敵<rt>かたき</rt></ruby> kataki	**düşman** デュシ**マ**ン	enemy, opponent **エ**ネミ, オ**ポ**ウネント
<ruby>片口鰯<rt>かたくちいわし</rt></ruby> katakuchiiwashi	**hamsi** ハム**スィ**	anchovy **ア**ンチョウヴィ
<ruby>形<rt>かたち</rt></ruby> katachi	**şekil, form** シェ**キ**ル, **フォ**ルム	shape, form **シェ**イプ, **フォ**ーム

日	トルコ	英
<ruby>片<rt>かた</rt></ruby>づく（終了した） katazuku	**tamamlanmış** タマムランムシ	(be) finished, (be) done (ビ) **フィ**ニシュト, (ビ) **ダ**ン
（整理される）	**düzenlenmiş** デュゼンレンミシ	(be) put in order (ビ) **プ**ト イン **オ**ーダ
<ruby>片<rt>かた</rt></ruby>づける katazukeru	**düzenlemek** デュゼンレメッキ	put in order **プ**ト イン **オ**ーダ
（決着する）	**karar vermek** カラル ヴェルメッキ	settle **セ**トル
（終了する）	**bitirmek** ビティルメッキ	finish **フィ**ニシュ
<ruby>刀<rt>かたな</rt></ruby> katana	**kılıç** クルッチ	sword **ソ**ード
<ruby>片方<rt>かたほう</rt></ruby>（もう一方） katahou	**öbür** ウビュル	one of a pair **ワ**ン オヴ ア **ペ**ア
（片側）	**bir taraf** ビ(ル) タラフ	one side **ワ**ン **サ**イド
<ruby>塊<rt>かたまり</rt></ruby> katamari	**parça, küme** パルチャ, キュメ	lump, mass **ラ**ンプ, **マ**ス
<ruby>固<rt>かた</rt></ruby>まる（凝固する） katamaru	**katılaşmak** カトゥラシマック	solidify, coagulate ソ**リ**ディファイ, コウ**ア**ギュレイト
（固くなる）	**sertleşmek** セルトレシメッキ	harden **ハ**ードン
<ruby>片道<rt>かたみち</rt></ruby> katamichi	**tek yön** テッキ ヨン	one way **ワ**ン **ウェ**イ
<ruby>傾<rt>かたむ</rt></ruby>く katamuku	**eğilmek** エイルメッキ	lean, incline **リ**ーン, イン**ク**ライン
<ruby>傾<rt>かたむ</rt></ruby>ける katamukeru	**eğmek** エーメッキ	tilt, bend **ティ**ルト, **ベ**ンド
<ruby>固<rt>かた</rt></ruby>める（凝固させる） katameru	**katılaştırmak** カトゥラシトゥルマック	make congeal **メ**イク コン**チ**ール
（固くする）	**sertleştirmek** セルトレシティルメッキ	harden **ハ**ードン
（強くする）	**güçlendirmek** ギュチレンディルメッキ	strengthen, fortify スト**レ**ングスン, **フォ**ーティファイ

か

日	トルコ	英
^{かたよる}**偏る** katayoru	**ön yargılı olmak** ウン ヤルグル オルマック	lean to, (be) biased **リーン** トゥ, (ビ) **バ**イアスト
^{かたる}**語る** kataru	**anlatmak** アンラトマック	talk, speak **トー**ク, ス**ピー**ク
^{かたろぐ}**カタログ** katarogu	**katalog** カタ**ロ**グ	catalog, Ⓑcatalogue **キャ**タローグ, **キャ**タログ
^{かだん}**花壇** kadan	**çiçek tarhı** チ**チェ**ッキ タル**フ**	flowerbed フ**ラ**ウアベド
^{かち}**価値** kachi	**değer, kıymet** デ**エ**ル, クイ**メ**ット	value, worth **ヴァ**リュ, **ワー**ス
^{かち}**勝ち** kachi	**zafer, galibiyet** ザ**フェ**ル, ガーリビ**イェ**ット	victory, win **ヴィ**クトリ, **ウィ**ン
^{かちく}**家畜** kachiku	**çiftlik hayvanı** チフト**リ**ッキ ハイ**ヴァ**ヌ	livestock **ラ**イヴスタク
^{かちょう}**課長** kachou	**müdür** ミュ**デュ**ル	section manager **セ**クション **マ**ニヂャ
^{かつ}**勝つ** katsu	**kazanmak** カザン**マ**ック	win **ウィ**ン
^{かつお}**鰹** katsuo	**palamut** パラ**ム**ット	bonito ボ**ニー**トウ
^{がっか}**学科** (大学の) gakka	**bölüm** ボゥ**リュ**ム	department ディ**パー**トメント
^{がっか}**学課** gakka	**ders** **デ**ルス	lesson **レ**スン
^{がっかい}**学会** gakkai	**akademik toplum** アカ**デ**ミッキ ト**プ**ルム	academic society アカ**デ**ミク ソ**サ**イエティ
^{がっかりする}**がっかりする** gakkarisuru	**hayal kırıklığına uğra-mak** ハ**ヤ**ル クルック**ル**ウナ ウーラ**マ**ック	(be) disappointed (ビ) ディサ**ポ**インティド
^{かっき}**活気** kakki	**canlılık** ジャン**ル**ック	liveliness, animation **ラ**イヴリネス, アニ**メ**イション
^{がっき}**学期** gakki	**sömestir** ソゥ**メ**スティル	term, semester **ター**ム, セ**メ**スタ

日	トルコ	英
がっき **楽器** gakki	**müzik enstrümanı** ミュズィッキ エンストリュマヌ	musical instru-ment ミューズィカル インストル メント
かっきてきな **画期的な** kakkitekina	**çığır açan** チュウル アチャン	epochmaking エポクメイキング
がっきゅう **学級** gakkyuu	**sınıf** スヌフ	(school) class (スクール) クラス
かつぐ **担ぐ** katsugu	**omuzlamak, omzuna vurmak** オムズラマック, オムズナ ヴルマック	shoulder ショウルダ
(だます) 	**aldatmak** アルダトマック	deceive ディスィーヴ
かっこいい (人が) **かっこいい** kakkoii	**yakışıklı** ヤクシュックル	neat, cool ニート, クール
(物が) 	**havalı** ハヴァル	cool クール
かっこう **郭公** kakkou	**guguk** ググック	cuckoo ククー
がっこう **学校** gakkou	**okul** オクル	school スクール
かっさい **喝采** kassai	**alkış** アルクシ	cheers, applause チアズ, アプローズ
がっしょう **合唱** gasshou	**koro** コロ	chorus コーラス
かっしょくの **褐色の** kasshokuno	**kahve rengi** カフヴェ レンギ	brown ブラウン
がっそう **合奏** gassou	**konser** コンセル	ensemble アーンサーンブル
かっそうろ **滑走路** kassouro	**pist, uçuş pisti** ピスト, ウチュシ ピスティ	runway ランウェイ
かつて **かつて** katsute	**eskiden** エスキデン	once, before ワンス, ビフォー
かってな **勝手な** kattena	**bencil** ベンジル	selfish セルフィシュ
かってに **勝手に** katteni	**keyfî olarak** ケイフィー オララック	arbitrarily アービトレリリ

日	トルコ	英
かつどう **活動** katsudou	**etkinlik, faaliyet, aktivite** エトキンリッキ, **ファ**アリイェット, アク ティヴィ**テ**	activity アク**ティ**ヴィティ
かっとなる **かっとなる** （頭に血がのぼる） kattonaru	**kan başına sıçramak** カン バシュナ スチラマック	fly into a rage フ**ラ**イ イントゥ ア **レ**イヂ
かっぱつな **活発な** kappatsuna	**hareketli** ハレケット**リ**	active, lively **ア**クティヴ, **ラ**イヴリ
かっぷ **カップ** kappu	**fincan, kupa** フィンジャン, **ク**パ	cup **カ**プ
かっぷる **カップル** kappuru	**çift** **チ**フト	couple **カ**プル
がっぺいする **合併する** gappeisuru	**birleşmek** ビルレシメッキ	merge **マ**ーヂ
かつやくする **活躍する** katsuyakusuru	**aktif olmak** アク**ティ**フ オル**マ**ック	(be) active in （ビ）**ア**クティヴ イン
かつよう **活用** katsuyou	**kullanım, faydalanma** クッラ**ヌ**ム, ファイダラン**マ**	practical use, ap- plication プ**ラ**クティカル **ユ**ース, ア プリ**ケ**イション
	（文法の）**çekim** チェキム	conjugation カンヂュ**ゲ**イション
	~する **faydalanmak** ファイダラン**マ**ック	put to practical use プト トゥ プ**ラ**クティカル **ユ**ース
かつら **かつら** katsura	**peruk** ペ**ル**ック	wig **ウィ**グ
かてい **仮定** katei	**varsayım** **ヴァ**ルサユム	supposition, hy- pothesis サポ**ズィ**ション, ハイ**パ**セ スィス
	~する **varsaymak** **ヴァ**ルサイマック	assume, suppose ア**シュ**ーム, サ**ポ**ウズ
かてい **家庭** katei	**ev, aile** **エ**ヴ, **ア**イレ	home, family **ホ**ウム, **ファ**ミリ
かど **角** kado	**köşe** キョシェ	corner, turn **コ**ーナ, **タ**ーン
かとうな **下等な** katouna	**aşağı** アシャ**ウ**	inferior, low イン**フィ**アリア, **ロ**ウ

か

日	トルコ	英
かとりっく **カトリック** katorikku	**katolik** カトリッキ	Catholicism カサリシズム
かなあみ **金網** kanaami	**tel örgü** テル ウルギュ	wire netting ワイア ネティング
かなしい **悲しい** （人が） kanashii	**üzgün** ユズギュン	sad, sorrowful サド, サロウフル
（事柄が）	**üzücü** ユズュジュ	sad, sorrowful サド, サロウフル
かなしみ **悲しみ** kanashimi	**üzüntü** ユズュンテュ	sorrow, sadness サロウ, サドネス
かなだ **カナダ** kanada	**Kanada** カナダ	Canada キャナダ
かなづち **金槌** kanazuchi	**çekiç** チェキッチ	hammer ハマ
かならず **必ず** （ぜひとも） kanarazu	**mutlaka** ムットラカー	by all means バイ オール ミーンズ
（間違いなく）	**muhakkak** ムハッカク	without fail ウィザウト フェイル
（常に）	**daima, her zaman** ダーイマー, ヘル ザマーン	always オールウェイズ
かなり **かなり** kanari	**oldukça, epey** オルドゥックチャ, エペイ	fairly, pretty フェアリ, プリティ
かなりあ **カナリア** kanaria	**kanarya** カナリヤ	canary カネアリ
かなりの **かなりの** kanarino	**oldukça** オルドゥックチャ	considerable コンスィダラブル
かに **蟹** kani	**yengeç** イェンゲッチ	crab クラブ
～座	**Yengeç Burcu** イェンゲッチ ブルジュ	Crab, Cancer クラブ, キャンサ
かにゅうする **加入する** kanyuusuru	**katılmak** カトゥルマック	join, enter ヂョイン, エンタ
かぬー **カヌー** kanuu	**kano** カノ	canoe カヌー
かね **金** kane	**para** パラ	money マニ

日	トルコ	英
かね 鐘 kane	**zil** ズィル	bell ベル
かねつ 加熱 kanetsu	**ısıtma** ウストゥマ	heating ヒーティング
かねもうけ 金儲け kanemouke	**para kazanma** パラ カザンマ	moneymaking マニメイキング
〜する	**para kazanmak** パラ カザンマック	make money メイク マニ
かねもち 金持ち kanemochi	**zengin** ゼンギン	rich person リチ パースン
かのうせい 可能性 kanousei	**ihtimal** イフティマール	possibility パスィビリティ
かのうな 可能な kanouna	**mümkün** ミュムキュン	possible パスィブル
かのじょ 彼女 kanojo	**o** オ	she シー
かば 河馬 kaba	**su aygırı** ス アイグル	hippopotamus ヒポパタマス
かばー カバー kabaa	**örtü** ウルテュ	cover カヴァ
〜する	**örtmek** ウルトメッキ	cover カヴァ
かばう かばう kabau	**korumak** コルマック	protect プロテクト
かばん 鞄 kaban	**çanta** チャンタ	bag バグ
かはんすう 過半数 kahansuu	**çoğunluk, ekseriyet** チョウンルック, エクセリイェット	majority マヂョーリティ
かび かび kabi	**küf** キュフ	mold, mildew モウルド, ミルデュー
かびん 花瓶 kabin	**vazo** ヴァゾ	vase ヴェイス
かぶ 蕪 kabu	**beyaz turp** ベヤス トゥルプ	turnip ターニプ
（ビート）	**pancar** パンジャル	beet ビート

か

日	トルコ	英
かふぇ **カフェ** kafe	**kafe, kafeterya, kahve-hane** カフェ, カフェテリャ, カフヴェハーネ	café, coffeehouse キャフェイ, コーフィハウス
かふぇいん **カフェイン** kafein	**kafein** カフェイン	caffeine キャフィーン
かふぇおれ **カフェオレ** kafeore	**sütlü kahve** スュットリュ カフヴェ	café au lait キャフェイ オウ レイ
かぶけん **株券** kabuken	**hisse senedi belgesi, hisse senedi sertifikası** ヒッセ セネディ ベルゲスィ, ヒッセ セネディ セルティフィカス	stock certificate スタク サティフィケト
かぶしき **株式** kabushiki	**stok, hisse senedi** ストック, ヒッセ セネディ	stocks スタクス
〜会社	**anonim şirket** アノニム シルケット	joint-stock corporation ヂョイントスタク コーポレイション
〜市場	**borsa** ボルサ	stock market スタク マーケト
かふすぼたん **カフスボタン** kafusubotan	**kol düğmesi** コル デューメスィ	cuff link カフ リンクス
かぶせる **被せる** kabuseru	**ile örtmek** イレ ウルトメッキ	cover with カヴァ ウィズ
(罪を)	**-e suçunu yıkmak** エ スチュヌ ユクマック	charge with チャーヂ ウィズ
かぷせる **カプセル** kapuseru	**kapsül** カプスュル	capsule キャプスル
かぶぬし **株主** kabunushi	**hissedar** ヒッセダール	stockholder スタクホウルダ
かぶる **被る** kaburu	**giymek** ギイメッキ	put on, wear プト オン, ウェア
かぶれ **かぶれ** kabure	**kızartı** クザルトゥ	rash ラシュ
(発疹)	**kurdeşen** クルデシェン	rash ラシュ
かふん **花粉** kafun	**polen** ポレン	pollen パルン

日	トルコ	英
～症	**saman nezlesi, polen alerjisi** サマン ネズレスィ, ポレン アレルジスィ	hay fever ヘイ フィーヴァ
<small>かべ</small> 壁 kabe	**duvar** ドゥヴァル	wall, partition ウォール, パーティション
～紙	**duvar kâğıdı** ドゥヴァル キャウドゥ	wallpaper ウォールペイパ
<small>かぼちゃ</small> 南瓜 kabocha	**bal kabağı** バル カバウ	pumpkin パンプキン
<small>かま</small> 釜 kama	**kazan** カザン	iron pot アイアン パト
<small>かま</small> 窯 kama	**fırın** フルン	kiln キルン
<small>かまう</small> 構う （干渉する） kamau	**-e karışmak** エ カルシマック	meddle in メドル イン
（気にかける）	**önemsemek** ウネムセメッキ	care about, mind ケア アバウト, マインド
（世話する）	**-e bakmak** エ バクマック	care for ケア フォ
<small>がまんする</small> 我慢する gamansuru	**sabretmek** サブレトメッキ	(be) patient (ビ) ペイシェント
<small>かみ</small> 神 kami	**tanrı** タンル	god ガド
（女神）	**tanrıça** タンルチャ	goddess ガデス
<small>かみ</small> 紙 kami	**kâğıt** キャウト	paper ペイパ
<small>かみ</small> 髪 kami	**saç** サチ	hair ヘア
<small>かみそり</small> かみそり kamisori	**jilet** ジレット	razor レイザ
<small>かみつな</small> 過密な （人口が） kamitsuna	**aşırı nüfuslu** アシュル ニュフスル	overpopulated オウヴァパピュレイティド
（余裕がない）	**sıkı** スク	tight, heavy タイト, ヘヴィ

か

日	トルコ	英
かみなり **雷** kaminari	**gök gürlemesi, gök gürültüsü** ギョク ギュルルレメ**スィ**, ギョク ギュルル**テュス**ュ	thunder **サン**ダ
（稲妻）	**şimşek** シム**シェ**ッキ	lightning **ライ**トニング
かみん **仮眠** kamin	**şekerleme** シェケルレ**メ**	doze **ドウ**ズ
かむ **噛む** kamu	**çiğnemek** チーネ**メ**ッキ	bite, chew **バ**イト, **チュー**
がむ **ガム** gamu	**sakız, ciklet** サ**ク**ス, ジク**レ**ット	chewing gum **チュー**イング **ガ**ム
かめ **亀** kame	**kaplumbağa** カプ**ル**ンバァ	tortoise, turtle **トー**タス, **タ**ートル
かめいする **加盟する** kameisuru	**üye olmak, katılmak** ユイェ オル**マ**ック, カトゥル**マ**ック	(be) affiliated （ビ）ア**フィ**リエイティド
かめら **カメラ** kamera	**kamera** カメラ	camera **キャ**メラ
〜マン （映画・テレビなどの）	**kameraman** カメラ**マ**ン	cameraman **キャ**メラマン
（写真家）	**fotoğrafçı** フォトーラフ**チ**ュ	photographer フォ**タ**グラファ
かめん **仮面** kamen	**maske** **マ**スケ	mask **マ**スク
がめん **画面** gamen	**ekran** エク**ラ**ン	screen, display スク**リー**ン, ディスプ**レ**イ
かも **鴨** kamo	**ördek** ウル**デ**ッキ	duck **ダ**ク
かもく **科目** kamoku	**konu** コ**ヌ**	subject **サ**ブヂェクト
（授業）	**ders** **デ**ルス	class ク**ラ**ス
かもつ **貨物** kamotsu	**kargo, yük** **カ**ルゴ, **ユ**ック	freight, goods フ**レ**イト, **グ**ヅ
〜船	**kargo gemisi, yük gemisi** **カ**ルゴ ゲミ**スィ**, **ユ**ック ゲミ**スィ**	freighter フ**レ**イタ

か

日	トルコ	英
～列車	**kargo treni, yük treni** カルゴ ティレニ, ユック ティレニ	freight train フレイト トレイン
^{かもめ}鴎 kamome	**martı** マルトゥ	seagull スィーガル
^{かやく}火薬 kayaku	**barut** バルット	gunpowder ガンパウダ
^{かゆい}痒い kayui	**kaşınan, kaşıntılı** カシュナン, カシュントゥル	itchy イチ
^{かよう}通う　(定期的に) kayou	**sürekli gitmek** スュレックリ ギットメッキ	commute to, at-tend コミュート トゥ, アテンド
(頻繁に)	**sık sık gitmek** スック スック ギトメッキ	visit frequently ヴィズィト フリークウェントリ
^{かようび}火曜日 kayoubi	**salı** サル	Tuesday テューズデイ
^{から}殻　　(貝の) kara	**kabuk** カブック	shell シェル
(木の実の)	**kabuk** カブック	shell シェル
(卵の)	**kabuk** カブック	eggshell エグシェル
^{がら}柄 gara	**desen** デセン	pattern, design パタン, ディザイン
^{からー}カラー karaa	**renk** レンキ	color, ®colour カラ, カラ
～フィルム	**renkli film** レンキリ フィルム	color film カラ フィルム
^{からい}辛い karai	**acı** アジュ	hot, spicy ハト, スパイスィ
(塩辛い)	**tuzlu** トゥズル	salty ソールティ
^{からかう}からかう karakau	**ile gırgır geçmek, ile alay etmek** イレ グルグル ゲチメッキ, イレ アライ エトメッキ	make fun of メイク ファン オヴ
^{からくちの}辛口の　(酒などが) karakuchino	**sek** セッキ	dry ドライ

か

日	トルコ	英
（批評などが）	**sert** セルト	harsh, sharp ハーシュ，シャープ
<ruby>烏<rt>からす</rt></ruby> **カラス** karasu	**karga** カルガ	crow クロウ
<ruby>硝子<rt>がらす</rt></ruby> **ガラス** garasu	**cam** ジャム	glass グラス
<ruby>体<rt>からだ</rt></ruby> **体** karada	**vücut, beden** ヴュジュット，ベデン	body バディ
（体格）	**fizik** フィズィッキ	physique フィズィーク
<ruby>カラフルな<rt>からふるな</rt></ruby> **カラフルな** karafuruna	**renkli** レンキリ	colorful カラフル
<ruby>借り<rt>かり</rt></ruby> **借り** kari	**borç** ボルチ	debt, loan デト，ロウン
<ruby>借り入れ<rt>かりいれ</rt></ruby> **借り入れ** kariire	**borçlanma** ボルチュランマ	borrowing バロウイング
<ruby>カリウム<rt>かりうむ</rt></ruby> **カリウム** kariumu	**potasyum** ポタスィウム	potassium ポタスィアム
<ruby>カリキュラム<rt>かりきゅらむ</rt></ruby> **カリキュラム** karikyuramu	**müfredat programı** ミュフレダート プログラム	curriculum カリキュラム
<ruby>カリスマ<rt>かりすま</rt></ruby> **カリスマ** karisuma	**karizma** カリズマ	charisma カリズマ
<ruby>仮の<rt>かりの</rt></ruby> **仮の** karino	**geçici** ゲチジ	temporary テンポレリ
<ruby>カリフラワー<rt>かりふらわー</rt></ruby> **カリフラワー** karifurawaa	**karnabahar** カルナバハル	cauliflower コーリフラウア
<ruby>下流<rt>かりゅう</rt></ruby> **下流** karyuu	**nehrin alt kısmı** ネフリン アルト クスム	downstream ダウンストリーム
反上流	**nehrin üst kısmı** ネフリン ユスト クスム	upstream アプストリーム
<ruby>借りる<rt>かりる</rt></ruby> **借りる** kariru	**ödünç almak** ウドゥンチ アルマック	borrow バロウ
（賃借りする）	**kiralamak** キラーラマック	rent, hire レント，ハイア
<ruby>刈る<rt>かる</rt></ruby> **刈る** （作物を） karu	**hasat etmek** ハサット エトメッキ	reap, harvest リープ，ハーヴェスト

か

日	トルコ	英
（髪・毛を）	**kırkmak** クルクマック	cut, trim カト, トリム
かるい **軽い** karui	**hafif** ハフィフ	light, slight ライト, スライト
（気楽な）	**rahat** ラハット	easy イーズィ
かるしうむ **カルシウム** karushiumu	**kalsiyum** カルスィユム	calcium キャルスィアム
かるて **カルテ** karute	**hasta takip çizelgesi** ハスタ ターキップ チゼルゲスィ	(medical) chart (メディカル) チャート
かるてっと **カルテット** karutetto	**kuartet** クアルテット	quartet クウォーテト
かれ **彼** kare	**o** オ	he ヒー
かれいな **華麗な** kareina	**şahane, harika** シャーハーネ, ハーリカ	splendid, gorgeous スプレンディド, ゴーデャス
かれー **カレー** karee	**köri** キョリ	curry カーリ
がれーじ **ガレージ** gareeji	**garaj** ガラーシ	garage ガラージ
かれら **彼ら** karera	**onlar** オンラル	they ゼイ
かれる **枯れる** kareru	**solmak** ソルマック	wither, die ウィザ, ダイ
かれんだー **カレンダー** karendaa	**takvim** タクヴィム	calendar キャレンダ
かろう **過労** karou	**fazla çalışma** ファズラ チャルシマ	overwork オウヴァワーク
がろう **画廊** garou	**sanat galerisi** サナット ガレリスィ	art gallery アート ギャラリ
かろうじて **辛うじて** karoujite	**ancak, sadece** アンジャック, サーデジェ	barely ベアリ
かろりー **カロリー** karorii	**kalori** カロリ	calorie キャロリ
かわ **川** kawa	**nehir** ネヒル	river リヴァ

か

日	トルコ	英
かわ 皮　　　（果皮） kawa	**kabuk** カブック	peel ピール
（樹皮）	**ağaç kabuğu** アアチ カブ**ウ**	bark バーク
（皮膚）	**deri** デリ	skin スキン
かわ 革 kawa	**deri** デリ	hide, leather, fur ハイド, レザ, **ファー**
がわ 側 gawa	**taraf** タ**ラ**フ	side **サ**イド
かわいい 可愛い kawaii	**sevimli** セヴィム**リ**	cute **キュー**ト
かわいがる 可愛がる kawaigaru	**sevmek** セヴ**メッ**キ	love, cherish ラヴ, **チェ**リシュ
かわいそうな 可哀相な kawaisouna	**zavallı** ザヴァッ**ル**	poor, pitiable **プ**ア, **ピ**ティアブル
かわかす 乾かす kawakasu	**kurutmak** クルト**マッ**ク	dry ド**ラ**イ
かわく 乾く kawaku	**kurumak** クル**マッ**ク	dry (up) ド**ラ**イ (**ア**プ)
かわく 渇く　　（喉が） kawaku	**susamak** スサ**マッ**ク	(become) thirsty (ビ**カ**ム) **サー**スティ
かわせ 為替 kawase	**havale** ハ**ヴァー**レ	money order マニ **オー**ダ
外国～	**kambiyo** カンビヨ	foreign exchange **フォー**リン イクス**チェ**インヂ
～レート	**döviz kuru** ドゥ**ヴィ**ス ク**ル**	exchange rate イクス**チェ**インヂ **レ**イト
かわりに 代わりに kawarini	**-in yerine** イン イェリ**ネ**	instead of, for イン**ステ**ド オヴ, **フォー**
かわる 代わる kawaru	**yerine geçmek** イェリ**ネ** ゲチ**メッ**キ	replace リプ**レ**イス
かわる 変わる kawaru	**değişmek** デイ**シ**メッキ	change, turn into **チェ**インヂ, **ター**ン イン**トゥ**

日	トルコ	英
かん **勘** kan	**sezgi, önsezi** セズギ, ウンセズィ	intuition インテュイション
かん **缶** kan	**teneke kutu** テネケ クトゥ	can, tin キャン, ティン
がん **癌** gan	**kanser** カンセル	cancer キャンサ
かんえん **肝炎** kan-en	**hepatit** ヘパティット	hepatitis ヘパタイティス
がんか **眼科** ganka	**göz hekimliği** ギョス ヘキムリイ	ophthalmology アフサルマロヂ
かんがえ **考え** kangae	**düşünce** ドュシュンジェ	thought, thinking ソート, スィンキング
(アイディア)	**fikir** フィキル	idea アイディーア
(意見)	**görüş, fikir** ギョリュシ, フィキル	opinion オピニョン
かんがえる **考える** kangaeru	**düşünmek** ドュシュンメッキ	think スィンク
かんかく **感覚** kankaku	**his, duyu** ヒス, ドゥユ	sense, feeling センス, フィーリング
かんかつ **管轄** kankatsu	**yetki alanı** イェトキ アラヌ	jurisdiction of ヂュアリスディクション オ ヴ
かんがっき **管楽器** kangakki	**üflemeli çalgı** ユフレメリ チャルグ	wind instrument ウィンド インストルメント
かんきする **換気する** kankisuru	**havalandırmak** ハヴァランドゥルマック	ventilate ヴェンティレイト
かんきゃく **観客** kankyaku	**seyirci** セイルジ	spectator スペクテイタ
～席	**seyirci koltuğu** セイルジ コルトゥウ	seat, stand スィート, スタンド
かんきょう **環境** kankyou	**ortam, çevre** オルタム, チェヴレ	environment インヴァイアロンメント
かんきり **缶切り** kankiri	**teneke açacağı** テネケ アチャジャウ	can opener キャン オウプナ

日	トルコ	英
_{かんきん} **監禁** kankin	**kapatılma, hapsedilme** カパトゥルマ, ハプセディルメ	confinement コンファインメント
_{がんきん} **元金** gankin	**anapara** アナパラ	principal, capital プリンシパル, キャピタル
_{かんけい} **関係** kankei	**ilişki** イリシキ	relation, relation-ship リレイション, リレイションシプ
～する	**ile ilgili, ile alakalı** イレ イルギリ, イレ アラーカル	(be) related to (ビ) リレイティド トゥ
(かかわる)	**ile ilgilenmek** イレ イルギレンメッキ	(be) involved in (ビ) インヴァルヴド イン
_{かんげいする} **歓迎する** kangeisuru	**nezaketle karşılamak** ネザーケットレ カルシュラマック	welcome ウェルカム
_{かんげきする} **感激する** kangekisuru	**derinden etkilenmek** デリンデン エトキレンメッキ	(be) deeply moved by (ビ) ディープリ ムーヴド バイ
_{かんけつする} **完結する** kanketsusuru	**sonuçlanmak** ソヌッチランマック	finish フィニシュ
_{かんけつな} **簡潔な** kanketsuna	**kısa ve öz** クサ ヴェ ウス	brief, concise ブリーフ, コンサイス
_{かんげんがく} **管弦楽** kangengaku	**orkestra** オルケストラ	orchestral music オーケストラル ミューズィク
_{かんご} **看護** kango	**hemşirelik, hasta bakıcı-lık** ヘムシレリッキ, ハスタ バクジュルック	nursing ナースィング
～師	**hemşire, hasta bakıcı** ヘムシレ, ハスタ バクジュ	nurse ナース
～する	**bakmak, hemşirelik et-mek** バクマック, ヘムシレリッキ エトメッキ	nurse ナース
_{かんこう} **観光** kankou	**turistik gezi** トゥリスティッキ ゲズィ	sightseeing サイトスィーイング
～客	**turist** トゥリスト	tourist トゥアリスト

日	トルコ	英
かんこうちょう 官公庁 kankouchou	**delvet daireleri** デヴレット ダイレレリ	government offices ガヴァンメント オーフィセズ
かんこうへん 肝硬変 kankouhen	**siroz** スィロス	cirrhosis スィロウスィス
かんこく 韓国 kankoku	**Güney Kore** ギュネイ コレ	South Korea サウス コリーア
～語	**Korece** コレジェ	Korean コリーアン
がんこな 頑固な gankona	**inatçı** イナッチュ	stubborn, obstinate スタボン, アブスティネト
かんさつ 観察 kansatsu	**gözlem** ギョズレム	observation アブザヴェイション
～する	**gözlemek** ギョズレメッキ	observe オブザーヴ
かんし 冠詞 kanshi	**tanımlık** タヌムルック	article アーティクル
かんし 監視 kanshi	**gözetleme** ギョゼットレメ	surveillance サヴェイランス
かんじ 感じ kanji	**his** ヒス	feeling フィーリング
(印象)	**izlenim** イズレニム	impression インプレション
かんじ 漢字 kanji	**Çin harfi** チン ハルフィ	Chinese character チャイニーズ キャラクタ
かんしゃ 感謝 kansha	**şükür** シュキュル	thanks, appreciation サンクス, アプリーシエイション
～する	**teşekkür etmek** テシェッキュル エトメッキ	thank サンク
かんじゃ 患者 kanja	**hasta** ハスタ	patient, case ペイシェント, ケイス
かんしゅう 観衆 kanshuu	**seyirci, izleyici** セイルジ, イズレイジ	spectators, audience スペクテイタズ, オーディエンス

か

日	トルコ	英
かんじゅせい **感受性** kanjusei	**duyarlık** ドゥヤルルック	sensibility センスィビリティ
がんしょ **願書** gansho	**başvuru formu** バシヴル フォルム	application form アプリケイション フォーム
かんしょう **感傷** kanshou	**duygusallık** ドゥイグサルルック	sentimentality センティメンタリティ
かんじょう **感情** kanjou	**duygu** ドゥイグ	feeling, emotion フィーリング, イモウション
（情熱）	**tutku** トゥトク	passion パション
かんじょう **勘定** （計算） kanjou	**hesaplama** ヘサープラマ	calculation キャルキュレイション
（支払い）	**ödeme** ウデメ	payment ペイメント
（請求書）	**fatura** ファトゥラ	bill, check, ⑧cheque ビル, チェク, チェク
かんしょうする **干渉する** kanshousuru	**müdahale etmek** ミュダーハレ エトメッキ	interfere インタフィア
かんしょうする **鑑賞する** kanshousuru	**takdir etmek** タクディール エトメッキ	appreciate アプリーシエイト
がんじょうな **頑丈な** ganjouna	**sağlam, dayanıklı** サーラム, ダヤヌックル	sturdy, resistant スターディ, リズィスタント
かんじる **感じる** kanjiru	**hissetmek** ヒッセトメッキ	feel フィール
かんしん **関心** kanshin	**ilgi** イルギ	concern, interest コンサーン, インタレスト
かんしんする **感心する** kanshinsuru	**hayran kalmak** ハイラン カルマック	admire アドマイア
かんじんな **肝心な** kanjinna	**önemli** ウネムリ	important, essential インポータント, イセンシャル
かんすう **関数** kansuu	**fonksyon** フォンクスィオン	function ファンクション
かんせい **完成** kansei	**tamamlama** タマムラマ	completion コンプリーション

日	トルコ	英
〜する	**tamamlamak** タマムラ**マック**	complete, accomplish コンプ**リー**ト, ア**カ**ンプリシュ
かんせい 歓声 kansei	**sevinç sesi** セ**ヴィ**ンチ セス**ィ**	shout of joy **シャ**ウト オヴ **チョ**イ
かんぜい 関税 kanzei	**gümrük vergisi** ギュム**リュ**ック ヴェルギ**スィ**	customs, duty **カ**スタムズ, **デュー**ティ
かんせつ 関節 kansetsu	**eklem, mafsal** エク**レ**ム, マフ**サ**ル	joint **チョ**イント
かんせつぜい 間接税 kansetsuzei	**dolaylı vergi** ドライ**ル** ヴェル**ギ**	indirect tax インディ**レ**クト **タ**クス
反 直接税	**dolaysız vergi** ドライ**スス** ヴェル**ギ**	direct tax ディ**レ**クト **タ**クス
かんせつの 間接の kansetsuno	**dolaylı** ドライ**ル**	indirect インディ**レ**クト
かんせん 感染 kansen	**enfeksiyon, bulaşma** エンフェクス**ィヨ**ン, ブラ**シマ**	infection, contagion イン**フェ**クション, コン**テ**イ**ヂョ**ン
かんせんする 観戦する kansensuru	**maç seyretmek** マッチ **セ**イレトメッキ	watch a game **ワ**チ ア **ゲ**イム
かんせんどうろ 幹線道路 kansendouro	**otoyol, otoban** オ**ト**ヨル, オト**バ**ン	highway **ハ**イウェイ
かんぜんな 完全な kanzenna	**mükemmel** ミュ**ケ**ンメル	perfect **パ**ーフェクト
かんぞう 肝臓 kanzou	**karaciğer** カ**ラ**ジエル	liver **リ**ヴァ
かんそうき 乾燥機 kansouki	**kurutma makinesi** クルト**マ** マ**キ**ネス**ィ**	dryer ド**ラ**イア
かんそうきょく 間奏曲 kansoukyoku	**intermezzo, perde arası oyunu** インテル**メッ**ゾ, ペル**デ** ア**ラ**ス オ**ユ**ヌ	intermezzo インタ**メッ**ツォウ
かんそうする 乾燥する kansousuru	**kurumak** クル**マック**	dry ド**ラ**イ
かんそく 観測 kansoku	**gözlem** ギョズ**レ**ム	observation アブザ**ヴェ**イション

か

日	トルコ	英
～する	**gözlemek** ギョズレメッキ	observe オブ**ザー**ヴ
かんそな **簡素な** kansona	**sade** サーデ	simple **スィ**ンプル
かんだいな **寛大な** kandaina	**cömert, eli açık** ジョメルト, エリ ア**チュ**ック	generous **ヂェ**ネラス
がんたん **元旦** gantan	**yılbaşı** ユルバシュ	New Year's Day ニュー **イア**ズ デイ
かんたんする **感嘆する** kantansuru	**hayran olmak, hayran kalmak** ハイラン オルマック, ハイラン カルマック	admire アド**マ**イア
かんたんな **簡単な** kantanna	**kolay, basit** コライ, バ**スィ**ット	simple, easy **スィ**ンプル, **イー**ズィ
かんちがいする **勘違いする** kanchigaisuru	**yanılmak** ヤヌルマック	mistake ミス**テ**イク
かんちょう **官庁** kanchou	**devlet dairesi** デヴレット ダイレ**スィ**	government offices **ガ**ヴァンメント **オー**フィセズ
かんちょう **干潮** kanchou	**cezir, inik deniz** ジェ**ズィ**ル, イ**ニ**ッキ デニス	low tide ロウ **タ**イド
反 満潮	**met** メット	high tide ハイ **タ**イド
かんづめ **缶詰** kanzume	**konserve** コンセルヴェ	canned food, ⑧tinned food **キャ**ンド フード, **ティ**ンド フード
かんてい **鑑定** kantei	**bilirkişi raporu, ekspertiz** ビリルキ**シ** ラポル, エクスペル**ティ**ス	expert opinion **エ**クスパート オ**ピ**ニョン
かんてん **観点** kanten	**bakış açısı, görüş açısı** バ**ク**シ ア**チュ**ス, ギョ**リュ**シ ア**チュ**ス	viewpoint **ヴュー**ポイント
かんでんち **乾電池** kandenchi	**pil** ピル	dry cell, battery ド**ラ**イ セル, **バ**タリ
かんどう **感動** kandou	**duygu** ドゥイグ	impression, emotion イン**プレ**ション, イ**モ**ウション
～する	**duygulanmak** ドゥイグラン**マ**ック	(be) moved by (ビ) **ムー**ヴド バイ

日	トルコ	英
〜的な	**etkileyici** エトキレイジ	impressive インプレスィヴ
かんとうし 間投詞 kantoushi	**ünlem** ユンレム	interjection インタヂェクション
かんとく 監督 （スポーツの） kantoku	**spor yöneticisi, spor ida-recisi** スポル ヨネティジ**スィ**, スポル イダーレジ**スィ**	manager マ二ヂャ
（映画の）	**yönetmen** ヨネトメン	director ディレクタ
（取り締まること）	**denetleme** デネトレメ	supervision スーパ**ヴィ**ジャン
〜する （監修）	**denetlemek** デネトレメッキ	supervise スーパ**ヴァ**イズ
かんな 鉋 kanna	**rende** レン**デ**	plane プレイン
カンニング kanningu	**kopya çekme** コピヤ チェキ**メ**	cheating **チ**ーティング
かんぱ 寒波 kanpa	**soğuk hava dalgası** ソ**ウ**ック ハ**ワ** ダルガ**ス**	cold wave コウルド **ウェ**イヴ
反 熱波	**sıcak hava dalgası** スジャック ハ**ワ** ダルガ**ス**	heat wave **ヒ**ート **ウェ**イヴ
かんぱい 乾杯 kanpai	**şerefe** シェレ**フェ**	toast トウスト
かんばつ 干ばつ kanbatsu	**kuraklık** クラック**ルック**	drought ドラウト
がんばる 頑張る ganbaru	**çok çalışmak** **チョ**ック チャルシ**マ**ック	work hard **ワ**ーク ハード
（身を粉にして）	**didinmek** ディディンメッキ	work hard **ワ**ーク ハード
（持ちこたえる）	**dayanmak** ダヤン**マ**ック	hold out **ホ**ウルド **ア**ウト
（主張する）	**ısrar etmek** ウスラール エトメッキ	insist on インス**ィ**スト **オ**ン
かんばん 看板 kanban	**reklam tabelası, reklam panosu** レク**ラ**ム タベラ**ス**, レク**ラ**ム パノス	billboard, sign-board **ビ**ルボード, **サ**インボード

日	トルコ	英
かんびょうする **看病する** kanbyousuru	**hemşirelik yapmak, ba-kıcılık yapmak** ヘムシレリッキ ヤプマック, バクジュルック ヤプマック	nurse, look after **ナース**, **ルク アフタ**
かんぺきな **完璧な** kanpekina	**kusursuz, mükemmel** クスルスズ, ミュケンメル	flawless, perfect **フローレス**, **パーフェクト**
がんぼう **願望** ganbou	**dilek, arzu** ディレッキ, アルズ	wish, desire **ウィシュ**, **ディザイア**
かんぼじあ **カンボジア** kanbojia	**Kamboçya** カンボチャ	Cambodia **キャンボウディア**
かんようく **慣用句** kan-youku	**deyim** デイム	idiom **イディオム**
かんような **寛容な** kan-youna	**hoşgörülü** ホシギョリュリュ	tolerant, generous **タララント**, **ヂェネラス**
かんりする **管理する** （運営する） kanrisuru	**yönetmek, idare etmek** ヨネトメッキ, イダーレ エトメッキ	manage **マニヂ**
（統制する）	**kontrol etmek** コントロル エトメッキ	control **コントロウル**
（保管する）	**muhafaza etmek** ムハーファザ エトメッキ	keep **キープ**
かんりゅう **寒流** kanryuu	**soğuk su akıntısı** ソウック ス アクントゥス	cold current **コウルド カーレント**
反 **暖流**	**sıcak su akıntısı** スジャック ス アクントゥス	warm current **ウォーム カーレント**
かんりょう **完了** kanryou	**tamamlama** タマムラマ	completion **コンプリーション**
（文法上の）	**geçmiş zaman** ゲチミッシ ザマーン	perfect form **パーフェクト フォーム**
〜する	**tamamlamak** タマムラマック	finish, complete **フィニシュ**, **コンプリート**
かんりょうしゅぎ **官僚主義** kanryoushugi	**bürokrasi** ビュロクラスィ	bureaucratism **ビュアロクラティズム**
かんれい **慣例** kanrei	**adet** アーデット	custom, convention **カスタム**, **コンヴェンション**

日	トルコ	英
かんれん **関連** kanren	**ilişki, ilgi** イリシキ, イルギ	relation, connection リレイション, コネクション
～**する**	**ile ilgili, ile göreli** イレ イルギリ, イレ ギョレリ	(be) related to (ビ) リレイティド トゥ
かんわする **緩和する** kanwasuru	**hafifletmek, rahatlamak** ハフィフレトメッキ, ラハットラマック	ease, relieve イーズ, リリーヴ

き, キ

日	トルコ	英
き **木** ki	**ağaç** アアチ	tree トリー
（木材）	**ahşap, tahta** アフシャップ, タフタ	wood ウド
ぎあ **ギア** gia	**vites** ヴィテス	gear ギア
きあつ **気圧** kiatsu	**hava basıncı** ハワ バスンジュ	atmospheric pressure アトモスフェリク プレシャ
きー **キー** kii	**anahtar** アナフタル	key キー
きーぼーど **キーボード** kiiboodo	**klavye** クラヴィエ	keyboard キーボード
きーほるだー **キーホルダー** kiihorudaa	**anahtarlık** アナフタルルック	key ring キー リング
きいろ **黄色** kiiro	**salı** サル	yellow イェロウ
きーわーど **キーワード** kiiwaado	**anahtar kelime** アナフタル ケリメ	key word キー ワード
ぎいん **議員** giin	**milletvekili** ミッレットヴェキリ	member of an assembly メンバ オヴ アン アセンブリ
きえる **消える** （見えなくなる） kieru	**gözden kaybolmak** ギョズデン カイボルマック	vanish, disappear ヴァニシュ, ディサピア
（火や明かりが）	**sönmek** ソンメッキ	go out ゴウ アウト

き

日	トルコ	英
ぎえんきん **義援金** gienkin	**bağış** バウシ	donation, contri-bution ドゥネイション, カントリビューション
きおく **記憶** kioku	**bellek, hafıza** ベッレッキ, ハーフザ	memory メモリ
～**する**	**hatırlamak** ハトゥルラマック	memorize, remem-ber メモライズ, リメンバ
きおん **気温** kion	**sıcaklık** スジャックルック	temperature テンパラチャ
きか **幾何** kika	**geometri** ゲオメトリ	geometry デーアメトリ
きかい **機会** kikai	**fırsat** フルサット	opportunity, chance アポテューニティ, チャンス
きかい **機械** kikai	**makine** マキネ	machine, appara-tus マシーン, アパラタス
～**工学**	**makine mühendisliği** マキネ ミュヘンディスリイ	mechanical engi-neering ミキャニカル エンデニアリング
ぎかい **議会** gikai	**meclis** メジリス	Congress, ⑧Par-liament カングレス, パーラメント
きがえ **着替え** kigae	**kıyafet değişimi** クヤーフェット デイシミ	change of clothes チェインヂ オヴ クロウズ
きかく **企画** kikaku	**proje** プロジェ	plan, project プラン, プラヂェクト
～**する**	**planlamak** ピランラマック	make a plan メイク ア プラン
きかざる **着飾る** kikazaru	**giyinip süslenmek** ギイニップ スススレンメッキ	dress up ドレス アプ
きがつく　（わかる） **気が付く** kigatsuku	**fark etmek** ファルク エトメッキ	notice, become aware ノウティス, ビカム アウェア
（意識が戻る）	**kendine gelmek** ケンディネ ゲルメッキ	come to oneself, regain conscious-ness カム トゥ, リゲイン カンシャスネス

日	トルコ	英
（注意する）	**dikkatli olmak** ディッカットリ オルマック	(be) attentive (ビ) アテンティヴ
きかん **期間** kikan	**süre, dönem** スュレ, ドゥネム	period, term ピアリオド, ターム
きかん **機関** （機械・装置） kikan	**motor** モトル	engine, machine エンヂン, マシーン
（組織・機構）	**kurum** クルム	organ, institution オーガン, インスティテュー ション
きかんし **気管支** kikanshi	**bronş** ブロンシ	bronchus ブランカス
～炎	**bronşit** ブロンシット	bronchitis ブランカイティス
きかんしゃ **機関車** kikansha	**lokomotif** ロコモティフ	locomotive ロウコモウティヴ
きかんじゅう **機関銃** kikanjuu	**makineli tüfek** マキネリ テュフェッキ	machine gun マシーン ガン
きき **危機** kiki	**kriz** クリス	crisis クライスィス
ききめ **効き目** kikime	**yarar, etki** ヤラル, エトキ	effect, efficacy イフェクト, エフィカスィ
ききゅう **気球** kikyuu	**balon** バロン	balloon バルーン
きぎょう **企業** kigyou	**firma** フィルマ	enterprise エンタプライズ
きぎょうか **起業家** kigyouka	**girişimci, müteşebbis** ギリシムジ, ミュテシェッビス	entrepreneur アーントレプレナー
ぎきょく **戯曲** gikyoku	**piyes, oyun** ピエス, オユン	drama, play ドラーマ, プレイ
ききん **基金** kikin	**fon, kaynak** フォン, カイナック	fund ファンド
ききん **飢饉** kikin	**açlık, kıtlık** アチルック, クトルック	famine ファミン
きんぞく **貴金属** kikinzoku	**kuyum** クユム	precious metals プレシャス メトルズ

日	トルコ	英
きく 効く kiku	**etkili olmak** エトキリ オルマック	have an effect on ハヴ アン イフェクト オン
きく 聞く kiku	**duymak, işitmek** ドゥイマック, イシットメッキ	hear ヒア
（尋ねる）	**sormak** ソルマック	ask, inquire アスク, インクワイア
きく 聴く kiku	**dinlemek** ディンレメッキ	listen to リスント ゥ
きげき 喜劇 kigeki	**komedi** コメディ	comedy カメディ
きけん 危険 kiken	**tehlike, risk** テフリケ, リスク	danger, risk デインヂャ, リスク
～な	**tehlikeli** テフリケリ	dangerous, risky デインヂャラス, リスキ
きげん 期限 kigen	**son tarih** ソン ターリヒ	term, deadline ターム, デ ドライン
きげん 機嫌 kigen	**keyif** ケイフ	humor, mood, ⑧humour ヒューマ, ムード, ヒューマ
きげん 紀元 kigen	**milat** ミーラート	era イアラ
きげん 起源 kigen	**kaynak, köken** カイナック, キョケン	origin オーリヂン
きこう 気候 kikou	**iklim** イクリム	climate, weather クライメト, ウェザ
きごう 記号 kigou	**işaret** イシャーレット	mark, sign マーク, サイン
きこえる 聞こえる kikoeru	**duymak, işitmek** ドゥイマック, イシットメッキ	hear ヒア
きこく 帰国 kikoku	**eve dönüş, yurda dönüş** エヴェ ドゥニュシ, ユルダ ドゥニュシ	homecoming ホウムカミング
～する	**yurduna dönmek, ülkesine dönmek** ユルドゥナ ドゥンメッキ, ユルケスィネ ドゥンメッキ	return home リターン ホウム
ぎこちない ぎこちない （不格好な） gikochinai	**biçimsiz, hantal** ビチムスィス, ハンタル	awkward, clumsy オークワド, クラムズィ

き

日	トルコ	英
きこんの **既婚の** kikonno	**evli** エヴリ	married マリド
ぎざぎざの **ぎざぎざの** gizagizano	**testere dişli, tırtıllı** テステレ ディシリ, トゥルトゥルル	serrated サレイティド
きさくな **気さくな** kisakuna	**dürüst** デュリュスト	frank フランク
きざし **兆し** kizashi	**belirti** ベリルティ	sign, indication サイン, インディケイション
きざむ **刻む** kizamu	**kesmek** ケスメッキ	cut カト
(肉や野菜を)	**doğramak** ドーラマック	chop, cut into pieces チャプ, カト イントゥ ピーセズ
きし **岸** kishi	**kıyı, sahil** クユ, サーヒル	bank, shore バンク, ショー
きじ **雉** kiji	**sülün** スュリュン	pheasant フェザント
きじ **記事** kiji	**makale** マカーレ	article アーティクル
ぎし **技師** gishi	**mühendis** ミュヘンディス	engineer エンヂニア
ぎじ **議事** giji	**zabıt** ザブット	proceedings プロスィーディングズ
〜録	**toplantı tutanağı** トプラントゥ トゥタナウ	proceedings プロスィーディングズ
ぎしき **儀式** gishiki	**tören** トゥレン	ceremony, rites セレモウニ, ライツ
きじつ **期日** kijitsu	**son gün** ソン ギュン	date, time limit デイト, タイム リミト
きしゃ **汽車** kisha	**tren** ティレン	train トレイン
きしゅ **騎手** kishu	**binici** ビニジ	rider, jockey ライダ, ヂャキ
きじゅつ **記述** kijutsu	**tasvir, betimleme** タスヴィル, ベティムレメ	description ディスクリプション

128

日	トルコ	英
～する	**betimlemek, tasvir etmek** ベティムレメッキ, タスヴィル エトメッキ	describe ディスクライブ
ぎじゅつ 技術 gijutsu	**teknoloji** テクノロジ	technique, technology テクニーク, テクナロヂ
～提携	**teknolojik iş birliği** テクノロジッキ イシ ビルリイ	technical cooperation テクニカル コウアペレイション
きじゅん 基準 kijun	**standart** スタンダルト	standard, basis スタンダド, ベイスィス
きじゅん 規準 kijun	**standart** スタンダルト	standard スタンダド
きしょう 気象 kishou	**meteoloji** メテオロジ	weather, meteorology ウェザ, ミーティアラロヂ
きす キス kisu	**öpüşme, öpücük** ウピュシメ, ウピュジュック	kiss キス
きず 傷 kizu	**yara** ヤラ	wound, injury ウーンド, インヂャリ
（心の）	**ciddi şok, travma** ジッディー ショック, トラウマ	trauma トラウマ
（車などの）	**çizik** チズィッキ	flaw, scratch フロー, スクラッチ
きすう 奇数 kisuu	**tek sayı** テッキ サユ	odd number アド ナンバ
反 偶数	**çift sayı** チフト サユ	even number イーヴン ナンバ
きずく 築く kizuku	**kurmak** クルマック	build, construct ビルド, コンストラクト
きずつく 傷付く kizutsuku	**yaralanmak** ヤラランマック	(be) wounded (ビ) ウーンデド
きずつける 傷付ける kizutsukeru	**yaralamak** ヤララマック	wound, injure ウーンド, インヂャ
（心を）	**incitmek** インジトメッキ	hurt ハート
きずな 絆 kizuna	**bağ, ilişki** バー, イリシキ	bond, tie バンド, タイ

日	トルコ	英
ぎせい **犠牲** gisei	**kurban** クルバン	sacrifice **サク**リファイス
〜者	**kurban** クルバン	victim **ヴィ**クティム
きせいちゅう **寄生虫** kiseichuu	**parazit** パラ**ズィ**ット	parasite **パ**ラサイト
きせいの **既成の** kiseino	**hazır** ハ**ズ**ル	accomplished ア**カ**ンプリシュト
きせいふく **既製服** kiseifuku	**hazır giyim** ハ**ズ**ル ギ**イ**ム	ready-made clothes レディ**メ**イド ク**ロ**ウズ
きせき **奇跡** kiseki	**mucize** ムー**ジゼ**	miracle **ミ**ラクル
〜的な	**mucizevi** ムー**ジゼ**ヴィー	miraculous ミ**ラ**キュラス
きせつ **季節** kisetsu	**mevsim** メヴ**スィ**ム	season **スィー**ズン
きぜつする **気絶する** kizetsusuru	**bayılmak** バユル**マ**ック	faint, swoon **フェ**イント, ス**ウー**ン
きせる **着せる** kiseru	**giydirmek** ギイディル**メ**ッキ	dress ド**レ**ス
ぎぜん **偽善** gizen	**riyakârlık** リヤー**キャ**ルック	hypocrisy ヒ**パ**クリスィ
〜的な	**riyakâr, ikiyüzlü** リヤー**キャ**ル, イ**キ**ユズリュ	hypocritical ヒポク**リ**ティカル
きそ **基礎** kiso	**temel, taban** テ**メ**ル, タ**バ**ン	base, foundation **ベ**イス, ファウン**デ**イション
〜的な	**temel** テ**メ**ル	fundamental, basic ファンダ**メ**ントル, **ベ**イスィック
きそ **起訴** kiso	**kovuşturma, takibat** コヴシトゥル**マ**, ターキ**バ**ート	prosecution プラスィ**キュー**ション
〜する	**dava açmak, kovuştur-ma açmak** ダー**ヴァー** アチ**マ**ック, コヴシトゥル**マ** アチ**マ**ック	prosecute プラスィ**キュー**ト
きそう **競う** kisou	**yarışmak** ヤルシ**マ**ック	compete コン**ピー**ト

き

日	トルコ	英
きぞう **寄贈** kizou	**bağış** バウシ	donation ドウネイション
ぎそう **偽装** gisou	**kamuflaj** カムフラージ	camouflage キャモフラージュ
ぎぞうする **偽造する** gizousuru	**sahtesini yapmak** サフテスィニ ヤプマック	forge フォーヂ
きそく **規則** kisoku	**kural** クラル	rule, regulations ルール, レギュレイションズ
〜的な	**düzenli, muntazam** デュゼンリ, ムンタザム	regular, orderly レギュラ, オーダリ
きぞく **貴族** kizoku	**soylu, aristokrat** ソイル, アリストクラット	noble, aristocrat ノウブル, アリストクラト
ぎそく **義足** gisoku	**protez bacak** プロテス バジャック	artificial leg アーティフィシャル レグ
きた **北** kita	**kuzey** クゼイ	north ノース
反南	**güney** ギュネイ	south サウス
〜側	**kuzey tarafı** クゼイ タラフ	north side ノース サイド
ぎたー **ギター** gitaa	**gitar** ギタル	guitar ギター
きたい **期待** kitai	**umut** ウムット	expectation エクスペクテイション
〜する	**ummak, beklemek** ウンマック, ベクレメッキ	expect イクスペクト
きたい **気体** kitai	**gaz** ガス	gas, vapor ギャス, ヴェイパ
ぎだい **議題** gidai	**ajanda, gündem** アジャンダ, ギュンデム	agenda アヂェンダ
きたくする **帰宅する** kitakusuru	**eve dönmek** エヴェ ドゥンメッキ	return home, get home リターン ホウム, ゲト ホウム
きたちょうせん **北朝鮮** kitachousen	**Kuzey Kore** クゼイ コレ	North Korea ノース コリーア

き

日	トルコ	英
きたない 汚い kitanai	**kirli, pis** キルリ, ピス	dirty, soiled ダーティ, ソイルド
（金銭に）	**eli sıkı, cimri** エリ スク, ジムリ	stingy スティンヂ
きたはんきゅう 北半球 kitahankyuu	**kuzey yarı küre** クゼイ ヤル キュレ	Northern Hemi- sphere ノーザン ヘミスフィア
きち 基地 kichi	**üs** ユス	base ベイス
きちょう 機長 kichou	**kaptan** カプタン	captain キャプテン
ぎちょう 議長 gichou	**başkan** バシカン	chair チェア
（委員長）	**kurul başkanı** クルル バシカヌ	chair チェア
きちょうな 貴重な kichouna	**değerli** デエルリ	precious, valuable プレシャス, ヴァリュアブル
きちょうひん 貴重品 kichouhin	**değerli eşyalar** デエルリ エシャラル	valuables ヴァリュアブルズ
きちょうめんな 几帳面な kichoumenna	**titiz** ティティス	meticulous, rigor- ous メティキュラス, リガラス
きつい きつい （窮屈な） kitsui	**sıkı** スク	tight タイト
（厳しい）	**zor** ゾル	strong, hard ストロング, ハード
きつえん 喫煙 kitsuen	**sigara içme** スィガラ イチメ	smoking スモウキング
きっかけ きっかけ （機会） kikkake	**fırsat** フルサット	chance, opportuni- ty チャンス, アパテューニティ
（手がかり）	**ipucu** イップジュ	clue, trail クルー, トレイル
きづく 気付く kizuku	**fark etmek, farkına var- mak** ファルク エトメッキ, ファルクナ ワルマッ ク	notice ノウティス
きっさてん 喫茶店 kissaten	**kafe** カフェ	coffee shop コーフィ シャプ

日	トルコ	英
（主に紅茶を飲む店）	**çayhane** チャイハーネ	tearoom **ティー**ルーム
<ruby>き</ruby> きっちん **キッチン** kicchin	**mutfak** ムト**ファ**ック	kitchen **キ**チン
きって **切手** kitte	**pul** プル	(postage) stamp, Ⓑ(postal) stamp （ポウスティヂ）**スタ**ンプ, （ポウストル）**スタ**ンプ
きっと **きっと** kitto	**elbette, kesinlikle** エルベッテ, ケスィン**リ**ックレ	surely, certainly **シュ**アリ, **サー**トンリ
きつね **狐** kitsune	**tilki** ティル**キ**	fox **ファ**クス
きっぷ **切符** kippu	**bilet** ビレット	ticket **ティ**ケト
きどう **軌道** kidou	**yörünge** ヨゥリュン**ゲ**	orbit **オー**ビト
きとくの **危篤の** kitokuno	**kritik** クリ**ティ**ック	critical クリ**ティ**クル
きにいる **気に入る** kiniiru	**beğenmek** ベエン**メ**ッキ	(be) pleased with （ビ）プ**リー**ズド ウィズ
きにする **気にする** kinisuru	**merak etmek** メ**ラ**ーク エト**メ**ッキ	worry about **ワー**リ ア**パ**ウト
きにゅうする **記入する** kinyuusuru	**doldurmak** ドルドゥル**マ**ック	fill out, write in **フィ**ル **ア**ウト, **ラ**イト **イ**ン
きぬ **絹** kinu	**ipek** イ**ペ**ッキ	silk **スィ**ルク
きねん **記念** kinen	**anma** アン**マ**	commemoration コメモ**レ**イション
〜碑	**anıt, abide** ア**ヌ**ット, アービ**デ**	monument **マ**ニュメント
〜日	**yıl dönümü, anma günü** ユル ドゥニュ**ミュ**, アン**マ** ギュ**ニュ**	memorial day, an- niversary メ**モー**リアル **デ**イ, アニ**ヴァー**サリ
きのう **機能** kinou	**işlev** イシ**レ**ヴ	function **ファ**ンクション
きのう **昨日** kinou	**dün** デュン	yesterday **イェ**スタディ

日	トルコ	英
ぎのう **技能** ginou	**beceri, hüner** ベジェリ, ヒュネル	skill スキル
きのこ **茸** kinoko	**mantar** マンタル	mushroom マシュルーム
きのどくな **気の毒な** kinodokuna	**zavallı** ザヴァッル	pitiable, poor ピティアブル, プア
きばん **基盤** kiban	**temel, taban** テメル, タバン	base, foundation ベイス, ファウンデイション
きびしい **厳しい** kibishii	**sert, haşin** セルト, ハシン	severe, strict スィヴィア, ストリクト
きひん **気品** kihin	**zarafet** ザラーフェット	grace, dignity グレイス, ディグニティ
きびんな **機敏な** kibinna	**hızlı** フズル	smart, quick スマート, クウィク
きふ **寄付** kifu	**bağış** バウシ	donation ドウネイション
～する	**bağışlamak** バウシラマック	donate, contribute ドウネイト, コントリビュート
ぎふ **義父** gifu	**kayınpeder** カユンペデル	father-in-law ファーザリンロー
きぶん **気分** kibun	**ruh hâli** ルーフ ハーリ	mood, feeling ムード, フィーリング
(精神状態)	**ruhsal durum** ルフサル ドゥルム	mood, feeling ムード, フィーリング
きぼ **規模** kibo	**ebat, ölçü** エバート, ウルチュ	scale, size スケイル, サイズ
ぎぼ **義母** gibo	**kaynana** カイナナ	mother-in-law マザリンロー
きぼう **希望** kibou	**umut, ümit** ウムット, ユミット	hope, wish ホウプ, ウィシュ
～する	**ummak, ümit etmek** ウンマック, ユミット エトメキ	hope, wish ホウプ, ウィシュ
きぼりの **木彫りの** kiborino	**ahşap oymalı** アフシャップ オイマル	wood carved ウド カーヴド

き

日	トルコ	英
きほん **基本** kihon	**temel** テメル	basis, standard ベイスィス, スタンダド
〜的な	**temel** テメル	basic, fundamental ベイスィク, ファンダメント ル
きまえのよい **気前のよい** kimaenoyoi	**cömert** ジョメルト	generous ヂェネラス
きまぐれな **気まぐれな** kimagurena	**kaprisli** カプリスリ	capricious カプリシャス
きまり **決まり** kimari	**kural** クラル	rule, regulation ルール, レギュレイション
きまる **決まる** kimaru	**kararlaştırılmak** カラルラシトゥルルマック	(be) decided (ビ) ディサイデド
きみつ **機密** kimitsu	**gizlilik** ギズリリッキ	secrecy, secret スィークレスィ, スィークレ ト
きみどりいろ **黄緑色** kimidoriiro	**fıstık yeşili** フストゥック イェシリ	pea green ピー グリーン
きみょうな **奇妙な** kimyouna	**garip, tuhaf** ガリップ, トゥハフ	strange ストレインヂ
ぎむ **義務** gimu	**mecburiyet, zorunluluk** メジュブーリイェット, ゾルンルルック	duty, obligation デューティ, アブリゲイショ ン
〜教育	**zorunlu eğitim** ゾルンル エイティム	compulsory edu- cation コンパルソリ エヂュケイ ション
きむずかしい **気難しい** kimuzukashii	**zor** ゾル	hard to please ハード トゥ プリーズ
ぎめい **偽名** gimei	**sahte isim** サフテ イスィム	pseudonym スューダニム
きめる **決める** kimeru	**karar vermek** カラル ヴェルメッキ	fix, decide on フィクス, ディサイド オン
きもち **気持ち** kimochi	**his, duygu** ヒス, ドゥイグ	feeling フィーリング
ぎもん **疑問** (質問) gimon	**soru** ソル	question クウェスチョン
(疑い)	**şüphe** シュプヘ	doubt ダウト

き

日	トルコ	英
きゃく 客　　（顧客） kyaku	**müşteri** ミュシテリ	customer **カ**スタマ
（招待客） 	**misafir** ミサーフィル	guest **ゲ**スト
（訪問者） 	**ziyaretçi** ズィヤーレッ**チ**	caller, visitor **コー**ラ, **ヴィ**ズィタ
きやく 規約 kiyaku	**anlaşma, sözleşme** アンラシ**マ**, ソズレシ**メ**	agreement, contract アグ**リー**メント, **カ**ントラクト
ぎゃく 逆 gyaku	**ters** **テ**ルス	(the) contrary (ザ) **カ**ントレリ
〜の 	**ters** **テ**ルス	reverse, contrary リ**ヴァー**ス, **カ**ントレリ
ぎゃぐ ギャグ gyagu	**şaka** シャ**カ**	gag, joke **ギャ**グ, **ヂョ**ウク
ぎゃくさつ 虐殺 gyakusatsu	**katliam** **カ**トリアーム	massacre **マ**サカ
きゃくしつじょうむいん 客室乗務員 kyakushitsujoumuin	**kabin memuru** カ**ビ**ン メーム**ル**	flight attendant フ**ラ**イト ア**テ**ンダント
ぎゃくしゅう 逆襲 gyakushuu	**karşı saldırı** カル**シュ** サルドゥ**ル**	counterattack **カ**ウンタラタク
きゃくせん 客船 kyakusen	**yolcu gemisi** ヨル**ジュ** ゲミス**ィ**	passenger boat **パ**センヂャ **ボ**ウト
ぎゃくてんする 逆転する gyakutensuru	**ters çevirmek** **テ**ルス チェヴィル**メ**ッキ	(be) reversed (ビ) リ**ヴァー**スト
きゃくほん 脚本 kyakuhon	**senaryo** セ**ナ**リヨ	play, drama, scenario プ**レ**イ, ド**ラ**ーマ, スィ**ネ**アリオウ
きゃしゃな 華奢な kyashana	**ince** イン**ジェ**	delicate **デ**リケト
きゃすと キャスト kyasuto	**oyuncular** オユンジュ**ラ**ル	cast **キャ**スト
きゃっかんてきな 客観的な kyakkantekina	**objektif, nesnel** オブジェク**ティ**フ, ネス**ネ**ル	objective オブ**ヂェ**クティヴ
反 主観的な 	**öznel** ウズ**ネ**ル	subjective サブ**ヂェ**クティヴ

日	トルコ	英
きゃっしゅかーど **キャッシュカード** kyasshukaado	**banka kartı** バンカ カルトゥ	bank card バンク カード
きゃっちふれーず **キャッチフレーズ** kyacchifureezu	**reklam sloganu** レクラム スロガヌ	catchphrase キャチフレイズ
ぎゃっぷ **ギャップ** gyappu	**aralık, boşluk** アラルック, ボシルック	gap ギャプ
きゃばれー **キャバレー** kyabaree	**müzikhol, kabare** ミュズィッキホル, カバレ	cabaret キャバレイ
きゃびあ **キャビア** kyabia	**siyah havyar** スィヤフ ハヴヤル	caviar キャヴィア
きゃべつ **キャベツ** kyabetsu	**lahana** ラハナ	cabbage キャビヂ
きゃらくたー **キャラクター** kyarakutaa	**karakter** カラクテル	character キャラクタ
ぎゃらりー **ギャラリー** gyararii	**galeri** ガレリ	gallery ギャラリ
きゃりあ **キャリア** (経歴) kyaria	**kariyer** カリイェル	career カリア
ぎゃんぐ **ギャング** gyangu	**çete** チェテ	gang, gangster ギャング, ギャングスタ
きゃんせるする **キャンセルする** kyanserusuru	**iptal etmek** イプタール エトメッキ	cancel キャンセル
きゃんぷ **キャンプ** kyanpu	**kamp** カンプ	camp キャンプ
ぎゃんぶる **ギャンブル** gyanburu	**kumar** クマル	gambling ギャンブリング
きゃんぺーん **キャンペーン** kyanpeen	**kampanya** カンパンヤ	campaign キャンペイン
きゅう **九** kyuu	**dokuz** ドクス	nine ナイン
きゅう **級** kyuu	**sınıf** スヌフ	class, grade クラス, グレイド
きゅうえん **救援** kyuuen	**kurtarma** クルタルマ	rescue, relief レスキュー, リリーフ
きゅうか **休暇** kyuuka	**tatil** ターティル	holiday ハリデイ

日	トルコ	英
きゅうかん **急患** kyuukan	**acil hasta** アージル ハス**タ**	emergency case イマーヂェンスィ **ケ**イス
きゅうぎ **球技** kyuugi	**top oyunu** トップ オユ**ヌ**	ball game **ボ**ール **ゲ**イム
きゅうきゅうしゃ **救急車** kyuukyuusha	**ambulans** アンブランス	ambulance **ア**ンビュランス
きゅうくつな **窮屈な** kyuukutsuna	**dar** ダル	narrow, tight **ナ**ロウ, **タ**イト
（気詰まりな）	**sıkıcı, rahatsız edici** スクジュ, ラハット**スス** エディジ	uncomfortable, constrained アン**カ**ンフォタブル, コンス ト**レ**インド
きゅうけい **休憩** kyuukei	**mola** モラ	break ブ**レ**イク
～する	**mola vermek** モラ ヴェル**メ**ッキ	take a break **テ**イク ア ブ**レ**イク
きゅうげきな **急激な** kyuugekina	**anî, birden** アー**ニー**, ビルデン	sudden, abrupt **サ**ドン, アブ**ラ**プト
きゅうこうれっしゃ **急行列車** kyuukouressha	**ekspres tren** エクスプレス ティレン	express train エクスプレス トレイン
きゅうさい **救済** kyuusai	**kurtarma** クルタル**マ**	relief, aid リ**リ**ーフ, **エ**イド
きゅうしきの **旧式の** kyuushikino	**eski moda** エス**キ** モダ	old-fashioned **オ**ウルド**ファ**ションド
きゅうじつ **休日** kyuujitsu	**tatil** ター**ティ**ル	holiday, day off **ハ**リデイ, **デ**イ **オ**ーフ
きゅうじゅう **九十** kyuujuu	**doksan** ドク**サ**ン	ninety **ナ**インティ
きゅうしゅうする **吸収する** kyuushuusuru	**emmek** エン**メ**ッキ	absorb アブ**ソ**ープ
きゅうじょ **救助** kyuujo	**kurtarma** クルタル**マ**	rescue, help **レ**スキュー, **ヘ**ルプ
きゅうじん **求人** kyuujin	**iş ilanı** イシ イー**ラヌ**	job offer **チャ**ブ **オ**ーファ
きゅうしんてきな **急進的な** kyuushintekina	**radikal** ラディ**カ**ル	radical **ラ**ディカル

き

日	トルコ	英
きゅうせい **旧姓** （既婚女性の） kyuusei	**kızlık soyadı** クズルック ソイアドゥ	maiden name メイドン ネイム
きゅうせいの **急性の** kyuuseino	**anî** アーニー	acute アキュート
きゅうせん **休戦** kyuusen	**ateşkes** アテシケス	armistice アーミスティス
きゅうそくな **急速な** kyuusokuna	**hızlı** フズル	rapid, prompt ラピド, プランプト
きゅうち **窮地** kyuuchi	**zor durum** ゾル ドゥルム	difficult situation ディフィカルト スィチュエイション
きゅうてい **宮廷** kyuutei	**saray** サライ	court コート
きゅうでん **宮殿** kyuuden	**saray** サライ	palace パレス
きゅうとうする **急騰する** kyuutousuru	**keskin yükselmek** ケスキン ユクセルメッキ	sharply rise シャープリ ライズ
ぎゅうにく **牛肉** gyuuniku	**dana eti** ダナ エティ	beef ビーフ
ぎゅうにゅう **牛乳** gyuunyuu	**süt** スュット	milk ミルク
きゅうびょう **急病** kyuubyou	**acil hastalık** アージル ハスタルック	sudden illness サドン イルネス
きゅうふ **給付** kyuufu	**ödeme** ウデメ	benefit ベネフィト
きゅうめい **救命** kyuumei	**can kurtaran** ジャン クルタラン	lifesaving ライフセイヴィング
〜胴衣	**can yeleği** ジャン イェレイ	life jacket ライフ ジャケト
きゅうやくせいしょ **旧約聖書** kyuuyakuseisho	**Eski Ahit** エスキ アヒット	Old Testament オウルド テスタメント
きゅうゆ **給油** kyuuyu	**yakıt ikmali** ヤクット イクマーリ	refueling リーフューアリング
きゅうゆう **旧友** kyuuyuu	**eski arkadaş** エスキ アルカダシ	old friend オウルド フレンド

き

日	トルコ	英
きゅうよう 急用 kyuuyou	acil iş アージル イシ	urgent business **アー**ヂェント **ビ**ズネス
きゅうようする 休養する kyuuyousuru	dinlenmek, istirahat et-mek ディンレンメッキ, イスティラハット エトメッキ	take a rest テイク ア レスト
きゅうり 胡瓜 kyuuri	salatalık サラタルック	cucumber **キュー**カンバ
きゅうりょう 給料 kyuuryou	maaş マアシ	pay, salary ペイ, **サ**ラリ
きよい 清い kiyoi	temiz テミス	clean, pure クリーン, **ピュ**ア
きょう 今日 kyou	bugün ブギュン	today トゥ**デ**イ
きょうい 驚異 kyoui	şaşkınlık, hayret シャシクンルック, ハイレット	wonder **ワ**ンダ
きょういく 教育 kyouiku	eğitim エイ**ティ**ム	education エデュ**ケ**イション
～する	eğitmek, öğretmek エイトメッキ, ウーレトメッキ	educate **エ**デュケイト
きょういん 教員 kyouin	öğretmen ウーレトメン	teacher **ティ**ーチャ
きょうか 強化 kyouka	güçlendirme ギュチレンディル**メ**	strengthening スト**レ**ングスニイング
～する	güçlendirmek ギュチレンディルメッキ	strengthen スト**レ**ングスン
きょうか 教科 kyouka	ders, konu **デ**ルス, コ**ヌ**	subject **サ**ブヂェクト
きょうかい 協会 kyoukai	dernek デル**ネ**ッキ	association, society アソウスィ**エ**イション, ソ**サ**イエティ
きょうかい 教会 kyoukai	kilise キリセ	church **チャ**ーチ
ぎょうかい 業界 gyoukai	sektör セク**トゥ**ル	industry **イ**ンダストリ
きょうがく 共学 kyougaku	karma eğitim カル**マ** エー**イ**ティム	coeducation コウエデュ**ケ**イション

日	トルコ	英
きょうかしょ **教科書** kyoukasho	**ders kitabı** デルス キタプ	textbook テクストブク
きょうかん **共感** kyoukan	**sempati** センパティ	sympathy スィンパスィ
きょうき **凶器** kyouki	**silah** スィラフ	weapon ウェポン
きょうぎ **競技** kyougi	**yarış** ヤルシ	competition カンペティション
ぎょうぎ **行儀** gyougi	**terbiye** テルビイェ	behavior, manners ビヘイヴァ, マナズ
きょうきゅう **供給** kyoukyuu	**arz** アルズ	supply サプライ
反 需要	**talep** タレップ	demand ディマンド
〜する	**sağlamak, tedarik etmek** サーラマック, テダーリッキ エトメッキ	supply サプライ
きょうぐう **境遇** kyouguu	**durum, hâl** ドゥルム, ハール	circumstances サーカムスタンセズ
きょうくん **教訓** kyoukun	**ders** デルス	lesson レスン
きょうこう **恐慌** kyoukou	**kriz** クリズ	crisis クライスィス
きょうこう **教皇** kyoukou	**papa** パパ	Pope ポウプ
きょうごうする **競合する** kyougousuru	**rekabet etmek** レカーベット エトメッキ	compete with コンピート ウィズ
きょうこく **峡谷** kyoukoku	**kanyon** カニョン	canyon キャニョン
きょうこな **強固な** kyoukona	**sert, katı** セルト, カトゥ	firm, solid ファーム, サリド
きょうざい **教材** kyouzai	**öğretim materyali** ウーレティム マテリヤリ	teaching material ティーチング マティアリアル
きょうさんしゅぎ **共産主義** kyousanshugi	**komünizm** コミュニズム	communism カミュニズム

日	トルコ	英
きょうし **教師** kyoushi	**öğretmen** ウーレトメン	teacher, professor **ティー**チャ, プロ**フェ**サ
きょうしつ **教室** kyoushitsu	**sınıf** スヌフ	classroom **クラ**スルーム
ぎょうしゃ **業者** （商人） gyousha	**tüccar** テュッ**ジャ**ル	vendor, trader **ヴェ**ンダ, ト**レイ**ダ
きょうじゅ **教授** kyouju	**profesör** プロフェ**ソ**ル	professor プロ**フェ**サ
きょうしゅう **郷愁** kyoushuu	**nostalji** ノス**タ**ルジ	nostalgia ナス**タ**ルヂャ
きょうせい **強制** kyousei	**zorlama** ゾルラ**マ**	compulsion コン**パ**ルション
～**する**	**zorlamak** ゾルラ**マ**ック	compel, force コン**ペ**ル, **フォー**ス
ぎょうせい **行政** gyousei	**idare, yönetim** イ**ダ**ーレ, ヨネ**ティ**ム	administration アドミニスト**レイ**ション
～**機関**	**idari organizasyon** イ**ダ**ーリー オルガニ**ザ**スィ**オ**ン	administrative organ アド**ミ**ニスト**レイ**ティヴ **オー**ガン
きょうそう **競争** kyousou	**yarışma** ヤル**シ**マ	competition, contest カンペ**ティ**ション, **カ**ンテスト
～**する**	**yarışmak** ヤル**シ**マック	compete コン**ピー**ト
きょうそう **競走** kyousou	**yarış, yarışma, müsabaka** ヤル**シ**, ヤル**シ**マ, ミュサーバ**カ**	race **レイ**ス
きょうそうきょく **協奏曲** kyousoukyoku	**konçerto** コン**チェ**ルト	concerto コン**チェ**アトウ
きょうぞん **共存** kyouzon	**birlikte yaşama, birlikte var olma** ビルリッキ**テ** ヤシャ**マ**, ビルリッキ**テ** **ワ**ル オル**マ**	coexistence コウイグ**ズィ**ステンス
～**する**	**birlikte yaşamak, birlikte var olmak** ビルリッキ**テ** ヤシャ**マ**ック, ビルリッキ**テ** **ワ**ル オル**マ**ック	coexist コウイグ**ズィ**スト

き

日	トルコ	英
きょうだい **兄弟** kyoudai	**kardeş** カルデシ	siblings スィブリングズ
きょうちょうする **強調する** kyouchousuru	**vurgulamak** ヴルグラマック	emphasize, stress エンファサイズ, ストレス
きょうつうの **共通の** kyoutsuuno	**ortak** オルタック	common カモン
きょうてい **協定** kyoutei	**anlaşma** アンラシマ	agreement, con-vention アグリーメント, コンヴェンション
きょうど **郷土** kyoudo	**memleket** メムレケット	native district ネイティヴ ディストリクト
きょうとう **教頭** kyoutou	**okul müdür yardımcısı** オクル ミュデュル ヤルドゥムジュス	vice-principal, ⑱deputy-head-teacher ヴァイスプリンスィパル, デピュティヘドティーチャ
きょうどうくみあい **協同組合** kyoudoukumiai	**kooperatif** コオペラティフ	cooperative コウアペラティヴ
きょうどうの **共同の** kyoudouno	**ortak** オルタック	common, joint カモン, ヂョイント
きような **器用な** kiyouna	**becerikli** ベジェリッキリ	skillful スキルフル
きょうばい **競売** kyoubai	**mezat** メザット	auction オークション
きょうはくする **脅迫する** kyouhakusuru	**tehdit etmek, korkutmak** テフディット エトメッキ, コルクットマック	threaten, menace スレトン, メナス
きょうはん **共犯** kyouhan	**suç ortaklığı** スチ オルタックルウ	complicity コンプリスィティ
～者	**suç ortağı** スチ オルタウ	accomplice アカンプリス
きょうふ **恐怖** kyoufu	**korku** コルク	fear, fright, terror フィア, フライト, テラ
きょうみ **興味** kyoumi	**ilgi** イルギ	interest インタレスト
ぎょうむ **業務** gyoumu	**iş, görev** イシ, ギョレヴ	business matter, task ビズネス マタ, タスク

日	トルコ	英
きょうゆう **共有** kyouyuu	**ortak sahiplik** オルタック サーヒップリッキ	joint-ownership チョイントオウナシプ
きょうよう **教養** kyouyou	**kültür** キュリュテュル	culture, education カルチャ, エデュケイション
きょうりゅう **恐竜** kyouryuu	**dinozor** ディノゾル	dinosaur ダイナソー
きょうりょく **協力** kyouryoku	**iş birliği** イシ ビルリイ	cooperation コウアペレイション
～する	**ile iş birliği yapmak** イレ イシ ビルリイ ヤプマック	cooperate with コウアペレイト ウィズ
きょうりょくな **強力な** kyouryokuna	**güçlü, kuvvetli** ギュチリュ, クッヴェットリ	strong, powerful ストロング, パウアフル
ぎょうれつ **行列** gyouretsu	**sıra** スラ	line, ®queue ライン, キュー
(行進)	**yürüyüş** ユリュユシ	procession, parade プロセション, パレイド
きょうれつな **強烈な** kyouretsuna	**yoğun, şiddetli** ヨウン, シッデットリ	intense インテンス
きょえいしん **虚栄心** kyoeishin	**gurur** グルル	vanity ヴァニティ
きょか **許可** kyoka	**izin** イズィン	permission パミション
～する	**izin vermek** イズィン ヴェルメッキ	permit パミト
ぎょぎょう **漁業** gyogyou	**balıkçılık** バルックチュルック	fishery フィシャリ
きょく **曲** kyoku	**parça** パルチャ	tune, piece テューン, ピース
きょくげん **極限** kyokugen	**en son sınır** エン ソン スヌル	limit リミト
きょくせん **曲線** kyokusen	**eğri** エーリ	curve カーヴ
きょくたんな **極端な** kyokutanna	**aşırı** アシュル	extreme, excessive イクストリーム, イクセスィヴ

日	トルコ	英
きょくとう **極東** kyokutou	**Uzak Doğu** ウザック ドゥ	Far East ファー イースト
きょこう **虚構** kyokou	**kurgu, gerçek olmayan** クルグ, ゲルチェッキ オルマヤン	fiction フィクション
ぎょこう **漁港** gyokou	**balıkçı limanı** バルックチュ リマヌ	fishing port フィシング ポート
きょじゃくな **虚弱な** kyojakuna	**güçsüz** ギュチスュス	weak, delicate ウィーク, デリケト
きょじゅうしゃ **居住者** kyojuusha	**sakin, ikamet eden** サーキン, イカーメット エデン	resident, inhabitant レズィデント, インハビタント
きょしょう **巨匠** kyoshou	**usta** ウスタ	great master, maestro グレイト マスタ, マイストロウ
きょしょくしょう **拒食症** kyoshokushou	**iştahsızlık** イシタフスズルック	anorexia アノレクスィア
きょぜつする **拒絶する** kyozetsusuru	**reddetmek** レッデトメッキ	refuse, reject リフューズ, リチェクト
ぎょせん **漁船** gyosen	**balıkçı gemisi** バルックチュ ゲミスィ	fishing boat フィシング ボウト
ぎょそん **漁村** gyoson	**balıkçı köyü** バルックチュ キョユ	fishing village フィシング ヴィリヂ
きょだいな **巨大な** kyodaina	**kocaman** コジャマン	huge, gigantic ヒューヂ, ヂャイギャンティク
きょっかいする **曲解する** （誤解する） kyokkaisuru	**yanlış anlamak, yanlış yorumlamak** ヤンルシ アンラマック, ヤンルシ ヨルムラマック	distort, misconstrue ディストート, ミスコンストルー
きょねん **去年** kyonen	**geçen yıl** ゲチェン ユル	last year ラスト イア
きょひ **拒否** kyohi	**ret, inkâr** レット, インキャール	denial, rejection ディナイアル, リチェクション
〜する	**reddetmek, inkâr etmek** レッデトメッキ, インキャール エトメッキ	deny, reject ディナイ, リチェクト
ぎょみん **漁民** gyomin	**balıkçı** バルックチュ	fisherman フィシャマン

日	トルコ	英
ぎょらい **魚雷** gyorai	**torpil, torpido** トルピル, トルピド	torpedo トーピードウ
きょり **距離** kyori	**uzaklık, mesafe** ウザックルック, メサーフェ	distance ディスタンス
きらきらする **きらきらする** kirakirasuru	**parıldamak** パルルダマック	glitter グリタ
きらくな **気楽な** kirakuna	**iyimser, optimist** イイムセル, オプティミスト	optimistic, easy アプティミスティク, イーズィ
きらめく **きらめく** kirameku	**ışıldamak, parıldamak** ウシュルダマック, パルルダマック	glitter, sparkle グリタ, スパークル
きり **錐** kiri	**matkap, delgi** マトカップ, デルギ	drill, gimlet ドリル, ギムレト
きり **霧** kiri	**sis** スィス	fog, mist フォーグ, ミスト
ぎり **義理** giri	**minnet** ミンネット	duty, obligation デューティ, アブリゲイション
きりあげる **切り上げる** （数字を） kiriageru	**yuvarlamak** ユヴァルラマック	round up ラウンド アプ
きりかえる **切り替える** kirikaeru	**değiştirmek** デイシティルメッキ	change チェインヂ
きりさめ **霧雨** kirisame	**çisenti** チセンティ	drizzle ドリズル
ぎりしゃ **ギリシャ** girisha	**Yunanistan** ユナニスタン	Greece グリース
〜語	**Yunanca** ユナンジャ	Greek グリーク
きりすてる **切り捨てる** （端数を） kirisuteru	**sayıyı yuvarlamak** サユユ ユヴァルラマック	round down ラウンド ダウン
（不要な物を）	**(kesip) atmak** （ケスィプ）アトマック	cut away カト アウェイ
きりすと **キリスト** kirisuto	**Hazreti İsa** ハズレティ イーサー	Christ クライスト
〜教	**Hıristiyanlık** フリスティヤンルック	Christianity クリスチアニティ

き

日	トルコ	英
きりつ **規律** kiritsu	**disiplin** ディスィプリン	discipline ディスィプリン
きりつめる **切り詰める** kiritsumeru	**kısmak** クスマック	reduce, cut down リデュース, カト ダウン
きりはなす **切り離す** kirihanasu	**(kesip) ayırmak** (ケスィップ) アユルマック	cut off, separate カト オーフ, セパレイト
きりひらく **切り開く** kirihiraku	**(kesip) açmak** (ケスィップ) アチマック	cut open, cut out カト オウプン, カト アウト
きりふだ **切り札** kirifuda	**koz** コス	trump トランプ
きりみ **切り身** kirimi	**dilim, fileto** ディリム, フィレト	slice, fillet スライス, フィレト
きりゅう **気流** kiryuu	**hava akımı** ハワ アクム	air current エア カーレント
きりょく **気力** kiryoku	**enerji** エネルジ	energy, vigor エナヂ, ヴィガ
きりん **麒麟** kirin	**zürafa** ズラーファー	giraffe ヂラフ
きる **切る** kiru	**kesmek** ケスメッキ	cut カト
(薄く)	**dilimlemek** ディリムレメッキ	slice スライス
(鋸で)	**testere ile kesmek** テステレ イレ ケスメッキ	saw ソー
(スイッチを)	**kapatmak** カパトマック	turn off ターン オーフ
(電話を)	**kapatmak** カパトマック	hang up ハング アプ
きる **着る** kiru	**giymek** ギイメッキ	put on プト オン
きれ **切れ** (布) kire	**kumaş, bez** クマシ, ベス	cloth クロース
(個・枚・片)	**dilim** ディリム	piece, cut ピース, カト
きれいな **きれいな** kireina	**güzel** ギュゼル	pretty, beautiful プリティ, ビューティフル

日	トルコ	英
（キュートな）	**şirin** シリン	cute **キュート**
（清潔な）	**temiz** テミス	clean クリーン
きれいに **きれいに** （完全に） kireini	**tamamen** タマーメン	completely コンプリートリ
（美しく）	**güzel(ce)** ギュゼル（ジェ）	beautifully **ビューティフリ**
きれつ **亀裂** kiretsu	**çatlak** チャトラック	crack, fissure クラク, **フィシャ**
きれる **切れる** （物が） kireru	**iyi kesmek** イイ ケスメッキ	cut well カト **ウェル**
（電話が）	**kapanmak** カパンマック	(be) cut off （ビ）カト **オーフ**
（なくなる）	**bitmek** ビトメッキ	(be) out of （ビ）**アウト** オヴ
（頭が）	**zeki, keskin zekâlı** ゼキー, ケスキン ゼキャール	brilliant, sharp ブリリアント, **シャープ**
きろく **記録** kiroku	**kayıt, rekor** カユット, レコル	record レコド
～する	**kaydetmek** カイデットメッキ	record リコード
きろぐらむ **キログラム** kiroguramu	**kilogram** キログラム	kilogram **キ**ログラム
きろめーとる **キロメートル** kiromeetoru	**kilometre** キロメトレ	kilometer **キ**ラミタ
きろりっとる **キロリットル** kirorittoru	**kilolitre** キロリトレ	kiloliter **キ**ロリータ
きろわっと **キロワット** kirowatto	**kilovat** キロヴァット	kilowatt **キ**ロワト
ぎろん **議論** giron	**tartışma** タルトゥシマ	argument **アー**ギュメント
ぎわく **疑惑** giwaku	**şüphe** シュプヘ	doubt, suspicion **ダ**ウト, サス**ピ**ション
きわだつ **際立つ** kiwadatsu	**göze çarpmak** ギョゼ チャルプマック	stand out ス**タ**ンド **アウト**

き

日	トルコ	英
きわどい **際どい** (危ない) kiwadoi	**riskli, tehlikeli** リスクリ, テフリケリ	dangerous, risky **デ**インヂャラス, **リ**スキ
きわめて **極めて** kiwamete	**gayet, çok** ガ**イ**ェット, **チ**ョック	very, extremely **ヴェ**リ, イクスト**リ**ームリ
きん **金** kin	**altın** アル**トゥ**ン	gold **ゴ**ウルド
～色の	**altın renkli** アル**トゥ**ン レン**キ**リ	gold **ゴ**ウルド
ぎん **銀** gin	**gümüş** ギュ**ミュ**シ	silver **スィ**ルヴァ
～色の	**gümüş renkli** ギュ**ミュ**シ レン**キ**リ	silver **スィ**ルヴァ
きんえん **禁煙** kin-en	**Sigara içilmez.** スィ**ガ**ラ イチル**メ**ス	No Smoking. ノウ ス**モ**ウキング
きんか **金貨** kinka	**altın para** アル**トゥ**ン **パ**ラ	gold coin **ゴ**ウルド **コ**イン
ぎんか **銀貨** ginka	**gümüş para** ギュ**ミュ**シ **パ**ラ	silver coin **スィ**ルヴァ **コ**イン
ぎんが **銀河** ginga	**galaksi** ガ**ラ**クスィ	Galaxy **ギャ**ラクスィ
きんがく **金額** kingaku	**tutar** トゥ**タ**ル	sum, amount of money **サ**ム, ア**マ**ウント オヴ **マ**ニ
きんがん **近眼** kingan	**miyop** ミ**ヨ**ップ	near-sightedness ニア**サ**イティドネス
きんかんがっき **金管楽器** kinkangakki	**bakır nefesli çalgı** バ**ク**ル ネフェス**リ** チャル**グ**	brass instrument **ブラ**ス **イ**ンストルメント
きんきゅうの **緊急の** kinkyuuno	**acil, ivedi** アー**ジ**ル, イ**ヴ**ェ**ディ**	urgent **アー**ヂェント
きんこ **金庫** kinko	**kasa** **カ**サ	safe, vault **セ**イフ, **ヴォ**ールト
きんこう **均衡** kinkou	**denge** **デ**ンゲ	balance **バ**ランス
ぎんこう **銀行** ginkou	**banka** **バ**ンカ	bank **バ**ンク

日	トルコ	英
～員	**bankacı** バンカジュ	bank clerk バンク クラーク
<ruby>禁止<rt>きんし</rt></ruby> kinshi	**yasak** ヤサック	prohibition, ban プロウヒビション, バン
～する	**yasaklamak** ヤサックラマック	forbid, prohibit フォビド, プロヒビト
<ruby>禁酒<rt>きんしゅ</rt></ruby> kinshu	**alkolden uzak durma** アルコルデン ウザック ドゥルマ	abstinence from alcohol アブスティネンス フラム アルコホール
<ruby>緊縮<rt>きんしゅく</rt></ruby> （節減） kinshuku	**kısıntı, azaltma** クスントゥ, アザルトマ	retrenchment リトレンチメント
<ruby>近所<rt>きんじょ</rt></ruby> kinjo	**komşu** コムシュ	neighborhood ネイバフド
<ruby>禁じる<rt>きんじる</rt></ruby> kinjiru	**yasaklamak** ヤサックラマック	forbid, prohibit フォビド, プロヒビト
<ruby>近世<rt>きんせい</rt></ruby> kinsei	**Yeni Çağ, Erken Modern Çağ** イェニ チャー, エルケン モデルン チャー	early modern ages アーリ マダン エイヂズ
<ruby>金星<rt>きんせい</rt></ruby> kinsei	**Venüs** ヴェニュス	Venus ヴィーナス
<ruby>金属<rt>きんぞく</rt></ruby> kinzoku	**metal** メタル	metal メトル
<ruby>近代<rt>きんだい</rt></ruby> kindai	**Yakın Çağ** ヤクン チャー	modern ages マダン エイヂズ
<ruby>近東<rt>きんとう</rt></ruby> kintou	**Yakın Doğu** ヤクン ドゥ	Near East ニア イースト
<ruby>筋肉<rt>きんにく</rt></ruby> kinniku	**kas** カス	muscles マスルズ
<ruby>金髪<rt>きんぱつ</rt></ruby> kinpatsu	**sarışın** サルシュン	blonde hair, fair hair ブランド ヘア, フェア ヘア
<ruby>勤勉な<rt>きんべんな</rt></ruby> kinbenna	**çalışkan** チャルシカン	industrious インダストリアス
<ruby>吟味する<rt>ぎんみする</rt></ruby> ginmisuru	**irdelemek, iyice incelemek** イルデレメッキ, イイジェ インジェレメッキ	scrutinize スクルーティナイズ

き

日	トルコ	英
きんむ **勤務** kinmu	**çalışma** チャルシマ	service, duty サーヴィス, デューティ
〜する	**çalışmak** チャルシマック	serve, work サーヴ, ワーク
きんめだる **金メダル** kinmedaru	**altın madalya** アルトゥン マダリヤ	gold medal ゴウルド メダル
ぎんめだる **銀メダル** ginmedaru	**gümüş madalya** ギュミュシ マダリヤ	silver medal スィルヴァ メダル
きんゆう **金融** kin-yuu	**finans** フィナンス	finance フィナンス
きんようび **金曜日** kin-youbi	**cuma** ジュマー	Friday フライデイ
きんり **金利** kinri	**faiz oranı** ファーイズ オラヌ	interest rates インタレスト レイツ
きんりょく **筋力** kinryoku	**kas gücü** カス ギュジュ	muscular power マスキュラ パウア
きんろう **勤労** kinrou	**çalışma** チャルシマ	labor, work, Ⓑ labour レイバ, ワーク, レイバ

き

日	トルコ	英

く，ク

く 区 ku	**mahalle, semt** マハッレ, セムト	ward, district **ウォード**, **ディ**ストリクト
ぐあい 具合 guai	**hâl, durum** ハール, ドゥルム	condition, state コンディション, ステイト
ぐあむ グアム guamu	**Guam** グアム	Guam グワーム
くい 悔い kui	**pişmanlık** ピシマンルック	regret, remorse リグレト, リモース
くい 杭 kui	**kazık** カズック	stake, pile ステイク, **パ**イル
くいき 区域 kuiki	**alan, bölge** アラン, ブルゲ	area, zone **エ**アリア, **ゾ**ウン
くいず クイズ kuizu	**bilmece** ビルメジェ	quiz ク**ウィ**ズ
くいちがう 食い違う kuichigau	**çelişmek** チェリシメッキ	conflict with **カ**ンフリクト **ウィ**ズ
くいんてっと クインテット kuintetto	**kuintet** クィンテット	quintet クウィン**テ**ト
くうぇーと クウェート kuweeto	**Kuveyt** ク**ヴェ**イト	Kuwait ク**ウェ**イト
くうかん 空間 kuukan	**boşluk** ボシルック	space, room ス**ペ**イス, **ルー**ム
くうき 空気 kuuki	**hava** ハワ	air **エ**ア
くうきょ 空虚 kuukyo	**boşluk** ボシルック	emptiness **エ**ンプティネス
くうぐん 空軍 kuugun	**hava kuvvetleri** ハワ クッヴェットレリ	air force **エ**ア **フォ**ース
くうこう 空港 kuukou	**havalimanı, havaalanı** ハヴァリマヌ, ハ**ヴァ**アラヌ	airport **エ**アポート
くうしゅう 空襲 kuushuu	**hava saldırısı** ハワ サルドゥルス	air raid **エ**ア **レ**イド
ぐうすう 偶数 guusuu	**çift sayı** チフト サユ	even number **イ**ーヴン **ナ**ンバ

日	トルコ	英
反 奇数	**tek sayı** テッキ サユ	odd number アド ナンバ
くうせき 空席 kuuseki	**boş yer, boş koltuk** ボシ イェル, ボシ コルトゥック	vacant seat ヴェイカント スィート
ぐうぜん 偶然 guuzen	**tesadüf** テサードゥフ	chance, accident チャンス, アクスィデント
〜に	**tesadüfen** テサードゥフェン	by chance バイ チャンス
くうぜんの 空前の　　(類なき) kuuzenno	**emsali görülmemiş** エムサーリ ギョリュルメミッシ	unprecedented アンプレセデンティド
くうそう 空想 kuusou	**fantezi** ファンテズィ	fantasy, daydream ファンタスィ, デイドリーム
〜する	**düşlemek, düş kurmak** デュシレメッキ, デュシ クルマック	imagine, fantasize イマヂン, ファンタサイズ
ぐうぞう 偶像 guuzou	**idol** イドル	idol アイドル
くーでたー クーデター kuudetaa	**hükümet darbesi** ヒュキュメット ダルベスィ	coup (d'état) クー (デイター)
くうはく 空白 kuuhaku	**boş** ボシ	blank ブランク
くうふくである 空腹である kuufukudearu	**aç kalmak** アチ カルマック	(be) hungry (ビ) ハングリ
くうゆ 空輸 kuuyu	**hava nakliyesi** ハワ ナクリエスィ	air transport エア トランスポート
くーらー クーラー kuuraa	**klima** クリマ	air conditioner エア コンディショナ
くおーつ クオーツ kuootsu	**kuvars** クワルス	quartz クウォーツ
くかく 区画 kukaku	**bölüm, kısım** ブリュム, クスム	division ディヴィジョン
くがつ 九月 kugatsu	**eylül** エイリュル	September セプテンバ
くかん 区間 kukan	**bölüm** ブリュム	section セクション
くき 茎 kuki	**sap** サップ	stalk, stem ストーク, ステム

日	トルコ	英
くぎ 釘 kugi	**çivi** チ**ヴィ**	nail ネイル
くきょう 苦境 kukyou	**zor durum** ゾル ドゥルム	difficult situation **ディ**フィカルト スィチュ**エ**イション
くぎる 区切る kugiru	**bölmek** ボル**メ**ッキ	divide ディ**ヴァ**イド
くさ 草 kusa	**ot** **オ**ト	grass グ**ラ**ス
くさい 臭い kusai	**pis kokulu, kötü kokulu** **ピ**ス コ**ク**ル, キョ**テュ** コ**ク**ル	smelly, stinking ス**メ**リ, ス**ティ**ンキング
くさり 鎖 kusari	**zincir** ズィン**ジ**ル	chain **チェ**イン
くさる 腐る kusaru	**çürümek** チュリュ**メ**ッキ	rot, go bad **ラ**ト, ゴウ **バ**ド
くし 櫛 kushi	**tarak** タ**ラ**ック	comb **コ**ウム
くじ くじ kuji	**piyango** ピ**ヤ**ンゴ	lot, lottery **ラ**ト, **ラ**タリ
くじく （落胆させる） 挫く kujiku	**-in cesaretini kırmak** イン ジェサーレティニ クル**マ**ック	discourage ディス**カ**ーリヂ
くじける 挫ける kujikeru	**cesareti kırılmak** ジェサーレ**ティ** クルル**マ**ック	(be) discouraged （ビ）ディス**カ**ーリヂド
くじゃく 孔雀 kujaku	**tavus** タ**ヴ**ス	peacock **ピ**ーカク
くしゃみ くしゃみ kushami	**hapşırık** ハプシュ**ル**ック	sneeze ス**ニ**ーズ
くじょう 苦情 kujou	**şikâyet** シキャー**イ**ェット	complaint コンプ**レ**イント
ぐしょうてきな 具象的な gushoutekina	**somut** ソ**ム**ット	concrete **カ**ンクリート
反 抽象的な	**soyut** ソ**ユ**ット	abstract **ア**ブストラクト
くじら 鯨 kujira	**balina** バ**リ**ナ	whale （ホ）**ウェ**イル

日	トルコ	英
くず 屑 kuzu	çöp チョップ	waste, rubbish ウェイスト, ラビシュ
ぐずぐずする ぐずぐずする guzuguzusuru	duraksamak, tereddüt etmek ドゥラクサマック, テレッデュット エトメッキ	(be) slow, hesitate (ビ) スロウ, ヘズィテイト
くすぐったい くすぐったい kusuguttai	gıdıklanan グドゥックラナン	ticklish ティクリシュ
くず 崩す kuzusu	yıkmak ユクマック	pull down, break プル ダウン, ブレイク
（お金を）	bozmak ボズマック	change チェインヂ
くすり 薬 kusuri	ilaç イラッチ	medicine, drug メディスィン, ドラグ
～屋	eczane エジザーネ	pharmacy, drug-store ファーマスィ, ドラグストー
くすりゆび 薬指 kusuriyubi	yüzük parmağı ユズック パルマウ	ring finger リング フィンガ
くずれる 崩れる（形が崩れる） kuzureru	bozulmak ボズルマック	get out of shape ゲト アウト オヴ シェイプ
（崩れ落ちる）	yıkılmak, çökmek ユクルマック, チョクメッキ	crumble, collapse クランブル, コラプス
くすんだ くすんだ kusunda	donuk, karanlık ドヌック, カランルック	somber サンバ
くせ 癖 kuse	alışkanlık, huy アルシカンルック, フイ	habit ハビト
ぐたいてきな 具体的な gutaitekina	somut ソムット	concrete カンクリート
くだく 砕く kudaku	parçalamak パルチャラマック	break, smash ブレイク, スマシュ
くだける 砕ける kudakeru	parçalanmak パルチャランマック	break, (be) broken ブレイク, (ビ) ブロウクン
くだもの 果物 kudamono	meyve メイヴェ	fruit フルート
～屋	manav マナヴ	fruit store フルート ストー

日	トルコ	英
くだり **下り** kudari	**iniş** イニシ	descent ディセント
反 **上り**	**çıkış** チュクシ	rise, ascent ライズ, アセント
くだる **下る** kudaru	**inmek** インメッキ	go down, descend ゴウ ダウン, ディセンド
くち **口** kuchi	**ağız** アウズ	mouth マウス
ぐち **愚痴** guchi	**dırdır** ドゥルドゥル	gripe, idle com-plaint グライプ, アイドル コンプレイント
くちげんか **口喧嘩** kuchigenka	**ağız kavgası** アウズ カヴガス	quarrel クウォレル
くちばし **嘴** kuchibashi	**gaga** ガガ	beak, bill ビーク, ビル
くちびる **唇** kuchibiru	**dudak** ドゥダック	lip リプ
くちぶえ **口笛** kuchibue	**ıslık** ウスルック	whistle (ホ)**ウィ**スル
くちべに **口紅** kuchibeni	**ruj, dudak boyası** ルージ, ドゥダック ボヤス	rouge, lipstick ルージュ, リプスティク
くちょう **口調** kuchou	**ton** トン	tone トウン
くつ **靴** kutsu	**ayakkabı** アヤッカブ	shoes, boots シューズ, ブーツ
〜ひも	**ayakkabı bağı** アヤッカブ バウ	shoestring シューストリング
くつう **苦痛** kutsuu	**acı** アジュ	pain, agony ペイン, アゴニ
くつがえす **覆す** kutsugaesu	**devirmek, altüst etmek** デヴィルメッキ, アルテュスト エトメッキ	upset, overthrow アプセト, オウヴァスロウ
くっきー **クッキー** kukkii	**kurabiye** クラービイェ	cookie, Ⓑbiscuit クキ, ビスキト
くつした **靴下** kutsushita	**çorap** チョラップ	socks, stockings サクス, スタキングズ

日	トルコ	英
クッション kusshon	**minder, yastık** ミンデル, ヤストゥック	cushion **ク**ション
屈折 （光の） kussetsu	**(ışığın) kırılması** (ウシュウン) クルルマス	refraction リーフ**ラ**クション
くっつく kuttsuku	**yapışmak** ヤプシマック	cling to, stick to ク**リ**ング トゥ, ス**ティ**ク トゥ
くっつける （統合させる） kuttsukeru	**birleştirmek** ビルレシティルメッキ	join **チョ**イン
（貼りつける）	**yapıştırmak** ヤプシトゥルマック	stick ス**ティ**ク
寛ぐ kutsurogu	**dinlenmek, rahat etmek** ディンレンメッキ, ラハト エトメッキ	relax, make one-self at home リ**ラ**クス, メイク アト **ホ**ウム
くどい （味が濃い） kudoi	**koyu** コユ	strongly seasoned スト**ロ**ングリ **スィ**ーズンド
（油っこい）	**yağlı** ヤール	oily **オ**イリ
句読点 kutouten	**noktalama işaretleri** ノクタラマ イシャーレットレリ	punctuation marks パンクチュ**エ**イション **マ**ークス
口説く （言い寄る） kudoku	**konuşarak arkadaşlık kurmak** コヌシャラック アルカダシルック クルマック	chat up **チャ**ト ア**プ**
（説得する）	**ikna etmek** イクナー エトメッキ	persuade パス**ウェ**イド
国 kuni	**ülke** ユル**ケ**	country **カ**ントリ
（祖国）	**memleket, vatan** メムレケット, ヴァ**タ**ン	home country, homeland, ⑧fa-therland **ホ**ウム **カ**ントリ, **ホ**ウムランド, **ファ**ーザランド
（政治機構としての）	**devlet** デヴレット	state ス**テ**イト
配る （配達する） kubaru	**teslim etmek** テスリム エトメッキ	deliver ディ**リ**ヴァ
（配布する）	**dağıtmak** ダウトマック	distribute ディスト**リ**ビュート

日	トルコ	英
くび 首 kubi	**boyun** ボユン	neck ネク
（頭部）	**baş, kafa** バシ, カファ	head ヘド
（免職）	**işten çıkarılma** イシュテン チュカルルマ	dismissal ディスミサル
くふう 工夫 （考案） kufuu	**tasarı** タサル	device, idea ディヴァイス, アイディーア
〜する	**tasarlamak, icat etmek** タサルラマック, イージャート エトメッキ	devise, contrive ディヴァイズ, コントライヴ
くぶん 区分 （分類） kubun	**sınıflandırma, tasnif** スヌフランドゥルマ, タスニフ	classification クラスィフィケイション
くべつ 区別 kubetsu	**ayırım fark** アユルム, ファルク	distinction ディスティンクション
くぼみ 窪み kubomi	**çukur** チュクル	dent, hollow デント, ハロウ
くま 熊 kuma	**ayı** アユ	bear ベア
くみ 組 （一対） kumi	**çift** チフト	pair ペア
（一揃い）	**takım** タクム	set セト
（グループ）	**grup, ekip, takım** グルップ, エキップ, タクム	group, team グループ, ティーム
（学級）	**sınıf** スヌフ	class クラス
くみあい 組合 kumiai	**sendika** センディカ	association, union アソウスィエイション, ユーニョン
くみあわせ 組み合わせ kumiawase	**birleşim, kombinasyon** ビルレシム, コンビナスィオン	combination カンビネイション
くむ 汲む （井戸で水を） kumu	**(su) çekmek, (su) almak** (ス) チェキメッキ, (ス) アルマック	draw ドロー
くむ 組む kumu	**birleştirmek** ビルレシティルメッキ	unite with ユーナイト ウィズ

日	トルコ	英
くも **雲** kumo	**bulut** ブルット	cloud クラウド
くも **蜘蛛** kumo	**örümcek** ウリュムジェッキ	spider スパイダ
くもり **曇り** kumori	**bulutlu hava** ブルットル ハワ	cloudy weather クラウディ **ウェ**ザ
〜の	**bulutlu** ブルット**ル**	cloudy クラウディ
くもる **曇る** kumoru	**bulutlanmak** ブルットラン**マ**ック	(become) cloudy (ビカム) クラウディ
くやしい **悔しい** kuyashii	**-e pişman** エ ピシマン	regretful リグレトフル
くやむ **悔やむ** kuyamu	**-e pişman olmak** エ ピシ**マ**ン オル**マ**ック	repent, regret リ**ペ**ント, リグ**レ**ト
くらい **暗い** kurai	**karanlık** カランルック	dark, gloomy **ダー**ク, グ**ルー**ミ
ぐらいだー **グライダー** guraidaa	**planör** ピラ**ノ**ゥル	glider グ**ラ**イダ
くらいまっくす **クライマックス** (頂点) kuraimakkusu	**doruk** ド**ル**ック	climax ク**ラ**イマクス
ぐらうんど **グラウンド** guraundo	**saha, alan** サー**ハ**, ア**ラ**ン	ground, field グ**ラ**ウンド, **フィー**ルド
くらし **暮らし** kurashi	**yaşam, hayat** ヤ**シャ**ム, ハ**ヤ**ット	life, living **ラ**イフ, **リ**ヴィング
くらしっく **クラシック** kurashikku	**klasik** クラ**ス**ィッキ	classic ク**ラ**スィク
くらす **暮らす** kurasu	**yaşamak** ヤシャ**マ**ック	live, make a living リ**ヴ**, **メ**イク ア **リ**ヴィング
ぐらす **グラス** gurasu	**bardak** バル**ダ**ック	glass グ**ラ**ス
ぐらすふぁいばー **グラスファイバー** gurasufaibaa	**cam yünü** ジャム ユ**ニュ**	glass fiber グ**ラ**ス **ファ**イバ
くらっち **クラッチ** kuracchi	**debriyaj** デブリ**ヤ**ージ	clutch ク**ラ**チ

日	トルコ	英
<ruby>クラブ<rt>くらぶ</rt></ruby> kurabu	**kulüp** クリュップ	club クラブ
（ゴルフの）	**golf sopası** ゴルフ ソパス	club クラブ
<ruby>グラフ<rt>ぐらふ</rt></ruby> gurafu	**grafik** グラフィッキ	graph グラフ
<ruby>比べる<rt>くらべる</rt></ruby> kuraberu	**karşılaştırmak** カルシュラシトゥルマック	compare コンペア
<ruby>グラム<rt>ぐらむ</rt></ruby> guramu	**gram** グラム	gram, ⑧gramme グラム, グラム
<ruby>暗闇<rt>くらやみ</rt></ruby> kurayami	**karanlık** カランルック	darkness, (the) dark ダークネス, (ザ) ダーク
<ruby>クラリネット<rt>くらりねっと</rt></ruby> kurarinetto	**klarnet** クラルネット	clarinet クラリネット
<ruby>グランドピアノ<rt>ぐらんどぴあの</rt></ruby> gurandopiano	**kuyruklu piyano** クイルックル ピヤノ	grand piano グランド ピアーノウ
<ruby>栗<rt>くり</rt></ruby> kuri	**kestane** ケスターネ	chestnut チェスナト
<ruby>クリーニング<rt>くりーにんぐ</rt></ruby> kuriiningu	**temizleme** テミズレメ	cleaning クリーニング
～店	**kuru temizleme** クル テミズレメ	dry cleaner, laundry service ドライ クリーナ, ローンドリ サーヴィス
<ruby>クリーム<rt>くりーむ</rt></ruby>　（食品） kuriimu	**krema** クレマ	cream クリーム
（化粧品）	**krem** クレム	cream クリーム
<ruby>繰り返し<rt>くりかえし</rt></ruby> kurikaeshi	**tekrar** テクラール	repetition, refrain レペティション, リフレイン
<ruby>繰り返す<rt>くりかえす</rt></ruby> kurikaesu	**tekrarlamak** テクラールラマック	repeat リピート
<ruby>クリスタル<rt>くりすたる</rt></ruby> kurisutaru	**kristal** クリスタル	crystal クリスタル
<ruby>クリスチャン<rt>くりすちゃん</rt></ruby> kurisuchan	**Hıristiyan** フリスティヤン	Christian クリスチャン

日	トルコ	英
<ruby>くりすます<rt></rt></ruby>**クリスマス** kurisumasu	**Noel** ノエル	Christmas クリスマス
～イブ	**Noel gecesi** ノエル ゲジェスィ	Christmas Eve クリスマス イーヴ
<ruby>くりっくする<rt></rt></ruby>**クリックする** kurikkusuru	**tıklamak** トゥクラマック	click クリク
<ruby>くりっぷ<rt></rt></ruby>**クリップ** kurippu	**tutturaç** トゥットゥラッチ	clip クリプ
<ruby>くりにっく<rt></rt></ruby>**クリニック** kurinikku	**klinik** クリニック	clinic クリニック
<ruby>くる<rt></rt></ruby>**来る** kuru	**gelmek** ゲルメッキ	come, arrive カム, アライヴ
<ruby>くるう<rt></rt></ruby>**狂う** (気が) kuruu	**çıldırmak, delirmek** チュルドゥルマック, デリルメッキ	go insane ゴウ インセイン
(調子が)	**aksamak, aksi gitmek** アクサマック, アクスィ ギトメッキ	go wrong, go out of order ゴウ ローング, ゴウ アウト オヴ オーダ
<ruby>ぐるーぷ<rt></rt></ruby>**グループ** guruupu	**grup** グルップ	group グループ
<ruby>くるしい<rt></rt></ruby>**苦しい** (苦痛である) kurushii	**eziyetli, ağrılı** エズィイェットリ, アールル	painful, hard ペインフル, ハード
(困難な)	**zor** ゾル	hard, difficult ハード, ディフィカルト
<ruby>くるしみ<rt></rt></ruby>**苦しみ** kurushimi	**acı, eziyet** アジュ, エズィイェット	pain, suffering ペイン, サファリング
<ruby>くるしむ<rt></rt></ruby>**苦しむ** (困る) kurushimu	**rahatsızlık duymak** ラハットスズルック ドゥイマック	(be) troubled with (ビ) トラブルド ウィズ
(悩む)	**-den acı çekmek** デン アジュ チェキメッキ	suffer from サファ フラム
<ruby>くるしめる<rt></rt></ruby>**苦しめる** kurushimeru	**eziyet etmek** エズィイェット エトメッキ	torment トーメント
<ruby>くるぶし<rt></rt></ruby>**くるぶし** kurubushi	**ayak bileği** アヤック ビレイ	ankle アンクル
<ruby>くるま<rt></rt></ruby>**車** kuruma	**araba** アラバ	car カー

日	トルコ	英
(車輪)	**tekerlek** テケルレッキ	wheel (ホ)**ウィ**ール
くるまえび **車海老** kurumaebi	**jumbo karides** ジュンボ カリデス	tiger prawn **タイ**ガ プローン
くるみ **胡桃** kurumi	**ceviz** ジェヴィス	walnut **ウォ**ールナト
くるむ **くるむ** kurumu	**sarmak** サルマック	wrap up ラプ **ア**プ
くれ **暮れ** (年末) kure	**yıl sonu** ユル ソヌ	year-end **イ**アレンド
(夕暮れ)	**gün batımı** ギュン バトゥ**ム**	nightfall **ナイ**トフォール
ぐれーぷふるーつ **グレープフルーツ** gureepufuruutsu	**greyfurt** グレイ**フ**ルト	grapefruit グ**レイ**プフルート
くれーむ **クレーム** kureemu	**şikâyet** シキャー**イ**ェット	claim, complaint ク**レイ**ム, コンプ**レイ**ント
くれーん **クレーン** kureen	**vinç** **ヴ**ィンチ	crane ク**レイ**ン
くれじっと **クレジット** kurejitto	**kredi** ク**レ**ディ	credit ク**レ**ディト
～カード	**kredi kartı** クレディ カル**トゥ**	credit card ク**レ**ディト **カ**ード
くれそん **クレソン** kureson	**su teresi** ス テレ**ス**ィ	watercress **ウォ**ータクレス
くれよん **クレヨン** kureyon	**mum boya** ムム ボヤ	crayon ク**レ**イアン
くれる **くれる** kureru	**vermek** ヴェル**メ**ッキ	give, present **ギ**ヴ, プリ**ゼ**ント
くれんざー **クレンザー** kurenzaa	**temizleyici, kir giderici** テミズ**レ**イジ, **キ**ル ギデリジ	cleanser ク**レ**ンザ
くろ **黒** kuro	**kara, siyah** カ**ラ**, スィ**ヤ**フ	black ブ**ラ**ク
反白	**beyaz, ak** ベ**ヤ**ス, **ア**ク	white (ホ)**ワ**イト
くろい **黒い** kuroi	**kara, siyah** カ**ラ**, スィ**ヤ**フ	black ブ**ラ**ク

日	トルコ	英
（日焼けして）	**bronzlaşmış** ブロンズラシムシ	suntanned **サ**ンタンド
<ruby>苦労<rt>くろう</rt></ruby>する kurousuru	**çile çekmek** チレ チェキメッキ	suffer, work hard **サ**ファ, **ワ**ーク ハード
<ruby>玄人<rt>くろうと</rt></ruby> kurouto	**usta, uzman** ウス**タ**, ウズ**マ**ン	expert, profession-al エクス**パ**ート, プロ**フェ**ショナル
<ruby>クローク<rt>くろーく</rt></ruby> kurooku	**vestiyer** ヴェスティ**イ**ェル	cloakroom ク**ロ**ウクルーム
<ruby>クローゼット<rt>くろーぜっと</rt></ruby> kuroozetto	**gardırop** ガルドゥ**ロ**ップ	closet, wardrobe ク**ラ**ーゼト, **ウォ**ードロウブ
<ruby>クロール<rt>くろーる</rt></ruby> kurooru	**serbest yüzme** セル**ベ**スト ユズ**メ**	crawl ク**ロ**ール
<ruby>クロスワード<rt>くろすわーど</rt></ruby> kurosuwaado	**bulmaca** ブルマ**ジャ**	crossword ク**ロ**ースワード
<ruby>グロテスクな<rt>ぐろてすくな</rt></ruby> gurotesukuna	**grotesk** グロ**テ**スク	grotesque グロウ**テ**スク
<ruby>加える<rt>くわえる</rt></ruby> kuwaeru	**katmak, ilave etmek** カト**マ**ック, イラー**ヴェ** エト**メ**ッキ	add **ア**ド
<ruby>詳しい<rt>くわしい</rt></ruby> kuwashii	**ayrıntılı, detaylı** アイルントゥル, デタイ**ル**	detailed ディ**テ**イルド
（よく知っている）	**iyi bilmek** イ**イ** ビル**メ**ッキ	(become) acquaint-ed with （ビカム） アク**ウェ**インティド ウィズ
<ruby>企てる<rt>くわだてる</rt></ruby> kuwadateru	**planlamak, tasarlamak** プランラ**マ**ック, タサルラ**マ**ック	plan, plot プ**ラ**ン, プ**ラ**ト
<ruby>加わる<rt>くわわる</rt></ruby> kuwawaru	**katılmak** カトゥル**マ**ック	join, enter **チョ**イン, **エ**ンタ
<ruby>軍<rt>ぐん</rt></ruby> gun	**ordu** オル**ドゥ**	army, forces **ア**ーミ, **フォ**ーセズ
<ruby>郡<rt>ぐん</rt></ruby> gun	**ilçe, kaza** イル**チェ**, カ**ザ**ー	county **カ**ウンティ
<ruby>軍艦<rt>ぐんかん</rt></ruby> gunkan	**savaş gemisi** サ**ヴァ**シ ゲミス**イ**	warship **ウォ**ーシプ
<ruby>軍事<rt>ぐんじ</rt></ruby> gunji	**harbiye** ハルビ**イェ**	military affairs **ミ**リテリ ア**フェ**アズ

日	トルコ	英
ぐんしゅう **群衆** gunshuu	**kalabalık** カラバルック	crowd クラウド
ぐんしゅく **軍縮** gunshuku	**silahsızlanma** スィラフスズランマ	armaments reduction アーマメンツ リダクション
くんしょう **勲章** kunshou	**madalya** マダリヤ	decoration デコレイション
ぐんじん **軍人** gunjin	**asker** アスケル	soldier, serviceman ソウルヂャ, サーヴィスマン
くんせいの **燻製の** kunseino	**tütsülenmiş** テュトスュレンミシ	smoked スモウクト
ぐんたい **軍隊** guntai	**ordu** オルドゥ	army, troops アーミ, トループス
ぐんび **軍備** gunbi	**silahlanma** スィラフランマ	armaments アーマメンツ
くんれん **訓練** kunren	**antrenman, idman** アントレンマン, イドマン	training トレイニング
〜する	**antrenman yapmak, idman yapmak** アントレンマン ヤプマック, イドマン ヤプマック	train, drill トレイン, ドリル

| 日 | トルコ | 英 |

け, ケ

け 毛 ke		**saç** サチ	hair ヘア
	(羊毛)	**yün** ユン	wool ウル
けい 刑 kei		**ceza** ジェザー	penalty, sentence ペナルティ, センテンス
げい 芸 gei		**sanat** サナット	art, accomplish-ments アート, アカンプリシュメンツ
けいえい 経営 keiei		**yönetim, işletme** ヨネティム, イシレトメ	management マニヂメント
～者		**yönetici, işletmeci** ヨネティジ, イシレトメジ	manager マニヂャ
～する		**yönetmek, işletmek** ヨネトメッキ, イシレトメッキ	manage, run マニヂ, ラン
けいかい 警戒 keikai		**dikkat** ディッカット	caution, precau-tion コーション, プリコーション
～する		**dikkat etmek, dikkatli ol-mak** ディッカット エトメッキ, ディッカットリ オルマック	guard against ガード アゲンスト
けいかいな 軽快な keikaina		**çevik** チェヴィッキ	light, nimble ライト, ニンブル
けいかく 計画 keikaku		**plan, proje** ピラン, プロジェ	plan, project プラン, プラヂェクト
～する		**planlamak** ピランラマック	plan, project プラン, プロヂェクト
けいかん 警官 keikan		**polis** ポリス	police officer ポリース オーフィサ
けいき 景気 keiki	(業績)	**ekonomik durumu** エコノミック ドゥルム	economic state イーコナミク ステイト
	(市況)	**piyasa** ピヤサ	market マーケト

日	トルコ	英
けいけん **経験** keiken	**deneyim, tecrübe** デネイム, テジリュベ	experience イクスピアリアンス
〜**する**	**tecrübe etmek** テジリュベ エトメッキ	experience イクスピアリアンス
けいこ **稽古** (リハーサル) keiko	**prova** プロヴァ	rehearsal リハーサル
(練習・訓練)	**antrenman, idman** アントレンマン, イドマン	practice, exercise プラクティス, エクササイズ
けいご **敬語** keigo	**saygı ifadesi** サイグ イファーデスィ	honorific アナリフィク
けいこう **傾向** keikou	**eğilim, temayül** エイリム, テマーユル	tendency テンデンスィ
けいこうぎょう **軽工業** keikougyou	**hafif sanayi** ハフィフ サナーイー	light industries ライト インダストリズ
けいこうとう **蛍光灯** keikoutou	**flüoresan lambası** フリュオレサン ランバス	fluorescent lamp フルーオレスント ランプ
けいこく **警告** keikoku	**uyarı, ikaz** ウヤル, イーカーズ	warning, caution ウォーニング, コーション
〜**する**	**uyarmak** ウヤルマック	warn ウォーン
けいざい **経済** keizai	**iktisat, ekonomi** イクティサート, エコノミ	economy, finance イカノミ, フィナンス
〜**学**	**iktisat bilimi** イクティサート ビリミ	economics イーコナミクス
〜**的な**	**ekonomik** エコノミッキ	economical イーコナミカル
けいさいする **掲載する** keisaisuru	**yayınlamak** ヤユンラマック	publish パブリシュ
けいさつ **警察** keisatsu	**polis** ポリス	police ポリース
〜**官**	**polis memuru, polis** ポリス メームル, ポリス	police officer ポリース オーフィサ
〜**署**	**emniyet müdürlüğü** エムニイェット ミュドゥルリュユ	police station ポリース ステイション
けいさん **計算** keisan	**hesaplama** ヘサープラマ	calculation キャルキュレイション

け

日	トルコ	英
～機	**hesap makinesi** ヘサープ マキネスィ	calculator **キャ**ルキュレイタ
～する	**hesaplamak** ヘサープラ**マ**ック	calculate, count **キャ**ルキュレイト, **カ**ウント
けいじ 刑事 keiji	**detektif** デテク**ティ**フ	detective ディ**テ**クティヴ
～訴訟	**ceza davası** ジェ**ザ**ー ダー**ヴァ**ース	criminal action **ク**リミナル **ア**クション
反 民事訴訟	**hukuk davası** フ**ク**ーク ダー**ヴァ**ース	civil action (law-suit) **ス**ィヴィル **ア**クション （**ロ**ースート）
けいじ 掲示 keiji	**duyuru, ilan** ドゥ**ユ**ル, イー**ラ**ーン	notice, bulletin **ノ**ウティス, **ブ**レティン
～板	**duyuru panosu, ilan tahtası** ドゥ**ユ**ル **パ**ノス, イー**ラ**ーン タフ**タ**ス	bulletin board **ブ**レティン **ボ**ード
けいしき 形式 keishiki	**form, biçim** **フォ**ルム, ビ**チ**ム	form, formality **フォ**ーム, フォー**マ**リティ
～的な	**formel** フォル**メ**ル	formal **フォ**ーマル
げいじゅつ 芸術 geijutsu	**sanat** サ**ナ**ット	art **ア**ート
～家	**sanatçı** サナッ**チュ**	artist **ア**ーティスト
けいしょく 軽食 keishoku	**hafif yemek** ハ**フィ**フ イェ**メ**ッキ	light meal **ラ**イト **ミ**ール
けいず 系図 keizu	**soyağacı, şecere** ソイア**ア**ジュ, シェ**ジェ**レ	genealogy ヂーニ**ア**ロヂ
けいせい 形成 keisei	**oluşum** オル**シュ**ム	formation フォー**メ**イション
けいぞくする 継続する keizokusuru	**devam etmek** デ**ヴァ**ーム エト**メ**ッキ	continue コン**ティ**ニュー
けいそつな 軽率な keisotsuna	**dikkatsiz** ディッカット**スィ**ス	careless, rash **ケ**アレス, **ラ**シュ
けいたい 形態 keitai	**şekil, form** シェ**キ**ル, **フォ**ルム	form, shape **フォ**ーム, **シェ**イプ

け

日	トルコ	英
けいたいでんわ **携帯電話** keitaidenwa	**cep telefonu** ジェップ テレフォ**ヌ**	cellphone, Ⓑmo- bile phone セルフォウン, **モ**ウバイル **フォ**ウン
けいと **毛糸** keito	**yün iplik** ユン イップ**リ**ッキ	(woolen) yarn (**ウ**ルン) **ヤ**ーン
けいとう **系統** keitou	**sistem** ス**ィ**ステム	system ス**ィ**ステム
げいにん **芸人** geinin	**komedyen** コメディ**エ**ン	variety entertainer ヴァ**ラ**イエティ エンタ**テ**イ ナ
げいのう **芸能** (舞台芸能) geinou	**sahne sanatları** サフ**ネ** サナット**ラ**ル	arts and entertain- ment **ア**ーツ アンド エンタ**テ**イン メント
～人	**sanatçı** サナッ**チュ**	entertainer エンタ**テ**イナ
けいば **競馬** keiba	**at yarışı** **ア**ット ヤ**ル**シュ	horse racing **ホ**ース **レ**イスィング
～場	**hipodrom** ヒポド**ロ**ム	race track **レ**イス トラク
けいはつ **啓発** keihatsu	**aydınlatma** アイドゥンラト**マ**	enlightenment イン**ラ**イトンメント
～する	**aydınlatmak** アイドゥンラト**マ**ック	enlighten イン**ラ**イトン
けいばつ **刑罰** keibatsu	**ceza** ジェ**ザ**ー	punishment **パ**ニシュメント
けいはんざい **軽犯罪** keihanzai	**hafif suç** ハ**フ**ィフ ス**チ**	minor offense **マ**イナ オ**フ**ェンス
けいひ **経費** keihi	**harcama, masraf** ハルジャ**マ**, マスラフ	expenses イクス**ペ**ンセズ
けいび **警備** keibi	**güvenlik** ギュヴェン**リ**ッキ	defense, guard ディ**フェ**ンス, **ガ**ード
～する	**korumak, savunmak** コル**マ**ック, サヴン**マ**ック	defend, guard ディ**フェ**ンド, **ガ**ード
けいひん **景品** keihin	**hediye** ヘディ**イェ**	premium, gift プ**リ**ーミアム, **ギ**フト

け

日	トルコ	英
けいべつする **軽蔑する** keibetsusuru	**hor görmek, küçümse-mek** ホル ギョルメッキ, キュチュムセメッキ	despise, scorn ディスパイズ, スコーン
けいほう **警報** keihou	**alarm** アラルム	warning, alarm ウォーニング, アラーム
けいむしょ **刑務所** keimusho	**hapishane, cezaevi** ハピスハーネ, ジェザーエヴィ	prison プリズン
けいやく **契約** keiyaku	**sözleşme, mukavele, kontrat** ソズレシメ, ムカーヴェレ, コントラット	contract カントラクト
～**書**	**sözleşme, kontrat** ソズレシメ, コントラット	contract カントラクト
～**する**	**sözleşme yapmak, söz-leşmeye imzalamak** ソズレシメ ヤプマック, ソズレシメイェ イ ムザーラマック	contract, sign a contract (with) コントラクト, サイン ア カ ントラクト (ウィズ)
けいゆして **経由して** keiyushite	**yolu ile, -den geçerek** ヨル イレ, デン ゲチェレッキ	by way of, via バイ ウェイ オヴ, ヴァイア
けいようし **形容詞** keiyoushi	**sıfat** スファット	adjective アデェクティヴ
けいり **経理** keiri	**muhasebe** ムハーセベ	accounting アカウンティング
けいりゃく **計略** keiryaku	**hile** ヒーレ	stratagem ストラタデャム
けいりゅう **渓流** keiryuu	**dağ dere** ダー デレ	mountain stream マウンテン ストリーム
けいりょう **計量** keiryou	**ölçüm** ウルチュム	measurement メジャメント
けいれき **経歴** keireki	**kariyer** カリイェル	one's career カリア
けいれん **痙攣** keiren	**kramp, spazm** クランプ, スパズム	spasm, cramp スパズム, クランプ
けいろ **経路** keiro	**rota** ロタ	course, route コース, ルート
(通路)	**güzergâh** ギュゼルギャーフ	passage パスィヂ
けーき **ケーキ** keeki	**pasta** パスタ	cake ケイク

日	トルコ	英
けーす ケース （場合） keesu	**durum** ドゥルム	case ケイス
（箱）	**kutu** クトゥ	box バクス
げーと ゲート geeto	**kapı** カプ	gate ゲイト
げーむ ゲーム geemu	**oyun** オユン	game ゲイム
けおりもの 毛織物 keorimono	**yün örgüsü** ユン ウルギュスュ	woolen goods ウルン グヅ
けが 怪我 kega	**yara** ヤラ	wound, injury ウーンド, インヂュリ
～する	**yaralanmak** ヤラランマック	(get) hurt (ゲト) ハート
～人	**yaralı** ヤラル	injured person インヂュド パースン
げか 外科 geka	**cerrahlık** ジェッラフルック	surgery サーヂャリ
～医	**cerrah** ジェッラフ	surgeon サーヂョン
けがす 汚す kegasu	**lekelemek** レケレメッキ	stain ステイン
けがれ 汚れ kegare	**leke, kirlilik** レケ, キルリリッキ	impurity インピュアリティ
けがわ 毛皮 kegawa	**kürk** キュルク	fur ファー
げき 劇 geki	**tiyatro** ティヤトロ	play プレイ
げきじょう 劇場 gekijou	**tiyatro** ティヤトロ	theater, Ⓑtheatre スィアタ, スィアタ
げきだん 劇団 gekidan	**kumpanya, tiyatro** クンパンヤ, ティヤトロ	theatrical company スィアトリカル カンパニ
げきれいする 激励する gekireisuru	**cesaretlendirmek, cesaret vermek** ジェサーレットレンディルメッキ, ジェサーレット ヴェルメッキ	encourage インカーリヂ

け

日	トルコ	英
けさ **今朝** kesa	**bu sabah** ブ サバフ	this morning ズィス モーニング
げざい **下剤** gezai	**müshil** ミュスヒル	laxative, purgative ラクサティヴ, パーガティヴ
げし **夏至** geshi	**yaz gün dönümü** ヤス ギュン ドゥニュミュ	summer solstice サマ サルスティス
けしいん **消印** keshiin	**posta damgası** ポスタ ダムガス	postmark ポウストマーク
けしき **景色** keshiki	**manzara** マンザラ	scenery, view スィーナリ, ヴュー
けしごむ **消しゴム** keshigomu	**silgi** スィルギ	eraser, ⓑrubber イレイサ, ラバ
げしゃする **下車する** geshasuru	**inmek** インメッキ	get off ゲト オーフ
げじゅん **下旬** gejun	**ay sonu** アイ ソヌ	end of the month エンド オヴ ザ マンス
けしょう **化粧** keshou	**makyaj** マキアージ	makeup メイカプ
〜室	**lavabo** ラヴァボ	dressing room, bathroom ドレスィング ルーム, バスルーム
〜水	**losyon** ロスィオン	skin lotion スキン ロウション
〜する	**makyaj yapmak** マキアージ ヤプマック	put on makeup プト オン メイカプ
〜品	**makyaj malzemeleri** マキアージ マルゼメレリ	cosmetics カズメティクス
けす **消す** （文字などを） kesu	**silmek** スィルメッキ	erase イレイス
（明かりや火を）	**söndürmek** ソゥンデュルメッキ	put out プト アウト
（スイッチを）	**kapatmak** カパトマック	turn off, switch off ターン オーフ, スウィチ オーフ
げすい **下水** gesui	**pis su, lağım suyu** ピス ス, ラウム スユ	sewage water スーイデ ウォータ

け

日	トルコ	英
～道	**lağım** ラウム	drainage, sewer ドレイニヂ, スーア
けずる 削る （彫って） kezuru	**yontmak** ヨントマック	whittle (ホ)**ウィ**トル
（剃って）	**tıraş olmak** トゥ**ラ**シ オル**マ**ック	shave シェイヴ
（量・数を）	**azaltmak** アザルト**マ**ック	curtail カー**テ**イル
（長さを）	**kısaltmak** クサルト**マ**ック	shorten **ショー**トン
けた 桁 （数の） keta	**hane** ハーネ	figure, digit **フィ**ギャ, **ディ**ヂト
けちな けちな kechina	**cimri** ジムリ	stingy ス**ティ**ンヂ
けちゃっぷ ケチャップ kechappu	**ketçap** ケ**チャ**ップ	catsup, ketchup **ケ**チャプ, **ケ**チャプ
けつあつ 血圧 ketsuatsu	**kan basıncı, tansiyon** **カ**ン バスンジュ, タンス**ィヨ**ン	blood pressure ブ**ラ**ド プ**レ**シャ
けつい 決意 ketsui	**karar** カラール	resolution レゾ**ルー**ション
～する	**-e karar vermek** エ カ**ラ**ール ヴェル**メ**ッキ	make up one's mind メイク **ア**プ **マ**インド
けつえき 血液 ketsueki	**kan** カン	blood ブ**ラ**ド
けっか 結果 kekka	**sonuç** ソ**ヌ**ッチ	result リ**ザ**ルト
けっかく 結核 kekkaku	**verem, tüberküloz** ヴェ**レ**ム, テュベルキュ**ロ**ス	tuberculosis テュバーキュ**ロ**ウスィス
けっかん 欠陥 kekkan	**kusur, hata** ク**ス**ル, ハ**タ**ー	defect, fault ディ**フェ**クト, **フォー**ルト
けっかん 血管 kekkan	**damar** ダ**マ**ル	blood vessel ブ**ラ**ド **ヴェ**スル
げっかんし 月刊誌 gekkanshi	**aylık dergi** ア**イ**ルック デル**ギ**	monthly (maga-zine) **マ**ンスリ (**マ**ガズィーン)

日	トルコ	英
げっきゅう **月給** gekkyuu	**aylık maaş** アイルック マアシ	(monthly) salary (**マ**ンスリ) **サ**ラリ
けっきょく **結局** kekkyoku	**nihayet, sonunda** ニハーイェット, ソヌンダ	after all, in the end アフタ **オ**ール, イン ズィ **エ**ンド
けつごう **結合** ketsugou	**birleştirme, birleşim** ビルレシティル**メ**, ビルレ**シ**ム	union, combination **ユ**ーニョン, カンビ**ネ**イション
～する	**birleştirmek** ビルレシティル**メ**ッキ	unite, combine ユー**ナ**イト, コン**パ**イン
けっこうな **結構な** kekkouna	**iyi, çok iyi** イ**イ**, **チョ**ッキ**イ**	excellent, nice **エ**クセレント, **ナ**イス
けっこん **結婚** kekkon	**evlilik** エヴリ**リ**ッキ	marriage **マ**リヂ
～式	**nikâh** ニキャフ	wedding **ウェ**ディング
～する	**evlenmek** エヴレン**メ**ッキ	(get) married (ゲト) **マ**リド
～披露宴	**düğün** デュ**ユ**ン	wedding reception **ウェ**ディング リ**セ**プション
けっさく **傑作** kessaku	**şaheser** シャーヘ**セ**ル	masterpiece **マ**スタピース
けっさん **決算** kessan	**mali yıl kapanışı** マーリー **ユ**ル カパヌ**シュ**	settlement of accounts **セ**トルメント オヴ ア**カ**ウンツ
～書	**mali tablo** マーリー **タ**プロ	financial statement フィ**ナ**ンシャル ス**テ**イトメント
けっして **決して** kesshite	**asla, hiç bir zaman** **ア**スラー, ヒッチ ビ(ル) ザ**マ**ーン	never **ネ**ヴァ
げっしゃ **月謝** gessha	**aylık ücret** アイルック ユジュ**レ**ット	monthly fee マンスリ **フィ**ー
げっしゅう **月収** gesshuu	**aylık kazanç** アイルック カ**ザ**ンチ	monthly income マンスリ **イ**ンカム
けっしょう **決勝** kesshou	**final** フィ**ナ**ル	final **ファ**イナル

日	トルコ	英
けっしょう **結晶** kesshou	**kristal** クリス**タ**ル	crystal ク**リ**スタル
げっしょく **月食** gesshoku	**ay tutulması** **ア**イ トゥ**トゥ**ルマス	eclipse of the moon イク**リ**プス オヴ ザ **ムー**ン
けっせい **血清** kessei	**serum** セ**ル**ム	serum ス**ィ**アラム
けっせきする **欠席する** kessekisuru	**-e katılmamak** エ カ**トゥ**ルママック	(be) absent from (ビ) **ア**プセント フラム
けってい **決定** kettei	**karar** カ**ラ**ール	decision, determi- nation ディ**ス**ィジョン, ディ**ター**ミ ネイション
～する	**-e karar vermek** エ カ**ラ**ール ヴェル**メ**ッキ	decide ディ**サ**イド
けってん **欠点** ketten	**kusur, hata** ク**ス**ル, ハ**ター**	fault, weak point **フォー**ルト, **ウィー**ク **ポ**イ ント
けっとう **血統** kettou	**cins** **ジ**ンス	blood, lineage ブ**ラ**ド, **リ**ニイヂ
（動物の）	**cins, safkan** **ジ**ンス, **サ**フカン	pedigree **ペ**ディグリー
けっぱく **潔白** keppaku	**suçsuzluk, masumiyet** スチス**ズ**ルック, マースーミ**イェ**ット	innocence **イ**ノセンス
げっぷ **げっぷ** geppu	**geğirme** ゲイル**メ**	burp **バー**プ
けつぼう **欠乏** ketsubou	**eksiklik, yokluk** エキス**ィ**ッキリッキ, ヨック**ル**ック	lack, shortage **ラ**ク, **ショー**ティヂ
～する	**eksik olmak** エキ**スィ**ッキ オル**マ**ック	lack **ラ**ク
けつまつ **結末** ketsumatsu	**son, sonuç** **ソ**ン, ソ**ヌ**ッチ	end, result **エ**ンド, リ**ザ**ルト
げつまつ **月末** getsumatsu	**ay sonu** **ア**イ ソ**ヌ**	end of the month **エ**ンド オヴ ザ **マ**ンス
げつようび **月曜日** getsuyoubi	**pazartesi** パ**ザ**ルテスィ	Monday **マ**ンデイ
けつろん **結論** ketsuron	**sonuç** ソ**ヌ**ッチ	conclusion コンク**ル**ージョン

日	トルコ	英
けなす **けなす** kenasu	**-in hakkında kötü konuş- mak** イン ハックンダ キョテュ コヌシマック	speak ill of スピーク イル オヴ
けにあ **ケニア** kenia	**Kenya** ケニヤ	Kenya ケニャ
げねつざい **解熱剤** genetsuzai	**ateş düşürücü** アテシ ドゥシュリュジュ	antipyretic アンティパイレティク
けびょう **仮病** kebyou	**sahte hastalık** サフテ ハスタルック	feigned illness フェインド イルネス
げひんな **下品な** gehinna	**kaba** カバー	vulgar, coarse ヴァルガ, コース
けむい **煙い** kemui	**dumanlı** ドゥマンル	smoky スモウキ
けむし **毛虫** kemushi	**tırtıl** トゥルトゥル	caterpillar キャタピラ
けむり **煙** kemuri	**duman** ドゥマン	smoke スモウク
げり **下痢** geri	**ishal** イスハール	diarrhea ダイアリア
げりら **ゲリラ** gerira	**gerilla** ゲリッラ	guerilla ゲリラ
ける **蹴る** keru	**tekmelemek** テクメレメッキ	kick キク
げるまにうむ **ゲルマニウム** gerumaniumu	**germanyum** ゲルマニュム	germanium ヂャーメイニアム
げれつな **下劣な** geretsuna	**alçak, rezil** アルチャック, レズィル	mean, base ミーン, ベイス
げれんで **ゲレンデ** gerende	**kayak eğimi** カヤック エイミ	(ski) slope (スキー) スロウプ
けわしい **険しい** kewashii	**dik** ディッキ	steep スティープ
(顔つきが)	**ciddi** ジッディー	severe スィヴィア
けん **券** ken	**bilet** ビレット	ticket, coupon ティケト, クーパン

日	トルコ	英
けん **県** ken	**il, vilayet** イル, ヴィラーイェット	prefecture プリーフェクチャ
げん **弦** （楽器の） gen	**tel** テル	string ストリング
（弓の）	**yay** ヤイ	bowstring ボウストリング
けんあくな **険悪な** ken-akuna	**tehdit edici, tehditkâr** テフディット エディジ, テフディットキャル	threatening スレトニング
げんあん **原案** gen-an	**taslak** タスラック	first draft ファースト ドラフト
けんい **権威** ken-i	**yetki, otorite** イェトキ, オトリテ	authority, prestige オサリティ, プレスティージ
げんいん **原因** gen-in	**neden, sebep** ネデン, セベップ	cause, origin コーズ, オーリヂン
げんえい **幻影** gen-ei	**illüzyon, yanılsama** イリュズィオン, ヤヌルサマ	illusion イルージョン
けんえき **検疫** ken-eki	**karantina** カランティナ	quarantine クウォランティーン
げんえき **現役の** gen-eki	**aktif** アクティフ	active アクティヴ
反 引退した	**emekli** エメックリ	retired リタイアド
けんえつ **検閲** ken-etsu	**sansür** サンスュル	inspection, censorship インスペクション, センサシプ
けんか **喧嘩** （殴り合い） kenka	**kavga** カヴガ	fight ファイト
（口論）	**tartışma** タルトゥシマ	quarrel, dispute クウォレル, ディスピュート
〜する	**ile kavga etmek** イレ カヴガ エトメッキ	quarrel with クウォレル ウィズ
げんか **原価** genka	**maliyet** マーリイェット	cost price コースト プライス
けんかい **見解** kenkai	**düşünce, görüş** デュシュンジェ, ギョリュシ	opinion, view オピニョン, ヴュー

け

日	トルコ	英
げんかい **限界** genkai	**sınır** スヌル	limit, bounds リミト, バウンヅ
けんがくする **見学する** kengakusuru	**ziyaret etmek** ズィヤーレット エトメッキ	inspect, visit インスペクト, ヴィズィト
げんかくな **厳格な** genkakuna	**sıkı, sert** スク, セルト	strict, rigorous ストリクト, リガラス
げんがっき **弦楽器** gengakki	**telli çalgılar** テッリ チャルグラル	stringed instruments ストリングド インストルメンツ
げんかん **玄関** genkan	**antre, giriş** アントレ, ギリシ	entrance エントランス
げんきな **元気な** genkina	**canlı** ジャンル	spirited, lively スピリティド, ライヴリ
けんきゅう **研究** kenkyuu	**araştırma** アラシトゥルマ	study, research スタディ, リサーチ
～者	**araştırmacı** アラシトゥルマジュ	student, scholar ステューデント, スカラ
～所	**laboratuvar** ラボラトゥワル	laboratory ラボラトーリ
～する	**araştırmak** アラシトゥルマック	research, study リサーチ, スタディ
けんきょな **謙虚な** kenkyona	**alçak gönüllü, mütevazı** アルチャック ギョニュルリュ, ミュテヴァーズ	modest マデスト
けんきん **献金** kenkin	**bağış** バウシ	donation ドウネイション
げんきん **現金** genkin	**nakit, likit** ナキット, リキット	cash キャシュ
げんきんする **厳禁する** genkinsuru	**kesinlikle yasaklamak** ケスィンリッキレ ヤサックラマック	forbid strictly フォビド ストリクトリ
げんけい **原型** genkei	**prototip** プロトティップ	prototype プロウトタイプ
けんけつ **献血** kenketsu	**kan bağışı** カン バウシュ	blood donation ブラド ドウネイション
げんご **言語** gengo	**dil, lisan** ディル, リサン	language ラングウィチ

日	トルコ	英
～学	**dil bilimi** ディル ビリミ	linguistics リング**ウィ**スティクス
けんこう **健康** kenkou	**sağlık** サールック	health ヘルス
～な	**sağ** サー	healthy, sound ヘルスィ, **サ**ウンド
げんこう **原稿** genkou	**taslak, müsvedde** タスラック, ミュスヴェッ**デ**	manuscript, draft **マ**ニュスクリプト, ド**ラ**フト
げんこうはん **現行犯** genkouhan	**suçüstü** ス**チ**ュステュ	red-handed **レ**ドハンデド
げんこく **原告** genkoku	**davacı** ダーヴァージュ	plaintiff プレインティフ
けんさ **検査** kensa	**denetleme, teftiş** デネットレメ, テフ**ティ**シ	inspection インスペクション
～する	**denetlemek, teftiş etmek** デネットレメッキ, テフ**ティ**シ エトメッキ	inspect, examine インスペクト, イグ**ザ**ミン
げんざいの **現在の** genzaino	**çağdaş** チャー**ダ**シ	present プレズント
(今ある)	**mevcut** メヴ**ジュ**ット	present プレズント
げんざいりょう **原材料** genzairyou	**ham madde** ハム マッデ	raw material **ロ**ー マ**ティ**アリアル
けんさく **検索** kensaku	**arama** アラ**マ**	search, retrieval **サ**ーチ, リト**リ**ーヴァル
～する	**aramak** アラマック	search, retrieve **サ**ーチ, リト**リ**ーヴ
げんさく **原作** gensaku	**orijinal** オリジ**ナ**ル	original オ**リ**ヂナル
げんさんち **原産地** gensanchi	**menşe (yeri)** メン**シェ** (イェリ)	place of origin プレイス オヴ **オ**リヂン
けんじ **検事** kenji	**savcı** サヴ**ジュ**	public prosecutor **パ**ブリク プ**ラ**スィキュータ
げんし **原子** genshi	**atom** ア**ト**ム	atom **ア**トム
～爆弾	**atom bombası** アトム ボンバス	atomic bomb ア**タ**ミク **バ**ム

け

け

日	トルコ	英
〜力	**nükleer güç** ニュクレエル ギュチ	nuclear power ニュークリア パウア
〜炉	**nükleer reaktör** ニュクレエル レアクトゥル	nuclear reactor ニュークリア リアクタ
げんじつ 現実 genjitsu	**gerçeklik, realite** ゲルチェッキリッキ, レアリテ	reality, actuality リアリティ, アクチュアリティ
〜の	**gerçek** ゲルチェッキ	real, actual リーアル, アクチュアル
げんしの 原始の genshino	**ilkel** イルケル	primitive プリミティヴ
げんしゅ 元首 genshu	**hükümdar** ヒュキュムダル	sovereign サヴレン
けんしゅう 研修 kenshuu	**staj** スタージ	study スタディ
〜生	**stajyer** スタジイェル	trainee トレイニー
けんじゅう 拳銃 kenjuu	**tabanca** タバンジャ	handgun, pistol ハンドガン, ピストル
げんじゅうしょ 現住所 genjuusho	**mevcut adres** メヴジュット アドレス	present address プレズント アドレス
げんじゅうな 厳重な genjuuna	**sıkı, sert** スク, セルト	strict, severe ストリクト, スィヴィア
げんしゅくな 厳粛な genshukuna	**ciddi, vakur** ジッディー, ヴァクル	grave, solemn グレイヴ, サレム
けんしょう 懸賞 kenshou	**ödül** ウデュル	prize プライズ
げんしょう 現象 genshou	**fenomen** フェノメン	phenomenon フィナメノン
げんじょう 現状 genjou	**mevcut durum** メヴジュット ドゥルム	present condition プレズント コンディション
げんしょうする 減少する genshousuru	**azalmak** アザルマック	decrease, decline ディークリース, ディクライン
げんしょく 原色 genshoku	**ana renk** アナ レンキ	primary color プライメリ カラ

日	トルコ	英
けんしん 検診 kenshin	**sağlık muayenesi, tıbbi muayene** サールック ムアーイェネスィ, トゥッビームアーイェネ	medical examination メディカル イグザミネイション
けんしんてきに 献身的に kenshintekini	**fedakârca** フェダーキャルジャ	devotedly ディヴォウティドリ
げんぜい 減税 genzei	**vergi indirimi** ヴェルギ インディリミ	tax reduction タクス リダクション
げんせいりん 原生林 genseirin	**balta girmemiş orman** バルタ ギルメミッシ オルマン	primeval forest プライミーヴァル フォーレスト
けんせつ 建設 kensetsu	**inşaat** インシャーアト	construction コンストラクション
～する	**inşa etmek** インシャー エトメッキ	construct コンストラクト
けんぜんな 健全な kenzenna	**sağlıklı, sağlam** サールックル, サーラム	sound サウンド
げんそ 元素 genso	**element** エレメント	element エレメント
げんそう 幻想 gensou	**hayal** ハヤル	illusion, vision イルージョン, ヴィジョン
げんそく 原則 gensoku	**prensip** プレンスィプ	principle プリンスィプル
げんそくする 減速する gensokusuru	**yavaşlamak** ヤヴァシラマック	slow down スロウ ダウン
けんそん 謙遜 kenson	**tevazu, alçak gönüllülük** テヴァーズー, アルチャック ギョニュルリュルック	modesty, humility マデスティ, ヒューミリティ
～する	**mütevazı olmak** ミュテヴァーズ オルマック	(be) modest (ビ) マデスト
げんだいの 現代の gendaino	**çağdaş, modern** チャーダシ, モデルン	modern マダン
けんちく 建築 (建物) kenchiku	**bina** ビナー	building ビルディング
(建築術)	**mimarlık** ミーマールルック	architecture アーキテクチャ
～家	**mimar** ミーマール	architect アーキテクト

日	トルコ	英
けんちょな 顕著な kenchona	**göze çarpan, dikkate de-ğer** ギョゼ チャルパン, ディッカテ デエル	remarkable リマーカブル
げんてい 限定 gentei	**sınırlama** スヌルラマ	limitation リミテイション
～する	**-e sınırlamak** エ スヌルラマック	limit to リミト トゥ
げんてん 原典 genten	**orijinal metin** オリジナル メティン	original text オリデナル テクスト
(出典)	**kaynak** カイナック	source ソース
げんてん 原点 genten	**başlangıç noktası, orijin noktası** バシラングッチ ノクタス, オリジン ノクタス	starting point スターティング ポイント
げんど 限度 gendo	**sınır, limit** スヌル, リミット	limit リミト
けんとう 検討 kentou	**inceleme** インジェレメ	examination, discussion イグザミネイション, ディスカション
～する	**incelemek** インジェレメッキ	examine イグザミン
けんとう 見当 (推測) kentou	**tahmin** タフミーン	guess ゲス
(目標)	**hedef, amaç** ヘデフ, アマッチ	aim エイム
げんどうりょく 原動力 gendouryoku	**itici güç** イティジ ギュチ	motive power モウティヴ パウア
けんびきょう 顕微鏡 kenbikyou	**mikroskop** ミクロスコップ	microscope マイクロスコウプ
けんぶつ 見物 kenbutsu	**gezi** ゲズィ	sightseeing サイトスィーイング
～する	**gezmek** ゲズメッキ	see, visit スィー, ヴィズィト
げんぶん 原文 genbun	**asıl metin** アスル メティン	original text オリデナル テクスト
けんぽう 憲法 kenpou	**anayasa** アナヤサ	constitution カンスティテューション

け

日	トルコ	英
げんぽん **原本** genpon	**orijinal** オリジナル	original オリヂナル
けんめいな **賢明な** kenmeina	**akıllı** アクッル	wise, prudent ワイズ, プルーデント
けんめいに **懸命に** (熱心に) kenmeini	**hevesle** ヘヴェスレ	eagerly, hard イーガリ, ハード
(全力で)	**tüm gücüyle** テュム ギュジュイレ	eagerly, hard イーガリ, ハード
けんもん **検問** (交通の) kenmon	**trafik kontrolü** トラフィッキ コントロリュ	inspection, examination インスペクション, イグザミネイション
けんやくする **倹約する** ken-yakusuru	**tasarruf etmek** タサッルフ エトメッキ	economize イカノマイズ
げんゆ **原油** gen-yu	**ham petrol** ハム ペトロル	crude oil クルード オイル
けんり **権利** kenri	**hak** ハック	right ライト
げんり **原理** genri	**prensip** プレンスィップ	principle, theory プリンスィプル, スィオリ
げんりょう **原料** genryou	**ham madde** ハム マッデ	raw materials ロー マティアリアルズ
けんりょく **権力** kenryoku	**güç, yetki** ギュチ, イェトキ	power, authority パウア, オサリティ

け

日	トルコ	英

こ, コ

こ 子 ko	**çocuk** チョジュック	child, infant チャイルド, インファント
ご 五 go	**beş** ベシ	five ファイヴ
ご 語 go	**kelime, sözcük** ケリメ, ソズジュック	word, term ワード, ターム
こい 濃い　　(色が) koi	**koyu** コユ	dark, deep ダーク, ディープ
(味がスパイシーな)	**baharatlı** バハラットル	strong ストロング
(密度が)	**yoğun** ヨウン	dense デンス
こい 恋 koi	**aşk** アシク	love ラヴ
〜する	**aşk olmak** アシク オルマック	fall in love (with) フォール イン ラヴ (ウィズ)
ごい 語彙 goi	**kelime hazinesi** ケリメ ハズィーネスィ	vocabulary ヴォウキャビュレリ
こいしい 恋しい koishii	**özlemek** ウズレメッキ	miss, long for ミス, ローング フォ
こいぬ 子犬 koinu	**köpek yavrusu** キョペッキ ヤヴルス	puppy パピ
こいびと 恋人 koibito	**sevgili** セヴギリ	sweetheart, lover スウィートハート, ラヴァ
こいん コイン　　(通貨) koin	**para** パラ	coin コイン
(代用貨幣)	**jeton** ジェトン	token トウクン
こうい 好意 koui	**iyi niyet** イイ ニィエット	goodwill グドウィル
こうい 行為 koui	**hareket** ハレケット	act, action, deed アクト, アクション, ディード
ごうい 合意 goui	**anlaşma** アンラシマ	agreement アグリーメント

日	トルコ	英
こういしつ **更衣室** kouishitsu	**soyunma odası** ソユンマ オダス	changing room チェインデング ルーム
こういしょう **後遺症** kouishou	**geç etki** ゲチ エトキ	aftereffect アフタリフェクト
ごうう **豪雨** gouu	**şiddetli yağmur** シッデットリ ヤームル	heavy rain ヘヴィ レイン
こううん **幸運** kouun	**şans** シャンス	fortune, luck フォーチュン, ラク
こうえい **光栄** kouei	**onur** オヌル	honor, glory アナ, グローリ
こうえん **公園** kouen	**park** パルク	park パーク
こうえん **講演** kouen	**konferans** コンフェランス	lecture レクチャ
～する	**konferans vermek** コンフェランス ヴェルメッキ	lecture on レクチャ オン
こうおん **高音** kouon	**yüksek ton** ユクセック トン	high tone ハイ トウン
ごうおん **轟音** gouon	**gümbürtü** ギュンビュルテュ	roar ロー
こうか **効果** kouka	**etki** エトキ	effect, efficacy イフェクト, エフィカスィ
こうかい **後悔** koukai	**pişmanlık** ピシマンルック	regret, remorse リグレト, リモース
～する	**pişman olmak** ピシマン オルマック	regret リグレト
こうかい **航海** koukai	**denizcilik** デニズジリッキ	navigation ナヴィゲイション
こうがい **公害** kougai	**genel sorun** ゲネル ソルン	pollution ポリューション
（汚染）	**kirlilik** キルリリッキ	pollution ポリューション
こうがい **郊外** kougai	**banliyö** バンリュ	suburbs サバーブス
こうかいする **公開する** koukaisuru	**halka açılmak** ハルカ アチュルマック	open to the public オウプン トゥ ザ パブリク

日	トルコ	英
こうがく **光学** kougaku	**optik** オプ**ティ**ッキ	optics ア**プ**ティクス
ごうかく **合格** goukaku	**başarı** バシャ**ル**	pass, success パス, サク**セ**ス
〜**する**	**sınavı kazanmak** スナ**ヴ** カザン**マッ**ク	pass パス
こうかな **高価な** koukana	**pahalı** パハ**ル**	expensive, costly イクス**ペ**ンスィヴ, **コ**ストリ
ごうかな **豪華な** goukana	**şahane, çok güzel** シャー**ハ**ーネ, **チ**ョック ギュ**ゼ**ル	gorgeous, deluxe **ゴ**ーヂャス, デ**ル**クス
こうかん **交換** koukan	**değiştirme, değiş tokuş** デイシティル**メ**, デ**イ**シ ト**ク**シ	exchange イクス**チェ**インヂ
〜**する**	**değiştirmek** デイシティル**メッ**キ	exchange イクス**チェ**インヂ
こうがんざい **抗癌剤** kouganzai	**antikanser ilaç** アンティカン**セ**ル イ**ラ**ッチ	anticancer agent アンティ**キャ**ンサ **エ**イヂェント
こうき **後期** kouki	**son dönem** **ソ**ン ドゥ**ネ**ム	last period **ラ**スト **ピ**アリオド
反 **前期**	**ilk dönem** **イ**ルキ ドゥ**ネ**ム	first period **ファ**ースト **ピ**アリオド
（2学期制の）	**ikinci sömestir** イ**キ**ンジ スゥメ**ス**ティル	second semester **セ**カンド セ**メ**スタ
反 **前期**	**birinci sömestir** ビ**リ**ンジ スゥメ**ス**ティル	first semester **ファ**ースト セ**メ**スタ
こうぎ **抗議** kougi	**protesto** プロ**テ**スト	protest プロ**テ**スト
〜**する**	**-e karşı protesto etmek** エ カル**シュ** プロ**テ**スト エト**メッ**キ	protest against プロ**テ**スト ア**ゲ**ンスト
こうぎ **講義** kougi	**seminer, ders** セミ**ネ**ル, **デ**ルス	lecture **レ**クチャ
〜**する**	**seminer vermek, ders vermek** セミ**ネ**ル ヴェル**メッ**キ, **デ**ルス ヴェル**メッ**キ	lecture **レ**クチャ

日	トルコ	英
こうきあつ **高気圧** koukiatsu	**yüksek hava basıncı** ユクセッキ ハワ バスンジュ	high (atmospheric) pressure ハイ（アトモスフェリク）プレシャ
反 **低気圧**	**alçak hava basıncı** アルチャック ハワ バスンジュ	low (atmospheric) pressure, depression ロウ（アトモスフェリク）プレシャ, ディプレション
こうきしん **好奇心** koukishin	**merak** メラーク	curiosity キュアリアスィティ
こうきな **高貴な** koukina	**asil, soylu** アスィル, ソイル	noble ノウブル
こうきゅうな **高級な** koukyuuna	**lüks** リュクス	high-end, luxury ハイエンド, ラクシャリ
こうきょ **皇居** koukyo	**imparatorluk sarayı** インパラトルルック サラユ	Imperial Palace インピアリアル パレス
こうぎょう **工業** kougyou	**sanayi, endüstri** サナーイー, エンデュストリ	industry インダストリ
〜地帯	**sanayi bölgesi** サナーイー ボウルゲスィ	industrial area インダストリアル エアリア
こうぎょう **鉱業** kougyou	**madencilik** マーデンジリッキ	mining マイニング
こうきょうきょく **交響曲** koukyoukyoku	**senfoni** センフォニ	symphony スィンフォニ
こうきょうの **公共の** koukyouno	**umumi, kamu** ウムーミー, カム	public, common パブリク, カモン
ごうきん **合金** goukin	**alaşım** アラシュム	alloy アロイ
こうぐ **工具** kougu	**alet** アーレット	tool, implement トゥール, インプレメント
こうくうがいしゃ **航空会社** koukuugaisha	**hava yolu şirketi** ハワ ヨル シルケティ	airline エアライン
こうくうき **航空機** koukuuki	**uçak** ウチャック	aircraft エアクラフト
こうくうけん **航空券** koukuuken	**uçak bileti** ウチャック ビレティ	airline ticket エアライン ティケト

こ

日	トルコ	英
こうくうびん **航空便** koukuubin	**uçak postası** ウチャック ポスタス	airmail エアメイル
こうけい **光景** koukei	**manzara** マンザラ	spectacle, scene スペクタクル, スィーン
こうげい **工芸** kougei	**el sanatı** エル サナト	craft クラフト
ごうけい **合計** goukei	**toplam** トプラム	sum, total サム, トウトル
～する	**toplamak** トプラマック	total, sum up トウトル, サム アプ
こうけいしゃ **後継者** koukeisha	**halef** ハレフ	successor サクセサ
こうげき **攻撃** kougeki	**saldırı** サルドゥル	attack, assault アタク, アソールト
～する	**saldırmak** サルドゥルマック	attack, charge アタク, チャーヂ
こうけつあつ **高血圧** kouketsuatsu	**yüksek tansiyon** ユクセッキ タンスィヨン	high blood pressure ハイ ブラド プレシャ
反 低血圧	**düşük tansiyon** デュシュッキ タンスィヨン	low blood pressure ロウ ブラド プレシャ
こうげん **高原** kougen	**yayla** ヤイラ	plateau プラトウ
こうけんする **貢献する** koukensuru	**-e katkıda bulunmak** エ カトゥクダ ブルンマック	contribute to コントリビュト トゥ
こうこう **高校** koukou	**lise** リセ	high school ハイ スクール
～生	**lise öğrencisi** リセ ウーレンジスィ	high school student ハイ スクール ステューデント
こうごう **皇后** kougou	**imparatoriçe** インパラトリチェ	empress エンプレス
こうこうする **孝行する** koukousuru	**anne babaya saygı göstermek** アンネ ババヤ サイグ ギョステルメッキ	(be) good to one's parents (ビ) グド トゥ ペアレンツ
こうこがく **考古学** koukogaku	**arkeoloji** アルケオロジ	archaeology アーキアロヂ

日	トルコ	英
こうこく **広告** koukoku	**reklam** レクラム	advertisement アドヴァ**タ**イズメント
こうごに **交互に** kougoni	**sırayla** スライラ	alternately **オ**ールタネトリ
こうさ **交差** kousa	**kesişme** ケスィシ**メ**	crossing ク**ロ**ースィング
〜する	**kesişmek** ケスィシュ**メ**ッキ	cross, intersect ク**ロ**ース, インタ**セ**クト
〜点	**kavşak** カヴ**シャ**ック	crossing, crossroads ク**ロ**ースィング, ク**ロ**ースロウツ
こうざ **講座** kouza	**kurs** ク**ル**ス	course **コ**ース
こうざ **口座** kouza	**banka hesabı** バンカ ヘサ**ブ**	account ア**カ**ウント
こうさい **交際** kousai	**arkadaşlık** アルカダシ**ル**ック	company, association **カ**ンパニ, アソウスィ**エ**イション
〜する	**ile arkadaşlık etmek** イレ アルカダシ**ル**ック エト**メ**ッキ	associate with ア**ソ**ウシエイト ウィズ
こうざん **鉱山** kouzan	**maden** マー**デ**ン	mine **マ**イン
こうさんする **降参する** kousansuru	**teslim olmak** テス**リ**ム オル**マ**ック	surrender to サ**レ**ンダ トゥ
こうし **講師** (学校の) koushi	**öğretmen** ウーレト**メ**ン	lecturer **レ**クチャラ
(講演の)	**konuşmacı** コヌシマ**ジュ**	speaker ス**ピ**ーカ
こうじ **工事** kouji	**inşaat** インシャ**ア**ト	work, construction **ワ**ーク, コンスト**ラ**クション
こうしきの **公式の** koushikino	**resmî** レス**ミ**ー	official, formal オ**フィ**シャル, **フォ**ーマル
こうじつ **口実** koujitsu	**bahane** バハー**ネ**	pretext, excuse プ**リ**ーテクスト, イク**ス**キュース
こうしゃ **後者** kousha	**ikincisi, sonraki** イキン**ジ**スィ, **ソ**ンラキ	latter **ラ**タ

日	トルコ	英
反 前者	**önceki** ウンジェキ	former フォーマ
こうしゃ **校舎** kousha	**okul binası** オクル ビナース	schoolhouse スクールハウス
こうしゅう **講習** koushuu	**kurs** クルス	course コース
こうしゅうの **公衆の** koushuuno	**halk** ハルク	public パブリク
こうじゅつ **口述** koujutsu	**dikte** ディクテ	dictation ディクテイション
～する	**dikte etmek** ディクテ エトメッキ	dictate ディクテイト
こうしょう **交渉** koushou	**müzakere** ミュザーケレ	negotiations ニゴウシエイションズ
～する	**ile müzakere etmek** イレ ミュザーケレ エトメッキ	negotiate with ニゴウシエイト ウィズ
こうじょう **工場** koujou	**fabrika** ファブリカ	factory, plant ファクトリ, プラント
こうしょうな **高尚な** koushouna	**yüce, rafine** ユジェ, ラフィネ	noble, refined ノウブル, リファインド
ごうじょうな **強情な** goujouna	**inatçı** イナッチュ	obstinate アブスティネト
こうしょうにん **公証人** koushounin	**noter** ノテル	notary ノウタリ
こうしょきょうふしょう **高所恐怖症** koushokyoufushou	**yükseklik fobisi** ユクセッキリッキ フォビスィ	acrophobia, fear of heights アクロフォウビア, フィア オヴ ハイツ
こうしん **行進** koushin	**yürüyüş** ユリュユシ	march, parade マーチ, パレイド
～する	**yürüyüş yapmak** ユリュユシ ヤプマック	march マーチ
こうしんりょう **香辛料** koushinryou	**baharat** バハラット	spices スパイセズ
こうすい **香水** kousui	**parfüm** パルフュム	perfume パーフューム

日	トルコ	英
こうずい **洪水** kouzui	**sel** セル	flood, inundation フラド, イナンデイション
こうせい **恒星** kousei	**sabit yıldız** サービット ユルドゥス	fixed star フィクスト スター
こうせい **構成** kousei	**kompozisyon** コンポズィスィオン	composition カンポズィション
～する	**oluşturmak** オルシトゥルマック	compose コンポウズ
ごうせい **合成** gousei	**sentez** センテス	synthesis スィンセスィス
～樹脂	**sentetik reçine, plastik** センテティック レチネ, ピラスティック	synthetic resin スィンセティク レズィン
～する	**sentezlemek** センテズレメッキ	synthesize スィンセサイズ
こうせいな **公正な** kouseina	**adaletli** アダーレットリ	just, fair チャスト, フェア
こうせいぶっしつ **抗生物質** kouseibusshitsu	**antibiyotik** アンティビヨティック	antibiotic アンティバイアティク
こうせき **鉱石** kouseki	**cevher** ジェヴヘル	ore オー
こうせん **光線** kousen	**ışın** ウシュン	ray, beam レイ, ビーム
こうぜんと **公然と** kouzento	**açıkça** アチュックチャ	openly, publicly オウプンリ, パブリクリ
こうそ **控訴** kouso	**temyiz** テムイーズ	appeal アピール
こうそう **構想** kousou	**fikir, plan** フィキル, ピラン	plan, conception プラン, コンセプション
こうそう **香草** kousou	**ot** オト	herb アーブ
こうぞう **構造** kouzou	**yapı** ヤプ	structure ストラクチャ
こうそうけんちく **高層建築** kousoukenchiku	**gökdelen** ギョキデレン	high-rise ハイライズ
こうそく **高速** kousoku	**yüksek hız** ユクセッキ フズ	high speed ハイ スピード

こ

日	トルコ	英
～道路	**otoyol, ekspres yol** オトヨル, エクスプレス ヨル	expressway, free-way, ®motorway イクスプレスウェイ, フリーウェイ, モウタウェイ
こうたいし 皇太子 koutaishi	**prens** プレンス	Crown Prince クラウン プリンス
こうだいな 広大な koudaina	**engin** エンギン	vast, immense ヴァスト, イメンス
こうたく 光沢 koutaku	**parıltı** パルルトゥ	luster, gloss ラスタ, グロス
こうちゃ 紅茶 koucha	**çay** チャイ	(black) tea (ブラク) ティー
こうちょう 校長 kouchou	**okul müdürü, baş öğret-men** オクル ミュデュリュ, バシ ウーレトメン	principal, ®head-master プリンスィパル, ヘドマスタ
こうちょうな 好調な kouchouna	**iyi durumda** イイ ドゥルムダ	in good condition イン グド コンディション
こうつう 交通 (往来) koutsuu	**trafik** トラフィッキ	traffic トラフィク
(輸送)	**ulaştırma** ウラシトゥルマ	transport トランスポート
～事故	**trafik kazası** トラフィッキ カザース	traffic accident トラフィク アクスィデント
こうてい 皇帝 koutei	**imparator** インパラトル	emperor エンペラ
こうていする 肯定する kouteisuru	**onaylamak** オナイラマック	affirm アファーム
こうてきな 公的な koutekina	**resmî** レスミー	official, public オフィシャル, パブリク
反民間の	**özel** ウゼル	private, civil プライヴェト, スィヴィル
こうてつ 鋼鉄 koutetsu	**çelik** チェリッキ	steel スティール
こうてんする 好転する koutensuru	**iyiye gitmek** イイイェ ギトメッキ	turn for the better ターン フォ ザ ベタ
こうど 高度 koudo	**yükseklik** ユクセキリッキ	altitude アルティテュード

日	トルコ	英
（海抜）	**rakım, yükselti** ラクム , ユクセルティ	above sea level アバヴ スィー レヴェル
こうどう 行動 koudou	**davranış** ダヴラヌシ	action, conduct アクション, カンダクト
〜する	**davranmak** ダヴランマック	act アクト
こうどう 講堂 koudou	**okul salonu, konferans salonu** オクル サロヌ, コンフェランス サロヌ	hall, auditorium ホール, オーディトーリアム
ごうとう 強盗 goutou	**hırsız** フルスス	robber, burglar ラバ, バーグラ
こうとうする 高騰する koutousuru	**hızla yükselmek** フズラ ユクセルメッキ	rise sharply ライズ シャープリ
こうとうな （先進的） 高等な koutouna	**ileri** イレリ	advanced, high-grade アドヴァンスト, ハイグレイド
こうとうがっこう 高等学校 koutougakkou	**lise** リセ	high school ハイ スクール
こうとうさいばんしょ 高等裁判所 koutousaibansho	**yüksek mahkeme** ユクセッキ マフケメ	high court ハイ コート
（最高裁）	**Yargıtay** ヤルグタイ	Supreme Court スプリーム コート
こうとうの 口頭の koutouno	**sözlü** ソズリュ	oral, verbal オーラル, ヴァーバル
こうどくりょう 購読料 koudokuryou	**abone ücreti** アボネ ユジュレティ	subscription charge サブスクリプション チャージ
こうないえん 口内炎 kounaien	**aft, ağız ülseri** アフト, アウズ ユルセリ	mouth ulcer, stomatitis マウス アルサ, ストウマタイティス
こうにゅうする 購入する kounyuusuru	**satın almak, almak** サトゥン アルマック, アルマック	purchase, buy パーチェス, バイ
こうにん 後任 kounin	**halef, ardıl** ハレフ, アルドゥル	successor サクセサ
反 前任者	**öncel** ウンジェル	predecessor プレデセサ

こ

日	トルコ	英
こうにんの **公認の** kouninno	**resmî** レスミー	official, approved オフィシャル, アプルーヴド
こうねん **光年** kounen	**ışık yılı** ウシュック ユル	light-year ライトイヤ
こうはい **後輩** kouhai	**yaşça küçük** ヤシチャ キュチュック	junior ヂューニア
こうばしい **香ばしい** koubashii	**güzel kokulu** ギュゼル コクル	fragrant フレイグラント
こうはん **後半** kouhan	**ikinci yarı** イキンジ ヤル	latter half ラタ ハフ
反 前半	**ilk yarı** イルキ ヤル	first half ファースト ハフ
こうばん **交番** kouban	**polis karakolu** ポリス カラコル	(small) police station, ⑧police box (スモール) ポリース ステイション, ポリース ボクス
こうひょうの **好評の** kouhyouno	**popüler** ポピュレル	popular パピュラ
こうふく **幸福** koufuku	**mutluluk** ムトゥルルック	happiness ハピネス
～な	**mutlu** ムトゥル	happy ハピ
こうぶつ **好物** koubutsu	**en beğenilen, yemek** エン ベエニレン, イェメッキ	favorite food フェイヴァリト フード
こうぶつ **鉱物** koubutsu	**mineral** ミネラル	mineral ミネラル
こうふん **興奮** koufun	**heyecan, coşku** ヘイェジャン, ジョシク	excitement イクサイトメント
～する	**heyecanlanmak** ヘイェジャンランマック	(be) excited (ビ) イクサイティド
こうぶん **構文** koubun	**cümle yapısı, cümle kurgusu** ジュムレ ヤプス, ジュムレ クルグス	construction コンストラクション
こうぶんしょ **公文書** koubunsho	**resmî evrak, resmî belge** レスミー エヴラーク, レスミー ベルゲ	official document オフィシャル ダキュメント
こうへいな **公平な** kouheina	**adaletli** アダーレットリ	fair, impartial フェア, インパーシャル

日	トルコ	英
ごうべんじぎょう **合弁事業** goubenjigyou	**ortak proje** オルタック プロジェ	joint venture **チョイント ヴェンチャ**
こうほ **候補** kouho	**aday** アダイ	candidate **キャンディデイト**
〜者	**aday** アダイ	candidate **キャンディデイト**
こうぼ **酵母** koubo	**maya** マヤ	yeast, leaven **イースト, レヴン**
ごうほうてきな **合法的な** gouhoutekina	**yasal, kanuni** ヤサル, カーヌーニー	legal **リーガル**
ごうまんな **傲慢な** goumanna	**mağrur, burnu büyük** マールル, ブルヌ ピュユック	haughty **ホーティ**
こうみゃく **鉱脈** koumyaku	**maden havzası** マーデン ハヴザス	vein of ore **ヴェイン オヴ オー**
こうみょうな **巧妙な** koumyouna	**maharetli** マハーレットリ	skillful, dexterous **スキルフル, デクストラス**
こうむ **公務** koumu	**resmî görevler** レスミー ギョレヴレル	official duties **オフィシャル デューティズ**
〜員	**devlet memuru** デヴレット メームル	public official **パブリク オフィシャル**
こうむる **被る** koumuru	**-e uğramak** エ ウーラマック	receive, incur **リスィーヴ, インカー**
こうもく **項目** koumoku	**madde** マッデ	item, clause **アイテム, クローズ**
こうもん **校門** koumon	**okul kapısı** オクル カプス	school gate **スクール ゲイト**
ごうもん **拷問** goumon	**işkence** イシケンジェ	torture **トーチャ**
こうや **荒野** kouya	**ağaçsız ova** アアチスス オヴァ	wilds **ワイルヅ**
こうようじゅ **広葉樹** kouyouju	**geniş yapraklı** ゲニッシ ヤプラックル	broad-lieved tree **ブロードリーヴド トリー**
反 針葉樹	**kozalaklı** コザラックル	conifer **カニファ**
こうらく **行楽** kouraku	**gezinti** ゲズィンティ	outing **アウティング**

こ

日	トルコ	英
～客	**tatilci** ターティルジ	vacationer, Ⓑholi-daymaker ヴェイケイショナ, ホリデイメイカ
こうり 小売り kouri	**perakende** ペラーケンデ	retail リーテイル
反 卸売り	**toptan** トップタン	wholesale ホウルセイル
～する	**perakende satmak** ペラーケンデ サトマック	retail リーテイル
こうりつ 効率 kouritsu	**verim** ヴェリム	efficiency イフィシェンスィ
～的な	**verimli** ヴェリムリ	efficient イフィシェント
ごうりてきな 合理的な gouritekina	**rasyonel, mantıklı** ラスィヨネル, マントゥックル	rational ラショナル
こうりゅう 交流 kouryuu	**değişim** デイシム	exchange イクスチェインヂ
（電流の）	**alternatif akım, değişken akım** アルテルナティフ アクム, デイシケン アクム	alternating current オールタネイティング カーレント
反 直流	**doğru akım** ドール アクム	direct current, DC ディレクト カーレント, ディースィー
～する	**değiştirmek** デイシティルメッキ	exchange イクスチェインヂ
ごうりゅう 合流 gouryuu	**kesişme** ケスィシメ	confluence カンフルーエンス
～点	**kesişme noktası** ケスィシメ ノクタス	point of confluence, meeting point ポイント オヴ カンフルーエンス, ミーティング ポイント
こうりょうとした 荒涼とした kouryoutoshita	**ıssız** ウッスス	desolate デゾレト
こうりょく 効力 （効果・効能） kouryoku	**etki** エトキ	effect, efficacy イフェクト, エフィカスィ

日	トルコ	英
こうりょする **考慮する** kouryosuru	**dikkate almak** ディッカテ アルマック	consider コン**スィ**ダ
こうれい **高齢** kourei	**yaşlılık** ヤシルルック	advanced age アド**ヴァ**ンスト **エ**イヂ
〜化社会	**yaşlanan toplum** ヤシラ**ナ**ント プルム	aging society **エ**イヂング ソ**サ**イエティ
こえ **声** koe	**ses** セス	voice **ヴォ**イス
こえる **越える** koeru	**geçmek** ゲチ**メ**ッキ	go over, cross **ゴ**ウ **オ**ウヴァ, ク**ロ**ース
こえる **超える** koeru	**aşmak** アシ**マ**ック	exceed, pass イク**スィ**ード, **パ**ス
ごーぐる **ゴーグル** googuru	**koruyucu gözlük** コルユ**ジュ** ギョズ**リュ**ック	goggles **ガ**グルズ
（水泳の）	**yüzücü gözlüğü** ユズ**ジュ** ギョズ**リュ**ユ	goggles **ガ**グルズ
こーち **コーチ** koochi	**antrenör, çalıştırcı, koç** アントレ**ノ**ル, チャルシトゥル**ジュ**, **コ**チ	coach, trainer **コ**ウチ, ト**レ**イナ
こーと **コート** **（洋服の）** kooto	**mont, palto** **モ**ント, パル**ト**	coat **コ**ウト
テニス〜	**tenis sahası, tenis kortu** **テ**ニス サー**ハ**ス, **テ**ニス コル**トゥ**	court **コ**ート
こーど **コード** **（暗号）** koodo	**şifre, kod** シフレ, **コ**ッド	code **コ**ウド
（電線）	**kablo, kordon** **カ**ブロ, コル**ド**ン	cord **コ**ード
こーなー **コーナー** koonaa	**köşe** キョ**シェ**	corner **コ**ーナ
こーひー **コーヒー** koohii	**kahve** カフ**ヴェ**	coffee **コ**ーフィ
〜ショップ	**kahve dükkânı** カフ**ヴェ** デュッキャー**ヌ**	coffee shop **コ**ーフィ **シャ**プ
こーら **コーラ** koora	**kola** コ**ラ**	Coke, cola **コ**ウク, **コ**ウラ
こーらす **コーラス** koorasu	**koro** コ**ロ**	chorus **コ**ーラス

日	トルコ	英
こおり **氷** koori	**buz** ブス	ice **ア**イス
こおる **凍る** kooru	**donmak** ドンマック	freeze フ**リ**ーズ
ごーる **ゴール** gooru	**gol** ゴル	goal **ゴ**ウル
（サッカーの）	**kale** カレ	goal **ゴ**ウル
～キーパー	**kaleci** カレジ	goalkeeper **ゴ**ウルキーパ
～キック	**kale vuruşu** カレ ヴルシュ	goal kick **ゴ**ウル **キ**ク
ごかい **誤解** gokai	**yanlış anlama** ヤンルシ アンラ**マ**	misunderstanding ミスアンダス**タ**ンディング
～する	**yanlış anlamak** ヤンルシ アンラ**マ**ック	misunderstand ミスアンダス**タ**ンド
こかいん **コカイン** kokain	**kokain** コカイン	cocaine コウ**ケ**イン
ごがく **語学** gogaku	**dil çalışması, dil öğreni- mi** ディル チャルシマ**ス**, ディル ウーレニ**ミ**	language study **ラ**ングウィヂ ス**タ**ディ
ごかくけい **五角形** gokakukei	**beşgen** ベシュ**ゲ**ン	pentagon **ペ**ンタガン
こがす **焦がす** kogasu	**yakmak** ヤクマック	burn, scorch **バ**ーン, ス**コ**ーチ
こがたの **小型の** kogatano	**küçük** キュ**チュ**ック	small, compact ス**モ**ール, コン**パ**クト
ごがつ **五月** gogatsu	**mayıs** マ**ユ**ス	May **メ**イ
ごかん **五感** gokan	**beş duyu** ベシ ドゥ**ユ**	(the) five senses (ザ) **ファ**イヴ **セ**ンセズ
ごかんせいのある **互換性のある** gokanseinoaru	**uyumlu** ウユム**ル**	compatible コン**パ**ティブル
こぎって **小切手** kogitte	**çek** チェキ	check, ⑧cheque **チェ**ク, **チェ**ク

日	トルコ	英
<ruby>ゴキブリ<rt>ごきぶり</rt></ruby> gokiburi	**hamam böceği, kara fatma** ハマム ブジェイ, カラ ファトマ	cockroach カクロウチ
<ruby>顧客<rt>こきゃく</rt></ruby> kokyaku	**müşteri** ミュシテリ	customer, client カスタマ, クライエント
<ruby>呼吸<rt>こきゅう</rt></ruby> kokyuu	**nefes, soluk** ネフェス, ソルック	respiration レスピレイション
～する	**nefes almak, soluk almak** ネフェス アルマック, ソルック アルマック	breathe ブリーズ
<ruby>故郷<rt>こきょう</rt></ruby> kokyou	**memleket** メムレケット	home town, home ホウム タウン, ホウム
<ruby>漕ぐ<rt>こぐ</rt></ruby> kogu	**kürek çekmek** キュレッキ チェキメッキ	row ラウ
<ruby>国王<rt>こくおう</rt></ruby> kokuou	**kral** クラル	king, monarch キング, マナク
(オスマン朝の)	**padişah** パーディシャフ	Sultan サルトン
<ruby>国外に<rt>こくがいに</rt></ruby> kokugaini	**yurt dışına** ユルトドゥシュナ	abroad アブロード
<ruby>国技<rt>こくぎ</rt></ruby> kokugi	**millî spor, ulusal spor** ミッリー スポル, ウルサル スポル	national sport ナショナル スポート
<ruby>国際結婚<rt>こくさいけっこん</rt></ruby> kokusaikekkon	**uluslararası evlilik** ウルスラルアラス エヴリリッキ	international marriage インタナショナル マリヂ
<ruby>国際線<rt>こくさいせん</rt></ruby> kokusaisen	**dış hatlar** ドゥシ ハットラル	international airline インタナショナル エアライン
反 国内線	**iç hatlar** イチ ハットラル	domestic ドメスティク
<ruby>国際的な<rt>こくさいてきな</rt></ruby> kokusaitekina	**uluslararası** ウルスラルアラス	international インタナショナル
<ruby>国際電話<rt>こくさいでんわ</rt></ruby> kokusaidenwa	**uluslararası arama** ウルスラルアラス アラマ	international telephone call インタナショナル テレフォウン コール
<ruby>国際法<rt>こくさいほう</rt></ruby> kokusaihou	**uluslararası hukuk** ウルスラルアラス フクーク	international law インタナショナル ロー

こ

日	トルコ	英
こくさんの **国産の** kokusanno	**yerli** イェルリ	domestically produced ドメスティカリ プロデュースト
こくせき **国籍** kokuseki	**uyruk, milliyet** ウイルック, ミッリイェット	nationality ナショナリティ
こくそする **告訴する** kokusosuru	**suçlamak, itham etmek** スチラマック, イトハーム エトメッキ	accuse アキューズ
こくちする **告知する** kokuchisuru	**bildirmek** ビルディルメッキ	notify ノウティファイ
こくてつ **国鉄** kokutetsu	**devlet demir yolu** デヴレット デミル ヨル	national railroad, Ⓑnational railway ナショナル レイルロード, ナショナル レイルウェイ
反 私鉄	**özel demir yolu** ウゼル デミルヨル	private railroad プライヴェト レイルロウド
こくどう **国道** kokudou	**devlet kara yolu** デヴレット カラ ヨル	national highway ナショナル ハイウェイ
こくないせん **国内線** kokunaisen	**iç hatlar** イチ ハットラル	domestic ドメスティク
反 国際線	**dış hatlar** ドゥシ ハットラル	international airline インタナショナル エアライン
こくないの **国内の** kokunaino	**yurt içi** ユルト イチ	domestic ドメスティク
こくはくする **告白する** kokuhakusuru	**itiraf etmek** イーティラーフ エトメッキ	confess コンフェス
こくはつする **告発する** kokuhatsusuru	**suçlamak, itham etmek** スチラマック, イトハーム エトメッキ	accuse アキューズ
こくふくする **克服する** kokufukusuru	**üstesinden gelmek, yenmek** ユステスィンデン ゲルメッキ, イェンメッキ	conquer, overcome カンカ, オウヴァカム
こくべつしき **告別式** kokubetsushiki	**cenaze töreni** ジェナーゼ トゥレニ	farewell service フェアウェル サーヴィス
こくほう **国宝** kokuhou	**millî hazine** ミッリー ハズィーネ	national treasure ナショナル トレジャ
こくぼう **国防** kokubou	**millî savunma** ミッリー サヴンマ	national defense ナショナル ディフェンス

日	トルコ	英
<ruby>国民<rt>こくみん</rt></ruby> kokumin	**millet, halk, ulus** ミッレット, ハルク, ウルス	nation, people ネイション, ピープル
〜の	**millî** ミッリー	national ナショナル
<ruby>穀物<rt>こくもつ</rt></ruby> kokumotsu	**tahıl** タフル	grain, corn グレイン, コーン
<ruby>国有の<rt>こくゆうの</rt></ruby> kokuyuuno	**millî** ミッリー	national ナショナル
（政府系の）	**devlete ait** デヴレテ アーイット	governmental ガヴァンメントル
<ruby>国立の<rt>こくりつの</rt></ruby> kokuritsuno	**devlet** デヴレット	national, state ナショナル, ステイト
〜病院	**devlet hastanesi** デヴレット ハスターネスィ	national hospital ナショナル ハスピトル
〜銀行 （政府系銀行）	**devlet bankası** デヴレット バンカス	national bank ナショナル バンク
<ruby>国連<rt>こくれん</rt></ruby> kokuren	**BM, Birleşmiş Milletler** ベーメー, ビルレシミッシ ミッレットレル	UN, United Nations ユーエン, ユナイティド ネイションズ
<ruby>苔<rt>こけ</rt></ruby> koke	**yosun** ヨスン	moss モス
<ruby>焦げる<rt>こげる</rt></ruby> kogeru	**yanık olmak, yanmak** ヤヌック オルマック, ヤンマック	burn バーン
<ruby>ここ<rt>ここ</rt></ruby> koko	**burası** ブラス	here, this place ヒア, ズィス プレイス
<ruby>古語<rt>こご</rt></ruby> kogo	**arkaik kelime** アルカイッキ ケリメ	archaic words アーケイイク ワーヅ
<ruby>午後<rt>ごご</rt></ruby> gogo	**öğleden sonra** ウーレデン ソンラ	afternoon アフタヌーン
<ruby>ココア<rt>ここあ</rt></ruby> kokoa	**kakao** カカオ	cocoa コウコウ
<ruby>凍える<rt>こごえる</rt></ruby> kogoeru	**donmak** ドンマック	freeze フリーズ
<ruby>心地よい<rt>ここちよい</rt></ruby> kokochiyoi	**rahat, konforlu** ラハット, コンフォルル	comfortable カンフォタブル

こ

日	トルコ	英
こごと **小言** （叱責） kogoto	**azar, azarlama** アザル, アザルラマ	scolding スコウルディング
ここなつ **ココナツ** kokonatsu	**hindistan cevizi** ヒンディスタン ジェヴィズィ	coconut コウコナト
こころ **心** （意向） kokoro	**niyet** ニイェット	intention, will インテンション, **ウィ**ル
（感情）	**duygu** ドゥイグ	feeling フィーリング
（心情）	**gönül** ギョニュル	mind, heart マインド, ハート
（精神）	**ruh** ルーフ	spirit スピリト
こころえる **心得る** kokoroeru	**bilmek, bilincinde olmak** ビルメッキ, ビリンジンデ オルマック	know, understand ノウ, アンダスタンド
こころがける **心がける** kokorogakeru	**aklında tutmak** アクルンダ トゥトマック	bear in mind ベア イン マインド
こころがまえ **心構え** （準備） kokorogamae	**hazırlık** ハズルルック	preparation プレパレイション
こころざし **志** kokorozashi	**niyet** ニイェット	will, intention **ウィ**ル, インテンション
こころざす **志す** kokorozasu	**-e niyetlenmek** エ ニイェットレンメッキ	intend, aim インテンド, エイム
こころぼそい **心細い** kokorobosoi	**yalnız** ヤンヌス	forlorn, disheartening フォローン, ディスハートニング
こころみる **試みる** kokoromiru	**denemek** デネメッキ	try, attempt トライ, アテンプト
こころよい **快い** kokoroyoi	**hoş** ホシ	pleasant, agreeable プレザント, アグリーアブル
こころよく **快く** kokoroyoku	**memnuniyetle** メムヌーニイェットレ	with pleasure ウィズ プレジャ
こさめ **小雨** kosame	**hafif yağmur** ハフィフ ヤームル	light rain ライト レイン
こざら **小皿** kozara	**küçük tabak** キュチュック タバック	small plate スモール プレイト

こ

日	トルコ	英
（取り皿）	**servis tabağı** セルヴィス タバウ	small plate スモール プレイト
こし **腰** koshi	**bel** ベル	waist ウェイスト
こじ **孤児** koji	**öksüz çocuk, yetim** ウキスュス チョジュック, イェティム	orphan オーファン
こしかける **腰掛ける** koshikakeru	**oturmak** オトゥルマック	sit, sit down スィト, スィト ダウン
こしつ **個室** koshitsu	**özel oda** ウゼル オダ	private room プライヴェト ルーム
ごしっくようしき **ゴシック様式** goshikkuyoushiki	**gotik tarzı** ゴティッキ タルズ	Gothic ガスィク
こしつする **固執する** koshitsusuru	**ısrar etmek** ウスラール エトメッキ	persist パスィスト
ごじゅう **五十** gojuu	**elli** エッリ	fifty フィフティ
こしょう **胡椒** koshou	**kara biber** カラ ビベル	pepper ペパ
こしょうする **故障する** koshousuru	**arıza yapmak, bozulmak** アールザ ヤプマック, ボズルマック	break down ブレイク ダウン
こじん **個人** kojin	**birey, kişi** ビレイ, キシ	individual インディヴィデュアル
～主義	**bireycilik** ビレイジリッキ	individualism インディヴィデュアリズム
～的な	**bireysel** ビレイセル	individual, personal インディヴィデュアル, パーソナル
ごしん **誤審** goshin	**yanlış yargı** ヤンルシ ヤルグ	misjudgment ミスチャヂメント
こす **越[超]す** kosu	**geçmek, aşmak** ゲチメッキ, アシマック	exceed, pass イクスィード, パス
こすと **コスト** （原価） kosuto	**maliyet** マーリイェット	cost コースト
こする **擦る** kosuru	**sürtmek** スュルトメッキ	rub ラブ

こ

こ

日	トルコ	英
こせい **個性** kosei	**kişilik, karakter** キシリッキ, カラクテル	individuality, characteristics インディヴィデュアリティ, キャラクタリスティック
～的な	**eşsiz** エシスィス	unique, distinctive ユーニーク, ディスティンクティヴ
こせき **戸籍** koseki	**nüfus kaydı** ニュフース カイドゥ	family register ファミリ レヂスタ
こぜに **小銭** kozeni	**bozuk para** ボズック パラ	change, coins チェインヂ, コインズ
～入れ	**bozuk para cüzdanı** ボズック パラ ジュズダヌ	coin purse, ⑧purse コイン パース, パース
ごぜん **午前** gozen	**öğleden önce** ウーレデン ウンジェ	morning モーニング
～中	**öğleden önce, sabah** ウーレデン ウンジェ, サバフ	during the morning デュアリング ザ モーニング
こたい **固体** kotai	**katı madde** カトゥ マッデ	solid サリド
反 **液体**	**sıvı madde** スヴ マッデ	liquid, fluid リクウィド, フルーイド
こだい **古代** kodai	**ilk çağ** イルキ チャー	antiquity アンティクウィティ
～の	**antik** アンティッキ	ancient エインシェント
こたえ **答え** (解決) kotae	**çözüm** チョズュム	solution ソルーション
(回答・返事)	**cevap, yanıt** ジェヴァップ, ヤヌット	answer, reply アンサ, リプライ
こたえる **応える** (応じる) kotaeru	**karşılık vermek** カルシュルック ヴェルメッキ	respond to, meet リスパンド トゥ, ミート
(反応する)	**tepki vermek** テプキ ヴェルメッキ	respond リスパンド
こたえる **答える** kotaeru	**cevaplamak, yanıt vermek** ジェヴァップラマック, ヤヌット ヴェルメッキ	answer, reply アンサ, リプライ

日	トルコ	英
こだわる **こだわる** kodawaru	**ısrar etmek** ウスラール エトメッキ	(be) particular about (ビ) パティキュラ アバウト
こちょう **誇張** kochou	**abartma** アバルトマ	exaggeration イグザチャレイション
～する	**abartmak** アバルトマック	exaggerate イグザチャレイト
こつ **こつ** （手がかり・ヒント） kotsu	**ipucu** イップジュ	knack ナク
こっか **国家** kokka	**devlet** デヴレット	state ステイト
こっか **国歌** kokka	**millî marş** ミッリー マルシ	national anthem ナショナル アンセム
こっかい **国会** kokkai	**millet meclisi, parlamen-to** ミッレット メジリスィ, パルラメント	Parliament, Diet パーラメント, ダイエット
こづかい **小遣い** kozukai	**cep harçlığı** ジェップ ハルチュルウ	pocket money パケト マニ
こっかく **骨格** kokkaku	**iskelet** イスケレット	skeleton, frame, build フレイム, ビルド
こっき **国旗** kokki	**millî bayrak** ミッリー バイラック	national flag ナショナル フラグ
こっきょう **国境** kokkyou	**sınır, hudut** スヌル, フドゥート	frontier フランティア
こっく **コック** kokku	**aşçı** アシチュ	cook クク
こっこう **国交** kokkou	**diplomatik ilişkiler** ディプロマティッキ イリシキレル	diplomatic relations ディプロマティク リレイションズ
こつずい **骨髄** kotsuzui	**kemik iliği** ケミッキ イリイ	bone marrow ボウン マロウ
こっせつ **骨折** kossetsu	**kemik kırılması** ケミッキ クルルマス	fracture フラクチャ
～する	**kemik kırmak** ケミッキ クルマック	break a bone, fracture a bone ブレイク ア ボウン, フラクチャ ア ボウン

こ

日	トルコ	英
<small>こっそり</small> **こっそり** kossori	**sessiz sedasız, gizlice** セッスィス セダースス, ギズリジェ	quietly, in secret クワイエトリ, イン スィークレト
<small>こづつみ</small> **小包** kozutsumi	**paket, koli** パケット, コリ	parcel パースル
<small>こっとうひん</small> **骨とう品** kottouhin	**antika** アンティカ	curio, antique キュアリオウ, アンティーク
<small>こっぷ</small> **コップ** koppu	**bardak** バルダック	glass グラス
<small>こていする</small> **固定する** koteisuru	**sabitleştirmek** サービットレシティルメッキ	fix フィクス
<small>こてん</small> **古典** koten	**klasik** クラスィッキ	classic クラスィク
～的な	**klasik** クラスィッキ	classic クラスィク
<small>こと</small> **事** koto	**şey, husus** シェイ, フスース	matter, thing, affair マタ, スィング, アフェア
<small>こどく</small> **孤独** kodoku	**yalnızlık** ヤンヌズルック	solitude サリテュード
～な	**yalnız** ヤンヌス	solitary サリテリ
<small>ことし</small> **今年** kotoshi	**bu yıl, bu sene** ブ ユル, ブ セネ	this year ズィス イア
<small>ことづけ</small> **言付け** kotozuke	**mesaj** メサージ	message メスィヂ
<small>ことなる</small> **異なる** kotonaru	**-den farklı** デン ファルクル	differ from ディファ フラム
<small>ことば</small> **言葉** kotoba	**söz** ソゥス	speech スピーチ
（言語）	**dil** ディル	language ラングウィヂ
（単語）	**kelime, sözcük** ケリメ, ソズジュック	word ワード
<small>こども</small> **子供** kodomo	**çocuk** チョジュック	child チャイルド

日	トルコ	英
ことわざ **ことわざ** kotowaza	**atasözü** アタソゥズュ	proverb プラヴァブ
ことわる **断る** kotowaru	**reddetmek** レッデトメッキ	refuse レフューズ
こな **粉** kona	**toz** トス	powder パウダ
（穀類の）	**un** ウン	flour フラウア
こなごなに **粉々に** konagonani	**paramparça** パランパルチャ	to pieces トゥ ピーセズ
こにゃっく **コニャック** konyakku	**konyak** コニャック	cognac コウニャク
こね **コネ** kone	**bağlantı** バーラントゥ	connections コネクションズ
こねこ **子猫** koneko	**kedi yavrusu** ケディ ヤヴルス	kitten キトン
こねる **こねる** koneru	**yoğurmak** ヨウルマック	knead ニード
この **この** kono	**bu** ブ	this ズィス
このあいだ **この間** konoaida	**geçen gün** ゲチェン ギュン	(the) other day (ズィ) アザ デイ
このごろ **この頃** konogoro	**bu aralar, son zamanlar** ブ アララル, ソン ザマーンラル	now, these days ナウ, ズィーズ デイズ
このましい **好ましい**（よりよい） konomashii	**daha iyi** ダハ イイ	preferable プレファラブル
（感じのよい）	**hoş** ホシ	agreeable アグリーアブル
（適した）	**uygun** ウイグン	desirable ディザイアラブル
このみ **好み** konomi	**tercih** テルジフ	preference, taste プレファランス, テイスト
こはく **琥珀** kohaku	**kehribar** ケフリバル	amber アンバ
こばむ **拒む** kobamu	**reddetmek** レッデトメッキ	refuse レフューズ

こ

日	トルコ	英
こはん **湖畔** kohan	**göl kenarı** ギョル ケナル	lakeside レイクサイド
ごはん **御飯** （食事） gohan	**yemek, sofra** イェメッキ, ソフラ	meal ミール
（米飯）	**pilav** ピラヴ	rice ライス
こぴー **コピー** kopii	**fotokopi** フォトコピ	photocopy, copy **フォ**ウトカピ, **カ**ピ
～機	**fotokopi makinası** フォトコピ マ**キ**ナス	copier **カ**ピア
～する	**fotokopi çekmek** フォトコピ チェキメッキ	copy **カ**ピ
こひつじ **子羊** kohitsuji	**kuzu** ク**ズ**	lamb ラム
こぶ **こぶ** kobu	**yumru** ユム**ル**	lump, bump ランプ, バンプ
（木の）	**ağaç düğüm** ア**ア**チ デュ**ユ**ム	(tree) knot (トリー) ナト
こぶし **拳** kobushi	**yumruk** ユム**ル**ック	fist **フィ**スト
こふん **古墳** kofun	**höyük** ホ**ユ**ック	tumulus **テュー**ミュラス
ごぼう **牛蒡** （薬用） gobou	**dulavrat otu** ドゥラヴ**ラ**ト オ**トゥ**	burdock **バー**ダク
こぼす **こぼす** kobosu	**dökmek** ド**ウ**キメッキ	spill スピル
こぼれる **こぼれる** koboreru	**dökülmek** ドゥ**キュ**ルメッキ	fall, drop, spill **フォ**ール, **ド**ラプ, スピル
こま **独楽** koma	**topaç** ト**パ**ッチ	top **タ**プ
ごま **胡麻** goma	**susam** ス**サ**ム	sesame **セ**サミ
こまーしゃる **コマーシャル** komaasharu	**reklam** レク**ラ**ム	commercial コ**マ**ーシャル
こまかい **細かい** （小さい） komakai	**ince** イン**ジェ**	small, fine ス**モ**ール, **ファ**イン

こ

日	トルコ	英
（詳細な）	**detaylı** デタイル	detailed ディテイルド
ごまかす **ごまかす** gomakasu	**aldatmak, kandırmak** アルダトマック, カンドゥルマック	cheat, swindle **チ**ート, ス**ウィ**ンドル
こまく **鼓膜** komaku	**kulak zarı** クラック ザル	eardrum **イ**アドラム
こまらせる **困らせる** komaraseru	**sıkıntı vermek, rahatsız etmek** スクントゥ ヴェルメッキ, ラハットスズ エトメッキ	embarrass, annoy イン**バ**ラス, ア**ノ**イ
こまる **困る** komaru	**sıkılmak** スクル**マ**ック	(be) embarrassed (ビ) イン**バ**ラスト
（悩む）	**endişelenmek** エンディシェレン**メ**ッキ	have trouble ハヴ ト**ラ**ブル
ごみ **ごみ** gomi	**çöp** **チョ**ップ	garbage, trash, ®rubbish **ガ**ービヂ, ト**ラ**シュ, **ラ**ビシュ
～箱	**çöp kutusu** **チョ**ップ ク**ト**ゥス	garbage can, trash can, ®dustbin **ガ**ービヂ **キャ**ン, ト**ラ**シュ **キャ**ン, **ダ**ストビン
こみゅにけーしょん **コミュニケーション** komyunikeeshon	**iletişim** イレティ**シ**ム	communication コミューニ**ケ**イション
こむ **混む** komu	**kalabalık olmak** カラバ**ル**ック オル**マ**ック	(be) jammed, (be) crowded (ビ) **ヂャ**ムド, (ビ) ク**ラ**ウデド
ごむ **ゴム** gomu	**kauçuk, lastik** カウ**チュ**ック, ラス**ティ**ッキ	rubber **ラ**バ
こむぎ **小麦** komugi	**buğday** ブー**ダ**イ	wheat (ホ)**ウィ**ート
～粉	**un** ウン	flour フ**ラ**ウア
こめ **米** kome	**pirinç** ピリ**ン**チ	rice **ラ**イス
こめでぃ **コメディ** komedi	**komedi** コ**メ**ディ	comedy **カ**メディ
こめる **込める** komeru	**şarj etmek, yüklemek** シャルジ エト**メ**ッキ, ユクレ**メ**ッキ	charge, load **チャ**ーヂ, **ロ**ウド

こ

日	トルコ	英
こめんと **コメント** komento	**yorum** ヨルム	comment カメント
こもじ **小文字** komoji	**küçük harf** キュチュック ハルフ	lowercase letter ロウアケイス レタ
反 **大文字**	**büyük harf** ビュユック ハルフ	capital letter キャピトル レタ
こもり **子守** komori	**bebek bakıcısı, dadılık** ベベッキ バクジュス, ダドゥルック	babysitter ベイビスィタ
こもん **顧問** komon	**danışman, müşavir** ダヌシマン, ミュシャーヴィル	adviser, consultant アドヴァイザ, コンサルタント
こや **小屋** koya	**kulübe** クリュベ	hut, shed ハト, シード
ごやく **誤訳** goyaku	**yanlış tercüme, yanlış çeviri** ヤンルシ テルジュメ, ヤンルシ チェヴィリ	mistranslation ミストランスレイション
こゆうの **固有の** koyuuno	**-e özgü** エ ウズギュ	peculiar to ピキューリア トゥ
こゆうめいし **固有名詞** koyuumeishi	**özel ad** ウゼル アット	proper noun プラパ ナウン
こゆび **小指** (手の) koyubi	**küçük parmak, serçe parmak** キュチュック パルマック, セルチェ パルマック	little finger リトル フィンガ
(足の)	**ayak serçe parmak** アヤック セルチェ パルマック	little toe リトル トウ
こよう **雇用** koyou	**istihdam** イスティフダーム	employment インプロイメント
〜する	**istihdam etmek** イスティフダーム エトメッキ	employ インプロイ
こらえる **こらえる** (耐える) koraeru	**dayanmak** ダヤンマック	bear, endure ベア, インデュア
(抑える)	**bastırmak, kontrol altında tutmak** バストゥルマック, コントロル アルトゥンダ トゥトマック	control, suppress コントロウル, サプレス
ごらく **娯楽** goraku	**eğlence** エーレンジェ	amusement アミューズメント

日	トルコ	英
こりつする **孤立する** koritsusuru	**tecrit edilmiş, izole edil-miş** テジリット エディルミッシ, イゾレ エディルミッシ	(be) isolated (ビ) **ア**イソレイティド
ごりら **ゴリラ** gorira	**goril** ゴリル	gorilla ゴリラ
こりる **懲りる** koriru	**-den bıkmak** デン ブク**マ**ック	have had enough of ハヴ **ハ**ド イ**ナ**フ オヴ
こる **凝る** （硬直する） koru	**sertleşmek** セルトレシ**メ**ッキ	grow stiff グロウ ス**ティ**フ
（熱中する）	**-e dalmak** エ ダル**マ**ック	(be) absorbed in (ビ) アブ**ソ**ーブド イン
こるく **コルク** koruku	**mantar** マン**タ**ル	cork **コ**ーク
～抜き	**tirbuşon** ティルブ**ショ**ン	corkscrew **コ**ークスクルー
ごるふ **ゴルフ** gorufu	**golf** ゴルフ	golf **ガ**ルフ
～場	**golf sahası** ゴルフ サー**ハ**ス	golf links **ガ**ルフ **リ**ンクス
これ **これ** kore	**bu** ブ	this **ズ**ィス
これから **これから** korekara	**bundan sonra** ブン**ダ**ン **ソ**ンラ	after this, hereafter **ア**フタ **ズ**ィス, ヒア**ラ**フタ
これくしょん **コレクション** korekushon	**koleksiyon** コレクス**ィヨ**ン	collection コ**レ**クション
これすてろーる **コレステロール** koresuterooru	**kolesterol** コレステ**ロ**ル	cholesterol コ**レ**スタロウル
これら **コレラ** korera	**kolera** コ**レ**ラ	cholera **カ**レラ
これらの **これらの** korerano	**bunların** ブン**ラ**ルン	these **ズ**ィーズ
ころがる **転がる** （回転する） korogaru	**yuvarlanmak** ユヴァルラン**マ**ック	roll **ロ**ウル
（倒れる）	**düşmek** デュシ**メ**ッキ	fall over **フォ**ール **オ**ウヴァ

こ

日	トルコ	英
ころす **殺す** korosu	**öldürmek** ウルドュルメッキ	kill, murder **キ**ル, **マ**ーダ
ころぶ **転ぶ** korobu	**düşmek** デュシメッキ	tumble down **タ**ンブル **ダ**ウン
こわい **怖い** kowai	**korkunç** コル**ク**ンチ	terrible, fearful **テ**リブル, **フィ**アフル
こわがる **怖がる** kowagaru	**-den korkmak** デン コル**ク**マック	fear, (be) afraid **フィ**ア, (ビ) ア**フレ**イド
こわす **壊す**　(物を) kowasu	**kırmak** クル**マ**ック	break, destroy ブ**レ**イク, ディスト**ロ**イ
（機能を）	**bozmak** ボズ**マ**ック	ruin **ル**ーイン
こわれる **壊れる**　(物が) kowareru	**kırılmak** クルル**マ**ック	break, (be) broken ブ**レ**イク, (ビ) ブ**ロ**ウクン
（機能が）	**bozulmak** ボズル**マ**ック	(be) broken (ビ) ブ**ロ**ウクン
こんいろ **紺色** kon-iro	**lacivert** ラージ**ヴェ**ルト	dark blue **ダ**ーク ブ**ル**ー
こんき **根気** konki	**sabır** サ**ブ**ル	perseverance, patience パースィ**ヴィ**アランス, **ペ**イシェンス
こんくーる **コンクール** konkuuru	**yarışma** ヤル**シ**マ	contest **カ**ンテスト
こんくりーと **コンクリート** konkuriito	**beton** ベ**ト**ン	concrete **カ**ンクリート
こんげつ **今月** kongetsu	**bu ay** ブ **ア**イ	this month **ズィ**ス **マ**ンス
こんご **今後** kongo	**bundan sonra** ブン**ダ**ン **ソ**ンラ	from now on フ**ラ**ム **ナ**ウ **オ**ン
こんごうする **混合する** kongousuru	**karışmak** カル**シ**マック	mix, blend **ミ**クス, ブ**レ**ンド
こんご **コンゴ** kongo	**Kongo** **コ**ンゴ	Congo **カ**ンゴウ
こんさーと **コンサート** konsaato	**konser** コン**セ**ル	concert **カ**ンサト

日	トルコ	英
こんざつする **混雑する** konzatsusuru	**kalabalık olmak** カラバルック オルマック	(be) congested with (ビ) コンチェスティド ウィズ
こんさるたんと **コンサルタント** konsarutanto	**danışman** ダヌシマン	consultant コンサルタント
こんしゅう **今週** konshuu	**bu hafta** ブ ハフタ	this week ズィス ウィーク
こんぜつする **根絶する** konzetsusuru	**yok etmek, kökünü kazı-mak** ヨック エトメッキ, キョキュニュ カズマック	eradicate イラディケイト
こんせぷと **コンセプト** konseputo	**kavram** カヴラム	concept カンセプト
こんせんさす **コンセンサス** konsensasu	**oy birliği** オイ ビルリイ	consensus コンセンサス
こんせんと **コンセント** konsento	**priz** ピリス	outlet, socket アウトレト, サケト
こんそめ **コンソメ** konsome	**konsome** コンソメ	consommé コンソメイ
こんたくとれんず **コンタクトレンズ** kontakutorenzu	**kontakt lens** コンタクト レンズ	contact lenses カンタクト レンゼズ
こんだんかい **懇談会** （円卓の） kondankai	**yuvarlak masa toplantısı** ユヴァルラック マサ トプラントゥス	round-table con-ference ラウンドテーブル カンファレンス
こんちゅう **昆虫** konchuu	**böcek** ボゥジェッキ	insect インセクト
こんでぃしょん **コンディション** kondishon	**hâl, durum** ハール ドゥルム	condition コンディション
こんてすと **コンテスト** kontesuto	**yarışma** ヤルシマ	contest コンテスト
こんてな **コンテナ** kontena	**konteyner** コンテイネル	container コンテイナ
こんでんさー **コンデンサー** kondensaa	**kondansatör** コンダンサトゥル	condenser コンデンサ
こんど **今度** kondo	**bu sefer** ブ セフェル	this time ズィス タイム

こ

日	トルコ	英
こんどうする **混同する** kondousuru	**karıştırmak** カルシトゥルマック	confuse コンフューズ
こんどーむ **コンドーム** kondoomu	**prezervatif** プレゼルヴァティフ	condom カンドム
ごんどら **ゴンドラ** gondora	**gondol** ゴンドル	gondola ガンドラ
こんとらすと **コントラスト** kontorasuto	**kontrast** コントラスト	contrast カントラスト
こんとろーる **コントロール** kontorooru	**kontrol** コントロル	control コントロウル
〜する	**kontrol etmek** コントロル エトメッキ	control コントロウル
こんとん **混沌** konton	**kaos** カオス	chaos ケイアス
こんな **こんな** konna	**böyle** ボゥイレ	such サチ
こんなん **困難** konnan	**zorluk, güçlük** ゾルルック, ギュチュリュック	difficulty ディフィカルティ
〜な	**zor, güç** ゾル, ギュチ	difficult, hard ディフィカルト, ハード
こんにち **今日** konnichi	**bugün** ブギュン	today トゥデイ
こんぱーとめんと **コンパートメント** konpaatomento	**kompartıman** コンパルトゥマン	compartment コンパートメント
こんばん **今晩** konban	**bu akşam** ブ アクシャム	this evening ズィス イーヴニング
こんびーふ **コンビーフ** konbiifu	**konserve sığır eti** コンセルヴェ スウル エティ	corned beef コーンド ビーフ
こんびなーと **コンビナート** konbinaato	**endüstriyel kompleks** エンデュストリイェル コンプレクス	industrial complex インダストリアル カンプレクス
こんびねーしょん **コンビネーション** konbineeshon	**kombinasyon** コンビナスィオン	combination コンビネイション
こんぴゅーたー **コンピューター** konpyuutaa	**bilgisayar** ビルギサヤル	computer コンピュータ

日	トルコ	英
こんぶ **昆布** konbu	**yosun** ヨスン	kelp, seaweed ケルプ, スィーウィード
こんぷれっくす **コンプレックス** konpurekkusu	**kompleks, karmaşa** コンプレクス, カルマシャ	complex カンプレクス
こんぽう **梱包** konpou	**paketleme, ambalaj** パケットレメ, アンバラージ	packing パキング
〜する	**paketlemek** パケットレメッキ	pack up パク アプ
こんぽん **根本** konpon	**temel** テメル	foundation ファウンデイション
こんま **コンマ** konma	**nokta** ノクタ	comma カマ
こんや **今夜** kon-ya	**bu gece** ブ ゲジェ	tonight トゥナイト
こんやく **婚約** kon-yaku	**nişan** ニシャン	engagement インゲイヂメント
〜者	**nişanlı** ニシャンル	fiancé, fiancée フィーアーンセイ, フィーアーンセイ
〜する	**ile nişanlanmak** イレ ニシャンランマック	(be) engaged to (ビ) インゲイヂド トゥ
こんらん **混乱** konran	**karışıklık** カルシュックルック	confusion コンフュージョン
〜する	**karışmak** カルシマック	(be) confused (ビ) コンフューズド
こんわく **困惑** konwaku	**şaşkınlık** シャシクンルック	embarrassment インパラスメント

日	トルコ	英

さ, サ

さ **差** sa	**fark, ayrım** ファルク, アイルム	difference ディファレンス
さーかす **サーカス** saakasu	**sirk** スィルク	circus サーカス
さーきっと **サーキット**（回路） saakitto	**devre** デヴレ	circuit サーキト
（競技コース）	**pist** ピスト	circuit サーキト
さーちえんじん **サーチエンジン** saachienjin	**arama motoru** アラマ モトル	search engine サーチ エンヂン
さーちらいと **サーチライト** saachiraito	**ışıldak** ウシュルダック	searchlight サーチライト
さーばー **サーバー**（コンピュータ） saabaa	**sunucu** スヌジュ	server サーヴァ
さーびす **サービス** saabisu	**hizmet, servis** ヒズメット, セルヴィス	service サーヴィス
～料	**hizmet ücreti, hizmet be-deli** ヒズメット ユジュレティ, ヒズメット ベデリ	service charge サーヴィス チャーヂ
さーふぁー **サーファー** saafaa	**sörfçü** ソゥルフチュ	surfer サーファ
さーふぃん **サーフィン** saafin	**sörf** ソゥルフ	surfing サーフィング
さーもん **サーモン** saamon	**somon** ソモン	salmon サモン
さいあくの **最悪の** saiakuno	**en kötü, en fena** エン キョテュ, エン フェナー	worst ワースト
さいがい **災害** saigai	**facia, afet** ファージア, アーフェット	calamity, disaster カラミティ, ディザスタ
ざいかい **財界** zaikai	**finans dünyası** フィナンス デュンヤース	financial world フィナンシャル ワールド

日	トルコ	英
さいかいする **再開する** saikaisuru	**yeniden başlamak, tekrar açılmak** イェニデン バシラマック, テクラル アチュルマック	reopen リーオウプン
さいきん **最近** saikin	**geçenlerde, son zaman-larda** ゲチェンレルデ, ソン ザマーンラルダ	recently リーセントリ
さいきん **細菌** saikin	**bakteri, mikrop** バクテリ, ミクロップ	bacteria, germs バクティアリア, チャームズ
さいく **細工** saiku	**iş, işçilik** イシ, イシチリッキ	work, workman-ship ワーク, ワークマンシプ
さいくつする **採掘する** saikutsusuru	**kazmak** カズマック	mine マイン
さいくりんぐ **サイクリング** saikuringu	**bisiklete binme** ビスィクレテ ビンメ	cycling サイクリング
さいくる **サイクル** （電気の） saikuru	**çevrim** チェヴリム	cycle サイクル
（物理の）	**devir** デヴィル	cycle サイクル
さいけつ **採決** saiketsu	**oy** オイ	vote ヴォウト
（投票）	**oylama** オイラマ	vote ヴォウト
さいけん **債券** saiken	**senet** セネット	bond バンド
（手形）	**bono** ボノ	draft, bill ドラフト, ビル
ざいげん **財源** zaigen	**fon, kaynak** フォン, カイナック	funds ファンヅ
さいけんとうする **再検討する** saikentousuru	**yeniden incelemek** イェニデン インジェレメッキ	reexamine リーイグザミン
さいご **最期** saigo	**son dönem** ソン ドゥネム	death, last moment デス, ラスト モウメント
さいご **最後** saigo	**son** ソン	last, end ラスト, エンド

さ

日	トルコ	英
~の	**son** ソン	last, final **ラ**スト, **ファ**イナル
ざいこ 在庫 zaiko	**stok** ストック	stocks スタ**ク**ス
さいこうの 最高の saikouno	**en iyi** エニイ	best ベスト
さいころ さいころ saikoro	**zar** ザル	dice ダイス
さいさん 採算 saisan	**kâr** キャール	profit, gain プラフィト, ゲイン
ざいさん 財産 zaisan	**varlık, mülk** ヴァル**ル**ック, **ミュ**ルキ	estate, fortune イス**テ**イト, **フォ**ーチュン
さいじつ 祭日 saijitsu	**bayram günü** バイラム ギュ**ニュ**	festival day **フェ**スティヴァル デイ
ざいしつ 材質 zaishitsu	**malzeme kalitesi** マルゼメ カリテスィ	quality of materials ク**ワ**リティ オヴ マ**ティ**アリアルズ
さいしゅうする 採集する saishuusuru	**toplamak** トプラ**マ**ック	collect, gather コレクト, **ギャ**ザ
さいしゅうの 最終の saishuuno	**son** ソン	last **ラ**スト
さいしゅつ 歳出 saishutsu	**yıllık gider** ユル**ル**ック ギデル	annual expenditure **ア**ニュアル イクス**ペ**ンディチャ
さいしょ 最初 saisho	**baş, başlangıç** バシ, バシラン**グ**ッチ	beginning ビ**ギ**ニング
~の	**birinci, ilk, baş** ビ**リ**ンジ, **イ**ルキ, バシ	first, initial **ファ**ースト, イ**ニ**シャル
さいしょうげん 最小限 saishougen	**en az, minimum** エナス, ミニムム	minimum **ミ**ニマム
さいじょうの 最上の saijouno	**en iyi** エニイ	best ベスト
さいしょくしゅぎしゃ 菜食主義者 saishokushugisha	**vejetaryen** ヴェジェタリ**エ**ン	vegetarian ヴェジェ**テ**アリアン

さ

日	トルコ	英
さいしんの **最新の** saishinno	**son, son model** ソン, ソン モデル	latest, up-to-date レイテスト, アプトゥデイト
さいしんの **細心の** saishinno	**dikkatli, ihtiyatlı** ディッカットリ, イフティヤートル	careful, prudent ケアフル, プルーデント
さいず **サイズ** saizu	**boyut** ボユット	size サイズ
ざいせい **財政** zaisei	**maliye** マーリイェ	finances フィナンセズ
さいせいする **再生する**（録音を） saiseisuru	**yeniden çalmak** イェニデン チャルマック	play back プレイ バク
さいぜんせん **最前線** saizensen	**ön sıra** ウン スラ	cutting edge, fore-front カティング エヂ, フォーフ ラント
さいだいげん **最大限** saidaigen	**maksimum, azami** マクスィムム, アーザミー	maximum マクスィマム
さいだいの **最大の** saidaino	**maksimum, azami** マクスィムム, アーザミー	maximum マクスィマム
ざいだん **財団** zaidan	**vakıf** ヴァクフ	foundation ファウンデイション
さいていの **最低の** saiteino	**asgari** アスガリー	minimum ミニマム
さいてきな **最適な** saitekina	**en uygun** エヌイグン	most suitable モウスト スータブル
さいてんする **採点する** saitensuru	**not vermek** ノット ヴェルメッキ	mark, grade マーク, グレイド
さいと **サイト** saito	**site** スィテ	site サイト
さいど **サイド** saido	**yan** ヤン	side サイド
さいなん **災難** sainan	**felaket** フェラーケット	misfortune, calam-ity ミスフォーチュン, カラミ ティ
さいのう **才能** sainou	**yetenek** イェテネッキ	talent, ability タレント, アビリティ

さ

日	トルコ	英
さいばい **栽培** saibai	**yetiştirme** イェティシティルメ	cultivation, culture カルティ**ヴェイ**ション, **カル**チャ
〜**する**	**yetiştirmek** イェティシティル**メッ**キ	cultivate, grow **カル**ティヴェイト, グ**ロ**ウ
さいはつする **再発する** saihatsusuru	**depreşmek, tekrar hastalanmak** デプレシ**メッ**キ, テク**ラー**ル　ハスタラン**マッ**ク	relapse リ**ラ**プス
さいばん **裁判** saiban	**yargılama** ヤルグラ**マ**	justice, trial **チャ**スティス, ト**ラ**イアル
〜**官**	**yargıç, hâkim** ヤル**グッ**チ, ハ**キー**ム	judge **チャ**ヂ
〜**所**	**mahkeme** マフケ**メ**	court of justice **コー**ト オヴ **チャ**スティス
さいふ **財布** saifu	**cüzdan** ジュズ**ダン**	purse, wallet **パー**ス, **ワ**レト
さいほう **裁縫** saihou	**dikiş** ディキシ	needlework **ニー**ドルワーク
さいぼう **細胞** saibou	**hücre** ヒュジレ	cell **セ**ル
さいみんじゅつ **催眠術** saiminjutsu	**manyetizma** マニェ**ティ**ズマ	hypnotism **ヒ**プノティズム
さいむ **債務** saimu	**borç** ボルチ	debt **デ**ト
ざいむ **財務** zaimu	**mali işler** マー**リー** イシレル	financial affairs フィ**ナン**シャル ア**フェ**アズ
ざいもく **材木** zaimoku	**kereste** ケレステ	wood, lumber **ウ**ド, **ラ**ンバ
さいようする **採用する**　（案を） saiyousuru	**kabul etmek** カ**ブー**ル エト**メッ**キ	adopt ア**ダ**プト
（従業員を）	**işe almak, istihdam etmek** イ**シェ** アル**マッ**ク, イス**ティ**フ**ダー**ム エト**メッ**キ	employ インプ**ロ**イ
ざいりゅうほうじん **在留邦人** zairyuuhoujin	**denizaşırı Japon vatandaşları** デニザシュル ジャポン ヴァタンダシ**ラ**ル	Japanese residents **チャ**パニーズ **レ**ズィデンツ

日	トルコ	英
さいりよう **再利用** sairiyou	**geri dönüşüm** ゲリ ドゥニュシュム	recycling リーサイクリング
ざいりょう **材料** zairyou	**malzeme** マルゼメ	materials マティアリアルズ
さいりょうの **最良の** sairyouno	**en iyi** エニイ	best ベスト
ざいりょく **財力** zairyoku	**mali güç** マーリー ギュチ	financial power フィナンシャル パウア
さいれん **サイレン** sairen	**siren** スィレン	siren サイアレン
さいわい **幸い** saiwai	**mutluluk** ムトルルック	happiness ハピネス
〜な	**mutlu** ムトル	happy, fortunate ハピ, フォーチュネト
さいん **サイン** sain	**imza** イムザー	signature スィグナチャ
さうじあらびあ **サウジアラビア** saujiarabia	**Suudi Arabistan** スウディ アラビスタン	Saudi Arabia サウディ アレイビア
さうな **サウナ** sauna	**sauna** サウナ	sauna サウナ
さえぎる **遮る** saegiru	**engellemek** エンゲルレメッキ	interrupt, obstruct インタラプト, オブストラクト
さか **坂** saka	**yokuş** ヨクシ	slope, hill スロウプ, ヒル
さかい **境** sakai	**sınır** スヌル	boundary, border バウンダリ, ボーダ
さかえる **栄える** （発展する） sakaeru	**gelişmek** ゲリシメッキ	prosper, thrive プラスパ, スライヴ
（豊かになる）	**zenginleşmek** ゼンギンレシメッキ	become wealthy ビカム ウェルシ
さがす **探[捜]す** （求めるものを） sagasu	**aramak** アラマック	seek for, look for スィーク フォ, ルク フォ
（辞書などで）	**-e bakmak** エ バクマック	look up ルク アプ

日	トルコ	英
（捜し出す）	**bulmak** ブルマック	look out ルク アウト
さかずき **杯** sakazuki	**kadeh** カデフ	cup, glass カプ, グラス
さかだちする **逆立ちする** sakadachisuru	**amuda kalkmak** アムダ カルクマック	do a handstand ドゥー ア ハンドスタンド
さかな **魚** sakana	**balık** バルック	fish フィシュ
～屋	**balıkçı** バルックチュ	fish shop フィシュ シャプ
さかのぼる **さかのぼる** （戻る） sakanoboru	**geri gitmek** ゲリ ギットメッキ	go back ゴウ バク
さかや **酒屋** （専売店） sakaya	**tekel bayisi** テケル バーイスィ	liquor store, Ⓑoff-licence リカ ストー, オーフライセ ンス
さからう **逆らう** sakarau	**karşı koymak, karşı çık-mak** カルシュ コイマック, カルシュ チュクマック	oppose, go against オポウズ, ゴウ アゲンスト
さかり **盛り** （全盛期） sakari	**en güzel zaman** エン ギュゼル ザマーン	prime プライム
（頂点）	**tepe** テペ	height ハイト
さがる **下がる** （降りる） sagaru	**inmek** インメッキ	descend ディセンド
（落ちる）	**düşmek** デュシメッキ	fall, drop フォール, ドラプ
（垂れ下がる）	**asılmak** アスルマック	hang down ハング ダウン
さかんな **盛んな** （活発な） sakanna	**aktif, hareketli** アクティフ, ハレケットリ	active アクティヴ
（豊かな）	**zengin** ゼンギン	prosperous プラスペラス
さき **先** （先端） saki	**uç** ウチ	point, tip ポイント, ティプ

日	トルコ	英
(先頭)	**baş** バシ	head, top ヘド, **タ**プ
(続き)	**devam** デ**ヴァ**ーム	sequel **スィ**ークウェル
(未来)	**gelecek, istikbal** ゲレ**ジェッ**キ, イス**ティッ**クバール	future **フュ**ーチャ
さぎ 詐欺 sagi	**sahtekârlık, dolandırıcılık** サフテキャル**ルッ**ク, ドランドゥル**ジュ**ルック	fraud フ**ロー**ド
～師	**dolandırıcı** ドランドゥル**ジュ**	swindler ス**ウィ**ンドラ
さきおととい 一昨々日 sakiototoi	**üç gün önce** ユチ **ギュ**ン **ウ**ンジェ	three days ago ス**リ**ー **デ**イズ ア**ゴ**ウ
さきそふぉん サキソフォン sakisofon	**saksafon** サク**サ**フォン	saxophone **サ**クソフォウン
さきものとりひき 先物取引 sakimonotorihiki	**vadeli işlem ticareti** ヴァー**デ**リ シレム ティジャーレ**ティ**	futures trading **フュ**ーチャズ ト**レ**イディング
さぎょう 作業 sagyou	**iş, çalışma** イシ, チャルシ**マ**	work, operations **ワ**ーク, ア**ペ**レイションズ
～する	**çalışmak** チャルシ**マッ**ク	work, operate **ワ**ーク, **ア**ペレイト
さく 柵 saku	**çit** **チッ**ト	fence **フェ**ンス
さく 割く (時間を) saku	**(zaman) ayırmak** (ザ**マ**ーン) アユル**マッ**ク	spare ス**ペ**ア
さく 咲く (花が) saku	**(çiçek) açmak** (チ**チェッ**キ) アチ**マッ**ク	bloom, come out ブ**ル**ーム, **カ**ム **ア**ウト
さく 裂く saku	**yırtmak** ユルト**マッ**ク	rend, tear, sever **レ**ンド, **テ**ア, **セ**ヴァ
さくいん 索引 sakuin	**endeks** エン**デ**クス	index **イ**ンデクス
さくげん 削減 sakugen	**azaltma, kesme** アザルト**マ**, ケス**メ**	reduction, cut リ**ダ**クション, **カ**ト
さくしする 作詞する sakushisuru	**şarkı sözü yazmak** シャル**ク** ソ**ズ**ュ ヤズ**マッ**ク	write the lyrics **ラ**イト ザ **リ**リクス

日	トルコ	英
さくじつ **昨日** sakujitsu	**dün** デュン	yesterday イェスタデイ
さくしゃ **作者** sakusha	**yazar** ヤザル	writer, author ライタ, オーサ
さくしゅする **搾取する** sakushusuru	**sömürmek** ソミュルメッキ	exploit イクスプロイト
さくじょする **削除する** sakujosuru	**silmek** スィルメッキ	delete ディリート
さくせん **作戦** sakusen	**operasyon** オペラスィオン	operations アペレイションズ
さくねん **昨年** sakunen	**geçen yıl** ゲチェン ユル	last year ラスト イア
さくひん **作品** sakuhin	**eser** エセル	work, piece ワーク, ピース
さくぶん **作文** sakubun	**kompozisyon** コンポズィスィオン	composition カンポズィション
さくもつ **作物** sakumotsu	**ekin** エキン	crops クラプス
さくや **昨夜** sakuya	**dün gece** デュン ゲジェ	last night ラスト ナイト
さくら **桜**　　　(花) sakura	**kiraz çiçeği** キラス チチェイ	cherry blossoms チェリ ブラソムズ
(木)	**kiraz ağacı** キラス アアジュ	cherry tree チェリ トリー
さくらそう **桜草** sakurasou	**çuha çiçeği** チュハ チチェイ	primrose プリムロウズ
さくらんぼ **桜桃** sakuranbo	**kiraz** キラス	cherry チェリ
さぐりだす **探り出す** saguridasu	**arayıp bulmak** アラユップ ブルマック	search out サーチ アウト
さくりゃく **策略** sakuryaku	**hile** ヒーレ	plan, plot プラン, プラト
さぐる　　(手探りで) saguru	**el yordamıyla aramak** エル ヨルダムイラ アラマック	fumble around for ファンブル アラウンド フォ
(物や場所などを)	**aramak** アラマック	search, look for サーチ, ルク フォ

日	トルコ	英
（動向を）	**casusluk etmek** ジャーススルック エトメッキ	spy スパイ
ざくろ 石榴 zakuro	**nar** ナル	pomegranate パムグラネト
さけ 鮭 sake	**somon** ソモン	salmon サモン
さけ 酒 sake	**alkol** アルコル	alcohol アルコホール
（日本酒）	**Japon pirinç şarabı** ジャポン ピリンチ シャラブ	sake, rice wine サキー，ライス ワイン
さけぶ 叫ぶ sakebu	**bağırmak** バウルマック	shout, cry シャウト，クライ
さける 避ける sakeru	**kaçınmak** カチュンマック	avoid アヴォイド
さける 裂ける sakeru	**yarılmak** ヤルルマック	split スプリト
さげる 下げる sageru	**indirmek** インディルメッキ	lower, drop ロウア，ドラプ
さこつ 鎖骨 sakotsu	**köprücük kemiği** キョプリュジュック ケミイ	collarbone, clavi-cle カラボウン，クラヴィクル
ささいな 些細な sasaina	**ufak tefek** ウファック テフェッキ	trifling, trivial トライフリング，トリヴィアル
ささえる 支える sasaeru	**desteklemek** デステッキレメッキ	support, maintain サポート，メインテイン
ささげる 捧げる sasageru	**-e kendini vakfetmek, -e kendini adamak** エ ケンディニ ヴァクフェトメッキ，エ ケンディニ アダマック	devote oneself to ディヴォウト トゥ
さざなみ さざ波 sazanami	**küçük dalga, ufak dalga** キュチュック ダルガ，ウファック ダルガ	ripples リプルズ
ささやく ささやく sasayaku	**fısıldamak** フスルダマック	whisper (ホ)ウィスパ
ささる 刺さる sasaru	**batmak** バトマック	stick スティク
さしえ 挿絵 sashie	**resim, şekil** レスィム，シェキル	illustration イラストレイション

さ

日	トルコ	英
さしこむ **差し込む** sashikomu	**sokmak** ソクマック	insert インサート
（プラグを）	**takmak** タクマック	plug in プラグ イン
（光が）	**ışık girmek** ウシュック ギルメッキ	shine in シャイン イン
さしずする **指図する** sashizusuru	**talimat vermek** ターリマート ヴェルメッキ	direct, instruct ディレクト, インストラクト
さしだしにん **差出人** sashidashinin	**gönderici** ギョンデリジ	sender, remitter センダ, リミタ
さしひく **差し引く** sashihiku	**-den çıkarmak, indirmek** デン チュカルマック, インディルメッキ	deduct from ディダクト フラム
さしょう **査証** sashou	**vize** ヴィゼ	visa ヴィーザ
ざしょうする **座礁する** zashousuru	**karaya oturmak** カラヤ オトゥルマック	go aground ゴウ アグラウンド
さす **さす**　（光が） sasu	**parlamak, ışık saçmak** パルラマック, ウシュック サチマック	shine シャイン
さす **刺す**　（蚊や蜂が） sasu	**sokmak** ソクマック	bite, sting バイト, スティング
（尖ったもので）	**delmek** デルメッキ	pierce, stab ピアス, スタブ
さす **差す** sasu	**sokmak** ソクマック	insert インサート
（傘を）	**şemsiye tutmak** シェムスィイエ トゥトマック	put up an umbrella プト アプ アン アンブレラ
さす **指す** sasu	**işaret etmek, göstermek** イシャーレット　エトメッキ, ギョステルメッキ	point to ポイント トゥ
（指名する）	**atamak, tayin etmek** アタマック, ターイン エトメッキ	nominate, name ナミネイト, ネイム
さすぺんす **サスペンス**（映画） sasupensu	**gerilim** ゲリリム	suspense サスペンス
さすらう **さすらう** sasurau	**(amaçsızca) dolaşmak** (アマッチスズジャ) ドラシマック	wander ワンダ

さ

日	トルコ	英
さする **擦る** sasuru	**ovmak** オヴ**マック**	rub **ラ**ブ
ざせき **座席** zaseki	**koltuk** コル**トゥック**	seat **スィ**ート
ざせつする **挫折する** zasetsusuru	**hüsrana uğramak, umu- du kırılmak** ヒュスラー**ナ** ウーラ**マック**, ウム**ドゥ** クル ル**マック**	(be) frustrated (ビ) フ**ラ**ストレイティド
させる　（してもらう） saseru	**yapmasını istemek** ヤプマス**ヌ** イステ**メッキ**	have a person do **ハ**ヴ
（やらせておく） 	**yapmasına izin vermek** ヤプマス**ナ** イ**ズ**ィン ヴェル**メッキ**	let a person do **レ**ト
（やらせる） 	**yaptırmak** ヤプトゥル**マック**	make a person do **メ**イク
さそい **誘い**　（招待） sasoi	**davet** ダー**ヴェ**ット	invitation インヴィ**テ**イション
（誘惑） 	**ayartma** アヤルト**マ**	temptation テンプ**テ**イション
さそう **誘う**　（招く） sasou	**davet etmek** ダー**ヴェ**ット エト**メッキ**	invite イン**ヴァ**イト
（誘惑する） 	**ayartmak** アヤルト**マック**	tempt **テ**ンプト
さそり **蠍** sasori	**akrep** アク**レ**ップ	scorpion ス**コ**ーピアン
～座 	**Akrep Burcu** アク**レ**ップ ブル**ジュ**	Scorpion, Scorpio ス**コ**ーピアン, ス**コ**ーピオウ
さだめる **定める** sadameru	**kararlaştırmak** カラルラシトゥル**マック**	decide on, fix ディ**サ**イド オン, **フィ**クス
さつ **冊** satsu	**cilt** ジ**ル**ト	volume, copy **ヴァ**リュム, **カ**ピ
さつ **札**　（紙幣） satsu	**kâğıt para** キャ**ウ**ト パ**ラ**	bill **ビ**ル
～入れ 	**cüzdan** ジュズ**ダ**ン	wallet **ワ**レト
さつえい **撮影** satsuei	**çekim, fotoğraf çekme** チェ**キ**ム, フォト**ラ**フ チェキ**メ**	photographing **フォ**ウトグラフィング

日	トルコ	英
〜する	**fotoğraf çekmek** フォトーラフ チェキメッキ	photograph, film **フォ**ウトグラフ, **フィ**ルム
ざつおん 雑音 zatsuon	**gürültü** ギュリュル**テュ**	noise ノイズ
さっか 作家 sakka	**yazar** ヤ**ザ**ル	writer, author **ラ**イタ, **オ**ーサ
さっかー サッカー sakkaa	**futbol** フト**ボ**ル	soccer, Ⓑfootball **サ**カ, **フ**トボール
さっかく 錯覚 sakkaku	(錯視) **göz aldanması** **ギョ**ス アルダン**マ**ス	illusion イ**ル**ージョン
	(幻覚) **sanrı** サン**ル**	illusion イ**ル**ージョン
さっき さっき sakki	**demin, az önce** デ**ミ**ン, **ア**ズ ウン**ジェ**	now, just now **ナ**ウ, **チャ**スト **ナ**ウ
さっきょく 作曲 sakkyoku	**beste** ペス**テ**	composition カン**ポ**ズィション
〜する	**bestelemek** ベステレ**メ**ッキ	compose コン**ポ**ウズ
さっきん 殺菌 sakkin	**sterilizasyon** ステリリザスィ**オ**ン	sterilization ステリリ**ゼ**イション
ざっし 雑誌 zasshi	**dergi** デル**ギ**	magazine マガ**ズィ**ーン
ざっしゅ 雑種 zasshu	**melez, azma** メ**レ**ス, アズ**マ**	crossbreed, hybrid クロースブリード, **ハ**イプリド
さつじん 殺人 satsujin	**cinayet** ジナー**イェ**ット	homicide, murder **ハ**ミサイド, **マ**ーダ
〜犯	**katil** カー**ティ**ル	murderer, killer **マ**ーダラ, **キ**ラ
さっする 察する sassuru	**tahmin etmek** タフ**ミ**ーン エト**メ**ッキ	guess, imagine **ゲ**ス, イ**マ**ヂン
ざっそう 雑草 zassou	**yabani ot** ヤバー**ニ** **オ**ット	weeds **ウィ**ーヅ
さっそく 早速 sassoku	**hemen** **ヘ**メン	immediately イ**ミ**ーディエトリ

さ

日	トルコ	英
ざつだん **雑談** zatsudan	**sohbet** ソフベット	gossip, chat ガスィプ, **チャ**ット
さっちゅうざい **殺虫剤** sacchuuzai	**böcek ilacı** ブジェッキ イラジュ	insecticide インセクティサイド
さっとうする **殺到する** sattousuru	**acele etmek** アジェレ エトメッキ	rush **ラ**シュ
ざつな **雑な** zatsuna	**kaba** カバ	rough, rude ラフ, **ルー**ド
ざっぴ **雑費** zappi	**çeşitli masraflar** チェシットリ マスラフラル	miscellaneous expenses ミセレイニアス イクスペンセズ
さつまいも **さつま芋** satsumaimo	**tatlı patates** タトル パタテス	sweet potato スウィート ポテイトウ
さてい **査定** satei	**değerlendirme** デエルレンディルメ	assessment ア**セ**スメント
さとう **砂糖** satou	**şeker** シェケル	sugar **シュ**ガ
さどう **茶道** sadou	**çay seremonisi** チャイ セレモニスィ	tea ceremony **ティー** セレモウニ
さとる **悟る** satoru	**farkına varmak** ファルクナ ワルマック	realize, notice **リー**アライズ, **ノ**ウティス
さは **左派** saha	**solcu** ソルジュ	left wing レフト **ウィ**ング
反 **右派**	**sağcı** サージュ	right wing ライト **ウィ**ング
さば **鯖** saba	**uskumru** ウスクムル	mackerel **マ**クレル
さばいばる **サバイバル** sabaibaru	**hayatta kalma** ハヤッタ カルマ	survival サ**ヴァ**イヴァル
さばく **砂漠** sabaku	**çöl** チョル	desert **デ**ザト
さび **錆** sabi	**pas** パス	rust **ラ**スト
さびしい **寂しい** （人が） sabishii	**yalnız** ヤンヌス	lonely **ロ**ウンリ

さ

日	トルコ	英
（場所が）	**ıssız, tenha** ウッスス, テンハー	desolate デゾルト
さびる 錆びる sabiru	**paslanmak** パスランマック	rust ラスト
さふぁいあ サファイア safaia	**safir** サフィル	sapphire サファイア
さべつ 差別 sabetsu	**ayırımcılık** アユルムジュルック	discrimination ディスクリミネイション
～する	**fark gözetmek** ファルク ギョゼットメッキ	discriminate ディスクリミネイト
さほう 作法 sahou	**terbiye, görgü** テルビエ, ギョルギュ	manners マナズ
さぽーたー サポーター （サッカーなどの） sapootaa	**taraftar** タラフタル	supporter サポータ
さまざまな 様々な samazamana	**çeşitli** チェシットリ	various, diverse ヴェアリアス, ダイヴァース
さます 冷ます samasu	**soğutmak** ソウトマック	cool クール
（気持ちを）	**hevesini kırmak** ヘヴェスィニ クルマック	spoil one's plea-sure スポイル プレジャ
さます 覚ます samasu	**uyanmak** ウヤンマック	awaken アウェイクン
さまたげる 妨げる samatageru	**engellemek** エンゲルレメッキ	disturb, interfere with ディスターブ, インタフィア ウィズ
さまよう さまよう samayou	**başıboş gezmek** バシュボシ ゲズメッキ	wander around ワンダ アラウンド
さみっと サミット samitto	**zirve** ズィルヴェ	summit サミト
さむい 寒い samui	**soğuk** ソウック	cold, chilly コウルド, チリ
さめ 鮫 same	**köpek balığı** キョペッキ バルウ	shark シャーク
さめる 冷める sameru	**soğumak** ソウマック	cool down クール ダウン

日	トルコ	英
ざやく 座薬 zayaku	**fitil** フィティル	suppository サパズィトーリ
さよう 作用 sayou	**hareket, etki** ハレケット, エトキ	action, effect アクション, エフェクト
～する	**etkilemek** エトキレメッキ	act upon, affect アクト アポン, アフェクト
さら 皿 sara	**tabak** タバック	plate, dish プレイト, ディシュ
さらいしゅう 再来週 saraishuu	**öbür hafta** ウビュル ハフタ	week after next ウィーク アフタ ネクスト
さらいねん 再来年 sarainen	**öbür yıl** ウビュル ユル	year after next イヤ アフタ ネクスト
さらう さらう sarau	**kaçırmak** カチュルマック	kidnap キドナプ
ざらざらの ざらざらの zarazarano	**pürüzlü** ピュリュズリュ	rough, coarse ラフ, コース
さらす さらす sarasu	**maruz bırakmak** マールス ブラクマック	expose イクスポウズ
さらだ サラダ sarada	**salata** サラタ	salad サラド
さらに 更に sarani	**bir de, üstelik** ビ(ル) デ, ユステリッキ	still more, further スティル モー, ファーザ
さらりーまん サラリーマン sarariiman	**ofis çalışanı** オフィス チャルシャヌ	office worker オーフィス ワーカ
さりげない さりげない （自然な） sarigenai	**doğal** ドアル	natural ナチュラル
（日々の）	**gündelik** ギュンデリッキ	casual キャジュアル
さる 猿 saru	**maymun** マイムン	monkey, ape マンキ, エイプ
さる 去る saru	**ayrılmak** アイルルマック	quit, leave クウィト, リーヴ
さわ 沢 （湿原） sawa	**bataklık** バタックルック	swamp, marsh スワンプ, マーシュ

さ

日	トルコ	英
（谷川）	**dere** デレ	stream ストリーム
さわがしい 騒がしい sawagashii	**gürültülü** ギュリュルテュリュ	noisy ノイズィ
さわぎ 騒ぎ sawagi	**gürültü** ギュリュルテュ	clamor クラマ
（騒動）	**kargaşa** カルガシャ	disturbance ディスターバンス
さわぐ 騒ぐ sawagu	**gürültü yapmak, gürültü etmek** ギュリュルテュ ヤプマック, ギュリュルテュ エトメッキ	make noise メイク ノイズ
（騒動を起こす）	**kargaşa çıkarmak** カルガシャ チュカルマック	make a disturbance メイク ア ディスターバンス
さわやかな 爽やかな sawayakana	**serinletici, ferahlatıcı** セリンレティジ, フェラフラトゥジュ	refreshing リフレシング
さわる 触る sawaru	**dokunmak** ドクンマック	touch, feel タチ, フィール
さん 三 san	**üç** ユチ	three スリー
さん 酸 san	**asit** アスィット	acid アスィド
さんおいる サンオイル san-oiru	**güneş yağı** ギュネシ ヤウ	suntan oil サンタン オイル
ざんがい 残骸 zangai	**yıkıntı, enkaz** ユクントゥ, エンカース	remains, wreckage リメインズ, レキヂ
さんかく 三角 sankaku	**üçgen** ユチゲン	triangle トライアングル
さんかくする 参加する sankasuru	**katılmak** カトゥルマック	participate, join パーティスィペイト, チョイン
さんがつ 三月 sangatsu	**mart** マルト	March マーチ
さんかんする 参観する sankansuru	**görmeye gitmek** ギョルメイェ ギトメッキ	visit, inspect ヴィズィト, インスペクト
さんきゃく 三脚 sankyaku	**üçayak** ユチアヤック	tripod トライパド

さ

日	トルコ	英
<ruby>残虐<rt>ざんぎゃくな</rt></ruby>な zangyakuna	**acımasız, zalim** アジュマスス, ザーリム	atrocious, brutal アトロウシャス, ブルートル
<ruby>産業<rt>さんぎょう</rt></ruby> sangyou	**sanayi, endüstri** サナーイー, エンデュストリ	industry インダストリ
<ruby>残業<rt>ざんぎょう</rt></ruby> zangyou	**fazla mesai, fazla çalış-ma** ファズラ メサーイー, ファズラ チャルシマ	overtime work オウヴァタイム ワーク
サングラス sangurasu	**güneş gözlüğü** ギュネシ ギョズリュユ	sunglasses サングラセズ
<ruby>懺悔<rt>ざんげ</rt></ruby> (告白) zange	**itiraf** イーティラーフ	confession コンフェション
(悔い)	**tövbe** トヴベ	repentance リペンタンス
<ruby>珊瑚<rt>さんご</rt></ruby> sango	**mercan** メルジャン	coral カラル
～礁	**mercan resifi** メルジャン レスィフィ	coral reef カラル リーフ
<ruby>参考<rt>さんこう</rt></ruby> sankou	**referans** レフェランス	reference レファレンス
<ruby>残酷<rt>ざんこくな</rt></ruby>な zankokuna	**zalim** ザーリム	cruel, merciless クルエル, マースィレス
<ruby>三十<rt>さんじゅう</rt></ruby> sanjuu	**otuz** オトゥズ	thirty サーティ
<ruby>参照<rt>さんしょう</rt></ruby> sanshou	**referans** レフェランス	reference レファレンス
～する	**-e başvurmak, bakmak** エ バシヴルマック, バクマック	refer to リファー トゥ
<ruby>算数<rt>さんすう</rt></ruby> sansuu	**matematik** マテマティッキ	arithmetic アリスメティク
<ruby>産<rt>さんする</rt></ruby>する sansuru	**üretmek** ユレトメッキ	produce プロデュース
<ruby>賛成<rt>さんせい</rt></ruby> sansei	**tasdik, onay** タスディーキ, オナイ	approval アプルーヴァル
(承諾)	**kabul** カブール	consent コンセント

さ

日	トルコ	英
〜する	**onaylamak, tasdik etmek** オナイラ**マ**ック, タス**ディ**ーキ エト**メ**ッキ	approve of アプ**ルー**ヴ オヴ
さんせい 酸性 sansei	**asitlik** ア**ス**ィット**リ**ッキ	acidity ア**ス**ィディティ
〜雨	**asit yağmuru** ア**ス**ィット ヤー**ム**ル	acid rain ア**ス**ィド **レ**イン
さんそ 酸素 sanso	**oksijen** オク**ス**ィジェン	oxygen ア**ク**スィヂェン
〜マスク	**oksijen maskesi** オク**ス**ィジェン **マ**スケスィ	oxygen mask ア**ク**スィヂェン **マ**スク
さんたくろーす サンタクロース santakuroosu	**Noel baba** ノエル パパ	Santa Claus, ®Father Christmas **サ**ンタ ク**ロー**ズ, **ファー**ザ クリスマス
さんだる サンダル sandaru	**terlik** テル**リ**ッキ	sandals **サ**ンダルズ
さんだんとび 三段跳び sandantobi	**üç adım atlama** ユチ ア**ドゥ**ム アトラ**マ**	triple jump ト**リ**プル **ヂャ**ンプ
さんち 産地 sanchi	**menşe (yeri)** メン**シェ** (イェリ)	place of production プ**レ**イス オヴ プロ**ダ**クション
さんちょう 山頂 sanchou	**zirve** **ズィ**ルヴェ	summit **サ**ミト
ざんねんな 残念な zannenna	**üzücü** ユ**ズ**ュジュ	regrettable リグ**レ**タブル
さんばい 三倍 sanbai	**üç kat** ユチ **カ**ット	triple ト**リ**プル
さんばし 桟橋 sanbashi	**iskele** イス**ケ**レ	pier **ピ**ア
さんぱつ 散髪 sanpatsu	**saç kesimi** サ**チ** ケ**ス**ィミ	haircut **ヘ**アカト
さんびか 賛美歌 sanbika	**ilahi** イ**ラー**ヒ	hymn **ヒ**ム
さんふじんか 産婦人科 sanfujinka	**kadın hastalıkları ve doğum anabilim dalı** カ**ドゥ**ン ハスタ**ル**ックラ**ル ヴェ** **ド**ゥム ア**ナ**ビリム **ダ**ル	obstetrics and gynecology オブ**ステ**トリクス アンド ガイ**ニカ**ロヂ

さ

日	トルコ	英
さんぶつ **産物** sanbutsu	**ürün** ユリュン	product, produce プラダクト, プラデュース
さんぷる **サンプル** sanpuru	**örnek, numune** オルネッキ, ヌムーネ	sample サンプル
さんぶん **散文** sanbun	**nesir** ネスィル	prose プロウズ
さんぽ **散歩** sanpo	**yürüyüş** ユリュユシ	walk ウォーク
〜**する**	**yürüyüş yapmak, gez-mek** ユリュユシ ヤプマック, ゲズメッキ	take a walk テイク ア ウォーク
さんまんな **散漫な** sanmanna	**gevşek, özensiz** ゲヴシェッキ, ウゼンスィス	loose, slipshod ルース, スリプシャド
さんみ **酸味** sanmi	**ekşilik** エクシリッキ	acidity アスィディティ
さんみゃく **山脈** sanmyaku	**sıradağ, dağ silsilesi** スラダー, ダー スィルスィレスィ	mountain range マウンテン レインヂ
さんらんする **散乱する** sanransuru	**dağılmak** ダウルマック	(be) dispersed (ビ) ディスパースト
さんらんする **産卵する** sanransuru	**yumurtlamak** ユムルトラマック	lay eggs レイ エグズ
さんれつする **参列する** sanretsusuru	**katılmak** カトゥルマック	attend アテンド

さ

日	トルコ	英

し, シ

し **四** shi	**dört** ドゥルト	four **フォー**
し **市** shi	**şehir** シェヒル	city, town **ス**ィティ, **タ**ウン
し **死** shi	**ölüm** ウリュム	death **デ**ス
し **詩** shi	**şiir** シイル	poetry, poem **ポ**ウイトリ, **ポ**ウイム
じ **字** ji	**harf** ハルフ	letter, character **レ**タ, **キャ**ラクタ
じ **時** ji	**saat** サアト	time, hour **タ**イム, **ア**ウア
じ **痔** ji	**basur** バースル	hemorrhoids, piles **ヘ**モロイヅ, **パ**イルズ
しあい **試合** (チームでの) shiai	**maç** マッチ	game, match **ゲ**イム, **マ**チ
(個人の)	**müsabaka, yarışma** ミュサーバカ, ヤルシマ	match **マ**チ
しあがる **仕上がる** shiagaru	**tamamlanmak** タマムラン**マ**ック	(be) completed (ビ) コンプ**リ**ーティド
しあげる **仕上げる** shiageru	**bitirmek, tamamlamak** ビティルメッキ, タマムラ**マ**ック	finish, complete **フィ**ニシュ, コンプ**リ**ート
しあさって **しあさって** (3日後) shiasatte	**üç gün sonra** ユチ ギュン ソンラ	two days after to-morrow **トゥ**ー **デ**イズ アフタ ト**モー**ロウ
しあわせ **幸せ** shiawase	**mutluluk** ムトル**ル**ック	happiness **ハ**ピネス
～な	**mutlu** ムトル	happy, fortunate **ハ**ピ, **フォー**チュネト
しいく **飼育** shiiku	**besleme, yetiştirme** ベスレメ, イェティシティルメ	breeding ブ**リ**ーディング
じいしき **自意識** jiishiki	**özbilinç** ウズビリンチ	self-consciousness **セ**ルフ**カ**ンシャスネス

日	トルコ	英
しーずん **シーズン** shiizun	**mevsim, sezon** メヴスィム, セゾン	season **スィーズン**
しーつ **シーツ** shiitsu	**yatak çarşafı, çarşaf** ヤタック チャルシャフ, チャルシャフ	sheet, bedsheet **シート, ベ**ドシート
しーでぃー **CD** shiidii	**CD** スィーディー	compact disk **カンパクト ディ**スク
しーてぃーすきゃん **CT スキャン** shiitiisukyan	**tomografi** トモグラフィ	CT scanning **スィーティー スキャ**ニング
じーでぃーぴー **GDP** jiidiipii	**gayrisafi yurt içi hâsıla (GSYH), gayrisafi millî hâsıla (GSMH)** ガイリサーフィー ウルト イチ ハースラ, ガイリサーフィー ミッリー ハースラ	gross domestic product **グロウス ドメスティク プラ**ダクト
しーと **シート** shiito	**koltuk** コルトゥック	seat **スィート**
〜ベルト	**emniyet kemeri** エムニイェット ケメリ	seatbelt **スィート**ベルト
しーふーど **シーフード** shiifuudo	**deniz mahsulleri, deniz ürünleri** デニス マフスルレリ, デニス ユリュンレリ	seafood **スィーフード**
しいる **強いる** shiiru	**zorlamak** ゾルラマック	force, compel **フォース, コンペ**ル
しいれ **仕入れ** shiire	**stoklama** ストックラマ	stocking **スタキング**
しいん **子音** shiin	**ünsüz** ユンスュス	consonant **カンソナント**
反 母音	**ünlü** ユンリュ	vowel **ヴァウエル**
しーん **シーン** shiin	**sahne** サフネ	scene **スィーン**
じいん **寺院** jiin	**tapınak** タプナック	Buddhist temple **ブディスト テンプ**ル
じーんず **ジーンズ** jiinzu	**blucin, kot pantolon** ブルジン, コット パントロン	jeans **チーンズ**
しぇあ **シェア** shea	**paylaşım** パイラシュム	share **シェア**

し

日	トルコ	英
じえい **自衛** jiei	**savunma** サヴンマ	self-defense セルフディフェンス
しえいの **市営の** shieino	**belediye** ベレディエ	municipal ミューニスィパル
しぇーびんぐくりーむ **シェービング クリーム** sheebingukuriimu	**tıraş kremi** トゥラシ クレミ	shaving cream シェイヴィング クリーム
じぇすちゃー **ジェスチャー** jesuchaa	**jest** ジェスト	gesture ヂェスチャ
じぇっとき **ジェット機** jettoki	**jet** ジェット	jet plane ヂェト プレイン
しぇふ **シェフ** shefu	**şef, aşçı** シェフ, アシチュ	chef シェフ
しぇるたー **シェルター** sherutaa	**barınak, sığınak** バルナック, スウナック	shelter シェルタ
しえん **支援** shien	**destek** デステッキ	support サポート
しお **塩** shio	**tuz** トゥス	salt ソールト
しお **潮** shio	**gelgit** ゲルギット	tide タイド
〜風	**deniz meltemi** デニス メルテミ	sea breeze スィー ブリーズ
しおからい **塩辛い** shiokarai	**tuzlu** トゥズル	salty ソールティ
しおづけ **塩漬け** shiozuke	**salamura** サラムラ	salt pickling ソールト ピクリング
しおみず **塩水** shiomizu	**tuzlu su** トゥズル ス	saltwater ソールトウォータ
しおり **しおり** shiori	**kitap ayracı** キタップ アイラジュ	bookmark ブクマーク
しおれる **萎れる** shioreru	**solmak** ソルマック	droop, wither ドループ, ウィザ
しか **歯科** shika	**diş hekimliği** ディシ ヘキムリイ	dentistry デンティストリ

日	トルコ	英
～医	**dişçi** ディシチ	dentist デンティスト
しか 鹿 shika	**geyik** ゲイッキ	deer ディア
じが 自我 jiga	**öz, ego** ウス, エゴ	self, ego セルフ, エゴウ
しかい 視界 shikai	**görüş alanı** ギョリュシ アラヌ	sight, field of vision サイト, フィールド オヴ ヴィジョン
しがい 市外 shigai	**şehir dışı** シェヒル ドゥシュ	suburbs サバーブズ
しかいしゃ 司会者 shikaisha	**kurul başkanı** クルル バシカヌ	chairperson チェアパースン
（テレビやイベントの）	**sunucu** スヌジュ	MC エムスィー
しがいせん 紫外線 shigaisen	**ultraviyole ışınları** ウルトラヴィヨレ ウシュンラル	ultraviolet rays アルトラヴァイオレト レイズ
しかえしする 仕返しする shikaeshisuru	**öç almak** ウチ アルマック	avenge oneself アヴェンチ
しかく 四角 shikaku	**dörtgen** ドゥルトゲン	square スクウェア
しかく 資格 shikaku	**yeterlik** イェテルリッキ	qualification クワリフィケイション
じかく 自覚 jikaku	**şuur, bilinç** シュウール, ビリンチ	consciousness カンシャスネス
～する	**bilinçlenmek** ビリンチレンメッキ	(be) conscious of (ビ) カンシャス オヴ
しかけ 仕掛け shikake	**cihaz, alet** ジハズ, アーレット	device, mechanism ディヴァイス, メカニズム
しかし しかし shikashi	**ama, fakat** アマ, ファカット	but, however バト, ハウエヴァ
じかせいの 自家製の jikaseino	**ev yapımı** エヴ ヤプム	homemade ホウムメイド
しがつ 四月 shigatsu	**nisan** ニーサン	April エイプリル

し

日	トルコ	英
じかつする **自活する** jikatsusuru	**geçinmek** ゲチンメッキ	support oneself サポート
しがみつく **しがみつく** shigamitsuku	**yapışmak** ヤプシマック	cling to クリング トゥ
しかも **しかも** shikamo	**dahası, ayrıca** ダハス, アイルジャ	moreover, besides モーロウヴァ, ビサイヅ
しかる **叱る** shikaru	**azarlamak** アザルラマック	scold, reprove スコウルド, リプルーヴ
じかん **時間** jikan	**zaman** ザマーン	time, hour タイム, アウア
しがんする **志願する** （願い出る） shigansuru	**arzu etmek** アルズ エトメッキ	desire, aspire to ディザイア, アスパイア トゥ
（申し込む）	**-e başvurmak** エ バシヴルマック	apply for アプライ フォ
しき **指揮** shiki	**emir, buyruk** エミル, ブイルック	command コマンド
～者	**şef** シェフ	conductor コンダクタ
しき **式**（儀式・式典） shiki	**tören, seremoni** トゥレン, セレモニ	ceremony セレモウニ
（形式）	**şekil, biçim** シェキル, ビチム	style, form スタイル, フォーム
（数式）	**formül** フォルミュル	formula, expression フォーミュラ, イクスプレション
（方式）	**usul, metot** ウスール, メトット	method, system メソド, スィステム
じき **時期** jiki	**vakit, zaman** ヴァキット, ザマーン	time, season タイム, スィーズン
じき **磁気** jiki	**manyetizma** マニエティズマ	magnetism マグネティズム
しききん **敷金** shikikin	**depozit** デポズィット	deposit ディパズィット
しきさい **色彩** shikisai	**renk** レンキ	color, tint, ⒷColour カラ, ティント, カラ

し

日	トルコ	英
しきじょう **式場** shikijou	**tören salonu** トゥレン サロヌ	ceremonial hall セレモウニアル **ホ**ール
しきそ **色素** shikiso	**boyar madde** ボ**ヤ**ル マッデ	pigment **ピ**グメント
しきちょう **色調** shikichou	**renk tonu** レンキ ト**ヌ**	tone, hue ト**ウ**ン, **ヒ**ュー
じきひつ **直筆** (手書き) jikihitsu	**el yazısı** エル ヤ**ズ**ス	autograph **オ**ートグラフ
しきべつする **識別する** shikibetsusuru	**fark etmek, ayırmak** **ファ**ルク エト**メ**ッキ, アユル**マ**ック	discern, distinguish ディ**サ**ーン, ディ**ステ**ィングウィシュ
しきもの **敷物** shikimono	**kilim, halı** キ**リ**ム, ハ**ル**	carpet, rug **カ**ーペト, **ラ**グ
しきゅう **子宮** shikyuu	**rahim** ラ**ヒ**ム	uterus, womb **ユ**ーテラス, **ウ**ーム
じきゅう **時給** jikyuu	**saatlik ücret** サアト**リ**ッキ ユ**ジュ**レット	hourly wage **ア**ウアリ **ウェ**イヂ
しきょう **司教** shikyou	**piskopos** ピス**コ**ポス	bishop **ビ**ショプ
じきょう **自供** jikyou	**itiraf** イーティ**ラ**ーフ	confession コン**フェ**ション
じぎょう **事業** jigyou	**iş, proje** **イ**シ, プロ**ジェ**	enterprise, undertaking **エ**ンタプライズ, アンダ**テ**イキング
しきり **仕切り** shikiri	**bölme** ボル**メ**	partition パー**テ**ィション
しきん **資金** shikin	**kapital, sermaye** カピ**タ**ル, セルマー**イェ**	capital, funds **キャ**ピトル, **ファ**ンヅ
しく **敷く** shiku	**sermek** セル**メ**ッキ	lay, spread **レ**イ, ス**プ**レド
じく **軸** jiku	**eksen, şaft** エク**セ**ン, **シャ**フト	axis, shaft **ア**クスィス, **シャ**フト
じぐざぐ **ジグザグ** jiguzagu	**zikzak** ズィキ**ザ**ク	zigzag **ズィ**グザグ
しくみ **仕組み** shikumi	**mekanizma** メカ**ニ**ズマ	mechanism メカ**ニ**ズム

日	トルコ	英
時化 しけ shike	**(denizde) fırtınalı hava** (デニズデ) フルトゥナル ハワ	stormy weather ストーミ **ウェ**ザ
死刑 しけい shikei	**ölüm cezası** ウリュム ジェザース	capital punishment **キャ**ピトル パニシュメント
刺激 しげき shigeki	**uyarım** ウヤルム	stimulus, impulse ス**ティ**ミュラス, **イ**ンパルス
～する	**uyarmak** ウヤルマック	stimulate, excite ス**ティ**ミュレイト, イク**サ**イト
試験 しけん shiken	**sınav** スナヴ	examination, test イグザミ**ネ**イション, **テ**スト
資源 しげん shigen	**kaynak** カイナック	resources リー**ソ**ーセズ
事件 じけん jiken	**olay** オライ	event, incident, case イ**ヴェ**ント, **イ**ンスィデント, **ケ**イス
次元 じげん jigen	**boyut** ボ**ユ**ット	dimension ディ**メ**ンション
事故 じこ jiko	**kaza** カザー	accident **ア**クスィデント
自己 じこ jiko	**öz, ego** ウス, エゴ	self, ego **セ**ルフ, **エ**ゴウ
時効 じこう jikou	**zaman aşımı** ザマーン アシュム	prescription プリスク**リ**プション
時刻 じこく jikoku	**saat** サアト	time, hour **タ**イム, **ア**ウア
～表	**tarife, saat tarifesi** ターリフェ, サアト ターリフェスィ	timetable **タ**イムテイブル
地獄 じごく jigoku	**cehennem** ジェヘンネム	hell, inferno **ヘ**ル, イン**ファ**ーノウ
反 天国	**cennet** ジェンネット	heaven, paradise **ヘ**ヴン, **パ**ラダイス
仕事 しごと shigoto	**iş** イシ	work, business, task **ワ**ーク, **ビ**ズネス, **タ**スク
仕込む （教え込む） しこむ shikomu	**eğitmek** エイトメッキ	train, teach ト**レ**イン, **ティ**ーチ

日	トルコ	英
（仕入れておく）	**stoklamak** ストックラマック	stock, prepare スタク, プリペア
しさ 示唆 shisa	**telkin** テルキーン	suggestion サグ**チェ**スチョン
～する	**telkin etmek** テルキーン エトメッキ	suggest サグ**チェ**スト
じさ 時差 jisa	**saat farkı** サアト ファルク	difference in time ディファレンス イン **タ**イム
～ぼけ	**jet-lag** ジェットラック	jet lag **チェ**ト ラグ
しさい 司祭 shisai	**rahip** ラーヒップ	priest プリースト
しさつ 視察 shisatsu	**teftiş** テフ**ティ**シ	inspection インスペクション
～する	**teftiş etmek** テフ**ティ**シ エトメッキ	inspect, visit インスペクト, **ヴィ**ズィト
じさつする 自殺する jisatsusuru	**intihar etmek** インティ**ハ**ール エトメッキ	commit suicide コミト **ス**ーイサイド
しさん 資産 shisan	**servet, varlık** セル**ヴェ**ット, ワル**ル**ック	property, fortune プラパティ, **フォ**ーチュン
じさんする 持参する jisansuru	**yanında getirmek** ヤヌン**ダ** ゲティルメッキ	take with oneself **テ**イク ウィズ
しじ 指示 shiji	**belirti, işaret** ベリル**ティ**, イシャーレット	indication イン**ディ**ケイション
～する	**işaret etmek** イシャーレット エトメッキ	indicate イン**ディ**ケイト
しじ 支持 shiji	**destek** デス**テ**ッキ	support, backing サ**ポ**ート, **パ**キング
～する	**desteklemek** デス**テ**ッキレメッキ	support, back up サ**ポ**ート, **パ**ク アプ
じじ 時事 jiji	**güncel olaylar** ギュンジェル オライラル	current events **カ**ーレント **イ**ヴェンツ
ししざ 獅子座 shishiza	**Aslan Burcu** アスラン ブルジュ	Lion, Leo **ラ**イオン, **レ**オ

し

日	トルコ	英
ししつ **資質** shishitsu	**mizaç** ミザッチ	nature, temperament ネイチャ, テンペラメント
じじつ **事実** jijitsu	**gerçek** ゲルチェッキ	fact ファクト
ししゃ **支社** shisha	**şube** シューベ	branch ブランチ
ししゃ **死者** shisha	**ölü** ウリュ	dead person, (the) dead デド パースン, (ザ) デド
じしゃく **磁石** jishaku	**mıknatıs** ムクナトゥス	magnet マグネト
ししゃごにゅうする **四捨五入する** shishagonyuusuru	**yuvarlamak** ユワルラマック	round up ラウンド アプ
ししゅう **刺繍** shishuu	**nakış** ナクシ	embroidery インブロイダリ
しじゅう **四十** shijuu	**kırk** クルク	forty フォーティ
じしゅする **自首する** jishusuru	**polise teslim olmak** ポリセ テスリム オルマック	turn oneself in to the police ターン イントゥ ザ ポリース
ししゅつ **支出** shishutsu	**gider** ギデル	expenses, expenditure イクスペンセズ, イクスペンディチャ
じしゅてきな **自主的な** （自発的な） jishutekina	**gönüllü** ギョニュルリュ	voluntary ヴァランテリ
ししゅんき **思春期** shishunki	**buluğ** ブルー	adolescence, puberty アドレセンス, ピューバティ
ししょ **司書** shisho	**kütüphaneci** キュテュップハーネジ	librarian ライブレアリアン
じしょ **辞書** jisho	**sözlük** ソズリュック	dictionary ディクショネリ
じじょ **次女** jijo	**ikinci kız çocuğu** イキンジ クズ チョジュウ	second daughter セコンド ドータ
しじょう **市場** shijou	**pazar, piyasa** パザル, ピヤサ	market マーケト

日	トルコ	英
じじょう **事情** （状況） jijou	**durumlar, koşullar** ドゥルムラル, コシュルラル	circumstances サーカムスタンセズ
（理由・背景）	**sebep, neden** セペップ, ネデン	reasons リーズンズ
ししょく **試食** shishoku	**tatma, tadına bakma** タトマ, タドゥナ バクマ	tasting, sampling テイスティング, サンプリング
じしょくする **辞職する** jishokusuru	**istifa etmek** イスティファー エトメッキ	resign リザイン
じじょでん **自叙伝** jijoden	**otobiyografi** オトビヨグラフィ	autobiography オートバイアグラフィ
しじん **詩人** shijin	**şair** シャーイル	poet, poetess ポウイト, ポウイテス
じしん **自信** jishin	**öz güven** ウス ギュヴェン	confidence カンフィデンス
じしん **自身** jishin	**kendi** ケンディ	self, oneself セルフ, ワンセルフ
じしん **地震** jishin	**deprem, zelzele** デプレム, ゼルゼレ	earthquake アースクウェイク
じすいする **自炊する** jisuisuru	**kendine yemek pişirmek** ケンディネ イエメッキ ピシルメッキ	cook for oneself クク フォ
しすう **指数** shisuu	**endeks** エンデクス	index number インデクス ナンバ
しずかな **静かな** shizukana	**sessiz, sakin** セッスィス, サーキン	silent, still, calm サイレント, スティル, カーム
しずく **滴** shizuku	**damla** ダムラ	drop ドラプ
しずけさ **静けさ** shizukesa	**sessizlik** セッスィズリッキ	silence, stillness サイレンス, スティルネス
しすてむ **システム** shisutemu	**sistem** スィステム	system スィステム
じすべり **地滑り** jisuberi	**toprak kayması, heyelan** トプラック カイマス, ヘイェラーン	landslide ランドスライド
しずまる **静まる** shizumaru	**sakinleşmek** サーキンレシメッキ	(become) quiet, calm down (ビカム) クワイエト, カーム ダウン

し

日	トルコ	英
しずむ 沈む shizumu	**batmak** バトマック	sink, go down スィンク, ゴウ ダウン
（太陽などが）	**batmak** バトマック	set セト
しずめる 鎮める shizumeru	**yatıştırmak** ヤトゥシトゥルマック	quell クウェル
しせい 姿勢 shisei	**duruş, poz** ドゥルシ, ポズ	posture, pose パスチャ, ポウズ
じせいする 自制する jiseisuru	**kendini tutmak** ケンディニ トゥトマック	control oneself コントロウル
しせき 史跡 shiseki	**tarihî yer** ターリヒー イェル	historic site ヒストリク サイト
しせつ 施設 shisetsu	**tesis** テースィス	facility, institution ファスィリティ, インスティテューション
しせん 視線 shisen	**göz atma** ギョス アトマ	glance, gaze グランス, ゲイズ
しぜん 自然 shizen	**doğa** ドア	nature ネイチャ
～科学	**doğa bilimi** ドア ビリミ	natural science ナチュラル サイエンス
～に	**doğal olarak** ドアル オララック	naturally ナチュラリ
じぜん 慈善 jizen	**hayırseverlik** ハユルセヴェルリッキ	charity, benevolence チャリティ, ベネヴォレンス
（施し）	**sadaka** サダカ	alms アームズ
しそう 思想 shisou	**düşünce** デュシュンジェ	thought, idea ソート, アイディーア
じそく 時速 jisoku	**saatte hız** サアッテ フズ	miles per hour, speed per hour マイルズ パー アウア, スピード パー アウア
じぞくする 持続する jizokusuru	**sürdürmek** スュルデュルメッキ	continue コンティニュー

日	トルコ	英
しそん **子孫** shison	**nesil** ネスィル	descendant, posterity ディセンダント, パステリティ
した **下** shita	**alt, aşağı** アルト, アシャウ	lower part ロウア パート
（低い所）	**alttaki yer, aşağıdaki yer** アルッタキ イェル, アシャウダキ イェル	below ビロウ
反上	**üst, yukarı** ユスト, ユカル	upper part アパ パート
した **舌** shita	**dil** ディル	tongue タング
じたい **事態** jitai	**durum** ドゥルム	situation スィチュエイション
じだい **時代** jidai	**çağ** チャー	time, period, era タイム, ピアリオド, イアラ
じたいする **辞退する** jitaisuru	**reddetmek** レッデトメッキ	decline, refuse ディクライン, レフューズ
しだいに **次第に** shidaini	**gitgide, yavaş yavaş** ギットギデ, ヤヴァシ ヤヴァシ	gradually グラデュアリ
したう **慕う** shitau	**özlemek** ウズレメッキ	yearn after, long for ヤーン アフタ, ローング フォ
したがう （ついて行く） **従う** shitagau	**takip etmek** ターキップ エトメッキ	follow, accompany ファロウ, アカンパニ
（逆らわない）	**itaat etmek** イターアト エトメッキ	obey オベイ
したがき **下書き** shitagaki	**taslak** タスラック	draft ドラフト
したぎ **下着** shitagi	**iç çamaşırı** イチ チャマシュル	underwear アンダウェア
したくする **支度する** shitakusuru	**hazırlanmak** ハズルランマック	prepare for プリペア フォ
したじ **下地** （土台） shitaji	**zemin, temel, fon** ゼミン, テメル, フォン	groundwork グラウンドワーク
したしい **親しい** shitashii	**yakın, samimi** ヤクン サミーミー	close, familiar クロウス, ファミリア

し

日	トルコ	英
したたる **滴る** shitataru	**damlamak** ダムラマック	drop, drip ドラプ，ドリプ
したっぱ **下っ端** shitappa	**ast** アスト	underling アンダリング
したぬり **下塗り** shitanuri	**astar boya** アスタル ボヤ	undercoating アンダコウティング
したびらめ **舌平目** shitabirame	**dil balığı** ディル バルウ	sole ソウル
じだん **示談** jidan	**(mahkeme dışında) uz-laşma** (マフケメ ドゥシュンダ) ウズラシマ	private settlement プライヴェト セトルメント
しち **七** shichi	**yedi** イェディ	seven セヴン
じち **自治** jichi	**özerklik, otonomi** ウゼルクリッキ，オトノミ	autonomy オータノミ
しちがつ **七月** shichigatsu	**temmuz** テンムス	July ヂュライ
しちじゅう **七十** shichijuu	**yetmiş** イェトミシ	seventy セヴンティ
しちめんちょう **七面鳥** shichimenchou	**hindi** ヒンディ	turkey ターキ
しちや **質屋** shichiya	**rehinci** レヒンジ	pawnshop ポーンシャプ
しちゃくする **試着する** shichakusuru	**elbiseyi denemek** エルビセイ デネメッキ	try on トライ オン
しちゅー **シチュー** shichuu	**güveç** ギュヴェッチ	stew ステュー
しちょう **市長** shichou	**belediye başkanı** ベレディイェ バシカヌ	mayor メイア
しちょうしゃ **視聴者** shichousha	**seyirci** セイルジ	TV audience ティーヴィー オーディエンス
しつ **質** shitsu	**kalite, nitelik** カリテ，ニテリッキ	quality クワリティ
しつう **歯痛** shitsuu	**diş ağrısı** ディシ アールス	toothache トゥーセイク

日	トルコ	英
じっか **実家** jikka	**aile evi** アイレ エヴィ	parents' home **ペ**アレンツ **ホ**ウム
しっかくする **失格する** shikkakusuru	**diskalifiye olmak** ディスカリフィ**エ** オル**マ**ック	(be) disqualified (ビ) ディスク**ワ**リファイド
しっかりする **しっかりする** （頑丈になる） shikkarisuru	**güçlenmek** ギュチレン**メ**ッキ	(become) strong (ビカム) スト**ロ**ーング
（元気が出る）	**cesaretlenmek** ジェサーレットレン**メ**ッキ	take courage **テ**イク **カ**ーリヂ
しつぎおうとう **質疑応答** shitsugioutou	**soru ve cevap** ソル **ヴェ** ジェ**ヴァ**ップ	questions and an-swers ク**ウェ**スチョンズ アンド **ア**ンサズ
しつぎょう **失業** shitsugyou	**işsizlik** イシスィズ**リ**ッキ	unemployment アニンプ**ロ**イメント
～者	**işsiz** イシ**ス**ィス	unemployed アニンプ**ロ**イド
～する	**işini kaybetmek** イシ**ニ** カイベトメッキ	lose one's job **ル**ーズ **チャ**ブ
じつぎょうか **実業家** jitsugyouka	**iş adamı, iş kadını** **イ**シ アダ**ム**, **イ**シ カドゥ**ヌ**	business person **ビ**ズネス **パ**ースン
じっきょうちゅうけい **実況中継** jikkyouchuukei	**canlı yayın, naklen yayın** ジャン**ル** ヤ**ユ**ン, **ナ**クレン ヤ**ユ**ン	live broadcast **ラ**イヴ ブ**ロ**ードキャスト
しっけ **湿気** shikke	**nem** ネム	moisture **モ**イスチャ
しつけ **躾** shitsuke	**disiplin, terbiye** ディスィプ**リ**ン, テル**ビ**イェ	training, discipline ト**レ**イニング, **ディ**スィプリン
じっけん **実験** jikken	**deney** デ**ネ**イ	experiment イクス**ペ**リメント
じつげんする **実現する** jitsugensuru	**gerçekleşmek** ゲルチェックレシ**メ**ッキ	realize, come true **リ**ーアライズ, **カ**ム ト**ル**ー
しつこい **しつこい** shitsukoi	**inatçı, ısrarlı** イナッ**チ**ュ, ウスラル**ル**	obstinate, per-sistent **ア**ブスティネット, パ**ス**ィステント
しっこう **失効** shikkou	**sona erme, süre sonu** ソ**ナ** エル**メ**, スュレ ソ**ヌ**	lapse, expiry **ラ**プス, イクス**パ**イアリ

し

日	トルコ	英
じっこうする **実行する** jikkousuru	**uygulamak** ウイグラマック	carry out, practice **キャ**リ **ア**ウト, プラク**ティ**ス
じつざい **実在** jitsuzai	**mahiyet** マーヒ**イェ**ット	actual existence **ア**クチュアル イグ**ズィ**ステンス
じっさいに **実際に** jissaini	**gerçekte, aslında** ゲルチェッキ**テ**, アスルン**ダ**	actually, really **ア**クチュアリ, **リ**ーアリ
じっしする **実施する** jisshisuru	**yürütmek** ユリュト**メ**ッキ	enforce イン**フォ**ース
じっしつ **実質** jisshitsu	**esas** エ**サ**ース	substance **サ**ブスタンス
じっしゅう **実習** jisshuu	**staj** ス**タ**ージ	practice, training プ**ラ**クティス, ト**レ**イニング
〜生	**stajyer** スタジ**イェ**ル	trainee トレイ**ニ**ー
じつじょう **実情** jitsujou	**genel durum, gidişat** ゲ**ネ**ル ド**ゥ**ルム, ギディ**シャ**ート	actual circum-stance, state of affairs **ア**クチュアル **サ**ーカムスタンス, ス**テ**イト オヴ ア**フェ**アズ
しっしん **湿疹** shisshin	**egzama** エグ**ザ**マ	eczema エク**セ**マ
しっしんする **失神する** shisshinsuru	**bayılmak** バユル**マ**ック	faint, swoon **フェ**イント, ス**ウー**ン
しっそうする **失踪する** shissousuru	**kaybolmak** カイボル**マ**ック	disappear ディサ**ピ**ア
しっそな **質素な** shissona	**sade** **サ**ーデ	plain, simple プ**レ**イン, ス**イ**ンプル
じったい **実態** jittai	**gerçek durum, gerçekler** ゲル**チェ**ッキ ド**ゥ**ルム, ゲル**チェ**ッキレル	actual condition, (the) realities **ア**クチュアル コン**ディ**ション, (ザ) リ**ア**リティーズ
しっと **嫉妬** shitto	**kıskançlık** クスカンチ**ル**ック	jealousy **チェ**ラスィ
〜する	**kıskanmak** クスカン**マ**ック	(be) jealous of, envy (ビ) **チェ**ラス オヴ, **エ**ンヴィ

日	トルコ	英
しつど **湿度** shitsudo	**nem oranı** ネム オラヌ	humidity ヒューミディティ
しつないで **室内で** shitsunaide	**içeride** イチェリデ	indoors インドーズ
しっぱい **失敗** shippai	**hata** ハター	failure フェイリュア
～する	**hata yapmak** ハター ヤプマック	fail in フェイル イン
しっぷ **湿布** shippu	**kompres** コンプレス	compress カンプレス
じつぶつ **実物** jitsubutsu	**asıl şey, gerçek şey** アスル シェイ, ゲルチェッキ シェイ	real thing リーアル スィング
しっぽ **尻尾** shippo	**kuyruk** クイルック	tail テイル
しつぼうする **失望する** shitsubousuru	**hayal kırıklığına uğra-mak** ハヤル クルックルウナ ウーラマック	(be) disappointed (ビ) ディサポインティド
じつむ **実務** jitsumu	**pratik iş** プラティッキ イシ	practical business プラクティカル ビズネス
しつもん **質問** shitsumon	**soru** ソル	question クウェスチョン
～する	**soru sormak** ソル ソルマック	ask a question アースク ア クウェスチョン
じつりょく **実力** jitsuryoku	**kabiliyet, yetenek** カービリイェット, イェテネッキ	ability アビリティ
じつれい **実例** jitsurei	**örnek** ウルネッキ	example イグザンプル
しつれいな **失礼な** shitsureina	**terbiyesiz, kaba** テルビエスィス, カバ	rude, impolite ルード, インポライト
しつれんする **失恋する** shitsurensuru	**aşkta hayal kırklığına uğramak** アシクタ ハヤル クルックルウナ ウーラマック	(be) disappointed in love (ビ) ディサポインティド イン ラヴ
じつわ **実話** jitsuwa	**gerçek hikâye** ゲルチェッキ ヒキャーイェ	true story トルー ストーリ
してい **指定** shitei	**tayin** ターイン	designation デズィグネイション

し

日	トルコ	英
～する	**tayin etmek, atamak** ターイン エトメッキ, アタマック	appoint, designate ア**ポ**イント, **デ**ズィグネイト
してきする 指摘する shitekisuru	**işaret etmek** イシャーレット エトメッキ	point out, indicate **ポ**イント **ア**ウト, **イ**ンディ ケイト
してきな 私的な shitekina	**özel, kişisel** ウゼル, キシセル	private, personal プ**ラ**イヴェト, **パ**ーソナル
してつ 私鉄 shitetsu	**özel demir yolu** ウゼル デミル ヨル	private railroad プ**ラ**イヴェト **レ**イルロウド
反 国鉄	**devlet demir yolu** デヴェレット デミル ヨル	national railroad, Ⓑnational railway **ナ**ショナル **レ**イルロード, **ナ**ショナル **レ**イルウェイ
してん 支店 shiten	**şube** シューベ	branch ブ**ラ**ンチ
じてん 辞典 jiten	**sözlük** ソズリュック	dictionary **ディ**クショナリ
じてんしゃ 自転車 jitensha	**bisiklet** ビスィクレット	bicycle **バ**イスィクル
じどう 児童 jidou	**çocuk** チョジュック	child **チャ**イルド
じどうし 自動詞 jidoushi	**geçişsiz fiil, geçişsiz ey- lem** ゲチシスィス フィイル, ゲチシスィス エイ レム	intransitive verb イントラ ン スィ ティ ヴ **ヴァ**ープ
反 他動詞	**geçişli fiil, geçişli eylem** ゲチシリ フィイル, ゲチシリ エイレム	transitive verb トランスィティヴ **ヴァ**ープ
じどうしゃ 自動車 jidousha	**araba, otomobil** アラバ, オトモビル	car, automobile **カ**ー, オートモ**ビ**ール
～事故	**araba kazası** アラバ カザース	car accident **カ**ー **ア**クスィデント
じどうてきに 自動的に jidoutekini	**otomatik olarak** オトマ**ティ**ッキ オラ**ラ**ック	automatically オート**マ**ティカリ
じどうどあ 自動ドア jidoudoa	**otomatik kapı** オトマ**ティ**ッキ カプ	automatic door オート**マ**ティク **ド**ー
じどうはんばいき 自動販売機 jidouhanbaiki	**otomat** オト**マ**ット	vending machine **ヴェ**ンディング マ**シ**ーン

日	トルコ	英
しなぎれ **品切れ** shinagire	**stokta yok, tükendi** ストックタ ヨック, テュケンディ	sold out ソウルド アウト
しなびる **しなびる** shinabiru	**solmak** ソルマック	wither ウィザ
しなもの **品物** shinamono	**ürün** ユリュン	article, goods アーティクル, グヅ
しなやかな **しなやかな** shinayakana	**esnek, bükülgen** エスネッキ, ブキュルゲン	flexible フレクスィブル
しなりお **シナリオ** shinario	**senario** セナリオ	scenario, script スィネアリオウ, スクリプト
じなん **次男** jinan	**ikinci oğul** イキンジ オウル	second son セカンド サン
じにんする **辞任する** jininsuru	**istifa etmek** イスティファー エトメッキ	resign リザイン
しぬ **死ぬ** shinu	**ölmek** ウルメッキ	die ダイ
じぬし **地主** jinushi	**arazi sahibi, toprak sahi-bi** アラーズィ サーヒビ, トプラック サーヒビ	landowner ランドオウナ
しのぐ　（勝る） shinogu	**aşmak** アシマック	exceed, surpass イクスィード, サーパス
（乗り切る）	**atlatmak** アトラトマック	tide over タイド オウヴァ
（耐える）	**dayanmak** ダヤンマック	endure, bear インデュア, ベア
しはい **支配** shihai	**hâkimiyet** ハーキミイェット	management, con-trol マニヂメント, コントロウル
～する	**-e hükmetmek** エ ヒュクメットメッキ	manage, control マニヂ, コントロウル
～人	**yönetici, müdür** ヨネティジ, ミュデュル	manager マニヂャ
しばい **芝居** shibai	**piyes, oyun** ピエス, オユン	play, drama プレイ, ドラーマ
じはく **自白** jihaku	**itiraf** イーティラーフ	self confession セルフ コンフェシェン

し

日	トルコ	英
じばさんぎょう **地場産業** jibasangyou	**yerel sanayi** イェレル サナーイー	local industry ローカル インダストリ
しばしば **しばしば** shibashiba	**sık sık** スク スク	often オーフン
じはつてきな **自発的な** jihatsutekina	**spontane, kendiliğinden** スポンタネ, ケンディリインデン	spontaneous, voluntary スパンテイニアス, **ヴァ**ランテリ
しはつでんしゃ **始発電車** shihatsudensha	**ilk tren** イルキ ティレン	first train ファースト トレイン
しばふ **芝生** shibafu	**çim, çimen** チム, チメン	lawn ローン
しはらい **支払い** shiharai	**ödeme** ウデメ	payment ペイメント
しはらう **支払う** shiharau	**ödemek** ウデメッキ	pay ペイ
しばらく 　（ある程度長く） shibaraku	**çoktandır, epeydir, uzun zamandır** チョックタンドゥル, エペイディル, ウズン ザマーンドゥル	for a long time フォ ア ローング タイム
（長くない）	**bir süredir** ビ(ル) スュレディル	for a while フォ ア (ホ)ワイル
しばる **縛る** shibaru	**bağlamak** バーラマック	bind バインド
じばん **地盤**　（地面） jiban	**zemin, toprak** ゼミン, トプラック	ground グラウンド
（土台・基礎）	**temel** テメル	foundation, base ファウンデイション, ベイス
じびいんこうか **耳鼻咽喉科** jibiinkouka	**kulak burun boğaz ana bilim dalı** クラック ブルン ボアズ アナ ビリム ダル	otorhinolaryngology オウトウライノウラリンガロヂ
しひょう **指標** shihyou	**endeks** エンデクス	index インデクス
じひょう **辞表** jihyou	**istifa mektubu** イスティファー メクトゥブ	resignation レズィグネイション
じびょう **持病** jibyou	**kronik hastalık** クロニッキ ハスタルック	chronic disease クラニク ディズィーズ

日	トルコ	英
しびれる **痺れる** shibireru	**uyuşmak** ウユシマック	(become) numb (ビカム) **ナ**ム
しぶい **渋い** (好みが) shibui	**sade, gösterişsiz** サーデ, ギョステリシス**ィ**ス	tasteful, sober **テ**イストフル, **ソ**ウバ
(味が)	**ekşi** エク**シ**	astringent, bitter アスト**リ**ンジェント, **ビ**タ
しぶき **しぶき** shibuki	**serpinti** セルピン**ティ**	spray, splash スプ**レ**イ, スプ**ラ**シュ
しぶしぶ **しぶしぶ** shibushibu	**istemeyerek, istemeden** イス**テ**メイエレッキ, イス**テ**メデン	reluctantly リラク**タ**ントリ
しぶとい **しぶとい** shibutoi	**yapışkan, sebatkâr** ヤプシュ**カ**ン, セバット**キャ**ル	tenacious, obsti- nate ティ**ネ**イシャス, **ア**ブスティ ネト
しぶる **渋る** shiburu	**mırın kırın etmek** ム**ル**ン ク**ル**ン エト**メ**ッキ	hesitate, show re- luctance **ヘ**ズィテイト, **ショ**ウ リ**ラ** クタンス
じぶん **自分** jibun	**kendi** ケン**ディ**	self **セ**ルフ
しへい **紙幣** shihei	**kâğıt para** キャウト パ**ラ**	bill, note **ビ**ル, **ノ**ウト
しほう **四方** shihou	**her yön** ヘル ヨン	every direction **エ**ヴリ ディ**レ**クション
しぼう **脂肪** shibou	**yağ** ヤー	fat, grease **ファ**ト, グ**リ**ース
じほう **時報** jihou	**saat sinyali** サ**ア**ト スィ**ニ**ヤリ	time signal **タ**イム ス**ィ**グナル
しほうけん **司法権** shihouken	**yargı yetkisi** ヤル**グ** イェトキ**ス**ィ	jurisdiction デュアリス**ディ**クション
しぼうする **志望する** shibousuru	**arzu etmek** アル**ズ** エト**メ**ッキ	wish, desire **ウ**ィシュ, ディ**ザ**イア
しぼむ **しぼむ** shibomu	**solmak** ソル**マ**ック	wither, fade **ウ**ィザ, **フェ**イド
しぼる **搾る** shiboru	**sıkmak** スク**マ**ック	press, wring, squeeze プ**レ**ス, **リ**ング, スク**ウィ**ー ズ

し

日	トルコ	英
しほん **資本** shihon	**sermaye** セルマーイェ	capital キャピトル
～家	**kapitalist** カピタリスト	capitalist キャピタリスト
～金	**sermaye** セルマーイェ	capital キャピトル
～主義	**kapitalizm** カピタリズム	capitalism キャピタリズム
しま **縞** shima	**şerit** シェリット	stripes ストライプス
しま **島** shima	**ada** アダ	island アイランド
しまい **姉妹** shimai	**kız kardeşler** クス カルデシレル	sisters スィスタズ
しまう **しまう** shimau	**(yerine) koymak** (イェリネ) コイマック	put away プト アウェイ
じまく **字幕** jimaku	**alt yazı** アルト ヤズ	subtitles サブタイトルズ
しまつ **始末** (結果) shimatsu	**sonuç** ソヌッチ	result リザルト
(処分)	**atma, elden çıkarma** アトマ, エルデン チュカルマ	disposal ディスポウザル
しまる **閉まる** shimaru	**kapanmak** カパンマック	shut, (be) closed シャト, (ビ) クロウズド
じまん **自慢** jiman	**övünç** ウヴュンチ	boast, vanity ボウスト, ヴァニティ
～する	**övünmek, gururlanmak** ウヴュンメッキ, グルルランマック	boast of, (be) proud of ボウスト オヴ, (ビ) プラウド オヴ
じみな **地味な** jimina	**sade** サーデ	plain, quiet プレイン, クワイアト
しみゅれーしょん **シミュレーション** shimyureeshon	**benzetim, simülasyon** ベンゼティム, スィミュラスィオン	simulation スィミュレイション
しみる **染みる** shimiru	**sızmak** スズマック	penetrate, soak ペネトレイト, ソウク

し

日	トルコ	英
しみん **市民** shimin	**vatandaş** ヴァタンダシ	citizen スィティズン
じむ **事務** jimu	**iş** イシ	business, affairs ビズネス, アフェアズ
～員	**ofis çalışanı** オフィス チャルシャヌ	clerk, office work-er クラーク, オーフィス ワーカ
しめい **氏名** shimei	**ad, isim** アット, イスィム	name ネイム
しめい **使命** shimei	**misyon, vazife** ミスィオン, ヴァズィーフェ	mission ミション
しめいする **指名する** shimeisuru	**atamak** アタマック	name, nominate ネイム, ナミネイト
しめきり **締め切り** shimekiri	**son teslim tarihi, son başvuru tarihi** ソン テスリム ターリヒ, ソン バシヴル ターリヒ	deadline デドライン
しめきる **締め切る** shimekiru	**kapatmak** カパトマック	close クロウズ
じめじめした **じめじめした** （湿った） jimejimeshita	**nemli** ネムリ	damp, moist ダンプ, モイスト
しめす **示す** shimesu	**göstermek** ギョステルメッキ	show, indicate ショウ, インディケイト
しめだす **締め出す** shimedasu	**dışarıda bırakmak** ドゥシャルダ ブラクマック	shut out シャト アウト
しめる **絞める** shimeru	**sıkmak** スクマック	tighten タイトン
（絞め殺す）	**boğmak** ボーマック	strangle ストラングル
しめる **湿る** shimeru	**nemlenmek, ıslanmak** ネムレンメッキ, ウスランマック	dampen ダンプン
しめる **占める** shimeru	**işgal etmek** イシガール エトメッキ	occupy アキュパイ
しめる **閉める** shimeru	**kapatmak** カパトマック	shut, close シャト, クロウズ

し

日	トルコ	英
じめん **地面** jimen	**yer, zemin** イェル, ゼミン	earth, ground **アー**ス, グ**ラ**ウンド
しも **霜** shimo	**don, kırağı** ドン, ク**ラ**ウ	frost フ**ロー**スト
じもとの **地元の** jimotono	**yerli** イェル**リ**	local **ロ**ウカル
しもん **指紋** shimon	**parmak izi** パル**マッ**ク イ**ズ**ィ	fingerprint **フ**ィンガプリント
しや **視野** shiya	**görüş alanı** ギョ**リュ**シ ア**ラ**ヌ	field of vision **フィー**ルド オヴ **ヴィ**ジョン
じゃーじー **ジャージー** jaajii	**eşofman** エショフ**マ**ン	tracksuit ト**ラ**クスート
じゃーなりすと **ジャーナリスト** jaanarisuto	**gazeteci** ガ**ゼ**テジ	journalist **ヂャー**ナリスト
じゃーなりずむ **ジャーナリズム** jaanarizumu	**gazetecilik** ガ**ゼ**テジリッキ	journalism **ヂャー**ナリズム
しゃーぷぺんしる **シャープペンシル** shaapupenshiru	**uçlu kalem** ウチ**ル** カ**レ**ム	mechanical pencil メ**キャ**ニカル **ペ**ンスル
しゃーべっと **シャーベット** shaabetto	**şerbet** シェル**ベ**ット	sherbet **シャー**ベト
しゃいん **社員** shain	**işçi, eleman, personel** イ**シ**チ, エレ**マ**ン, ペル**ソ**ネル	employee, staff インプ**ロ**イイー, ス**タ**フ
しゃかい **社会** shakai	**toplum** ト**プ**ルム	society ソ**サ**イエティ
～学	**sosyoloji** ソス**ィオ**ロジ	sociology ソウスィ**ア**ロヂ
～主義	**sosyalizm** ソス**ャ**リズム	socialism **ソ**ウシャリズム
じゃがいも **じゃが芋** jagaimo	**patates** パ**タ**テス	potato ポ**テ**イトウ
しゃがむ **しゃがむ** shagamu	**çömelmek** チョメル**メ**ッキ	squat down ス**クワ**ト **ダ**ウン
しやくしょ **市役所** shiyakusho	**belediye başkanlığı** ベレ**ディ**エ バシカン**ル**ウ	city hall ス**ィ**ティ **ホー**ル
じゃぐち **蛇口** jaguchi	**musluk** ムス**ルッ**ク	faucet, ⑧tap **フォー**セト, **タ**プ

日	トルコ	英
じゃくてん **弱点** jakuten	**zayıf nokta** ザユフ ノクタ	weak point **ウィーク** ポイント
しゃくど **尺度** shakudo	**ölçek, ölçü** ウルチェッキ, ウルチュ	measure, scale メジャ, スケイル
しゃくほうする **釈放する** shakuhousuru	**serbest bırakmak** セルベスト ブラクマック	set free セト フリー
しゃくめいする **釈明する** （弁明する） shakumeisuru	**savunmak** サヴンマック	explain イクスプレイン
（疑いをはらす）	**aklamak** アクラマック	vindicate **ヴィ**ンディケイト
しゃくや **借家** shakuya	**kiralık ev** キラールック エヴ	rented house レンティド ハウス
しゃげき **射撃** shageki	**atış, atıcılık** アトゥシ, アトゥジュルック	shooting, firing **シュー**ティング, **ファ**イアリング
じゃけっと **ジャケット** jaketto	**ceket** ジェケット	jacket **チャ**ケト
しゃこ **車庫** shako	**garaj** ガラージ	garage ガラージ
しゃこうかい **社交界** shakoukai	**sosyete** ソスィエテ	high society ハイ ソサイエティ
しゃこうだんす **社交ダンス** shakoudansu	**sosyal dans** ソスヤル ダンス	social dance **ソ**ウシャル ダンス
しゃざい **謝罪** shazai	**özür** ウズュル	apology アパロヂ
～する	**özür dilemek** ウズュル ディレメッキ	apologize アパロヂャイズ
しゃじつしゅぎ **写実主義** shajitsushugi	**gerçekçilik** ゲルチェッキチリッキ	realism **リー**アリズム
しゃしょう **車掌** shashou	**kondüktör** コンデュクトル	conductor コン**ダ**クタ
しゃしん **写真** shashin	**fotoğraf** フォトーラフ	photograph **フォ**ウトグラフ
～家	**fotoğrafçı** フォトーラフチュ	photographer フォ**タ**グラファ

日	トルコ	英
じゃず **ジャズ** jazu	**caz** ジャズ	jazz チャズ
しゃせい **写生** shasei	**eskiz, taslak** エスキス, タスラック	sketch スケチ
しゃせつ **社説** shasetsu	**başyazı, başmakale** バシヤズ, バシマカーレ	editorial エディトーリアル
しゃせん **車線** shasen	**şerit** シェリット	lane レイン
しゃだんする **遮断する** shadansuru	**bloke etmek** ブロケ エトメッキ	block, intercept ブラク, インタセプト
しゃちょう **社長** shachou	**başkan** バシカン	president プレズィデント
しゃつ **シャツ** （下着の） shatsu	**atlet** アトレット	undershirt, Ⓑvest アンダシャート, **ヴェ**スト
（洋服の）	**gömlek** ギョムレッキ	(dress) shirt (ドレス) **シャ**ート
しゃっかん **借款** shakkan	**kredi, borç** クレディ, ボルチ	loan ロウン
じゃっき **ジャッキ** jakki	**kriko** クリコ	jack チャク
しゃっきん **借金** shakkin	**borç** ボルチ	debt, loan デト, ロウン
しゃっくり **しゃっくり** shakkuri	**hıçkırık** フチクルック	hiccup ヒカプ
しゃったー **シャッター** （カメラの） shattaa	**deklanşör** デクランショル	shutter シャタ
（玄関や窓の）	**kepenk, panjur** ケペンキ, パンジュル	shutter シャタ
しゃどう **車道** shadou	**taşıt yolu** タシュット ヨル	roadway ロウドウェイ
しゃぶる **しゃぶる** shaburu	**emmek** エンメッキ	suck, suckle サク, サクル
しゃべる **シャベル** shaberu	**kürek** キュレッキ	shovel シャヴル

し

日	トルコ	英
しゃほん **写本** shahon	**el yazması** エル ヤズマス	manuscript マニュスクリプト
じゃま **邪魔** jama	**engel** エンゲル	hindrance, obsta-cle ヒンドランス, アブスタクル
～する	**engellemek** エンゲルレメッキ	disturb, hinder ディスターブ, ハインダ
～な	**engelleyici** エンゲルレイジ	obstructive オブストラクティヴ
じゃむ **ジャム** jamu	**reçel** レチェル	jam チャム
しゃめん **斜面** shamen	**eğim, yokuş** エイム, ヨクシ	slope スロウプ
しゃもじ **杓文字** shamoji	**pirinç kepçesi** ピリンチ ケプチェスィ	rice paddle ライス パドル
じゃり **砂利** jari	**çakıl** チャクル	gravel グラヴェル
しゃりょう **車両** sharyou	**taşıt araçları** タシュット アラチラル	vehicles, cars ヴィーイクルズ, カーズ
しゃりん **車輪** sharin	**tekerlek** テケルレッキ	wheel (ホ)ウィール
しゃれ **しゃれ** share	**şaka** シャカ	joke, witticism ヂョウク, ウィティスィズム
しゃれた **しゃれた** (おしゃれな) shareta	**şık, zarif** シュック, ザリフ	chic, elegant シーク, エリガント
(気の利いた)	**esprili, nükteli** エスピリリ, ニュクテリ	witty, smart ウィティ, スマート
しゃわー **シャワー** shawaa	**duş** ドゥシ	shower シャウア
じゃんぱー **ジャンパー** janpaa	**mont, rüzgârlık** モント, リュズギャルルック	windbreaker ウィンドブレイカ
しゃんぱん **シャンパン** shanpan	**şampanya** シャンパンヤ	champagne シャンペイン
しゃんぷー **シャンプー** shanpuu	**şampuan** シャンプアン	shampoo シャンプー

日	トルコ	英
じゃんる **ジャンル** janru	**tür** テュル	genre ジャーンル
しゅう **州** shuu	**eyalet** エヤーレット	state, province ステイト, プラヴィンス
しゅう **週** shuu	**hafta** ハフ**タ**	week **ウィー**ク
じゅう **十** juu	**on** オン	ten **テ**ン
じゅう **銃** juu	**tabanca** タバンジャ	gun **ガ**ン
じゆう **自由** jiyuu	**özgürlük, hürriyet** ウズギュル**リュック**, ヒュッリ**イェット**	freedom, liberty フリーダム, **リ**バティ
しゅうい **周囲**（円周・外周） shuui	**çevre** チェヴ**レ**	circumference サーカムフェレンス
（環境・状況）	**çevre, ortam** チェヴ**レ**, オル**タ**ム	surroundings サラウンディングズ
じゅうい **獣医** juui	**veteriner** ヴェテリ**ネ**ル	veterinarian ヴェテリ**ネ**アリアン
じゅういち **十一** juuichi	**on bir** オン ビル	eleven イ**レ**ヴン
じゅういちがつ **十一月** juuichigatsu	**kasım** カ**ス**ム	November ノ**ヴェ**ンバ
しゅうえき **収益** shuueki	**kâr, kazanç** **キャ**ール, カ**ザ**ンチ	profits, gains プラフィツ, **ゲ**インズ
じゅうおく **十億** juuoku	**milyar** ミリ**ヤ**ル	billion **ビ**リョン
しゅうかい **集会** shuukai	**toplantı** トプラン**トゥ**	meeting, gathering ミーティング, **ギャ**ザリング
しゅうかく **収穫** shuukaku	**hasat** ハ**サ**ット	crop, harvest ク**ラ**プ, **ハ**ーヴェスト
〜する	**hasat etmek** ハ**サ**ット エト**メ**ッキ	harvest, reap **ハ**ーヴェスト, **リ**ープ
しゅうがくりょこう **修学旅行** shuugakuryokou	**okul gezisi** オ**ク**ル ゲズィ**スィ**	school trip ス**クー**ル **ト**リプ

日	トルコ	英
じゆうがた **自由形** jiyuugata	**serbest stil** セルベスト スティル	freestyle swim-ming フリースタイル スウィミング
じゅうがつ **十月** juugatsu	**ekim** エキム	October アクトウバ
しゅうかん **習慣** shuukan	**alışkanlık** アルシカンルック	habit, custom ハビト, カスタム
しゅうかんし **週刊誌** shuukanshi	**haftalık dergi** ハフタルック デルギ	weekly ウィークリ
しゅうき **周期** shuuki	**periyodik, devir** ペリヨディッキ, デヴィル	cycle, period サイクル, ピアリオド
しゅうきゅう **週休** shuukyuu	**haftalık tatil** ハフタルック ターティル	weekly holiday ウィークリ ハリデイ
しゅうきゅう **週給** shuukyuu	**haftalık ödeme** ハフタルック ウデメ	weekly pay ウィークリ ペイ
じゅうきゅう **十九** juukyuu	**on dokuz** オン ドクス	nineteen ナインティーン
じゅうきょ **住居** juukyo	**konut, mesken** コヌット, メスケン	dwelling ドウェリング
しゅうきょう **宗教** shuukyou	**din** ディン	religion リリヂョン
じゅうぎょういん **従業員** juugyouin	**işçi, eleman** イシチ, エレマン	employee, worker インプロイイー, ワーカ
じゅうきんぞく **重金属** juukinzoku	**ağır metal** アウル メタル	heavy metal ヘヴィ メトル
しゅーくりーむ **シュークリーム** shuukuriimu	**profiterol** プロフィテロル	cream puff クリーム パフ
しゅうけいする **集計する** shuukeisuru	**toplamak** トプラマック	total トウトル
しゅうげき **襲撃** shuugeki	**saldırı** サルドゥル	attack, assault アタク, アソールト
じゅうご **十五** juugo	**on beş** オン ベシ	fifteen フィフティーン
じゅうこうぎょう **重工業** juukougyou	**ağır sanayi** アウル サナーイー	heavy industries ヘヴィ インダストリズ

し

日	トルコ	英
じゅーさー ジューサー juusaa	**meyve sıkacağı** メイヴェ スカジャウ	juicer チューサ
しゅうさい 秀才 shuusai	**dâhi** ダーヒー	brilliant scholar ブリリャント スカラ
しゆうざいさん 私有財産 shiyuuzaisan	**özel mülkiyet, özel mülk** ウゼル ミュルキイェット, ウゼル ミュルク	private property プライヴェト プラパティ
じゅうさつする 銃殺する juusatsusuru	**silahla öldürmek** スィラフラ ウルデュルメッキ	shoot dead, gun down シュート デド, ガン ダウン
じゅうさん 十三 juusan	**on üç** オニュチ	thirteen サーティーン
しゅうし 修士 shuushi	**yüksek lisans** ユクセッキ リサンス	master マスタ
～課程	**yüksek lisans eğitimi** ユクセッキ リサンス エイティミ	master's course マスタズ コース
～号	**yüksek lisans diploması** ユクセッキ リサンス ディプロマス	master's degree マスタズ ディグリー
じゅうし 十四 juushi	**on dört** オン ドゥルト	fourteen フォーティーン
じゅうじ 十字 juuji	**haç** ハチ	cross クロース
じゅうじか 十字架 juujika	**haç** ハチ	cross クロース
しゅうじがく 修辞学 shuujigaku	**retorik** レトリッキ	rhetoric レトリク
じゅうしする 重視する juushisuru	**-e önem vermek** エ ウネム ヴェルメッキ	attach importance to アタチ インポータンス トゥ
じゅうしち 十七 juushichi	**on yedi** オン イェディ	seventeen セヴンティーン
しゅうしゅう 収集 shuushuu	**koleksyon** コレクスィオン	collection コレクション
～する	**toplamak** トプラマック	collect コレクト
しゅうしゅく 収縮 shuushuku	**kasılma** カスルマ	contraction コントラクション

日	トルコ	英
じゅうじゅんな **従順な** juujunna	**itaatkâr, itaatli** イタートキャル, イタートリ	obedient オビーディエント
じゅうしょ **住所** juusho	**adres** アドレス	address アドレス
じゅうしょう **重傷** juushou	**ağır yara** アウル ヤラ	serious wound スィアリアス ウーンド
しゅうしょくする **就職する** shuushokusuru	**iş bulmak** イシ ブルマック	find employment ファインド インプロイメント
じゅうじろ **十字路** juujiro	**kavşak** カヴシャック	crossroads クロースロウヅ
じゅうしん **重心** juushin	**ağırlık merkezi** アウルルック メルケズィ	center of gravity センタ オヴ グラヴィティ
しゅうしんけい **終身刑** shuushinkei	**ömür boyu hapis, müeb- bet hapis** オミュル ボユ ハピス, ミュエッベット ハ ピス	life imprisonment ライフ インプリズンメント
じゅーす **ジュース** juusu	**meyve suyu** メイヴェ スユ	juice チュース
しゅうせい **習性** shuusei	**huy** フイ	habit ハビト
しゅうせいする **修正する** shuuseisuru	**düzeltmek** デュゼルトメッキ	amend, revise アメンド, リヴァイズ
じゅうせき **自由席** jiyuuseki	**rezervasyonsuz koltuk** レゼルヴァスィヨンスス コルトゥック	nonreserved seat ナンリザーヴド スィート
しゅうせん **終戦** shuusen	**savaşın sonu** サヴァシュン ソヌ	end of war エンド オヴ ウォー
しゅうぜんする **修繕する** shuuzensuru	**tamir etmek** ターミル エトメッキ	repair, mend リペア, メンド
じゅうたい **渋滞** juutai	**trafik sıkışıklığı** トラフィッキ スクシュックルウ	(traffic) jam (トラフィク) チャム
じゅうたい **重体** juutai	**ciddi durum** ジッディー ドゥルム	serious condition スィアリアス コンディション
しゅうたいせい **集大成** shuutaisei	**derleme eser** デルレメ エセル	compilation コンピレイション
じゅうだいな **重大な** juudaina	**ciddi** ジッディー	grave, serious グレイヴ, スィアリアス

し

日	トルコ	英
じゅうたく **住宅** juutaku	**ev, konut** エヴ, コヌット	house, housing ハウス, ハウズィング
しゅうだん **集団** shuudan	**grup, topluluk** グルプ, トプルルック	group, body グループ, バディ
しゅうちしん **羞恥心** shuuchishin	**utanma duygusu** ウタンマ ドゥイグス	sense of shame センス オヴ シェイム
しゅうちゃくえき **終着駅** shuuchakueki	**terminal, son istasyon** テルミナル, ソン イスタスィオン	terminus, terminal ターミナス, ターミナル
しゅうちゃくする **執着する** shuuchakusuru	**bağlı kalmak** バール カルマック	(be) fixated on, adhere to (ビ) フィクセイティド オン, アドヒア トゥ
しゅうちゅうする **集中する** shuuchuusuru	**konsantre olmak** コンサントレ オルマック	concentrate カンセントレイト
しゅうてん **終点** shuuten	**son durak** ソン ドゥラック	end of a line エンド オヴ ア ライン
しゅうでん **終電** shuuden	**son tren** ソン ティレン	last train (of the day) ラスト トレイン (オヴ ザ デイ)
じゅうでんする **充電する** juudensuru	**şarj etmek** シャルジ エトメッキ	charge チャーヂ
しゅーと **シュート** (バスケットボール等の) shuuto	**atış** アトゥシ	shot シャト
(サッカー等の)	**vuruş** ヴルシ	shot シャト
しゅうどういん **修道院** shuudouin	**manastır** マナストゥル	monastery, convent マナステリ, カンヴェント
しゅうどうし **修道士** shuudoushi	**keşiş** ケシシ	monk マンク
しゅうどうじょ **修道女** shuudoujo	**rahibe** ラーヒベ	nun, sister ナン, スィスタ
じゆうな **自由な** jiyuuna	**serbest, özgür** セルベスト, ウズギュル	free, liberal フリー, リベラル
じゅうなんな **柔軟な** juunanna	**esnek** エスネッキ	flexible, supple フレクスィブル, サプル

し

日	トルコ	英
じゅうに 十二 juuni	**on iki** オニキ	twelve トウェルヴ
じゅうにがつ 十二月 juunigatsu	**aralık** アラルック	December ディセンバ
じゅうにしちょう 十二指腸 juunishichou	**onikiparmak bağırsağı** オニキパルマック バウルサウ	duodenum デューアディーナム
しゅうにゅう 収入 shuunyuu	**gelir** ゲリル	income インカム
しゅうにん 就任 shuunin	**göreve başlama** ギョレヴェ バシラマ	inauguration イノーギュレイション
しゅうのう 収納 shuunou	**depolama, depo etme** デポラマ, デポ エトメ	storage ストーリヂ
しゅうは 宗派 shuuha	**tarikat, mezhep** タリーカット, メズヘップ	sect セクト
しゅうはすう 周波数 shuuhasuu	**frekans** フレカンス	frequency フリークウェンスィ
じゅうはち 十八 juuhachi	**on sekiz** オン セキス	eighteen エイティーン
じゅうびょう 重病 juubyou	**ciddi hastalık** ジッディー ハスタルック	serious illness スィアリアス イルネス
しゅうふくする 修復する shuufukusuru	**yenileştirmek, onarmak** イェニレシティルメッキ, オナルマック	restore リストー
しゅうぶん 秋分 shuubun	**sonbahar ekinoksu, son-bahar gün dönümü** ソンバハール エキノクス, ソンバハール ギュン ドゥニュミュ	autumnal equinox オータムナル イークウィナクス
反 春分	**(ilk)bahar ekinoksu, (ilk) bahar gün dönümü** (イルク)バハール エキノクス, (イルク)バハール ギュン ドゥニュミュ	spring equinox スプリング イークウィナクス
じゅうぶんな 十分な juubunna	**yeterli** イェテルリ	sufficient, enough サフィシェント, イナフ
しゅうへん 周辺 shuuhen	**etraf** エトラフ	vicinity (of), area (of) ヴィスィニティ (オヴ), エアリア (オヴ)
～機器	**aksesuar** アクセスアル	peripherals プリフェラルズ

し

日	トルコ	英
じゆうぼうえき **自由貿易** jiyuuboueki	**serbest ticaret** セルベスト ティジャーレット	free trade フリー トレイド
しゅうまつ **週末** shuumatsu	**hafta sonu** ハフタ ソヌ	weekend ウィークエンド
じゅうまん **十万** juuman	**yüz bin** ユズ ビン	one hundred thou-sand ワン ハンドレド サウザンド
じゅうみん **住民** juumin	**sakinler, oturanlar** サーキンレル, オトゥランラル	inhabitants, resi-dents インハビタンツ, レズィデンツ
じゅうゆ **重油** juuyu	**ağır yağ, mazot** アウル ヤー, マゾット	heavy oil ヘヴィ オイル
しゅうゆう **周遊** shuuyuu	**gezi, tur** ゲズィ, トゥル	tour, round trip トゥア, ラウンド トリプ
じゅうような **重要な** juuyouna	**önemli** ウネムリ	important, princi-pal インポータント, プリンスィパル
しゅうり **修理** shuuri	**tamir** ターミル	repair, mend リペア, メンド
〜する	**tamir etmek** ターミル エトメッキ	repair, mend リペア, メンド
じゅうりょう **重量** juuryou	**ağırlık** アウルルック	weight ウェイト
〜挙げ	**haltercilik** ハルテルジリッキ	weightlifting ウェイトリフティング
しゅうりょうする **終了する** shuuryousuru	**bitmek** ビトメッキ	finish, end, close フィニシュ, エンド, クロウズ
じゅうりょく **重力** juuryoku	**yer çekimi** イェル チェキミ	gravity, gravitation グラヴィティ, グラヴィテイション
しゅうろく **収録** shuuroku	**kayıt** カユット	recording リコーディング
じゅうろく **十六** juuroku	**on altı** オンアルトゥ	sixteen スィクスティーン
しゅうわい **収賄** shuuwai	**rüşvet** リュシュヴェット	bribery, corruption ブライバリ, コラプション

し

日	トルコ	英
しゅえい **守衛** shuei	**bekçi, güvenlik görevlisi** ベクチ, ギュヴェンリッキ ギョレヴリスィ	guard ガード
しゅえん **主演** shuen	**başrol** バシロル	leading role リーディング ロウル
～俳優	**başrol oyuncusu** バシロル オユンジュス	leading actor リーディング アクタ
しゅかん **主観** shukan	**öznellik** ウズネルリッキ	subjectivity サブヂェクティヴィティ
～的な	**öznel** ウズネル	subjective サブヂェクティヴ
反 客観的な	**nesnel** ネスネル	objective オブヂェクティヴ
しゅぎ **主義** shugi	**prensip** プレンスィップ	principle, doctrine プリンスィプル, ダクトリン
しゅぎょう **修行** (奉公) shugyou	**çıraklık** チュラックルック	apprenticeship アプレンティスシプ
(苦行)	**çilecilik** チレジリッキ	ascetic practices アセティク プラクティスィズ
じゅきょう **儒教** jukyou	**Konfüçyüsçülük** コンフチュスチュリュック	Confucianism コンフューシャニズム
じゅぎょう **授業** jugyou	**ders** デルス	class, lesson クラス, レスン
じゅく **塾** juku	**dershane** デルスハーネ	juku, private after-school class ジュク, プライヴェト アフタスクール クラス
しゅくがかい **祝賀会** shukugakai	**kutlama partisi** クトゥラマ パルティスィ	formal celebration フォーマル セレブレイション
じゅくご **熟語** jukugo	**deyim** デイム	idiom, phrase イディオム, フレイズ
しゅくじつ **祝日** shukujitsu	**resmî tatil, millî bayram** レスミー ターティル, ミッリー バイラム	public holiday, festival パブリク ハリデイ, フェスティヴァル
しゅくしゃ **宿舎** shukusha	**lojman** ロジマン	lodging ラヂング

し

日	トルコ	英
（学生寮）	**yurt** ユルト	dormitory ドーメトーリ
しゅくしょうする **縮小する** shukushousuru	**küçülmek** キュチュルメッキ	reduce, curtail リデュース, カーテイル
じゅくする **熟する** jukusuru	**olgunlaşmak** オルグンラシマック	(become) ripe, mature (ビカム) ライプ, マチュア
しゅくだい **宿題** shukudai	**ödev** ウデヴ	homework ホウムワーク
じゅくねん **熟年** jukunen	**olgun yaş** オルグン ヤシ	mature aged マチュア エイヂド
しゅくはくする **宿泊する** shukuhakusuru	**kalmak, konaklamak** カルマック, コナックラマック	lodge, stay ラヂ, ステイ
じゅくれん **熟練** jukuren	**ustalık** ウスタルック	skill スキル
〜する	**usta olmak, ustalaşmak** ウスタ オルマック, ウスタラシマック	(become) skilled (ビカム) スキルド
しゅげい **手芸** shugei	**el sanatı** エル サナトゥ	handicraft ハンディクラフト
しゅけん **主権** shuken	**egemenlik, hükümranlık** エゲメンリッキ, ヒュキュムランルック	sovereignty サヴレンティ
じゅけんする **受験する** jukensuru	**sınava girmek** スナヴァ ギルメッキ	take an examination テイク アン エグザミネイション
しゅご **主語** shugo	**özne** ウズネ	subject サブヂェクト
反 述語	**yüklem** ユクレム	predicate プレディケト
しゅざいする **取材する** shuzaisuru	**röportaj yapmak** ルポルタージ ヤプマック	gather information ギャザ インフォメイション
しゅじゅつ **手術** shujutsu	**ameliyat** アメリヤート	operation アペレイション
〜する	**ameliyat etmek** アメリヤート エトメッキ	operate, perform surgery アペレイト, パフォーム サーヂャリ

日	トルコ	英
しゅしょう **主将** shushou	**kaptan** カプタン	captain キャプテン
しゅしょう **首相** shushou	**başbakan** バシバカン	prime minister プライム ミニスタ
じゅしょうしゃ **受賞者** jushousha	**ödül kazanan** ウデュル カザナン	prize winner プライズ ウィナ
じゅしょうする **受賞する** jushousuru	**ödül kazanmak** ウデュル カザンマック	win a prize ウィン ア プライズ
じゅしょうする **授賞する** jushousuru	**ödül verilmek, ödül al-mak** ウデュル ヴェリルメッキ, ウデュル アル マック	award a prize to アウォード ア プライズ トゥ
しゅしょく **主食** shushoku	**temel gıda** テメル グダー	staple food ステイプル フード
しゅじん **主人**（一家のあるじ） shujin	**aile reisi** アイレ レイスィ	head of a family ヘド オヴ ア ファミリ
（所有者）	**sahip** サーヒップ	proprietor プロプライアタ
（夫）	**koca** コジャ	husband ハズバンド
じゅしん **受信** jushin	**alım** アルム	reception リセプション
反 送信	**gönderme** ギョンデルメ	transmission トランスミション
〜**する**	**almak** アルマック	receive リスィーヴ
しゅじんこう **主人公** shujinkou	**ana karakter, kahraman** アナ カラクテル, カフラマン	protagonist プロウタガニスト
しゅせき **首席** shuseki	**sınıf birincisi** スヌフ ビリンジスィ	head, top of the class ヘド, タプ オヴ ザ クラス
しゅだい **主題** shudai	**ana konu, tema** アナ コヌ, テマ	subject, theme サブヂェクト, スィーム
しゅだん **手段** shudan	**araç** アラッチ	means, way ミーンズ, ウェイ
しゅちょう **主張** shuchou	**iddia** イッディアー	assertion, claim アサーション, クレイム

し

日	トルコ	英
～する	**iddia etmek** イッディアー エトメッキ	assert, claim アサート, クレイム
しゅつえんする 出演する（舞台に） shutsuensuru	**sahneye çıkmak** サフネイェ チュクマック	appear on stage アピア オン ステイヂ
（番組に）	**programda görünmek** プログラムダ ギョリュンメッキ	appear on a program アピア オン ア プロウグラム
しゅっきんする 出勤する shukkinsuru	**işe gitmek** イシェ ギトメッキ	go to work ゴウ トゥ ワーク
しゅっけつ 出血 shukketsu	**kanama** カナマ	hemorrhage ヘモリヂ
～する	**kanamak** カナマック	bleed ブリード
しゅつげん 出現 shutsugen	**görünüm** ギョリュニュム	appearance アピアランス
～する	**görünmek, gözükmek** ギョリュンメッキ, ギョズュキメッキ	appear アピア
じゅつご 述語 jutsugo	**yüklem** ユクレム	predicate プレディケト
反 主語	**özne** ウズネ	subject サブヂェクト
しゅっこくする 出国する shukkokusuru	**ülkeden çıkmak** ユルケデン チュクマック	leave a country リーヴ ア カントリ
しゅっさん 出産 shussan	**doğum** ドゥム	birth, delivery バース, ディリヴァリ
～する	**doğurmak** ドゥルマック	give birth to ギヴ バース トゥ
しゅっし 出資 shusshi	**yatırım** ヤトゥルム	investment インヴェストメント
しゅつじょう 出場 shutsujou	**katılım** カトゥルム	participation パーティスィペイション
～する	**-e katılmak** エ カトゥルマック	participate in パーティスィペイト イン
しゅっしんち 出身地 shusshinchi	**memleket, doğum yeri** メムレケット, ドゥム イェリ	home town ホウム タウン

日	トルコ	英
しゅっせいりつ **出生率** shusseiritsu	**doğum oranı** ドゥム オラヌ	birthrate バースレイト
しゅっせき **出席** shusseki	**katılım** カトゥルム	attendance, presence アテンダンス, プレズンス
～者	**katılımcı** カトゥルムジュ	attendee アテンディー
～する	**katılmak** カトゥルマック	attend, (be) present at アテンド, (ビ) プレズント アト
しゅっせする **出世する** shussesuru	**terfi olmak** テルフィー オルマック	make a career メイク ア カリア
しゅっちょう **出張** shucchou	**iş seyahati, iş gezisi** イシ セヤハティ, イシ ゲズィスィ	business trip ビズネス トリプ
しゅっぱつ **出発** shuppatsu	**yola çıkma, kalkış** ヨラ チュクマ, カルクシ	departure ディパーチャ
～する	**yola çıkmak, kalkmak** ヨラ チュクマック, カルクマック	start, depart スタート, ディパート
しゅっぱん **出版** shuppan	**yayım** ヤユム	publication パブリケイション
～社	**yayınevi** ヤユネヴィ	publishing company パブリシング カンパニ
～する	**yayımlamak** ヤユムラマック	publish, issue パブリシュ, イシュー
～物	**yayın, neşriyat** ヤユン, ネシリヤート	publication パブリケイション
しゅっぴ **出費** shuppi	**gider, masraf, harcama** ギデル, マスラフ, ハルジャマ	expenses イクスペンセズ
しゅつりょくする **出力する** shutsuryokusuru	**çıkarmak** チュカルマック	output アウトプト
しゅと **首都** shuto	**başkent** バシュケント	capital city キャピトル スィティ
しゅどうけん **主導権** shudouken	**girişim, teşebbüs** ギリシム, テシェッビュス	initiative イニシャティヴ
じゅどうたい **受動態** judoutai	**edilgen çatı** エディルゲン チャトゥ	passive voice パスィヴ ヴォイス

し

日	トルコ	英
反 能動態	**etken çatı** エトケン チャトゥ	active voice アクティヴ ヴォイス
しゅどうの **手動の** shudouno	**manuel** マヌエル	hand-operated, manual ハンドアプレイティド, マニュアル
しゅとくする **取得する** shutokusuru	**elde etmek** エルデ エトメッキ	acquire, obtain アクワイア, オプテイン
じゅにゅうする **授乳する** junyuusuru	**emzirmek, süt vermek** エムズィルメッキ, スュット ヴェルメッキ	nurse, feed ナース, フィード
しゅにん **主任** shunin	**şef, amir** シェフ, アーミル	chief, head チーフ, ヘド
しゅのーける **シュノーケル** shunookeru	**şnorkel** シュノルケル	snorkel スノーケル
しゅび **守備** shubi	**müdafaa, savunma** ミュダーファア, サヴンマ	defense, Ⓑdefence ディフェンス, ディフェンス
しゅひん **主賓** shuhin	**şeref konuğu, şeref mi-safiri** シェレフ コヌウ, シェレフ ミサーフィリ	guest of honor ゲスト オヴ アナ
しゅふ **主婦** shufu	**ev hanımı, ev kadını** エヴ ハヌム, エヴ カドゥヌ	housewife ハウスワイフ
しゅみ **趣味** shumi	**hobi** ホビ	taste, hobby テイスト, ハビ
じゅみょう **寿命** jumyou	**ömür** ウミュル	life span ライフ スパン
しゅもく **種目** (競技の) shumoku	**(spor) etkinlik** (スポル) エトキンリッキ	event イヴェント
(項目)	**madde** マッデ	item アイテム
しゅやく **主役** shuyaku	**başrol** バシロル	leading part リーディング パート
しゅよう **腫瘍** shuyou	**tümör** テュムル	tumor テューマ
じゅよう **需要** juyou	**talep** タレップ	demand ディマンド
反 供給	**arz** アルズ	supply サプライ

日	トルコ	英
しゅような **主要な** shuyouna	**esas, ana** エサース, アナ	principal, main プリンスィパル, メイン
じゅりつする **樹立する** juritsusuru	**kurmak, tesis etmek** クルマック, テスィス エトメッキ	establish イスタブリシュ
しゅりゅうだん **手榴弾** shuryuudan	**el bombası** エル ボンバス	hand grenade ハンド グリネイド
しゅりょう **狩猟** shuryou	**avcılık, avlanma** アヴジュルック, アヴランマ	hunting ハンティング
じゅりょうしょう **受領証** juryoushou	**makbuz** マクブス	receipt リスィート
しゅりょく **主力** shuryoku	**ana kuvvet** アナ クッヴェット	main force メイン フォース
しゅるい **種類** shurui	**çeşit** チェシット	kind, sort カインド, ソート
しゅわ **手話** shuwa	**işaret dili** イシャーレット ディリ	sign language サイン ラングウィヂ
じゅわき **受話器** juwaki	**ahize** アーヒゼ	receiver リスィーヴァ
じゅん **順** jun	**sıra** スラ	order, turn オーダ, ターン
じゅんい **順位** jun-i	**sıralama** スララマ	grade, ranking グレイド, ランキング
じゅんえき **純益** jun-eki	**net kâr** ネット キャール	net profit ネト プラフィト
しゅんかん **瞬間** shunkan	**an** アン	moment モウメント
じゅんきょうしゃ **殉教者** junkyousha	**şehit** シェヒット	martyr マータ
じゅんきょうじゅ **准教授** junkyouju	**doçent** ドチェント	associate professor アソウシエイト プロフェサ
じゅんきん **純金** junkin	**saf altın** サフ アルトゥン	pure gold ピュア ゴウルド
じゅんけつ **純潔** junketsu	**saflık, arılık** サフルック, アルルック	purity, chastity ピュアリティ, チャスティティ

し

日	トルコ	英
じゅんけっしょう **準決勝** junkesshou	**yarı final** ヤル フィナル	semifinals セミ**ファ**イナルズ
じゅんじゅんけっしょう **準々決勝** junjunkesshou	**çeyrek final** チェイレッキ フィナル	quarterfinals クウォータ**ファ**イナルズ
じゅんしんな **純真な** junshinna	**saf** サフ	naive, innocent ナー**イー**ヴ, **イ**ノセント
じゅんすいな **純粋な** junsuina	**saf** サフ	pure, genuine **ピュ**ア, **ジェ**ニュイン
じゅんちょうな **順調な** junchouna	**düzgün** デュズ**ギュ**ン	smooth, favorable, Ⓑfavourable ス**ムー**ズ, **フェ**イヴァラブ ル, **フェ**イヴァラブル
じゅんのうする **順応する** junnousuru	**-e uymak** エ ウイ**マ**ック	adapt oneself ア**ダ**プト
じゅんばん **順番** junban	**sıra** ス**ラ**	order, turn **オー**ダ, **ター**ン
じゅんび **準備** junbi	**hazırlık** ハズル**ル**ック	preparation プレパ**レ**イション
〜する	**hazırlamak** ハズルラ**マ**ック	prepare プリ**ペ**ア
しゅんぶん **春分** shunbun	**(ilk)bahar ekinoksu, (ilk)** **bahar gün dönümü** (イルク)バ**ハー**ル エキ**ノ**クス, (イルク)バ **ハー**ル **ギュ**ン ドゥ二**ュ**ミュ	spring equinox ス**プ**リング **イー**クウィナク ス
反**秋分**	**sonbahar ekinoksu, son-** **bahar gün dönümü** ソンバ**ハー**ル エキノク**ス**, ソンバ**ハー**ル **ギュ**ン ドゥ二ュ**ミュ**	autumnal equinox オー**タ**ムナル **イー**クウィナ クス
じゅんれい **巡礼** junrei	**hac, hac yolculuğu** **ハ**ッチ, **ハ**ッチ ヨルジュル**ウ**	pilgrimage **ピ**ルグリミヂ
〜者	**hacı** ハ**ジュ**	pilgrim **ピ**ルグリム
じゅんろ **順路** junro	**güzergâh** ギュゼル**ギャー**フ	route **ルー**ト
しょう **省** shou	**bakanlık** バカン**ル**ック	ministry **ミ**ニストリ
しょう **章** shou	**bölüm** ボウ**リュ**ム	chapter **チャ**プタ

し

日	トルコ	英
しょう 賞 shou	**ödül** ウデュル	prize, award プライズ, アウォード
しよう 使用 shiyou	**kullanım** クッラヌム	use ユース
～料	**kullanım ücreti** クッラヌム ユジュレティ	fee フィー
しよう 私用 shiyou	**özel iş** ウゼル イシ	private business プライヴェト ビズネス
じょういん 上院 jouin	**senato** セナト	upper house, Senate アパ ハウス, セナト
じょうえいする 上映する joueisuru	**temsil etmek, sahnede oynamak** テムスィル エトメッキ, サフネデ オイナマック	put on, show プト オン, ショウ
しょうえね 省エネ shouene	**enerji tasarrufu** エネルジ タサッルフ	energy conservation エナヂ コンサヴェイション
じょうえんする 上演する jouensuru	**oynamak, sahnelemek** オイナマック, サフネレメッキ	perform パフォーム
しょうか 消化 shouka	**sindirim, hazım** スィンディリム, ハズム	digestion ディチェスチョン
～する	**hazmetmek, sindirmek** ハズメトメッキ, スィンディルメッキ	digest ダイヂェスト
しょうか 消火 shouka	**yangın söndürme** ヤングン ソンデュリュメ	fire fighting ファイア ファイティング
～器	**yangın söndürücü** ヤングン ソンデュリュヂュ	extinguisher イクスティングウィシャ
しょうが 生姜 shouga	**zencefil** ゼンジェフィル	ginger ヂンヂャ
しょうがい 傷害 shougai	**yaralama, zarar** ヤララマ, ザラル	injury インヂャリ
しょうがい 障害 shougai	**engel** エンゲル	obstacle アブスタクル
～物競走	**engelli koşu, engelli yarış** エンゲルリ コシュ, エンゲルリ ヤルシ	obstacle race アブスタクル レイス

日	トルコ	英
しょうがい **生涯** shougai	**ömür** ウミュル	lifetime ライフタイム
しょうかいする **紹介する** （人を） shoukaisuru	**tanıştırmak** タヌシトゥルマック	introduce イントロ**デュ**ース
（物事を） 	**tanıtmak** タヌトマック	introduce イントロ**デュ**ース
しょうがくきん **奨学金** shougakukin	**burs** ブルス	scholarship ス**カ**ラシプ
しょうがくせい **小学生** shougakusei	**ilkokul öğrencisi** イルコクル ウーレンジス**ィ**	schoolchild ス**クー**ルチャイルド
しょうがくせい **奨学生** shougakusei	**burslu öğrenci** ブルス**ル** ウーレンジ	scholarship student, scholar ス**カ**ラシプ ス**テュー**デン卜, ス**カ**ラ
しょうがつ **正月** shougatsu	**yılbaşı** ユル**バ**シュ	New Year ニュー **イ**ア
しょうがっこう **小学校** shougakkou	**ilkokul** **イ**ルコクル	elementary school エレメンタリ ス**クー**ル
じょうき **蒸気** jouki	**buhar** ブ**ハ**ル	vapor, steam **ヴェ**イパ, ス**ティー**ム
じょうぎ **定規** jougi	**cetvel** ジェット**ヴェ**ル	ruler **ルー**ラ
じょうきゃく **乗客** joukyaku	**yolcu** ヨル**ジュ**	passenger **パ**センヂャ
じょうきゅうの **上級の** joukyuuno	**ileri** イ**レ**リ	higher, advanced **ハ**イヤ, アド**ヴァ**ンスト
しょうぎょう **商業** shougyou	**ticaret** ティジャー**レ**ット	commerce **カ**マス
じょうきょう **状況** joukyou	**durum** ドゥ**ル**ム	situation スィチュ**エ**イション
しょうきょくてきな **消極的な** shoukyokutekina	**negatif, pasif** ネガ**ティ**フ, パス**ィ**フ	negative, passive **ネ**ガティヴ, **パ**スィヴ
反 積極的な 	**olumlu, pozitif** オルム**ル**, ポズィ**ティ**フ	positive, active **パ**ズィティヴ, **ア**クティヴ
しょうぐん **将軍** shougun	**general** ゲネ**ラ**ル	general **ヂェ**ネラル

日	トルコ	英
じょうけい **情景** joukei	**manzara** マンザラ	spectacle, sight スペクタクル, **サイト**
しょうげき **衝撃** shougeki	**şok** ショック	shock, impact シャク, **インパクト**
しょうけん **証券** shouken	**menkul kıymetler** メン**ク**ル クイメット**レ**ル	bond, securities **バ**ンド, ス**ィキュ**アリティズ
しょうげん **証言** shougen	**tanıklık, şahitlik** タヌック**ル**ック, シャー**ヒ**ト**リ**ッキ	testimony **テ**スティモウニ
～する	**tanıklık yapmak, şahitlik etmek** タヌック**ル**ック ヤプ**マ**ック, シャーヒト**リ**ッキ エト**メ**ッキ	testify **テ**スティファイ
じょうけん **条件** jouken	**koşul, şart** コ**シュ**ル, **シャ**ルト	condition, terms コン**ディ**ション, **ター**ムズ
しょうこ **証拠** shouko	**kanıt, delil** カ**ヌ**ット, デリル	proof, evidence プ**ルー**フ, **エ**ヴィデンス
しょうご **正午** shougo	**öğle** ウー**レ**	noon **ヌー**ン
じょうこく **上告** joukoku	**temyiz** テム**イー**ズ	(final) appeal (**ファ**イナル) ア**ピー**ル
しょうさい **詳細** shousai	**detay** デ**タ**イ	details **ディー**テイルズ
じょうざい **錠剤** jouzai	**hap, tablet** ハップ, タブレット	pill, tablet **ピ**ル, **タ**ブレト
しょうさいな **詳細な** shousaina	**detaylı** デ**タ**イ**ル**	detailed ディ**テ**イルド
じょうし **上司** joushi	**amir** アー**ミ**ル	superior, boss ス**ー**ピアリア, **バ**ス
じょうしき **常識** joushiki	**sağduyu** **サ**ードゥユ	common sense **カ**モン **セ**ンス
しょうじきな **正直な** shoujikina	**dürüst** デュ**リュ**スト	honest **ア**ネスト
じょうしつの **上質の** joushitsuno	**kaliteli** カリテリ	of fine quality オヴ **ファ**イン ク**ワ**リティ
しょうしゃ **商社** shousha	**ticaret şirketi, firma** ティジャーレット シルケ**ティ**, **フィ**ルマ	trading company ト**レ**イディング **カ**ンパニ

し

日	トルコ	英
じょうしゃけん **乗車券** joushaken	**bilet** ビレット	ticket **ティ**ケト
じょうしゃする **乗車する** joushasuru	**-e binmek** エ ビン**メ**ッキ	board, take, get in **ボ**ード, **テ**イク, **ゲ**ト イン
しょうしゅうする **召集する** （会議などを） shoushuusuru	**toplamak, çağırmak** トプラ**マ**ック, チャウル**マ**ック	convene, call コン**ヴィ**ーン, **コ**ール
（兵隊を）	**toplamak** トプラ**マ**ック	muster, call out **マ**スタ, **コ**ール **ア**ウト
しょうしょ **証書** shousho	**belge, sertifika** ベル**ゲ**, セルティ**フィ**カ	bond, deed **バ**ンド, **ディ**ード
しょうじょ **少女** shoujo	**kız** ク**ス**	girl **ガ**ール
しょうじょう **症状** shoujou	**hastalık belirtisi, semp-tom** ハスタ**ル**ック ベリルティ**スィ**, センプ**ト**ム	symptom **スィ**ンプトム
しょうじょう **賞状** shoujou	**üstün başarı belgesi** ユス**テュ**ン バ**シャ**ル ベルゲ**スィ**	certificate of merit サ**ティ**フィケト オヴ **メ**リト
じょうしょうする **上昇する** joushousuru	**yükselmek** ユク**セ**ルメッキ	rise, go up **ラ**イズ, **ゴ**ウ **ア**プ
しょうじる **生じる** shoujiru	**meydana gelmek** メイダ**ナ** ゲル**メ**ッキ	happen, take place **ハ**プン, **テ**イク プ**レ**イス
しょうしんする **昇進する** shoushinsuru	**terfi olmak** テル**フィ**ー オル**マ**ック	(be) promoted (ビ) プロ**モ**ウティド
しょうすう **小数** shousuu	**ondalık kesir** オン**ダ**ルック ケ**スィ**ル	decimal **デ**スィマル
しょうすう **少数** shousuu	**azınlık** ア**ズ**ンルック	minority ミ**ノ**ーリティ
反 **多数**	**çoğunluk** チョウン**ル**ック	majority マ**ヂョ**ーリティ
じょうずな **上手な** jouzuna	**becerikli** ベジェリッ**キ**リ	skillful ス**キ**ルフル
しようする **使用する** shiyousuru	**kullanmak** クッラン**マ**ック	use **ユ**ーズ
じょうせい **情勢** jousei	**durum** ドゥ**ル**ム	situation スィチュ**エ**イション

し

日	トルコ	英
しょうせつ **小説** shousetsu	**roman** ロマン	novel ナヴェル
〜家	**romancı, roman yazarı** ロマンジュ, ロマン ヤザル	novelist ナヴェリスト
じょうせつの **常設の** jousetsuno	**kalıcı** カルジュ	standing, permanent スタンディング, パーマネント
しょうぞう **肖像** shouzou	**portre** ポルトレ	portrait ポートレイト
しょうそく **消息** shousoku	**haber** ハベル	news ニューズ
しょうたい **招待** shoutai	**davet** ダーヴェット	invitation インヴィテイション
〜する	**davet etmek** ダーヴェット エトメッキ	invite インヴァイト
じょうたい **状態** joutai	**hâl, durum** ハール, ドゥルム	state, situation ステイト, スィチュエイション
しょうだくする **承諾する** shoudakusuru	**kabul etmek** カブール エトメッキ	consent, accept コンセント, アクセプト
じょうたつする **上達する** joutatsusuru	**ilerlemek** イレルレメッキ	make progress, improve メイク プラグレス, インプルーヴ
しょうだん **商談** shoudan	**iş konuşması** イシ コヌシマス	business talk ビズネス トーク
じょうだん **冗談** joudan	**şaka** シャカ	joke, jest ヂョウク, ヂェスト
しょうちする **承知する** shouchisuru	**razı olmak, kabul etmek** ラーズ オルマック, カブール エトメッキ	agree, consent アグリー, コンセント
しょうちゅう **焼酎** shouchuu	**damıtılmış Japon pirinç şarabı** ダムトゥルムッシ ジャポン ピリンチ シャラブ	shochu, spirits ショウチュウ, スピリツ
しょうちょう **小腸** shouchou	**ince bağırsak** インジェ バウルサック	small intestine スモール インテスティン
しょうちょう **象徴** shouchou	**sembol, simge** センボル, スィムゲ	symbol スィンボル

日	トルコ	英
～する	**sembolize etmek, simge-lemek** センボリゼ エトメッキ, スィムゲレメッキ	symbolize スィンボライズ
しょうてん 焦点 shouten	**odak, fokus** オダック, フォクス	focus フォウカス
しょうどうてきな 衝動的な shoudoutekina	**fevri** フェヴリー	impulsive インパルスィヴ
じょうとうの 上等の joutouno	**üstün** ユステュン	good, superior グド, スーピアリア
しょうどく 消毒 shoudoku	**dezenfeksiyon** デゼンフェクスィヨン	disinfection ディスインフェクション
～する	**dezenfekte etmek** デゼンフェクテ エトメッキ	disinfect ディスインフェクト
～薬	**dezenfektan** デゼンフェクタン	disinfectant ディスインフェクタント
じょうとする 譲渡する joutosuru	**devretmek** デヴレトメッキ	transfer トランスファ
しょうとつする 衝突する shoutotsusuru	**-e çarpmak** エ チャルプマック	collide with コライド ウィズ
（意見等が）	**ile çatışmak** イレ チャトゥシマック	conflict with カンフリクト ウィズ
しょうにか 小児科 shounika	**pediatri** ペディアトリ	pediatrics ピーディアトリクス
～医	**çocuk doktoru** チョジュック ドクトル	pediatrician ピーディアトリシャン
しょうにん 商人 shounin	**tüccar** テュッジャル	merchant マーチャント
しょうにん 証人 shounin	**tanık, şahit** タヌック, シャーヒット	witness ウィトネス
しようにん 使用人 shiyounin	**işçi** イシチ	employee インプロイイー
しょうにんする 承認する shouninsuru	**onaylamak** オナイラマック	approve アプルーヴ
じょうにんの 常任の jouninno	**daimî** ダーイミー	standing, regular スタンディング, レギュラ

日	トルコ	英
反 臨時の	**geçici** ゲチジ	temporary, special テンポレリ, スペシャル
じょうねつ **情熱** jounetsu	**tutku, ihtiras** トゥトゥク, イフティラース	passion パション
しょうねん **少年** shounen	**erkek çocuk** エルケッキ チョジュック	boy ボイ
じょうば **乗馬** jouba	**binicilik** ビニジリッキ	(horse) riding (ホース) ライディング
しょうばい **商売** shoubai	**ticaret, iş** ティジャーレット, イシ	trade, business トレイド, ビズネス
じょうはつする **蒸発する** jouhatsusuru	**buharlaşmak** ブハルラシマック	evaporate イヴァポレイト
じょうはんしん **上半身** jouhanshin	**üst vücut** ユスト ヴュジュット	upper half of body アパ ハフ オヴ バディ
しょうひ **消費** shouhi	**tüketim** テュケティム	consumption コンサンプション
～者	**tüketici** テュケティジ	consumer コンシューマ
～する	**tüketmek** テュケトメッキ	consume, spend コンシューム, スペンド
～税	**tüketim vergisi** テュケティム ベルギスィ	consumption tax コンサンプション タクス
しょうひょう **商標** shouhyou	**marka, ticari marka** マルカ, ティジャーリー マルカ	trademark, brand トレイドマーク, ブランド
しょうひん **商品** shouhin	**mal** マル	commodity, goods コマディティ, グツ
しょうひん **賞品** shouhin	**ödül** ウデュル	prize プライズ
じょうひんな **上品な** jouhinna	**zarif, şık** ザリフ, シュック	elegant, refined エリガント, リファインド
しょうぶ **勝負** shoubu	**maç, yarışma, müsabaka** マッチ, ヤルシマ, ミュサーバカ	game, match ゲイム, マチ
～する	**yarışmak** ヤルシマック	contest, fight コンテスト, ファイト
じょうぶな **丈夫な** joubuna	**dayanıklı, güçlü** ダヤヌックル, ギュチュリュ	strong, robust ストロング, ロウバスト

し

日	トルコ	英
しょうほう **商法** shouhou	**ticaret hukuku** ティジャーレット フクーク	commercial law, Ⓑcommercial code コマーシャル ロー, コマーシャル コウド
しょうぼう **消防** shoubou	**itfaiye** イトファーイイェ	fire fighting ファイア ファイティング
〜士	**itfaiyeci** イトファーイイェジ	fire fighter ファイア ファイタ
〜車	**itfaiye arabası** イトファーイイェ アラバス	fire engine ファイア エンヂン
〜署	**itfaiye merkezi** イトファーイイェ メルケズィ	fire station ファイア ステイション
じょうほう **情報** jouhou	**bilgi** ビルギ	information インフォメイション
じょうほする **譲歩する** jouhosuru	**kabullenmek** カブルレンメッキ	concede コンスィード
しょうみの **正味の** shoumino	**net** ネット	net ネト
じょうみゃく **静脈** joumyaku	**toplardamar** トプラルダマル	vein ヴェイン
反 動脈	**atardamar** アタルダマル	artery アータリ
じょうむいん **乗務員** joumuin	**kabin ekibi, mürettebat** カビン エキビ, ミュレッテバート	crew member クルー メンバ
しょうめい **照明** shoumei	**ışık, aydınlatma** ウシュック, アドゥンラトマ	illumination イルーミネイション
しょうめい **証明** shoumei	**kanıt** カヌット	proof, evidence プルーフ, エヴィデンス
〜書	**sertifika** セルティフィカ	certificate サティフィケト
〜する	**kanıtlamak** カヌットラマック	prove, verify プルーヴ, ヴェリファイ
しょうめん **正面** shoumen	**ön** ウン	front フラント
じょうやく **条約** jouyaku	**antlaşma** アントラシマ	treaty, pact トリーティ, パクト

日	トルコ	英
しょうゆ **醤油** shouyu	**soya sosu** ソヤ ソス	soy sauce ソイ ソース
しょうよ **賞与** shouyo	**ikramiye** イクラーミ**イェ**	bonus **ボ**ウナス
じょうようする **常用する** jouyousuru	**düzenli kullanmak** デュゼン**リ** クッラン**マック**	use habitually **ユ**ーズ ハ**ビ**チュアリ
しょうらい **将来** shourai	**gelecek, istikbal** ゲレ**ジェッ**キ, イスティック**バ**ール	future **フュ**ーチャ
しょうり **勝利** shouri	**zafer** ザ**フェ**ル	victory **ヴィ**クトリ
反 敗北	**yenilgi** イェニル**ギ**	defeat ディ**フィ**ート
じょうりく **上陸** jouriku	**karaya iniş, karaya çı-** **karma** カラ**ヤ** イ**ニッ**シ, カラ**ヤ** チュカル**マ**	landing **ラ**ンディング
しょうりつ **勝率** shouritsu	**kazanma oranı** カザン**マ** オラ**ヌ**	winning percent-age **ウィ**ニング パ**セ**ンティヂ
しょうりゃくする **省略する** shouryakusuru	**atlamak, kısaltmak** アトラ**マック**, クサルト**マック**	omit, abridge オ**ウ**ミト, ア**プ**リヂ
じょうりゅう **上流** jouryuu	**nehrin üst kısmı** ネフ**リ**ン **ユ**スト クス**ム**	upstream, ⒝upper stream **ア**プストリーム, **ア**パ スト**リ**ーム
反 下流	**nehrin alt kısmı** ネフ**リ**ン **ア**ルト クス**ム**	downstream **ダ**ウンストリーム
じょうりゅう **蒸留** jouryuu	**damıtma** ダムト**マ**	distillation ディスティ**レ**イション
〜酒	**damıtılmış içki** ダムトゥル**ムッ**シ イチ**キ**	distilled liquor ディ**ス**ティルド **リ**カ
しょうりょうの **少量の** shouryouno	**az** **ア**ス	(a) little (ア) **リ**トル
じょうりょくじゅ **常緑樹** jouryokuju	**yaprak dökmeyen ağaç-** **lar** ヤプ**ラック ドゥ**クメイェン アア**チ**ラル	evergreen (tree) **エ**ヴァグリーン (ト**リ**ー)
反 落葉樹	**yaprak döken ağaçlar** ヤプ**ラック ドゥ**ケン アア**チ**ラル	deciduous tree ディ**ス**ィデュアス ト**リ**ー

日	トルコ	英
しょうれいする **奨励する** shoureisuru	**teşvik etmek, yüreklendirmek** テシヴィーキ　エトメッキ, ユレッキレンディルメッキ	encourage インカーリヂ
じょうれん **常連** jouren	**müdavim, gedikli** ミュダーヴィム, ゲディッキリ	regular レギュラ
しょー **ショー** shoo	**gösteri** ギョステリ	show ショウ
じょおう **女王** joou	**kraliçe** クラリチェ	queen クウィーン
しょーうぃんどー **ショーウインドー** shoouindoo	**vitrin** ヴィトリン	display window ディスプレイ **ウィ**ンドウ
しょーつ **ショーツ** shootsu	**külot** キュロット	shorts ショーツ
しょーとぱんつ **ショートパンツ** shootopantsu	**şort** ショルト	short pants, shorts ショート パンツ, ショーツ
しょーる **ショール** shooru	**şal** シャル	shawl ショール
しょか **初夏** shoka	**yaz başı** ヤス バシュ	early summer アーリ サマ
じょがいする **除外する** jogaisuru	**hariç tutmak** ハーリッチ トゥトマック	exclude, except イクスクルード, イクセプト
しょがくしゃ **初学者** shogakusha	**yeni başlayan** イェニ バシラヤン	beginner ビギナ
しょき **初期** shoki	**ilk etap** イルキ エタップ	initial stage イニシャル ステイヂ
しょき **書記** shoki	**sekreter** セクレテル	clerk, secretary クラーク, セクレテリ
しょきゅう **初級** shokyuu	**başlangıç seviyesi** バシラングッチ セヴィイェスィ	beginners' level ビギナズ レヴェル
じょきょ **除去** jokyo	**çıkarma, kaldırma** チュカルマ, カルドゥルマ	removal リムーヴァル
～する	**çıkarmak, kaldırmak** チュカルマック, カルドゥルマック	remove, eliminate リムーヴ, イリミネイト
じょぎんぐ **ジョギング** jogingu	**koşu** コシュ	jogging ヂャギング

日	トルコ	英
しょく **職** shoku	**iş, meslek** イシ, メスレッキ	job, work, position チョブ, ワーク, ポジション
しょくいん **職員** shokuin	**görevli, personel** ギョレヴリ, ペルソネル	staff スタフ
しょくぎょう **職業** shokugyou	**meslek** メスレッキ	occupation アキュペイション
しょくご **食後** shokugo	**yemekten sonra** イェメッキテン ソンラ	after a meal アフタ ア ミール
しょくじ **食事** shokuji	**yemek** イェメッキ	meal ミール
しょくぜん **食前** shokuzen	**yemekten önce** イェメッキテン ウンジェ	before a meal ビフォ ア ミール
しょくたく **食卓** shokutaku	**sofra** ソフラ	dining table ダイニング テーブル
しょくちゅうどく **食中毒** shokuchuudoku	**gıda zehirlenmesi** グダー ゼヒルレンメスィ	food poisoning フード ポイズニング
しょくつう **食通** shokutsuu	**gurme** グルメ	gourmet グアメイ
しょくどう **食堂** shokudou	**lokanta, kantin** ロカンタ, カンティン	restaurant レストラント
〜車	**yemekli vagon** イェメッキリ ヴァゴン	dining car ダイニング カー
しょくどう **食道** shokudou	**yemek borusu** イェメッキ ボルス	esophagus, gullet イサファガス, ガレット
しょくにん **職人** shokunin	**usta** ウスタ	workman, artisan ワークマン, アーティザン
しょくば **職場** shokuba	**iş yeri** イシ イェリ	place of work プレイス オヴ ワーク
しょくひ **食費** shokuhi	**yemek masrafı** イェメッキ マスラフ	food expenses フード イクスペンセズ
しょくひん **食品** shokuhin	**gıda, yiyecek** グダー, イイェジェッキ	food フード
〜添加物	**gıda katkı maddeleri** グダー カトゥク マッデレリ	food additives フード アディティヴズ

日	トルコ	英
しょくぶつ **植物** shokubutsu	**bitki** ビトキ	plant, vegetation プラント, ヴェデテイション
～園	**botanik bahçe** ボタニック バフチェ	botanical garden ボタニカル ガードン
しょくみんち **植民地** shokuminchi	**sömürge, koloni** ソミュルゲ, コロニ	colony カロニ
しょくむ **職務** shokumu	**görev** ギョレヴ	duty, work デューティ, ワーク
しょくもつ **食物** shokumotsu	**gıda, yiyecek** グダー, イイェジェッキ	food フード
しょくようの **食用の** shokuyouno	**yenilebilir, yemeklik** イェニレビリル, イェメッキリッキ	edible エディブル
しょくよく **食欲** shokuyoku	**iştah** イシュタフ	appetite アペタイト
しょくりょう **食糧** shokuryou	**yiyecek** イイェジェッキ	food フード
（保存食）	**erzak** エルザーク	provisions プロヴィジョンズ
しょくりょうひんてん **食料品店** shokuryouhinten	**gıda dükkânı, bakkal** グダー デュッキャヌ, バッカル	grocery, Ⓑgreen-grocer's グロウサリ, グリーングロウサズ
じょげん **助言** jogen	**tavsiye** タヴスィイェ	advice, counsel アドヴァイス, カウンスル
～する	**tavsiye etmek** タヴスィイェ エトメッキ	advise, counsel アドヴァイズ, カウンスル
じょこうする **徐行する** jokousuru	**yavaşlamak, yavaş git-mek** ヤヴァシラマック, ヤヴァシ ギトメッキ	go slow ゴウ スロウ
しょざいち **所在地** shozaichi	**konum** コヌム	location ロウケイション
しょしき **書式** shoshiki	**form** フォルム	form, format フォーム, フォーマト
じょしゅ **助手** joshu	**yardımcı, asistan** ヤルドゥムジュ, アスィスタン	assistant アスィスタント
しょじょ **処女** shojo	**bakire** バーキレ	virgin, maiden ヴァーデン, メイドン

日	トルコ	英
<ruby>徐々に<rt>じょじょに</rt></ruby> jojoni	**yavaş yavaş, adım adım** ヤ**ヴァ**シ ヤ**ヴァ**シ, ア**ドゥ**ム ア**ドゥ**ム	gradually, slowly グラデュアリ, ス**ロ**ウリ
<ruby>初心者<rt>しょしんしゃ</rt></ruby> shoshinsha	**acemi** アジェ**ミ**ー	beginner ビ**ギ**ナ
<ruby>序数<rt>じょすう</rt></ruby> josuu	**sıra sayısı** ス**ラ** サ**ユ**ス	ordinal **オ**ーディナル
<ruby>女性<rt>じょせい</rt></ruby> josei	**kadın, bayan** カ**ドゥ**ン, バ**ヤ**ン	woman, lady **ウ**マン, **レ**イディ
<ruby>所属する<rt>しょぞくする</rt></ruby> shozokusuru	**-e bağlı olmak, -e ait ol-mak** エ バー**ル** オル**マッ**ク, エ ア**ー**イト オル**マッ**ク	belong to ビ**ロ**ーング トゥ
<ruby>所帯<rt>しょたい</rt></ruby> shotai	**aile, hane halkı** ア**イ**レ, ハー**ネ** ハル**ク**	household, family **ハ**ウスホウルド, **ファ**ミリ
<ruby>除隊する<rt>じょたいする</rt></ruby> jotaisuru	**terhis etmek** テル**ヒ**ス エト**メッ**キ	(be) discharged from military service (ビ) ディス**チャ**ーヂド フラム **ミ**リテリ **サ**ーヴィス
<ruby>初対面<rt>しょたいめん</rt></ruby> shotaimen	**ilk görüşme** **イ**ルキ ギョリュ**シ**メ	first meeting **ファ**ースト **ミ**ーティング
<ruby>処置<rt>しょち</rt></ruby> （治療） shochi	**tedavi** テダー**ヴィ**ー	treatment ト**リ**ートメント
（措置・対策）	**önlem, tedbir** ウン**レ**ム, テド**ビ**ル	disposition, measure ディスポ**ズィ**ション, **メ**ジャ
～する （治療する）	**tedavi etmek** テダー**ヴィ**ー エト**メッ**キ	treat ト**リ**ート
（処理する）	**önlem almak, tedbir al-mak** ウン**レ**ム アル**マッ**ク, テド**ビ**ル アル**マッ**ク	take measure, administer **テ**イク **メ**ジャ, アド**ミ**ニスタ
<ruby>所長<rt>しょちょう</rt></ruby> shochou	**müdür, yönetici** ミュ**デュ**ル, ヨネ**ティ**ジ	head, director **ヘ**ド, ディ**レ**クタ
<ruby>署長<rt>しょちょう</rt></ruby> shochou	**baş, şef** バ**シ**, **シェ**フ	head **ヘ**ド
<ruby>触覚<rt>しょっかく</rt></ruby> shokkaku	**dokunma duygusu** ドクン**マ** ドゥイ**グ**ス	sense of touch **セ**ンス オヴ **タ**チ
<ruby>食器<rt>しょっき</rt></ruby> shokki	**sofra takımı** ソフ**ラ** タ**ク**ム	tableware **テ**イブルウェア

し

日	トルコ	英
～洗い機	**bulaşık makinesi** ブラシュック マキネスィ	dishwasher ディシュウォシャ
～棚	**dolap** ドラップ	cupboard カパド
じょっき ジョッキ jokki	**bira bardağı** ビラ バルダウ	beer mug ビア マグ
しょっく ショック shokku	**şok** ショック	shock シャク
しょっぱい しょっぱい shoppai	**tuzlu** トゥズル	salty ソールティ
しょてん 書店 shoten	**kitabevi, kitapçı** キタベヴィ, キタップチュ	bookstore ブクストー
しょとうきょういく 初等教育 shotoukyouiku	**ilköğretim** イルクウーレティム	elementary education エレメンタリ エデュケイション
しょとく 所得 shotoku	**gelir** ゲリル	income インカム
～税	**gelir vergisi** ゲリル ヴェルギスィ	income tax インカム タクス
しょばつする 処罰する shobatsusuru	**cezalandırmak** ジェザーランドゥルマック	punish パニシュ
しょひょう 書評 shohyou	**kitap eleştirisi** キタップ エレシティリスィ	book review ブク リヴュー
しょぶん 処分 shobun	**ortadan kaldırma** オルタダン カルドゥルマ	disposal ディスポウザル
～する	**ortadan kaldırmak** オルタダン カルドゥルマック	dispose of ディスポウズ オヴ
じょぶん 序文 jobun	**ön söz** ウン ソウス	preface プレファス
しょほ 初歩 shoho	**temel bilgiler** テメル ビルギレル	rudiments ルーディメンツ
しょほうせん 処方箋 shohousen	**reçete** レチェテ	prescription プリスクリプション
しょみんてきな 庶民的な shomintekina	**popüler** ポピュレル	popular パピュラ

日	トルコ	英
しょめい **署名** shomei	**imza** イムザー	signature **ス**ィグナチャ
〜する	**imzalamak** イムザーラ**マ**ック	sign **サ**イン
じょめいする **除名する** jomeisuru	**listeden çıkarmak** リステ**デ**ン チュカル**マ**ック	strike off a list ストライク **オ**ーフ ア **リ**スト
しょゆう **所有** shoyuu	**sahiplik, mülkiyet** サーヒプ**リ**ック, ミュルキ**エ**ット	possession, owner-ship ポ**ゼ**ション, **オ**ウナシプ
〜権	**mülkiyet hakkı** ミュルキ**エ**ット ハック	ownership, title **オ**ウナシプ, **タ**イトル
〜者	**sahip, malik** サー**ヒ**ップ, **マ**ーリック	owner, proprietor **オ**ウナ, プロプ**ラ**イアタ
〜する	**sahip olmak** サー**ヒ**ップ オル**マ**ック	have, possess, own **ハ**ヴ, ポ**ゼ**ス, **オ**ウン
じょゆう **女優** joyuu	**kadın oyuncu** カ**ド**ゥン オユンジュ	actress **ア**クトレス
しょりする **処理する** （取り除く） shorisuru	**bertaraf etmek, ortadan kaldırmak** ベルタ**ラ**フ エト**メ**ッキ, オルタ**ダ**ン カルドゥル**マ**ック	dispose of, treat ディス**ポ**ウズ **オ**ヴ, ト**リ**ート
じょりょく **助力** joryoku	**yardım** ヤル**ド**ゥム	help, aid **ヘ**ルプ, **エ**イド
しょるい **書類** shorui	**evrak, doküman** エヴ**ラ**ーク, ドキュ**マ**ン	documents, papers **ダ**キュメンツ, **ペ**イパズ
しょるだーばっぐ **ショルダーバッグ** shorudaabaggu	**omuz çantası** オ**ム**ズ チャン**タ**ス	shoulder bag **ショ**ウルダ **バ**グ
じらい **地雷** jirai	**mayın** マ**ユ**ン	(land) mine （ランド）**マ**イン
しらが **白髪** shiraga	**ak saç** **ア**ク **サ**チ	gray hair グ**レ**イ **ヘ**ア
しらせ **知らせ**（告知・案内） shirase	**bildirim** ビル**ディ**リム	notice, informa-tion **ノ**ウティス, インフォ**メ**イション
（きざし）	**alamet, belirti** アラー**メ**ット, ベリル**ティ**	omen, sign **オ**ウメン, **サ**イン

し

日	トルコ	英
しらせる **知らせる** shiraseru	**bildirmek** ビルディルメッキ	inform, tell, report インフォーム, テル, リポート
しらばくれる **しらばくれる** shirabakureru	**bilmezlikten gelmek** ビルメズリッキテン ゲルメッキ	feign ignorance フェイン イグノランス
しらふ **しらふ** shirafu	**ayıklık** アユックルック	soberness ソウバネス
しらべる **調べる** shiraberu	**incelemek, sorgulamak** インジェレメッキ, ソルグラマック	examine, check up イグザミン, チェク アプ
しらみ **虱** shirami	**bit** ビット	louse ラウス
しり **尻** shiri	**kalça** カルチャ	buttocks, behind バトクス, ビハインド
しりあ **シリア** shiria	**Suriye** スーリエ	Syria スィリア
しりあい **知り合い** shiriai	**tanıdık** タヌドゥック	acquaintance アクウェインタンス
しりあう **知り合う** shiriau	**tanışmak** タヌシマック	get to know ゲト トゥ ノウ
しりある **シリアル** shiriaru	**tahıl gevreği** タフル ゲヴレイ	cereal スィアリアル
しりーず **シリーズ** shiriizu	**dizi, seri** ディズィ, セリ	series スィリーズ
しりこん **シリコン** shirikon	**silikon** スィリコン	silicon スィリコン
しりぞく **退く** shirizoku	**geri çekilmek** ゲリ チェキルメッキ	retreat, go back リトリート, ゴウ バク
しりぞける **退ける**（下がらせる） shirizokeru	**geri itmek** ゲリ イトメッキ	drive back ドライヴ バク
（受け入れない）	**geri çevirmek, reddet-mek** ゲリ チェヴィルメッキ, レッデトメッキ	reject, refuse リヂェクト, レフューズ
じりつ **自立** jiritsu	**bağımsızlık** バウムスズルック	independence インディペンデンス
〜する	**bağımsızlaşmak** バウムスズラシマック	(become) independent （ビカム）インディペンデント

日	トルコ	英
しりつの **市立の** shiritsuno	**belediye** ベレディエ	municipal ミューニスィパル
しりつの **私立の** shiritsuno	**özel** ウゼル	private プライヴェット
しりゅう **支流** shiryuu	**kol** コル	tributary, branch トリビュテリ, ブランチ
しりょ **思慮** shiryo	**düşünce** デュシュンジェ	consideration, dis- cretion コンスィダレイション, ディ スクレション
～深い	**düşünceli** デュシュンジェリ	prudent プルーデント
しりょう **資料** shiryou	**veri** ヴェリ	materials, data マティアリアルズ, デイタ
しりょく **視力** shiryoku	**görme gücü** ギョルメ ギュジュ	sight, vision サイト, ヴィジョン
じりょく **磁力** jiryoku	**manyetik kuvvet** マニェティッキ クッヴェット	magnetic force マグネティク フォース
しる **知る**（学ぶ・覚える） shiru	**öğrenmek** ウーレンメッキ	learn ラーン
（気づく）	**fark etmek** ファルク エトメッキ	(be) aware of (ビ) アウェア オヴ
（認識する・理解する）	**bilmek** ビルメッキ	know ノウ
しるく **シルク** shiruku	**ipek** イペッキ	silk スィルク
しるし **印** shirushi	**işaret** イシャーレット	mark, sign マーク, サイン
しるす **記す** shirusu	**yazmak, not etmek** ヤズマック, ノット エトメッキ	write down ライト ダウン
しれい **司令** shirei	**buyruk, emir** ブイルック, エミル	command コマンド
～官	**komutan** コムタン	commander コマンダ
～塔 （チームの中心選手）	**oyun kurucu** オユン クルジュ	playmaker プレイメイカ

し

日	トルコ	英
〜部	**karargâh, komutanlık** カラルギャーフ, コムタンルック	headquarters ヘドクウォータズ
じれい 辞令 jirei	**tayin yazısı** ターイン ヤズス	written appointment リトン アポイントメント
しれん 試練 shiren	**çile** チレ	trial, ordeal トライアル, オーディール
じれんま ジレンマ jirenma	**ikilem** イキレム	dilemma ディレマ
しろ 城 shiro	**kale, şato** カレ, シャト	castle キャスル
しろ 白 shiro	**beyaz, ak** ベヤス, アク	white (ホ)ワイト
反黒	**kara, siyah** カラ, スィヤフ	black ブラク
しろうと 素人 shirouto	**amatör** アマトゥル	amateur アマチャ
しろっぷ シロップ shiroppu	**şurup** シュルップ	syrup スィラプ
しろわいん 白ワイン shirowain	**beyaz şarap** ベヤス シャラップ	white wine (ホ)ワイト ワイン
しわ (皮膚の) shiwa	**kırışıklık** クルシュックルック	wrinkles リンクルズ
(服・紙の)	**kırışıklık** クルシュックルック	creases クリーセズ
しわける 仕分ける shiwakeru	**sınıflandırmak** スヌフランドゥルマック	classify, sort クラスィファイ, ソート
しわざ 仕業 shiwaza	**hareket** ハレケット	act, deed アクト, ディード
しん 芯 (鉛筆の) shin	**kurşun kalem ucu** クルシュン カレム ウジュ	pencil lead ペンスル レド
しんい 真意 shin-i	**gerçek niyet** ゲルチェッキ ニイェット	real intention リーアル インテンション
じんいてきな 人為的な jin-itekina	**yapay, suni** ヤパイ, スーニー	artificial アーティフィシャル

し

日	トルコ	英
じんいん **人員** jin-in	**personel** ペルソネル	staff スタフ
しんか **進化** shinka	**evrim** エヴリム	evolution エヴォルーション
しんがいする **侵害する** shingaisuru	**ihlal etmek** イフラール エトメッキ	infringe インフリンヂ
じんかく **人格** jinkaku	**kişilik** キシリッキ	personality, indi-viduality パーソナリティ, インディヴィデュアリティ
しんがくする **進学する** shingakusuru	**(üniversiteye) gitmek** (ユニヴェルスィテイエ) ギットメッキ	go on to ゴゴ オン トゥ
しんかする **進化する** shinkasuru	**evrim geçirmek, geliş-mek** エヴリム ゲチルメッキ, ゲリシメッキ	evolve イヴァルヴ
しんがた **新型** shingata	**yeni model** イェニ モデル	new model ニュー マドル
しんがっき **新学期** shingakki	**yeni okul dönemi** イェニ オクル ドゥネミ	new school term ニュー スクール ターム
しんがぽーる **シンガポール** shingapooru	**Singapur** スィンガプル	Singapore スィンガポ
しんぎ **審議** shingi	**tartışma, müzakere** タルトゥシマ, ミュザーケレ	discussion, delib-eration ディスカション, ディリパレイション
～する	**tartışmak, müzakere et-mek** タルトゥシマック, ミュザーケレ エトメッキ	discuss ディスカス
しんきの **新規の** shinkino	**yeni** イェニ	new, fresh ニュー, フレシュ
しんきゅうする **進級する** shinkyuusuru	**sınıf geçmek** スヌフ ゲチメッキ	move on to the next grade ムーヴ オン トゥ ザ ネクスト グレイド
反 落第する	**sınıfta kalmak** スヌフタ カルマック	fail フェイル
しんきろう **蜃気楼** shinkirou	**serap** セラープ	mirage ミラージュ

し

日	トルコ	英
しんきろく **新記録** shinkiroku	**yeni rekor** イェニ レコル	new record ニュー レコド
しんきんかん **親近感** shinkinkan	**yakınlık** ヤクンルック	affinity アフィニティ
しんぐ **寝具** shingu	**yatak takımı** ヤタック タクム	bedding ベディング
しんくう **真空** shinkuu	**boşluk, vakum** ボシルック, ヴァクム	vacuum ヴァキューム
しんくたんく **シンクタンク** shinkutanku	**beyin takımı** ベイン タクム	think tank スィンク タンク
しんぐるす **シングルス** shingurusu	**tek** テッキ	singles スィングルズ
反 ダブルス	**çift** チフト	doubles ダブルズ
しんぐるるーむ **シングルルーム** shingururuumu	**tek kişilik oda** テッキ キシリッキ オダ	single room スィングル ルーム
しんけい **神経** shinkei	**sinir** スィニル	nerve ナーヴ
〜痛	**nevralji** ネヴラルジ	neuralgia ニュアラルヂャ
しんげつ **新月** shingetsu	**yeni ay** イェニ アイ	new moon ニュー ムーン
しんげん **震源** shingen	**deprem merkezi, deprem ocağı, hiposantır** デプレム メルケズィ, デプレム オジャウ, ヒポサントゥル	seismic center, hypocenter サイズミク センタ, ハイポ センタ
じんけん **人権** jinken	**insan hakları** インサン ハックラル	human rights ヒューマン ライツ
しんけんな **真剣な** shinkenna	**ciddi** ジッディー	serious, earnest スィアリアス, アーネスト
じんけんひ **人件費** jinkenhi	**personel gideri** ペルソネル ギデリ	personnel expenses パーソネル イクスペンセズ
しんこう **信仰** shinkou	**inanç** イナンチ	faith, belief フェイス, ビリーフ
〜する	**-e inanmak** エ イナンマック	believe in ビリーヴ イン

し

日	トルコ	英
しんこう **進行** shinkou	**gelişme, ilerleme** ゲリシメ, イレルレメ	progress プラグレス
〜**する**	**ilerlemek** イレルレメッキ	progress, advance プラグレス, アドヴァンス
しんごう **信号** shingou	**sinyal** スィニャル	signal スィグナル
〜**機**	**trafik ışığı** トラフィッキ ウシュウ	(traffic) light (トラフィク) ライト
じんこう **人口** jinkou	**nüfus** ニュフス	population パピュレイション
じんこうえいせい **人工衛星** jinkoueisei	**yapay uydu** ヤパイ ウイドゥ	artificial satellite アーティフィシャル サテライト
じんこうこきゅう **人工呼吸** jinkoukokyuu	**suni teneffüs, yapay solunum** スーニー テネッフュス, ヤパイ ソルヌム	artificial respiration アーティフィシャル レスピレイション
じんこうてきな **人工的な** jinkoutekina	**yapay** ヤパイ	artificial アーティフィシャル
しんこきゅう **深呼吸** shinkokyuu	**derin nefes** デリン ネフェス	deep breathing ディープ ブリーズィング
しんこく **申告** shinkoku	**beyan** ベヤーン	report リポート
〜**する**	**deklare etmek** デクラレ エトメッキ	report, declare リポート, ディクレア
しんこくな **深刻な** shinkokuna	**ciddi** ジッディー	serious, grave スィアリアス, グレイヴ
しんこん **新婚** shinkon	**yeni evliler** イェニ エヴリレル	newlyweds ニューリウェヅ
〜**旅行**	**balayı** バラユ	honeymoon ハニムーン
しんさ **審査** shinsa	**inceleme** インジェレメ	inspection, examination インスペクション, イグザミネイション
じんざい **人材** jinzai	**insan kaynakları** インサン カイナックラル	human resources ヒューマン リソースィズ

し

日	トルコ	英
しんさつ **診察** shinsatsu	**muayene** ムアーイェネ	medical examination メディカル　イグザミネイション
〜室	**muayene odası** ムアーイェネ オダス	consulting room コンサルティング ルーム
〜する	**muayene etmek** ムアーイェネ エトメッキ	examine イグザミン
しんし **紳士** shinshi	**efendi** エフェンディ	gentleman チェントルマン
しんしつ **寝室** shinshitsu	**yatak odası** ヤタック オダス	bedroom ベドルーム
しんじつ **真実** shinjitsu	**gerçek** ゲルチェッキ	truth トルース
〜の	**gerçek** ゲルチェッキ	true, real トルー, リーアル
しんじゃ **信者** shinja	**inançılı** イナンチュル	believer ビリーヴァ
じんじゃ **神社** jinja	**Şinto tapınağı** シント タプナウ	Shinto shrine シントウ シュライン
しんじゅ **真珠** shinju	**inci** インジ	pearl パール
じんしゅ **人種** jinshu	**ırk** ウルク	race レイス
〜差別	**ırk ayrımı** ウルク アイルム	racial discrimination レイシャル ディスクリミネイション
しんしゅつ **進出** shinshutsu	**ilerleme** イレルレメ	advancement, foray アドヴァンスメント, フォーレイ
〜する	**ilerlemek** イレルレメッキ	advance アドヴァンス
しんじょう **信条** shinjou	**inanç, itikat** イナンチ, イーティカート	belief, principle ビリーフ, プリンスィプル
しんしょくする **侵食する** shinshokusuru	**aşınmak, erozyona uğramak** アシュンマック, エロズィヨナ ウーラマック	erode イロウド

日	トルコ	英
しんじる **信じる** shinjiru	**inanmak** イナンマック	believe ビリーヴ
（信頼する）	**güvenmek** ギュヴェンメッキ	trust トラスト
しんじん **新人** shinjin	**yeni gelen** イェニ ゲレン	new face, new-comer ニュー フェイス
しんすいする **浸水する** shinsuisuru	**su basmak, sel altında kalmak** ス バスマック, セル アルトゥンダ カルマック	(be) flooded (ビ) フラデド
じんせい **人生** jinsei	**hayat** ハヤット	life ライフ
しんせいじ **新生児** shinseiji	**yeni doğan bebek** イェニ ドアン ベベッキ	newborn baby ニューボーン ベイビ
しんせいする **申請する** shinseisuru	**başvurmak** バシヴルマック	apply for アプライ フォ
しんせいな **神聖な** shinseina	**kutsal, mübarek** クトゥサル, ミュバーレッキ	holy, sacred ホウリ, セイクレド
しんせさいざー **シンセサイザー** shinsesaizaa	**sintisayzır** スィンティサイズル	synthesizer スィンセサイザ
しんせつな **親切な** shinsetsuna	**nazik, yardımsever** ナーズィッキ, ヤルドゥムセヴェル	kind カインド
しんぜん **親善** shinzen	**dostluk** ドストルック	friendship フレンドシプ
しんせんな **新鮮な** shinsenna	**taze** ターゼ	fresh, new フレシュ, ニュー
しんそう **真相** shinsou	**gerçek** ゲルチェッキ	truth トルース
しんぞう **心臓** shinzou	**kalp** カルプ	heart ハート
～病	**kalp hastalığı** カルプ ハスタルウ	heart disease ハート ディズィーズ
～発作	**kalp krizi** カルプ クリズィ	heart attack ハート アタク
～麻痺	**kalp yetmezliği** カルプ イェトメズリイ	heart failure ハート フェイリャ

し

日	トルコ	英
じんぞう **腎臓** jinzou	**böbrek** ボブレッキ	kidney キドニ
しんぞく **親族** shinzoku	**akraba** アクラバー	relative レラティヴ
じんそくな **迅速な** jinsokuna	**hızlı** フズル	rapid, prompt ラピド, プランプト
じんたい **人体** jintai	**insan vücudu** インサン ヴュジュドゥ	human body ヒューマン バディ
しんたいそう **新体操** shintaisou	**ritmik jimnastik** リトミッキ ジムナスティッキ	rhythmic gymnastics リズミク ヂムナスティクス
しんたく **信託** shintaku	**kredi** クレディ	trust トラスト
しんだん **診断** shindan	**tanı, teşhis** タヌ, テシヒース	diagnosis ダイアグノウスィス
〜書	**hasta raporu** ハスタ ラポル	medical certificate メディカル サティフィケト
じんち **陣地** jinchi	**(askeri) mevzi, (askeri) kamp** (アスケリー) メヴズィー, (アスケリー) カンプ	(military) position (ミリテリ) ボズィション
しんちゅう **真鍮** shinchuu	**pirinç** ピリンチ	brass ブラス
しんちょう **身長** shinchou	**boy** ボイ	stature スタチャ
しんちょうな **慎重な** shinchouna	**dikkatli** ディッカトリ	cautious, prudent コーシャス, プルーデント
しんちんたいしゃ **新陳代謝** shinchintaisha	**metabolizma** メタボリズマ	metabolism メタボリズム
じんつう **陣痛** jintsuu	**doğum sancısı** ドゥム サンジュス	labor (pains) レイバ (ペインズ)
しんてん **進展** shinten	**gelişme** ゲリシメ	development, progress ディヴェロプメント, プラグレス
〜する	**gelişmek** ゲリシメッキ	develop, progress ディヴェロプ, プラグレス

し

日	トルコ	英
しんでん **神殿** shinden	**tapınak** タプナック	shrine シュ**ライ**ン
しんでんず **心電図** shindenzu	**elektrokardiyogram** エレクト**ロ**カルディヨグラム	electrocardiogram イレクトロウ**カー**ディオグラ ム
しんど **震度** shindo	**depremin şiddeti** デプレ**ミ**ン シッデ**ティ**	seismic intensity **サ**イズミク イン**テ**ンスィ ティ
しんどう **振動** shindou	**titreşim** ティトレ**シ**ム	vibration ヴァイブ**レ**イション
～する	**titremek** ティトレ**メ**キ	vibrate **ヴァ**イブレイト
じんどう **人道** jindou	**insanlık** インサン**ル**ック	humanity ヒュー**マ**ニティ
～主義	**insancıllık** インサンジュル**ル**ック	humanitarianism ヒューマニ**テ**アリアニズム
～的な	**insancıl** インサン**ジュ**ル	humane ヒュー**メ**イン
しんどろーむ **シンドローム** shindoroomu	**sendrom** センド**ロ**ム	syndrome **ス**ィンドロウム
しんなー **シンナー** shinnaa	**tiner** ティ**ネ**ル	(paint) thinner (**ペ**イント) **ス**ィナ
しんにゅうせい **新入生** shinnyuusei	**yeni öğrenci** イェ**ニ** ウー**レ**ンジ	new student **ニュー** ス**テュー**デント
しんにん **信任** shinnin	**güven** ギュ**ヴェ**ン	confidence **カ**ンフィデンス
～投票	**güven oylaması** ギュ**ヴェ**ン オイラマ**ス**	vote of confidence **ヴォ**ウト オヴ **カ**ンフィデン ス
しんねん **新年** shinnen	**yeni yıl** イェ**ニ** ユル	new year **ニュー** **イ**ヤ
しんぱい **心配** shinpai	**endişe, kaygı** エンディ**シェ**, カイ**グ**	anxiety, worry アング**ザ**イエティ, **ワ**ーリ
～する	**endişe etmek, kaygılan-mak** エンディ**シェ** エト**メ**キ, カイグラン**マ**ッ ク	(be) anxious about (ビ) **ア**ンクシャス アバウト
しんばる **シンバル** shinbaru	**zil** **ズ**ィル	cymbals **ス**ィンバルズ

日	トルコ	英
しんぱん **審判**（判断・判定） shinpan	**karar, yargı** カラル, ヤルグ	judgment チャヂメント
（人）	**hakem** ハケム	umpire, referee アンパイア, レフェリー
しんぴてきな **神秘的な** shinpitekina	**gizemli, esrarengiz** ギゼムリ, エスラーレンギス	mysterious ミス**ティ**アリアス
しんぴょうせい **信憑性** shinpyousei	**gerçeklik** ゲルチェッキリッキ	authenticity オーセン**ティ**スィティ
しんぴん **新品** shinpin	**yeni ürün** イェニ ユリュン	new article ニュー アーティクル
しんぷ **新婦** shinpu	**gelin** ゲリン	bride ブライド
しんぷ **神父** shinpu	**Katolik rahibi** カトリッキ ラーヒビ	father ファーザ
じんぶつ **人物** jinbutsu	**kişi** キシ	person パースン
（性格・人柄）	**kişilik** キシリッキ	character, person-ality **キャ**ラクタ, パーソナリティ
しんぶん **新聞** shinbun	**gazete** ガゼテ	newspaper, (the) press ニューズペイパ, (ザ) プレス
～記者	**gazeteci** ガゼテジ	reporter, Ⓑpress-man リポータ, プレスマン
～社	**gazeteci** ガゼテジ	newspaper pub-lishing company ニューズペイパ パブリシング カンパニ
じんぶんかがく **人文科学** jinbunkagaku	**beşerî bilimler** ベシェリー ビリムレル	humanities ヒューマニティズ
しんぽ **進歩** shinpo	**ilerleme** イレルレメ	progress, advance プラグレス, アド**ヴァ**ンス
～する	**ilerlemek** イレルレメッキ	make progress, ad-vance メイク プラグレス, アド**ヴァ**ンス
～的な	**ilerici** イレリジ	advanced, progres-sive アド**ヴァ**ンスト, プログレスィヴ

日	トルコ	英
じんぼう **人望** jinbou	**popülarite** ポピュラリテ	popularity パピュラリティ
しんぽうしゃ **信奉者** shinpousha	**inançlı** イナンチル	believer, follower ビリーヴァ, ファロウア
しんぼうする **辛抱する** shinbousuru	**-e dayanmak, -e katlan- mak** エ ダヤンマック, エ カトランマック	endure, bear インデュア, ペア
しんぼく **親睦** shinboku	**dostluk** ドストルック	friendship フレンドシプ
しんぽじうむ **シンポジウム** shinpojiumu	**sempozyum** センポズィウム	symposium スィンポウズィアム
しんぼる **シンボル** shinboru	**simge, sembol** スィムゲ, センボル	symbol スィンボル
しんまい **新米** shinmai	**yeni hasat pirinç** イェニ ハサット ピリンチ	new rice ニュー ライス
（初心者）	**acemi, toy** アジェミー, トイ	novice, newcomer ナヴィス, ニューカマ
じんましん **じんましん** jinmashin	**ürtiker, kurdeşen** ユルティケル, クルデシェン	nettle rash, hives ネトル ラシュ, ハイヴズ
しんみつな **親密な** shinmitsuna	**samimi** サミーミー	close, intimate クロウス, インティメト
じんめい **人名** jinmei	**isim** イスィム	name of a person ネイム オヴ ア パースン
じんもん **尋問** jinmon	**sorgu** ソルグ	interrogation インテロゲイション
しんやくせいしょ **新約聖書** shin-yakuseisho	**Yeni Ahit, İncil** イェニ アヒット, インジル	New Testament ニュー テスタメント
しんゆう **親友** shin-yuu	**dost** ドスト	close friend クロウス フレンド
しんよう **信用** shin-you	**güven** ギュヴェン	reliance, trust リライアンス, トラスト
～する	**-e güvenmek** エ ギュヴェンメッキ	trust, believe in トラスト, ビリーヴ イン
しんようじゅ **針葉樹** shin-youju	**kozalaklı** コザラックル	conifer カニファ

日	トルコ	英
反 広葉樹	**geniş yapraklı** ゲニッシ ヤプラックル	broad-lieved tree ブロードリーヴド トリー
しんらいする **信頼する** shinraisuru	**-e güvenmek** エ ギュヴェンメッキ	trust, rely トラスト, リライ
しんらつな **辛辣な** shinratsuna	**acı, iğneleyici** アジュ, イーネレイジ	biting バイティング
しんり **心理** shinri	**psikolojik durum** プスィコロジック ドゥルム	mental state メンタル ステイト
～学	**psikoloji** プスィコロジ	psychology サイカロヂ
～学者	**psikolog** プスィコログ	psychologist サイカロヂスト
しんりゃく **侵略** shinryaku	**istila** イスティラー	invasion インヴェイジョン
～する	**istila etmek** イスティラー エトメッキ	invade, raid インヴェイド, レイド
しんりょうじょ **診療所** shinryoujo	**klinik** クリニッキ	clinic クリニク
しんりん **森林** shinrin	**orman** オルマン	forest, woods フォーレスト, ウヅ
しんるい **親類** shinrui	**akraba** アクラバー	relative レラティヴ
（姻戚）	**hısım** フスム	relative レラティヴ
じんるい **人類** jinrui	**insanlık, insanoğlu** インサンルック, インサノール	mankind マンカインド
～学	**antropoloji** アントロポロジ	anthropology アンスロパロヂ
しんろ **進路** shinro	**yol** ヨル	course, way コース, ウェイ
しんろう **新郎** shinrou	**damat** ダーマート	bridegroom ブライドグルーム
しんわ **神話** shinwa	**mit** ミット	myth, mythology ミス, ミサロヂ

日	トルコ	英

す, ス

巣 (蜘蛛の) su	**örümcek ağı** ウリュムジェッキ アウ	cobweb カブウェプ
(鳥・昆虫の)	**yuva** ユヴァ	nest ネスト
(蜂の)	**arı kovanı, petek** アル コヴァヌ, ペテッキ	beehive ビーハイヴ
酢 su	**sirke** スィルケ	vinegar ヴィニガ
図 zu	**resim, şekil** レスィム, シェキル	picture, figure ピクチャ, フィギャ
図案 zuan	**taslak** タスラック	design, sketch ディザイン, スケチ
水位 suii	**su seviyesi** ス セヴィイェスィ	water level ウォータ レヴル
スイートピー suiitopii	**ıtırşahi** ウトゥルシャーヒ	sweet pea スウィート ピー
水泳 suiei	**yüzme** ユズメ	swimming スウィミング
水温 suion	**su sıcaklığı** ス スジャックルウ	water temperature ウォータ テンパラチャ
西瓜 suika	**karpuz** カルプス	watermelon ウォータメロン
水害 suigai	**sel hasarı** セル ハサル	flood, flood disaster フラド, フラド ディザスタ
水銀 suigin	**cıva** ジュヴァ	mercury マーキュリ
水彩画 suisaiga	**sulu boya** スル ボヤ	watercolor ウォータカラ
水産業 suisangyou	**balıkçılık** バルックチュルック	fisheries フィシャリズ
水産物 suisanbutsu	**deniz ürünleri** デニス ユリュンレリ	marine products マリーン プラダクツ

す

日	トルコ	英
すいしつ **水質** suishitsu	**su kalitesi** ス カリテスィ	water quality ウォータ クワリティ
すいしゃ **水車** suisha	**su değirmeni** ス デイルメニ	water mill ウォータ ミル
すいじゃくする **衰弱する** suijakusuru	**zayıflamak, güçsüzleş- mek** ザユフラマック, ギュチスュズレシメッキ	grow weak グロウ ウィーク
すいじゅん **水準** suijun	**seviye** セヴィイェ	level, standard レヴル, スタンダド
すいしょう **水晶** suishou	**kristal** クリスタル	crystal クリスタル
すいじょうき **水蒸気** suijouki	**su buharı** ス ブハル	steam スティーム
すいしんする **推進する** suishinsuru	**ileriye götürmek** イレリイェ ギョテュルメッキ	drive forward ドライヴ フォーワド
すいす **スイス** suisu	**İsviçre** イスヴィッチレ	Switzerland スウィツァランド
すいせい **水星** suisei	**Merkür** メルキュル	Mercury マーキュリ
すいせん **推薦** suisen	**tavsiye** タヴスィイェ	recommendation レコメンデイション
～する	**tavsiye etmek** タヴスィイェ エトメッキ	recommend レコメンド
すいせん **水仙** suisen	**nergis, fulya** ネルギス, フリヤ	narcissus, daffodil ナースィサス, ダフォディル
すいそ **水素** suiso	**hidrojen** ヒドロジェン	hydrogen ハイドロヂェン
すいそう **水槽** suisou	**su tankı** ス タンク	water tank, cistern ウォータ タンク, スィスタン
（熱帯魚などの）	**akvaryum** アクヴァリウム	aquarium アクウェアリアム
すいぞう **膵臓** suizou	**pankreas** パンクレアス	pancreas パンクリアス
すいそうがく **吹奏楽** suisougaku	**nefesli çalgılar** ネフェスリ チャルグラル	wind music ウィンド ミューズィク

す

日	トルコ	英
すいそく **推測** suisoku	**tahmin** タフミーン	guess, conjecture **ゲ**ス, コン**チェ**クチャ
～**する**	**tahmin etmek** タフミーン エト**メ**ッキ	guess, conjecture **ゲ**ス, コン**チェ**クチャ
すいぞくかん **水族館** suizokukan	**akvaryum** アク**ヴァ**リウム	aquarium アク**ウェ**アリアム
すいたいする **衰退する** suitaisuru	**zayıflamak** ザユフラ**マ**ック	decline ディク**ラ**イン
すいちょくな **垂直な** suichokuna	**dikey** ディ**ケ**イ	vertical **ヴァ**ーティカル
反 水平な	**yatay** ヤ**タ**イ	horizontal ホーリ**ザ**ントル
すいっち **スイッチ** suicchi	**anahtar** アナフ**タ**ル	switch ス**ウィ**チ
すいていする **推定する** suiteisuru	**varsaymak** **ヴァ**ルサイ**マ**ック	presume プリ**ジュ**ーム
すいでん **水田** suiden	**pirinç tarlası** ピリンチ タルラ**ス**	rice paddy **ラ**イス **パ**ディ
すいとう **水筒** suitou	**su şişesi** ス シシェ**ス**ィ	water bottle, can-teen **ウォ**ータ **バ**トル, キャン**ティ**ーン
(魔法瓶)	**termos** テルモス	Thermos **サ**ーモス
すいどう **水道** suidou	**su dağıtım** ス ダウ**トゥ**ム	water supply **ウォ**ータ サプ**ラ**イ
ずいひつ **随筆** zuihitsu	**deneme** デネ**メ**	essay **エ**セイ
～**家**	**deneme yazarı** デネメ ヤ**ザ**ル	essayist **エ**セイイスト
すいぶん **水分** suibun	(水) **su** ス	water **ウォ**ータ
	(湿気) **nem** ネム	moisture **モ**イスチャ
ずいぶん **随分** zuibun	**oldukça, epey** オル**ドゥ**ックチャ, **エ**ペイ	fairly, extremely **フェ**アリ, イクスト**リ**ームリ

す

日	トルコ	英
すいへいせん **水平線** suiheisen	**ufuk** ウフック	horizon ホライズン
すいへいの **水平の** suiheino	**yatay** ヤタイ	level, horizontal レヴル, ホーリザントル
反 垂直な	**dikey** ディケイ	vertical ヴァーティカル
すいみん **睡眠** suimin	**uyku** ウイク	sleep スリープ
～薬	**uyku ilacı, uyku hapı** ウイク イラジュ, ウイク ハプ	sleeping drug スリーピング ドラグ
すいめん **水面** suimen	**su yüzeyi** ス ユゼイ	surface of the water サーフェス オヴ ザ **ウォー**タ
すいようび **水曜日** suiyoubi	**çarşamba** チャルシャンバ	Wednesday ウェンズデイ
すいり **推理** suiri	**muhakeme, çıkarsama** ムハーケメ, チュカルサマ	reasoning, inference リーズニング, インファレンス
～小説	**detektif romanı, polisiye roman** デテクティフ ロマヌ, ポリスィイェ ロマン	detective story ディテクティヴ ストーリ
～する	**çıkarsamak** チュカルサマック	reason, infer リーズン, インファー
すいれん **睡蓮** suiren	**nilüfer** ニリュフェル	water lily ウォタ リリ
すう **吸う** (液体を) suu	**emmek** エンメッキ	sip, suck スィプ, サク
(煙草を)	**(sigara) içmek** (スィガラ) イチメッキ	smoke スモウク
(息を)	**nefes almak** ネフェス アルマック	breathe in, inhale ブリーズ イン, インヘイル
すうぇーでん **スウェーデン** suweeden	**İsveç** イスヴェッチ	Sweden スウィードン
すうがく **数学** suugaku	**matematik** マテマティッキ	mathematics マセマティクス
すうじ **数字** suuji	**rakam, sayı** ラカム, サユ	figure, numeral フィギャ, ニューメラル

す

日	トルコ	英
すうしき **数式** suushiki	**formül** フォルミュル	formula, expression フォーミュラ, イクスプレション
すーつ **スーツ** suutsu	**takım elbise** タクム エルビセ	suit スート
すーつけーす **スーツケース** suutsukeesu	**bavul, valiz** バヴル, ヴァリス	suitcase スートケイス
すうにん **数人** suunin	**birkaç kişi** ビルカッチ キシ	several people セヴラル ピープル
すうねん **数年** suunen	**birkaç yıl** ビルカッチ ユル	several years セヴラル イアズ
すーぱーまーけっと **スーパーマーケット** suupaamaaketto	**süpermarket, market** スュペルマルケット, マルケット	supermarket スーパマーケト
すうはいする **崇拝する** suuhaisuru	**tapmak** タプマック	worship, adore ワーシプ, アドー
すーぷ **スープ** suupu	**çorba** チョルバ	soup スープ
すえーど **スエード** sueedo	**süet** スュエット	suede スウェイド
すえっこ **末っ子** suekko	**en küçük çocuk** エン キュチュッキ チョジュック	youngest child ヤンゲスト チャイルド
すえる **据える** sueru	**yerleştirmek** イェルレシティルメッキ	place, lay, set プレイス, レイ, セト
すかーと **スカート** sukaato	**etek** エテッキ	skirt スカート
すかーふ **スカーフ** sukaafu	**eşarp** エシャルプ	scarf スカーフ
ずがいこつ **頭蓋骨** zugaikotsu	**kafatası** カファタス	skull スカル
すかいだいびんぐ **スカイダイビング** sukaidaibingu	**serbest paraşüt** セルベスト パラシュット	skydiving スカイダイヴィング
ずかん **図鑑** zukan	**resimli sözlük** レスィムリ ソズリュック	illustrated book イラストレイティド ブク
すぎ **杉** sugi	**Japon sedir** ジャポン セディル	Japanese cedar チャパニーズ スィーダ

す

日	トルコ	英
すきー **スキー** sukii	**kayak** カヤック	skiing, ski スキーイング, スキー
すきとおった **透き通った** sukitootta	**şeffaf** シェファフ	transparent, clear トランスペアレント, クリア
すきな **好きな** sukina	**favori** ファヴォリ	favorite, ⑧favour- ite フェイヴァリト, フェイヴァ リト
すきま **透き間** sukima	**ara** アラ	opening, gap オウプニング, ギャップ
すきむみるく **スキムミルク** sukimumiruku	**yağsız süt** ヤースス スュット	skim milk スキム ミルク
すきゃなー **スキャナー** sukyanaa	**tarayıcı** タラユジュ	scanner スキャナ
すきゃんだる **スキャンダル** sukyandaru	**skandal, rezalet** スカンダル, レザーレット	scandal スキャンダル
すきゅーばだいびんぐ **スキューバ ダイビング** sukyuubadaibingu	**su altı dalışı** ス アルトゥ ダルシュ	scuba diving スキューバ ダイヴィング
すぎる **過ぎる**(期限が) sugiru	**geçmek** ゲチメッキ	(be) out, expire (ビ) アウト, イクスパイア
(更に先へ)	**geçmek** ゲチメッキ	pass, go past パス, ゴウ パスト
(時が)	**geçmek** ゲチメッキ	pass, elapse パス, イラプス
(数量などが)	**geçmek, aşmak** ゲチメッキ, アシマック	(be) over, exceed (ビ) オウヴァ, イクスィー ド
(程度を)	**aşmak** アシマック	go too far ゴウ トゥー ファー
すきんしっぷ **スキンシップ** sukinshippu	**fiziksel temas** フィジキセル テマース	physical contact フィズィカル カンタクト
すきんだいびんぐ **スキンダイビング** sukindaibingu	**serbest dalış** セルベスト ダルシ	skin diving スキン ダイヴィング
すく **空く**(人が) suku	**boşalmak, boş olmak** ボシャルマック, ボシ オルマック	(become) less crowded (ビカム) レス クラウデド

す

| | **acıkmak** アジュクマック | feel hungry フィール ハングリ |
| （腹が） | | |

| すくう 掬う sukuu | **(kepçe/kaşık ile) almak** （ケプチェ/カシュック イレ）アルマック | scoop, ladle スクープ, レイドル |

| すくう 救う sukuu | **kurtarmak** クルタルマック | rescue, save レスキュー, セイヴ |

| すくーたー スクーター sukuutaa | **mobilet** モビレット | scooter スクータ |

| すくない 少ない sukunai | **az** アス | few, little フュー, リトル |

| すくなくとも 少なくとも sukunakutomo | **en azından** エナズンダン | at least アト リースト |

| すぐに 直ぐに suguni | **hemen, derhal** ヘメン, デルハル | at once, immediately アト ワンス, イミーディエトリ |

| すくらんぶるえっぐ スクランブルエッグ sukuranburueggu | **çırpılmış yumurta** チュルプルムシ ユムルタ | scrambled eggs スクランブルド エグズ |

| すくりーん スクリーン sukuriin | **ekran** エクラン | screen スクリーン |

| すくりゅー スクリュー sukuryuu | **vida** ヴィダ | screw スクルー |

| すぐれた 優れた sugureta | **mükemmel** ミュケンメル | excellent, fine エクセレント, ファイン |

| すぐれる 優れる sugureru | **-den daha iyi, üstün olmak** デン ダハ イイ, ユステュン オルマック | (be) better, (be) superior to (ビ) ベタ, (ビ) スピアリアトゥ |

| すくろーる スクロール sukurooru | **kaydırma** カイドゥルマ | scroll スクロウル |

| ずけい 図形 zukei | **şekil** シェキル | figure, diagram フィギャ, ダイアグラム |

| すけーと スケート sukeeto | **paten** パテン | skating スケイティング |

| ～靴 | **paten ayakkabı** パテン アヤッカブ | skates スケイツ |

日	トルコ	英
すけーる **スケール** （規模・大きさ） sukeeru	**ölçek** ウルチェッキ	scale スケイル
（尺度）	**ölçü** ウルチュ	scale スケイル
すけじゅーる **スケジュール** sukejuuru	**program** プログラム	schedule スケヂュル
すけっち **スケッチ** sukecchi	**eskiz, kroki** エスキス, クロキ	sketch スケチ
すける **透ける** sukeru	**şeffaflaşmak, saydam- laşmak** シェッファフラシマック, サイダムラシマック	(be) transparent (ビ) トランスペアレント
すこあ **スコア** sukoa	**skor** スコル	score スコー
～ボード	**skor tahtası** スコル タフタス	scoreboard スコーボード
すごい **すごい** sugoi	**harika** ハーリカ	wonderful, great ワンダフル, グレイト
すこし **少し** sukoshi	**az** アス	a few, a little ア フュー, ア リトル
すごす **過ごす** sugosu	**geçirmek** ゲチルメッキ	pass, spend パス, スペンド
すこっぷ **スコップ** sukoppu	**kürek** キュレッキ	scoop, shovel スクープ, シャヴル
すこやかな **健やかな** sukoyakana	**sağlıklı** サールックル	healthy ヘルスィ
すさまじい **すさまじい** susamajii	**korkunç** コルクンチ	dreadful, terrible ドレドフル, テリブル
すじ **筋** suji	**çizgi** チズギ	line ライン
（物事の道理）	**mantık** マントゥック	reason, logic リーズン, ラヂク
（話のあらすじ）	**özet** ウゼット	plot プラト
すじょう **素性** sujou	**kimlik** キムリッキ	birth, origin バース, オーリヂン

日	トルコ	英
すず **錫** suzu	**kalay** カライ	tin ティン
すず **鈴** suzu	**zil, çan** ズィル, チャン	bell ベル
すすぐ **すすぐ** susugu	**durulamak** ドゥルラマック	rinse リンス
すずしい **涼しい** suzushii	**serin** セリン	cool クール
すすむ **進む** susumu	**ilerlemek** イレルレメッキ	go forward ゴウ フォーワド
(物事が)	**gelişmek, ilerlemek** ゲリシメッキ, イレルレメッキ	progress プラグレス
すずむ **涼む** suzumu	**serinlenmek** セリンレンメッキ	enjoy the cool air インチョイ ザ クール エア
すずめ **雀** suzume	**serçe** セルチェ	sparrow スパロウ
すすめる **勧める** susumeru	**öğütlemek, öğüt vermek** ウュットレメッキ, ウユット ヴェルメッキ	advise アドヴァイズ
すすめる **進める** susumeru	**geliştirmek, ilerletmek** ゲリシティルメッキ, イレルレトメッキ	advance, push on アドヴァンス, プシュ オン
すすめる **薦める** susumeru	**tavsiye etmek** タヴスィイェ エトメッキ	recommend レコメンド
すずらん **鈴蘭** suzuran	**inci çiçeği** インジ チチェイ	lily of the valley リリ オヴ ザ ヴァリ
すする **啜る** (音を立てて飲む) susuru	**höpürdeterek içmek** フピュルデテレッキ イチメッキ	sip, slurp スィプ, スラープ
(鼻水を)	**burun çekmek** ブルン チェキメッキ	sniff スニフ
すそ **裾** suso	**etek** エテッキ	skirt, train スカート, トレイン
すたー **スター** sutaa	**yıldız** ユルドゥス	star スター
すたーと **スタート** sutaato	**başlangıç** バシラングッチ	start スタート

す

日	トルコ	英
〜ライン	**başlama çizgisi, başlan-gıç çizgisi** バシラマ チズギスィ, バシラングッチ チズギスィ	starting line スターティング ライン
すたいる **スタイル** (形) sutairu	**form** フォルム	figure フィギャ
(様式・やり方)	**stil** スティル	style スタイル
すたじあむ **スタジアム** sutajiamu	**stat, stadyum** スタット, スタディウム	stadium ステイディアム
すたじお **スタジオ** sutajio	**stüdyo** ステュディオ	studio ステューディオウ
すたっふ **スタッフ** sutaffu	**personel** ペルソネル	staff スタフ
すたれる **廃れる** sutareru	**demode olmak, eskileş-mek** デモデ オルマック, エスキレシメッキ	go out of use ゴウ アウト オヴ ユース
すたんど **スタンド** (観覧席) sutando	**tribün** トリビュン	grandstand グランドスタンド
(照明器具)	**masa lambası** マサ ランバス	desk lamp デスク ランプ
すたんぷ **スタンプ** sutanpu	**kaşe, damga** カシェ, ダムガ	stamp, postmark スタンプ, ポウストマーク
(SNS の)	**sticker** スティケル	stamp スタンプ
すちーむ **スチーム** suchiimu	**buhar** ブハル	steam スティーム
ずつう **頭痛** zutsuu	**baş ağrısı** バシ アールス	headache ヘディク
すっかり **すっかり** sukkari	**tamamen** タマーメン	all, entirely オール, インタイアリ
すづけ **酢漬け** suzuke	**turşu** トゥルシュ	pickling ピクリング
すっぱい **酸っぱい** suppai	**ekşi** エクシ	sour, acid サウア, アスィド
すてーじ **ステージ** suteeji	**sahne** サフネ	stage ステイヂ

す

日	トルコ	英
すてきな **素敵な** sutekina	**hoş, güzel** ホシ, ギュゼル	great, fine グレイト, **ファイン**
すてっぷ **ステップ** suteppu	**adım** アドゥム	step ステプ
すでに **既に** sudeni	**zaten** ザーテン	already オールレディ
すてる **捨てる** suteru	**atmak** アトマック	throw away, dump スロウ アウェイ, ダンプ
すてれお **ステレオ** sutereo	**müzik seti** ミュズィッキ セティ	stereo スティアリオウ
すてんどぐらす **ステンドグラス** sutendogurasu	**vitray** ヴィトライ	stained glass ステインド グラス
すとーぶ **ストーブ** sutoobu	**soba** ソバ	heater, stove **ヒータ**, ストウヴ
すとーりー **ストーリー** sutoorii	**hikâye** ヒキャーイェ	story ストーリ
すとーる **ストール** sutooru	**şal** シャル	stole ストウル
すとっきんぐ **ストッキング** sutokkingu	**(uzun) çorap** (ウズン) チョラップ	stockings スタキングズ
すとっく **ストック** (スキーの杖) sutokku	**kayak batonu, kayak so-pası** カヤック バトヌ, カヤック ソパス	ski pole スキー ポウル
すとっぷうぉっち **ストップウォッチ** sutoppuwocchi	**kronometre** クロノメトレ	stopwatch スタプワチ
すとらいき **ストライキ** sutoraiki	**grev** グレヴ	strike ストライク
すとらいぷ **ストライプ** sutoraipu	**çizgi** チズギ	stripes ストライプス
すとれす **ストレス** sutoresu	**stres** ストレス	stress ストレス
すとれっち **ストレッチ** sutorecchi	**gerinme** ゲリンメ	stretch ストレチ
すとろー **ストロー** sutoroo	**pipet, kamış** ピペット, カムシ	straw ストロー

す

日	トルコ	英
すな **砂** suna	**kum** クム	sand サンド
すなおな **素直な** sunaona	**uysal** ウイサル	docile ダスィル
すなわち **すなわち** sunawachi	**yani** ヤーニ	namely, that is ネイムリ, ザト イズ
すにーかー **スニーカー** suniikaa	**spor ayakkabısı** スポル アヤッカブス	sneakers, ⑧train- ers スニーカズ, トレイナズ
すね **脛** sune	**incik** インジッキ	shin シン
ずのう **頭脳** zunou	**beyin** ベイン	brains, head ブレインズ, ヘド
すのーぼーど **スノーボード** sunooboodo	**kar yatılı** カル ヤトゥル	snowboard スノウボード
すぱーくりんぐわいん **スパークリング ワイン** supaakuringuwain	**köpüklü şarap** キョピュックリュ シャラップ	sparkling wine スパークリング ワイン
すぱい **スパイ** supai	**casus** ジャースス	spy, secret agent スパイ, スィークレト エイ ヂェント
すぱいす **スパイス** supaisu	**baharat** バハーラット	spice スパイス
すぱげってぃ **スパゲッティ** supagetti	**makarna** マカルナ	spaghetti スパゲティ
すばしこい **すばしこい** subashikoi	**çevik** チェヴィッキ	nimble, agile ニンブル, アヂル
すぱな **スパナ** supana	**ingiliz anahtarı** インギリズ アナフタル	wrench, spanner レンチ, スパナ
ずばぬけて **ずば抜けて** zubanukete	**son derece, fevkalade** ソン デレジェ, フェヴカラーデ	by far, exception- ally バイ ファー, イクセプショ ナリ
すばやい **素早い** subayai	**çevik** チェヴィッキ	nimble, quick ニンブル, クウィク
すばらしい **素晴らしい** subarashii	**şahane, harika** シャーハーネ, ハーリカ	wonderful, splen- did ワンダフル, スプレンディド

す

日	トルコ	英
すぴーかー **スピーカー** （音声出力装置） supiikaa	**hoparlör** ホパルルル	speaker スピーカ
（話し手）	**konuşmacı** コヌシマジュ	speaker スピーカ
すぴーち **スピーチ** supiichi	**konuşma** コヌシマ	speech スピーチ
すぴーど **スピード** supiido	**hız** フズ	speed スピード
ずひょう **図表** zuhyou	**çizelge, tablo** チゼルゲ, **タ**ブロ	chart, diagram **チャー**ト, **ダ**イアグラム
すぷーん **スプーン** supuun	**kaşık** カ**シュ**ック	spoon スプーン
すぷりんくらー **スプリンクラー** （消火用の） supurinkuraa	**yangın söndürme siste-mi** ヤン**グ**ン スンドゥル**メ** スィステ**ミ**	sprinkler スプリンクラ
（散水用の）	**sulama sistemi** スラ**マ** スィステ**ミ**	sprinkler スプリンクラ
すぷれー **スプレー** supuree	**sprey** スプレイ	spray スプレイ
すぺいん **スペイン** supein	**İspanya** イス**パ**ンヤ	Spain スペイン
～語	**İspanyolca** イスパ**ニョ**ルジャ	Spanish スパニシュ
すぺーす **スペース** supeesu	**boşluk** ボシルック	space スペイス
すべての **すべての** subeteno	**her, tüm** ヘル, **テュ**ム	all, every, whole **オー**ル, **エ**ヴリ, **ホ**ウル
すべる **滑る** suberu	**kaymak** カイマック	slip, slide スリプ, スライド
（床が）	**kaygan** カイガン	(be) slippery (ビ) スリパリ
（スケートで）	**kaymak** カイマック	skate ス**ケ**イト
すべる **スペル** superu	**yazılış, yazım** ヤズ**ル**ッシ, ヤ**ズ**ム	spelling スペリング

す

日	トルコ	英
すぽーくすまん **スポークスマン** supookusuman	**sözcü** ソズジュ	spokesman スポウクスマン
すぽーつ **スポーツ** supootsu	**spor** スポル	sports スポーツ
ずぼん **ズボン** zubon	**pantolon** パントロン	trousers トラウザズ
すぽんさー **スポンサー** suponsaa	**sponsor** スポンソル	sponsor スパンサ
すぽんじ **スポンジ** suponji	**sünger** スュンゲル	sponge スパンデ
すまい **住まい** sumai	**ev, konut** エヴ, コヌット	house ハウス
すます **済ます**（終わらせる） sumasu	**bitirmek** ビティルメッキ	finish フィニシュ
（代用する）	**yerine kullanmak** イェリネ クッランマック	substitute for サブスティテュート フォ
すみ **隅** sumi	**köşe** キョシェ	nook, corner ヌク, コーナ
すみ **炭** sumi	**kömür** キョミュル	charcoal チャーコウル
すみ **墨** sumi	**Çin mürekkep** チン ミュレッケップ	China ink チャイナ インク
すみれ **菫** sumire	**menekşe** メネキシェ	violet ヴァイオレト
すむ **済む** sumu	**bitmek** ビトメッキ	(be) finished (ビ) フィニシュト
すむ **住む** sumu	**oturmak, yaşamak** オトゥルマック, ヤシャマック	live リヴ
すむ **澄む** sumu	**berraklaşmak** ベッラクラシマック	(become) clear (ビカム) クリア
すもーくさーもん **スモークサーモン** sumookusaamon	**somon füme** ソモン フュメ	smoked salmon スモウクト サモン
ずらす **ずらす**（物を） zurasu	**yerini değiştirmek, kaydırmak** イェリニ デイシティルメッキ, カイドゥルマック	shift, move シフト, ムーヴ

日	トルコ	英
すらんぐ **スラング** surangu	**argo** アルゴ	slang スラング
すり **すり** suri	**yankesici** ヤンケスィジ	pickpocket ピクパケット
すりおろす **擦り下ろす** suriorosu	**rendelemek** レンデレメッキ	grind, grate グラインド, グレイト
すりきず **擦り傷** surikizu	**sıyrık** スイルック	abrasion アブレイジョン
すりきれる **擦り切れる** surikireru	**aşınmak** アシュンマック	wear out ウェア アウト
すりっと **スリット** suritto	**yırtmaç** ユルトマッチ	slit スリト
すりっぱ **スリッパ** surippa	**terlik** テルリッキ	slippers スリパズ
すりっぷ **スリップ** (女性用下着) surippu	**kombinezon** コンビネゾン	slip スリプ
すりっぷする **スリップする** surippusuru	**kaymak** カイマック	slip, skid スリプ, スキド
すりむな **スリムな** surimuna	**ince, narin** インジェ, ナーリン	slim スリム
すりらんか **スリランカ** suriranka	**Sri Lanka** スリ ランカ	Sri Lanka スリラーンカ
すりる **スリル** suriru	**büyük heyecan** ビュユック ヘイェジャン	thrill スリル
する **する** suru	**etmek, yapmak** エトメッキ, ヤプマック	do, try, play ドゥー, トライ, プレイ
する **擦る** (こする) suru	**ovmak, sürtmek** オヴマック, スュルトメッキ	rub, chafe ラブ, チェイフ
ずるい **ずるい** zurui	**sinsi** スィンスィ	sly スライ
ずるがしこい **ずる賢い** zurugashikoi	**kurnaz** クルナス	cunning カニング
するどい **鋭い** surudoi	**keskin** ケスキン	sharp, pointed シャープ, ポインティド

す

日	トルコ	英
<ruby>ずるやすみ</ruby> **ずる休み** zuruyasumi	**okulu kırma, okulu asma** オクル クルマ, オクル アスマ	truancy トルーアンスィ
<ruby>ずれる</ruby> **ずれる** （逸脱する） zureru	**sapmak** サプマック	deviate ディーヴィエイト
（移動する）	**yerini değiştirmek** イェリニ デイシティルメッキ	shift, deviate シフト, ディーヴィエイト
<ruby>すろーがん</ruby> **スローガン** suroogan	**slogan** スロガン	slogan, motto スロウガン, マトウ
<ruby>すろーぷ</ruby> **スロープ** suroopu	**yokuş, eğim** ヨクシ, エイム	slope スロウプ
<ruby>すろーもーしょん</ruby> **スローモーション** suroomooshon	**ağır çekim** アウル チェキム	slow motion スロウ モウション
<ruby>すろっとましん</ruby> **スロットマシン** surottomashin	**kumar makinesi** クマル マキネスィ	slot machine スラト マシーン
<ruby>すろべにあ</ruby> **スロベニア** surobenia	**Slovenya** スロヴェニア	Slovenia スロウヴィーニア
<ruby>すわる</ruby> **座る** suwaru	**oturmak** オトゥルマック	sit down, take a seat スィト ダウン, テイク ア スィート

す

日	トルコ	英

せ, セ

背 <small>せ</small> (背丈) se	boy ボイ	height ハイト
(背中)	sırt スルト	back バク
姓 <small>せい</small> sei	soyadı, aile adı ソイアドゥ, アイレ アドゥ	family name, sur-name ファミリ ネイム, サーネイム
性 <small>せい</small> sei	cinsiyet, seks ズィンスィイェット, セクス	sex セクス
生 <small>せい</small> sei	hayat, yaşam ハヤット, ヤシャム	life, living ライフ, リヴィング
税 <small>ぜい</small> zei	vergi ヴェルギ	tax タクス
声援 <small>せいえん</small> seien	alkışlama アルクシラマ	cheering チアリング
～する	alkışlamak アルクシラマック	cheer チア
西欧 <small>せいおう</small> seiou	Batı Avrupa バトゥ アヴルパ	West Europe ウェスト ユアロプ
成果 <small>せいか</small> seika	sonuç ソヌッチ	result, (the) fruits リザルト, (ザ) フルーツ
政界 <small>せいかい</small> seikai	siyaset dünyası スィヤーセット デュンヤース	political world ポリティカル ワールド
正解 <small>せいかい</small> seikai	doğru cevap ドール ジェヴァップ	correct answer コレクト アンサ
性格 <small>せいかく</small> seikaku	karakter, kişilik, şahsiyet カラクテル, キシリッキ, シャフスィイェット	personality, nature パーソナリティ, ネイチャ
声楽 <small>せいがく</small> seigaku	vokal müzik, şan ヴォカル ミュズィッキ, シャン	vocal music ヴォウカル ミューズィク
正確な <small>せいかくな</small> seikakuna	doğru ドール	exact, correct イグザクト, コレクト
生活 <small>せいかつ</small> seikatsu	yaşam ヤシャム	life, livelihood ライフ, ライヴリフド

日	トルコ	英
～する	**yaşamak** ヤシャマック	live リヴ
せいかん 税関 zeikan	**gümrük** ギュムリュッキ	customs, customs office カスタムズ, カスタムズ オーフィス
せいき 世紀 seiki	**yüzyıl** ユズユル	century センチュリ
せいぎ 正義 seigi	**adalet** アダーレット	justice ヂャスティス
せいきゅう 請求 seikyuu	**talep** タレップ	demand, claim ディマンド, クレイム
～書	**fatura** ファトゥラ	bill, invoice ビル, インヴォイス
～する	**talep etmek** タレップ エトメッキ	claim, demand クレイム, ディマンド
せいぎょ 制御 seigyo	**kontrol** コントロル	control コントロウル
～する	**kontrol etmek** コントロル エトメッキ	control コントロウル
せいきょく 政局 seikyoku	**siyasal durum, siyasi durum** スィヤーサル ドゥルム, スィヤースィードゥルム	political situation ポリティカル スィチュエイション
ぜいきん 税金 zeikin	**vergi** ヴェルギ	tax タクス
せいくうけん 制空権 seikuuken	**hava üstünlüğü** ハワ ユステュンリュユ	air superiority エア スピアリオーリティ
せいけい 生計 seikei	**geçinme, geçim** ゲチンメ, ゲチム	living リヴィング
せいけいげか 整形外科 seikeigeka	**plastik cerrah, ortopedi** ピラスティッキ ジェッラフ, オルトペディ	orthopedic surgery オーソピーディク サーヂャリ
せいけつな 清潔な seiketsuna	**temiz** テミス	clean, neat クリーン, ニート
せいけん 政権 seiken	**(siyasi) iktidar** (スィヤースィー) イクティダール	political power ポリティカル パウア

せ

日	トルコ	英
_{せいげん}**制限** seigen	**sınırlama, kısıtlama** スヌルラ**マ**, クストゥラ**マ**	restriction, limit リスト**リ**クション, **リ**ミト
〜する	**sınırlamak, kısıtlamak** スヌルラ**マ**ック, クストゥラ**マ**ック	limit, restrict **リ**ミト, リスト**リ**クト
_{せいこう}**成功** seikou	**başarı** バシャ**ル**	success サク**セ**ス
〜する	**başarmak** バシャル**マ**ック	succeed, succeed in サク**スィ**ード, サク**スィ**ードイン
_{せいざ}**星座** seiza	**takımyıldız** タ**ク**ムユル**ドゥ**ス	constellation カンステ**レ**イション
(十二宮)	**burç** ブルチ	sign (of the zodiac) **サ**イン (オヴ ザ **ゾ**ウディアク)
_{せいさい}**制裁** seisai	**yaptırım** ヤプトゥ**ル**ム	sanctions, punishment **サ**ンクションズ, **パ**ニシュメント
_{せいさく}**制[製]作** seisaku	**üretim, yapım** ユレ**ティ**ム, ヤ**プ**ム	production, manufacture プロ**ダ**クション, マニュ**ファ**クチャ
〜する	**yapmak** ヤプ**マ**ック	make, produce **メ**イク, プロ**デュ**ース
_{せいさく}**政策** seisaku	**politika** ポリ**ティ**カ	policy **パ**リスィ
_{せいさん}**生産** seisan	**üretim, imalat** ユレ**ティ**ム, イー**マー**ラート	production, manufacture プロ**ダ**クション, マニュ**ファ**クチャ
〜する	**üretmek, imal etmek** ユレト**メ**ッキ, イー**マー**ル エト**メ**ッキ	produce, manufacture プロ**デュ**ース, マニュ**ファ**クチャ
_{せいし}**静止** seishi	**durma, duraklama** ドゥル**マ**, ドゥラックラ**マ**	standstill, motionlessness ス**タ**ンドスティル, **モ**ウションレスネス
〜する	**durmak, duraklamak** ドゥル**マ**ック, ドゥラックラ**マ**ック	rest, stand still **レ**スト, ス**タ**ンド ス**ティ**ル

せ

日	トルコ	英
せいじ **政治** seiji	**siyaset, politika** スィヤーセット, ポリティカ	politics パリティクス
〜家	**siyasetçi, politikacı** スィヤーセッチ, ポリティカジュ	statesman, politician ステイツマン, パリティシャン
せいしきな **正式な** seishikina	**resmî** レスミー	formal, official フォーマル, オフィシャル
せいしつ **性質** seishitsu	**nitelik, mahiyet** ニテリッキ, マーヒイェット	nature, disposition ネイチャ, ディスポズィション
せいじつな **誠実な** seijitsuna	**samimi, sadık** サミーミー, サドゥック	sincere, honest スィンスィア, アネスト
せいじゃく **静寂** seijaku	**sessizlik, sükûnet** セッスィズリッキ, スュキューネット	silence, stillness サイレンス, スティルネス
せいしゅく **静粛** seishuku	**sessizlik, suskunluk** セッスィズリッキ, ススクンルック	silence サイレンス
せいじゅくする **成熟する** seijukusuru	**olgunlaşmak, erginleşmek** オルグンラシマック, エルギンレシメッキ	ripen, mature ライプン, マチュア
せいしゅん **青春** seishun	**gençlik** ゲンチリッキ	youth ユース
せいしょ **聖書** seisho	**İncil** インジル	Bible バイブル
せいじょうな **正常な** seijouna	**olağan, normal** オラアン, ノルマル	normal ノーマル
せいしょうねん **青少年** seishounen	**gençlik** ゲンチリッキ	younger generation ヤンガ デェネレイション
せいしょくしゃ **聖職者** seishokusha	**rahip** ラーヒップ	clergy クラーヂ
せいしん **精神** seishin	**ruh** ルフ	spirit, mind スピリト, マインド
せいじん **成人** seijin	**yetişkin** イェティシキン	adult, grown-up アダルト, グロウナプ
〜する	**yetişkin olmak** イェティシキン オルマック	grow up グロウ アプ
せいじん **聖人** seijin	**aziz** アズィーズ	saint セイント

日	トルコ	英
せいしんか 精神科 seishinka	**psikiyatri, ruh hekimliği** プスィキヤトリ, ルフ ヘキムリイ	psychiatry サカイアトリ
〜医	**psikiyatrist, ruh hekimi, ruh doktoru** プスィキヤトリスト, ルフ ヘキミ, ルフ ドクトル	psychiatrist サカイアトリスト
せいず 製図 seizu	**çizim** チズィム	drafting, drawing ドラフティング, ドローイング
せいすう 整数 seisuu	**tam sayı** タム サユ	integer インティヂャ
せいせき 成績　(競技の) seiseki	**sonuç** ソヌッチ	result, record リザルト, レコード
(学校の)	**not** ノット	grade, mark グレイド, マーク
せいぜんと 整然と seizento	**düzenli, intizamlı** デュゼンリ, インティザームル	orderly, regularly オーダリ, レギュラリ
せいぞう 製造 seizou	**üretim, imalat** ユレティム, イーマーラート	manufacture, production マニュファクチャ, プロダクション
〜業	**imalat sanayii, imalat endüstrisi** イーマーラート　サナーイーイ, イーマーラート エンデュストリスィ	manufacturing industry マニュファクチャリング インダストリ
せいそうけん 成層圏 seisouken	**stratosfer** ストラトスフェル	stratosphere ストラトスフィア
せいそな 清楚な seisona	**temiz ve düzenli** テミズ ヴェ デュゼンリ	neat ニート
せいぞん 生存 seizon	**varoluş, mevcudiyet** ワーロルシ, メヴジューディイェット	existence, life イグズィステンス, ライフ
〜する	**var olmak** ワル オルマック	exist, survive イグズィスト, サヴァイヴ
せいたいがく 生態学 seitaigaku	**ekoloji** エコロジ	ecology イーカロヂ
せいだいな 盛大な seidaina	**büyük, zengin** ビュユック, ゼンギン	prosperous, grand プラスペラス, グランド
ぜいたく 贅沢 zeitaku	**lüks** リュクス	luxury ラクシャリ

せ

日	トルコ	英
〜な	**lüks** リュクス	luxurious ラグジュアリアス
聖地 seichi	**kutsal yer** クトゥサル イェル	sacred ground セイクリド グラウンド
成長 seichou	**büyüme** ビュメ	growth グロウス
〜する	**büyümek** ビュメッキ	grow グロウ
静的な seitekina	**statik** スタティッキ	static スタティク
反 動的な	**dinamik** ディナミッキ	dynamic ダイナミク
製鉄 seitetsu	**demir üretimi** デミル ユレティミ	iron manufacturing アイアン マニュファクチャリング
晴天 seiten	**güzel hava** ギュゼル ハワ	fine weather ファイン ウェザ
静電気 seidenki	**statik elektrik** スタティッキ エレクトリッキ	static electricity スタティク イレクトリスィティ
生徒 seito	**öğrenci** ウーレンジ	student, pupil ステューデント, ピューピル
制度 seido	**sistem** スィステム	system, institution スィステム, インスティテューション
政党 seitou	**siyasi parti** スィヤースィー パルティ	political party ポリティカル パーティ
正当な seitouna	**adil, haklı** アーディル, ハックル	just, proper, legal チャスト, プラパ, リーガル
正当防衛 seitoubouei	**meşru müdafaa** メシル ミュダーファア	self-defense セルフディフェンス
整頓する seitonsuru	**düzenlemek** デュゼンレメッキ	put in order プト イン オーダ
西南 seinan	**güneybatı** ギュネイバトゥ	southwest サウスウェスト
成年 seinen	**erişkin yaş** エリシキン ヤシ	adult age アダルト エイヂ

せ

日	トルコ	英
せいねん **青年** seinen	**genç** ゲンチ	young man, youth **ヤング マン**, **ユース**
せいねんがっぴ **生年月日** seinengappi	**doğum tarihi** ドゥム ターリヒ	date of birth デイト オヴ **バース**
せいのう **性能** seinou	**performans** ペルフォル**マ**ンス	performance, ca-pability パ**フォー**マンス, ケイパビリティ
せいはんたい **正反対** seihantai	**tam tersi, tam zıttı** **タ**ム テル**ス**ィ, **タ**ム ズット	exact opposite イグ**ザ**クト ア**ポ**ジット
せいびょう **性病** seibyou	**zührevi hastalık** ズフレ**ヴィ**ー ハスタ**ル**ック	venereal disease ヴィ**ニ**アリアル ディ**ズィ**ーズ
せいひん **製品** seihin	**ürün** ユリュン	product プ**ラ**ダクト
せいふ **政府** seifu	**hükümet, devlet** ヒュキュメット, デ**ヴ**レット	government **ガ**ヴァンメント
せいぶ **西部** seibu	**batı kısmı** バ**ト**ゥ クスム	western part **ウェ**スタン **パ**ート
せいふく **制服** seifuku	**üniforma** ユニ**フォ**ルマ	uniform **ユー**ニフォーム
せいふくする **征服する** seifukusuru	**fethetmek** フェトヘトメッキ	conquer **カ**ンカ
せいぶつ **生物** seibutsu	**yaratık, canlı** ヤラ**ト**ゥック, ジャン**ル**	living thing, life **リ**ヴィング ス**ィ**ング, **ラ**イフ
〜学	**biyoloji** ビヨロジ	biology バイ**ア**ロヂ
せいぶつが **静物(画)** seibutsuga	**natürmort** ナテュル**モ**ルト	still life ス**ティ**ル **ラ**イフ
せいぶん **成分** seibun	**içerik, malzeme** イチェ**リ**ッキ, マルゼメ	ingredient イング**リ**ーディエント
せいべつ **性別** seibetsu	**cinsiyet** ジンス**ィイェ**ット	gender distinction **チェ**ンダ ディス**ティ**ンクション
せいほうけい **正方形** seihoukei	**kare, eş dörtgen** カ**レ**, **エ**シ ドルト**ゲ**ン	square スク**ウェ**ア
せいほく **西北** seihoku	**kuzeybatı** クゼイバ**ト**ゥ	northwest ノース**ウェ**スト

日	トルコ	英
せいみつな **精密な** seimitsuna	**hassas, çok ince** ハッサス，**チョック** インジェ	precise, minute プリ**サイス**，マイ**ニュー**ト
ぜいむしょ **税務署** zeimusho	**vergi dairesi** ヴェル**ギ** ダイ**レ**スィ	tax office **タ**クス **オー**フィス
せいめい **姓名** seimei	**soyadı ve ad** ソイア**ド ヴェ アット**	(full) name (**フ**ル) **ネ**イム
せいめい **生命** seimei	**hayat** ハ**ヤ**ット	life **ラ**イフ
～保険	**hayat sigortası** ハ**ヤ**ット スィ**ゴ**ルタス	life insurance **ラ**イフ イン**シュ**アランス
せいめい **声明** seimei	**beyan** ベ**ヤー**ン	declaration デクラ**レ**イション
せいもん **正門** seimon	**ana kapı** ア**ナ** カプ	main gate **メ**イン **ゲ**イト
せいやく **制約** seiyaku	**sınırlama, kısıtlama** スヌル**ラマ**，クスット**ラマ**	restriction, limita- tion リスト**リ**クション，リミ**テ**イ ション
せいやく **誓約** seiyaku	**yemin, ant** イェ**ミ**ン，**ア**ント	oath, pledge **オ**ウス，プ**レ**ヂ
せいよう **西洋** seiyou	**Batı** バ**ト**ゥ	(the) West, (the) Occident (ザ) **ウェ**スト，(ズィ) **ア**ク スィデント
せいようする **静養する** seiyousuru	**dinlenmek, istirahat et- mek** ディンレン**メ**ッキ，イスティラー**ハ**ット エ ト**メ**ッキ	take a rest **テ**イク ア レスト
せいり **整理** seiri	**düzenleme** デュゼン**レメ**	arrangement ア**レ**インヂメント
～する	**düzenlemek** デュゼンレ**メ**ッキ	put in order, ar- range **プ**ト イン **オー**ダ，ア**レ**イン ヂ
せいり **生理** (月経) seiri	**aybaşı, âdet** **ア**イバシュ，**アー**デット	menstruation, pe- riod メンストル**エ**イション，**ピ**ア リオド
～痛	**âdet sancısı** **アー**デット サン**ジュ**ス	menstrual pain **メ**ンストルアル **ペ**イン

日	トルコ	英
～用品	**kadın pedi, âdet pedi** カドゥン ペディ, アーデット ペディ	sanitary napkin **サ**ニテリ **ナ**プキン
～学	**fizyoloji** フィズィオロジ	physiology フィズィ**ア**ロヂ
ぜいりし 税理士 zeirishi	**vergi muhasebecisi** ヴェル**ギ** ムハーセベジ**ス**ィ	licensed tax accountant **ラ**イセンスト **タ**クス アカウ ンタント
せいりつ 成立 seiritsu	**oluşum** オル**シュ**ム	formation フォー**メ**イション
～する	**oluşmak** オルシ**マ**ック	(be) formed (ビ) **フォー**ムド
ぜいりつ 税率 zeiritsu	**vergi oranı** ヴェル**ギ** オラ**ヌ**	tax rates **タ**クス **レ**イツ
せいりょういんりょう 清涼飲料 seiryouinryou	**alkolsüz içecek** アルコル**ス**ス イチェ**ジェ**ッキ	soft drink, beverage **ソ**フト **ド**リンク, **ベ**ヴァリ ヂ
せいりょく 勢力 seiryoku	**güç, kuvvet** **ギュ**チ, クッ**ヴェ**ット	influence, power **イ**ンフルエンス, **パ**ウア
せいりょく 精力 (活力) seiryoku	**enerji, canlılık** エネルジ, ジャンル**ル**ック	energy, vitality **エ**ナヂ, ヴァイ**タ**リティ
～的な	**enerjik** エネル**ジ**ッキ	energetic, vigorous **エ**ナ**チェ**ティク, **ヴィ**ゴラス
せいれき 西暦 seireki	**milattan sonra, miladi tarih** ミーラー**タ**ン ソンラ, ミーラー**ディー** ター リヒ	Christian Era, AD **ク**リスチャン **イ**アラ, **エ**イ **ディ**ー
せーたー セーター seetaa	**kazak** カ**ザ**ック	sweater, pullover, Ⓑjumper ス**ウェ**タ, **プ**ロウヴァ, **チャ** ンパ
せーる セール seeru	**indirimli satış** インディリム**リ** サ**トゥ**シ	sale **セ**イル
せーるすまん セールスマン seerusuman	**satış temsilcisi, satış elemanı** サ**トゥ**シ テムスィルズィ**ス**ィ, サ**トゥ**シ エ レマ**ヌ**	salesman **セ**イルズマン
せおう 背負う seou	**sırtlamak, sırtına almak** スルトラ**マ**ック, スル**トゥ**ナ アル**マ**ック	carry on one's back **キャ**リ オン **バ**ク

せ

日	トルコ	英
^{せおよぎ}**背泳ぎ** seoyogi	**sırtüstü yüzme** スルテュステュ ユズメ	backstroke バクストロウク
^{せかい}**世界** sekai	**dünya** デュンヤー	world ワールド
〜遺産	**dünya mirası** デュンヤー ミーラース	World Heritage ワールド ヘリテヂ
〜史	**dünya tarihi** デュンヤー ターリヒ	world history ワールド ヒストリ
〜的な	**dünya çapında** デュンヤー チャプンダ	worldwide ワールドワイド
^{せかす}**急かす** sekasu	**acele ettirmek, çabuk-laştırmak** アジェレ エッティルメッキ, チャブックラシトルマック	expedite, hurry エクスペダイト, ハーリ
^{せき}**咳** seki	**öksürük** ウキスュリュック	cough コーフ
〜止め	**öksürük kesici** ウキスュリュック ケスィジ	cough remedy コーフ レメディ
^{せき}**席** seki	**koltuk** コルトゥック	seat スィート
^{せきがいせん}**赤外線** sekigaisen	**kızılötesi** クズルウテスィ	infrared rays インフラレド レイズ
^{せきじゅうじ}**赤十字** sekijuuji	**kızıl haç** クズル ハッチ	Red Cross レド クロース
^{せきずい}**脊髄** sekizui	**omurilik** オムリリッキ	spinal cord スパイナル コード
^{せきたん}**石炭** sekitan	**kömür** キョミュル	coal コウル
^{せきどう}**赤道** sekidou	**ekvator** エクヴァトル	equator イクウェイタ
^{せきにん}**責任** sekinin	**sorumluluk, mesuliyet** ソルムルルック, メスーリイェット	responsibility リスパンスィビリティ
^{せきぶん}**積分** sekibun	**integral hesap** インテグラル ヘサープ	integral calculus, integration インテグラル キャルキュラス, インテグレイション
^{せきゆ}**石油** sekiyu	**petrol** ペトロル	oil, petroleum オイル, ペトロウリアム

せ

日	トルコ	英
せきり **赤痢** sekiri	**dizanteri** ディザンテリ	dysentery ディセンテアリ
せくしーな **セクシーな** sekushiina	**seksi** セクスィ	sexy セクスィ
せくはら **セクハラ** sekuhara	**cinsel taciz** ジンセル タージズ	sexual harassment セクシュアル ハラスメント
ぜせいする **是正する** zeseisuru	**düzeltmek** デュゼルトメッキ	correct コレクト
せそう **世相** sesou	**sosyal şartlar** ソスィヤル シャルトラル	social conditions ソウシャル コンディションズ
せだい **世代** sedai	**nesil** ネスィル	generation ヂェネレイション
せつ **説** (意見・見解) setsu	**fikir, düşünce** フィキル, デュシュンジェ	opinion オピニョン
(学説)	**teori** テオリ	theory スィオリ
ぜつえんする **絶縁する** zetsuensuru	**alakayı kesmek** アラーカユ ケスメッキ	break off relations ブレイク オフ リレイションズ
(電気を)	**yalıtmak, izole etmek** ヤルトマック, イゾレ エトメッキ	insulate インシュレイト
せっかい **石灰** sekkai	**kireç** キレッチ	lime ライム
せっかちな **せっかちな** sekkachina	**aceleci** アジェレジ	hasty, impetuous ヘイスティ, インペチュアス
せっきょうする **説教する** sekkyousuru	**vaaz vermek** ヴァーズ ヴェルメッキ	preach プリーチ
せっきょくせい **積極性** sekkyokusei	**olumluluk, pozitiflik** オルムルルック, ポズィティフリッキ	positiveness, pro-activeness パズィティヴネス, プロアクティヴネス
せっきょくてきな **積極的な** (前向きの) sekkyokutekina	**olumlu, pozitif** オルムル, ポズィティフ	positive, active パズィティヴ, アクティヴ
反 消極的な	**negatif, pasif** ネガティフ, パスィフ	negative, passive ネガティヴ, パスィヴ
せっきん **接近** sekkin	**yaklaşım** ヤクラシュム	approach アプロウチ

せ

日	トルコ	英
～する	**yaklaşmak** ヤクラシマック	approach, draw near アプロウチ, ドロー ニア
せっくす **セックス** sekkusu	**seks, cinsel ilişki** セクス, ジンセル イリシキ	sex セクス
せっけい **設計** sekkei	**plan, dizayn** ピラン, ディザイン	plan, design プラン, ディザイン
～図	**plan** ピラン	plan, blueprint プラン, ブループリント
～する	**planlamak** ピランラマック	plan, design プラン, ディザイン
せっけっきゅう **赤血球** sekkekkyuu	**kırmızı kan hücresi** クルムズ カン ヒュジュレスィ	red blood cell レド ブラド セル
反 白血球	**beyaz kan hücresi, ak-yuvar** ベヤス カン ヒュジュレスィ, アクユヴァル	white blood cell (ホ)ワイト ブラド セル
せっけん **石鹸** sekken	**sabun** サブン	soap ソウプ
せっこう **石膏** sekkou	**alçı** アルチュ	gypsum, plaster ヂプサム, プラスタ
ぜっこうする **絶交する** zekkousuru	**iletişimi kesmek** イレティシミ ケスメッキ	cut contact with カト カンタクト ウィズ
ぜっこうの **絶好の** zekkouno	**en iyi, ideal** エンイイ, イデアル	best, ideal ベスト, アイディーアル
ぜっさんする **絶賛する** zessansuru	**methetmek, övmek** メトヘトメッキ, ウヴメッキ	extol イクストウル
せっしゅする **摂取する** sesshusuru	**almak** アルマック	take in テイク イン
せっしょう **折衝** sesshou	**müzakere** ミュザーケレ	negotiation ニゴウシエイション
～する	**müzakere etmek** ミュザーケレ エトメッキ	negotiate ニゴウシエイト
せっしょく **接触** sesshoku	**temas** テマース	contact, touch カンタクト, タチ
～する	**temas etmek** テマース エトメッキ	touch, make contact with タチ, メイク カンタクト ウィズ

せ

日	トルコ	英
せつじょくせん **雪辱(戦)** setsujokusen	**rövanş** ルヴァンシ	revenge リヴェンヂ
ぜっしょく **絶食** zesshoku	**oruç** オルッチ	fasting, fast ファスティング, ファスト
せっする **接する** sessuru	**ile temas kurmak** イレ テマース クルマック	touch, come into contact with タチ, カム イントゥ カンタクト ウィズ
（隣接する）	**yan yana olmak** ヤン ヤナ オルマック	adjoin アヂョイン
せっせい **節制** sessei	**ölçülülük** ウルチュリュリュック	temperance テンペランス
せっせん **接戦** **（シーソーゲーム）** sessen	**tahterevalli oyunu** タフテレヴァッリ オユヌ	close game クロウス ゲイム
せつぞく **接続** setsuzoku	**bağlantı** バーラントゥ	connection コネクション
〜詞	**bağlaç** バーラッチ	conjunction コンヂャンクション
〜する	**bağlamak** バーラマック	join, connect with ヂョイン, コネクト ウィズ
せったい **接待** settai	**resepsiyon** レセプスィヨン	reception, welcome リセプション, ウェルカム
〜する	**resepsiyon vermek** レセプスィヨン ヴェルメッキ	entertain, host エンタテイン, ホウスト
ぜったいの **絶対の** zettaino	**mutlak** ムトラック	absolute アブソリュート
せつだんする **切断する** setsudansuru	**koparmak, kesmek** コパルマック, ケスメッキ	cut off カト オーフ
せっちゃくざい **接着剤** secchakuzai	**yapıştırıcı** ヤプシトゥルジュ	adhesive アドヒースィヴ
せっちゅうあん **折衷案** secchuuan	**uzlaşma planı** ウズラシマ プラヌ	compromise カンプロマイズ
ぜっちょう **絶頂** zecchou	**zirve, doruk** ズィルヴェ, ドルック	summit, height サミト, ハイト
せってい **設定** **（調節）** settei	**ayarlama** アヤルラマ	setting up セティング アプ

せ

日	トルコ	英
〜する	**ayarlamak** アヤルラマック	establish, set up イス**タ**ブリシュ, **セ**ト **ア**プ
せってん 接点 setten	**temas noktası** テマース ノク**タ**ス	point of contact **ポ**イント オヴ **カ**ンタクト
せっと セット setto	**set, takım** **セ**ット, タ**ク**ム	set **セ**ト
せつど 節度 setsudo	**ılımlılık, ölçülülük** ウルムル**ル**ック, ウルチュリュ**リュ**ック	moderation モダ**レ**イション
せっとくする 説得する settokusuru	**ikna etmek, razı etmek** イク**ナ**ー エト**メ**ッキ, ラー**ズ** エト**メ**ッキ	persuade パス**ウェ**イド
せっぱく 切迫 seppaku	**aciliyet** アージリ**イェ**ット	urgency **アー**ヂェンスィ
せつび 設備 setsubi	**ekipman** エキプ**マ**ン	equipment イク**ウィ**プメント
〜投資	**sermaye yatırımı** セルマー**イェ** ヤトゥル**ム**	investment in plant and equipment, capital investment イン**ヴェ**ストメント イン プ**ラ**ント アンド イク**ウィ**プメント, **カ**ピタル イン**ヴェ**ストメント
ぜつぼう 絶望 zetsubou	**umutsuzluk, ümitsizlik** ウムットスズ**ル**ック, ユミットスィズ**リ**ッキ	despair ディス**ペ**ア
〜する	**umutsuz olmak, ümitsiz olmak** ウムット**スス** オル**マ**ック, ユミット**スィス** オル**マ**ック	despair of ディス**ペ**ア オヴ
〜的な	**umutsuz, ümitsiz** ウムット**スス**, ユミット**スィス**	desperate **デ**スパレト
せつめい 説明 setsumei	**açıklama, izah** アチュックラ**マ**, イー**ザ**ーフ	explanation エクスプラ**ネ**イション
〜書	**talimatlar** ターリマット**ラ**ル	explanatory note, instructions イクス**プラ**ナトーリ **ノ**ウト, インスト**ラ**クションズ
〜する	**açıklamak, anlatmak** アチュクラ**マ**ック, アンラト**マ**ック	explain イクス**プレ**イン
ぜつめつ 絶滅 zetsumetsu	**soyu tükenme, nesli tükenme** ソ**ユ** テュケン**メ**, ネス**リ** テュケン**メ**	extinction イクス**ティ**ンクション

日	トルコ	英
～する	**soyu tükenmek, nesli tükenmek** ソユ テュケンメッキ, ネスリ テュケンメッキ	(become) extinct (ビカム) イクス**ティ**ンクト
せつやく **節約** setsuyaku	**tasarruf** タサッルフ	economy, saving イ**カ**ノミ, **セ**イヴィング
～する	**tasarruf etmek, idare etmek** タサッルフ エトメッキ, イダーレ エトメッキ	economize in, save イ**カ**ノマイズ イン, **セ**イヴ
せつりつする **設立する** setsuritsusuru	**kurmak, tesis etmek** クルマック, テースィス エトメッキ	establish, found イス**タ**ブリシュ, **ファ**ウンド
せなか **背中** senaka	**sırt** スルト	back **バ**ク
せねがる **セネガル** senegaru	**Senegal** セネガル	Senegal セニ**ゴー**ル
せのびする **背伸びする** (つま先立ち) senobisuru	**parmak ucunda yükselmek** パルマック ウジュンダ ユクセルメッキ	stand on tiptoe ス**タ**ンド オン **ティ**プトウ
せぴあいろ **セピア色** sepiairo	**sepya** セピヤ	sepia **スィー**ピア
ぜひとも **是非とも** zehitomo	**elbette, muhakkak** エルベッテ, ムハッカック	by all means バイ **オー**ル **ミー**ンズ
せぼね **背骨** sebone	**omurga** オムルガ	backbone **バ**クボウン
せまい **狭い** semai	**dar** ダル	narrow, small **ナ**ロウ, ス**モー**ル
せまる **迫る** (強いる) semaru	**zorlamak** ゾルラマック	press, urge プレス, **アー**ヂ
	(近づく) **yaklaşmak** ヤクラシマック	approach アプ**ロ**ウチ
	(切迫する) **acil olmak** アージル オルマック	(be) on the verge of (ビ) オン ザ **ヴァー**ヂ オヴ
せめる **攻める** semeru	**saldırmak** サルドゥルマック	attack, assault ア**タ**ク, ア**ソー**ルト
せめる **責める** semeru	**suçlamak** スチラマック	blame, reproach プ**レ**イム, リプ**ロ**ウチ

せ

日	トルコ	英
せめんと **セメント** semento	**çimento** チメント	cement セメント
ぜらちん **ゼラチン** zerachin	**jelatin** ジェラティン	gelatin **チ**ェラティン
せらぴすと **セラピスト** serapisuto	**terapist** テラピスト	therapist **セ**ラピスト
せらみっく **セラミック** seramikku	**seramik** セラミッキ	ceramics セラミクス
ぜりー **ゼリー** zerii	**jöle** ジュレ	jelly **チ**ェリ
せりふ **せりふ** serifu	**diyalog** ディヤロック	speech, dialogue スピーチ, ダイアローグ
せるふさーびす **セルフサービス** serufusaabisu	**self servis** セルフ セルヴィス	self-service **セ**ルフ**サー**ヴィス
ぜろ **ゼロ** (0) zero	**sıfır** スフル	zero ズィアロウ
せろり **セロリ** serori	**kereviz** ケレヴィス	celery セラリ
せろん **世論** seron	**kamuoyu** カムオユ	public opinion パブリク オピニオン
せわ **世話** sewa	**bakım, bakma** バクム, バクマ	care, aid ケア, エイド
～**する**	**-e bakmak** エ バクマック	take care of テイク ケア オヴ
せん **千** sen	**bin** ビン	(a) thousand (ア) **サ**ウザンド
せん **栓** sen	**tıpa, tapa** トゥパ, タパ	stopper, plug ス**タ**パ, プラグ
せん **線** sen	**çizgi** チズギ	line ライン
ぜん **善** zen	**iyilik** イイリッキ	good, goodness グド, グドネス
反**悪**	**kötülük** キョテュリュック	evil, vice イーヴィル, ヴァイス
ぜんあく **善悪** zen-aku	**iyi ve kötü** イイ ヴェ キョテュ	good and evil グド アンド イーヴィル

日	トルコ	英
せんい **繊維** sen-i	**elyaf, lif** エリャフ, リフ	fiber **ファイバ**
ぜんい **善意** zen-i	**iyi niyet, hoşgörü** イイ ニイェット, **ホ**シギョリュ	goodwill **グ**ドウィル
ぜんいん **全員** zen-in	**tüm üyeler, herkes** **テ**ュム ユイェ**レ**ル, ヘル**ケ**ス	all members **オ**ール メンバズ
ぜんかい **前回** zenkai	**son kez, son defa, geçen** **sefer** ソン ケス, ソン デ**ファ**ー, ゲ**チェ**ン セ**フェ**ル	last time **ラ**スト タイム
せんかん **戦艦** senkan	**savaş gemisi** サ**ヴァ**シ ゲミ**ス**ィ	battleship **バ**トルシプ
ぜんき **前期** zenki	**ilk dönem** **イ**ルキ ド**ゥネ**ム	first period **ファ**ースト **ピ**アリオド
反後期	**son dönem** ソン ド**ゥネ**ム	last period **ラ**スト **ピ**アリオド
（2学期制の）	**birinci sömestir** ビ**リ**ンジ ス**ゥメ**スティル	first semester **ファ**ースト セメスタ
反後期	**ikinci sömestir** イ**キ**ンジ ス**ゥメ**スティル	second semester **セ**カンド セメスタ
せんきょ **選挙** senkyo	**seçim** セ**チ**ム	election イ**レ**クション
～する	**seçmek** セチ**メ**ッキ	elect イ**レ**クト
せんきょうし **宣教師** senkyoushi	**misyoner** ミスィオ**ネ**ル	missionary **ミ**ショネリ
せんくしゃ **先駆者** senkusha	**öncü** ウン**ジ**ュ	pioneer パイオ**ニ**ア
せんげつ **先月** sengetsu	**geçen ay** ゲ**チェ**ナイ	last month **ラ**スト マンス
せんげん **宣言** sengen	**beyan** ベ**ヤ**ーン	declaration デクラ**レ**イション
～する	**beyan etmek** ベ**ヤ**ーン エト**メ**ッキ	declare, proclaim ディク**レ**ア, プロク**レ**イム
せんご **戦後** sengo	**savaş sonrası** サ**ヴァ**シ ソンラス	after the war アフタ ザ **ウォ**ー

せ

日	トルコ	英
反戦前	**savaş öncesi** サヴァシ ウンジェスィ	prewar プリーウォー
ぜんご **前後** (位置の) zengo	**ön ve arka** ウン ヴェ アルカ	front and rear フラント アンド リア
(時間の)	**öncesi ve sonrası** ウンジェスィ ヴェ ソンラス	before and after ビフォー アンド アフタ
(およそ)	**yaklaşık** ヤクラシュック	about, or so アバウト, オー ソウ
(順序)	**sıra** スラ	order, sequence オーダ, スィークウェンス
せんこう **専攻** senkou	**branş, uzmanlık** ブランシ, ウズマンルック	speciality スペシアリティ
～する	**branş olarak almak, -i okumak** ブランシ オララック アルマック, イ オクマック	major in メイヂャ イン
ぜんこく **全国** zenkoku	**ülkenin bütünü** ユルケニン ビュテュニュ	whole country ホウル カントリ
～的な	**ulusal** ウルサル	national ナショナル
せんこくする **宣告する** senkokusuru	**mahkûm etmek** マフキュム エトメッキ	sentence センテンス
センサー sensaa	**sensör, algılayıcı** センソゥル, アルグラユジュ	sensor センサ
せんさい **戦災** sensai	**savaş zararı** サヴァシ ザラル	war damage ウォー ダミヂ
せんざい **洗剤** senzai	**deterjan** デテルジャン	detergent, cleanser ディターヂェント, クレンザ
ぜんさい **前菜** zensai	**meze** メゼ	hors d'oeuvre オー ダーヴル
せんさいな **繊細な** sensaina	**zarif, ince** ザリフ, インジェ	delicate デリケト
せんし **先史** senshi	**tarih öncesi** ターリヒ ウンジェスィ	prehistory プリヒストリ
せんし **戦死** senshi	**şehitlik** シェヒットリッキ	death in battle デス イン バトル

せ

日	トルコ	英
せんじつ **先日** senjitsu	**geçen gün** ゲチェン ギュン	(the) other day (ズィ) アザ デイ
ぜんじつ **前日** zenjitsu	**bir gün önce** ビ(ル) ギュン ウンジェ	(the) day before (ザ) デイ ビ フォー
せんしゃ **戦車** sensha	**tank** タンク	tank タンク
ぜんしゃ **前者** zensha	**önceki** ウンジェキ	former フォーマ
反 後者	**sonraki** ソンラキ	latter ラタ
せんしゅ **選手** senshu	**sporcu, oyuncu** スポルジュ, オユンジュ	athlete, player アスリート, プレイア
～権	**şampiyona** シャンピヨナ	championship チャンピオンシプ
せんしゅう **先週** senshuu	**geçen hafta** ゲチェン ハフタ	last week ラスト ウィーク
せんじゅうみん **先住民** senjuumin	**yerli** イェルリ	indigenous peoples, aborigines インディジェナス ピープルズ, アボリデニーズ
せんじゅつ **戦術** senjutsu	**taktik** タクティッキ	tactics タクティクス
せんしゅつする **選出する** senshutsusuru	**seçmek** セチメッキ	elect イレクト
ぜんじゅつの **前述の** zenjutsuno	**adı geçen, yukarıda geçen** アドゥ ゲチェン, ユカルダ ゲチェン	above-mentioned アバヴメンションド
せんじょう **戦場** senjou	**savaş alanı** サヴァシ アラヌ	battlefield バトルフィールド
せんしょく **染色** senshoku	**boyama** ボヤマ	dyeing ダイング
～体	**kromozom** クロモゾム	chromosome クロウモソウム
ぜんしん **前進** zenshin	**ilerleme, gelişme** イレルレメ, ゲリシメ	progress, advance プラグレス, アドヴァンス
ぜんしん **全身** zenshin	**tüm vücut** テュム ヴュジュット	whole body ホウル バディ

せ

日	トルコ	英
せんしんこく **先進国** senshinkoku	**gelişmiş ülke** ゲリシミッシ ユルケ	developed countries ディヴェロプト カントリズ
ぜんしんする **前進する** zenshinsuru	**ilerlemek** イレルレメッキ	advance アドヴァンス
せんす **扇子** sensu	**yelpaze** イェルパーゼ	folding fan フォウルディング ファン
せんすいかん **潜水艦** sensuikan	**denizaltı** デニザルトゥ	submarine サブマリーン
せんせい **先生** sensei	**öğretmen, hoca** ウーレトメン, ホジャ	teacher, instructor ティーチャ, インストラクタ
せんせい **専制** sensei	**otokrasi** オトクラスィ	despotism, autocracy デスポティズム, オータクラスィ
せんせいじゅつ **占星術** senseijutsu	**astroloji** アストロロジ	astrology アストロラヂ
せんせいする **宣誓する** senseisuru	**yemin etmek** イェミン エトメッキ	take an oath, swear テイク アン オウス, スウェア
せんせーしょなるな **センセーショナルな** senseeshonaruna	**sansasyonel, çarpıcı** サンサスィオネル, チャルプジュ	sensational センセイショナル
せんせん **戦線** sensen	**cephe** ジェプヘ	front (line) フラント (ライン)
せんぜん **戦前** senzen	**savaş öncesi** サヴァシ ウンジェスィ	prewar プリーウォー
反 **戦後**	**savaş sonrası** サヴァシ ソンラス	after the war アフタ ザ ウォー
ぜんせん **前線** (軍事) zensen	**cephe** ジェプヘ	front (line) フラント (ライン)
温暖~	**sıcak cephe** スジャック ジェプヘ	warm front ウォーム フラント
寒冷~	**soğuk cephe** ソウック ジェプヘ	cold front コウルド フラント
ぜんぜん **全然** zenzen	**hiç** ヒッチ	not at all ナト アト オール
せんせんしゅう **先々週** sensenshuu	**iki hafta önce** イキ ハフタ ウンジェ	week before last ウィーク ビフォ ラスト

日	トルコ	英
せんぞ **先祖** senzo	**ata** アタ	ancestor アンセスタ
せんそう **戦争** sensou	**savaş, harp** サ**ヴァ**シ, **ハ**ルプ	war, warfare **ウォー**, **ウォー**フェア
ぜんそうきょく **前奏曲** zensoukyoku	**prelüt, uvertür** プレ**リュ**ット, ウヴェル**テュ**ル	overture, prelude **オ**ウヴァチャ, プレ**リュ**ード
ぜんそく **喘息** zensoku	**astım** アス**トゥ**ム	asthma **ア**ズマ
ぜんたい **全体** zentai	**tüm, bütün** **テュ**ム, ビュ**テュ**ン	whole, entirety **ホ**ウル, イン**タ**イアティ
せんたく **洗濯** sentaku	**çamaşır** チャマ**シュ**ル	wash, laundry **ワ**シュ, **ロー**ンドリ
～機	**çamaşır makinesi** チャマ**シュ**ル マ**キ**ネスィ	washing machine **ワ**シング マ**シー**ン
～する	**yıkamak** ユカ**マ**ック	wash **ワ**シュ
せんたく **選択** sentaku	**seçim** セ**チ**ム	selection, choice セ**レ**クション, **チョ**イス
せんたん **先端** sentan	**uç** **ウ**チ	point, tip **ポ**イント, **ティ**プ
せんちめーとる **センチメートル** senchimeetoru	**santimetre** サンティ**メ**トレ	centimeter, ⑧cen- timetre **セ**ンティミータ, **セ**ンティ ミータ
せんちめんたるな **センチメンタルな** senchimentaruna	**duygusal** ドゥイグ**サ**ル	sentimental センティ**メ**ンタル
せんちょう **船長** senchou	**kaptan** カプ**タ**ン	captain **キャ**プテン
ぜんちょう **前兆** zenchou	**belirti, işaret** ベリル**ティ**, イ**シャー**レット	omen, sign, symp- tom **オ**ウメン, **サ**イン, **スィ**ンプ トム
せんでんする **宣伝する** sendensuru	**reklam etmek** レク**ラ**ム エト**メ**ッキ	advertise **ア**ドヴァタイズ
ぜんと **前途** zento	**gelecek** ゲレ**ジェ**ッキ	future, prospects **フュー**チャ, プラ**スペ**クツ
せんとう **先頭** sentou	**baş** **バ**シ	head, top **ヘ**ド, **タ**プ

せ

日	トルコ	英
せんとうき **戦闘機** sentouki	**savaş uçağı** サヴァシ ウチャウ	fighter **ファ**イタ
せんどうする **扇動する** sendousuru	**teşvik etmek, kışkırtmak** テシヴィーキ エトメッキ, クシクルト**マッ**ク	stir up, agitate ス**ター** アプ, **ア**ヂテイト
せんにゅうかん **先入観** sennyuukan	**ön yargı** ウン ヤルグ	prejudice プレ**デュ**ディス
ぜんにん **善人** zennin	**iyi adam, iyi insan** イイ ア**ダ**ム, イイ インサン	good man **グ**ド マン
ぜんにんしゃ **前任者** zenninsha	**öncel** ウンジェル	predecessor プレ**デ**セサ
反 後任	**halef, ardıl** ハレフ, アルドゥル	successor サク**セ**サ
せんぬき **栓抜き** sennuki	**tirbuşon, şişe açacağı** ティルブ**ション**, シシェ アチャジャ**ウ**	corkscrew, bottle opener コークスクルー, **バ**トル **オ**ウプナ
ぜんねん **前年** zennen	**önceki yıl** ウンジェキ ユル	previous year プ**リー**ヴィアス **イ**ヤ
せんねんする **専念する** sennensuru	**-e kendini adamak, -e kendini vermek** エ ケンディニ アダ**マッ**ク, エ ケンディニ **ヴェ**ルメッキ	devote oneself to ディ**ヴォ**ウト トゥ
せんのうする **洗脳する** sennousuru	**beyin yıkamak** ペイン ユカ**マッ**ク	brainwash プ**レ**インウォーシュ
せんばい **専売** senbai	**tekel** テケル	monopoly モ**ナ**ポリ
ぜんはん **前半** zenhan	**ilk yarı** イルキ ヤル	first half **ファー**スト ハフ
反 後半	**ikinci yarı** イキンジ ヤル	latter half **ラ**タ ハフ
ぜんぱんの **全般の** zenpanno	**genel** ゲネル	general **ヂェ**ネラル
ぜんぶ **全部** zenbu	**bütün, tüm** ビュ**トゥ**ン, **トゥ**ム	all, (the) whole **オー**ル, (ザ) **ホ**ウル
せんぷうき **扇風機** senpuuki	**vantilatör** ヴァンティラ**トゥ**ル	electric fan イ**レ**クトリク **ファ**ン

せ

日	トルコ	英
せんぷくき **潜伏期** senpukuki	**kuluçka dönemi** クルチカ ドゥネミ	incubation period インキュベイション ピアリオド
せんぽう **先方** senpou	**karşı taraf, diğer taraf** カルシュ タラフ, ディエル タラフ	(the) other party (ズィ) アザ パーティ
ぜんぽうの **前方の** zenpouno	**önündeki** ウニュンデキ	before, in front of ビフォー, イン フラント オヴ
せんめいな **鮮明な** senmeina	**net** ネット	clear クリア
ぜんめつする **全滅する** zenmetsusuru	**imha edilmek** イムハー エディルメッキ	(be) exterminated (ビ) イクスターミネイティド
せんめんじょ **洗面所** senmenjo	**tuvalet, lavabo** トゥヴァレット, ラヴァボ	washroom, bathroom, ⑧lavatory, toilet ワシュルーム, バスルーム, ラヴァトーリ, トイレト
せんめんだい **洗面台** senmendai	**lavabo** ラヴァボ	washbasin, ⑧sink ワシュベイスン, スィンク
せんもん **専門** senmon	**uzmanlık** ウズマンルック	specialty スペシャルティ
～家	**uzman** ウズマン	specialist スペシャリスト
～学校	**meslek okulu, teknik okulu** メスレッキ オクル, テクニッキ オクル	vocational school, ⑧technical college ヴォケイショナル スクール, テクニカル コレヂ
～的な	**profesyonel** プロフェスィオネル	professional, special プロフェショナル, スペシャル
ぜんや **前夜** zen-ya	**önceki gece** ウンジェキ ゲジェ	(the) previous night (ザ) プリーヴィアス ナイト
せんやく **先約** sen-yaku	**önceki randevu, önceki söz** ウンジェキ ランデヴ, ウンジェキ ソゥス	previous engagement プリーヴィアス インゲイヂメント
せんゆう **占有** sen-yuu	**sahiplik** サーヒップリッキ	possession, occupancy ポゼション, アキュパンスィ
～する	**sahip olmak** サーヒップ オルマック	possess, occupy ポゼス, アキュパイ

せ

日	トルコ	英
^{ぜんりつせん}**前立腺** zenritsusen	**prostat** プロスタット	prostate プラステイト
^{せんりゃく}**戦略** senryaku	**strateji** ストラテジ	strategy スト**ラ**テヂ
^{せんりょう}**占領** senryou	**işgal** イシガール	occupation アキュペイション
〜する	**işgal etmek** イシガール エトメッキ	occupy, capture **ア**キュパイ, **キャ**プチャ
^{ぜんりょく}**全力** zenryoku	**tüm güç** テュム ギュチ	all one's strength **オー**ル スト**レ**ングス
^{せんれい}**洗礼** senrei	**vaftiz** ヴァフ**ティ**ス	baptism **バ**プティズム
^{せんれんされた}**洗練された** senrensareta	**rafine** ラフィ**ネ**	sophisticated ソ**フィ**スティケイティド
^{せんれんする}**洗練する** senrensuru	**rafine etmek** ラフィ**ネ** エトメッキ	refine リ**ファ**イン
^{せんろ}**線路** senro	**demir yolu hattı** デミル ヨル ハットゥ	railroad line, Ⓑrailway line **レ**イルロウド **ラ**イン, レ イル**ウェ**イ **ラ**イン

日	トルコ	英

そ, ソ

そう 添う sou	**eşlik etmek** エシリッキ エトメッキ	accompany アカンパニ
ぞう 象 zou	**fil** フィル	elephant エレファント
ぞう 像 zou	**heykel** ヘイケル	figure, statue フィギャ, スタチュー
(映像)	**görüntü** ギョリュンテュ	image イミヂ
そうい 相違 soui	**fark** ファルク	difference, variation ディファレンス, ヴェアリエイション
ぞうお 憎悪 zouo	**nefret, kin** ネフレット, キン	hatred ヘイトレド
そうおん 騒音 souon	**gürültü** ギュリュルテュ	noise ノイズ
ぞうか 増加 zouka	**artma, artış** アルトマ, アルトゥシ	increase インクリース
〜する	**artmak** アルトマック	increase, augment インクリース, オーグメント
そうかい 総会 soukai	**genel kurul toplantısı** ゲネル クルル トプラントゥス	general meeting チェネラル ミーティング
そうがんきょう 双眼鏡 sougankyou	**dürbün** デュルビュン	binoculars バイナキュラズ
そうぎ 葬儀 sougi	**cenaze töreni** ジェナーゼ トゥレニ	funeral フューネラル
そうきん 送金 soukin	**havale** ハヴァーレ	remittance リミタンス
〜する	**para göndermek** パラ ギョンデルメッキ	send money センド マニ
ぞうきん 雑巾 zoukin	**toz bezi** トス ベズィ	dustcloth, ⑧duster ダストクロース, ダスタ
ぞうげ 象牙 zouge	**fil dişi** フィル ディシ	ivory アイヴォリ

そ

日	トルコ	英
そうけい **総計** soukei	**toplam** トプラム	total amount トウトル アマウント
そうげん **草原** sougen	**çayır** チャユル	plain, prairie プレイン, プレアリ
そうこ **倉庫** souko	**depo** デポ	warehouse ウェアハウス
そうごうする **総合する** sougousuru	**sentezlemek** センテズレメッキ	synthesize スィンセサイズ
そうごんな **荘厳な** sougonna	**görkemli, haşmetli** ギョルケムリ, ハシメットリ	solemn サレム
そうさ **捜査** sousa	**arama, soruşturma** アラマ, ソルシトゥルマ	investigation, search インヴェスティゲイション, サーチ
～する	**aramak, soruşturmak** アラマック, ソルシトゥルマック	investigate インヴェスティゲイト
そうさ **操作** sousa	**işletme** イシレトメ	operation アペレイション
～する	**işletmek, çalıştırmak** イシレットメッキ, チャルシトゥルマック	operate アペレイト
そうさく **創作** sousaku	**yaratma** ヤラトマ	creation クリエイション
～する	**yaratmak** ヤラトマック	create, compose クリエイト, コンポウズ
そうさくする **捜索する** sousakusuru	**aramak** アラマック	search for サーチ フォ
そうじ **掃除** souji	**temizlik** テミズリッキ	cleaning クリーニング
～機	**elektrik süpürgesi** エレクトリッキ スュピュルゲスィ	vacuum cleaner ヴァキューム クリーナ
～する	**temizlemek, temizlik yapmak** テミズレメッキ, テミズリッキ ヤプマック	clean, sweep クリーン, スウィープ
そうしゃ **走者** sousha	**koşucu** コシュジュ	runner ラナ
そうじゅうする **操縦する** （乗り物や装置を） soujuusuru	**idare etmek, kullanmak** イダーレ エトメッキ, クッランマック	handle, operate ハンドル, アペレイト

日	トルコ	英
（飛行機を）	**pilotluk yapmak, (uçak) kullanmak** ピロットルック ヤプマック,(ウチャク) クッランマック	pilot パイロット
_{そうじゅくな} **早熟な** soujukuna	**erken gelişmiş** エルケン ゲリシミシ	precocious プリコウシャス
_{そうしょく} **装飾** soushoku	**süs** スュス	decoration デコレイション
〜**する**	**süslemek** スュスレメッキ	adorn, ornament アドーン, **オ**ーナメント
_{そうしん} **送信** soushin	**gönderim** ギョンデリム	transmission トランス**ミ**ション
反 **受信**	**alım** アルム	reception リ**セ**プション
〜**する**	**göndermek** ギョンデル**メ**ッキ	transmit トランス**ミ**ト
_{ぞうぜい} **増税** zouzei	**vergi artışı** ヴェル**ギ** アルトゥ**シ**ュ	tax increase **タ**クス インク**リ**ース
_{そうせつする} **創設する** sousetsusuru	**kurmak** クル**マ**ック	found **ファ**ウンド
_{ぞうせん} **造船** zousen	**gemi inşaatı** ゲミ インシャア**ト**ゥ	shipbuilding **シ**プビルディング
_{そうぞう} **創造** souzou	**yaratma** ヤラト**マ**	creation クリ**エ**イション
〜**する**	**yaratmak** ヤラト**マ**ック	create クリ**エ**イト
〜**的な**	**yaratıcı** ヤラトゥ**ジ**ュ	creative, original クリ**エ**イティヴ, オ**リ**ヂナル
_{そうぞう} **想像** souzou	**hayal** ハ**ヤ**ール	imagination, fancy イマ**ヂネ**イション, **ファ**ンスィ
〜**する**	**hayal etmek** ハ**ヤ**ール エト**メ**ッキ	imagine, fancy イ**マ**ヂン, **ファ**ンスィ
_{そうぞうしい} **騒々しい** souzoushii	**gürültülü** ギュリュルテュ**リ**ュ	noisy, loud **ノ**イズィ, **ラ**ウド

そ

そ

日	トルコ	英
そうぞく **相続** souzoku	**veraset, miras** ヴェラーセット, ミーラース	inheritance, succession インヘリタンス, サクセション
〜する	**miras almak** ミーラース アルマック	inherit, succeed インヘリト, サクスィード
〜税	**veraset vergisi, miras vergisi** ヴェラーセット ヴェルギスィ, ミーラース ヴェルギスィ	inheritance tax インヘリタンス タクス
〜人	**vâris, mirasçı** ヴァーリス, ミーラースチュ	heir, heiress エア, エアレス
そうそふ **曾祖父** sousofu	**büyük dede, büyük büyükbaba** ビュユック デデ, ビュユック ビュユックババ	great-grandfather グレイトグランドファーザ
そうそぼ **曾祖母** sousobo	**büyük nine, büyük büyükkanne** ビュユック ニネ, ビュユック ビュユッカンネ	great-grandmother グレイトグランドマザ
そうたいてきな **相対的な** soutaitekina	**göreceli** ギョレジェリ	relative レラティヴ
そうだいな **壮大な** soudaina	**muhteşem** ムフテシェム	magnificent, grand マグニフィセント, グランド
そうだん **相談** soudan	**danışma** ダヌシマ	consultation カンスルテイション
〜する	**danışmak** ダヌシマック	consult with コンサルト ウィズ
そうち **装置** souchi	**cihaz, ekipman** ジハス, エキプマン	device, equipment ディヴァイス, イクウィプメント
そうちょう **早朝** souchou	**sabah erken** サバハ エルケン	early in the morning アーリ イン ザ モーニング
そうどう **騒動** soudou	**kargaşa** カルガシャ	disturbance, confusion ディスターバンス, コンフュージョン
そうとうな **相当な** soutouna	**hayli, oldukça** ハイリ, オルドゥックチャ	considerable, fair コンスィダラブル, フェア
そうにゅうする **挿入する** sounyuusuru	**sokmak** ソクマック	insert インサート

日	トルコ	英
そうば **相場** souba	**piyasa fiyatı** ピヤサ フィヤトゥ	market price マーケト プライス
（投機的取引）	**spekülasyon, vurguncu-luk** スペキュラスィオン, ヴルグンジュ**ル**ック	speculation スペキュレイション
そうび **装備** soubi	**ekipman, teçhizat** エキプ**マ**ン, テチヒー**ザ**ート	equipment, outfit イク**ウィ**プメント, **ア**ウトフィト
〜**する**	**donatmak** ドナト**マ**ック	equip with イク**ウィ**プ ウィズ
そうふする **送付する** soufusuru	**göndermek** ギョンデル**メ**ッキ	send **セ**ンド
そうべつかい **送別会** soubetsukai	**veda partisi** ヴェ**ダ**ー パルティ**ス**ィ	farewell party **フェ**アウェル **パ**ーティ
そうめいな **聡明な** soumeina	**zeki, akıllı** ゼ**キ**ー, アク**ル**ル	bright, intelligent ブ**ラ**イト, インテリヂェント
ぞうよぜい **贈与税** zouyozei	**hibe vergisi** ヒ**ベ** ヴェルギ**ス**ィ	gift tax **ギ**フト **タ**クス
そうりだいじん **総理大臣** souridaijin	**başbakan** バシバ**カ**ン	Prime Minister プ**ラ**イム ミニスタ
そうりつしゃ **創立者** souritsusha	**kurucu** クル**ジュ**	founder **ファ**ウンダ
そうりつする **創立する** souritsusuru	**kurmak** クル**マ**ック	found, establish **ファ**ウンド, イス**タ**ブリシュ
そうりょ **僧侶** souryo	**keşiş, rahip** ケ**シ**シ, ラー**ヒ**ップ	monk, priest **マ**ンク, プ**リ**ースト
そうりょう **送料** souryou	**nakliye ücreti** ナクリ**エ** ユジュレ**ティ**	postage, carriage **ポ**ウスティヂ, **キャ**リヂ
そうりょうじ **総領事** souryouji	**başkonsolos** バシコンソロス	consul general **カ**ンスル **チェ**ネラル
ぞうわい **贈賄** zouwai	**rüşvet** リュシ**ヴェ**ット	bribery ブ**ラ**イバリ
そえる **添える** soeru	**eklemek** エクレ**メ**ッキ	affix, attach ア**フィ**クス, ア**タ**チ
そーす **ソース** soosu	**sos** **ソ**ス	sauce **ソ**ース

そ

日	トルコ	英
そーせーじ **ソーセージ** sooseeji	**sosis** ソスィス	sausage ソスィヂ
そーだ **ソーダ** sooda	**soda, gazoz** ソダ, ガゾス	soda ソウダ
ぞくご **俗語** zokugo	**argo** アルゴ	slang スラング
そくしする **即死する** sokushisuru	**anında ölmek** アーヌンダ ウルメッキ	die instantly ダイ インスタントリ
ぞくする **属する** zokusuru	**-e bağlı olmak, -e ait ol-mak** エ バール オルマック, エ アーイット オル マック	belong to ビローング トゥ
そくたつ **速達** sokutatsu	**Acele Posta Servisi (APS)** アジェレ ポスタ セルヴィスィ	express mail, spe-cial delivery イクスプレス メイル, スペシャル デリヴァリ
そくてい **測定** sokutei	**ölçüm** ウルチュム	measurement メジャメント
～する	**ölçmek** ウルチメッキ	measure メジャ
そくど **速度** sokudo	**hız** フズ	speed, velocity スピード, ヴェラスィティ
～計	**hız göstergesi, hızölçer** フズ ギョステルゲスィ, フズウルチェル	speedometer スピダメタ
～制限	**hız sınırı** フズ スヌル	speed limit スピード リミト
そくばく **束縛** (拘束) sokubaku	**bağlama** バーラマ	tie, restraint タイ, リストレイント
～する	**bağlamak** バーラマック	tie, restrain タイ, リストレイン
そくほう **速報** sokuhou	**flaş haber, son dakika haberi** フラシ ハベル, ソン ダキーカ ハベリ	newsflash, break-ing news ニューズフラシュ, ブレイキング ニューズ
そくめん **側面** sokumen	**yan** ヤン	side サイド
そくりょく **速力** sokuryoku	**hız, sürat** フズ, スュラット	speed, velocity スピード, ヴェラスィティ

日	トルコ	英
^{そけっと}**ソケット** soketto	**priz** ピリス	socket **サ**ケト
^{そこ}**底** （容器などの） soko	**dip** **ディ**ップ	bottom バトム
（靴の） 	**taban** タバン	sole ソウル
^{そこく}**祖国** sokoku	**memleket, ana vatan** メムレ**ケ**ット，ア**ナ** ヴァ**タ**ン	motherland, fatherland **マ**ザランド，**ファー**ザランド
^{そこなう}**損なう** sokonau	**zarar vermek, incitmek** ザ**ラ**ル ヴェル**メ**ッキ，インジト**メ**ッキ	hurt, harm ハート，ハーム
^{そざい}**素材** sozai	**malzeme** マルゼメ	material マ**ティ**アリアル
^{そしき}**組織** soshiki	**organizasyon** オルガニザスィ**オ**ン	organization オーガニ**ゼ**イション
^{そしする}**阻止する** soshisuru	**engellemek** エンゲルレ**メ**ッキ	hinder, obstruct **ハ**インダ，オブスト**ラ**クト
^{そしつ}**素質** soshitsu	**kabiliyet, yetenek** カービリ**イェ**ット，イェテ**ネ**ッキ	aptitude, gift **ア**プティテュード，**ギ**フト
^{そして}**そして** soshite	**ve** ヴェ	and, then **ア**ンド，**ゼ**ン
^{そしょう}**訴訟** soshou	**dava** ダー**ヴァ**ー	lawsuit, action **ロ**ースート，**ア**クション
^{そせん}**祖先** sosen	**ata** ア**タ**	ancestor **ア**ンセスタ
^{そそぐ}**注ぐ** sosogu	**dökmek** ドゥキ**メ**ッキ	pour **ポ**ー
^{そそっかしい}**そそっかしい** sosokkashii	**dikkatsiz** ディッカット**スィ**ス	careless **ケ**アレス
^{そそのかす}**唆す** sosonokasu	**ayartmak, kışkırtmak** アヤルト**マ**ック，クシクルト**マ**ック	tempt, seduce **テ**ンプト，スィ**デュ**ース
^{そだつ}**育つ** sodatsu	**yetişmek, büyümek** イェティシ**メ**ッキ，ビュユ**メ**ッキ	grow グ**ロ**ウ
^{そだてる}**育てる** sodateru	**yetiştirmek, büyütmek** イェティシティル**メ**ッキ，ビュユト**メ**ッキ	bring up ブ**リ**ング **ア**プ

そ

日	トルコ	英
（動物を）	**beslemek** ベスレメッキ	rear, raise リア, レイズ
（植物を）	**yetiştirmek** イェティシティルメッキ	cultivate カルティヴェイト
そち 措置 sochi	**önlem, tedbir** ウンレム, テドビル	measure, step メジャ, ステプ
そちら そちら sochira	**şurası, orası** シュラス, オラス	that way, there ザト ウェイ, ゼア
そっき 速記 sokki	**steno** ステノ	shorthand ショートハンド
そっきょう 即興 sokkyou	**doğaçlama** ドアッチラマ	improvisation インプロヴィゼイション
そつぎょう 卒業 sotsugyou	**mezuniyet** メーズニイェット	graduation グラデュエイション
～する	**-den mezun olmak** デン メーズン オルマック	graduate from グラデュエイト フラム
～生	**mezun** メーズン	graduate グラデュエト
そっくす ソックス sokkusu	**çorap** チョラップ	socks サクス
そっくり そっくり sokkuri	**tıpkı** トゥプク	just like チャスト ライク
（全部）	**hepsi** ヘプスィ	all, entirely オール, インタイアリ
そっちょくな 率直な socchokuna	**açık sözlü** アチュック ソズリュ	frank, outspoken フランク, アウトスポウクン
そっと そっと sotto	**sessizce** セッスィズジェ	quietly, softly クワイエトリ, ソーフトリ
ぞっとする ぞっとする zottosuru	**ürpermek** ユルペルメッキ	shudder, shiver シャダ, シヴァ
そつろん 卒論 sotsuron	**lisans tezi, mezuniyet te- zi** リサンス テズィ, メーズニイェット テズィ	graduation thesis グラデュエイション スィー スィス
そで 袖 sode	**kol** コル	sleeve スリーヴ

日	トルコ	英
そと **外** soto	**dışarı** ドゥシャル	outside アウト**サイド**
反内	**içeri** イチェリ	inside イン**サイド**
～の	**dış** ドゥシ	outdoor, external **アウト**ドー, エクス**ター**ナル
そなえる **備える** （準備を整える） sonaeru	**-e hazır olmak** エ ハズル オルマック	prepare oneself for プリ**ペア** フォ
（用意する）	**hazırlamak** ハズルラマック	provide, equip プロ**ヴァイド**, イク**ウィプ**
そなた **ソナタ** sonata	**sonat** ソナット	sonata ソ**ナー**タ
その **その** sono	**şu, o** シュ, オ	that **ザ**ト
そのうえ **その上** sonoue	**üstelik, ayrıca** ユステ**リッ**キ, アイル**ジャ**	besides ビ**サイ**ヅ
そのうち **その内** sonouchi	**yakında, birazdan** ヤクン**ダ**, ビラズ**ダン**	soon **スーン**
そのかわり **その代わり** sonokawari	**yerine** イェリ**ネ**	instead イン**ステ**ド
そのご **その後** sonogo	**ondan sonra** オン**ダン** ソンラ	after that アフタ **ザ**ト
そのころ **その頃** sonokoro	**o zamanlarda, o sıralar- da** オ ザマーンラル**ダ**, オ スララル**ダ**	around that time ア**ラウン**ド **ザ**ト タイム
そのた **その他** sonota	**vesaire, ve benzerleri** ヴェ**サー**イレ, **ヴェ** ベンゼルレ**リ**	et cetera, and so on イト **セ**テラ, アンド **ソ**ウ **オ** ン
そのとき **その時** sonotoki	**o zaman** オ ザ**マーン**	then, at that time **ゼ**ン, アト **ザ**ト タイム
そば **そば**　（近く） soba	**yan, yakın** ヤン, ヤ**クン**	side **サイ**ド
そばに **そばに** sobani	**yanında, yakınında** ヤヌン**ダ**, ヤクヌン**ダ**	by, beside **バ**イ, ビ**サイ**ド
そびえる **そびえる** sobieru	**yükselmek** ユクセル**メッ**キ	tower, rise **タ**ウア, **ライ**ズ

日	トルコ	英
そふ **祖父** sofu	**dede** デデ	grandfather グランドファーザ
ソファー sofaa	**kanepe** カネペ	sofa ソウファ
そふとうぇあ **ソフトウェア** sofutowea	**yazılım** ヤズルム	software ソーフトウェア
そぷらの **ソプラノ** sopurano	**soprano** ソプラノ	soprano ソプラーノウ
そぶり **素振り** soburi	**davranış** ダヴラヌシ	behavior, attitude ビヘイヴァ, **ア**ティテュード
そぼ **祖母**　(父方の) sobo	**babaanne** ババアンネ	grandmother グランドマザ
(母方の)	**anneanne** アンネアンネ	grandmother グランドマザ
そぼくな **素朴な** sobokuna	**sade** サーデ	simple, artless **ス**ィンプル, **アー**トレス
そむく **背く**　(従わない) somuku	**uymamak, itaat etme-mek** ウイママック, イ**タ**アット エトメメッキ	disobey, betray ディスオベイ, ビト**レ**イ
そむける **背ける**　(顔を) somukeru	**kafasını başka yöne çe-virmek** カファスヌ バシ**カ** ヨ**ネ** チェヴィルメッキ	avert, turn away ア**ヴァー**ト, **ター**ン ア**ウェ**イ
そむりえ **ソムリエ** somurie	**şarap garsonu** シャラップ ガルソヌ	sommelier サムリ**エ**イ
そめる **染める** someru	**boyamak** ボヤマック	dye, color, Ⓑco-lour **ダ**イ, **カ**ラ, **カ**ラ
そよかぜ **そよ風** soyokaze	**esinti** エスィン**ティ**	breeze ブ**リ**ーズ
そら **空** sora	**gök** ギョキ	sky ス**カ**イ
そり **そり** sori	**kızak** クザック	sled, sledge スレド, スレヂ
そる **剃る** soru	**tıraş etmek** トゥラシ エトメッキ	shave シェイヴ
それ **それ** sore	**şu, o** シュ, オ	it, that **イ**ト, **ザ**ト

日	トルコ	英
それから **それから** sorekara	**o zamandan beri** オ ザマーンダン ベリ	and, since then アンド, スィンス ゼン
それぞれ **それぞれ** sorezore	**sırasıyla, ayrı ayrı** スラスイラ, アイル アイル	respectively リスペクティヴリ
それぞれの **それぞれの** sorezoreno	**her bir** ヘル ビル	respective, each リスペクティヴ, イーチ
それまで **それまで** soremade	**o zamana kadar** オ ザマーナ カダル	till then ティル ゼン
それる **それる** soreru	**sapmak** サプマック	deviate, veer off ディーヴィエイト, ヴィア オフ
そろう **揃う** (等しくなる) sorou	**eşit olmak** エシット オルマック	(be) even (ビ) イーヴン
(集まる)	**toplanmak** トプランマック	gather ギャザ
そろえる **揃える** (等しくする) soroeru	**eşitlemek** エシットレメッキ	make even メイク イーヴン
(まとめる)	**toplamak** トプラマック	complete, collect コンプリート, コレクト
(整える)	**düzenlemek** デュゼンレメッキ	arrange アレインヂ
そろばん **算盤** soroban	**abaküs** アバキュス	abacus アバカス
そん **損** son	**kayıp, zarar** カユップ, ザラル	loss, disadvantage ロース, ディサドヴァンティヂ
～をする	**zarara uğramak** ザララ ウーラマック	lose, suffer a loss ルーズ, サファ ア ロース
そんがい **損害** songai	**hasar, zarar** ハサール, ザラル	damage, loss ダミヂ, ロース
そんけい **尊敬** sonkei	**saygı** サイグ	respect リスペクト
～する	**-e saygı göstermek, -e saygı duymak** エ サイグ ギョステルメッキ, エ サイグ ドゥイマック	respect, esteem リスペクト, イスティーム
そんざい **存在** sonzai	**varlık, varoluş** ヴァルルック, ヴァロルシ	existence イグズィステンス

そ

日	トルコ	英
～する	**var, var olmak** ヴァル, ヴァル オルマック	exist, (be) existent イグ**ズ**ィスト, (ビ) イグ**ズ**ィステント
そんしつ **損失** sonshitsu	**kayıp** カ**ユ**ップ	loss **ロ**ース
そんぞくする **存続する** sonzokusuru	**devam etmek** デ**ヴァ**ーム エト**メ**ッキ	continue コン**ティ**ニュー
そんだいな **尊大な** sondaina	**kibirli** キビル**リ**	arrogant **ア**ロガント
そんちょう **尊重** sonchou	**değer, önem** デ**エ**ル, ウ**ネ**ム	value **ヴァ**リュ
～する	**değer vermek, önem vermek** デ**エ**ル ヴェル**メ**ッキ, ウ**ネ**ム ヴェル**メ**ッキ	evaluate, esteem イ**ヴァ**リュエイト, イス**ティ**ーム
そんな **そんな** sonna	**öyle, şöyle** **ウ**イレ, **ショ**イレ	such **サ**チ

日	トルコ	英

た, タ

た **田** ta	**pirinç tarlası** ピリンチ タルラス	rice field ライス フィールド
たーとるねっく **タートルネック** taatorunekku	**balıkçı yaka** バルックチュ ヤカ	turtleneck タートルネク
たーぼ **ターボ** taabo	**turbo** トゥルボ	turbo ターボ
たい **タイ** tai	**Tayland** タイランド	Thailand タイランド
たい **鯛** tai	**mercan balığı** メルジャン バルウ	sea bream スィー ブリーム
たいあっぷ **タイアップ** taiappu	**ortaklık, beraberlik** オルタックルック, ベラーベルリッキ	tie-up タイアプ
たいいく **体育** taiiku	**beden eğitimi** ベデン エイティミ	physical education フィズィカル エデュケイション
だいいちの **第一の** daiichino	**ilk, birinci** イルキ, ビリンジ	first ファースト
たいいんする **退院する** taiinsuru	**taburcu olmak** タブルジュ オルマック	(be) discharged from hospital (ビ) ディスチャーヂド フラム ハスピトル
たいえきする **退役する** taiekisuru	**emekli olmak** エメッキリ オルマック	retire リタイア
だいえっと **ダイエット** daietto	**diyet, rejim** ディエット, レジム	diet ダイエト
だいおきしん **ダイオキシン** daiokishin	**dioksin** ディオクスィン	dioxin ダイアクスィン
たいおん **体温** taion	**vücut sıcaklığı, vücut ısısı** ヴュジュット スジャックルウ, ヴュジュット ウスス	(body) temperature テンペラチャ
~計	**termometre, ateş ölçer** テルモメトレ, アテシ ウルチェル	thermometer サマメタ
たいか **大家** taika	**büyük usta, otorite** ビュユック ウスタ, オトリテ	great master, authority グレイト マスタ, オサリティ

日	トルコ	英
たいかく **体格** taikaku	**vücut yapısı** ヴュジュット ヤプス	physique, build フィズィーク, ビルド
だいがく **大学** daigaku	**üniversite** ユニヴェルステ	university, college ユーニヴァースィティ, カレヂ
〜院	**yüksek lisans okulu** ユクセッキ リサンス オクル	graduate school グラデュエト スクール
〜生	**üniversite öğrencisi** ユニヴェルステ ウーレンジスィ	university student ユーニヴァースィティ ス テューデント
たいがくする **退学する** taigakusuru	**okulu bırakmak, eğitimi bırakmak** オクル ブラクマック, エイティミ ブラクマック	leave school リーヴ スクール
たいき **大気** taiki	**hava** ハワ	air, atmosphere エア, アトモスフィア
〜汚染	**hava kirliliği** ハワ キルリリイ	air pollution エア ポリューション
〜圏	**hava yuvarı, atmosfer** ハワ ユヴァル, アトモスフェル	atmosphere アトモスフィア
だいきぼな **大規模な** daikibona	**büyük ölçüde** ビュユック ウルチュデ	large-scale ラーヂスケイル
たいきゃくする **退却する** taikyakusuru	**-den geri çekilmek** デン ゲリ チェキルメッキ	retreat from リトリート フラム
たいきゅうせい **耐久性** taikyuusei	**dayanıklılık** ダヤヌックルルック	durability デュアラビリティ
だいきん **代金** daikin	**ücret, fiyat** ユジュレット, フィヤット	price プライス
たいぐう **待遇** (もてなし) taiguu	**karşılama** カルシュラマ	treatment, reception トリートメント, リセプション
(給料)	**maaş** マアシ	pay ペイ
(労働条件)	**çalışma şartları** チャルシマ シャルトラル	working conditions ワーキング コンディションズ
たいくつ **退屈** taikutsu	**can sıkıntısı** ジャン スクントゥス	boredom ボーダム

た

日	トルコ	英
～な	**sıkıcı** スクジュ	boring, tedious ボーリング, ティーディアス
たいけい **体系** taikei	**sistem** スィステム	system スィステム
たいけつする **対決する** taiketsusuru	**karşı çıkmak** カルシュ チクマック	confront コンフラント
たいけん **体験** taiken	**deneyim, tecrübe** デネイム, テジュリュベ	experience イクスピアリアンス
～する	**tecrübe etmek** テジュリュベ エトメッキ	experience, go through イクスピアリアンス, ゴウ スルー
たいこうする **対抗する** taikousuru	**karşı çıkmak, muhalefet etmek** カルシュ チクマック, ムハーレフェット エトメッキ	oppose, confront オポウズ, コンフラント
だいこうする **代行する** daikousuru	**-in adına yapmak, vekillik etmek** イン アドゥナ ヤプマック, ヴェキルリッキ エトメッキ	act for アクト フォー
だいごの **第五の** daigono	**beşinci** ベシンジ	fifth フィフス
たいざいする **滞在する** taizaisuru	**kalmak** カルマック	stay ステイ
たいさく **対策** taisaku	**önlem** ウンレム	measures メジャズ
だいさんの **第三の** daisanno	**üçüncü** ユチュンジュ	third サード
たいし **大使** taishi	**büyükelçi** ビュユッケルチ	ambassador アンバサダ
～館	**(büyük)elçiliği** (ビュユック)エルチリイ	embassy エンバスィ
だいじな **大事な** daijina	**önemli** ウネムリ	important, precious インポータント, プレシャス
だいじにする **大事にする** daijinisuru	**özen göstermek, iyi bakmak** ウゼン ギョステルメッキ, イイ バクマック	take care of テイク ケア オヴ

た

日	トルコ	英
たいしゅう **大衆** taishuu	**kamu, genel halk** カム, ゲネル ハルク	general public ヂェネラル パブリク
たいじゅう **体重** taijuu	**vücut ağırlığı** ヴュジュット アウルルウ	body weight バディ ウェイト
たいしょう **対照** taishou	**tezat, kontrast** テザート, コントラスト	contrast, compari-son カントラスト, コンパリスン
~する	**kıyaslamak, karşılaştır-mak** クヤスラマック, カルシュラシトゥルマック	contrast, compare コントラスト, コンペア
たいしょう **対象** taishou	**nesne** ネスネ	object アブヂェクト
だいしょう **代償** daishou	**telafi** テラーフィー	compensation カンペンセイション
たいじょうする **退場する** taijousuru	**-den ayrılmak** デン アイルルマック	leave, exit リーヴ, エグズィット
たいしょく **退職** taishoku	**istifa** イスティファー	resignation レズィグネイション
定年~	**emeklilik** エメッキリリッキ	retirement リタイアメント
~する	**-den istifa etmek, -den emekli olmak** デン イスティファー エトメッキ, デン エメッキリ オルマック	retire from リタイア フラム
だいじん **大臣** daijin	**bakan** バカン	minister ミニスタ
たいしんの **耐震の** taishinno	**depreme dayanıklı** デプレメ ダヤヌックル	earthquake-proof アースクウェイクプルーフ
だいず **大豆** daizu	**soya fasulyesi** ソヤ ファスリエスィ	soybean, ⓑsoy-abean ソイビーン, ソヤビーン
たいすいの **耐水の** taisuino	**su geçirmez** ス ゲチルメス	waterproof ウォータプルーフ
たいすう **対数** taisuu	**logaritma** ロガリトマ	logarithm ロガリズム
だいすう **代数** daisuu	**cebir** ジェビル	algebra アルヂブラ

日	トルコ	英
たいせい **大勢** taisei	**genel eğilim** ゲネル エイリム	general trend チェネラル トレンド
たいせいよう **大西洋** taiseiyou	**Atlantik Okyanusu** アトランティック オクヤヌス	Atlantic Ocean アトランティック オーシャン
たいせき **体積** taiseki	**hacim** ハジム	volume ヴァリュム
たいせつな **大切な** taisetsuna	**önemli, mühim, değerli** ウネムリ, ミュヒム, デエルリ	important, precious インポータント, プレシャス
たいせんする **対戦する** taisensuru	**ile uğraşmak** イレ ウーラシマック	fight with ファイト ウィズ
たいそう **体操** taisou	**jimnastik** ジムナスティック	gymnastics ヂムナスティクス
だいたい **大体** daitai (およそ)	**yaklaşık, aşağı yukarı** ヤクラシュック, アシャウ ユカル	about アバウト
(概略)	**ana hat, özet** アナ ハット, ウゼット	outline, summary アウトライン, サマリ
(大抵)	**genelde, genellikle, genel olarak** ゲネルデ, ゲネルリッキレ, ゲネル オラ ラック	generally チェネラリ
だいたすう **大多数** daitasuu	**büyük çoğunluk** ビュユック チョウンルック	large majority ラーヂ マヂョーリティ
たいだな **怠惰な** taidana	**tembel** テンベル	lazy レイズィ
たいだん **対談** taidan	**konuşma, sohbet** コヌシマ, ソフベット	talk トーク
〜する	**ile konuşmak** イレ コヌシマック	have a talk with ハヴ ア トーク ウィズ
だいたんな **大胆な** daitanna	**yürekli, cesur, cüretkâr** ユレックリ, ジェスル, ジュレットキャル	bold, daring ボウルド, デアリング
たいちょう **体調** taichou	**fiziksel durum** フィズィクッセル ドゥルム	physical condition フィズィカル コンディション
だいちょう **大腸** daichou	**kalın bağırsak** カルン バウルサック	large intestine ラーヂ インテスティン
たいつ **タイツ** taitsu	**uzun çorap** ウズン チョラップ	tights タイツ

日	トルコ	英
たいてい **大抵** （大体） taitei	**genellikle, genelde** ゲネル**リ**ッキレ, ゲネル**デ**	generally **チェ**ネラリ
（多くは）	**çoğunlukla** チョウンル**ック**ラ	almost **オ**ールモウスト
たいど **態度** taido	**davranış, tutum, tavır** ダヴラ**ヌ**シ, トゥ**トゥ**ム, タ**ヴ**ル	attitude, manner **ア**ティテュード, **マ**ナ
たいとうの **対等の** taitouno	**eşit, denk** エ**シ**ット, **デ**ンキ	equal, even **イー**クワル, **イー**ヴン
だいどうみゃく **大動脈** daidoumyaku	**ana atardamar, aort** **ア**ナ ア**タ**ルダマル, ア**オ**ルト	aorta エイ**オー**タ
だいとうりょう **大統領** daitouryou	**başkan, cumhurbaşkanı** バシ**カ**ン, ジュム**フ**ルバシカヌ	president プレ**ズィ**デント
だいどころ **台所** daidokoro	**mutfak** ムト**ファ**ック	kitchen **キ**チン
だいとし **大都市** daitoshi	**büyük şehir** ピュ**ユ**ック シェ**ヒ**ル	big city **ビグ ス**ィティ
たいとる **タイトル** taitoru	**başlık** バシ**ル**ック	title **タ**イトル
だいなみっくな **ダイナミックな** （動的な） dainamikkuna	**dinamik** ディ**ナ**ミッキ	dynamic ダイ**ナ**ミク
反 **静的な**	**statik** ス**タ**ティッキ	static ス**タ**ティク
だいにの **第二の** dainino	**ikinci** イ**キ**ンジ	second **セ**カンド
だいにんぐ **ダイニング** dainingu	**yemek odası** イェ**メ**ッキ オ**ダ**ス	dining room **ダ**イニング **ルー**ム
たいねつの **耐熱の** tainetsuno	**ısıya dayanıklı** ウ**スヤ** ダヤ**ヌ**ックル	heat resistant **ヒ**ート リ**ズ**ィスタント
だいばー **ダイバー** daibaa	**dalgıç** ダル**グ**ッチ	diver **ダ**イヴァ
たいばつ **体罰** taibatsu	**bedensel ceza, fiziksel ceza** ベデン**セ**ル ジェ**ザ**ー, フィ**ズ**ィック**セ**ル ジェ**ザ**ー	corporal punishment **コー**ポラル **パ**ニシュメント

日	トルコ	英
たいはん **大半** taihan	**-in çoğunluğu, -in büyük kısmı** イン チョウンル**ウ**, イン ビュ**ユ**ック クス**ム**	(the) greater part of (ザ) グレイタ パート オヴ
たいひ **堆肥** （有機肥料） taihi	**organik gübre** オルガ**ニ**ック ギュブレ	compost **カ**ンポウスト
だいひょう **代表** daihyou	**temsilci, delege** テムスィルジ, デレ**ゲ**	representative レプリ**ゼ**ンタティヴ
～する	**temsil etmek** テム**ス**ィル エト**メ**ッキ	represent レプリ**ゼ**ント
～的な	**temsilci** テムスィルジ	representative レプリ**ゼ**ンタティヴ
～取締役	**CEO, yönetim kurulu başkanı** スィイ**オ**, ヨネ**テ**ィム クル**ル** バシカ**ヌ**	CEO, company president **ス**ィーイー**オ**ウ, カンパニ プレ**ズ**ィデント
だいびんぐ **ダイビング** daibingu	**dalış** ダ**ル**シ	diving **ダ**イヴィング
だいぶ **大分** daibu	**çok, gayet, oldukça** **チ**ョック, ガー**イ**ェット, オル**ドゥ**ックチャ	very, pretty **ヴェ**リ, プ**リ**ティ
たいふう **台風** taifuu	**tayfun** タイ**フ**ン	typhoon タイ**フ**ーン
たいへいよう **太平洋** taiheiyou	**Pasifik Okyanusu, Büyük Okyanusu** パス**ィフ**ィッキ オクヤ**ヌ**ス, ビュ**ユ**ック オクヤ**ヌ**ス	Pacific Ocean パ**ス**ィフィック **オ**ーシャン
たいへん **大変** taihen	**aşırı, son derece** ア**シ**ュル, **ソ**ン デレ**ジ**ェ	very, extremely **ヴェ**リ, イクスト**リ**ームリ
だいべん **大便** daiben	**dışkı** ドゥ**シ**ク	feces **フ**ィースィーズ
たいへんな **大変な** （すばらしい） taihenna	**harika, mükemmel** ハー**リ**カ, ミュケン**メ**ル	wonderful, splendid **ワ**ンダフル, スプ**レ**ンディド
（やっかいな）	**sıkıntılı, zor** スク**ン**トゥル, **ゾ**ル	troublesome, hard ト**ラ**ブルサム, **ハ**ード
（重大な・深刻な）	**ciddi** ジッ**デ**ィー	serious, grave ス**ィ**アリアス, グ**レ**イヴ
たいほ **逮捕** taiho	**tutuklama** トゥトゥックラ**マ**	arrest, capture ア**レ**スト, **キャ**プチャ

た

日	トルコ	英
～する	**tutuklamak** トゥトゥックラマック	arrest, capture アレスト, **キャプチャ**
たいほう 大砲 taihou	**top** トップ	cannon **キャノン**
だいほん 台本 （映画や劇の） daihon	**senaryo** セナリヨ	scenario, script スィネアリオウ, スクリプト
（歌劇の）	**libretto** リブレット	libretto リブレトウ
たいま 大麻 taima	**esrar** エスラール	marijuana マリ**ワ**ーナ
たいまー タイマー taimaa	**kronometre** クロノメトレ	timer **タ**イマ
たいまんな 怠慢な taimanna	**ihmalkâr** イフマール**キャ**ル	negligent **ネ**グリデェント
たいみんぐ タイミング taimingu	**zamanlama** ザマンラ**マ**	timing **タ**イミング
だいめい 題名 daimei	**başlık** バシ**ル**ック	title **タ**イトル
だいめいし 代名詞 daimeishi	**adıl, zamir** ア**ド**ゥル, ザ**ミ**ル	pronoun プロウナウン
たいや タイヤ taiya	**lastik** ラス**ティ**ッキ	tire **タ**イア
だいや ダイヤ （時刻表） daiya	**tarife** ターリ**フェ**	timetable **タ**イムテイブル
だいやもんど ダイヤモンド daiyamondo	**elmas** エル**マ**ス	diamond **ダ**イアモンド
たいよう 太陽 taiyou	**güneş** ギュ**ネ**シ	sun **サ**ン
だいようする 代用する daiyousuru	**yerine kullanmak** イェリ**ネ** クッラン**マ**ック	substitute for **サ**ブスティテュート フォ
だいよんの 第四の daiyonno	**dördüncü** ドゥルデュン**ジュ**	fourth **フォ**ース
たいらな 平らな tairana	**düz** デュス	even, level, flat **イ**ーヴン, **レ**ヴェル, フ**ラ**ト

日	トルコ	英
だいり **代理** dairi	**temsilci, vekil** テムスィルジ, ヴェキール	representative, proxy レプリ**ゼ**ンタティヴ, プラク**ス**ィ
～店	**ajans** アジャンス	agency **エ**イヂェンスィ
たいりく **大陸** tairiku	**kıta** クタ	continent **カ**ンティネント
だいりせき **大理石** dairiseki	**mermer** メルメル	marble **マ**ーブル
たいりつ **対立** tairitsu	**karşıtlık, kontrast** カルシュトルック, コントラスト	opposition アポ**ズ**ィション
～する	**karşı çıkmak** カル**シュ** チュク**マ**ック	(be) opposed to (ビ) オ**ポ**ウズド トゥ
たいりょう **大量** tairyou	**büyük miktar** ビュ**ユ**ック ミク**タ**ル	mass, large quantities **マ**ス, **ラ**ーデ ク**ワ**ンティティ**ズ**
～生産	**seri üretim** セリ ユレティム	mass production **マ**ス プロ**ダ**クション
たいりょく **体力** tairyoku	**fiziksel kuvvet, fiziksel güç** フィズィク**セ**ル クッ**ヴェ**ット, フィズィク**セ**ル **ギュ**チ	physical strength **フィ**ズィカル スト**レ**ングス
たいる **タイル** tairu	**fayans, çini** ファ**ヤ**ンス, **チ**ニ	tile **タ**イル
たいわする **対話する** taiwasuru	**diyalog kurmak** ディヤ**ロ**グ クル**マ**ック	have a dialogue ハヴ ア **ダ**イアローグ
たいわん **台湾** taiwan	**Tayvan** **タ**イヴァン	Taiwan **タ**イ**ワ**ーン
だうんじゃけっと **ダウンジャケット** daunjaketto	**şişme mont, kuş tüyü mont** シシ**メ** モント, **ク**シ テュ**ユ** モント	down jacket **ダ**ウン **チャ**ケト
だうんろーどする **ダウンロードする** daunroodosuru	**indirmek** インディル**メ**ッキ	download **ダ**ウンロウド
たえず **絶えず** taezu	**sürekli, devamlı** スュレッキ**リ**, デヴァーム**ル**	continuously コン**ティ**ニュアスリ
たえる **絶える** taeru	**sona ermek, tükenmek** ソ**ナ** エル**メ**ッキ, テュケン**メ**ッキ	cease, die out **スィ**ース, **ダ**イ **ア**ウト

日	トルコ	英
たえる **耐える** （我慢する） taeru	**dayanmak** ダヤンマック	bear, stand ベア, スタンド
（持ちこたえる）	**dayanmak** ダヤンマック	withstand ウィズスタンド
だえん **楕円** daen	**elips** エリプス	ellipse, oval イリプス, オウヴァル
たおす **倒す** （打ち倒す） taosu	**vurup yere sermek, yık-mak** ヴルップ イェレ セルメッキ, ユクマック	knock down ナク ダウン
（相手を負かす）	**yenmek** イェンメッキ	defeat, beat ディフィート, ビート
（崩壊させる）	**yıkmak** ユクマック	overthrow オウヴァスロウ
たおる **タオル** taoru	**havlu** ハヴル	towel タウエル
たおれる **倒れる** taoreru	**düşmek, çökmek** デュシメッキ, チョクメッキ	fall, collapse フォール, コラプス
たか **鷹** taka	**şahin** シャーヒン	hawk ホーク
たかい **高い** takai	**yüksek** ユクセッキ	high, tall ハイ, トール
（値段が）	**pahalı** パハル	expensive イクスペンスィヴ
たがいに **互いに** tagaini	**birbirlerine** ビルビルレリネ	each other, one an-other イーチ アザ, ワン アナザ
たがいの **互いの** tagaino	**karşılıklı** カルシュルックル	mutual ミューチュアル
だがっき **打楽器** dagakki	**vurmalı çalgı** ヴルマル チャルグ	percussion instru-ment パーカション インストルメント
たかまる **高まる** （上昇する） takamaru	**yükselmek** ユクセルメッキ	rise ライズ
（高ぶる）	**heyecanlanmak** ヘイェジャンランマック	(get) excited (ゲト) イクサイティド

た

日	トルコ	英
たかめる **高める** takameru	**yükseltmek** ユクセルトメッキ	raise, increase レイズ, インクリース
たがやす **耕す** tagayasu	**çift sürmek** チフト スュルメッキ	cultivate, plow カルティヴェイト, プラウ
たから **宝** takara	**hazine** ハズィーネ	treasure トレジャ
〜くじ	**piyango** ピヤンゴ	lottery ラタリ
たき **滝** taki	**şelale, çağlayan** シェラーレ, チャーラヤン	waterfall, falls ウォータフォール, フォールズ
だきょうする **妥協する** dakyousuru	**ile uzlaşmak** イレ ウズラシマック	compromise with カンプロマイズ ウィズ
たく **炊く** taku	**pişirmek** ピシルメッキ	cook, boil クク, ボイル
だく **抱く** daku	**kucaklamak** クジャックラマック	embrace インブレイス
たくさんの **沢山の** takusanno	**çok** チョック	many, much メニ, マチ
たくしー **タクシー** takushii	**taksi** タクスィ	cab, taxi キャブ, タクスィ
たくはい **宅配** takuhai	**kapıdan kapıya teslim** カプダン カプヤ テスリム	door-to-door delivery ドータドー ディリヴァリ
たくみな **巧みな** takumina	**becerikli** ベジェリッキリ	skillful スキルフル
たくらむ **企む** takuramu	**dolap çevirmek, komplo kurmak** ドラップ チェヴィルメッキ, コンプロ クルマック	scheme, plot スキーム, プラト
たくわえ **蓄え** takuwae	**stok** ストック	store, reserve ストー, リザーヴ
(貯金)	**tasarruf, birikim** タサッルフ, ビリキム	savings セイヴィングズ
たくわえる **蓄える** takuwaeru	**stoklamak, depolamak** ストックラマック, デポラマック	store, keep ストー, キープ

日	トルコ	英
（貯金する）	**para biriktirmek, tasarruf etmek** パラ ビリキティルメッキ, タサッルフ エト メッキ	save セイヴ
だげき 打撃 dageki	**vuruş, darbe** ヴルシ, ダルベ	blow, shock ブロウ, シャク
だけつする 妥結する daketsusuru	**anlaşmaya varmak, bağdaşmak** アンラシマヤ ヴァルマック, バーダシマック	reach an agreement リーチ アン アグリーメント
たこ 凧 tako	**uçurtma** ウチュルトマ	kite カイト
たこ 蛸 tako	**ahtapot** アフタポット	octopus アクトパス
たこくせきの 多国籍の takokusekino	**çok uluslu** チョック ウルスル	multinational マルティナショナル
たさいな 多彩な tasaina	**rengârenk** レンギャーレンキ	colorful カラフル
たしかな 確かな tashikana	**kesin, emin** ケスィン, エミン	sure, certain シュア, サートン
たしかに 確かに tashikani	**kesinlikle, elbette** ケスィンリッキレ, エルベッテ	certainly サートンリ
たしかめる 確かめる tashikameru	**-den emin olmak** デン エミン オルマック	make sure of メイク シュア オヴ
たしざん 足し算 tashizan	**toplama** トプラマ	addition アディション
反引き算	**çıkarma** チュカルマ	subtraction サブトラクション
たしなみ 嗜み （素養・心得） tashinami	**bilgi** ビルギ	knowledge ナリヂ
（好み・趣味）	**tat** タット	taste テイスト
だじゃれ 駄洒落 dajare	**cinas, kelime oyunu** ジナース, ケリメ オユヌ	pun パン
たす 足す （追加） tasu	**ilave etmek, katmak** イラーヴェ エトメッキ, カトマック	add アド

日	トルコ	英
（加算）	**toplamak** トプラマック	add **ア**ド
だす **出す** （中から） dasu	**çıkarmak** チュカル**マック**	take out **テ**イク **ア**ウト
（露出する）	**maruz bırakmak** マールズ ブラク**マック**	expose イクス**ポ**ウズ
（提出する）	**teslim etmek, sunmak** テスリム エト**メッキ**, スン**マック**	hand in **ハ**ンド **イ**ン
（手紙などを）	**postalamak** ポスタラ**マック**	mail, ⑧post **メ**イル, **ポ**ウスト
（発行する）	**yayınlamak** ヤユンラ**マック**	publish **パ**ブリシュ
たすう **多数** tasuu	**çoğunluk** チョウン**ルック**	majority マ**ヂョー**リティ
反少数	**azınlık** アズン**ルック**	minority ミ**ノー**リティ
～決	**çoğunluk kararı** チョウン**ルック** カラ**ル**	majority verdict マ**ヂョー**リティ **ヴァー**ディクト
～の	**çok, çok sayıda** **チョ**ック, **チョ**ック サユ**ダ**	numerous, many **ニュー**メラス, **メ**ニ
たすかる **助かる** tasukaru	**kurtarılmak** クルタルル**マック**	(be) rescued (ビ) **レ**スキュード
（助けになる）	**yardımcı olmak** ヤル**ドゥ**ムジュ オル**マック**	(be) helped (ビ) **ヘ**ルプト
たすける **助ける** tasukeru	**kurtarmak** クルタル**マック**	save **セ**イヴ
（援助する）	**yardım etmek** ヤル**ドゥ**ム エト**メッキ**	help **ヘ**ルプ
たずねる **尋ねる** tazuneru	**sormak** ソル**マック**	ask **ア**スク
たずねる **訪ねる** tazuneru	**ziyaret etmek** ズィヤー**レ**ット エト**メッキ**	visit **ヴィ**ズィト
たたえる **称える** tataeru	**övmek, methetmek** ウヴ**メッキ**, メトヘト**メッキ**	praise **プレ**イズ

た

日	トルコ	英
たたかい **戦い**（戦争・紛争） tatakai	**savaş** サヴァシ	war **ウォー**
（戦闘）	**çatışma** チャトゥシマ	battle バトル
（けんか・抗争）	**kavga** カヴガ	fight **ファイト**
たたかう **戦う** tatakau	**savaşmak, mücadele et-mek** サヴァシマック, ミュジャーデレ エトメッキ	fight **ファイト**
たたく **叩く** tataku	**vurmak** ヴルマック	strike, hit, knock ストライク, ヒト, ナク
ただし **但し** tadashi	**fakat, ancak** ファカット, アンジャック	but, however バト, ハウエヴァ
ただしい **正しい** tadashii	**doğru** ドール	right, correct ライト, コレクト
ただちに **直ちに** tadachini	**hemen, derhal** ヘメン, デルハル	at once アト ワンス
ただの **ただの**（普通の） tadano	**normal, sıradan** ノルマル, スラダン	ordinary **オーディネリ**
（無料の）	**ücretsiz, bedava** ユジュレット**スィス**, ベダーヴァ	free, gratis フリー, グラティス
たたむ **畳む** tatamu	**katlamak** カトラマック	fold **フォウルド**
たちあがる **立ち上がる** tachiagaru	**(ayağa) kalkmak** (アヤア) カルクマック	stand up スタンド アプ
たちあげる **立ち上げる** tachiageru	**kurmak, başlatmak** クルマック, バシラトマック	start up スタート アプ
たちいりきんし **立ち入り禁止** tachiirikinshi	**Girilmez.** ギリルメス	No Entry., Keep Out. ノウ エントリ, キープ アウト
たちさる **立ち去る** tachisaru	**-den ayrılmak** デン アイルルマック	leave リーヴ
たちどまる **立ち止まる** tachidomaru	**durmak** ドゥルマック	stop, halt スタプ, **ホールト**

た

日	トルコ	英
たちなおる **立ち直る** tachinaoru	**iyileşmek, atlatmak** イイレシメッキ, アトラトマック	get over, recover ゲト オウヴァ, リカヴァ
たちのく **立ち退く** （引っ越す） tachinoku	**taşınmak** タシュンマック	leave, move out リーヴ, ムーヴ アウト
たちば **立場** tachiba	**pozisyon** ポズィスィオン	standpoint スタンドポイント
たつ **立つ** tatsu	**ayakta durmak, dikilmek** アヤックタ ドゥルマック, ディキルメッキ	stand, rise スタンド, ライズ
たつ **経つ** tatsu	**geçmek** ゲチメッキ	pass, elapse パス, イラプス
たつ **発つ** tatsu	**hareket etmek, kalkmak** ハレケット エトメッキ, カルクマック	set out, depart セト アウト, ディパート
たつ **建つ** tatsu	**inşa edilmek, kurulmak** インシャー エディルメッキ, クルルマック	(be) built (ビ) ビルト
たっきゅう **卓球** takkyuu	**masa tenisi** マサ テニスィ	table tennis テイブル テニス
だっこする **抱っこする** dakkosuru	**kucağına almak** クジャウナ アルマック	carry キャリ
たっしゃな **達者な**　（健康な） tasshana	**sağ** サー	healthy ヘルスィ
（上手な）	**becerikli** ベジェリッキリ	skilled, proficient スキルド, プロフィシェント
だっしゅする **ダッシュする** dasshusuru	**hızla koşmak** フズラ コシマック	dash ダシュ
だっしゅつする **脱出する** dasshutsusuru	**-den kaçmak** デン カチマック	escape from イスケイプ フラム
たっする **達する** tassuru	**-e ulaşmak, -e erişmek** エ ウラシマック, エ エリシメッキ	reach, arrive at リーチ, アライヴ アト
だつぜい **脱税** datsuzei	**vergi kaçırma, vergi ka- çakçılığı** ヴェルギ カチュルマ, ヴェルギ カチャック チュルウ	tax evasion タクス イヴェイジョン
～する	**vergi kaçırmak** ヴェルギ カチュルマック	evade a tax イヴェイド ア タクス

た

日	トルコ	英
たっせいする **達成する** tasseisuru	**başarmak** バシャルマック	accomplish, achieve アカンプリシュ, アチーヴ
だっせんする **脱線する** dassensuru	**yoldan çıkmak, raydan çıkmak** ヨルダン チュクマック, ライダン チュクマック	(be) derailed (ビ) ディレイルド
（話が）	**konu dışına çıkmak** コヌ ドゥシュナ チュクマック	digress from ダイグレス フラム
たった **たった** tatta	**sadece, tek, yalnızca** サーデジェ, テッキ, ヤンヌズジャ	only, just オウンリ, チャスト
だったいする **脱退する** dattaisuru	**-den çekilmek** デン チェキルメッキ	withdraw from ウィズドロー フラム
たったいま **たった今** tattaima	**hemen şimdi, demin, az önce** ヘメン シムディ, デミン, アズ ウンジェ	just now チャスト ナウ
たつまき **竜巻** tatsumaki	**kasırga, hortum** カスルガ, ホルトゥム	tornado トーネイドウ
だつもう **脱毛** （除毛） datsumou	**epilasyon** エピラスィオン	hair removal, de- pilation ヘア リムーヴァル, デピレイション
（毛が抜け落ちる）	**saç dökülmesi** サチ ドゥキュルメスィ	hair loss ヘア ロース
だつらくする **脱落する** datsurakusuru	**dökülmek** ドゥキュルメッキ	(be) omitted, fall off (ビ) オウミティド, フォール オーフ
たて **縦** （長さ） tate	**uzunluk** ウズンルック	length レングス
反横	**genişlik** ゲニシリッキ	width ウィドス
たて **盾** tate	**kalkan** カルカン	shield シールド
たてもの **建物** tatemono	**yapı, bina** ヤプ, ビナー	building ビルディング
たてる **立てる** tateru	**dikmek** ディキメッキ	stand, put up スタンド, プト アプ

た

日	トルコ	英
（計画などを）	**(plan) yapmak** （ピラン）ヤプマック	form, make **フォーム**，**メイク**
<small>たてる</small> **建てる**（建築する） tateru	**inşa etmek** インシャー エトメッキ	build, construct **ビルド**，コンス**トラ**クト
（設立する）	**kurmak, tesis etmek** クル**マ**ック，テース**ィ**ス エト**メ**ッキ	establish, found イス**タ**プリシュ，**ファ**ウンド
<small>たどうし</small> **他動詞** tadoushi	**geçişli fiil, geçişli eylem** ゲチ**シリ** フィイル，ゲチ**シリ** エイレム	transitive verb トラン**スィ**ティヴ **ヴァ**ープ
<small>反</small>**自動詞**	**geçişsiz fiil, geçişsiz ey-lem** ゲチ**シスィ**ス フィイル，ゲチ**シスィ**ス エイレム	intransitive verb イント**ラ**ンスィティヴ **ヴァ**ープ
<small>だとうする</small> **打倒する** datousuru	**yenmek** イェン**メ**ッキ	defeat ディ**フィ**ート
<small>だとうな</small> **妥当な** datouna	**uygun** ウイ**グ**ン	appropriate, prop-er アプ**ロ**ウプリエト，プ**ラ**パ
<small>たとえば</small> **例えば** tatoeba	**örneğin, mesela** **ウ**ルネイン，メセ**ラ**ー	for example フォ イグ**ザ**ンプル
<small>たとえる</small> **例える** tatoeru	**-e benzetmek** エ ベンゼット**メ**ッキ	compare to コン**ペ**ア トゥ
<small>たどる</small> **たどる** tadoru	**takip etmek** ター**キ**ップ エト**メ**ッキ	follow, trace **ファ**ロウ，ト**レ**イス
<small>たな</small> **棚** tana	**raf** ラフ	shelf, rack **シェ**ルフ，**ラ**ク
<small>たに</small> **谷** tani	**vadi** ヴァー**ディ**	valley **ヴァ**リ
<small>だに</small> **ダニ** dani	**kene** ケ**ネ**	tick **ティ**ク
<small>たにん</small> **他人** tanin	**diğer kişiler, diğer insan-lar** ディ**エ**ル キシ**レ**ル，ディ**エ**ル インサン**ラ**ル	other people **ア**ザ **ピ**ープル
（知らない人）	**yabancı** ヤバン**ジュ**	stranger スト**レ**インヂャ
<small>たね</small> **種** tane	**tohum, çekirdek** ト**フ**ム，チェキル**デ**ッキ	seed ス**ィ**ード

日	トルコ	英
たのしい **楽しい** tanoshii	**eğlenceli, zevkli** エーレンジェリ, ゼヴクリ	fun, enjoyable **ファン**, イン**チョ**イアブル
たのしみ **楽しみ** tanoshimi	**zevk, keyif** ゼヴク, ケイフ	pleasure, joy プレジャ, **チョ**イ
たのしむ **楽しむ** tanoshimu	**eğlenmek, zevk almak** エーレンメッキ, **ゼ**ヴク アル**マ**ック	enjoy イン**チョ**イ
たのみ **頼み** tanomi	**rica** リジャー	request, favor, ®favour リク**ウェ**スト, **フェ**イヴァ, **フェ**イヴァ
たのむ **頼む** tanomu	**rica etmek** リジャー エトメッキ	ask, request **ア**スク, リク**ウェ**スト
たのもしい **頼もしい** （信頼できる） tanomoshii	**güvenilir** ギュヴェニリル	reliable リ**ラ**イアブル
（有望な）	**umut verici, ümit verici** ウムット ヴェリジ, ユミット ヴェリジ	promising プラ**ミ**スィング
たば **束** taba	**demet** デメット	bundle, bunch **バ**ンドル, **バ**ンチ
たばこ **煙草** tabako	**sigara, tütün** スィ**ガ**ラ, テュ**テュ**ン	tobacco, cigarette ト**バ**コウ, スィガレト
たび **旅** tabi	**seyahat, yolculuk** セヤー**ハ**ット, ヨルジュ**ル**ック	travel, journey ト**ラ**ヴェル, **チャ**ーニ
たびだつ **旅立つ** tabidatsu	**yolculuğa çıkmak, seya- hate çıkmak** ヨルジュル**ア** チュク**マ**ック, セヤーハテ チュク**マ**ック	embark on a jour- ney イン**バ**ーク オン ア **チャ**ー ニ
たびたび **度々** tabitabi	**sık sık** スック スック	often **オ**ーフン
たぶー **タブー** tabuu	**tabu** タブ	taboo タ**ブ**ー
だぶだぶの **だぶだぶの** dabudabuno	**bol** ボル	loose-fitting **ルー**ス**フィ**ティング
たふな **タフな** tafuna	**atılgan, gözü pek** アトゥル**ガ**ン, ギョ**ズ** ペッキ	tough, hardy **タ**フ, **ハ**ーディ
だぶるくりっくする **ダブルクリックする** daburukurikkusuru	**çift tıklamak** **チ**フト トゥクラ**マ**ック	double-click **ダ**ブル**ク**リク

た

日	トルコ	英
<ruby>ダブルス<rt>だぶるす</rt></ruby> daburusu	**çift** チフト	doubles ダブルズ
反 シングルス	**tek** テッキ	singles スィングルズ
<ruby>多分<rt>たぶん</rt></ruby> tabun	**belki, muhtemelen** ベルキ, ムフテメレン	perhaps, maybe パハプス, メイビ
<ruby>食べ物<rt>たべもの</rt></ruby> tabemono	**yiyecek, gıda** イィイェジェッキ, グダー	food, provisions フード, プロヴィジョンズ
<ruby>食べる<rt>たべる</rt></ruby> taberu	**yemek** イェメッキ	eat イート
<ruby>他方<rt>たほう</rt></ruby> tahou	**diğer taraftan, öte yan-dan** ディエル タラフタン, ウテ ヤンダン	on the other hand オン ズィ アザ ハンド
<ruby>多忙な<rt>たぼうな</rt></ruby> tabouna	**meşgul** メシグル	busy ビズィ
<ruby>打撲<rt>だぼく</rt></ruby> daboku	**bere** ベレ	blow ブロウ
<ruby>玉<rt>たま</rt></ruby>　　（宝玉） tama	**boncuk** ボンジュック	bead, gem ビード, ヂェム
<ruby>球<rt>たま</rt></ruby> tama	**top** トップ	ball ボール
<ruby>弾<rt>たま</rt></ruby> tama	**kurşun, mermi** クルシュン, メルミ	bullet, shell ブレト, シェル
<ruby>卵<rt>たまご</rt></ruby> tamago	**yumurta** ユムルタ	egg エグ
<ruby>魂<rt>たましい</rt></ruby> tamashii	**ruh** ルフ	soul, spirit ソウル, スピリト
<ruby>騙す<rt>だます</rt></ruby> damasu	**aldatmak, kandırmak** アルダトマック, カンドゥルマック	deceive, trick ディスィーヴ, トリク
<ruby>黙って<rt>だまって</rt></ruby>（静かに） damatte	**sessizce** セッスィズジェ	silently サイレントリ
（無断で）	**izinsiz** イズィンスィス	without leave ウィザウト リーヴ
<ruby>たまに<rt>たまに</rt></ruby> tamani	**bazen, ara sıra** バーゼン, アラ スラ	occasionally オケイジョナリ

た

日	トルコ	英
たまねぎ **玉葱** tamanegi	**soğan** ソアン	onion アニョン
だまる **黙る** damaru	**susmak, sesini kesmek** ススマック, セスィニ ケスメッキ	(become) silent (ビカム) サイレント
だむ **ダム** damu	**baraj** バラージ	dam ダム
だめーじ **ダメージ** dameeji	**zarar, hasar** ザラル, ハサール	damage ダミヂ
ためす **試す** tamesu	**denemek, tecrübe etmek** デネメッキ, テジリュベ エトメッキ	try, test トライ, テスト
だめな **駄目な** damena	**yararsız, faydasız** ヤラルスス, ファイダスス	useless, no use ユースレス, ノウ ユース
ためになる **ためになる** tameninaru	**-e yararlı** エ ヤラルル	good for, profit-able グド フォ, プラフィタブル
ためらう **ためらう** tamerau	**tereddüt etmek, durak-samak** テレッデュット エトメッキ, ドゥラクサマック	hesitate ヘズィテイト
ためる **貯める** tameru	**biriktirmek** ビリキティルメッキ	save, store セイヴ, ストー
たもつ **保つ** tamotsu	**tutmak** トゥトマック	keep キープ
たより **便り** (手紙) tayori	**mektup** メクトゥップ	letter レタ
(知らせ)	**haber** ハベル	news ニューズ
たより **頼り** tayori	**güven** ギュヴェン	reliance, confi-dence リライアンス, カンフィデンス
たよる **頼る** tayoru	**-e güvenmek, itimat et-mek** エ ギュヴェンメッキ, イーティマート エトメッキ	rely on, depend on リライ オン, ディペンド オン
だらくする **堕落する** darakusuru	**bozulmak** ボズルマック	degenerate into ディチェネレイト イントゥ
だらしない **だらしない** darashinai	**dağınık, düzensiz** ダウヌック, デュゼンスィス	untidy, slovenly アンタイディ, スラヴンリ

た

日	トルコ	英
_{たらす} **垂らす**（ぶら下げる） tarasu	**sarkıtmak** サルクトマック	hang down ハング ダウン
（こぼす）	**dökmek** ドゥキメッキ	drop, spill ドラプ，スピル
_{たりない} **足りない** tarinai	**eksik olmak, yeterli değil** エキスィッキ オルマック，イェテルリ デイ ル	(be) short of （ビ）ショート オヴ
_{たりょうに} **多量に** taryouni	**bolca, bol bol** ボルジャ，ボル ボル	abundantly アバンダントリ
_{たりる} **足りる** tariru	**yeterli** イェテルリ	(be) enough （ビ）イナフ
_{たるむ} **弛む** tarumu	**gevşemek** ゲヴシェメッキ	(be) loose, slacken （ビ）ルース，スラクン
_{だれ} **誰** dare	**kim** キム	who フー
_{だれか} **誰か** dareka	**kimse** キムセ	someone, some-body サムワン，サムバディ
_{たれる} **垂れる**（ぶら下がる） tareru	**sarkmak** サルクマック	dangle ダングル
（こぼれる）	**dökülmek** ドゥキュルメッキ	spill スピル
（したたる）	**damlamak** ダムラマック	drip ドリプ
_{たわむ} **たわむ** tawamu	**eğilmek, eğrilmek** エイルメッキ，エーリルメッキ	bend ベンド
_{たわむれる} **戯れる** tawamureru	**oynamak** オイナマック	play プレイ
_{たん} **痰** tan	**balgam** バルガム	phlegm, sputum フレム，スピュータム
_{だん} **段** dan	**basamak** バサマック	step, stair ステプ，ステア
_{だんあつする} **弾圧する** dan-atsusuru	**bastırmak** バストゥルマック	suppress サプレス
_{たんい} **単位**（基準となる量） tan-i	**birim** ビリム	unit ユーニト

た

日	トルコ	英
（履修単位）	**kredi** クレディ	credit クレディット
たんいつの **単一の** tan-itsuno	**tek** テッキ	single, sole スィングル, ソウル
たんか **担架** tanka	**sedye** セディエ	stretcher ストレチャ
たんかー **タンカー** tankaa	**tanker** タンケル	tanker タンカ
だんかい **段階** dankai	**evre, aşama** エヴレ, アシャマ	step, stage ステプ, ステイヂ
だんがい **断崖** dangai	**uçurum, yar** ウチュルム, ヤル	cliff クリフ
たんきな **短気な** tankina	**sabırsız, sinirli** サブルスス, スィニルリ	short-tempered, quick-tempered ショートテンパド, クウィク テンパド
たんきの **短期の** tankino	**kısa vadeli** クサ ヴァーデリ	short term ショート ターム
反 長期の	**uzun vadeli** ウズン ヴァーデリ	long term ローング ターム
たんきゅうする **探究する** tankyuusuru	**araştırmak, incelemek** アラシトゥルマック, インジェレメッキ	study, investigate スタディ, インヴェスティゲ イト
たんきょりきょうそう **短距離競走** tankyorikyousou	**kısa mesafe koşusu** クサ メサーフェ コシュス	short-distance race ショートディスタンス レイ ス
たんく **タンク** tanku	**tank** タンク	tank タンク
だんけつする **団結する** danketsusuru	**birleşmek** ビルレシメッキ	unite ユーナイト
たんけん **探検** tanken	**macera** マージェラー	adventure アドヴェンチャ
～する	**macera aramak** マージェラー アラマック	venture ヴェンチャ
たんご **単語** tango	**kelime, sözcük** ケリメ, ソズジュック	word ワード

日	トルコ	英
たんこう **炭坑** tankou	**kömür ocağı, kömür ma-deni** キョミュル オジャウ, キョミュル マーデニ	coal mine コウル マイン
だんごうする **談合する** dangousuru	**sözleşmek** ソズレシメッキ	rig a bid リグ ア ビド
だんさー **ダンサー** dansaa	**dansöz, dansçı** ダンソゥズ, ダンスチュ	dancer ダンサ
たんさん **炭酸** tansan	**karbonik asit** カルボニッキ アスィット	carbonic acid カーバニク アスィド
～ガス	**karbondioksit gazı** カルボンディオクスィット ガズ	carbon dioxide カーボン ダイアクサイド
～水	**soda, gazoz** ソダ, ガゾス	soda water ソウダ ウォータ
たんしゅくする **短縮する** tanshukusuru	**kısaltmak** クサルトマック	shorten, reduce ショートン, リデュース
たんじゅんな **単純な** tanjunna	**sade, basit** サーデ, バスィット	plain, simple プレイン, スィンプル
たんしょ **短所** tansho	**eksiklik, kusur** エキスィッキリッキ, クスル	shortcoming ショートカミング
たんじょう **誕生** tanjou	**doğum** ドゥム	birth バース
～する	**doğmak** ドーマック	(be) born (ビ) ボーン
～日	**doğum günü** ドゥム ギュニュ	birthday バースデイ
たんす **箪笥** tansu	**dolap, şifonyer** ドラップ, シフォニエル	chest of drawers チェスト オヴ ドローズ
だんす **ダンス** dansu	**dans** ダンス	dancing, dance ダンスィング, ダンス
たんすい **淡水** tansui	**tatlısu** タトゥルス	fresh water フレシュ ウォータ
たんすう **単数** tansuu	**tekil** テキル	singular スィンギュラ
反 **複数**	**çoğul** チョウル	plural プルアラル

た

日	トルコ	英
だんせい **男性** dansei	**erkek** エルケッキ	male メイル
たんせき **胆石** tanseki	**safra taşı** サフラ タシュ	gallstone ゴールストゥン
たんそ **炭素** tanso	**karbon** カルボン	carbon カーボン
だんそう **断層** dansou	**fay** ファイ	fault フォルト
だんたい **団体** dantai	**grup, dernek** グルップ, デルネッキ	group, organiza-tion グループ, オーガニゼイション
だんだん **だんだん** dandan	**derece derece, gitgide** デレジェ デレジェ, ギットギデ	gradually グラデュアリ
だんち **団地** danchi	**konut sitesi, konut kompleksi** コヌット スィテスィ, コヌット コンプレクスィ	housing develop-ment ハウズィング ディヴェロプメント
たんちょう **短調** tanchou	**minör** ミヌル	minor key マイナ キー
反長調	**majör** マジョル	major key メイジャ キー
たんちょうな **単調な** tanchouna	**monoton** モノトン	monotonous, dull モナトナス, ダル
たんてい **探偵** tantei	**dedektif** デデクティフ	detective ディテクティヴ
たんとうする **担当する** tantousuru	**-den sorumlu olmak** デン ソルムル オルマック	take charge of テイク チャーヂ オヴ
たんどくの **単独の** tandokuno	**tek** テッキ	sole, individual ソウル, インディヴィデュアル
たんなる **単なる** tannaru	**yalnız** ヤンヌス	mere, simple ミア, スィンプル
たんに **単に** tanni	**sadece** サーデジェ	only, merely オウンリ, ミアリ
だんねんする **断念する** dannensuru	**-den vazgeçmek** デン ヴァズゲチメッキ	give up, abandon ギヴ アプ, アバンドン

た

日	トルコ	英
たんのうな **堪能な** tannouna	**yetenekli, maharetli** イェテネッキリ, マハーレットリ	proficient, good プロフィシェント, グド
たんぱ **短波** tanpa	**kısa dalga** クサ ダルガ	short wave ショート ウェイヴ
反長波	**uzun dalga** ウズン ダルガ	long wave ローング ウェイヴ
たんぱくしつ **たんぱく質** tanpakushitsu	**protein** プロテイン	protein プロウティーン
たんぺん **短編** tanpen	**kısa hikâye, öykü** クサ ヒキャーイェ, ウイキュ	short work ショート ワーク
だんぺん **断片** danpen	**fragman, parça** フラグマン, パルチャ	fragment フラグメント
たんぼ **田んぼ** tanbo	**pirinç tarlası** ピリンチ タルラス	rice field ライス フィールド
たんぽ **担保** tanpo	**ipotek** イポテッキ	security, mortgage スィキュアリティ, モーギヂ
だんぼう **暖房** danbou	**ısıtma sistemi, kalorifer** ウストマ スィステミ, カロリフェル	heating ヒーティング
だんぼーる **段ボール** danbooru	**karton** カルトン	corrugated paper コーラゲイティド ペイパ
たんぽん **タンポン** tanpon	**tampon** タンポン	tampon タンパン
だんめん **断面** danmen	**kesit** ケスィット	cross section クロース セクション
だんらく **段落** danraku	**paragraf** パラグラフ	paragraph パラグラフ
だんりゅう **暖流** danryuu	**sıcak su akıntısı** スジャック ス アクントゥス	warm current ウォーム カーレント
反寒流	**soğuk su akıntısı** ソウック ス アクントゥス	cold current コウルド カーレント
だんりょく **弾力** danryoku	**esneklik** エスネッキリッキ	elasticity イラスティスィティ
だんろ **暖炉** danro	**şömine, ocak** ショミネ, オジャック	fireplace ファイアプレイス
だんわ **談話** danwa	**sohbet, konuşma** ソフベット, コヌシマ	talk, conversation トーク, カンヴァセイション

た

日	トルコ	英

ち, チ

ち **血** chi	**kan** カン	blood ブラド
ちあのーぜ **チアノーゼ** chianooze	**siyanoz** スィヤノス	cyanosis サイアノウスィス
ちあん **治安** chian	**güvenlik, asayiş** ギュヴェンリッキ, アーサーイシ	(public) peace, (public) order (パブリク) ピース, (パブリク) オーダ
ちい **地位** (階級・等級) chii	**sınıf** スヌフ	rank ランク
(役職・立場)	**konum, pozisyon** コヌム, ポズィスィオン	position ポズィション
ちいき **地域** chiiki	**bölge** ブルゲ	region, zone リーヂョン, ゾウン
ちいさい **小さい** chiisai	**küçük** キュチュック	small, little スモール, リトル
(微細な)	**ince** インジェ	minute, fine マイニュート, ファイン
(幼い)	**(çok) genç, ufak** (チョック) ゲンチ, ウファック	little, young リトル, ヤング
ちーず **チーズ** chiizu	**peynir** ペイニル	cheese チーズ
ちーむ **チーム** chiimu	**takım** タクム	team ティーム
〜ワーク	**ekip çalışması, takım ça-lışması** エキップ チャルシマス, タクム チャルシマス	teamwork ティームワーク
ちえ **知恵** chie	**akıl, akıllılık** アクル, アクルルルック	wisdom, intelligence ウィズダム, インテリヂェンス
ちぇーん **チェーン** cheen	**zincir** ズィンジル	chain チェイン
〜店	**mağaza zinciri** マアザ ズィンジリ	chain store チェイン ストー

日	トルコ	英
チェコ cheko	**Çek Cumhuriyeti** チェキ ジュムフーリイェティ	Czech Republic チェク リパブリク
チェックする chekkusuru	**kontrol etmek, denetle-mek** コントロル エトメッキ, デネトレメッキ	check チェク
チェロ chero	**çello** チェッロ	cello チェロウ
チェンバロ chenbaro	**çembalo** チェンバロ	cembalo チェンバロウ
近い chikai	**yakın** ヤクン	near, close to ニア, クロウス トゥ
地階 chikai	**bodrum katı** ボドゥルム カトゥ	basement ベイスメント
違い chigai	**fark** ファルク	difference ディファレンス
治外法権 chigaihouken	**kapitülasyon** カピテュラスィオン	extraterritorial rights エクストラテリトーリアル ライツ
誓う chikau	**yemin etmek, söz ver-mek** イェミン エトメッキ, ソゥス ヴェルメッキ	vow, swear ヴァウ, スウェア
違う chigau	**-den farklı** デン ファルクル	differ from ディファ フラム
知覚 chikaku	**algı** アルグ	perception パセプション
地学 chigaku	**fiziksel coğrafya** フィズィキセル ジョーラフィヤ	physical geography フィズィカル ヂアグラフィ
近頃 chikagoro	**son günlerde** ソン ギュンレルデ	recently, these days リーセントリ, ズィーズ ディズ
地下室 chikashitsu	**bodrum** ボドゥルム	basement, cellar ベイスメント, セラ
近付く chikazuku	**yaklaşmak** ヤクラシマック	approach アプロウチ
地下鉄 chikatetsu	**metro** メトロ	subway, ⒷＵnderground, Tube サブウェイ, アンダグラウンド, テューブ

ち

日	トルコ	英
ちかどう **地下道** chikadou	**alt geçit** アルト ゲチット	underpass, subway アンダパス, サブウェイ
ちかの **地下の** chikano	**yeraltı, yeraltında** イェルアルトゥ, イェルアルトゥンダ	underground, sub- terranean アンダグラウンド, サブタレ イニアン
ちかみち **近道** chikamichi	**kestirme, kısayol** ケスティルメ, クサヨル	shortcut ショートカト
ちかよる **近寄る** chikayoru	**yaklaşmak** ヤクラシマック	approach アプロウチ
ちから **力**　(権力・活力) chikara	**güç, kuvvet** ギュチ, クッヴェット	power, energy パウア, エナヂ
(能力)	**kabiliyet, yetenek** カービリイェット, イェテネッキ	ability, power アビリティ, パウア
ちきゅう **地球** chikyuu	**dünya** デュンヤー	earth アース
～儀	**dünya küresi** デュンヤー キュレスィ	globe グロウブ
ちぎる **千切る** chigiru	**koparmak, yırtmak** コパルマック, ユルトマック	tear off テア オーフ
ちく **地区** chiku	**mahalle, semt, bölge** マハッレ, セムト, ボルゲ	district, section ディストリクト, セクション
ちくさん **畜産** chikusan	**hayvancılık** ハイヴァンジュルック	stockbreeding スタクブリーディング
ちくせき **蓄積** chikuseki	**birikim** ビリキム	accumulation アキューミュレイション
ちくのうしょう **蓄膿症** chikunoushou	**sinüzit** スィニュズィット	empyema, sinus- itis エンピイーマ, サイヌサイテ ス
ちくび **乳首** chikubi	**meme** メメ	nipple ニプル
ちけい **地形** chikei	**topoğrafya** トポーラフィア	terrain, topogra- phy テレイン, トパグラフィ
ちけっと **チケット** chiketto	**bilet** ビレット	ticket ティケト

日	トルコ	英
ちこくする **遅刻する** chikokusuru	**-e geç kalmak** エ **ゲ**チ カル**マ**ック	(be) late for (ビ) **レ**イト フォ
ちじ **知事** chiji	**vali** ヴァー**リ**	governor **ガ**ヴァナ
ちしき **知識** chishiki	**bilgi** ビル**ギ**	knowledge **ナ**リヂ
ちじょう **地上** chijou	**yer, zemin** **イ**ェル, ゼ**ミ**ン	ground グ**ラ**ウンド
ちじん **知人** chijin	**tanıdık** タヌ**ドゥ**ック	acquaintance アク**ウェ**インタンス
ちず **地図** chizu	**harita** ハ**リ**タ	map, atlas **マ**プ, **ア**トラス
ちせい **知性** chisei	**akıl** ア**ク**ル	intellect, intelligence **イ**ンテレクト, インテ**リ**ヂェンス
ちそう **地層** chisou	**yer tabakası, toprak tabakası** **イ**ェル タバ**カ**ス, トプ**ラ**ック タ**バ**カス	stratum, layer スト**レ**イタム, **レ**イア
ちたい **地帯** chitai	**bölge** ブル**ゲ**	zone, region **ゾ**ウン, **リ**ーヂョン
ちたん **チタン** chitan	**titanyum** ティ**タ**ニュム	titanium タイ**テ**ィニアム
ちち **乳**　(乳房) chichi	**göğüs** ギョ**ユ**ス	breasts ブ**レ**スツ
(母乳)	**anne sütü** ア**ン**ネ ス**テュ**	mother's milk **マ**ザズ **ミ**ルク
ちち **父** chichi	**baba** パ**パ**	father **ファ**ーザ
〜方	**baba tarafı** パ**パ** タ**ラ**フ	father's side **ファ**ーザズ **サ**イド
ちぢまる **縮まる** chijimaru	**kısalmak** クサル**マ**ック	(be) shortened (ビ) **ショ**ートンド
ちぢむ **縮む** chijimu	**küçülmek** キュチュル**メ**ッキ	shrink シュ**リ**ンク
ちぢめる **縮める** chijimeru	**kısaltmak, küçültmek** クサルト**マ**ック, キュチュルト**メ**ッキ	shorten, abridge **ショ**ートン, アブ**リ**ヂ

ち

日	トルコ	英
ちちゅうかい **地中海** chichuukai	**Akdeniz** アクデニス	Mediterranean メディタレイニアン
ちぢれる **縮れる** chijireru	**kıvrılmak** クヴルルマック	(be) curled, wrinkle (ビ) カールド, リンクル
ちつじょ **秩序** chitsujo	**düzen** デュゼン	order オーダ
ちっそ **窒素** chisso	**azot** アゾット	nitrogen ナイトロヂェン
ちっそくする **窒息する** chissokusuru	**boğulmak** ボウルマック	(be) suffocated (ビ) サフォケイティド
ちてきな **知的な** chitekina	**zihinsel, entelektüel** ズィヒンセル, エンテレクテュエル	intellectual インテレクチュアル
ちのう **知能** chinou	**zekâ, akıl** ゼキャー, アクル	intellect, intelligence インテレクト, インテリヂェンス
ちへいせん **地平線** chiheisen	**ufuk** ウフック	horizon ホライズン
ちほう **地方** chihou	**kır, taşra** クル, タシラ	locality, (the) country ロウキャリティ, (ザ) カントリ
ちみつな **緻密な** chimitsuna	**çok ince** チョック インジェ	minute, fine マイニュート, ファイン
ちめい **地名** chimei	**yer adı, yer ismi** イェル アドゥ, イェル イスミ	place-name プレイスネイム
ちゃ **茶** cha	**çay** チャイ	tea ティー
ちゃーたーする **チャーターする** chaataasuru	**kiralamak** キララマック	charter チャータ
ちゃーみんぐな **チャーミングな** chaaminguna	**çekici, alımlı** チェキジ, アルムル	charming チャーミング
ちゃいろ **茶色** chairo	**kahverengi** カフヴェレンギ	brown ブラウン
ちゃくじつな **着実な** chakujitsuna	**sabit, istikrarlı** サービット, イスティクラールル	steady ステディ

ち

日	トルコ	英
ちゃくしょくする **着色する** chakushokusuru	**boyamak** ボヤマック	color, paint **カ**ラ, **ペ**イント
ちゃくせきする **着席する** chakusekisuru	**oturmak** オトゥル**マ**ック	sit down **ス**ィト **ダ**ウン
ちゃくちする **着地する** chakuchisuru	**yere inmek, karaya in-mek** イエ**レ** イン**メ**ッキ, カラ**ヤ** イン**メ**ッキ	land **ラ**ンド
ちゃくちゃくと **着々と** (少しずつ) chakuchakuto	**adım adım, peyderpey** ア**ドゥ**ム ア**ドゥ**ム, ペイデル**ペ**イ	steadily ス**テ**ディリ
ちゃくばらい **着払い** chakubarai	**kapıda ödeme, alıcı öde-meli** カプ**ダ** ウデ**メ**, アル**ジュ** オデ**メ**リ	collect on delivery コ**レ**クト オン ディ**リ**ヴァリ
ちゃくようする **着用する** chakuyousuru	**giymek, takmak** ギイ**メ**ッキ, タク**マ**ック	wear **ウェ**ア
ちゃくりく **着陸** chakuriku	**iniş** イ**ニ**シ	landing **ラ**ンディング
〜する	**iniş yapmak, inmek** イ**ニ**シ ヤプ**マ**ック, イン**メ**ッキ	land **ラ**ンド
ちゃれんじする **チャレンジする** charenjisuru	**meydan okumak** メイ**ダ**ン オク**マ**ック	challenge **チャ**レンヂ
ちゃわん **茶碗** chawan	**pilav kâsesi** ピラ**ヴ** キャーセ**ス**ィ	rice bowl **ラ**イス **ボ**ウル
ちゃんす **チャンス** chansu	**fırsat, şans** フル**サ**ット, **シャ**ンス	chance, opportuni-ty **チャ**ンス, アパ**テュー**ニティ
ちゃんと **ちゃんと** (きちんと) chanto	**derli toplu, düzgünce** デル**リ** トップ**ル**, デュズ**ギュ**ンジェ	neatly **ニー**トリ
(適切に)	**uygun şekilde, doğru olarak** ウイ**グ**ン シェキル**デ**, ドール オ**ラ**ラック	properly プ**ラ**パリ
(まちがいなく)	**hata yapmadan, eksik-sizce** ハ**ター** ヤプ**マ**ダン, エクスィッキ**スィ**ズジェ	without fail ウィ**ザ**ウト **フェ**イル
ちゃんねる **チャンネル** channeru	**kanal** カ**ナ**ル	channel **チャ**ネル
ちゃんぴおん **チャンピオン** chanpion	**şampiyon** シャンピ**ヨ**ン	champion **チャ**ンピオン

ち

日	トルコ	英
^{ちゅうい}注意 （留意） chuui	**dikkat** ディッ**カ**ット	attention ア**テ**ンション
（警告）	**uyarı, ikaz** ウ**ヤ**ル, イー**カ**ーズ	caution, warning **コ**ーション, **ウォ**ーニング
（忠告）	**öğüt, nasihat** ウ**ユ**ット, ナスィー**ハ**ット	advice アド**ヴァ**イス
～する （留意する） chuui	**-e dikkat etmek** エ ディッ**カ**ット エト**メ**ッキ	pay attention to **ペ**イ ア**テ**ンション トゥ
（警告する）	**uyarmak, ikaz etmek** ウヤル**マ**ック, イー**カ**ース エト**メ**ッキ	warn **ウォ**ーン
^{ちゅうおう}中央 chuuou	**merkez, orta** メル**ケ**ス, オル**タ**	center, ®centre **セ**ンタ, **セ**ンタ
^{ちゅうおうあめりか}中央アメリカ chuuouamerika	**Orta Amerika** オル**タ** ア**メ**リカ	Central America **セ**ントラル ア**メ**リカ
^{ちゅうかい}仲介 chuukai	**aracılık** アラ**ジュ**ルック	mediation ミー**ディ**エイション
～者	**ara bulucu, aracı** ア**ラ** ブ**ル**ジュ, ア**ラ**ジュ	mediator ミー**ディ**エイタ
～する	**aracılık etmek** アラ**ジュ**ルック エト**メ**ッキ	mediate between ミー**ディ**エイト ビトゥ**ィ**ーン
^{ちゅうがく}中学 chuugaku	**ortaokul** オル**タ**オクル	junior high school **チュ**ーニア **ハ**イ ス**ク**ール
～生	**ortaokul öğrencisi** オル**タ**オクル ウーレンジ**ス**ィ	junior high school student **チュ**ーニア **ハ**イ ス**ク**ール ス**テュ**ーデント
^{ちゅうかりょうり}中華料理 chuukaryouri	**Çin yemeği** **チ**ン イェ**メ**イ	Chinese food チャイ**ニ**ーズ **フ**ード
^{ちゅうかん}中間 chuukan	**orta** オル**タ**	middle **ミ**ドル
^{ちゅうきゅうの}中級の chuukyuuno	**orta seviye** オル**タ** セ**ヴィ**イェ	intermediate インタ**ミ**ーディエト
^{ちゅうけい}中継 chuukei	**naklen, canlı** **ナ**クレン, ジャン**ル**	relay **リ**ーレイ

ち

日	トルコ	英
〜する	canlı yayınlamak, naklen yayınlamak ジャンル ヤユンラマック, ナクレン ヤユンラマック	relay リーレイ
〜放送	canlı yayın, naklen yayın ジャンル ヤユン, ナクレン ヤユン	relay broadcast リーレイ ブロードキャスト
ちゅうこく 忠告 chuukoku	öğüt, nasihat ウユット, ナスィーハット	advice アドヴァイス
〜する	öğüt vermek, öğütlemek ウユット ヴェルメッキ, ウユットレメッキ	advise アドヴァイズ
ちゅうごく 中国 chuugoku	Çin チン	China チャイナ
〜語	Çince チンジェ	Chinese チャイニーズ
ちゅうこの 中古の chuukono	ikinci el, kullanılmış イキンジ エル, クッラヌルムシ	used, secondhand ユーズド, セカンドハンド
ちゅうさいする 仲裁する chuusaisuru	hakemlik etmek ハケムリッキ エトメッキ	arbitrate アービトレイト
ちゅうし 中止 chuushi	iptal, durdurma イプタール, ドゥルドゥルマ	suspension, cancellation サスペンション, キャンセレイション
〜する	iptal etmek, durdurmak イプタール エトメッキ, ドゥルドゥルマック	stop, suspend スタプ, サスペンド
ちゅうじえん 中耳炎 chuujien	orta kulak iltihabı オルタ クラック イルティハーブ	otitis media オウタイティス ミーディア
ちゅうじつな 忠実な chuujitsuna	sadık, vefalı サードゥック, ヴェファール	faithful フェイスフル
ちゅうしゃ 注射 chuusha	enjeksiyon, iğne エンジェクスィヨン, イーネ	injection, shot インヂェクション, シャト
ちゅうしゃ 駐車 chuusha	park パルク	parking パーキング
〜禁止	Park edilmez., Park yapılmaz. パルク エディルメス, パルク ヤプルマス	No Parking. ノウ パーキング
〜場	park yeri, park alanı, otopark パルク イェリ, パルク アラヌ, オトパルク	parking lot パーキング ラト

ち

日	トルコ	英
<ruby>中旬<rt>ちゅうじゅん</rt></ruby> chuujun	**-in ortası** イン オルタス	middle of ミドル オヴ
<ruby>抽象<rt>ちゅうしょう</rt></ruby> chuushou	**soyutlama** ソユットラマ	abstraction アブストラクション
～画	**soyut resim** ソユット レスィム	abstract painting アブストラクト ペインティング
～的な	**soyut** ソユット	abstract アブストラクト
反 具象的な	**somut** ソムット	concrete カンクリート
<ruby>中小企業<rt>ちゅうしょうきぎょう</rt></ruby> chuushoukigyou	**küçük ve orta ölçekli iş-letme** キュチュック ヴェ オルタ ウルチェキリ イシレトメ	small and medi-um-sized business スモール アンド ミーディアム サイズド ビズネス
<ruby>中傷する<rt>ちゅうしょうする</rt></ruby> chuushousuru	**iftira etmek, iftira atmak** イフティラー エトメッキ, イフティラー アトマック	slander, speak ill of スランダ, スピーク イル オヴ
<ruby>昼食<rt>ちゅうしょく</rt></ruby> chuushoku	**öğle yemeği** ウーレ イェメイ	lunch ランチ
<ruby>中心<rt>ちゅうしん</rt></ruby> chuushin	**merkez** メルケス	center, core, ⑧cen-tre センタ, コー, センタ
<ruby>虫垂炎<rt>ちゅうすいえん</rt></ruby> chuusuien	**apandisit** アパンディスィット	appendicitis アペンディサイティス
<ruby>中枢<rt>ちゅうすう</rt></ruby> chuusuu	**merkez** メルケス	center, ⑧centre センタ, センタ
<ruby>中世<rt>ちゅうせい</rt></ruby> chuusei	**Orta Çağ** オルタ チャー	Middle Ages ミドル エイヂズ
<ruby>中性子<rt>ちゅうせいし</rt></ruby> chuuseishi	**nötron** ヌトロン	neutron ニュートラン
<ruby>中絶<rt>ちゅうぜつ</rt></ruby> （妊娠の） chuuzetsu	**kürtaj** キュルタージ	abortion アボーション
<ruby>中退する<rt>ちゅうたいする</rt></ruby> chuutaisuru	**okulu bırakmak** オクル ブラクマック	dropout, leave school ドラパウト, リーヴ スクール
<ruby>中断する<rt>ちゅうだんする</rt></ruby> chuudansuru	**yarıda bırakmak** ヤルダ ブラクマック	interrupt インタラプト

ち

日	トルコ	英
ちゅうちょする 躊躇する chuuchosuru	tereddüt etmek, durak-samak テレッ**デュ**ット エト**メ**ッキ, ドゥラクサ**マ**ック	hesitate **ヘ**ズィテイト
ちゅうとう 中東 chuutou	Orta Doğu オル**タ** ド**ウ**	Middle East **ミ**ドル **イ**ースト
ちゅうとうきょういく 中等教育 chuutoukyouiku	orta öğretim オル**タ** ウー**レ**ティム	secondary educa-tion **セ**カンデリ エデュ**ケ**イショ ン
ちゅうどく 中毒 chuudoku	zehirlenme ゼヒル**レ**ンメ	poisoning **ポ**イズニング
ちゅうとで 中途で chuutode	yarı yolda, ortada ヤ**ル** ヨル**ダ**, オルタ**ダ**	halfway ハフ**ウェ**イ
ちゅーにんぐ チューニング chuuningu	akort ア**コ**ルト	tuning **テュ**ーニング
ちゅうねん 中年 chuunen	orta yaş オル**タ ヤ**シ	middle age **ミ**ドル **エ**イヂ
ちゅうもくする 注目する chuumokusuru	dikkat etmek ディッ**カ**ット エト**メ**ッキ	take notice of, pay attention to **テ**イク **ノ**ウティス オヴ, ペ イ ア**テ**ンション トゥ
ちゅうもん 注文 chuumon	sipariş スィパー**リ**シ	order **オ**ーダ
～する	sipariş vermek, sipariş etmek スィパー**リ**シ ヴェル**メ**ッキ, スィパー**リ**シ エト**メ**ッキ	order **オ**ーダ
ちゅうりつの 中立の chuuritsuno	tarafsız タラフ**ス**ス	neutral **ニュ**ートラル
ちゅうりゅうかいきゅう 中流階級 chuuryuukaikyuu	orta sınıf オル**タ** ス**ヌ**フ	middle classes **ミ**ドル ク**ラ**セズ
ちゅうわする 中和する chuuwasuru	nötrleşmek ヌトル**レ**シメッキ	neutralize **ニュ**ートララ	ズ
ちゅにじあ チュニジア chunijia	Tunus トゥ**ヌ**ス	Tunisia テュー**ニ**ージャ
ちょう 腸 chou	bağırsak バウル**サ**ック	intestines イン**テ**スティンズ
ちょう 蝶 chou	kelebek ケレ**ベ**ッキ	butterfly **バ**タフライ

日	トルコ	英
ちょういんする **調印する** chouinsuru	**imzalamak, imza koy-mak** イムザーラ**マ**ック, イム**ザー** コイ**マ**ック	sign サイン
ちょうえつする **超越する** chouetsusuru	**aşmak** アシ**マ**ック	transcend トラン**セ**ンド
ちょうおんぱ **超音波** chouonpa	**ultrason** ウルトラ**ソ**ン	ultrasound **ア**ルトラサウンド
ちょうかく **聴覚** choukaku	**işitme duyusu** イシト**メ** ドゥユ**ス**	sense of hearing **セ**ンス オヴ **ヒ**アリング
ちょうかする **超過する** choukasuru	**geçmek, aşmak** ゲチ**メ**ッキ, アシ**マ**ック	exceed イク**ス**ィード
ちょうかん **朝刊** choukan	**sabah gazetesi** サ**バ**ハ ガ**ゼ**ーテスィ	morning paper **モ**ーニング **ペ**イパ
ちょうきの **長期の** choukino	**uzun vadeli** ウ**ズ**ン ヴァーデリ	long term **ロ**ーング **タ**ーム
反 短期の	**kısa vadeli** ク**サ** ヴァーデリ	short term **ショ**ート **タ**ーム
ちょうきょうする **調教する** choukyousuru	**eğitmek** エイト**メ**ッキ	train, break in ト**レ**イン, ブレイク **イ**ン
ちょうきょり **長距離** choukyori	**uzun mesafe** ウ**ズ**ン メサーフェ	long distance **ロ**ーング **デ**ィスタンス
ちょうこうそうびる **超高層ビル** choukousoubiru	**gökdelen** **ギョ**クデレン	skyscraper ス**カ**イスクレイパ
ちょうこく **彫刻** choukoku	**heykelcilik** ヘイケル**ジ**リッキ	sculpture ス**カ**ルプチャ
ちょうさする **調査する** chousasuru	**incelemek** インジェレ**メ**ッキ	investigate, examine イン**ヴェ**スティゲイト, イグ**ザ**ミン
ちょうし **調子**（具合・加減） choushi	**durum** ドゥ**ル**ム	condition コン**ディ**ション
（リズム）	**ritim** リ**ティ**ム	time, rhythm **タ**イム, **リ**ズム
ちょうしゅう **聴衆** choushuu	**seyirci** セイル**ジ**	audience **オ**ーディエンス
ちょうしょ **長所** chousho	**meziyet, avantaj** メズィ**イェ**ット, アヴァン**タ**ージ	strong point, merit スト**ロ**ーング **ポ**イント, **メ**リト

ち

日	トルコ	英
ちょうじょ **長女** choujo	**en büyük kız çocuğu** エン ビュユック クス チョジュウ	oldest daughter オウルデスト ドータ
ちょうじょう **頂上** choujou	**zirve, doruk** ズィルヴェ, ドルック	summit サミト
ちょうしょうする **嘲笑する** choushousuru	**ile alay etmek, dalga geçmek** イレ アライ エトメッキ, ダルガ ゲチメッキ	laugh at, ridicule ラフ アト, リディキュール
ちょうしょく **朝食** choushoku	**kahvaltı** カフヴァルトゥ	breakfast ブレクファスト
ちょうせいする **調整する** chouseisuru	**ayarlamak** アヤルラマック	adjust アヂャスト
ちょうせつ **調節** chousetsu	**düzenleme, ayar** デュゼンレメ, アヤル	regulation, control レギュレイション, コントロウル
〜する	**düzenlemek, ayarlamak** デュゼンレメッキ, アヤルラマック	regulate, control レギュレイト, コントロウル
ちょうせん **挑戦** chousen	**meydan okuma** メイダン オクマ	challenge チャレンヂ
〜者	**meydan okuyucu** メイダン オクユジュ	challenger チャレンヂャ
〜する	**meydan okumak** メイダン オクマック	challenge チャレンヂ
ちょうたつする **調達する** choutatsusuru	**tedarik etmek** テダーリッキ エトメッキ	supply, provide サプライ, プロヴァイド
ちょうちふす **腸チフス** chouchifusu	**tifo** ティフォ	typhoid タイフォイド
ちょうちょう **町長** chouchou	**belediye başkanı** ベレディイエ バシカヌ	mayor メイア
ちょうちょう **長調** chouchou	**majör** マジョル	major key メイジャ キー
反 **短調**	**minör** ミヌル	minor key マイナ キー
ちょうていする **調停する** chouteisuru	**hakemlik etmek** ハケムリッキ エトメッキ	arbitrate アービトレイト
ちょうてん **頂点** chouten	**tepe, zirve** テペ, ズィルヴェ	peak ピーク

ち

日	トルコ	英
ちょうど **丁度** choudo	**tam** タム	just, exactly チャスト, イグザクトリ
ちょうなん **長男** chounan	**en büyük oğul** エン ビュユック オウル	oldest son オウルデスト サン
ちょうは **長波** chouha	**uzun dalga** ウズン ダルガ	long wave ローング ウェイヴ
反 短波	**kısa dalga** クサ ダルガ	short wave ショート ウェイヴ
ちょうへい **徴兵** chouhei	**mecburi askerlik** メジブーリー アスケルリッキ	conscription, draft コンスクリプション, ドラフト
ちょうへんしょうせつ **長編小説** chouhenshousetsu	**uzun roman** ウズン ロマン	long novel ロング ナヴェル
ちょうほうけい **長方形** chouhoukei	**dikdörtgen** ディッキドゥルトゲン	rectangle レクタングル
ちょうほうな **重宝な** (便利な) chouhouna	**kullanışlı, yararlı** クッラヌシル, ヤラルル	handy, convenient ハンディ, コンヴィーニェント
ちょうみりょう **調味料** choumiryou	**baharat** バハラット	seasoning スィーズニング
ちょうやく **跳躍** chouyaku	**atlama, sıçrama** アトラマ, スチュラマ	jump チャンプ
ちょうり **調理** chouri	**yemek pişirme** イェメッキ ピシルメ	cooking クキング
～する	**(yemek) pişirmek** (イェメッキ) ピシルメッキ	cook クク
ちょうりつ **調律** chouritsu	**akort** アコルト	tuning テューニング
ちょうりゅう **潮流** chouryuu	**gelgit** ゲルギット	tide, tidal current タイド, タイダル カーレント
ちょうりょく **聴力** chouryoku	**işitme yeteneği** イシトメ イェテネイ	listening ability リスニング アビリティ
ちょうわする **調和する** chouwasuru	**ile uyum içinde olmak, uyum sağlamak** イレ ウユム イチンデ オルマック, ウユム サーラマック	(be) in harmony with (ビ) イン ハーモニ ウィズ
ちょきん **貯金** chokin	**tasarruf, birikim** タサッルフ, ビリキム	savings, deposit セイヴィングズ, ディパズィト

ち

日	トルコ	英
〜する	**para biriktirmek, tasarruf yapmak** パラ ビリキティルメッキ, タサッルフ ヤプマック	save セイヴ
ちょくしんする **直進する** chokushinsuru	**düz gitmek** デュス ギトメッキ	go straight ahead ゴウ ストレイト アヘド
ちょくせつぜい **直接税** chokusetsuzei	**dolaysız vergi** ドライスス ヴェルギ	direct tax ディレクト **タ**クス
反 間接税 **直接税**	**dolaylı vergi** ドライル ヴェルギ	indirect tax インディレクト **タ**クス
ちょくせつの **直接の** chokusetsuno	**direkt, doğrudan** ディレクト, ドールダン	direct ディレクト
ちょくせん **直線** chokusen	**düz çizgi** デュス チズギ	straight line ストレイト ライン
ちょくちょう **直腸** chokuchou	**düz bağırsak** デュス バウルサック	rectum レクタム
ちょくつうの **直通の** chokutsuuno	**direkt, duraksız** ディレクト, ドゥラックスス	direct, nonstop ディレクト, **ナ**ンスタプ
ちょくばい **直売** chokubai	**doğrudan satış** ドールダン サトゥシ	direct sales ディレクト **セ**イルズ
ちょくめんする **直面する** chokumensuru	**yüzleşmek, yüz yüze gelmek** ユズレシメッキ, **ユ**ズ ユゼ ゲルメッキ	face, confront フェイス, コンフ**ラ**ント
ちょくやく **直訳** chokuyaku	**sözcüğü sözcüğüne çeviri** ソズジュ**ユ** ソズジュユネ チェヴィリ	literal translation リタラル トランス**レ**イション
ちょくりつの **直立の** chokuritsuno	**dikey, dik** ディケイ, ディッキ	vertical, erect **ヴァ**ーティカル, イレクト
ちょくりゅう **直流** chokuryuu	**doğru akım** ドール アクム	direct current, DC ディレクト **カ**ーレント, **ディ**ースィー
反 交流	**alternatif akım, değişken akım** アルテルナ**ティ**フ アクム, デイシケン アクム	alternating current **オ**ールタネイティング カーレント
ちょこれーと **チョコレート** chokoreeto	**çikolata** チコラタ	chocolate **チャ**コレト
ちょさくけん **著作権** chosakuken	**telif hakkı** テーリフ ハック	copyright **カ**ピライト

ち

日	トルコ	英
^{ちょしゃ}**著者** chosha	**yazar** ヤザル	author, writer オーサ, ライタ
^{ちょすいち}**貯水池** chosuichi	**baraj gölü** バラージ ギョリュ	reservoir レザヴワ
^{ちょぞうする}**貯蔵する** chozousuru	**depolamak** デポラマック	store, keep ストー, キープ
^{ちょちくする}**貯蓄する** chochikusuru	**tasarruf etmek, biriktir-mek** タサッルフ エトメッキ, ビリキティルメッキ	save セイヴ
^{ちょっかく}**直角** chokkaku	**dik açı** ディッキ アチュ	right angle ライト アングル
^{ちょっかん}**直感** chokkan	**sezgi** セズギ	intuition インテュイション
〜的な	**sezgisel** セズギセル	intuitive インテューイティヴ
^{ちょっけい}**直径** chokkei	**çap** チャップ	diameter ダイアメタ
反**半径**	**yarıçap** ヤルチャップ	radius レイディアス
^{ちょっこうする}**直行する** chokkousuru	**doğrudan gitmek** ドールダン ギトメッキ	go direct ゴウ ディレクト
^{ちょっと}**ちょっと**　(少し) chotto	**biraz** ビラス	a little ア リトル
（短い時間）	**bi(r) saniye** ビ(ル) サーニイェ	for a moment フォ ア モウメント
^{ちらかる}**散らかる** chirakaru	**dağılmak** ダウルマック	(be) scattered (ビ) スキャタド
^{ちり}**地理** chiri	**coğrafya** ジョーラフィヤ	geography ヂアグラフィ
^{ちり}**チリ** chiri	**Şili** シリ	Chile チリ
^{ちりょう}**治療** chiryou	**tedavi, terapi** テダーヴィー, テラピ	medical treatment メディカル トリートメント
〜する	**tedavi etmek** テダーヴィー エトメッキ	treat, cure トリート, キュア

ち

日	トルコ	英
ちんかする **沈下する** chinkasuru	**batmak** バトマック	sink スィンク
ちんぎん **賃金** chingin	**maaş, ücret** マアシ, ユジュレット	wages, pay ウェイヂェズ, ペイ
ちんじょう **陳情** chinjou	**dilekçe, arzuhâl** ディレクチェ, アルズハール	petition ピティション
ちんせいざい **鎮静剤** chinseizai	**yatıştırıcı, trankilizan** ヤトゥシトゥルジュ, トランキリザン	sedative セダティヴ
ちんたい **賃貸** chintai	**kira** キラー	rent レント
ちんつうざい **鎮痛剤** chintsuuzai	**ağrı kesici, analjezik** アール ケスィジ, アナルジェズィッキ	analgesic アナルヂーズィク
ちんでんする **沈殿する** chindensuru	**çökelmek** チョケルメッキ	settle セトル
ちんぱんじー **チンパンジー** chinpanjii	**şempanze** シェンパンゼ	chimpanzee チンパンズィー
ちんぼつする **沈没する** chinbotsusuru	**batmak** バトマック	sink スィンク
ちんもく **沈黙** chinmoku	**sessizlik, sükût** セッスィズリッキ, スュキュート	silence サイレンス
ちんれつする **陳列する** chinretsusuru	**sergilemek** セルギレメッキ	exhibit, display イグズィビト, ディスプレイ

ち

日	トルコ	英

つ, ツ

つい
対
tsui
çift
チフト
pair, couple
ペア, カプル

ついか
追加
tsuika
ilave, ek
イラーヴェ, エッキ
addition
アディション

〜する
ilave etmek, eklemek
イラーヴェ エトメッキ, エキレメッキ
add
アド

ついきゅうする
追及する
tsuikyuusuru
sorguya çekmek
ソルグヤ チェキメッキ
cross-examine
クロースイグザミン

ついきゅうする
追求する
tsuikyuusuru
kovalamak, takip etmek
コヴァラマック, ターキップ エトメッキ
pursue, seek after
パスー, スィーク アフタ

ついきゅうする
追究する
tsuikyuusuru
incelemek
インジェレメッキ
investigate
インヴェスティゲイト

ついせきする
追跡する
tsuisekisuru
takip etmek, peşinden koşmak
ターキップ エトメッキ, ペシンデン コシマック
pursue, chase
パスー, チェイス

ついたち
一日
tsuitachi
ay başı
アイ バシュ
first day of the month
ファースト デイ オヴ ザ マンス

ついている
ついている
tsuiteiru
şanslı, talihli
シャンスル, ターリヒリ
(be) lucky
(ビ) ラキ

ついとうする
追悼する
（喪に服す）
tsuitousuru
yas tutmak
ヤス トゥトマック
mourn
モーン

ついとつする
追突する
tsuitotsusuru
arkadan çarpmak
アルカダン チャルプマック
crash into the rear of
クラシュ イントゥ ザ リア オヴ

ついに
ついに
tsuiini
sonunda, nihayet
ソヌンダ, ニハーイェット
at last
アト ラスト

ついほうする
追放する
tsuihousuru
kovmak
コヴマック
banish, expel
バニシュ, イクスペル

ついやす
費やす
tsuiyasu
harcamak
ハルジャマック
spend
スペンド

ついらくする
墜落する
tsuirakusuru
düşmek
デュシメッキ
crash
クラシュ

日	トルコ	英
_{ついるーむ} **ツインルーム** tsuinruumu	**iki yataklı oda** イキ ヤタックル オダ	twin room トゥィン ルーム
_{つうがくする} **通学する** tsuugakusuru	**okula gitmek** オクラ ギトメッキ	go to school ゴウ トゥ スクール
_{つうかする} **通過する** tsuukasuru	**-den geçmek** デン ゲチメッキ	pass by パス バイ
_{つうきんする} **通勤する** tsuukinsuru	**işe gitmek** イシェ ギトメッキ	commute to work コミュート トゥ ワーク
_{つうじょうの} **通常の** tsuujouno	**olağan, normal** オラアン, ノルマル	usual, ordinary ユージュアル, オーディネリ
_{つうじる} **通じる** （道などが） tsuujiru	**-e gitmek, götürmek** エ ギトメッキ, ギョテュルメッキ	go to, lead to ゴウ トゥ, リード トゥ
（電話が）	**ile bağlanmak** イレ バーランマック	get through to ゲト スルー トゥ
_{つうしん} **通信** tsuushin	**haberleşme, iletişim** ハベルレシメ, イレティシム	communication コミューニケイション
_{つうち} **通知** tsuuchi	**bildirim, ihbar** ビルディリム, イフバール	notice, notification ノウティス, ノウティフィケ イション
～する	**bildirmek** ビルディルメッキ	inform, notify インフォーム, ノウティファ イ
_{つうちょう} **通帳** tsuuchou	**hesap cüzdanı** ヘサープ ジュズダヌ	passbook パスブク
_{つうやく} **通訳** tsuuyaku	**tercüman, çevirmen** テルジュマン, チェヴィルメン	interpreter インタープリタ
～する	**tercüme etmek, çevir- mek** テルジュメ エトメッキ, チェヴィルメッキ	interpret インタープリト
_{つうようする} **通用する** tsuuyousuru	**olarak geçmek, geçerli olmak** オララック ゲチメッキ, ゲチェルリ オル マック	pass for, (be) valid パス フォ, (ビ) ヴァリド
_{つうれつな} **痛烈な** tsuuretsuna	**sert, keskin** セルト, ケスキン	severe, bitter スィヴィア, ビタ
_{つうろ} **通路** tsuuro	**geçit** ゲチット	passage, path パスィヂ, パス
（廊下）	**koridor** コリドル	corridor, hallway コリダ, ホールウェイ

日	トルコ	英
^{つえ}杖 tsue	**baston, sopa** バストン, ソパ	stick, cane スティク, ケイン
^{つかい}使い （使者） tsukai	**haberci, ulak** ハベルジ, ウラック	messenger メスィンヂャ
^{つかいかた}使い方 tsukaikata	**kullanma kılavuzu** クッランマ クラヴズ	how to use ハウ トゥ ユーズ
^{つかう}使う （使用する） tsukau	**kullanmak** クッランマック	use, employ ユーズ, インプロイ
（費やす）	**harcamak** ハルジャマック	spend スペンド
^{つかえる}仕える tsukaeru	**hizmet etmek** ヒズメット エトメッキ	serve サーヴ
^{つかのまの}束の間の tsukanomano	**anlık** アンルック	momentary モウメンテリ
^{つかまえる}捕まえる （つかむ） tsukamaeru	**yakalamak** ヤカラマック	catch キャチ
（逮捕する）	**tutuklamak** トゥトゥックラマック	arrest アレスト
（捕獲する）	**ele geçirmek** エレ ゲチルメッキ	capture キャプチャ
^{つかまる}掴まる tsukamaru	**tutunmak** トゥトゥンマック	grasp, hold on to グラスプ, ホウルド オン トゥ
^{つかむ}掴む tsukamu	**tutmak** トゥトマック	seize, catch スィーズ, キャチ
^{つかれ}疲れ tsukare	**yorgunluk, bitkinlik** ヨルグンルック, ビトキンリッキ	fatigue ファティーグ
^{つかれる}疲れる tsukareru	**yorulmak** ヨルルマック	(be) tired (ビ) タイアド
^{つき}月 tsuki	**ay** アイ	moon ムーン
（暦の）	**ay** アイ	month マンス
^{つきあたり}突き当たり （端） tsukiatari	**uç, son** ウチ, ソン	end エンド

つ

日	トルコ	英
つきささる **突き刺さる** tsukisasaru	**saplanmak** サプランマック	stick スティク
つきそう **付き添う** tsukisou	**eşlik etmek, refakat et-mek** エシリッキ エトメッキ, レファーカット エトメッキ	attend on, accom-pany アテンド オン, アカンパニ
つきづき **月々** tsukizuki	**her ay, aylık** ヘル アイ, アイルック	every month エヴリ マンス
つぎつぎ **次々** tsugitsugi	**arka arkaya, peş peşe, art arda** アルカ アルカヤ, ペシ ペシェ, アルト アルダ	one after another ワン アフタ アナザ
つきとめる **突き止める** tsukitomeru	**araştırıp ortaya çıkar-mak** アラシトゥルップ オルタヤ チュカルマック	find out, trace ファインド アウト, トレイス
つぎに **次に** tsugini	**daha sonra, ondan son-ra** ダハ ソンラ, オンダン ソンラ	next, secondly ネクスト, セカンドリ
つぎの **次の** tsugino	**gelecek, sonraki** ゲレジェッキ, ソンラキ	next, following ネクスト, ファロウイング
つきひ **月日** tsukihi	**günler** ギュンレル	days, time デイズ, タイム
つきよ **月夜** tsukiyo	**mehtaplı gece** メフタープル ゲジェ	moonlit night ムーンリト ナイト
つきる **尽きる** tsukiru	**tükenmek** テュケンメッキ	(be) exhausted, run out (ビ) イグゾースティド, ラン アウト
つく **付く** tsuku	**yapışmak** ヤプシマック	stick to, attach to スティク トゥ, アタチ トゥ
つく **突く** tsuku	**saplamak, dürtmek** サプラマック, デュルトメッキ	thrust, pierce スラスト, ピアス
つく **着く** tsuku	**-e varmak** エ ワルマック	arrive at アライヴ アト
(席に)	**oturmak** オトゥルマック	take one's seat テイク スィート
つぐ **注ぐ** tsugu	**dökmek, doldurmak** ドゥキメッキ, ドルドゥルマック	pour ポー
つくえ **机** tsukue	**masa** マサ	desk, bureau デスク, ビュアロウ

つ

日	トルコ	英
つくす **尽くす** tsukusu	**vakfetmek, kendini ada-mak, kendini vermek** ヴァクフェトメッキ, ケンディニ アダマック, ケンディニ ヴェルメッキ	devote oneself ディヴォウト
つぐなう **償う** tsugunau	**telafi etmek, tazmin et-mek** テラーフィー エトメッキ, タズミーン エトメッキ	compensate for カンペンセイト フォ
つくりかた **作り方** tsukurikata	**tarif** ターリフ	how to make ハウトゥ メイク
（料理の）	**yemek tarifi** イェメッキ ターリフィ	recipe レスィピ
つくりばなし **作り話** tsukuribanashi	**uydurma hikâye** ウイドゥルマ ヒキャーイェ	made-up story メイダプ ストーリ
つくる **作る** tsukuru	**yapmak** ヤプマック	make メイク
（創作する）	**yaratmak** ヤラトマック	create クリエイト
（形成する）	**oluşturmak, meydana getirmek** オルシトゥルマック, メイダナゲティルメッキ	form フォーム
つくろう **繕う** tsukurou	**onarmak, tamir etmek** オナルマック, ターミル エトメッキ	repair, mend リペア, メンド
つけあわせ **付け合わせ** tsukeawase	**garnitür** ガルニテュル	garnish ガーニシュ
つけくわえる **付け加える** tsukekuwaeru	**eklemek, ilave etmek** エクレメッキ, イラーヴェ エトメッキ	add アド
つけもの **漬物** tsukemono	**turşu** トゥルシュ	pickles ピクルズ
つける **付ける** tsukeru	**takmak** タクマック	put, attach プト, アタチ
つける **着ける** tsukeru	**takmak** タクマック	put on, wear プト オン, ウェア
つける **点ける** （火や明かりを） tsukeru	**açmak, yakmak** アチマック, ヤクマック	light, set fire ライト, セト ファイア
つげる **告げる** tsugeru	**söylemek, bildirmek** ソイレメッキ, ビルディルメッキ	tell, inform テル, インフォーム

つ

日	トルコ	英
つごう **都合** tsugou	**uygunluk, müsaitlik** ウイグン**ルック**, ミュサーイト**リッキ**	convenience コンヴィーニェンス
〜のよい	**uygun, müsait** ウイ**グン**, ミュサー**イット**	convenient コンヴィーニェント
つたえる **伝える** tsutaeru	**ihbar etmek, haber ver- mek** イフ**バール** エト**メッキ**, ハ**ベル** ヴェル**メッキ**	tell, report **テル**, リ**ポート**
（伝授する）	**öğretmek** ウー**レト**メッキ	teach, initiate **ティーチ**, イ**ニ**シエイト
（伝承する）	**-e miras bırakmak, nesil- den nesile aktarmak** エ ミ**ラース** ブラク**マック**, ネスィル**デン** ネスィ**レ** アクタル**マック**	hand down to ハンド **ダ**ウン トゥ
つたわる **伝わる** tsutawaru	**iletilmek** イレティル**メッキ**	(be) conveyed (ビ) コン**ヴェ**イド
（噂などが）	**yayılmak, dağılmak** ヤユル**マック**, ダウル**マック**	spread, pass ス**プレ**ド, パス
つち **土** tsuchi	**toprak** ト**プラック**	earth, soil **アー**ス, ソイル
つづき **続き** tsuzuki	**devam** デ**ヴァーム**	sequel, continua- tion ス**イーク**ウェル, コンティ ニュ**エ**イション
つつく **つつく** tsutsuku	**hafifçe dürtmek, hafifçe itmek** ハ**フィ**フチェ　デュルト**メッキ**, ハ**フィ**フ チェ イト**メッキ**	poke at **ポ**ウク アト
つづく **続く** tsuzuku	**devam etmek, sürmek** デ**ヴァーム** エト**メッキ**, スュル**メッキ**	continue, last コン**ティ**ニュー, **ラ**スト
（後に）	**takip etmek, izlemek** ター**キップ** エト**メッキ**, イズレ**メッキ**	follow, succeed to **ファ**ロウ, サク**スィー**ド トゥ
つづける **続ける** tsuzukeru	**devam ettirmek** デ**ヴァーム** エッティル**メッキ**	continue コン**ティ**ニュー
つっこむ **突っ込む** tsukkomu	**sokmak** ソク**マック**	thrust, stick ス**ラ**スト, ス**ティ**ク
つつしむ **慎む** tsutsushimu	**-den kaçınmak, -den geri durmak** デン カチュン**マック**, デン ゲ**リ** ドゥル**マッ** ク	refrain from リフ**レ**イン フラム

日	トルコ	英
つつみ **包み** tsutsumi	**koli, paket** コリ, パケット	parcel, package パースル, パキヂ
つつむ **包む** tsutsumu	**sarmak, paketlemek** サルマック, パケットレメッキ	wrap, envelop ラプ, インヴェロプ
つづり **綴り**　(正書法) tsuzuri	**yazım** ヤズム	spelling スペリング
つとめ **勤め** tsutome	**iş** イシ	business, work ビズネス, ワーク
つとめ **務め** tsutome	**görev** ギョレヴ	duty, service デューティ, サーヴィス
つとめる **勤める** tsutomeru	**çalışmak** チャルシマック	work ワーク
つとめる **努める** tsutomeru	**-e çalışmak, çabalamak** エ チャルシマック, チャバラマック	try to do トライ トゥ
つとめる **務める** tsutomeru	**hizmet etmek, görev yapmak** ヒズメット エトメッキ, ギョレヴ ヤプマック	serve サーヴ
つながる **繋がる** tsunagaru	**ile bağlanmak** イレ バーランマック	(be) connected with (ビ) コネクティド ウィズ
つなぐ **繋ぐ** tsunagu	**bağlamak** バーラマック	tie, connect タイ, コネクト
つなみ **津波** tsunami	**tsunami** トスナミ	tsunami, tidal wave ツナーミ, タイダル ウェイヴ
つねに **常に** tsuneni	**her zaman, daima** ヘル ザマーン, ダーイマー	always オールウェイズ
つねる **つねる** tsuneru	**çimdiklemek** チムディッキレメッキ	pinch, nip ピンチ, ニプ
つの **角** tsuno	**boynuz** ボイヌス	horn ホーン
つば **唾** tsuba	**salya, tükürük** サリヤ, テュキュリュック	spittle, saliva スピトル, サライヴァ
つばき **椿** tsubaki	**kamelya** カメリア	camellia カミーリア

つ

日	トルコ	英
つばさ **翼** tsubasa	**kanat** カナット	wing **ウィ**ング
つばめ **燕** tsubame	**kırlangıç** クルラングッチ	swallow ス**ワ**ロウ
つぶ **粒** tsubu	**tane** ターネ	grain, drop グ**レ**イン, ド**ラ**プ
つぶす **潰す** tsubusu	**ezmek** エズ**メ**ッキ	break, crush ブ**レ**イク, ク**ラ**シュ
（暇・時間を）	**öldürmek** ウルデュル**メ**ッキ	kill **キ**ル
つぶやく **つぶやく** tsubuyaku	**mırıldamak** ムルルダ**マ**ック	murmur **マ**ーマ
つぶれる **潰れる** tsubureru	**ezilmek** エズィル**メ**ッキ	break, (be) crushed ブ**レ**イク,(ビ) ク**ラ**シュト
（倒産）	**batmak, iflas etmek** バト**マ**ック, イフ**ラ**ース エト**メ**ッキ	go bankrupt **ゴ**ウ バンク**ラ**プト
つま **妻** tsuma	**eş, karı** **エ**シ, カ**ル**	wife **ワ**イフ
つまさき **爪先** tsumasaki	**parmak ucu** パル**マ**ック **ウ**ジュ	tiptoe **ティ**プトウ
つまずく **つまずく** tsumazuku	**tökezlemek** トゥケズレ**メ**ッキ	stumble ス**タ**ンブル
つまみ **つまみ** tsumami	**düğme, kapı kolu** デュー**メ**, カプ **コ**ル	knob **ナ**ブ
つまむ **つまむ** tsumamu	**çimdiklemek** チムディックレ**メ**ッキ	pick, pinch **ピ**ク, **ピ**ンチ
つまり **つまり** tsumari	**kısacası, demek ki, yani** クサ**ジャ**ス, デ**メ**ッキ, **ヤ**ーニ	in short, that is to say イン **ショ**ート, **ザ**ト イズ トゥ **セ**イ
つまる **詰まる** tsumaru	**tıkanmak** トゥカン**マ**ック	(be) packed (ビ) **パ**クト
つみ **罪** tsumi	**suç** ス**チ**	criminal offense ク**リ**ミナル オ**フェ**ンス
つみかさねる **積み重ねる** tsumikasaneru	**yığmak** ユー**マ**ック	pile up **パ**イル **ア**プ

つ

日	トルコ	英
つみき 積み木 tsumiki	**oyuncak blok, ahşap blok** オユンジャック ブロック, アフシャップ ブロック	toy blocks トイ ブラクス
つみたてる 積み立てる tsumitateru	**para biriktirmek, para yatırmak** パラ ビリキティルメッキ, パラ ヤトゥルマック	deposit ディパズィト
つむ 積む tsumu	**yığmak** ユーマック	pile, lay パイル, レイ
(積載する)	**yüklemek** ユクレメッキ	load ロウド
つむ 摘む tsumu	**koparmak, toplamak** コパルマック, トプラマック	pick, pluck ピク, プラク
つめ 爪 tsume	**tırmak** トゥルナック	nail ネイル
(動物の)	**pençe** ペンチェ	claw クロー
〜切り	**tırnak makası** トゥルナック マカス	nail clipper ネイル クリパ
つめあわせ 詰め合わせ tsumeawase	**asorti** アソルティ	assortment アソートメント
つめこむ 詰め込む tsumekomu	**tıkmak** トゥクマック	pack, stuff パク, スタフ
(知識を)	**çok sıkı çalışmak** チョック スク チャルシマック	cram クラム
つめたい 冷たい tsumetai	**soğuk** ソウック	cold, chilly コウルド, チリ
つめもの 詰め物 tsumemono	**dolgu** ドルグ	stuffing スタフィング
つめる 詰める tsumeru	**tıkmak, doldurmak** トゥクマック, ドルドゥルマック	stuff, fill スタフ, フィル
つや 艶 tsuya	**parlaklık, cila** パルラックルック, ジラー	gloss, luster グロス, ラスタ
つゆ 梅雨 tsuyu	**yağmur mevsimi** ヤームル メヴスィミ	rainy season レイニ スィーズン
つゆ 露 tsuyu	**çiy** チイ	dew, dewdrop デュー, デュードラプ

日	トルコ	英
つよい **強い** tsuyoi	**güçlü, kuvvetli** ギュチュリュ, クッヴェットリ	strong, powerful ストロング, パウアフル
つよきの **強気の** （攻撃的な） tsuyokino	**saldırgan, agresif** サルドゥルガン, アグレスィフ	strong, aggressive ストロング, アグレスィヴ
つよさ **強さ** tsuyosa	**güç, kuvvet** ギュチ, クッヴェット	strength ストレングス
つよび **強火** tsuyobi	**yüksek ateş** ユクセッキ アテシ	high flame ハイ フレイム
反 **弱火**	**kısık ateş** クスック アテシ	low flame ロウ フレイム
つらい **辛い** tsurai	**zor, acı çekmek** ゾル, アジュ チェキメッキ	hard, painful ハード, ペインフル
つらぬく **貫く** tsuranuku	**delmek** デルメッキ	pierce, penetrate ピアス, ペネトレイト
つらら **氷柱** tsurara	**buz sarkıtı** ブズ サルクトゥ	icicle アイスィクル
つり **釣り** tsuri	**balık tutma** バルック トゥトマ	fishing フィシング
つりあう **釣り合う** tsuriau	**dengeli olmak** デンゲリ オルマック	balance, match バランス, マチ
つる **釣る** tsuru	**balık tutmak** バルック トゥトマック	fish フィシュ
つる **鶴** tsuru	**turna** トゥルナ	crane クレイン
つるす **吊るす** tsurusu	**asmak** アスマック	hang, suspend ハング, サスペンド
つれ **連れ** tsure	**yoldaş** ヨルダシ	companion コンパニョン
つれていく **連れて行く** tsureteiku	**götürmek** ギョテュルメッキ	take, bring along テイク, ブリング アロング
つわり **つわり** tsuwari	**sabah bulantısı** サバハ ブラントゥス	morning sickness モーニング スィクネス

つ

日	トルコ	英

て, テ

て **手** te	**el** エル	hand, arm ハンド, アーム
(手段・方法)	**metot, yöntem** メトット, ヨンテム	way, means ウェイ, ミーンズ
であう **出会う** deau	**tanışmak** タヌシマック	meet ミート
(出くわす)	**karşılaşmak** カルシュラシマック	come across カム アクロス
てあつい **手厚い** (心からの) teatsui	**içten, candan** イチテン, ジャンダン	cordial, warm コーヂャル, ウォーム
てあて **手当て** teate	**tedavi** テダーヴィー	medical treatment メディカル トリートメント
てぃあん **提案** teian	**teklif, öneri** テクリフ, ウネリ	proposal プロポウザル
～する	**teklif etmek, önermek** テクリフ エトメック, ウネルメキ	propose, suggest プロポウズ, サグチェスト
でぃーヴぃでぃー **DVD** diivuidii	**DVD** デーヴェーデー	DVD ディーヴィーディー
てぃーしゃつ **ティーシャツ** tiishatsu	**tişört** ティーショルト	T-shirt ティーシャート
てぃいん **定員** teiin	**kapasite** カパスィテ	capacity カパスィティ
てぃか **定価** teika	**sabit fiyat** サービット フィヤット	fixed price フィクスト プライス
てぃかん **定款** teikan	**ana sözleşme, şirket mukavelesi** アナ ソズレシメ, シルケット ムカーヴェレスィ	articles of association アーティクルズ オヴ アソウスィエイション
てぃかんし **定冠詞** teikanshi	**belirli tanımlık** ベリルリ タヌムルック	definite article デフィニト アーティクル
てぃぎ **定義** teigi	**tanım, tarif** タヌム, ターリフ	definition デフィニション

日	トルコ	英
ていきあつ **低気圧** teikiatsu	**alçak hava basıncı** アルチャック ハワ バスンジュ	low (atmospheric) pressure, depression ロウ (アトモスフェリック) プレシャ, ディプレション
反 **高気圧**	**yüksek hava basıncı** ユクセッキ ハワ バスンジュ	high (atmospheric) pressure ハイ (アトモスフェリック) プレシャ
ていきけん **定期券** teikiken	**abonman kartı** アボンマン カルトゥ	commutation ticket カミュテイション ティケット
ていきてきな **定期的な** teikitekina	**düzenli, periyodik** デュゼンリ, ペリヨディック	regular, periodic レギュラ, ピアリアディク
ていきゅうな **低級な** teikyuuna	**aşağı, kalitesiz** アシャウ, カリテスィス	inferior, low インフィアリア, ロウ
ていきゅうび **定休日** teikyuubi	**resmî tatil** レスミー ターティル	regular holiday レギュラ ハリデイ
ていきょうする **提供する** teikyousuru	**sunmak** スンマック	offer, supply オーファ, サプライ
ていきよきん **定期預金** teikiyokin	**vadeli hesap, vadeli mevduat** ヴァーデリ ヘサープ, ヴァーデリ メヴドゥアート	deposit account ディパズィト アカウント
ていけいする **提携する** teikeisuru	**ile iş birliği yapmak** イレ イシ ビルリイ ヤプマック	cooperate with コウアペレイト ウィズ
ていけつあつ **低血圧** teiketsuatsu	**düşük tansiyon** デュシュッキ タンスィヨン	low blood pressure ロウ ブラド プレシャ
反 **高血圧**	**yüksek tansiyon** ユクセッキ タンスィヨン	high blood pressure ハイ ブラド プレシャ
ていこう **抵抗** teikou	**direnç, karşı koyma** ディレンチ, カルシュ コイマ	resistance レズィスタンス
〜する	**direnmek, karşı koymak** ディレンメッキ, カルシュ コイマック	resist, oppose リズィスト, オポウズ
ていさい **体裁** teisai	**görünüm** ギョリュニュム	appearance アピアランス
ていさつする **偵察する** teisatsusuru	**keşif yapmak** ケシフ ヤプマック	reconnoiter リーコノイタ

て

日	トルコ	英
ていし **停止** teishi	**durma, durdurma** ドゥル**マ**, ドゥルドゥル**マ**	stop, suspension ス**タ**プ, サス**ペ**ンション
〜する	**durmak, durdurmak** ドゥル**マ**ック, ドゥルドゥル**マ**ック	stop, suspend ス**タ**プ, サス**ペ**ンド
一時〜	**DUR** ドゥル	Stop ス**タ**プ
ていしゃする **停車する** teishasuru	**durdurmak** ドゥルドゥル**マ**ック	stop ス**タ**プ
ていしゅ **亭主** teishu	**ev sahibi, koca** エヴ サー**ヒ**ビ, コ**ジャ**	master, host **マ**スタ, **ホ**ウスト
（夫）	**eş, koca** エ**シ**, コ**ジャ**	husband **ハ**ズバンド
ていしゅつする **提出する** teishutsusuru	**sunmak, arz etmek** ス**ン**マック, **ア**ルゼトメッキ	present, submit プリ**ゼ**ント, サブ**ミ**ト
ていしょく **定食** teishoku	**set menü** セット メ**ニュ**	set meal, table d'hote セト **ミ**ール, **テ**イブル **ド**ウト
ていすう **定数** teisuu	**sabit numara** サー**ビ**ット ヌ**マ**ラ	fixed number **フィ**クスト **ナ**ンバ
でぃすかうんと **ディスカウント** disukaunto	**indirim, iskonto** インディ**リ**ム, イス**コ**ント	discount **ディ**スカウント
でぃすく **ディスク** disuku	**disk** **ディ**スク	disk **ディ**スク
でぃすぷれい **ディスプレイ** （画面） disupurei	**ekran** エク**ラ**ン	display ディス**プ**レイ
（展示）	**sergi** セル**ギ**	display ディス**プ**レイ
ていせいする **訂正する** teiseisuru	**düzeltmek** デュ**ゼ**ルトメッキ	correct, revise コ**レ**クト, リ**ヴァ**イズ
ていせん **停戦** teisen	**ateşkes** アテシ**ケ**ス	cease-fire, truce **ス**ィースファイア, ト**ル**ース
ていぞくな **低俗な** teizokuna	**kaba** カ**バ**	vulgar, lowbrow **ヴァ**ルガ, **ロ**ウブラウ
ていそする **提訴する** teisosuru	**dava açmak** ダー**ヴァ**ー ア**チ**マック	file a suit **ファ**イル ア ス**ー**ト

て

日	トルコ	英
ていたいする **停滞する** teitaisuru	**durgunlaşmak** ドゥルグンラシマック	stagnate スタグネイト
ていちゃくする **定着する** teichakusuru	**yerleşmek** イェルレシメッキ	settle セトル
ていっしゅ **ティッシュ** tisshu	**kâğıt mendil** キャウット メンディル	tissue ティシュー
ていでん **停電** teiden	**elektrik kesintisi** エレクトリッキ ケスィンティスィ	power failure パウア フェイリュア
ていど **程度** teido	**derece** デレジェ	degree, grade ディグリー, グレイド
ていとう **抵当** teitou	**ipotek** イポテッキ	mortgage モーギヂ
ていねいな **丁寧な** teineina	**kibar, nazik** キバル, ナーズィッキ	polite, courteous ポライト, カーティアス
ていねいに **丁寧に** teineini	**kibarca** キバルジャ	politely, courte- ously ポライトリ, カーティアスリ
ていねん **定年** teinen	**yaş haddi** ヤシ ハッディ	retirement age リタイアメント エイヂ
ていはくする **停泊する** teihakusuru	**demir atmak** デミル アトマック	anchor アンカ
ていぼう **堤防** teibou	**set** セット	bank, embank- ment バンク, インバンクメント
ていり **定理** teiri	**teorem** テオレム	theorem スィオレム
ていれする **手入れする** teiresuru	**-e bakmak** エ バクマック	take care of テイク ケア オヴ
てぃんぱにー **ティンパニー** tinpanii	**timpani** ティンパニ	timpani ティンパニ
でーた **データ** deeta	**veri, data** ヴェリ, ダタ	data デイタ
〜ベース	**veri tabanı** ヴェリ タバヌ	database デイタベイス
でーと **デート** deeto	**randevu** ランデヴ	date デイト

て

日	トルコ	英
てーぷ **テープ** teepu	**teyp, bant** テイプ, バント	tape テイプ
てーぶる **テーブル** teeburu	**masa** マサ	table テイブル
てーま **テーマ** teema	**tema, konu** テマ, コヌ	theme, subject スィーム, サブヂェクト
てがかり **手掛かり** tegakari	**ipucu** イプジュ	clue, key クルー, キー
てがきの **手書きの** tegakino	**el yazılı** エル ヤズル	handwritten ハンドリトン
でかける **出かける** dekakeru	**dışarı çıkmak** ドゥシャル チュクマック	go out ゴウ アウト
てがみ **手紙** tegami	**mektup** メクトゥップ	letter レタ
てがら **手柄** tegara	**kahramanlık, yiğitlik** カフラマンルック, イイトリッキ	exploit, achievement イクスプロイト, アチーヴメント
てがるな **手軽な** tegaruna	**kolay, basit** コライ, バスィット	easy, light イーズィ, ライト
てき **敵** teki	**düşman** デュシマン	enemy, opponent エネミ, オポウネント
できあがる **出来上がる** dekiagaru	**tamamlanmak, hazır ol-mak** タマムランマック, ハズル オルマック	(be) completed (ビ) コンプリーティド
てきい **敵意** tekii	**düşmanlık** デュシマンルック	hostility ハスティリティ
てきおうする **適応する** tekiousuru	**-e intibak etmek, kendini ayarlamak** エ インティバーク エトメッキ, ケンディニ アヤラマック	adjust oneself to アヂャスト トゥ
てきかくな **的確な** tekikakuna	**kesin, tam** ケスィン, タム	precise, exact プリサイス, イグザクト
できごと **出来事** dekigoto	**olay, vaka** オライ, ヴァカ	event, incident イヴェント, インスィデント
てきしする **敵視する** tekishisuru	**husumet beslemek** フスーメット ベスレメッキ	(be) hostile to (ビ) ハストル トゥ

日	トルコ	英
てきしゅつする **摘出する** tekishutsusuru	**çıkarmak** チュカルマック	remove, extract リムーヴ, イクストラクト
てきすと **テキスト** tekisuto	**metin** メティン	text テクスト
（教科書）	**ders kitabı** デルス キタブ	textbook テキストブク
てきする **適する** tekisuru	**uymak, uygun olmak** ウイマック, ウイグン オルマック	fit, suit フィト, スート
てきせい **適性** tekisei	**yetenek, kabiliyet** イェテネッキ, カービリイェット	aptitude アプティテュード
てきせつな **適切な** tekisetsuna	**uygun** ウイグン	proper, adequate プラパ, アディクワト
できだか **出来高** dekidaka	**verim, randıman** ヴェリム, ランドゥマン	output, yield アウトプト, イールド
てきとうな **適当な** tekitouna	**uygun** ウイグン	fit for, suitable for フィト フォ, スータブル フォ
てきようする **適用する** tekiyousuru	**uygulamak** ウイグラマック	apply アプライ
できる **出来る** （することができる） dekiru	**yapabilmek** ヤパビルメッキ	can キャン
（可能である）	**mümkün** ミュムキュン	(be) possible (ビ) パスィブル
（能力がある）	**yetenek var** イェテネッキ ワル	(be) able, (be) good (ビ) エイブル, (ビ) グド
（形成される）	**yapılmak** ヤプルマック	(be) made, (be) formed (ビ) メイド, (ビ) フォームド
（生じる）	**oluşmak** オルシマック	(be) born, form (ビ) ボーン, フォーム
（生産される・産出される）	**üretilmek** ユレティルメッキ	(be) produced (ビ) プロデュースト
てぎわのよい **手際のよい** tegiwanoyoi	**becerikli, maharetli** ベジェリッキリ, マハーレットリ	skillful, deft スキルフル, デフト
でぐち **出口** deguchi	**çıkış** チュクシ	exit エグズィト

日	トルコ	英
<ruby>手首<rt>てくび</rt></ruby> tekubi	**bilek** ビレッキ	wrist リスト
<ruby>てこ<rt>てこ</rt></ruby> teko	**kaldıraç, manivela** カルドゥラッチュ, マニヴェラ	lever レヴァ
<ruby>凸凹な<rt>でこぼこな</rt></ruby> dekobokona	**düz olmayan, engebeli** デュス オルマヤン, エンゲベリ	uneven, bumpy アニーヴン, バンピ
<ruby>デザート<rt>でざーと</rt></ruby> dezaato	**tatlı** タトゥル	dessert ディザート
<ruby>デザイナー<rt>でざいなー</rt></ruby> dezainaa	**tasarımcı** タサルムジュ	designer ディザイナ
<ruby>デザイン<rt>でざいん</rt></ruby> dezain	**tasarım, dizayn** タサルム, ディザイン	design ディザイン
<ruby>手探りする<rt>てさぐりする</rt></ruby> tesagurisuru	**el yordamıyla aramak** エル ヨルダムイラ アラマック	grope グロウプ
<ruby>弟子<rt>でし</rt></ruby> deshi	**öğrenci, mürit** ウーレンジ, ミュリット	pupil, disciple ピューピル, ディサイプル
<ruby>手仕事<rt>てしごと</rt></ruby> teshigoto	**el işi** エル イシ	manual work マニュアル ワーク
<ruby>デジタルの<rt>でじたるの</rt></ruby> dejitaruno	**dijital** ディジタル	digital ディヂタル
<ruby>手品<rt>てじな</rt></ruby> tejina	**hokkabazlık** ホッカバーズルック	magic tricks マヂク トリクス
<ruby>出しゃばる<rt>でしゃばる</rt></ruby> deshabaru	**karışmak, burnunu sok-mak** カルシマック, ブルヌヌ ソクマック	butt in バト イン
<ruby>手順<rt>てじゅん</rt></ruby> tejun	**süreç, proses** スュレッチ, プロセス	order, process オーダ, プラセス
<ruby>手数料<rt>てすうりょう</rt></ruby> tesuuryou	**komisyon** コミスィオン	commission コミション
<ruby>デスク<rt>ですく</rt></ruby> desuku	**masa** マサ	desk デスク
～トップ	**masaüstü** マサユステュ	desktop デスクタプ
～ワーク	**masa başı işi, masa başı çalışması** マサ バシュ イシ, マサ バシュ チャルシマス	desk work デスク ワーク

て

日	トルコ	英
てすと **テスト** tesuto	**sınav, imtihan** スナヴ, イムティハーン	exam, test イグ**ザ**ム, **テ**スト
てすり **手摺り** tesuri	**tırabzan** トゥラブ**ザ**ン	handrail **ハ**ンドレイル
でたらめな **でたらめな** detaramena	**saçma, saçma sapan** サチ**マ**, サチ**マ** サ**パ**ン	nonsense **ナ**ンセンス
てちがい **手違い** techigai	**yanlış, hata** ヤンルシ, ハ**タ**ー	mistake ミス**テ**イク
てつ **鉄** tetsu	**demir** デ**ミ**ル	iron **ア**イアン
てっかいする **撤回する** tekkaisuru	**geri çekmek** ゲ**リ** チェキ**メ**キ	withdraw ウィズ**ド**ロー
てつがく **哲学** tetsugaku	**felsefe** フェルセ**フェ**	philosophy フィ**ラ**ソフィ
てづくりの **手作りの** tezukurino	**el yapımı** エ**ル** ヤプ**ム**	handmade **ハ**ンドメイド
てっこつ **鉄骨** tekkotsu	**çelik çerçeve** チェ**リ**ッキ チェルチェ**ヴェ**	iron frame **ア**イアン フ**レ**イム
でっさん **デッサン** dessan	**desen** デ**セ**ン	sketch ス**ケ**チ
てつだい **手伝い** tetsudai	**yardım** ヤル**ド**ゥム	help **ヘ**ルプ
(人)	**yardımcı** ヤルドゥム**ジュ**	helper, assistant **ヘ**ルパ, ア**シ**スタント
てったいする **撤退する** tettaisuru	**geri çekmek, geri çekil-** **mek** ゲ**リ** チェキ**メ**キ, ゲ**リ** チェキル**メ**キ	withdraw, pull out ウィズ**ド**ロー, プ**ル** **ア**ウト
てつだう **手伝う** tetsudau	**yardım etmek** ヤル**ド**ゥム エト**メ**キ	help, assist **ヘ**ルプ, ア**シ**スト
てつづき **手続き** tetsuzuki	**yöntem, prosedür** ヨン**テ**ム, プロセ**デュ**ル	procedure プロ**スィ**ーヂャ
てつどう **鉄道** tetsudou	**demiryolu** デミル**ヨ**ル	railroad, ⒷRailway **レ**イルロウド, **レ**イルウェイ
てっぱん **鉄板** teppan	**sac** サ**チ**	iron plate **ア**イアン プ**レ**イト

て

日	トルコ	英
てつぼう **鉄棒** tetsubou	**demir çubuk** デミル チュブック	iron bar **アイアン バー**
（体操の）	**barfiks, paralel bar** バルフィクス, パラレル バル	horizontal bar **ホリザ**ントル **バー**
てつや **徹夜** tetsuya	**sabahlama** サバハラ**マ**	staying up all night ステイング **アプ オール ナ イ**ト
～する	**sabahlamak** サバハラ**マック**	stay up all night ステイ アプ **オール ナ**イト
てなんと **テナント** tenanto	**kiracı** キラー**ジュ**	tenant **テ**ナント
てにす **テニス** tenisu	**tenis** テニス	tennis **テ**ニス
てにもつ **手荷物** tenimotsu	**bagaj, el bagajı** バガージ, エル バガ**ジュ**	baggage, hand lug-gage **バ**ギヂ, **ハ**ンド ラギヂ
てのーる **テノール** tenooru	**tenor** テノル	tenor **テ**ナ
てのひら **掌[手の平]** tenohira	**avuç** ア**ヴ**ッチ	palm of the hand **パー**ム オヴ ザ **ハ**ンド
でぱーと **デパート** depaato	**büyük mağaza, alışveriş merkezi** ビュユック マ**ア**ザ, アルシヴェ**リ**シ メルケ**ズ**ィ	department store ディパートメント **スト**ー
てばなす **手放す** tebanasu	**elden çıkarmak, bırak-mak** エル**デ**ン チュカル**マ**ック, ブラク**マ**ック	dispose of ディス**ポ**ウズ オヴ
でびゅー **デビュー** debyuu	**(sahneye) ilk çıkış** （サフネ**イ**エ）**イ**ルキ チュ**ク**シ	debut デイ**ビュ**ー
てぶくろ **手袋** tebukuro	**eldiven** エルディ**ヴェ**ン	gloves グ**ラ**ヴズ
でふれ **デフレ** defure	**deflasyon** デフラスィ**オ**ン	deflation ディフ**レ**イション
反 インフレ	**enflasyon** エンフラスィ**オ**ン	inflation インフ**レ**イション
てほん **手本** tehon	**örnek, model** ウル**ネ**ッキ, モデル	example, model イグ**ザ**ンプル, **マ**ドル

日	トルコ	英
でま **デマ** dema	**asılsız söylenti** アスルスス ソウイレン**ティ**	false rumor **フォ**ルス **ルー**マ
でまえ **出前** demae	**paket servis** パ**ケッ**ト セル**ヴィ**ス	delivery service ディ**リ**ヴァリ **サー**ヴィス
でむかえる **出迎える** demukaeru	**karşılamak** カルシュラ**マック**	go and welcome **ゴウ** アンド **ウェ**ルカム
でも **デモ** (行進) demo	**gösteri** ギョステ**リ**	demonstration デモンスト**レ**イション
でもくらしー **デモクラシー** demokurashii	**demokrasi** デモクラ**スィ**	democracy ディ**マ**クラスィ
てもとに **手元に** temotoni	**yanında, el altında** ヤ**ヌ**ンダ, **エ**ル アル**トゥ**ンダ	at hand アト **ハ**ンド
でゅえっと **デュエット** dyuetto	**düet** デュ**エ**ット	duet デュ**エ**ト
てら **寺** tera	**tapınak** タプ**ナ**ック	temple **テ**ンプル
てらす **照らす** terasu	**aydınlatmak** アイドゥンラト**マック**	light, illuminate **ラ**イト, イ**リュー**ミネイト
でらっくすな **デラックスな** derakkusuna	**lüks** **リュ**クス	deluxe デ**ル**クス
てりとりー **テリトリー** teritorii	**bölge, toprak** ブル**ゲ**, ト**ブ**ラック	territory **テ**リトーリ
でる **出る** (現れる) deru	**görünmek, gözükmek** ギョ**リュ**ンメッキ, ギョ**ズ**ユキメッキ	come out, appear **カ**ム **ア**ウト, ア**ピ**ア
(出て行く)	**çıkmak** チュク**マック**	go out **ゴ**ウ **ア**ウト
(出席する・参加する)	**katılmak** カトゥル**マック**	attend, join ア**テ**ンド, **チョ**イン
てれび **テレビ** terebi	**televizyon** テレヴィ**ズィ**オン	television **テ**レヴィジョン
～ゲーム	**video oyunu, bilgisayar oyunu** **ヴィ**デオ オ**ユ**ヌ, ビルギ**サ**ヤル オ**ユ**ヌ	video game **ヴィ**ディオウ **ゲ**イム
てれる **照れる** tereru	**utanmak** ウタン**マック**	(be) shy, (be) embarrassed (ビ) **シャ**イ, (ビ) イン**バ**ラスト

日	トルコ	英
てろ **テロ** tero	**terörizm, terör** テロリズム, テロル	terrorism **テ**ラリズム
てろりすと **テロリスト** terorisuto	**terörist** テロ**リ**スト	terrorist **テ**ラリスト
てわたす **手渡す** tewatasu	**elden ele vermek, uzat- mak** エル**デ**ン エ**レ** ヴェル**メ**ッキ, ウザト**マ**ック	hand **ハ**ンド
てん **天** (空) ten	**gök, gökyüzü** **ギョ**ック, **ギョ**キュズュ	sky ス**カ**イ
(天国・神)	**cennet, tanrı** ジェン**ネ**ット, タン**ル**	Heaven, God **ヘ**ヴン, **ガ**ド
反地獄	**cehennem** ジェヘン**ネ**ム	hell **ヘ**ル
てん **点** ten	**nokta** ノク**タ**	dot, point **ダ**ト, **ポ**イント
(点数)	**puan** プ**ア**ン	score, point ス**コ**ー, **ポ**イント
(品物の数)	**adet** ア**デ**ット	piece, item **ピ**ース, **ア**イテム
でんあつ **電圧** den-atsu	**voltaj, gerilim** ヴォル**タ**ージ, ゲ**リ**リム	voltage **ヴォ**ウルティヂ
てんい **転移** (医学) ten-i	**metastaz** メタス**タ**ス	metastasis メ**タ**スタスィス
～する	**metastaz yapmak** メタス**タ**ス ヤプ**マ**ック	metastasize メ**タ**スタサイズ
てんいん **店員** ten-in	**satış elemanı, tezgâhtar** サ**トゥ**シ エレマ**ヌ**, テズギャフ**タ**ール	clerk, salesclerk ク**ラ**ーク, **セ**イルズクラーク
でんか **電化** denka	**elektrifikasyon** エレキトリフィカスィ**オ**ン	electrification イレクトリフィ**ケ**イション
てんかい **展開** tenkai	**gelişme** ゲリシ**メ**	development ディ**ヴェ**ロプメント
～する	**gelişmek** ゲリシ**メ**ッキ	develop ディ**ヴェ**ロプ
てんかぶつ **添加物** tenkabutsu	**katkı maddesi** カト**ク** マッ**デ**スィ	additive **ア**ディティヴ

日		トルコ	英
てんき **天気** tenki		**hava** ハワ	weather **ウェ**ザ
	(晴天)	**güzel hava** ギュゼル ハワ	fine weather **ファ**イン **ウェ**ザ
～予報		**hava raporu, hava tah-mini** ハワ ラポル, ハワ タフミーニ	weather forecast **ウェ**ザ **フォー**キャスト
でんき **伝記** denki		**biyografi** ビヨグラ**フィ**	biography バイ**ア**グラフィ
でんき **電気** denki		**elektrik** エレクト**リ**ッキ	electricity イレクト**リ**スィティ
	(電灯)	**elektrik ışığı** エレクト**リ**ッキ ウシュ**ウ**	electric light イレクト**リ**ク **ラ**イト
でんきゅう **電球** denkyuu		**elektrik lambası, ampul** エレクト**リ**ッキ **ラ**ンバス, アン**プ**ル	lightbulb **ラ**イトバルブ
てんけいてきな **典型的な** tenkeitekina		**tipik** ティ**ピ**ッキ	typical, ideal **ティ**ピカル, アイ**ディ**ーアル
でんげん **電源** dengen		**güç kaynağı** ギュチ カイナ**ウ**	power supply **パ**ウア サプ**ラ**イ
てんけんする **点検する** tenkensuru		**kontrol etmek** コント**ロ**ル エト**メ**ッキ	inspect, check インス**ペ**クト, **チェ**ク
てんこう **天候** tenkou		**hava, hava durumu** ハワ, ハワ ドゥル**ム**	weather **ウェ**ザ
でんこう **電光** denkou	(稲光)	**yıldırım** ユルドゥ**ル**ム	flash of lightning フ**ラ**シュ オヴ **ラ**イトニング
てんこうする **転校する** tenkousuru		**okul değiştirmek** オ**ク**ル デイシティル**メ**ッキ	change one's school **チェ**インヂ ス**ク**ール
てんごく **天国** tengoku		**cennet** ジェン**ネ**ット	heaven, paradise **ヘ**ヴン, **パ**ラダイス
	反 地獄	**cehennem** ジェヘン**ネ**ム	hell, inferno **ヘ**ル, イン**ファ**ーノウ
でんごん **伝言** dengon		**mesaj** メ**サ**ージ	message **メ**スィヂ
てんさい **天才** tensai		**deha, dâhi** デ**ハ**ー, ダー**ヒ**ー	genius **チ**ーニアス

日	トルコ	英
<ruby>天災<rt>てんさい</rt></ruby> tensai	**afet, doğal afet** アーフェット, ドアル アーフェット	calamity, disaster カラミティ, ディザスタ
<ruby>添削する<rt>てんさくする</rt></ruby> tensakusuru	**düzeltmek, doğrultmak** デュゼルトメッキ, ドールルトマック	correct コレクト
<ruby>天使<rt>てんし</rt></ruby> tenshi	**melek** メレッキ	angel エインヂェル
反 悪魔	**şeytan** シェイタン	Satan セイタン
<ruby>展示<rt>てんじ</rt></ruby> tenji	**sergi** セルギ	exhibition エクスィビション
～会　(見本市)	**fuar** フアル	trade fair トレイド フェア
<ruby>点字<rt>てんじ</rt></ruby> tenji	**Braille alfabesi** ブレイル アルファベスィ	Braille ブレイル
<ruby>電子<rt>でんし</rt></ruby> denshi	**elektron** エレクトロン	electron イレクトラン
～工学	**electronik** エレクトロニッキ	electronics イレクトラニクス
～レンジ	**mikrodalga fırın** ミクロダルガ フルン	microwave oven マイクロウェイヴ アヴン
<ruby>電磁石<rt>でんじしゃく</rt></ruby> denjishaku	**elektromıknatıs** エレクトロムクナトゥス	electromagnet イレクトロウマグネト
<ruby>電磁波<rt>でんじは</rt></ruby> denjiha	**elektromanyetik dalgalar** エレクトロマニェティッキ ダルガラル	electromagnetic wave イレクトロウマグネティク ウェイヴ
<ruby>電車<rt>でんしゃ</rt></ruby> densha	**elektrikli tren** エレクトリッキリ ティレン	electric train イレクトリク トレイン
<ruby>天井<rt>てんじょう</rt></ruby> tenjou	**tavan** タヴァン	ceiling スィーリング
<ruby>添乗員<rt>てんじょういん</rt></ruby> tenjouin	**tur rehberi** トゥル レフベリ	tour conductor トゥア コンダクタ
<ruby>転職する<rt>てんしょくする</rt></ruby> tenshokusuru	**iş değiştirmek** イシ デイシティルメッキ	change one's occupation チェインヂ アキュペイション
<ruby>点数<rt>てんすう</rt></ruby> tensuu	**puan, not** プアン, ノット	marks, score マークス, スコー

て

日	トルコ	英
てんせいの **天性の** （先天的な） tenseino	**doğuştan** ドウシタン	natural ナチュラル
でんせつ **伝説** densetsu	**efsane** エフサーネ	legend レゲンド
てんせん **点線** tensen	**noktalı çizgi** ノクタル チズギ	dotted line ダティド ライン
でんせん **伝染** densen	**bulaşma** ブラシマ	contagion, infection コンテイヂョン, インフェクション
～する	**bulaşmak** ブラシマック	infect インフェクト
～病	**bulaşıcı hastalık** ブラシュジュ ハスタルック	infectious disease インフェクシャス ディズィーズ
でんせん **電線** densen	**elektrik teli** エレクトリッキ テリ	electric wire イレクトリク ワイア
てんそうする **転送する** tensousuru	**(başka tarafa) gönder-mek** (バシカ タラファ)ギョンデルメッキ	forward フォーワド
てんたい **天体** tentai	**gök cismi** ギョク ジスミ	heavenly body ヘヴンリ バディ
でんたく **電卓** dentaku	**hesap makinesi** ヘサープ マキネスィ	calculator キャルキュレイタ
でんたつする **伝達する** dentatsusuru	**iletmek** イレトメッキ	communicate コミューニケイト
でんち **電池** denchi	**pil** ピル	battery, cell バタリ, セル
でんちゅう **電柱** denchuu	**elektrik direği** エレクトリッキ ディレイ	utility pole ユーティリティ ポウル
てんと **テント** tento	**çadır** チャドゥル	tent テント
でんとう **伝統** dentou	**gelenek** ゲレネッキ	tradition トラディション
～の	**geleneksel** ゲレネッキセル	traditional トラディショナル
でんどう **伝導** dendou	**iletim** イレティム	conduction コンダクション

て

日	トルコ	英
でんどう **伝道** dendou	**misyonerlik** ミスィヨネルリッキ	missionary work ミショネリ ワーク
てんねんの **天然の** tennenno	**doğal** ドアル	natural ナチュラル
てんのう **天皇** tennou	**Japon İmparatoru** ジャポン インパラトル	Emperor of Japan エンペラ オヴ ヂャパン
てんのうせい **天王星** tennousei	**Uranüs** ウラニュス	Uranus ユアラナス
でんぱ **電波** denpa	**radyo dalgası** ラディヨ ダルガス	electric wave イレクトリク ウェイヴ
でんぴょう **伝票** denpyou	**satış fişi, kasa fişi** サトゥシ フィシ, カサ フィシ	(sales) slip (セイルズ) スリプ
てんびんざ **天秤座** tenbinza	**Terazi Burcu** テラーズィ ブルジュ	Scales, Libra スケイルズ, ライブラ
てんぷくする **転覆する** tenpukusuru	**alabora olmak** アラボラ オルマック	turn over ターン オウヴァ
てんぷする **添付する** tenpusuru	**eklemek** エクレメッキ	attach アタチ
てんぷふぁいる **添付ファイル** tenpufairu	**ek(li) dosya** エキ(リ) ドスィヤ	attachment アタチメント
でんぽう **電報** denpou	**telgraf** テルグラフ	telegram テレグラム
でんまーく **デンマーク** denmaaku	**Danimarka** ダニマルカ	Denmark デンマーク
てんめつする **点滅する** tenmetsusuru	**yanıp sönmek** ヤヌップ ソンメッキ	blink, flash ブリンク, フラシュ
てんもんがく **天文学** tenmongaku	**astronomi** アストロノミ	astronomy アストラノミ
てんもんだい **天文台** tenmondai	**gözlemevi, rasathane** ギョズレメヴィ, ラサットハーネ	astronomical observatory アストロナミカル オブザーヴァトリ
てんらくする **転落する** tenrakusuru	**düşmek** デュシメッキ	fall フォール
てんらんかい **展覧会** tenrankai	**sergi** セルギ	exhibition エクスィビション

て

日	トルコ	英
でんりゅう **電流** denryuu	**elektrik akımı** エレク**ト**リッキ ア**ク**ム	electric current イ**レ**クトリク **カー**レント
でんりょく **電力** denryoku	**elektrik gücü** エレク**ト**リッキ ギュ**ジュ**	electric power イ**レ**クトリク **パ**ウア
でんわ **電話** denwa	**telefon** テレ**フォ**ン	telephone **テ**レフォウン
～する	**aramak, telefon etmek** ア**ラ**マック，テレ**フォ**ン エト**メッ**キ	call **コー**ル
～番号	**telefon numarası** テレ**フォ**ン ヌ**マ**ラス	telephone number **テ**レフォウン **ナ**ンバ

と，ト

と **戸** to	**kapı** カ**プ**	door **ドー**
とい **問い** toi	**soru** **ソ**ル	question ク**ウェ**スチョン
といあわせる **問い合わせる** toiawaseru	**sormak** ソル**マッ**ク	inquire インク**ワ**イア
どいつ **ドイツ** doitsu	**Almanya** アル**マ**ンヤ	Germany **チャー**マニ
～語	**Almanca** アル**マ**ンジャ	German **チャー**マン
といれ **トイレ** toire	**tuvalet** トゥ**ヴァ**レット	bathroom, toilet **バ**スルーム，**ト**イレト
といれっとぺーぱー **トイレットペーパー** toirettopeepaa	**tuvalet kâğıdı** トゥ**ヴァ**レット キャ**ウ**ドゥ	toilet paper **ト**イレト **ペ**イパ
とう **党** tou	**(siyasi) parti** (スィヤー**スィー**) パル**ティ**	(political) party (ポ**リ**ティカル) **パー**ティ
とう **塔** tou	**kule** ク**レ**	tower **タ**ウア
とう **等**　(賞の) tou	**ödül** ウ**デュ**ル	prize プ**ラ**イズ
(等級)	**sınıf** ス**ヌ**フ	grade, rank グ**レ**イド，**ラ**ンク

日	トルコ	英
どう 銅 dou	**bakır** バクル	copper カパ
～メダル	**bronz madalya** ブロンズ マダリヤ	bronze medal ブランズ メダル
とうあんようし 答案用紙 touan-youshi	**sınav kâğıdı** スナヴ キャウドゥ	(examination) paper (イグザミネイション) ペイパ
どういの 同意の douino	**razı** ラーズ	agreed アグリード
どういする 同意する douisuru	**razı olmak, uygun bulmak** ラーズ オルマック, ウイグン ブルマック	agree with, consent アグリー ウィズ, コンセント
とういつ 統一 touitsu	**birlik, birleşme** ビルリッキ, ビルレシメ	unity, unification ユーニティ, ユーニフィケイション
～する	**birleşmek, birleştirmek** ビルレシメッキ, ビルレシティルメッキ	unite, unify ユーナイト, ユーニファイ
どういつの 同一の douitsuno	**aynı, tıpatıp aynı** アイヌ, トゥパトゥップ アイヌ	identical アイデンティカル
どういんする 動員する douinsuru	**seferber etmek** セフェルベル エトメッキ	mobilize モウビライズ
とうおう 東欧 touou	**Doğu Avrupa** ドゥ アヴルパ	East Europe イースト ユアロプ
とうがらし 唐辛子 tougarashi	**kırmızı biber, acı biber** クルムズ ビベル, アジュ ビベル	red pepper レド ペパ
どうかんである 同感である doukandearu	**aynı görüşte olmak, aynı fikirde olmak** アイヌ ギョルシテ オルマック, アイヌ フィキルデ オルマック	agree with アグリー ウィズ
とうき 冬期 touki	**kış mevsimi, kış zamanı** クシ メヴスィミ, クシ ザマーヌ	wintertime ウィンタタイム
とうき 投機 touki	**spekülasyon, vurgunculuk, borsa oyunu** スペキュラスィオン, ヴルグンジュルック, ボルサ オユヌ	speculation スペキュレイション
とうき 陶器 touki	**seramik** セラミッキ	earthenware, ceramics アースンウェア, スィラミクス

と

日	トルコ	英
とうぎ **討議** tougi	**tartışma** タルトゥシ**マ**	discussion ディス**カ**ション
〜する	**tartışmak** タルトゥシ**マ**ック	discuss ディス**カ**ス
どうき **動機** douki	**neden, sebep** ネ**デ**ン, セ**ベ**ップ	motive **モ**ウティヴ
どうぎ **動議** dougi	**önerge** ウ**ネ**ルゲ	motion **モ**ウション
どうぎご **同義語** dougigo	**eş anlamlı sözcük** エシ アンラム**ル** ソズ**ジ**ュック	synonym **ス**ィノニム
反 **反意語**	**karşıt anlamlı sözcük, zıt anlamlı sözcük** カル**シュ**ット アンラム**ル** ソズ**ジ**ュック, **ズ**ット アンラム**ル** ソズ**ジ**ュック	antonym **ア**ントニム
とうきゅう **等級** toukyuu	**sınıf** ス**ヌ**フ	class, rank **ク**ラス, **ラ**ンク
とうぎゅう **闘牛** tougyuu	**boğa güreşi** ボ**ア** ギュレ**シ**	bullfight **ブ**ルファイト
〜士	**matador, torero, boğa güreşçisi** マタ**ド**ル, ト**レ**ロ, ボ**ア** ギュレシチ**ス**ィ	bullfighter, mata- dor **ブ**ルファイタ, **マ**タド
どうきゅうせい **同級生** doukyuusei	**sınıf arkadaşı** ス**ヌ**フ アルカダ**シュ**	classmate **ク**ラスメイト
どうきょする **同居する** doukyosuru	**ile birlikte yaşamak, ile birlikte oturmak** イ**レ** ビルリッキ**テ** ヤシャ**マ**ック, イ**レ** ビ ルリッキ**テ** オトゥル**マ**ック	live with **リ**ヴ ウィズ
どうぐ **道具** dougu	**alet, araç** ア**ー**レット, ア**ラ**ッチ	tool **トゥ**ール
とうけい **統計** toukei	**istatistik** イスタティス**テ**ィッキ	statistics スタ**テ**ィスティクス
〜学	**istatistik** イスタティス**テ**ィッキ	statistics スタ**テ**ィスティクス
とうげい **陶芸** tougei	**seramik** セラ**ミ**ッキ	ceramics ス**ィ**ラミクス
とうけつする **凍結する** touketsusuru	**dondurmak** ドンドゥル**マ**ック	freeze **フ**リーズ

と

日	トルコ	英
とうごう **統合** tougou	**birleşme, birleştirme** ビルレシメ, ビルレシティルメ	unity, unification **ユー**ニティ, ユーニフィケイ ション
〜**する**	**birleştirmek** ビルレシティルメッキ	unite, unify ユー**ナイト**, **ユー**ニファイ
どうこう **動向** doukou	**eğilim, trend** エイリム, ティレンド	trend, tendency トレンド, **テ**ンデンスィ
とうこうする **登校する** toukousuru	**okula gitmek** オクラ ギトメッキ	go to school **ゴ**ウ トゥ ス**クー**ル
どうこうする **同行する** doukousuru	**eşlik etmek** エシリッキ エトメッキ	go together **ゴ**ウ トゥ**ゲ**ザ
どうさ **動作** dousa	**hareket, eylem** ハレケット, エイレム	action **ア**クション
どうさつりょく **洞察力** dousatsuryoku	**içyüzü anlama yeteneği** イチユズュ アンラマ イェテネイ	insight **イ**ンサイト
とうざよきん **当座預金** touzayokin	**vadesiz mevduat** ヴァーデスィス メヴドゥアート	current deposit **カー**レント ディ**パ**ズィット
どうさん **動産** dousan	**taşınır mal** タシュヌル マル	movables **ムー**ヴァブルズ
反**不動産**	**taşınmaz mal** タシュンマス マル	real estate, real property, immov- ables **リー**アル イス**テ**イト, **リー** アル プラ**パ**ティ, イ**ムー** ヴァブルズ
とうさんする **倒産する** tousansuru	**iflas etmek** イフラース エトメッキ	go bankrupt **ゴ**ウ バンク**ラ**プト
とうし **投資** toushi	**yatırım** ヤトゥルム	investment イン**ヴェ**ストメント
〜**家**	**yatırımcı** ヤトゥルムジュ	investor イン**ヴェ**スタ
〜**する**	**yatırım yapmak** ヤトゥルム ヤプマック	invest イン**ヴェ**スト
とうし **闘志** toushi	**mücadele ruhu** ミュジャーデレ ルフ	fighting spirit **ファ**イティング ス**ピ**リット
とうじ **冬至** touji	**kış gün dönümü** クシ ギュン ドゥニュミュ	winter solstice **ウィ**ンタ **サ**ルスティス

と

日	トルコ	英
とうじ **当時** touji	**o zaman** オ ザマーン	at that time アト ザト タイム
どうし **動詞** doushi	**fiil, eylem** フィイル, エイレム	verb **ヴァ**ーブ
どうし **同志** doushi	**yoldaş** ヨルダシ	comrades **カ**ムラツ
とうしする **凍死する** toushisuru	**donmak** ドンマック	(be) frozen to death (ビ) フロウズン トゥ デス
どうじだいの **同時代の** doujidaino	**çağdaş** チャーダシ	contemporary コンテンポレリ
とうじつ **当日** toujitsu	**o gün** オ ギュン	that day ザト デイ
どうしつの **同質の** doushitsuno	**homojen** ホモジェン	homogeneous ホウモ**チー**ニアス
どうして **どうして** (なぜ) doushite	**neden, niçin, niye** ネデン, ニチン, ニイェ	why (ホ)**ワ**イ
(どのように)	**nasıl** ナスル	how ハウ
どうしても **どうしても** doushitemo	**elbette** エルベッテ	by all means バイ **オ**ール ミーンズ
どうじに **同時に** doujini	**aynı zamanda** アイヌ ザマーンダ	at the same time アト ザ **セ**イム タイム
とうじの **当時の** toujino	**o zamanki** オ ザマーンキ	of those days オヴ **ゾ**ウズ デイズ
とうじょう **搭乗** toujou	**biniş** ビニシ	boarding **ボ**ーディング
～する	**binmek** ビンメッキ	board **ボ**ード
どうじょう **同情** doujou	**sempati, sıcakkanlılık.** センパ**ティ**, スジャックカンルルック	sympathy **ス**ィンパスィ
～する	**sempati duymak** センパ**ティ** ドゥイマック	sympathize with **ス**ィンパサイズ ウィズ
とうじょうする **登場する** toujousuru	**görünmek, ortaya çıkmak** ギョリュンメッキ, オルタヤ チュクマック	enter, appear **エ**ンタ, ア**ピ**ア

日	トルコ	英
とうしょする **投書する** toushosuru	**-e mektup yazmak** エ メクトゥップ ヤズマック	write a letter to ライト ア レタ トゥ
どうせ （どのみち） douse	**neyse** ネイセ	anyway エニウェイ
（結局）	**sonunda, nihayet** ソヌンダ, ニハーイェット	in the end イン ジ エンド
とうせい **統制** tousei	**kontrol** コントロル	control, regulation コントロウル, レギュレイ ション
～する	**kontrol etmek** コントロル エトメッキ	control, regulate コントロウル, レギュレイト
どうせい **同性** dousei	**aynı cinsiyet, aynı seks** アイヌ ズィンスィエット, アイヌ セクス	same sex セイム セクス
どうせいする **同棲する** douseisuru	**ile birlikte yaşamak** イレ ビルリッキテ ヤシャマック	cohabit with コウハビト ウィズ
とうぜん **当然** touzen	**doğal olarak, tabiî** ドアル オララック, タビイー	naturally ナチュラリ
～の	**doğal, tabiî** ドアル, タビイー	natural, right ナチュラル, ライト
とうせんする **当選する** （懸賞に） tousensuru	**ödül kazanmak** ウデュル カザンマック	win the prize ウィン ザ プライズ
（選挙で）	**seçilmek** セチルメッキ	(be) elected (ビ) イレクティド
反 **落選する**	**seçim kaybetmek** セチム カイベトメッキ	(be) defeated in (ビ) ディフィーティド イン
どうぞ **どうぞ** douzo	**buyurun, lütfen** ブユルン, リュトフェン	please プリーズ
とうそう **闘争** tousou	**kavga, mücadele** カヴガ, ミュジャーデレ	fight, struggle ファイト, ストラグル
どうぞう **銅像** douzou	**bronz heykel** ブロンズ ヘイケル	bronze statue ブランズ スタチュー
どうそうかい **同窓会** dousoukai	**mezunlar toplantısı, me- zunlar derneği** メーズンラル トプラントゥス, メーズンラ ル デルネイ	class reunion クラス リユーニャン
どうそうせい **同窓生** dousousei	**mezunlar** メーズンラル	alumni アラムナイ

日	トルコ	英
とうだい **灯台** toudai	**deniz feneri** デニス フェネリ	lighthouse ライトハウス
どうたい **胴体** doutai	**gövde** ギョヴデ	body, trunk バディ, トランク
とうちゃく **到着** touchaku	**varış** ヴァルシ	arrival アライヴァル
〜する	**-e varmak** エ ヴァル**マ**ック	arrive at アライヴ アト
とうちょうする **盗聴する** touchousuru	**gizlice dinlemek** ギズリジェ ディンレメッキ	wiretap, bug ワイアタプ, バグ
とうてい **到底** toutei	**asla, katiyen** **ア**スラー, カ**ティ**イェン	not at all ナト アト オール
どうてんになる **同点になる** doutenninaru	**berabere kalmak** ベラーベレ カル**マ**ック	tie, draw タイ, ドロー
とうとい **尊い** toutoi	**kıymetli, çok değerli** クイメット**リ**, **チョ**ック デエル**リ**	precious プレシャス
（身分の高い）	**soylu, asil** **ソ**イル, ア**ス**ィル	noble ノウブル
どうどうと **堂々と** doudouto	**haysiyetli** ハイスィイェット**リ**	with great dignity ウィズ グレイト **ディグ**ニティ
どうとうの **同等の** doutouno	**eşit** エ**シ**ット	equal **イ**ークワル
どうとく **道徳** doutoku	**ahlak** アフ**ラ**ーク	morality モラリティ
〜的な	**ahlaki** アフラー**キ**ー	moral **モ**ーラル
とうなん **東南** tounan	**güneydoğu** ギュネイドウ	southeast サウスウェスト
とうなん **盗難** tounan	**hırsızlık** フルスズルック	theft セフト
（強奪）	**soygun** ソイグン	robbery ラバリ
とうなんあじあ **東南アジア** tounan-ajia	**Güneydoğu Asya** ギュネイドウ **ア**スヤ	Southeast Asia サウス**イ**ースト **エ**イジャ

と

日	トルコ	英
どうにゅうする **導入する** dounyuusuru	**ortaya koymak, tanıtmak** オルタヤ コイマック, タヌットマック	introduce イントロ**デュース**
とうにょうびょう **糖尿病** tounyoubyou	**diyabet, şeker hastalığı** ディヤベット, シェケル ハスタルウ	diabetes ダイア**ビー**ティーズ
どうねんぱいの **同年輩の** dounenpaino	**yaşıt** ヤシュット	of the same age オヴ ザ **セイム エイ**デ
とうばん **当番** touban	**nöbet** ノウベット	turn **ターン**
どうはんする **同伴する** douhansuru	**eşlik etmek, refakat et- mek** エシリック エトメッキ, レファーカット エ トメッキ	accompany ア**カン**パニ
とうひょう **投票** touhyou	**oy verme, oy kullanma** オイ ヴェルメ, オイ クッランマ	voting **ヴォ**ウティング
〜する	**oy vermek, oy kullan- mak** オイ ヴェルメッキ, オイ クッランマック	vote for **ヴォ**ウト フォ
とうぶ **東部** toubu	**doğu kısmı, doğu bölge- si** ドウ クスム, ドウ ボゥルゲスィ	eastern part **イー**スタン **パー**ト
どうふうする **同封する** doufuusuru	**içine koymak** イチネ コイマック	enclose イン**クロ**ウズ
どうぶつ **動物** doubutsu	**hayvan** ハイ**ヴァ**ン	animal **ア**ニマル
〜園	**hayvanat bahçesi** ハイヴァ**ナー**ト バフチェ**スィ**	zoo **ズー**
とうぶん **当分** toubun	**şimdilik** シムディリッキ	for the time being フォ ザ **タイム ビー**イング
とうぶん **糖分** toubun	**şeker içeriği** シェケル イチェリイ	sugar content **シュ**ガ **カ**ンテント
どうほう **同胞** douhou	**vatandaş, yurttaş** ヴァタン**ダ**シ, ユル**タ**シ	countryman, com- patriot **カン**トリマン, コン**ペイ**トリ オト
とうぼうする **逃亡する** toubousuru	**-den kaçmak** デン カチマック	escape from イス**ケイ**プ フラム
とうほく **東北** touhoku	**kuzeydoğu** クゼイドウ	northeast ノース**イー**スト

日	トルコ	英
どうみゃく **動脈** doumyaku	**atardamar, arter** アタルダマル, アルテル	artery アータリ
反 **静脈**	**toplardamar** トプラルダマル	vein ヴェイン
とうみん **冬眠** toumin	**kış uykusu** クシ ウイクス	hibernation ハイバネイション
どうめい **同盟** doumei	**ittifak** イッティファーク	alliance アライアンス
とうめいな **透明な** toumeina	**saydam, şeffaf** サイダム, シェファフ	transparent トランスペアレント
とうめん **当面** toumen	**şimdilik** シムディリッキ	for the present フォ ザ プレズント
とうもろこし **玉蜀黍** toumorokoshi	**mısır** ムスル	corn, maize コーン, メイズ
とうゆ **灯油** touyu	**gaz yağı** ガズ ヤウ	kerosene, ®paraf- fin ケロスィーン, パラフィン
とうよう **東洋** touyou	**Doğu, Şark** ドウ, シャルク	(the) East, (the) Orient (ズィ) **イ**ースト,(ズィ) **オ**ー リエント
どうようする **動揺する** douyousuru	**sarsılmak** サルスルマック	be shaken ビ シェイクン
どうように **同様に** douyouni	**aynı şekilde** アイヌ シェキルデ	in the same way イン ザ セイム ウェイ
どうようの **同様の** douyouno	**benzer** ベンゼル	similar, like スィミラ, ライク
どうりょう **同僚** douryou	**meslektaş, iş arkadaşı** メスレッキタシ, イシ アルカダシュ	colleague カリーグ
どうりょく **動力** douryoku	**mekanik güç** メカニック ギュチ	power, motive power パウア, モウティヴ パウア
どうろ **道路** douro	**yol** ヨル	road ロウド
とうろくする **登録する** tourokusuru	**kaydetmek** カイデトメッキ	register, enter in レヂスタ, エンタ イン
とうろん **討論** touron	**tartışma** タルトゥシマ	discussion ディスカション

と

日	トルコ	英
～する	**tartışmak** タルトゥシ**マック**	discuss ディス**カス**
どうわ **童話** douwa	**masal** マ**サル**	fairy tale **フェ**アリ **テ**イル
とうわくする **当惑する** touwakusuru	**afallamak, şaşalamak** アファッラ**マック**, シャシャラ**マック**	(be) puzzled (ビ) **パ**ズルド
とおい **遠い** tooi	**uzak** ウ**ザック**	far, distant **ファー**, **ディ**スタント
とおくに **遠くに** tookuni	**uzakta** ウザック**タ**	far away **ファー** ア**ウェ**イ
とおざかる **遠ざかる** toozakaru	**uzaklaşmak** ウザックラシ**マック**	go away **ゴ**ウ ア**ウェ**イ
とおざける **遠ざける** toozakeru	**uzak tutmak, uzaklaştır-mak** ウ**ザック** トゥト**マック**, ウザックラシトゥ ル**マック**	keep away **キー**プ ア**ウェ**イ
とおす **通す**（人や乗り物を） toosu	**geçirmek** ゲチル**メッ**キ	let [pass] through **レ**ト [**パ**ス] ス**ルー**
（部屋に）	**buyurmak** ブユル**マック**	show in **ショ**ウ **イ**ン
とーすと **トースト** toosuto	**tost** ト**スト**	toast **ト**ウスト
とーなめんと **トーナメント** toonamento	**turnuva** トゥルヌ**ヴァ**	tournament **トゥ**アナメント
どーぴんぐ **ドーピング** doopingu	**doping** ド**ピ**ンキ	doping **ド**ウピング
とおまわしに **遠回しに** （間接的に） toomawashini	**dolaylı olarak** ドライ**ル** オ**ラ**ラック	indirectly インディ**レ**クトリ
どーむ **ドーム** doomu	**kubbe** ク**ッベ**	dome **ド**ウム
とおり **通り** toori	**sokak, cadde** ソ**カック**, ジャッ**デ**	road, street **ロ**ウド, スト**リー**ト
とおりかかる **通り掛かる** toorikakaru	**-den tesadüfen geçmek** デン テサ**デュ**フェン ゲチ**メッ**キ	happen to pass **ハ**プン トゥ **パ**ス
とおりすぎる **通り過ぎる** toorisugiru	**-den geçmek** デン ゲチ**メッ**キ	pass by **パ**ス **バ**イ

日	トルコ	英
とおりぬける **通り抜ける** toorinukeru	**-den geçmek** デン ゲチメッキ	go through, cut through ゴウ スルー, カト スルー
とおりみち **通り道** toorimichi	**-e giden yol** エ ギデン ヨル	way to ウェイ トゥ
とおる **通る** tooru	**geçmek** ゲチメッキ	pass パス
とかい **都会** tokai	**şehir** シェヒル	city, town スィティ, タウン
とかげ **蜥蜴** tokage	**kertenkele** ケルテンケレ	lizard リザド
とかす **梳かす** tokasu	**taramak** タラマック	comb コウム
とかす **溶かす** tokasu	**eritmek** エリトメッキ	melt, dissolve メルト, ディザルヴ
とがった **尖った** togatta	**sivri** スィヴリ	pointed ポインティド
とがめる **とがめる** togameru	**suçlamak** スチラマック	blame ブレイム
とき **時** toki	**zaman, vakit** ザマーン, ヴァキット	time, hour タイム, アウア
どぎつい **どぎつい** dogitsui	**sert** セルト	loud, harsh ラウド, ハーシュ
どきっとする **どきっとする** dokittosuru	**şok olmak** ショック オルマック	(be) shocked (ビ) シャクト
ときどき **時々** tokidoki	**bazen, ara sıra** バーゼン, アラ スラ	sometimes サムタイムズ
どきどきする **どきどきする** dokidokisuru	**yüreği çarpmak** ユレイ チャルプマック	beat, throb ビート, スラブ
どきゅめんたりー **ドキュメンタリー** dokyumentarii	**belgesel** ベルゲセル	documentary ダキュメンタリ
どきょう **度胸** dokyou	**cesaret, yiğitlik** ジェサーレット, イイトリッキ	courage, bravery カーリヂ, ブレイヴァリ
とぎれる **途切れる** togireru	**kesilmek** ケスィルメッキ	break, stop ブレイク, スタプ

と

日	トルコ	英
とく **解く** （ほどく） toku	**çözmek, açmak** チョズメッキ, アチマック	untie, undo アンタイ, アンドゥー
（解除する）	**iptal etmek** イプタール エトメッキ	cancel, release キャンセル, リリース
（解答する）	**çözmek, cevaplamak** チョズメッキ, ジェヴァプラマック	solve, answer サルヴ, アンサ
とく **得** （儲け） toku	**kâr, kazanç** キャール, カザンチ	profit, gains プラフィト, ゲインズ
（有利）	**avantaj** アヴァンタージ	advantage, benefit アドヴァンティヂ, ベニフィト
とぐ **研ぐ** togu	**bilemek** ビレメッキ	grind, whet グラインド, (ホ)ウェト
どく **退く** doku	**çekilmek** チェキルメッキ	get out of the way ゲト アウト オヴ ザ ウェイ
どく **毒** doku	**zehir** ゼヒル	poison ポイズン
とくい **得意** （得手） tokui	**güçlü nokta** ギュチュリュ ノクタ	strong point ストローング ポイント
～先	**müşteri** ミュシテリ	customer, patron カスタマ, ペイトロン
とくいな **特異な** tokuina	**acayip** アジャーイップ	peculiar ピキューリア
どくがす **毒ガス** dokugasu	**zehirli gaz** ゼヒルリ ガス	poison gas ポイズン ギャス
どくさい **独裁** dokusai	**diktatörlük** ディクタトゥルリュック	dictatorship ディクテイタシプ
～者	**diktatör** ディクタトゥル	dictator ディクテイタ
とくさつ **特撮** tokusatsu	**özel efektler** ウゼル エフェクトレル	special effects スペシャル イフェクツ
とくさんひん **特産品** tokusanhin	**özel ürün** ウゼル ユリュン	special product スペシャル プラダクト
どくじの **独自の** dokujino	**özgün, orijinal** ウズギュン, オリジナル	original, unique オリヂナル, ユーニーク

日	トルコ	英
どくしゃ **読者** dokusha	**okuyucu** オクユジュ	reader リーダ
とくしゅな **特殊な** tokushuna	**özel, hususi** ウゼル, フスースィー	special, unique スペシャル, ユーニーク
どくしょ **読書** dokusho	**okuma** オクマ	reading リーディング
とくしょく **特色** tokushoku	**özellik, karakteristik** ウゼルリッキ, カラクテリスティッキ	characteristic キャラクタリスティク
どくしんの **独身の** dokushinno	**bekâr, evlenmemiş** ベキャル, エヴレンメミッシ	unmarried, single アンマリド, スィングル
どくぜつ **毒舌** dokuzetsu	**kötü söz, iğneli söz** キョテュ ソゥス, イーネリ ソゥス	barbed tongue バーブド タング
どくせんする **独占する** dokusensuru	**tekeline almak, tekelleş-tirmek** テケリネ アルマック, テケルレシティル メッキ	monopolize モナポライズ
どくそうてきな **独創的な** dokusoutekina	**özgün, orijinal** ウズギュン, オリジナル	original オリヂナル
とくそくする **督促する** tokusokusuru	**baskı yapmak** バスク ヤプマック	press, urge プレス, アーヂ
とくちょう **特徴** tokuchou	**özellik, karakteristik** ウゼルリッキ, カラクテリスティッキ	characteristic キャラクタリスティク
とくちょう **特長** (長所) tokuchou	**kuvvetli yön, kuvvetli ta-raf** クッヴェットリ ヨン, クッヴェットリ タラフ	merit, strong point メリト, ストローング ポイント
とくていの **特定の** tokuteino	**belirli, özel** ベリルリ, ウゼル	specific, specified スピスィフィク, スペスィファイド
とくてん **得点** tokuten	**puan, skor, not** プアン, スコル, ノット	score, points スコー, ポインツ
どくとくの **独特の** dokutokuno	**eşsiz, benzersiz** エッスィス, ベンゼルスィス	unique, peculiar ユーニーク, ピキューリア
とくに **特に** tokuni	**özellikle, bilhassa** ウゼルリッキレ, ビルハッサ	especially イスペシャリ
とくはいん **特派員** tokuhain	**muhabir** ムハービル	(special) corre-spondent (スペシャル) コレスパンデント

と

日	トルコ	英
とくべつの **特別の** tokubetsuno	**özel, spesiyal** ウゼル, スペスィヤル	special, exceptional スペシャル, イクセプショナル
とくめい **匿名** tokumei	**anonim, isimsiz** アノニム, イスィムスィス	anonymity アノニミティ
とくゆうの **特有の** tokuyuuno	**-e özgü** エ ウズギュ	peculiar to ピキューリア トゥ
どくりつ **独立** dokuritsu	**bağımsızlık, istiklal** バウムスズルック, イスティックラール	independence インディペンデンス
〜の	**bağımsız** バウムスス	independent インディペンデント
どくりょくで **独力で** dokuryokude	**kendi kendine, kendi ba- şına** ケンディ ケンディネ, テッキ バシュナ	by oneself バイ
とげ **棘** toge	**diken** ディケン	thorn, prickle ソーン, プリクル
とけい **時計** tokei	**saat** サアト	watch, clock ワチ, クラク
とける **溶ける** tokeru	**erimek** エリメッキ	melt, dissolve メルト, ディザルヴ
とける **解ける** (紐などが) tokeru	**çözülmek** チョズュルメッキ	(get) loose (ゲト) ルース
(問題が)	**çözülmek** チョズュルメッキ	(be) solved (ビ) ソルヴド
とげる **遂げる** togeru	**tamamlamak, başarmak** タマムラマック, バシャルマック	accomplish, complete アカンプリシュ, コンプリート
どける **退ける** dokeru	**kaldırmak** カルドゥルマック	remove リムーヴ
どこ **どこ** doko	**nere** ネレ	where (ホ)ウェア
どこか **どこか** dokoka	**bir yer, bir yerde** ビ(ル) イェル, ビ(ル) イェルデ	somewhere サム(ホ)ウェア
とこや **床屋** tokoya	**berber** ベルベル	barbershop バーバシャプ

日	トルコ	英
ところ **所** （場所） tokoro	**yer, mekân** イェル, メキャーン	place, spot プレイス, スパット
（部分）	**kısım** クスム	part パート
ところどころ **所々** tokorodokoro	**orada burada** オラダ ブラダ	here and there ヒア アンド ゼア
とざす **閉ざす** tozasu	**kapamak, kapatmak** カパマック, カパトマック	shut, close シャット, クロウズ
とざん **登山** tozan	**dağ tırmanışı, dağcılık** ダー トゥルマヌシュ, ダージュルック	mountain climbing マウンテン クライミング
～家	**dağcı, alpinist** ダージュ, アルピニスト	mountaineer マウンティニア
とし **都市** toshi	**şehir** シェヒル	city スィティ
とし **年** toshi	**yıl, sene** ユル, セネ	year イヤ
（歳・年齢）	**yaş** ヤシ	age, years エイヂ, イヤズ
～を取る	**yaşlanmak** ヤシランマック	grow old グロウ オウルド
としうえの **年上の** toshiueno	**-den daha yaşlı, -den da- ha büyük** デン ダハ ヤシル, デン ダハ ビュユック	older オウルダ
とじこめる **閉じ込める** tojikomeru	**kapatmak, hapsetmek** カパトマック, ハプセトメッキ	shut, confine シャット, コンファイン
とじこもる **閉じこもる** tojikomoru	**kapanmak** カパンマック	shut oneself up シャット アップ
としした の **年下の** toshishitano	**-den daha genç, -den da- ha küçük** デン ダハ ゲンチ, デン ダハ キュチュック	younger ヤンガ
としつき **年月** toshitsuki	**zaman, yıllar** ザマーン, ユルラル	time, years タイム, イヤズ
どしゃ **土砂** dosha	**toprak ve kum** トプラック ヴェ クム	earth and sand アース アンド サンド
～崩れ	**toprak kayması, heyelan** トプラック カイマス, ヘイェラーン	landslide ランドスライド

と

日	トルコ	英
としょ **図書** tosho	**kitaplar** キタップラル	books ブクス
〜館	**kütüphane** キュテュップハーネ	library ライブレリ
どじょう **土壌** dojou	**toprak** トプラック	soil ソイル
としより **年寄り** toshiyori	**yaşlı (insan)** ヤシル (インサン)	elderly (people) エルダリ (ピープル)
とじる **綴じる** tojiru	**ciltlemek, dosyalamak** ジルトレメッキ, ドスヤラマック	bind, file バインド, ファイル
とじる **閉じる** tojiru	**kapatmak** カパトマック	shut, close シャト, クロウズ
としん **都心** toshin	**şehir merkezi** シェヒル メルケズィ	city center, down-town スィティ センタ, ダウンタウン
どせい **土星** dosei	**Satürn** サテュルン	Saturn サタン
とそう **塗装** tosou	**boyama** ボヤマ	painting, coating ペインティング, コウティング
どだい **土台** dodai	**temel, taban** テメル, タバン	foundation, base ファウンデイション, ベイス
とだな **戸棚** todana	**dolap** ドラップ	cabinet, cupboard キャビネト, カバド
どたんば **土壇場** dotanba	**son dakika** ソン ダキーカ	(the) last moment (ザ) ラスト モウメント
とち **土地** tochi	**arazi, toprak** アラーズィ, トプラック	land ランド
とちゅうで **途中で** tochuude	**yolda, yol üstünde** ヨルダ, ヨル ユステュンデ	on one's way オン ウェイ
どちら (どこ) dochira	**nere, nereye, nerede** ネレ, ネレイェ, ネレデ	where (ホ)ウェア
(どれ)	**hangi** ハンギ	which (ホ)ウィチ
とっか **特価** tokka	**özel fiyat** ウゼル フィヤット	special price スペシャル プライス

日	トルコ	英
どっかいりょく **読解力** dokkairyoku	**okuma becerisi** オクマ ベジェリスィ	reading ability リーディング アビリティ
とっきゅう **特急** tokkyuu	**ekspres, hızlı tren** エクスプレス, フズル ティレン	special express (train) スペシャル イクスプレス (トレイン)
超~	**yüksek hızlı tren (YHT)** ユクセッキ フズル ティレン	superexpress (train) スーパイクスプレス (トレイン)
とっきょ **特許** tokkyo	**patent** パテント	patent パテント
とっくん **特訓** tokkun	**özel antrenman** ウゼル アントレンマン	special training スペシャル トレイニング
とっけん **特権** tokken	**ayrıcalık, imtiyaz** アイルジャルック, イムティヤース	privilege プリヴィリヂ
とっしんする **突進する** tosshinsuru	**-e doğru koşmak** エ ドール コシマック	rush at, dash at ラシュ アト, ダシュ アト
とつぜん **突然** totsuzen	**birden, aniden, ansızın** ビルデン, アーニデン, アンスズン	suddenly サドンリ
とって **取っ手** (ドアの) totte	**kapı kolu** カプ コル	handle, knob ハンドル, ナブ
どっと **ドット** dotto	**nokta** ノクタ	dot ダト
とつにゅうする **突入する** totsunyuusuru	**-e atılmak** エ アトゥルマック	rush into ラシュ イントゥ
とっぷ **トップ** toppu	**üst, baş** ユスト, バシ	top タプ
とても **とても** totemo	**çok** チョック	very ヴェリ
とどく **届く** (達する) todoku	**ulaşmak** ウラシマック	reach リーチ
(到着する)	**-e varmak** エ ヴァルマック	arrive at アライヴ アト
とどける **届ける** (送る) todokeru	**göndermek, teslim et- mek** ギョンデルメッキ, テスリム エトメッキ	send, deliver センド, ディリヴァ
(届け出る)	**haber vermek, bildirmek** ハベル ヴェルメッキ, ビルディルメッキ	report, notify リポート, ノウティファイ

と

日	トルコ	英
とどこおる **滞る** todokooru	**gecikmek, geri kalmak** ゲジクメッキ, ゲリ カルマック	(be) delayed (ビ) ディレイド
ととのう （準備される） **整う** totonou	**hazırlanmak, hazır olmak** ハズルランマック, ハズル オルマック	(be) ready (ビ) レディ
ととのえる （準備する） **整える** totonoeru	**hazırlamak** ハズルラマック	prepare プリペア
（整理する）	**düzenlemek** デュゼンレメッキ	put in order プト イン オーダ
（調整する）	**ayarlamak** アヤルラマック	adjust, fix アヂャスト, フィクス
ととのった **整った** totonotta	**düzenli, muntazam** デュゼンリ, ムンタザム	be in good order ビ イン グド オーダ
とどまる **止[留]まる** todomaru	**kalmak** カルマック	stay, remain ステイ, リメイン
とどめる **止[留]める** todomeru	**alıkoymak** アルコイマック	retain リテイン
どなー **ドナー** donaa	**donör, verici** ドヌル, ヴェリジ	donor ドウナ
となえる （暗唱する） **唱える** tonaeru	**ezbere anlatmak, ezber- den okumak** エズベレ アンラトマック, エズベルデン オ クマック	recite, chant リサイト, チャント
となり **隣** tonari	**yan** ヤン	next door ネクスト ドー
どなる **怒鳴る** donaru	**bağırmak** バウルマック	shout, yell シャウト, イェル
とにかく **とにかく** tonikaku	**neyse** ネイセ	anyway エニウェイ
どの **どの** dono	**hangi** ハンギ	which (ホ)ウィチ
とばく **賭博** tobaku	**kumar** クマル	gambling ギャンブリング
とばす **飛ばす** tobasu	**uçurmak** ウチュルマック	fly フライ
（抜かす）	**atlamak** アトラマック	skip スキプ

と

日	トルコ	英
とびあがる **跳び上がる** tobiagaru	**zıplamak, atlamak** ズップラマック, アトラマック	jump up, leap チャンプ アプ, リープ
とびおりる **飛び降りる** tobioriru	**aşağı atlamak** アシャウ アトラマック	jump down チャンプ ダウン
とびこえる **飛び越える** tobikoeru	**üstünden atlamak** ユステュンデン アトラマック	jump over チャンプ オウヴァ
とびこむ **飛び込む** tobikomu	**dalmak** ダルマック	plunge, dive プランヂ, ダイヴ
とびだす **飛び出す** tobidasu	**dışarı uçmak, fırlamak** ドゥシャル ウチマック, フルラマック	fly out, jump out of フライ アウト, チャンプ アウト オヴ
とびちる **飛び散る** tobichiru	**saçılmak** サチュルマック	scatter スキャタ
とびつく **飛びつく** tobitsuku	**üzerine atlamak** ユゼリネ アトラマック	jump at, fly at チャンプ アト, フライ アト
とぴっく **トピック** topikku	**konu, mevzu** コヌ, メヴズー	topic タピク
とびのる **飛び乗る** tobinoru	**üstüne atlamak, üstüne sıçramak** ユステュネ アトラマック, ユステュネ スチラマック	jump onto, hop チャンプ オントゥ, ハプ
とびはねる **跳び跳ねる** tobihaneru	**sekmek, hoplamak** セクメッキ, ホプラマック	hop, jump ハプ, チャンプ
とびら **扉** tobira	**kapı** カプ	door ドー
とぶ **跳ぶ** tobu	**zıplamak, atlamak** ズプラマック, アトラマック	jump, leap チャンプ, リープ
とぶ **飛ぶ** tobu	**uçmak** ウチマック	fly, soar フライ, ソー
とぼける **とぼける** tobokeru	**bilmezlikten gelmek** ビルメズリッキテン ゲルメッキ	feign ignorance フェイン イグノランス
とほで **徒歩で** tohode	**yürüyerek, yaya olarak** ユリュイェレッキ, ヤヤ オララック	on foot オン フト
とまと **トマト** tomato	**domates** ドマテス	tomato トメイトウ
とまどう **戸惑う** tomadou	**şaşırmak, şaşkın olmak** シャシュルマック, シャシクン オルマック	(be) at a loss (ビ) アト ア ロース

と

日	トルコ	英
とまる **止まる** tomaru	**durmak** ドゥルマック	stop, halt スタプ, **ホール**ト
とまる **泊まる** tomaru	**konaklamak, kalmak** コナックラマック, カルマック	stay at ステイ アト
とみ **富** tomi	**servet, zenginlik** セルヴェット, ゼンギンリッキ	wealth **ウェ**ルス
とむ **富む** tomu	**zenginleşmek** ゼンギンレシメッキ	(become) rich (ビカム) **リ**チ
とめがね **留め金** tomegane	**toka** トカ	clasp, hook クラスプ, **フ**ク
とめる **止める** (停止させる) tomeru	**durdurmak** ドゥルドゥルマック	stop スタプ
(スイッチを切る)	**kapatmak** カパトマック	turn off ターン **オー**フ
(禁止する)	**yasaklamak** ヤサックラマック	forbid, prohibit フォビド, プロ**ヒ**ビト
(制止する)	**durdurmak** ドゥルドゥルマック	hold, check **ホ**ウルド, **チェ**ク
とめる **留める** tomeru	**bağlamak, tutturmak** バーラマック, トゥットゥルマック	fasten, fix **ファ**スン, **フィ**クス
ともだち **友達** tomodachi	**arkadaş, dost** アルカダシ, ドスト	friend フレンド
ともに **共に** (どちらも) tomoni	**her ikisi** ヘル イキスィ	both ボウス
(一緒に)	**birlikte, beraber** ビルリッキテ, ベラーベル	with ウィズ
どようび **土曜日** doyoubi	**cumartesi** ジュマルテスィ	Saturday **サ**タデイ
とら **虎** tora	**kaplan** カプラン	tiger **タ**イガ
どらいくりーにんぐ **ドライクリーニング** doraikuriiningu	**kuru temizleme** クル テミズレメ	dry cleaning ドライ クリーニング
どらいばー **ドライバー** (ねじ回し) doraibaa	**tornavida** トルナ**ヴィ**ダ	screwdriver スク**ルー**ドライヴァ
(運転手)	**şoför, sürücü** ショフゥル, スュリュジュ	driver **ド**ライヴァ

日	トルコ	英
_{どらいぶ} **ドライブ** doraibu	**araba gezintisi** アラバ ゲズィンティスィ	drive ドライヴ
～スルー	**arabaya servis** アラバヤ セルヴィス	drive through ドライヴ スルー
_{どらいやー} **ドライヤー** doraiyaa	**kurutma makinesi** クルトマ マキネスィ	dryer ドライア
_{とらっく} **トラック** torakku	**kamyon** カミヨン	truck, Ⓑlorry トラク, ローリ
（競走路の）	**pist** ピスト	track トラク
_{とらぶる} **トラブル** toraburu	**sorun, problem** ソルン, プロブレム	trouble トラブル
_{どらま} **ドラマ** dorama	**drama, dram** ドラマ, ドラム	drama ドラーマ
（シリーズ）	**dizi** ディズィ	drama series ドラマ スィリーズ
_{どらむ} **ドラム** doramu	**davul** ダヴル	drum ドラム
_{とらんく} **トランク** toranku	**valiz, bavul** ヴァリス, バヴル	trunk, suitcase トランク, スートケイス
（車の）	**bagaj** バガージ	trunk トランク
_{とらんくす} **トランクス** torankusu	**erkek şort** エルケッキ ショルト	trunks トランクス
_{とらんぷ} **トランプ** toranpu	**iskambil, kâğıt** イスカンビル, キャウット	cards カーヅ
_{とらんぺっと} **トランペット** toranpetto	**trompet** トロンペット	trumpet トランペト
_{とり} **鳥** tori	**kuş** クシ	bird バード
_{とりあえず} **取りあえず** toriaezu	**şimdilik, şu an(da)** シムディリッキ, シュ アン(ダ)	for the time being フォ ザ タイム ビーイング
_{とりあげる} **取り上げる** （奪い取る） toriageru	**alıp götürmek, elinden almak** アルップ ギョテュルメッキ, エリンデン ア ルマック	take away テイク アウェイ

と

日	トルコ	英
（採用する）	**kabul etmek** カブール エトメッキ	adopt アダプト
とりあつかう **取り扱う** toriatsukau	**ele almak** エレ アルマック	handle, treat ハンドル, トリート
とりーとめんと **トリートメント** toriitomento	**bakım kremi** バクム クレミ	treatment トリートメント
とりえ **取り柄** torie	**meziyet** メズィイェット	merit メリト
とりおこなう **執り行う** toriokonau	**yapmak, yerine getirmek** ヤプマック, イェリネ ゲティルメッキ	perform パフォーム
とりかえす **取り返す** torikaesu	**geri almak** ゲリ アルマック	take back, recover テイク バク, リカヴァ
とりかえる **取り替える** torikaeru	**değiştirmek** デイシティルメッキ	exchange, replace イクスチェインヂ, リプレイス
とりきめ **取り決め** torikime	**mukavele, anlaşma** ムカーヴェレ, アンラシマ	agreement アグリーメント
とりくむ **取り組む** torikumu	**ele almak** エレ アルマック	tackle, take on タクル, テイク オン
とりけす **取り消す** torikesu	**iptal etmek** イプタール エトメッキ	cancel キャンセル
とりこ **虜** toriko	**tutsak, esir** トゥトサック, エスィル	captive キャプティヴ
とりしまりやく **取締役** torishimariyaku	**yönetim kurulu üyesi** ヨネティム クルル ユイエスィ	director ディレクタ
とりしまる **取り締まる** torishimaru	**denetlemek, kontrol altına tutmak** デネットレメッキ, コントロル アルトゥナ トゥトマック	control, regulate コントロウル, レギュレイト
とりしらべる **取り調べる** torishiraberu	**soruşturmak, araştırmak** ソルシトゥルマック, アラシトゥルマック	investigate, inquire インヴェスティゲイト, インクワイア
とりだす **取り出す** toridasu	**çıkarmak** チュカルマック	take out テイク アウト
とりたてる **取り立てる** （徴収する） toritateru	**toplamak, tahsil etmek** トプラマック, タフスィール エトメッキ	collect コレクト

日	トルコ	英
とりっく **トリック** torikku	**hile** ヒーレ	trick トリク
とりつける **取り付ける** toritsukeru	**kurmak, takmak** クルマック, タクマック	install インストール
とりとめのない **取り留めのない** toritomenonai	**abuk sabuk** アブック サブック	incoherent インコウ**ヒ**アレント
とりにく **鶏肉** toriniku	**tavuk eti** タヴック エ**ティ**	chicken **チ**キン
とりのぞく **取り除く** torinozoku	**çıkarmak, kaldırmak** チュカル**マ**ック, カルドゥル**マ**ック	remove リ**ムー**ヴ
とりぶん **取り分** toribun	**pay, hisse** パイ, ヒッ**セ**	share **シェ**ア
とりまく **取り巻く** torimaku	**etrafını sarmak, kuşat-mak** エトラーフ**ヌ** サル**マ**ック, クシャット**マ**ック	surround サ**ラ**ウンド
とりみだす **取り乱す** torimidasu	**kafası karışık olmak, aklı karışmak** カファ**ス** カル**シュ**ック オル**マ**ック, アク**ル** カルシ**マ**ック	(be) confused (ビ) コン**フュー**ズド
とりもどす **取り戻す** torimodosu	**geri almak** ゲリ アル**マ**ック	take back, recover **テ**イク **バ**ク, リ**カ**ヴァ
とりやめる **取り止める** toriyameru	**iptal etmek** イプ**タ**ール エト**メ**ッキ	cancel, call off **キャ**ンセル, **コ**ール **オ**ーフ
とりゅふ **トリュフ** toryufu	**trüf mantarı** ト**リュ**フ マンタ**ル**	truffle ト**ラ**フル
とりょう **塗料** toryou	**boya** ボ**ヤ**	paint **ペ**イント
どりょく **努力** doryoku	**çaba** チャ**バ**	effort **エ**フォト
〜する	**çaba harcamak, çabala-mak** チャ**バ** ハル**ジャ**マック, チャバラ**マ**ック	make an effort **メ**イク アン **エ**フォト
とりよせる **取り寄せる** toriyoseru	**sipariş etmek** スィパー**リ**シ エト**メ**ッキ	order **オ**ーダ
どりる **ドリル** (工具の) doriru	**matkap** マト**カ**ップ	drill **ド**リル
とる **取る** (手にする) toru	**almak** アル**マ**ック	take, hold **テ**イク, **ホ**ウルド

と

日	トルコ	英
（受け取る）	**almak** アルマック	get, receive ゲト, リスィーヴ
（除去する）	**çıkarmak** チュカルマック	take off, remove テイク オーフ, リムーヴ
（盗む）	**çalmak** チャルマック	steal, rob スティール, ラブ
とる 採る （採集する） toru	**toplamak** トプラマック	gather, pick ギャザ, ピク
（採用する）	**kabul etmek** カブール エトメッキ	adopt, take アダプト, テイク
とる 捕る toru	**yakalamak** ヤカラマック	catch, capture キャチ, キャプチャ
どる ドル doru	**dolar** ドラル	dollar ダラ
とるこ トルコ toruko	**Türkiye** テュルキイェ	Turkey ターキ
どれ どれ dore	**hangi** ハンギ	which (ホ)ウィチ
どれい 奴隷 dorei	**köle, esir** キョレ, エスィル	slave スレイヴ
とれーど トレード toreedo	**ticaret** ティジャーレット	trading トレイディング
とれーなー （衣服） トレーナー toreenaa	**eşofman** エショフマン	sweat shirt スウェト シャート
（運動の指導者）	**antrenör, çalıştırıcı** アントレノゥル, チャルシトゥルジュ	trainer トレイナ
とれーにんぐ トレーニング toreeningu	**antrenman** アントレンマン	training トレイニング
とれーらー トレーラー toreeraa	**treyler** トレイレル	trailer トレイラ
どれす ドレス doresu	**elbise** エルビセ	dress ドレス
どれっしんぐ ドレッシング doresshingu	**salata sosu** サラタ ソス	dressing ドレスィング
どれほど どれほど dorehodo	**ne kadar** ネ カダル	however ハウエヴァ

と

日	トルコ	英
とれる **取れる** toreru	**çıkmak** チュクマック	come off カム オーフ
どろ **泥** doro	**çamur** チャムル	mud マド
どろどろの **どろどろの** dorodorono	**lapa gibi** ラパ ギビ	pulpy パルピ
とろふぃー **トロフィー** torofii	**kupa** クパ	trophy トロウフィ
どろぼう **泥棒** dorobou	**hırsız** フルスス	thief, burglar スィーフ, バーグラ
とろりーばす **トロリーバス** tororiibasu	**troleybüs** トロレイビュス	trolley bus トラリ バス
とろんぼーん **トロンボーン** toronboon	**trombon** トロンボン	trombone トランボウン
とん **トン** ton	**ton** トン	ton タン
とんでもない **とんでもない** tondemonai	**berbat, korkunç** ベルバット, コルクンチ	awful, terrible オーフル, テリブル
（思いがけない）	**şaşırtıcı** シャシュルトゥジュ	surprising, shock-ing サプライズィング, シャキング
どんな **どんな** donna	**ne, nasıl** ネ, ナスル	what (ホ)ワト
とんねる **トンネル** tonneru	**tünel** テュネル	tunnel タネル
とんぼ **蜻蛉** tonbo	**yusufçuk** ユスフチュック	dragonfly ドラゴンフライ
とんや **問屋** ton-ya	**toptancı, toptan mağaza** トプタンジュ, トプタン マアザ	wholesale store ホウルセイル ストー
どんよくな **貪欲な** don-yokuna	**açgözlü** アチギョズリュ	greedy グリーディ
反 欲のない	**tokgözlü** トックギョズリュ	satiated セイシエイティド

と

日	トルコ	英

な，ナ

な
名
na
ad, isim
アット, イスィム
name
ネイム

ない
無い （持っていない）
nai
yok
ヨック
have no
ハヴノウ

（存在しない）
yok
ヨック
There is no
ゼア イズ ノウ

ないか
内科
naika
dâhiliye hekimliği
ダーヒリエ ヘキムリイ
internal medicine
インターナル メディスィン

〜医
dâhiliye hekimi, dâhiliye doktoru
ダーヒリエ ヘキミ, ダーヒリエ ドクトル
physician
フィズィシャン

ないかく
内閣
naikaku
kabine
カビネ
Cabinet, Ministry
キャビネト, ミニストリ

ないこうてきな
内向的な
naikoutekina
içe dönük
イチェ ドゥニュック
introverted
イントロヴァーティド

ないじぇりあ
ナイジェリア
naijeria
Nijerya
ニジェリヤ
Nigeria
ナイヂアリア

ないじゅ
内需
naiju
iç talep
イチ タレップ
domestic demand
ドメスティク ディマンド

ないしょ
内緒
naisho
sır, giz
スル, ギス
secret
スィークレト

ないしん
内心
naishin
içi
イチ
one's mind, one's heart
マインド, ハート

ないせん
内戦
naisen
iç savaş
イチ サヴァシ
civil war
スィヴィル ウォー

ないぞう
内臓
naizou
iç organlar
イチ オルガンラル
internal organs
インターナル オーガンズ

ないたー
ナイター
naitaa
gece maçı
ゲジェ マチュ
night game
ナイト ゲイム

ないてきな
内的な
naitekina
iç
イチ
inner, internal
イナ, インターナル

ないふ
ナイフ
naifu
bıçak
ブチャック
knife
ナイフ

日	トルコ	英
ないぶ **内部** naibu	**iç, içeri** イチ, イチェリ	inside, interior インサイド, インティアリア
ないよう **内容** naiyou	**içindekiler, içerik** イチンデキレル, イチェリッキ	contents, sub-stance カンテンツ, **サ**ブスタンス
ないろん **ナイロン** nairon	**naylon** ナイロン	nylon **ナ**イラン
なえ **苗** nae	**fide** フィデ	seedling ス**ィ**ードリング
なおさら **なおさら** naosara	**daha da** ダハ ダ	still more スティル **モ**ー
なおざりにする **なおざりにする** naozarinisuru	**ihmal etmek** イフ**マ**ール エト**メ**ッキ	neglect ニグ**レ**クト
なおす **治す** naosu	**iyileştirmek, tedavi et-mek** イイレシティル**メ**ッキ, テダー**ヴィ**ー エトメッキ	cure **キ**ュア
なおす **直す** （修正する） naosu	**düzeltmek** デュ**ゼ**ルト**メ**ッキ	correct, amend コ**レ**クト, ア**メ**ンド
（修理する）	**onarmak, tamir etmek** オ**ナ**ルマック, ターミル エト**メ**ッキ	mend, repair **メ**ンド, リ**ペ**ア
なおる **治る** naoru	**iyileşmek** イイレシ**メ**ッキ	get well **ゲ**ト **ウェ**ル
なおる **直る** （修正される） naoru	**düzeltilmek** デュゼルティル**メ**ッキ	(be) corrected (ビ) コ**レ**クティド
（修理される）	**onarılmak, tamir edilmek** オ**ナ**ルルマック, ターミル エディル**メ**ッキ	(be) repaired (ビ) リ**ペ**アド
なか **中** naka	**iç, içeri** イチ, イチェリ	inside イン**サ**イド
なか **仲** naka	**ilişki, ara** イリシ**キ**, ア**ラ**	relations, relation-ship リ**レ**イションズ, リ**レ**イションシプ
ながい **長い** nagai	**uzun** ウ**ズ**ン	long **ロ**ーング
ながいきする **長生きする** nagaikisuru	**uzun yaşamak** ウ**ズ**ン ヤシャ**マ**ック	live long リヴ **ロ**ーング

な

日	トルコ	英
なかがいにん **仲買人** nakagainin	**komisyoncu, simsar** コミスィヨンジュ, スィムサル	broker ブロウカ
ながぐつ **長靴** nagagutsu	**çizme, bot** チズメ, ボット	boots ブーツ
ながさ **長さ** nagasa	**uzunluk, boy** ウズンルック, ボイ	length レングス
ながす **流す** nagasu	**dökmek** ドゥキメッキ	pour, drain ポー, ドレイン
ながそで **長袖** nagasode	**uzun kollu** ウズン コルル	long sleeves ローング スリーヴズ
なかなおりする **仲直りする** nakanaorisuru	**ile yeniden barışmak** イレ イェニデン バルシマック	reconcile with レコンサイル ウィズ
なかなか **中々** nakanaka	**oldukça, epey** オルドゥッチャ, エペイ	very, quite ヴェリ, クワイト
なかに **中に** nakani	**içinde** イチンデ	in, within イン, ウィズィン
なかにわ **中庭** nakaniwa	**iç bahçe, avlu** イチ バフチェ, アヴル	courtyard コートヤード
ながねん **長年** naganen	**uzun yıllar** ウズン ユルラル	for years フォ イヤズ
なかば **半ば** nakaba	**yarı yol** ヤル ヨル	halfway ハフウェイ
ながびく **長引く** nagabiku	**uzamak, uzatılmak** ウザマック, ウザトゥルマック	(be) prolonged (ビ) プロローングド
なかま **仲間** nakama	**arkadaş** アルカダシ	comrade, companion カムラド, コンパニョン
ながめ **眺め** nagame	**manzara, görünüş** マンザラ, ギョリュニュシ	view, scene ヴュー, スィーン
ながめる **眺める** nagameru	**seyretmek** セイレットメッキ	see, look at スィー, ルク アト
ながもちする **長持ちする** nagamochisuru	**dayanıklı** ダヤヌックル	(be) durable (ビ) デュアラブル
なかゆび **中指** nakayubi	**orta parmak** オルタ パルマック	middle finger ミドル フィンガ

な

日	トルコ	英
なかよし **仲良し** nakayoshi	**yakın arkadaş, dost** ヤクン アルカダシ, **ド**スト	close friend, chum クロウス フレンド, **チャ**ム
ながれ **流れ** nagare	**akıntı, akış** アク**ン**トゥ, ア**ク**シ	stream, current スト**リ**ーム, **カ**ーレント
ながればし **流れ星** nagareboshi	**kayan yıldız** カ**ヤ**ン ユル**ドゥ**ス	shooting star シュー**ティ**ング ス**タ**ー
ながれる **流れる** nagareru	**akmak** アク**マ**ック	flow, run フ**ロ**ウ, **ラ**ン
(時が)	**geçmek** ゲチ**メ**ッキ	pass **パ**ス
なきごえ **泣き声** nakigoe	**çığlık, ağlama sesi** チュー**ル**ック, アーラ**マ** セ**ス**ィ	cry ク**ラ**イ
なきわめく **泣きわめく** nakiwameku	**bağırmak** バウル**マ**ック	bawl, scream **ボ**ール, スク**リ**ーム
なく **泣く** naku	**ağlamak** アーラ**マ**ック	cry, weep ク**ラ**イ, **ウィ**ープ
なく **鳴く** (犬が) naku	**havlamak** ハヴラ**マ**ック	bark **バ**ーク
(猫が)	**miyavlamak** ミヤヴラ**マ**ック	mew, meow, mi-aow **ミュ**ー, **ミア**ウ, **ミア**ウ
(小鳥が)	**ötmek** ウト**メ**ッキ	sing ス**ィ**ング
なぐさめる **慰める** nagusameru	**avutmak** アヴト**マ**ック	console, comfort コン**ソ**ウル, **カ**ムファト
なくす **無くす** nakusu	**kaybetmek** **カ**イベト**メ**ッキ	lose **ル**ーズ
なくなる **無くなる** nakunaru	**kaybolmak** **カ**イボル**マ**ック	(get) lost (ゲト) **ロ**ースト
(消失する)	**kaybolmak** **カ**イボル**マ**ック	disappear ディサ**ピ**ア
(尽きる)	**tükenmek, bitmek** テュケン**メ**ッキ, ビト**メ**ッキ	run short **ラ**ン **ショ**ート
なぐりあい **殴り合い** naguriai	**dövüşme** ドゥ**ヴュ**シメ	fight **ファ**イト

な

日	トルコ	英
なぐる **殴る** naguru	**vurmak, dövmek** ヴルマック, ドゥヴメッキ	strike, beat ストライク, ビート
なげく **嘆く** nageku	**acı çekmek, dövünmek** アジュ チェキメッキ, ドゥヴュンメッキ	lament, grieve ラメント, グリーヴ
なげすてる **投げ捨てる** nagesuteru	**atmak** アトマック	throw away スロウ アウェイ
なげる **投げる**　（飛ばす） nageru	**atmak** アトマック	throw, cast スロウ, キャスト
（放棄する）	**vazgeçmek, bırakmak** ヴァズゲチメッキ, ブラクマック	give up ギヴ アプ
なごやかな **和やかな** nagoyakana	**barış dolu** バルシ ドル	peaceful, friendly ピースフル, フレンドリ
なごり **名残** nagori	**iz, kalıntı** イス, カルントゥ	trace, vestige トレイス, ヴェスティヂ
なさけ **情け**　（あわれみ） nasake	**acıma, merhamet** アジュマ, メルハメット	pity ピティ
（思いやり）	**sempati** センパティ	sympathy スィンパスィ
（慈悲）	**insaf, merhamet** インサーフ, メルハメット	mercy マースィ
なし **梨** nashi	**armut** アルムット	pear ペア
なしとげる **成し遂げる** nashitogeru	**başarmak** バシャルマック	accomplish アカンプリシュ
なじむ **馴染む** najimu	**-e alışmak** エ アルシマック	(become) attached to (ビカム) アタチト トゥ
なしょなりずむ **ナショナリズム** nashonarizumu	**milliyetçilik** ミッリイェッチリッキ	nationalism ナショナリズム
なじる **なじる** najiru	**azarlamak, ayıplamak** アザルラマック, アユップラマック	rebuke, blame リビューク, ブレイム
なす **茄子** nasu	**patlıcan** パトルジャン	eggplant, Ⓑauber-gine エグプラント, オウバジーン
なぜ **何故** naze	**neden, niçin** ネデン, ニチン	why (ホ)ワイ

な

日	トルコ	英
なぜなら **何故なら** nazenara	**çünkü** チュンキュ	because, for ビコズ, **フォー**
なぞなぞ **謎々** nazonazo	**bilmece** ビルメジェ	riddle リドル
なだめる **なだめる** nadameru	**sakinleştirmek, yatıştır-mak** サーキンレシティルメッキ, ヤトゥシトゥルマック	calm, soothe カーム, **スーズ**
なだらかな **なだらかな** nadarakana	**hafif eğimli** ハフィフ エイムリ	easy, gentle **イーズィ**, **チェ**ントル
なだれ **雪崩** nadare	**çığ** チュー	avalanche **ア**ヴァランチ
なつ **夏** natsu	**yaz** ヤス	summer **サ**マ
なついんする **捺印する** natsuinsuru	**mühürlemek** ミュヒュルレメッキ	seal **スィール**
なつかしい **懐かしい** natsukashii	**özlenen, nostaljik** ウズレネン, ノスタルジッキ	longed for, nostal-gic **ロー**ングド フォ, ノス**タ**ルヂク
なつかしむ **懐かしむ** natsukashimu	**özlemek, hasret çekmek** ウズレメッキ, ハスレット チェキメッキ	long for **ロー**ング フォ
なづける **名付ける** nazukeru	**isim koymak, ad vermek** イスィム コイマック, **ア**ット ヴェルメッキ	name, call **ネ**イム, **コー**ル
なっつ **ナッツ** nattsu	**kuru yemiş** クル イェミッシ	nut **ナ**ト
なっとくする **納得する** nattokusuru	**razı olmak** ラーズ オルマック	consent to コン**セ**ント トゥ
なつめぐ **ナツメグ** natsumegu	**müskat, küçük hindistan cevizi** ミュス**カ**ット, キュ**チュ**ック ヒンディス**タ**ン ジェヴィ**ズィ**	nutmeg **ナ**トメグ
なでる **撫でる** naderu	**okşamak** オクシャマック	stroke, pat スト**ロ**ウク, **パ**ト
など **など** nado	**ve benzeri, vesaire** ヴェ ベン**ゼ**リ, ヴェ**サー**イレ	and so on **ア**ンド ソウ **オ**ン
なとりうむ **ナトリウム** natoriumu	**sodyum** ソディウム	sodium **ソ**ウディアム

な

日	トルコ	英
なな 七 nana	**yedi** イェディ	seven セヴン
ななじゅう 七十 nanajuu	**yetmiş** イェトミシ	seventy セヴンティ
ななめの 斜めの nanameno	**eğik** エイッキ	slant, oblique スラント, オブリーク
なにか 何か nanika	**bir şey** ビ(ル) シェイ	something サムスィング
なのる 名乗る nanoru	**kendini tanıtmak** ケンディニ タヌトマック	introduce oneself as イントロデュース アズ
なびく （傾く） nabiku	**sallanmak** サッランマック	sway スウェイ
（屈する）	**-e boyun eğmek** エ ボユン エーメッキ	yield to イールド トゥ
なぷきん ナプキン napukin	**peçete** ペチェテ	napkin, Ⓑserviette ナプキン, サーヴィエト
なふだ 名札 nafuda	**isimlik, ad etiketi** イスィムリッキ, アット エティケティ	name tag ネイム タグ
なべ 鍋 nabe	**tencere** テンジェレ	pan パン
なまあたたかい 生暖かい namaatatakai	**ılık** ウルック	lukewarm, tepid ルークウォーム, テピド
なまいきな 生意気な（無礼な） namaikina	**küstah, saygısız** キュスタハ, サイグスズ	insolent, saucy インソレント, ソースィ
なまえ 名前 namae	**ad, isim** アット, イスィム	name ネイム
なまけもの 怠け者 namakemono	**tembel** テンベル	lazy person レイズィ パースン
なまける 怠ける namakeru	**tembel olmak** テンベル オルマック	(be) idle (ビ) アイドル
なまず 鯰 namazu	**kedi balığı, yayın balığı** ケディ バルウ, ヤユン バルウ	catfish キャトフィシュ
なまなましい 生々しい（色が） namanamashii	**canlı** ジャンル	fresh, vivid フレシュ, ヴィヴィド

な

日	トルコ	英
なまぬるい **生ぬるい** namanurui	**ılık** ウルック	lukewarm ルークウォーム
なまの **生の** namano	**çiğ** チー	raw ロー
なまびーる **生ビール** namabiiru	**fıçı bira** フチュ ビラ	draft beer ドラフト ビア
なまほうそう **生放送** namahousou	**canlı yayın** ジャンル ヤユン	live broadcast ライヴ ブロードキャスト
なまもの **生物** namamono	**çiğ yemek, çiğ besin** チー イェメッキ, チー ベスィン	raw food ロー フード
なまり **鉛** namari	**kurşun** クルシュン	lead レド
なみ **波** nami	**dalga** ダルガ	wave ウェイヴ
なみき **並木** namiki	**sokak ağaçları** ソカック アアチラル	roadside trees ロウドサイド トリーズ
なみだ **涙** namida	**gözyaşı** ギョズヤシュ	tears ティアズ
なみの **並の** namino	**olağan, sıradan** オラアン, スラダン	ordinary, common オーディネリ, カモン
なみはずれた **並外れた** namihazureta	**olağanüstü, olağandışı** オラアンユステュ, オラアンドゥシュ	extraordinary イクストローディネリ
なめす **なめす** (革を) namesu	**tabaklamak** タバックラマック	tan タン
なめらかな **滑らかな** namerakana	**pürüzsüz** ピュリュズスュス	smooth スムーズ
なめる **舐める** nameru	**yalamak** ヤラマック	lick, lap リク, ラプ
(あなどる)	**küçümsemek** キュチュムセメッキ	belittle ビリトル
なやます **悩ます** nayamasu	**endişelendirmek** エンディシェレンディルメッキ	torment, worry トーメント, ワーリ
なやみ **悩み** (心配) nayami	**endişe, sıkıntı** エンディシェ, スクントゥ	anxiety, worry アングザイエティ, ワーリ

な

日	トルコ	英
なやむ **悩む** nayamu	**dertlenmek, endişelen-mek** デルトレンメッキ, エンディシェレンメッキ	suffer, (be) trou-bled **サ**ファ, (ビ) ト**ラ**ブルド
ならう **習う** narau	**öğrenmek** ウーレンメッキ	learn **ラ**ーン
ならす **慣らす** narasu	**alıştırmak** アルシトゥル**マ**ック	accustom ア**カ**スタム
ならす **鳴らす** narasu	**çınlatmak** チュンラト**マ**ック	make ring, sound **メ**イク **リ**ング, **サ**ウンド
ならぶ **並ぶ** narabu	**sıralanmak** スララン**マ**ック	line up **ラ**イン **ア**プ
ならべる **並べる** (配列する) naraberu	**sıralamak** スララ**マ**ック	arrange ア**レ**インヂ
(列挙する)	**sıralamak** スララ**マ**ック	enumerate イ**ニュ**ーメレイト
ならわし **習わし** narawashi	**âdet** アー**デ**ット	custom **カ**スタム
なりきん **成金** narikin	**yeni zengin** イェニ ゼン**ギ**ン	nouveau riche **ヌ**ーヴォウ **リ**ーシュ
なりたち **成り立ち** (起源) naritachi	**köken** キョ**ケ**ン	origin **オ**ーリヂン
(構造)	**yapı** ヤ**プ**	structure スト**ラ**クチャ
なりゆき **成り行き** nariyuki	**gidişat** ギディ**シャ**ート	course of **コ**ース オヴ
なる **成る** (結果として) naru	**olmak** オル**マ**ック	become ビ**カ**ム
(変わる)	**-e dönüşmek** エ ドゥニュシュメッキ	turn into **タ**ーン イントゥ
なる **生る** (実が) naru	**(meyve) vermek, yetiş-mek** (メイ**ヴェ**) ヴェル**メ**ッキ, イェティシ**メ**ッキ	grow, bear グ**ロ**ウ, **ベ**ア
なる **鳴る** naru	**çalmak** チャル**マ**ック	sound, ring **サ**ウンド, **リ**ング

な

日	トルコ	英
なるしすと **ナルシスト** narushisuto	**narsist** ナルスィスト	narcissist ナースィスィスト
なるべく **なるべく** narubeku	**mümkün olduğu kadar** ミュムキュン オルドゥウ カダル	as far as possible アズ ファー アズ パスィブル
なれーしょん **ナレーション** nareeshon	**anlatım** アンラトゥム	narration ナレイション
なれーたー **ナレーター** nareetaa	**anlatan, öykücü** アンラタン, ウイキュジュ	narrator ナレイタ
なれなれしい **馴れ馴れしい** narenareshii	**aşırı samimi** アシュル サミーミー	overly familiar オウヴァリ ファミリア
なれる **慣れる** nareru	**-e alışmak** エ アルシマック	get used to ゲト ユースト トゥ
なわ **縄** nawa	**halat, ip** ハラット, イップ	rope ロウプ
～跳び	**ip atlama** イップ アトラマ	jump rope チャンプ ロウプ
なんかいな **難解な** nankaina	**çok zor** チョック ゾル	very difficult ヴェリ ディフィカルト
なんきょく **南極** nankyoku	**Güney Kutbu** ギュネイ クトゥブ	South Pole サウス ポウル
なんこう **軟膏** nankou	**merhem** メルヘム	ointment オイントメント
なんじ **何時** nanji	**saat kaç** サアト カチ	what time, when (ホ)ワト タイム, (ホ)ウェン
なんせい **南西** nansei	**güneybatı** ギュネイバトゥ	southwest サウスウェスト
なんせんす **ナンセンス** nansensu	**saçma** サチマ	nonsense ナンセンス
なんとう **南東** nantou	**güneydoğu** ギュネイドウ	southeast サウスイースト
なんばー **ナンバー** nanbaa	**numara, sayı** ヌマラ, サユ	number ナンバ
なんぱする **難破する** nanpasuru	**kazaya uğramak** カザーヤ ウーラマック	(be) wrecked (ビ) レクト

な

日	トルコ	英
なんびょう **難病** nanbyou	**ölümcül hastalık** ウリュムジュル ハスタルック	serious disease, incurable disease ス**イ**アリアス ディ**ズ**ィーズ, イン**キュ**アラブル ディ**ズ**ィーズ
なんぴょうよう **南氷洋** nanpyouyou	**Güney Okyanusu** ギュネイ オクヤヌス	Antarctic Ocean アン**タ**クティク **オ**ーシャン
なんぶ **南部** nanbu	**güney bölgesi, güney kısmı** ギュネイ ボゥルゲ**ス**ィ, ギュネイ クス**ム**	southern part **サ**ザン **パ**ート
なんぼく **南北** nanboku	**kuzey güney** クゼイ ギュネイ	north and south **ノ**ース アンド **サ**ウス
なんみん **難民** nanmin	**mülteci, sığınmacı** ミュルテジ, スウンマ**ジュ**	refugees レフュ**チ**ーズ

に, 二

日	トルコ	英
に **二** ni	**iki** イキ	two ト**ゥ**ー
に **荷** ni	**yük** ユック	load **ロ**ウド
にあう **似合う** niau	**-e yakışmak** エ ヤクシ**マ**ック	look good with, suit ルク グド ウィズ, **ス**ート
にあみす **ニアミス** niamisu	**tehlikeli yakınlaşma** テフリケリ ヤクンラシ**マ**	near miss **ニ**ア ミス
にーず **ニーズ** niizu	**ihtiyaçlar** イフティヤーチ**ラ**ル	necessity, needs ネ**セ**スィティ, **ニ**ーヅ
にえきらない **煮えきらない** （はっきりしない） niekiranai	**belirsiz, flu** ベリル**ス**ィス, フル	vague **ヴェ**イグ
（決断しない）	**kararsız** カラル**ス**ス	irresolute イレ**ゾ**ルート
にえる **煮える** nieru	**haşlanmak** ハシラン**マ**ック	boil **ボ**イル
におい **匂[臭]い** nioi	**koku** コ**ク**	smell, odor ス**メ**ル, **オ**ウダ

に

日	トルコ	英
におう 臭う （悪臭） niou	**kokmak, kötü kokmak** コクマック, キョテュ コクマック	stink スティンク
におう 匂う niou	**kokmak** コクマック	smell スメル
にかい 二階 nikai	**birinci kat** ビリンジ カット	second floor, ⑧first floor セカンド フロー, ファース ト フロー
にがい 苦い nigai	**acı** アジュ	bitter ビタ
にがす 逃がす nigasu	**serbest bırakmak** セルベスト ブラクマック	let go, set free レト ゴウ, セト フリー
（取り逃がす）	**kaçırmak** カチュルマック	let escape, miss レト エスケイプ, ミス
にがつ 二月 nigatsu	**şubat** シュバット	February フェブルエリ
にきび にきび nikibi	**sivilce** スィヴィルジェ	pimple ピンプル
にぎやかな 賑やかな nigiyakana	**canlı, hareketli** ジャンル, ハレケットリ	lively ライヴリ
（込み合った）	**kalabalık** カラバルック	crowded クラウデド
にぎる 握る nigiru	**sıkı tutmak, kavramak** スク トゥトマック, カヴラマック	grasp グラスプ
にぎわう 賑わう nigiwau	**kalabalık olmak, hareket- li olmak** カラバルック オルマック, ハレケットリ オ ルマック	(be) crowded, (be) lively (ビ) クラウデド, (ビ) ライヴ リ
にく 肉 niku	**et** エット	flesh, meat フレシュ, ミート
〜屋	**kasap** カサップ	butcher's ブチャズ
にくがん 肉眼 nikugan	**çıplak göz** チュプラック ギョス	naked eye ネイキド アイ
にくしみ 憎しみ nikushimi	**nefret, kin** ネフレット, キン	hatred ヘイトレド
にくしん 肉親 nikushin	**yakın akraba** ヤクン アクラバー	blood relatives ブラド レラティヴズ

に

日	トルコ	英
にくたい **肉体** nikutai	**beden, vücut** ベデン, ヴュジュット	body, (the) flesh バディ, (ザ) フレシュ
〜**労働**	**fiziksel çalışma** フィズィキセル チャルシマ	physical labor フィズィカル レイバ
にくむ **憎む** nikumu	**-den nefret etmek** デン ネフレット エトメッキ	hate ヘイト
にげる **逃げる** nigeru	**kaçmak** カチマック	run away, escape ラン アウェイ, イスケイプ
にごす **濁す** （液体を） nigosu	**bulanıklaştırmak** ブラヌックラシトゥルマック	make cloudy メイク クラウディ
（言葉・態度を）	**belirsiz olmak** ベリルスィス オルマック	make unclear, make murky メイク アンクリア, メイク マーキ
にごる **濁る** nigoru	**bulanıklaşmak** ブラヌックラシマック	(become) muddy (ビカム) マディ
にさんかたんそ **二酸化炭素** nisankatanso	**karbon dioksit** カルボン ディオクスィット	carbon dioxide カーボン ダイアクサイド
にし **西** nishi	**batı** バトゥ	west ウェスト
反**東**	**doğu** ドウ	east イースト
にじ **虹** niji	**gökkuşağı** ギョックシャウ	rainbow レインボウ
にしがわ **西側** nishigawa	**batı tarafı** バトゥ タラフ	west side ウェスト サイド
にしはんきゅう **西半球** nishihankyuu	**batı yarım küre** バトゥ ヤルム キュレ	Western Hemi-sphere ウェスタン ヘミスフィア
にじます **虹鱒** nijimasu	**gökkuşağı alabalığı** ギョックシャウ アラバルウ	rainbow trout レインボウ トラウト
にじむ **にじむ** nijimu	**sızmak** スズマック	blot, ooze ブラト, ウーズ
にじゅう **二十** nijuu	**yirmi** イルミ	twenty トウェンティ
にじゅうの **二重の** nijuuno	**çift** チフト	double, dual ダブル, デュアル

に

日	トルコ	英
にしん **鰊** nishin	**ringa (balığı)** リンガ (バルウ)	herring ヘリング
にす **ニス** nisu	**vernik** ヴェルニッキ	varnish ヴァーニシュ
にせい **二世** nisei	**ikinci nesil** イキンジ ネスィル	second generation セカンド ヂェネレイション
にせの **偽の** niseno	**taklit, sahte** タクリート, サフテ	imitation イミテイション
にせもの **偽物** nisemono	**taklit, imitasyon** タクリート, イミタスィオン	imitation, counter-feit イミテイション, カウンタフィト
にそう **尼僧** nisou	**rahibe** ラーヒベ	nun, sister ナン, スィスタ
にちじ **日時** nichiji	**tarih ve saat** ターリヒ ヴェ サアト	time and date タイム アンド デイト
にちじょうの **日常の** nichijouno	**günlük** ギュンリュッキ	daily デイリ
にちぼつ **日没** nichibotsu	**gün batımı** ギュン バトゥ厶	sunset サンセト
にちや **日夜** nichiya	**gece gündüz** ゲジェ ギュンデュス	night and day ナイト アンド デイ
にちようび **日曜日** nichiyoubi	**pazar** パザル	Sunday サンデイ
にちようひん **日用品** nichiyouhin	**günlük ihtiyaçlar** ギュンリュッキ イフティヤーチラル	daily necessities デイリ ネセスィティズ
にっか **日課** nikka	**günlük iş** ギュンリュッキ イシ	daily work デイリ ワーク
にっかん **日刊** nikkan	**günlük** ギュンリュッキ	daily デイリ
にっき **日記** nikki	**günlük** ギュンリュッキ	diary ダイアリ
にっきゅう **日給** nikkyuu	**günlük ücret, günlük ma-aş** ギュンリュッキ ユジュレット, ギュンリュッキ マアシ	day's wage デイズ ウェイヂ

日	トルコ	英
にづくりする **荷造りする** nizukurisuru	**eşyaları toplamak, bavul hazırlamak** エシャラル トプラマック, バヴル ハズルラマック	pack パク
にっける **ニッケル** nikkeru	**nikel** ニケル	nickel ニクル
にっこう **日光** nikkou	**güneş ışığı** ギュネシ ウシュウ	sunlight, sunshine サンライト, サンシャイン
〜浴	**bronzlaşma** ブロンズラシマ	sunbathing サンバシング
にっしゃびょう **日射病** nisshabyou	**güneş çarpması** ギュネシ チャルプマス	sunstroke サンストロウク
にっしょく **日食** nisshoku	**güneş tutulması** ギュネシ トゥトゥルマス	solar eclipse ソウラ イクリプス
にっすう **日数** nissuu	**gün sayısı** ギュン サユス	number of days ナンバ オヴ デイズ
にっとう **日当** nittou	**günlük ödenek** ギュンリュッキ ウデネッキ	daily allowance デイリ アラウアンス
にっとうえあ **ニットウエア** nittouea	**triko** トリコ	knitwear ニトウェア
にとろぐりせりん **ニトログリセリン** nitoroguriserin	**nitrogliserin** ニトログリセリン	nitroglycerine ナイトロウグリセリン
になう **担う** ninau	**taşımak** タシュマック	carry, bear キャリ, ベア
にばい **二倍** nibai	**iki kat** イキ カット	double ダブル
にばん **二番** niban	**ikinci** イキンジ	second セカンド
にひるな **ニヒルな** nihiruna	**nihilist** ニヒリスト	nihilistic ナイイリスティク
にぶい **鈍い** (刃が) nibui	**kör** キョル	blunt ブラント
(光が)	**sönük** ソニュッキ	dim ディム
(動きが)	**ağır** アウル	slow スロウ

日	トルコ	英
にぶんのいち **二分の一** nibunnoichi	**yarı, yarım** ヤル, ヤルム	(a) half (ア) ハフ
にほん **日本** nihon	**Japonya** ジャポンヤ	Japan ヂャパン
〜海	**Japon Denizi** ジャポン デニズィ	Sea of Japan スィー オヴ ヂャパン
〜語	**Japonca** ジャポンジャ	Japanese ヂャパニーズ
〜酒	**pirinç şarabı** ピリンチ シャラブ	sake, rice wine サーキ, ライス ワイン
〜人	**Japon** ジャポン	Japanese ヂャパニーズ
〜料理	**Japon yemeği** ジャポン イェメイ	Japanese cooking ヂャパニーズ クキング
にもつ **荷物** nimotsu	**valiz, bagaj** ヴァリス, バガージ	baggage, luggage バギヂ, ラギヂ
にやにやする **にやにやする** niyaniyasuru	**sırıtmak** スルトマック	grin グリン
にゅういんさせる **入院させる** nyuuinsaseru	**hastaneye yatırmak** ハスターネイェ ヤトゥルマック	send to hospital センド トゥ ハスピタル
にゅうえき **乳液** nyuueki	**emülsiyon** エミュルスィヨン	emulsion イマルション
にゅうか **入荷** nyuuka	**malların varışı** マルラルン ヴァルシュ	arrival of goods アライヴァル オヴ グヅ
にゅうかい **入会** nyuukai	**aza olma, üye olma** アーザー オルマ, ユイェ オルマ	admission アドミション
〜する	**üye olmak** ユイェ オルマック	join ヂョイン
にゅうがん **乳癌** nyuugan	**meme kanseri** メメ カンセリ	breast cancer ブレスト キャンサ
にゅうこく **入国** nyuukoku	**giriş** ギリシ	entry into a country エントリ イントゥ ア カントリ
〜管理	**giriş kontrolü** ギリシ コントロリュ	immigration イミグレイション

に

日	トルコ	英
にゅうさつ **入札** nyuusatsu	**ihale** イハーレ	bid, tender ビド, テンダ
にゅうさんきん **乳酸菌** nyuusankin	**laktik asit bakterileri** ラクティッキ アスィット バクテリルリ	lactic acid bacteria ラクティク アスィド バクティアリア
にゅうし **入試** nyuushi	**giriş sınavı, giriş imtihanı** ギリシ スナヴ, ギリシ イムティハーヌ	entrance examination エントランス イグザミネイション
にゅーじーらんど **ニュージーランド** nyuujiirando	**Yeni Zelanda** イェニ ゼランダ	New Zealand ニューズィーランド
にゅうしゅする **入手する** nyuushusuru	**elde etmek** エルデ エトメッキ	get, acquire ゲト, アクワイア
にゅうじょう **入場** nyuujou	**giriş** ギリシ	entrance エントランス
～券	**giriş bileti** ギリシ ビレティ	admission ticket アドミション ティケト
～する	**girmek** ギルメッキ	enter, get in エンタ, ゲト イン
～料	**giriş ücreti** ギリシ ユジュレティ	admission fee アドミション フィー
にゅーす **ニュース** nyuusu	**haber** ハベル	news ニューズ
～キャスター	**haber spikeri** ハベル スピケリ	newscaster ニューズキャスタ
～サイト	**haber sitesi** ハベル スィテスィ	news site ニューズ サイト
にゅうせいひん **乳製品** nyuuseihin	**süt ürünleri** スュット ユリュンレリ	dairy products デアリ プラダクツ
にゅうよくする **入浴する** nyuuyokusuru	**banyo yapmak** バンヨ ヤプマック	take a bath テイク ア バス
にゅうりょく **入力** nyuuryoku	**giriş** ギリシ	input インプト
～する	**veri girmek** ヴェリ ギルメッキ	input インプト
にょう **尿** nyou	**idrar, sidik** イドラール, スィディッキ	urine ユアリン

日	トルコ	英
にりゅうの **二流の** niryuuno	**ikinci sınıf** イキンジ スヌフ	second-class セカンドクラス
にる **似る** niru	**benzemek** ベンゼメッキ	resemble リゼンブル
にる **煮る** niru	**haşlamak, pişirmek** ハシラマック, ピシルメッキ	boil, cook ボイル, ククク
にわ **庭** niwa	**bahçe** バフチェ	garden, yard ガードン, ヤード
にわかあめ **にわか雨** niwakaame	**sağanak** サアナック	rain shower レイン シャウア
にわとり **鶏** niwatori	**tavuk** タヴック	fowl, chicken ファウル, チキン
にんかする **認可する** ninkasuru	**yetki vermek** イェトキ ヴェルメッキ	authorize オーソライズ
にんき **人気** ninki	**popülerlik** ポピュレルリッキ	popularity パピュラリティ
〜のある	**popüler** ポピュレル	popular パピュラ
にんぎょう **人形** ningyou	**oyuncak bebek** オユンジャック ベベッキ	doll ダル
にんげん **人間** ningen	**insan, insanoğlu** インサン, インサノール	human being ヒューマン ビーイング
にんしき **認識** ninshiki	**tanıma** タヌマ	recognition レコグニション
〜する	**tanımak** タヌマック	recognize レコグナイズ
にんじん **人参** ninjin	**havuç** ハヴッチ	carrot キャロト
にんしんする **妊娠する** ninshinsuru	**hamile kalmak, gebe kal-mak** ハーミレ カルマック, ゲベ カルマック	conceive コンスィーヴ
にんずう **人数** ninzuu	**kişi sayısı** キシ サユス	(the) number (ザ) ナンバ
にんそう **人相** ninsou	**çehre** チェフレ	physiognomy フィズィアグノミ

に

日	トルコ	英
にんたい 忍耐 nintai	**sabır** サブル	patience ペイシェンス
にんにく **にんにく** ninniku	**sarımsak** サルムサック	garlic ガーリク
にんぷ 妊婦 ninpu	**hamile kadın, gebe kadın** ハーミレ カドゥン, ゲベ カドゥン	pregnant woman プレグナント ウマン
にんむ 任務 ninmu	**görev** ギョレヴ	duty, office デューティ, オーフィス
にんめい 任命 ninmei	**atama, tayin** アタマ, ターイン	appointment アポイントメント
〜する	**atamak, tayin etmek** アタマック, ターイン エトメッキ	appoint アポイント

ぬ

ぬ, ヌ

ぬいぐるみ 縫いぐるみ nuigurumi	**dolgu oyuncak, pelüş oyuncak** ドルグ オユンジャック, ペリュシ オユンジャック	stuffed toy スタフト トイ
ぬう 縫う nuu	**dikmek** ディキメッキ	sew, stitch ソウ, スティチ
ぬーど ヌード nuudo	**çıplak** チュプラック	nude ヌード
ぬかるみ ぬかるみ nukarumi	**çamur** チャムル	mud マド
ぬきんでる 抜きんでる nukinderu	**üstün olmak** ユステュン オルマック	surpass, excel サーパス, イクセル
ぬく 抜く　(引き抜く) nuku	**(dışarı) çekmek** (ドゥシャル) チェキメッキ	pull out プル アウト
（取り除く）	**çıkarmak** チュカルマック	remove リムーヴ
（省く）	**atlamak** アトラマック	omit, skip オウミト, スキプ
（追い抜く）	**sollamak** ソッラマック	outrun アウトラン

日	トルコ	英
ぬぐ **脱ぐ** nugu	**çıkarmak** チュカルマック	take off テイク オーフ
ぬぐう **拭う** nuguu	**silmek** スィルメッキ	wipe ワイプ
ぬける **抜ける**　（髪が） nukeru	**dökülmek** ドゥキュルメッキ	fall out, come out フォール アウト, カム アウト
（底が）	**düşmek** デュシメッキ	drop out ドラプ アウト
（組織などから）	**ayrılmak, kaçmak** アイルルマック, カチマック	leave, withdraw リーヴ, ウィズドロー
（トンネル・渋滞を）	**çıkmak** チュクマック	come out of, get out of カム アウト オヴ, ゲト アウト オヴ
ぬし **主** nushi	**sahip** サーヒップ	master, owner マスタ, オウナ
ぬすむ **盗む**　（物などを） nusumu	**çalmak** チャルマック	steal, rob スティール, ラブ
（文章などを）	**aşırmak** アシュルマック	plagiarize プレイヂャライズ
ぬの **布** nuno	**kumaş, bez** クマシ, ベス	cloth クロス
ぬま **沼**　（湿原） numa	**bataklık** バタックルック	marsh, bog マーシュ, バグ
ぬらす **濡らす** nurasu	**ıslatmak** ウスラトマック	wet, moisten ウェット, モイスン
ぬる **塗る**　（色を） nuru	**boyamak** ボヤマック	paint ペイント
（薬などを）	**sürmek** スュルメッキ	apply アプライ
ぬるい **ぬるい** nurui	**ılık** ウルック	tepid, lukewarm テピド, ルークウォーム
ぬれる **濡れる** nureru	**ıslanmak** ウスランマック	(get) wet （ゲト）ウェット

ぬ

日	トルコ	英

ね, ネ

ね **根** ne	**kök** キョキ	root ルート
ねあげする **値上げする** neagesuru	**fiyatı arttırmak** フィヤトゥ アルットゥルマック	raise prices レイズ プライセズ
反 **値下げする**	**fiyatı düşürmek, indirim yapmak** フィヤトゥ デュシュルメッキ, インディリム ヤプマック	reduce prices リデュース プライセズ
ねうち **値打ち** neuchi	**değer** デエル	value, merit ヴァリュ, メリト
ねーむばりゅー **ネームバリュー** neemubaryuu	**marka değeri** マルカ デエリ	brand value ブランド ヴァリュ
ねおん **ネオン** neon	**neon** ネオン	neon ニーアン
ねがい **願い** negai	**dilek, arzu** ディレッキ, アルズ	wish, desire ウィシュ, ディザイア
ねがう **願う** negau	**dilemek, arzu etmek** ディレメッキ, アルズ エトメッキ	wish ウィシュ
ねかす **寝かす** (横にする) nekasu	**yatırmak** ヤトゥルマック	lay down レイ ダウン
(寝かしつける)	**yatırmak, uyutmak** ヤトゥルマック, ウユトマック	put to bed プト トゥ ベド
(熟成させる)	**olgunlaşturmak** オルグンラシトゥルマック	mature, age マチュア, エイヂ
ねぎ **葱** negi	**pırasa, yeşil soğan, frenk soğanı** プラサ, イェシル ソアン, フレンク ソアヌ	leek, chive リーク, チャイヴ
ねぎる **値切る** negiru	**pazarlık etmek** パザルルック エトメッキ	bargain バーゲン
ねくたい **ネクタイ** nekutai	**kravat** クラヴァット	necktie, tie ネクタイ, タイ
ねこ **猫** neko	**kedi** ケディ	cat キャト
ねごとをいう **寝言を言う** negotowoiu	**sayıklamak** サユックラマック	talk in one's sleep トーク イン スリープ

ね

日	トルコ	英
ねこむ **寝込む** （寝入る） nekomu	**uykuya dalmak** ウイクヤ ダルマック	fall into a deep sleep フォール イントゥ ア ディープ スリープ
ねころぶ **寝転ぶ** nekorobu	**yatmak** ヤトマック	lie down ライ ダウン
ねさがり **値下がり** nesagari	**fiyat düşüşü** フィヤット デュシュシュ	fall in price フォール イン プライス
ねさげ **値下げ** nesage	**indirim** インディリム	(price) reduction （プライス）リダクション
～する	**fiyatı düşürmek, indirim yapmak** フィヤトゥ デュシュルメッキ, インディリム ヤプマック	reduce prices リデュース プライセズ
反 値上げする	**fiyatı arttırmak** フィヤトゥ アルットゥルマック	raise prices レイズ プライセズ
ねじ **ねじ** neji	**vida** ヴィダ	screw スクルー
ねじる **捻じる** nejiru	**bükmek, burkmak** ビュキメッキ, ブルクマック	twist, turn トゥイスト, ターン
ねすごす **寝過ごす** nesugosu	**fazla uyumak, uyuyakalmak** ファズラ ウユマック, ウユヤカルマック	oversleep オウヴァスリープ
ねずみ **鼠** nezumi	**fare, sıçan** ファーレ, スチャン	rat, mouse ラト, マウス
ねたむ **嫉む** netamu	**kıskanmak** クスカンマック	(be) jealous of, envy （ビ）ヂェラス オヴ, エンヴィ
ねだん **値段** nedan	**fiyat** フィヤット	price プライス
ねつ **熱** netsu	**ateş** アテシ	heat, fever ヒート, フィーヴァ
ねつい **熱意** netsui	**heves** ヘヴェス	zeal, eagerness ズィール, イーガネス
ねつききゅう **熱気球** netsukikyuu	**sıcak hava balonu** スジャック ハワ バロヌ	hot-air balloon ハテア バルーン

ね

日	トルコ	英
ねっきょうてきな **熱狂的な** nekkyoutekina	**fanatik, hevesli** ファナ**ティッキ**, ヘヴェス**リ**	fanatical, enthusi-astic ファ**ナ**ティカル, インスユーズィ**ア**スティク
ねっくれす **ネックレス** nekkuresu	**kolye** コ**リ**エ	necklace **ネ**クリス
ねっしんな **熱心な** nesshinna	**istekli, hevesli** イステッ**キリ**, ヘヴェス**リ**	eager, ardent **イ**ーガ, **ア**ーデント
ねっする **熱する** nessuru	**ısıtmak** ウストマック	heat **ヒ**ート
ねったい **熱帯** nettai	**tropikal kuşak** トロピ**カル** ク**シャック**	tropics, Torrid Zone ト**ラ**ピクス, **ト**ーリド ゾウン
～の	**tropikal** トロピ**カル**	tropical トラピカル
ねっちゅうする **熱中する** necchuusuru	**-e dalmak** エ ダル**マック**	(be) absorbed in (ビ) アプ**ソ**ーブド イン
ねっと **ネット** (網) netto	**file** フィ**レ**	net **ネ**ト
(インターネット)	**internet** インテル**ネット**	Internet **イ**ンタネト
ねっとう **熱湯** nettou	**kaynar su, sıcak su** カイ**ナ**ル ス, ス**ジャック** ス	boiling water **ボ**イリング **ウォ**ータ
ねっとわーく **ネットワーク** nettowaaku	**ağ, şebeke** **ア**ー, シェベ**ケ**	network **ネ**トワーク
ねっぱ **熱波** neppa	**sıcak hava dalgası** ス**ジャック** ハ**ワ** ダルガ**ス**	heat wave **ヒ**ート **ウェ**イヴ
反 寒波	**soğuk hava dalgası** ソ**ウ**ック ハ**ワ** ダルガ**ス**	cold wave **コ**ウルド **ウェ**イヴ
ねつびょう **熱病** netsubyou	**humma, ateş** フン**マ**ー, ア**テ**シ	fever **フィ**ーヴァ
ねづよい **根強い** nezuyoi	**köklü, kökleşmiş** キョキ**リュ**, キョキレシミッシ	deep-rooted **ディ**ープルーティド
ねぱーる **ネパール** nepaaru	**Nepal** ネ**パ**ル	Nepal ネ**パ**ール
ねばねばの **ねばねばの** nebanebano	**yapışkan** ヤプシ**カ**ン	sticky ス**ティ**キ

日	トルコ	英
^{ねばり}**粘り** nebari	**yapışkanlık** ヤプシカンルック	stickiness スティキネス
^{ねばりづよい}**粘り強い** nebarizuyoi	**inatçı** イナッチュ	tenacious, persistent ティネイシャス, パスィステント
^{ねばる}**粘る** （べとつく） nebaru	**yapışkan olmak** ヤプシカン オルマック	(be) sticky (ビ) スティキ
（根気よく続ける）	**sebat etmek** セバート エトメッキ	persevere パースィヴィア
^{ねびき}**値引き** nebiki	**indirim** インディリム	discount ディスカウント
～する	**indirim yapmak** インディリム ヤプマック	discount ディスカウント
^{ねぶそく}**寝不足** nebusoku	**uykusuzluk, uyku eksikliği** ウイクスズルック, ウイク エキスィキリイ	want of sleep ワント オヴ スリープ
^{ねふだ}**値札** nefuda	**fiyat etiketi** フィヤット エティケティ	price tag プライス タグ
^{ねぼうする}**寝坊する** nebousuru	**geç kalkmak** ゲチ カルクマック	get up late ゲト アプ レイト
^{ねむい}**眠い** nemui	**uykulu** ウイクル	(be) sleepy (ビ) スリーピ
^{ねむけ}**眠気** nemuke	**uyku** ウイク	drowsiness ドラウズィネス
^{ねむる}**眠る** nemuru	**uyumak** ウユマック	sleep スリープ
^{ねらい}**狙い** nerai	**amaç, hedef** アマッチ, ヘデフ	aim エイム
^{ねらう}**狙う** nerau	**hedeflemek, amaçlamak** ヘデフレメッキ, アマチラマック	aim at エイム アト
^{ねる}**寝る** （横になる） neru	**yatmak, uzanmak** ヤトマック, ウザンマック	lie down ライ ダウン
（寝床に入る）	**yatmak** ヤトマック	go to bed ゴウ トゥ ベド
（就寝する）	**uyumak** ウユマック	sleep スリープ

ね

日	トルコ	英
ねる **練る** （こねる） neru	**yoğurmak** ヨウルマック	knead ニード
ねん **年** nen	**yıl, sene** ユル, セネ	year イヤ
ねんいりな **念入りな** nen-irina	**dikkatli, özenli** ディカットリ, ウゼンリ	careful, deliberate ケアフル, ディリバレト
ねんがじょう **年賀状** nengajou	**yeni yıl kartı** イェニ ユル カルトゥ	New Year's card ニュー イヤズ カード
ねんがっぴ **年月日** nengappi	**tarih** ターリヒ	date デイト
ねんかん **年鑑** nenkan	**yıllık, almanak** ユルルック, アルマナック	almanac, annual オールマナク, アニュアル
ねんかんの **年間の** nenkanno	**yıllık, senelik** ユルルック, セネリッキ	annual, yearly アニュアル, イヤリ
ねんきん **年金** nenkin	**emekli maaşı** エメッキリ マアシュ	pension, annuity ペンション, アニュイティ
ねんげつ **年月** nengetsu	**zaman, yıllar** ザマーン, ユルラル	time, years タイム, イヤズ
ねんざ **捻挫** nenza	**burkulma** ブルクルマ	sprain スプレイン
ねんしゅう **年収** nenshuu	**yıllık gelir** ユルルック ゲリル	annual income アニュアル インカム
ねんじゅう **年中** nenjuu	**yıl boyunca** ユル ボユンジャ	all year オール イヤ
ねんしょうの **年少の** nenshouno	**yaşça küçük** ヤシチャ キュチュック	junior ヂューニア
ねんしょう **燃焼** nenshou	**yanma** ヤンマ	combustion コンバスチョン
ねんすう **年数** nensuu	**yıl sayısı** ユル サユス	years イヤズ
ねんだい **年代** nendai	**yaş** ヤシ	age, era エイヂ, イアラ
ねんちゅうぎょうじ **年中行事** nenchuugyouji	**yıllık etkinlikler, yıllık ak- tiviteler** ユルルック エトキンリッキレル, ユルルッ ク アクティヴィテレル	annual event アニュアル イヴェント

ね

日	トルコ	英

ねんちょうの
年長の
nenchouno

yaşça büyük, kıdemli
ヤシチャ ビュユック, クデムリ

senior
スィーニア

ねんど
粘土
nendo

kil
キル

clay
クレイ

ねんぱいの
年配の
nenpaino

yaşlı
ヤシル

elderly,
middle-aged
エルダリ, ミドルエイヂド

ねんぴょう
年表
nenpyou

kronoloji tablosu
クロノロジ タブロス

chronological ta-
ble
クラノラヂカル テイブル

ねんぽう
年俸
nenpou

yıllık maaş
ユルルック マアシ

annual salary
アニュアル サラリ

ねんまつ
年末
nenmatsu

yıl sonu
ユル ソヌ

end of the year
エンド オヴ ザ イヤ

ねんりょう
燃料
nenryou

yakıt
ヤクット

fuel
フュエル

ねんりん
年輪
nenrin

yıllık halka
ユルルック ハルカ

annual growth
ring
アニュアル グロウス リング

ねんれい
年齢
nenrei

yaş
ヤシ

age
エイヂ

ね

日	トルコ	英

の, ノ

のう 脳 nou	**beyin** ベイン	brain ブレイン
のうえん 農園 nouen	**çiftlik** チフトリッキ	farm, plantation ファーム, プランテイション
のうか 農家 nouka	**çiftlik evi, çiftçi** チフトリッキ エヴィ, チフッチ	farmhouse ファームハウス
のうがく 農学 nougaku	**tarım bilimi** タルム ビリミ	agronomy アグラノミ
のうき 納期　(支払いの) nouki	**ödeme süresi, ödeme ta-rihi** ウデメ スュレスィ, ウデメ ターリヒ	date of payment デイト オヴ ペイメント
(品物の)	**teslim süresi** テスリム スュレスィ	delivery date デリヴァリ デイト
のうぎょう 農業 nougyou	**tarım, ziraat** タルム, ズィラーアット	agriculture アグリカルチャ
のうぐ 農具 nougu	**çiftçi aleti** チフッチ アーレティ	farming tool ファーミング トゥール
(農業機械)	**tarım aleti** タルム アーレティ	agricultural machinery アグリカルチュラル マシーネリ
のうこうそく 脳梗塞 noukousoku	**beyin enfarktüsü** ベイン エンファルクテュスュ	cerebral infarction セレブラル インファークション
のうさんぶつ 農産物 nousanbutsu	**tarım ürünleri** タルム ユリュンレリ	farm products, farm produce ファーム プラダクツ, ファーム プラデュース
のうしゅくする 濃縮する noushukusuru	**konsantre etmek, yo-ğunlaştırmak** コンサントレ エトメッキ, ヨウンラシトゥルマック	concentrate カンセントレイト
のうしゅっけつ 脳出血 noushukketsu	**beyin kanaması** ベイン カナマス	cerebral hemor-rhage セレブラル ヘモリヂ
のうじょう 農場 noujou	**çiftlik** チフトリッキ	farm ファーム

日	トルコ	英
のうしんとう **脳震盪** noushintou	**beyin sarsıntısı** ベイン サルスントゥス	concussion of brain コンカション オヴ ブレイン
のうぜい **納税** nouzei	**vergi ödemesi** ヴェルギ ウデメスィ	payment of taxes ペイメント オヴ タクセズ
のうそん **農村** nouson	**köy** キョイ	farm village ファーム ヴィリヂ
のうたん **濃淡** noutan	**nüans** ニュアンス	shading シェイディング
のうち **農地** nouchi	**tarım arazisi** タルム アラーズィスィ	farmland, agricultural land ファームランド, アグリカルチュラル ランド
のうど **濃度** noudo	**yoğunluk** ヨウンルック	density デンスィティ
のうどうたい **能動態** noudoutai	**etken çatı** エトケン チャトゥ	active voice アクティヴ ヴォイス
反 受動態	**edilgen çatı** エディルゲン チャトゥ	passive voice パスィヴ ヴォイス
のうどうてきな **能動的な** noudoutekina	**aktif** アクティフ	active アクティヴ
のうひんする **納品する** nouhinsuru	**malları teslim etmek** マルラル テスリム エトメッキ	deliver goods ディリヴァ グヅ
のうみん **農民** noumin	**çiftçi** チフッチ	farmer, peasant ファーマ, ペザント
のうむ **濃霧** noumu	**yoğun sis** ヨウン スィス	dense fog デンス フォーグ
のうやく **農薬** nouyaku	**tarım ilacı** タルム イラジュ	agricultural chemicals アグリカルチュラル ケミカルズ
のうりつ **能率** nouritsu	**verimlilik** ヴェリムリリッキ	efficiency イフィシェンスィ
～的な	**verimli** ヴェリムリ	efficient イフィシェント
のうりょく **能力** nouryoku	**kabiliyet, yetenek** カービリイェット, イェテネッキ	ability, capacity アビリティ, カパスィティ

の

日	トルコ	英
のーすりーぶの **ノースリーブの** noosuriibuno	**kolsuz** コルスス	sleeveless スリーヴレス
のーと **ノート** nooto	**defter** デフテル	notebook ノウトブク
～パソコン	**dizüstü bilgisayar** ディズュステュ ビルギサヤル	laptop, notebook computer ラプタプ, ノウトブク コンピュータ
のがす **逃す** (捕らえ損なう) nogasu	**kaçırmak, elinden kaçır-mak** カチュルマック, エリンデン カチュルマック	let slip, fail to catch, miss レト スリプ, フェイル トゥ キャチ, ミス
のがれる **逃れる** (脱出する・離れる) nogareru	**-den kaçmak** デン カチマック	escape イスケイプ
(避ける)	**-den kaçınmak** デン カチュンマック	avoid アヴォイド
のき **軒** noki	**saçak** サチャック	eaves イーヴズ
のこぎり **鋸** nokogiri	**testere** テステレ	saw ソー
のこす **残す** (置いてゆく) nokosu	**bırakmak** ブラクマック	leave behind, save リーヴ ビハインド, セイヴ
(遺産を)	**miras bırakmak** ミーラース ブラクマック	bequeath ビクウィーズ
のこり **残り** nokori	**kalan, kalıntı** カラン, カルントゥ	rest, remnants レスト, レムナンツ
のこる **残る** nokoru	**kalmak** カルマック	stay, remain ステイ, リメイン
のせる **乗せる** noseru	**(arabayla) götürmek** (アラバイラ) ギョテュルメッキ	give a lift, pick up ギヴ ア リフト, ピク アプ
のせる **載せる** (置く) noseru	**koymak** コイマック	put, set プト, セト
(積む)	**yüklemek** ユクレメッキ	load on ロウド オン
(記載する)	**kaydetmek** カイデトメッキ	record, register, publish リコード, レヂスタ, パブリシュ

の

日	トルコ	英
のぞく **除く** （取り去る） nozoku	**çıkarmak** チュカルマック	remove リムーヴ
（除外する）	**hariç tutmak** ハーリッチ トゥトマック	exclude, omit イクスクルード, オウミト
のぞく **覗く** nozoku	**-e gizlice bakmak** エ ギズリジェ バクマック	peep ピープ
のぞみ **望み** （願望） nozomi	**dilek** ディレッキ	wish, desire ウィシュ, ディザイア
（期待）	**beklenti, ümit** ベクレンティ, ユミット	hope, expectation ホウプ, エクスペクテイション
（見込み）	**olasılık** オラスルック	prospect, chance プラスペクト, チャンス
のぞむ **望む** （願う） nozomu	**dilemek** ディレメッキ	want, wish ワント, ウィシュ
（期待する）	**ummak, umut etmek** ウンマック, ウムット エトメッキ	hope, expect ホウプ, イクスペクト
のちに **後に** nochini	**sonra, sonradan** ソンラ, ソンラダン	afterward, later アフタワド, レイタ
のちほど **後ほど** nochihodo	**sonra, daha sonra** ソンラ, ダハ ソンラ	later レイタ
のっくあうと **ノックアウト** nokkuauto	**nakavt** ナカウト	knockout ナカウト
のっとる **乗っ取る** （会社を） nottoru	**ele geçirmek** エレ ゲチルメッキ	take over テイク オウヴァ
（飛行機を）	**(uçak) kaçırmak** （ウチャック）カチュルマック	hijack ハイヂャク
のど **喉** nodo	**boğaz** ボアズ	throat スロウト
ののしる **罵る** nonoshiru	**küfretmek, hakaret et-mek** キュフレトメッキ, ハカーレット エトメッキ	insult, curse インサルト, カース
のばす **伸ばす** （長くする） nobasu	**uzatmak** ウザトマック	lengthen, stretch レングスン, ストレチ
（まっすぐにする）	**düzeltmek** デュゼルトメッキ	straighten ストレイトン

日	トルコ	英
（成長させる）	**geliştirmek** ゲリシティルメッキ	develop ディヴェロプ
のばす **延ばす** （延長する） nobasu	**uzatmak** ウザトマック	lengthen, extend レングスン, イクステンド
（延期する）	**ertelemek** エルテレメッキ	postpone ポウストポウン
のはら **野原** nohara	**ova, otlak** オヴァ, オトラック	field, plain フィールド, プレイン
のびる **伸びる** nobiru	**uzamak** ウザマック	extend, stretch イクステンド, ストレチ
（成長する）	**büyümek** ビュユメッキ	develop, grow ディヴェロプ, グロウ
のびる **延びる** （延期される） nobiru	**ertelenmek** エルテレンメッキ	(be) put off, (be) postponed (ビ) プト オーフ, (ビ) ポウストポウンド
（延長される）	**uzatılmak** ウザトゥルマック	(be) prolonged (ビ) プロローングド
のべ **延べ** nobe	**toplam** トプラム	total トウタル
のべる **述べる** noberu	**anlatmak, ifade etmek** アンラトマック, イファーデ エトメッキ	tell, state テル, ステイト
のぼり **上り** nobori	**çıkış** チュクシ	rise, ascent ライズ, アセント
反 下り	**iniş** イニシ	descent ディセント
のぼる **上る** （人が） noboru	**yukarıya çıkmak** ユカルヤ チュクマック	go up ゴウ アプ
（音や煙が）	**yükselmek** ユクセルメッキ	rise ライズ
のぼる **昇る** （太陽や月が） noboru	**doğmak** ドーマック	rise ライズ
（ある地位に）	**terfi olmak** テルフィー オルマック	(be) promoted (ビ) プロモウティド
のぼる **登る** noboru	**tırmanmak** トゥルマンマック	climb クライム

日	トルコ	英
のみ 蚤 nomi	**pire** ピレ	flea フリー
のみぐすり 飲み薬　（錠剤） nomigusuri	**hap** ハップ	pill, tablet ピル，**タ**ブレト
のみこむ 飲み込む nomikomu	**yutmak** ユト**マ**ック	swallow スワ**ロ**ウ
のみねーとする ノミネートする nomineetosuru	**aday göstermek, atamak** ア**ダ**イ ギョステル**メ**ッキ，アタ**マ**ック	nominate **ナ**ミネイト
のみもの 飲み物 nomimono	**içecek** イチェ**ジェ**ッキ	drink, beverage ド**リ**ンク，**ベ**ヴァリヂ
のみや 飲み屋 nomiya	**meyhane, bar** メイ**ハ**ーネ，**バ**ル	tavern, bar **タ**ヴァン，**バ**ー
のむ 飲む nomu	**içmek** イチ**メ**ッキ	drink, take ド**リ**ンク，**テ**イク
のり 糊 nori	**tutkal** トゥット**カ**ル	paste, starch **ペ**イスト，ス**タ**ーチ
スティック〜	**tutkal çubuğu** トゥット**カ**ル チュブ**ウ**	glue stick グ**ル**ー ス**ティ**ック
のりおくれる 乗り遅れる noriokureru	**kaçırmak** カチュル**マ**ック	miss **ミ**ス
（時代に）	**demode olmak** デモ**デ** オル**マ**ック	(be) behind the times (ビ) ビ**ハ**インド ザ **タ**イムズ
のりかえ 乗り換え norikae	**aktarma** アクタル**マ**	change, transfer **チェ**インヂ，ト**ラ**ンスファ
のりかえる 乗り換える norikaeru	**aktarma yapmak** アクタル**マ** ヤプ**マ**ック	change **チェ**インヂ
のりくみいん 乗組員 norikumiin	**mürettebat, tayfa** ミュレッテ**バ**ート，タイ**ファ**	crew ク**ル**ー
のりこす 乗り越す norikosu	**geçmek** ゲチ**メ**ッキ	pass **パ**ス
のりば 乗り場　（停留所） noriba	**durak** ドゥ**ラ**ック	stop ス**タ**プ
（プラットホーム）	**peron** ペ**ロ**ン	platform プ**ラ**トフォーム

日	トルコ	英
のりもの **乗り物** norimono	**taşıt, araç** タシュット, アラッチ	vehicle **ヴィー**イクル
のる **乗る** （上に） noru	**binmek** ビンメッキ	get on **ゲ**ト オン
（乗り物に） 	**binmek** ビンメッキ	ride, take **ラ**イド, **テ**イク
反 降りる（乗り物を） 	**inmek** インメッキ	get off, get out of **ゲ**ト オーフ, **ゲ**ト アウト オヴ
のるうぇー **ノルウェー** noruwee	**Norveç** ノルヴェッチ	Norway **ノー**ウェイ
のるま **ノルマ** （割り当て） noruma	**kota, kontenjan** コタ, コンテンジャン	quota ク**ウォ**ウタ
のんあるこーるの **ノンアルコールの** non-arukooruno	**alkolsüz** アルコル**スュ**ス	non-alcoholic **ナ**ンアルコ**ホー**リク
のんびりと **のんびりと** nonbirito	**acelesiz, rahat** アジェレ**スィ**ス, ラハット	free from care, leisurely フリー フラム **ケ**ア, **リー**ヂャリ
のんふぃくしょん **ノンフィクション** nonfikushon	**kurgusal olmayan** クルグ**サル オ**ルマヤン	nonfiction **ナ**ン**フィ**クション

の

日	トルコ	英

は, ハ

は 歯 ha	**diş** ディシ	tooth トゥース
は 刃 ha	**ağız** アウズ	edge, blade エヂ, ブレイド
は 葉 ha	**yaprak** ヤプラック	leaf, blade リーフ, ブレイド
ばー バー　　(酒場) baa	**bar** バル	bar, tavern バー, タヴァン
ばあい 場合 baai	**durum** ドゥルム	case, occasion ケイス, オケイジョン
はあくする 把握する haakusuru	**kavramak, anlamak** カヴラマック, アンラマック	grasp, comprehend グラスプ, カンプリヘンド
ばーげん バーゲン baagen	**pazarlık** パザルルック	sale, bargain セイル, バーゲン
ばーじょん バージョン baajon	**versiyon** ヴェルスィヨン	version ヴァージョン
ばーたーとりひき バーター取り引き baataatorihiki	**takas** タカス	barter バータ
ばーちゃるな バーチャルな baacharuna	**sanal** サナル	virtual ヴァーチュアル
はーと ハート haato	**kalp, yürek** カルプ, ユレッキ	heart ハート
はーどうぇあ ハードウェア haadowea	**donanım** ドナヌム	hardware ハードウェア
はーどでぃすく ハードディスク haadodisuku	**hard disk** ハルド ディスキ	hard disk ハード ディスク
ぱーとなー パートナー 　　　　(仕事上の) paatonaa	**ortak** オルタック	business partner ビズネス パートナ
(つれ合い)	**eş** エシ	partner パートナ
はーどる ハードル haadoru	**engel** エンゲル	hurdle ハードル

は

日	トルコ	英
〜競走	**engelli koşu** エンゲルリ コシュ	hurdle race ハードル レイス
はーふ ハーフ haafu	**melez** メレス	mixed race ミクスト レイス
はーぶ ハーブ haabu	**ot** オト	herb アーブ
ばーべきゅー バーベキュー baabekyuu	**barbekü** バルベキュ	barbecue バービキュー
ぱーま パーマ paama	**perma** ペルマ	permanent パーマネント
はーもにか ハーモニカ haamonika	**armonika** アルモニカ	harmonica ハーマニカ
はい 灰 hai	**kül** キュル	ash アシュ
はい 肺 hai	**akciğer** アクジエル	lung ラング
ばい 倍 bai	**iki kat** イキ カット	twice, double トワイス, ダブル
ぱい パイ pai	**börek, turta** ボレッキ, トゥルタ	pie, tart パイ, タート
はいいろ 灰色 haiiro	**gri** グリ	gray, Ⓑgrey グレイ, グレイ
〜の	**gri** グリ	gray, Ⓑgrey グレイ, グレイ
はいえい 背泳 haiei	**sırtüstü yüzme** スルテュステュ ユズメ	backstroke バクストロウク
はいえん 肺炎 haien	**zatürre, akciğer iltihabı** ザーテュッレ, アクジエル イルティハブ	pneumonia ニュモウニア
ばいおてくのろじー バイオテクノロジー baiotekunorojii	**biyoteknoloji** ビヨテクノロジ	biotechnology バイオテクナロヂ
ぱいおにあ パイオニア paionia	**öncü** ウンジュ	pioneer パイオニア
ばいおりん バイオリン baiorin	**keman** ケマン	violin ヴァイオリン
はいかつりょう 肺活量 haikatsuryou	**akciğer kapasitesi** アクジエル カパスィテスィ	lung capacity ラング カパスィティ

は

日	トルコ	英
はいがん 肺癌 haigan	**akciğer kanseri** アクジエル カンセリ	lung cancer ラング キャンサ
はいきがす 排気ガス haikigasu	**egzoz gazı** エグゾス ガズ	exhaust gas イグゾースト ギャス
はいきぶつ 廃棄物 haikibutsu	**atık** アトゥック	waste ウェイスト
はいきょ 廃虚 haikyo	**kalıntı, harabe** カルントゥ, ハラーベ	ruins ルーインズ
ばいきん ばい菌 baikin	**bakteri, mikrop** バクテリ, ミクロップ	bacteria, germ バクティアリア, チャーム
バイク baiku	**motosiklet** モトスィクレット	motorbike モウタバイク
はいぐうしゃ 配偶者 haiguusha	**eş** エシ	spouse スパウズ
はいけい 背景　（出来事の） haikei	**arka plan** アルカ プラン	background バクグラウンド
（舞台の）	**sahne dekoru** サフネ デコル	scenery スィーナリ
はいけっかく 肺結核 haikekkaku	**verem** ヴェレム	tuberculosis テュパーキュロウスィス
はいけつしょう 敗血症 haiketsushou	**septisemi** セプティセミ	septicemia セプティスィーミア
はいご 背後 haigo	**arka** アルカ	back, rear バク, リア
はいざら 灰皿 haizara	**kül tablası** キュル タブラス	ashtray アシュトレイ
はいしする 廃止する haishisuru	**feshetmek** フェスヘトメッキ	abolish, repeal アバリシュ, リピール
はいしゃ 歯医者 haisha	**dişçi** ディシチ	dentist デンティスト
はいじゃっく ハイジャック haijakku	**uçak kaçırma** ウチャック カチュルマ	hijack ハイヂャク
～する	**uçak kaçırmak** ウチャック カチュルマック	hijack ハイヂャク
ばいしゅうする 買収する baishuusuru	**satın almak** サトゥン アルマック	purchase パーチェス

は

日	トルコ	英
（贈賄）	**rüşvet vermek** リュシヴェット ヴェルメッキ	bribe ブライブ
（票を）	**parayla oy almak** パライラ オイ アルマック	buy votes バイ ヴォッツ
ばいしゅん **売春** baishun	**fuhuş** フフシ	prostitution プラスティテューション
ばいしょう **賠償** baishou	**tazminat** タズミーナート	reparation, compensation レパレイション, カンペンセイション
〜する	**tazmin etmek** タズミーン エトメッキ	compensate カンペンセイト
はいしょく **配色** haishoku	**renk düzeni** レンキ デュゼニ	color scheme カラ スキーム
はいすい **排水** haisui	**drenaj, kanalizasyon** ドレナージ, カナリザスィオン	drainage ドレイニヂ
はいせきする **排斥する** haisekisuru	**dışlamak** ドゥシラマック	exclude イクスクルード
はいせん **敗戦** haisen	**yenilgi** イェニルギ	defeat ディフィート
はいた **歯痛** haita	**diş ağrısı** ディシ アールス	toothache トゥーセイク
ばいたい **媒体** baitai	**araç** アラッチ	medium ミーディアム
はいたつ **配達** haitatsu	**teslimat, dağıtım** テスリーマート, ダウトゥム	delivery ディリヴァリ
〜する	**teslim etmek** テスリム エトメッキ	deliver ディリヴァ
はいち **配置** haichi	**aranjman, yerleştirme** アランジマン, イェルレシティルメ	arrangement アレインヂメント
〜する	**yerleştirmek** イェルレシティルメッキ	arrange, dispose アレインヂ, ディスポウズ
はいてく **ハイテク** haiteku	**yüksek teknoloji, ileri teknoloji** ユクセッキ テクノロジ, イレリ テクノロジ	high tech ハイ テク
ばいてん **売店** baiten	**büfe** ビュフェ	stall, stand ストール, スタンド

日	トルコ	英
はいとう **配当** haitou	**kâr payı** キャール パユ	dividend ディヴィデンド
ぱいなっぷる **パイナップル** painappuru	**ananas** アナナス	pineapple パイナプル
ばいばい **売買** baibai	**alışveriş, ticaret** アルシヴェリシ, ティジャーレット	dealing ディーリング
〜する	**ticareti yapmak** ティジャーレティ ヤプマック	deal in ディール イン
ばいぱす **バイパス** baipasu	**çevre yolu** チェヴレ ヨル	bypass バイパス
〜手術	**baypas ameliyatı** バイパス アメリヤートゥ	bypass surgery バイパス サーヂャリ
はいひーる **ハイヒール** haihiiru	**yüksek topuklu (ayakka-bı)** ユクセッキ トプックル アヤッカブ	high heels ハイ ヒールズ
はいふ **配布** haifu	**dağıtım** ダウトゥム	distribution ディストリビューション
〜する	**dağıtmak** ダウトマック	distribute ディストリビュト
ぱいぷ **パイプ** (管) paipu	**boru** ボル	pipe パイプ
(煙草の)	**pipo** ピポ	pipe パイプ
ぱいぷおるがん **パイプオルガン** paipuorugan	**borulu org, boru organ** ボルル オルグ, ボル オルガン	pipe organ パイプ オーガン
はいふん **ハイフン** haifun	**tire, kısa çizgi** ティレ, クサ チズギ	hyphen ハイフン
はいぼく **敗北** haiboku	**yenilgi** イェニルギ	defeat ディフィート
反勝利	**zafer** ザフェル	victory ヴィクトリ
はいゆう **俳優** haiyuu	**aktör, aktres** アクトゥル, アクトレス	actor, actress アクタ, アクトレス
はいりょ **配慮** hairyo	**düşünce** デュシュンジェ	consideration コンスィダレイション

は

日	トルコ	英
～する	**göz önünde bulundurmak** ギョス ウニュンデ ブルンドゥルマック	take into consideration テイク イントゥ コンスィダレイション
はいる 入る （中へ行く） hairu	**içeri girmek** イチェリ ギルメッキ	enter, go in エンタ, ゴウ イン
（加入する）	**katılmak** カトゥルマック	join チョイン
（収容できる）	**almak** アルマック	accommodate, hold アカモデイト, ホウルド
はいれつ 配列 hairetsu	**sıralama** スララマ	arrangement アレインヂメント
ぱいろっと パイロット pairotto	**pilot** ピロット	pilot パイロト
はう 這う hau	**sürünmek** スュリュンメッキ	crawl, creep クロール, クリープ
はえ 蝿 hae	**sinek** スィネッキ	fly フライ
はえる 生える haeru	**yetişmek, büyümek** イェティシメッキ, ビュユメッキ	grow, come out グロウ, カム アウト
はか 墓 haka	**mezar, mezarlık** メザル, メザルルック	grave, tomb グレイヴ, トゥーム
ばか 馬鹿 baka	**aptal** アプタル	idiot イディオト
～な	**aptal** アプタル	foolish フーリシュ
～馬鹿しい	**saçma** サチマ	ridiculous, absurd リディキュラス, アブサード
はかいする 破壊する hakaisuru	**yıkmak** ユクマック	destroy ディストロイ
はがき 葉書 hagaki	**kartpostal** カルトポスタル	postcard ポウストカード
はがす 剥がす hagasu	**soymak** ソイマック	tear, peel テア, ピール
はかせ 博士 hakase	**doktor** ドクトル	doctor ダクタ

は

日		トルコ	英
はかどる **捗る** hakadoru		**ilerlemek** イレルレメッキ	make progress メイク プラグレス
はかない **はかない** hakanai		**geçici** ゲチジ	transient, vain トランシェント, ヴェイン
はかり **秤** hakari		**terazi** テラーズィ	balance, scales バランス, スケイルズ
はかる **計る** hakaru	(長さを)	**ölçmek** ウルチメッキ	measure メジャ
	(重さを)	**tartmak** タルトマック	weigh ウェイ
はかる **図る** hakaru		**planlamak** ピランラマック	plan, attempt プラン, アテンプト
はき **破棄** haki	(約束の)	**bozma, iptal** ボズマ, イプタール	cancellation, an- nulment キャンセレイション, アナル メント
	～する	**bozmak, iptal etmek** ボズマック, イプタール エトメッキ	cancel キャンセル
はきけ **吐き気** hakike		**mide bulantısı** ミーデ ブラントゥス	nausea ノーズィア
ぱきすたん **パキスタン** pakisutan		**Pakistan** パーキスタン	Pakistan パキスタン
はきゅうする **波及する** hakyuusuru		**yaymak** ヤイマック	spread, influence スプレド, インフルエンス
はきょく **破局** hakyoku		**felaket** フェラーケット	catastrophe カタストロフィ
はく **吐く** haku		**kusmak** クスマック	vomit ヴァミト
	(唾を)	**tükürmek** テュキュルメッキ	spit スピト
はく **掃く** haku		**süpürmek** スュピュルメッキ	sweep, clean スウィープ, クリーン
はく **履く** haku		**giymek** ギイメッキ	put on, wear プト オン, ウェア
はぐ **剥ぐ** hagu		**soymak** ソイマック	peel, skin ピール, スキン

は

日	トルコ	英
<ruby>バグ<rt>ばぐ</rt></ruby> bagu	**hata** ハター	bug バグ
<ruby>麦芽<rt>ばくが</rt></ruby> bakuga	**malt** マルト	malt モルト
<ruby>迫害する<rt>はくがいする</rt></ruby> hakugaisuru	**zulmetmek, zulüm etmek** ズルメトメッキ, ズリュム エトメッキ	persecute パースィキュート
<ruby>歯茎<rt>はぐき</rt></ruby> haguki	**diş eti** ディシ エティ	gums ガムズ
<ruby>爆撃<rt>ばくげき</rt></ruby> bakugeki	**bombalama, bombardı-man** ボンバラマ, ボンバルドゥマン	bombing バミング
〜機	**bombardıman uçağı** ボンバルドゥマン ウチャウ	bomber バマ
〜する	**bombalamak** ボンバラマック	bomb バム
<ruby>博士課程<rt>はくしかてい</rt></ruby> hakushikatei	**doktora dersi, doktora programı** ドクトラ デルスィ, ドクトラ プログラム	doctor's course ダクタズ コース
<ruby>博士号<rt>はくしごう</rt></ruby> hakushigou	**doktora derecesi** ドクトラ デレジェスィ	doctorate, Ph.D. ダクタレト, ピーエイチディー
<ruby>伯爵<rt>はくしゃく</rt></ruby> hakushaku	**kont** コント	count カウント
<ruby>拍手する<rt>はくしゅする</rt></ruby> hakushusuru	**alkışlamak** アルクシラマック	clap one's hands クラプ ハンズ
<ruby>白書<rt>はくしょ</rt></ruby> hakusho	**beyaz kitap** ベヤス キタップ	white book (ホ)ワイト ブク
<ruby>白状する<rt>はくじょうする</rt></ruby> hakujousuru	**itiraf etmek** イーティラーフ エトメッキ	confess コンフェス
<ruby>薄情な<rt>はくじょうな</rt></ruby> hakujouna	**kalpsiz, merhametsiz** カルプスィス, メルハメットスィス	cold-hearted コウルドハーティド
<ruby>漠然と<rt>ばくぜんと</rt></ruby> bakuzento	**belirsiz** ベリルスィス	vaguely ヴェイグリ
〜した	**müphem, belirsiz** ミュプヘム, ベリルスィス	vague, obscure ヴェイグ, オブスキュア
<ruby>莫大な<rt>ばくだいな</rt></ruby> bakudaina	**muazzam** ムアッザム	vast, immense ヴァスト, イメンス

は

日	トルコ	英
ばくだん **爆弾** bakudan	**bomba** ボンバ	bomb バム
ばくてりあ **バクテリア** bakuteria	**bakteri** バクテリ	bacterium バクティアリアム
ばくはする **爆破する** bakuhasuru	**patlatmak** パトラトマック	blow up, blast ブロウ アプ, ブラスト
ばくはつ **爆発** bakuhatsu	**patlama** パトラマ	explosion イクスプロウジョン
〜する	**patlamak** パトラマック	explode イクスプロウド
はくぶつかん **博物館** hakubutsukan	**müze** ミュゼ	museum ミューズィアム
はくらんかい **博覧会** hakurankai	**fuar, sergi** フアル, セルギ	exposition エクスポズィション
はけ **刷毛** hake	**fırça** フルチャ	brush ブラシュ
はげしい **激しい** hageshii	**şiddetli** シッデットリ	violent, intense ヴァイオレント, インテンス
ばけつ **バケツ** baketsu	**kova** コヴァ	pail, bucket ペイル, バケト
はげます **励ます** hagemasu	**cesaret vermek, teşvik etmek** ジェサーレット ヴェルメッキ, テシヴィーキ エトメッキ	encourage インカーリヂ
はげむ **励む** hagemu	**gayret etmek, çabala-mak** ガイレット エトメッキ, チャバラマック	strive, work hard ストライヴ, ワーク ハード
はげる **禿げる** hageru	**kelleşmek** ケッレシメッキ	(become) bald (ビカム) ボールド
はけんする **派遣する** hakensuru	**göndermek** ギョンデルメッキ	send, dispatch センド, ディスパチ
はこ **箱** hako	**kutu** クトゥ	box, case バクス, ケイス
はこぶ **運ぶ** hakobu	**taşımak** タシュマック	carry キャリ
はさみ **鋏** hasami	**makas** マカス	scissors スィザズ

は

日	トルコ	英
はさむ 挟む hasamu	**kıstırmak, arasına koymak** クストゥルマック, アラスナ コイマック	put between プト ビトウィーン
はさん 破産 hasan	**iflas** イフラース	bankruptcy バンクラプツィ
はし 橋 hashi	**köprü** キョプリュ	bridge ブリヂ
はし 端 hashi	**kenar, köşe** ケナル, キョシェ	edge, corner エヂ, コーナ
(先端・末端)	**uç** ウチ	end, tip エンド, ティプ
はし 箸 hashi	**çubuk** チュブック	chopsticks チャプスティクス
はじ 恥 haji	**utanç, ayıp** ウタンチ, アユップ	shame, humiliation シェイム, ヒューミリエイション
～をかく	**utanmak** ウタンマック	(be) put to shame (ビ) プト トゥ シェイム
はしか はしか hashika	**kızamık** クザムック	measles ミーズルズ
はしご 梯子 hashigo	**merdiven** メルディヴェン	ladder ラダ
はじまる 始まる hajimaru	**başlamak** バシラマック	begin, start ビギン, スタート
はじめ 初め hajime	**başlangıç** バシラングッチ	beginning, start ビギニング, スタート
はじめて 初めて hajimete	**ilk kez, ilk defa** イルキ ケス, イルキ デファー	for the first time フォ ザ ファースト タイム
はじめての 初めての hajimeteno	**ilk** イルキ	first ファースト
はじめる 始める hajimeru	**başlamak** バシラマック	begin, start, open ビギン, スタート, オウプン
ぱじゃま パジャマ pajama	**pijama** ピジャマ	pajamas, Ⓑpyjamas パチャーマズ, パチャーマズ

日	トルコ	英
ばしょ **場所** basho	**yer, mekân** イェル, メキャーン	place, site プレイス, **サ**イト
はしょうふう **破傷風** hashoufuu	**tetanos** テタノス	tetanus **テ**タナス
はしら **柱** hashira	**sütun, direk** スュトゥン, ディレッキ	pillar, post **ピ**ラ, **ポ**ウスト
はしりたかとび **走り高跳び** hashiritakatobi	**yüksek atlama** ユクセッキ アトラマ	high jump **ハ**イ **チャ**ンプ
はしりはばとび **走り幅跳び** hashirihabatobi	**uzun atlama** ウズン アトラマ	long jump, broad jump **ロ**ーング **チャ**ンプ, プロー ド **チャ**ンプ
はしる **走る** hashiru	**koşmak** コシマック	run, dash **ラ**ン, **ダ**シュ
はじる **恥じる** hajiru	**utanmak, mahcup olmak** ウタンマック, マフジュップ オルマック	(be) ashamed (ビ) ア**シェ**イムド
はす **蓮** hasu	**lotus** ロトゥス	lotus **ロ**ウタス
ばす **バス** basu	**otobüs** オトビュス	bus, coach **バ**ス, **コ**ウチ
(低い音域)	**bas** バス	bass バス
～停	**otobüs durağı** オトビュス ドゥラウ	bus stop **バ**ス ス**タ**プ
ぱす **パス** (ボールの) pasu	**pas** パス	pass パス
～する	**pas vermek** パス ヴェルメッキ	pass パス
はずかしい **恥ずかしい** hazukashii	**mahcup, utangaç** マフジュップ, ウタンガチ	(be) ashamed (ビ) ア**シェ**イムド
(不道徳な)	**ahlaksız** アフラックスス	shameful, immoral **シェ**イムフル, イ**モ**ーラル
はすきーな **ハスキーな** hasukiina	**boğuk, kısık** ボ**ウ**ック, ク**ス**ック	husky **ハ**スキ
ばすけっとぼーる **バスケットボール** basukettobooru	**basketbol** バスケットボル	basketball **バ**スケットボール

は

日	トルコ	英
はずす **外す** hazusu	**kaldırmak, çıkarmak** カルドゥルマック, チュカルマック	take off, remove テイク オーフ, リムーヴ
（席を）	**yerinden ayrılmak, yerinden kalkmak** イェリンデン アイルルマック, イェリンデン カルクマック	leave one's seat, (be) away リーヴ スィート, (ビ) アウェイ
ぱすた **パスタ** pasuta	**makarna** マカルナ	pasta パースタ
ぱすと **バスト** basuto	**göğüs** ギョユス	bust バスト
ぱすぽーと **パスポート** pasupooto	**pasaport** パサポルト	passport パスポート
はずむ **弾む** hazumu	**zıplamak, sıçramak** ズプラマック, スチラマック	bounce, bound バウンス, バウンド
（話などが）	**canlı olmak** ジャンル オルマック	(become) lively (ビカム) ライヴリ
ぱずる **パズル** pazuru	**bulmaca** ブルマジャ	puzzle パズル
ジグソー〜	**yapboz** ヤップボス	jigsaw puzzle ヂグソー パズル
はずれる **外れる** （取れる） hazureru	**çıkmak, kopmak** チュクマック, コプマック	come off カム オーフ
ぱすわーど **パスワード** pasuwaado	**şifre, parola** シフレ, パロラ	password パスワード
はせい **派生** hasei	**türetme** テュレトメ	derivation デリヴェイション
〜する	**-den türemek, -den türetmek** デン テュレメッキ, デン テュレトメッキ	derive from ディライヴ フラム
ぱせり **パセリ** paseri	**maydanoz** マイダノス	parsley パースリ
ぱそこん **パソコン** pasokon	**bilgisayar** ビルギサヤル	personal computer, PC パーソナル コンピュータ, ピースィー
はた **旗** hata	**bayrak** バイラック	flag, banner フラグ, バナ

は

日	トルコ	英
はだ 肌 hada	**cilt** ジルト	skin スキン
ばたー バター bataa	**tereyağı** テレヤウ	butter バタ
ぱたーん パターン pataan	**model, şekil** モデル, シェキル	pattern パタン
はだか 裸 hadaka	**çıplaklık** チュプラックルック	nakedness ネイキドネス
〜の	**çıplak** チュプラック	naked ネイキド
はたけ 畑 hatake	**tarla** タルラ	field, farm フィールド, ファーム
はだしで 裸足で hadashide	**yalın ayak, çıplak ayakla** ヤルナヤック, チュプラック アヤックラ	barefoot ベアフト
はたす 果たす (実行する) hatasu	**gerçekleştirmek** ゲルチェッキレシティルメッキ	realize, carry out リーアライズ, キャリ アウト
(達成する)	**başarmak** バシャルマック	achieve アチーヴ
はたらき 働き hataraki	**iş, çalışma** イシ, チャルシマ	work, labor, Ⓑlabour ワーク, レイバ, レイバ
(活動)	**çalışma, aktivite** チャルシマ, アクティヴィテ	action, activity アクション, アクティヴィティ
(機能)	**fonksiyon, işlev** フォンクスィヨン, イシレヴ	function ファンクション
(功績)	**başarı** バシャル	achievement アチーヴメント
はたらく 働く hataraku	**çalışmak** チャルシマック	work ワーク
(作用する)	**etkilemek** エトキレメッキ	act on アクト オン
はち 八 hachi	**sekiz** セキス	eight エイト
はち 鉢 hachi	**kâse** キャーセ	bowl, pot ボウル, パト

は

日	トルコ	英
植木〜	**saksı** サクス	flowerpot フラウアパト
はち 蜂 (蜜蜂) hachi	**arı** アル	bee ビー
〜の巣	**arı kovanı** アル コヴァヌ	honeycomb ハニコウム
(巣箱)	**petek** ペテッキ	beehive ビーハイヴ
ばち 罰 bachi	**ceza** ジェザー	punishment, penalty パニシュメント, ペナルティ
はちがつ 八月 hachigatsu	**ağustos** アウストス	August オーガスト
ばちかん バチカン bachikan	**Vatikan** ヴァティカン	Vatican ヴァティカン
はちじゅう 八十 hachijuu	**seksen** セキセン	eighty エイティ
はちみつ 蜂蜜 hachimitsu	**bal** バル	honey ハニ
はちゅうるい 爬虫類 hachuurui	**sürüngen** スュリュンゲン	reptiles レプティルズ
はちょう 波長 hachou	**dalga boyu** ダルガ ボユ	wavelength ウェイヴレングス
はついく 発育 hatsuiku	**büyüme** ビュユメ	growth グロウス
〜する	**büyümek** ビュユメッキ	grow グロウ
はつおん 発音 hatsuon	**telaffuz, söyleyiş** テラッフス, ソイレイシ	pronunciation プロナンスィエイション
はつが 発芽 hatsuga	**filizlenme** フィリズレンメ	germination ヂャーミネイション
はっかー ハッカー hakkaa	**bilgisayar korsanı** ビルギサヤル コルサヌ	hacker ハカ
はっきり はっきり hakkiri	**açıkça, açık seçik** アチュックチャ, アチュック セチッキ	clearly クリアリ

は

日	トルコ	英
～する	**belli olmak** ベッリ オルマック	(become) clear (ビカム) クリア
ばっきん 罰金 bakkin	**para cezası** パラ ジェザース	fine ファイン
ばっく バック　(後部) bakku	**arka** アルカ	back, rear バク, リア
(背景)	**arka plan** アルカ プラン	background バクグラウンド
(後援)	**destekleme** デステッキレメ	backing, support バキング, サポート
～アップ	**yedek, ilave yardım** イェデッキ, イラーヴェ ヤルドゥム	backup バカプ
ばっぐ バッグ baggu	**çanta** チャンタ	bag バグ
ばっく パック　(品物の) pakku	**ambalaj, paketleme** アンバラージ, パケットレメ	packaging パケヂング
(美容の)	**maske** マスケ	pack パク
(アイスホッケーの)	**buz hokeyi topu** ブズ ホケイ トプ	puck パク
はっくつ 発掘 hakkutsu	**kazı** カズ	excavation エクスカヴェイション
～する	**kazı yapmak** カズ ヤプマック	excavate エクスカヴェイト
ぱっけーじ パッケージ pakkeeji	**paket, ambalaj** パケット, アンバラージ	package パケヂ
はっけっきゅう 白血球 hakkekkyuu	**beyaz kan hücresi, löko-sit, akyuvar** ベヤス カン ヒュジュレスィ, ルコスィット, アクユヴァル	white blood cell (ホ)ワイト ブラド セル
反 赤血球	**kırmızı kan hücresi** クルムズ カン ヒュジュレスィ	red blood cell レド ブラド セル
はっけつびょう 白血病 hakketsubyou	**lösemi** ルセミ	leukemia ルーキーミア
はっけん 発見 hakken	**keşif, buluş** ケシフ, ブルッシ	discovery ディスカヴァリ

は

日	トルコ	英
〜する	**keşfetmek** ケシフェトメッキ	discover, find out ディスカヴァ, ファインド アウト
はつげんする **発言する** hatsugensuru	**konuşmak** コヌシマック	speak スピーク
はつこい **初恋** hatsukoi	**ilk aşk** イルキ アシク	first love ファースト ラヴ
はっこうする **発行する** hakkousuru	**yayınlamak** ヤユンラマック	publish, issue パブリシュ, イシュー
はっさんする **発散する** （光・ガスが） hassansuru	**yaymak, çıkarmak** ヤイマック, チュカルマック	emit イミト
ばっじ **バッジ** bajji	**rozet** ロゼット	badge バヂ
はっしゃ **発車** hassha	**kalkış** カルクシ	departure ディパーチャ
〜する	**kalkmak** カルクマック	depart ディパート
はっしゃする **発射する**　（銃を） hasshasuru	**ateş etmek** アテシ エトメッキ	fire, shoot ファイア, シュート
（ロケットなどを）	**fırlatmak** フルラトマック	launch ローンチ
はっしんする **発信する** hasshinsuru	**iletmek** イレトメッキ	transmit トランスミト
ばっすい **抜粋** bassui	**seçme parça, alıntı** セチメ パルチャ, アルントゥ	extract, excerpt エクストラクト, エクサープト
〜する	**seçme parça almak, alıntı yapmak** セチメ パルチャ アルマック, アルントゥ ヤプマック	extract イクストラクト
はっする **発する**　（光や熱を） hassuru	**yaymak** ヤイマック	give off, emit ギヴ オーフ, イミト
（声を）	**ses çıkarmak** セス チュカルマック	utter アタ
ばっする **罰する** bassuru	**cezalandırmak** ジェザーランドゥルマック	punish パニシュ

日	トルコ	英
はっせい **発生** hassei	**ortaya çıkma** オルタヤ チュクマ	outbreak, birth **アウト**ブレイク, **バ**ース
〜**する**	**ortaya çıkmak, meydana gelmek** オルタヤ チュクマック, メイダナ ゲルメッキ	occur オ**カ**ー
はっそう **発送** hassou	**gönderme** ギョンデルメ	sending out **セ**ンディング **ア**ウト
〜**する**	**göndermek, yollamak** ギョンデルメッキ, ヨッラマック	send out **セ**ンド **ア**ウト
ばった **バッタ** batta	**çekirge** チェキルゲ	grasshopper **グラ**スハパ
はったつ **発達** hattatsu	**gelişim** ゲリシム	development ディ**ヴェ**ロプメント
〜**する**	**gelişmek** ゲリシメッキ	develop, advance ディ**ヴェ**ロプ, アド**ヴァ**ンス
はっちゅう **発注** hacchuu	**sipariş** スィパーリシ	order **オ**ーダ
〜**する**	**sipariş etmek** スィパーリシ エトメッキ	order **オ**ーダ
はってん **発展** hatten	**gelişme** ゲリシメ	development ディ**ヴェ**ロプメント
〜**する**	**gelişmek, genişlemek** ゲリシメッキ, ゲニシレメッキ	develop, expand ディ**ヴェ**ロプ, イクス**パ**ンド
はつでんしょ **発電所** hatsudensho	**elektrik santrali, enerji santrali** エレクトリッキ サントラリ, エネルジ サントラリ	power plant **パ**ウア **プラ**ント
はつでんする **発電する** hatsudensuru	**elektrik üretmek** エレクトリッキ ユレトメッキ	generate electricity **チェ**ナレイト イレクト**リ**スィティ
はっぱ **発破** happa	**patlama** パトラマ	explosive blast イクス**プロ**ウスィヴ **ブラ**スト
はつばい **発売** hatsubai	**satış** サトゥシ	sale **セ**イル
〜**する**	**satışa çıkarmak** サトゥシャ チュカルマック	put on sale **プ**ト オン **セ**イル

は

日	トルコ	英
はっぴょう **発表** happyou	**duyuru, ilan, anons** ドゥユル, イーラン, アノンス	announcement アナウンスメント
（説明・プレゼン）	**sunum, konuşma** スヌム, コヌシマ	presentation プリーゼンテイション
～する	**duyurmak, ilan etmek** ドゥユルマック, イーラーン エトメッキ	announce アナウンス
（プレゼンする）	**sunum yapmak, konuşma yapmak** スヌム ヤプマック, コヌシマ ヤプマック	present プリゼント
はつびょうする **発病する** hatsubyousuru	**hastalanmak** ハスタランマック	fall ill フォール イル
はっぽうせいの **発泡性の** happouseino	**köpüklü** キョピュックリュ	sparkling スパークリング
はつめい **発明** hatsumei	**buluş, icat** ブルシ, イージャート	invention インヴェンション
～する	**icat etmek** イージャート エトメッキ	invent, devise インヴェント, ディヴァイズ
はてしない **果てしない** hateshinai	**sonsuz** ソンスス	endless エンドレス
はでな **派手な** hadena	**gösterişli** ギョステリシリ	showy, garish ショウイ, ゲアリシュ
はと **鳩** hato	**güvercin** ギュヴェルジン	pigeon, dove ピヂョン, ダヴ
ばとうする **罵倒する** batousuru	**yermek, kötülemek** イェルメッキ, キョテュレメッキ	denounce, vilify ディナウンス, ヴィリファイ
ぱとかー **パトカー** patokaa	**polis arabası** ポリス アラバス	squad car, patrol car スクワド カー, パトロウル カー
ばどみんとん **バドミントン** badominton	**badminton** バドミントン	badminton バドミントン
ぱとろーる **パトロール** patorooru	**devriye** デヴリイェ	patrol パトロウル
はな **花** hana	**çiçek** チチェッキ	flower フラウア
はな **鼻** hana	**burun** ブルン	nose ノウズ

は

日	トルコ	英
はなし 話 hanashi	**konuşma, sohbet** コヌシマ, ソフベット	talk, conversation **トー**ク, カンヴァ**セイ**ション
（物語）	**hikâye** ヒキャー**イェ**	story ス**トー**リ
はなしあい 話し合い hanashiai	**tartışma, müzakere** タルトゥシ**マ**, ミュザー**ケレ**	talk, discussion **トー**ク, ディス**カ**ション
はなしあう 話し合う hanashiau	**ile tartışmak, müzakere** **etmek** イ**レ** タルトゥシ**マック**, ミュザー**ケレ** エト **メッキ**	talk with, discuss with **トー**ク ウィズ, ディス**カ**ス ウィズ
はなす 放す hanasu	**serbest bırakmak, salı-** **vermek** セル**ベ**スト ブラク**マック**, サルヴェルメッ キ	free, release フ**リー**, リ**リー**ス
はなす 話す hanasu	**konuşmak** コヌシ**マック**	speak, talk ス**ピー**ク, **トー**ク
はなす 離す hanasu	**ayırmak** アユル**マック**	separate, detach **セ**パレイト, ディ**タ**チ
はなぢ 鼻血 hanaji	**burun kanaması** ブ**ル**ン カナマ**ス**	nosebleed **ノウ**ズブリード
ばなな バナナ banana	**muz** ム**ス**	banana バ**ナ**ナ
はなばなしい 華々しい hanabanashii	**parlak, muhteşem** パル**ラック**, ムフテ**シェ**ム	brilliant ブ**リ**リアント
はなび 花火 hanabi	**havai fişek** ハ**ワー**イー フィ**シェッ**キ	fireworks **ファ**イアワークス
はなみず 鼻水 hanamizu	**sümük, burun akıntısı** スュ**ミュッ**ク, ブ**ル**ン アクン**トゥ**ス	snot ス**ナ**ト
はなむこ 花婿 hanamuko	**damat** ダー**マー**ト	bridegroom ブ**ラ**イドグルーム
はなよめ 花嫁 hanayome	**gelin** **ゲ**リン	bride ブ**ラ**イド
はなれる 離れる hanareru	**ayrılmak** アイルル**マック**	leave, go away from **リー**ヴ, **ゴ**ウ ア**ウェ**イ フラ ム
はにかむ はにかむ hanikamu	**utanmak** ウタン**マック**	(be) shy, (be) bash- ful (ビ) **シャ**イ, (ビ) **バ**シュフル

は

日	トルコ	英
ぱにっく **パニック** panikku	**panik** パニッキ	panic パニク
はね **羽** （羽毛） hane	**tüy** テュイ	feather, plume フェザ, プルーム
（翼）	**kanat** カナット	wing ウィング
ばね **ばね** bane	**yay** ヤイ	spring スプリング
はねむーん **ハネムーン** hanemuun	**balayı** バラユ	honeymoon ハニムーン
はねる **跳ねる** （飛び散る） haneru	**sıçramak** スチラマック	splash スプラシュ
（飛び上がる）	**zıplamak** ズプラマック	leap, jump リープ, チャンプ
はは **母** haha	**anne** アンネ	mother マザ
～方	**anne tarafı** アンネ タラフ	mother's side マザズ サイド
はば **幅** haba	**genişlik** ゲニシリッキ	width, breadth ウィドス, ブレドス
はばつ **派閥** habatsu	**fraksiyon** フラクスィヨン	faction ファクション
はばとび **幅跳び** habatobi	**uzun atlama** ウズン アトラマ	broad jump, long jump ブロード チャンプ, ローング チャンプ
はばひろい **幅広い** habahiroi	**geniş** ゲニシ	wide, broad ワイド, ブロード
はばむ **阻む** habamu	**engellemek, önlemek** エンゲルレメッキ, ウンレメッキ	prevent from, block プリヴェント フラム, ブラク
ぱぷあにゅーぎにあ **パプアニューギニア** papuanyuuginia	**Papua Yeni Gine** パプア イェニ ギネ	Papua New Guinea パピュア ニュー ギニア
ぱふぉーまんす **パフォーマンス** pafoomansu	**performans** ペルフォルマンス	performance パフォーマンス

は

日	トルコ	英
はぶく 省く （省略する） habuku	**atlamak** アトラマック	omit, exclude オウミト, イクスクルード
（削減する）	**azaltmak** アザルトマック	save, reduce セイヴ, リデュース
はぷにんぐ ハプニング hapuningu	**olay** オライ	happening, unex- pected event ハプニング, アニクスペク ティド イヴェント
はぶらし 歯ブラシ haburashi	**diş fırçası** ディシ フルチャス	toothbrush トゥースブラシュ
はまき 葉巻 hamaki	**puro** プロ	cigar スィガー
はまぐり 蛤 hamaguri	**deniz tarağı** デニス タラウ	clam クラム
はまべ 浜辺 hamabe	**plaj, sahil** ピラージ, サーヒル	beach, seashore ビーチ, スィーショー
はみがき 歯磨き hamigaki	**diş macunu** ディシ マージュヌ	toothpaste トゥースペイスト
はめつする 破滅する hametsusuru	**mahvolmak** マフヴォルマック	(be) ruined (ビ) ルーインド
はめる はめる （内側に入れる） hameru	**takmak, koymak, sok-** **mak** タクマック, コイマック, ソクマック	put in, set プト イン, セト
（着用する）	**giymek** ギイメッキ	wear, put on ウェア, プト オン
ばめん 場面 bamen	**sahne** サフネ	scene スィーン
はもの 刃物 hamono	**kesici alet** ケスィジ アーレット	edged tool エデド トゥール
はもんする 破門する hamonsuru	**aforoz etmek** アフォロス エトメッキ	expel, excommu- nicate イクスペル, エクスコミュー ニケイト
はやい 早い hayai	**erken** エルケン	early アーリ
反 遅い	**geç** ゲッチ	late レイト

日	トルコ	英
はやい **速い** hayai	**hızlı** フズル	quick, fast クウィク, ファスト
反 遅い	**yavaş** ヤヴァシ	slow スロウ
はやく **早く** hayaku	**erken** エルケン	early アーリ
はやく **速く** hayaku	**çabuk, hızlı** チャブック, フズル	quickly, fast クウィクリ, ファスト
反 ゆっくり	**yavaş** ヤヴァシ	slow スロウ
はやし **林** hayashi	**orman, ağaçlık** オルマン, アアチルック	forest, woods フォリスト, ウヅ
はやす **生やす** hayasu	**yetiştirmek** イェティシティルメッキ	grow, cultivate グロウ, カルティヴェイト
はやめに **早めに** hayameni	**erkenden, önceden** エルケンデン, ウンジェデン	early, in advance アーリ, イン アドヴァンス
はやめる **早める** hayameru	**hızlandırmak** フズランドゥルマック	quicken, hasten クウィクン, ヘイスン
はやる **流行る** (流行する) hayaru	**moda olmak, popüler olmak** モダ オルマック, ポピュレル オルマック	(be) in fashion, (be) popular (ビ) イン ファション, (ビ) パピュラ
(繁盛する)	**başarılı olmak** バシャルル オルマック	(be) prosperous (ビ) プラスペラス
(病気などが)	**yaygın olmak** ヤイグン オルマック	(be) prevalent (ビ) プレヴァレント
はら **腹** (胃) hara	**mide** ミーデ	stomach スタマク
(腸)	**bağırsak** バウルサック	bowels バウエルズ
(腹部)	**karın** カルン	belly ベリ
ばら **バラ** bara	**gül** ギュル	rose ロウズ
はらいもどし **払い戻し** haraimodoshi	**geri ödeme** ゲリ ウデメ	repayment, refund リペイメント, リファンド

は

日	トルコ	英
はらう **払う** harau	**ödemek** ウデメッキ	pay ペイ
ぱらぐあい **パラグアイ** paraguai	**Paraguay** パラグアイ	Paraguay パラグワイ
はらす **晴らす**（疑いなどを） harasu	**gidermek** ギデルメッキ	dispel ディスペル
（恨みを）	**öç almak, intikam almak** ウチ アルマック, インティカーム アルマック	avenge oneself アヴェンヂ
（憂さを）	**sıkıntılarını unutmak** スクントゥラルヌ ウヌトマック	forget one's troubles フォゲト トラブルズ
ばらす **ばらす**（分解する） barasu	**parçalamak** パルチャラマック	take to pieces テイク トゥ ピーセズ
（暴露する）	**ifşa etmek, açığa çıkarmak** イフシャー エトメッキ, アチュア チュカルマック	disclose, expose ディスクロウズ, イクスポウズ
ばらばらの **ばらばらの** barabarano	**paramparça** パラムパルチャ	separate, scattered セパレイト, スキャタド
ぱらふぃん **パラフィン** parafin	**parafin** パラフィン	paraffin パラフィン
ばらまく **ばら撒く** baramaku	**dağıtmak** ダウトマック	scatter スキャタ
ばらんす **バランス** baransu	**denge** デンゲ	balance バランス
はり **針** hari	**iğne** イーネ	needle ニードル
ばりえーしょん **バリエーション** barieeshon	**varyasyon** ヴァリアスィオン	variation ヴェアリエイション
はりがね **針金** harigane	**tel** テル	wire ワイア
はりがみ **貼り紙** harigami	**afiş** アフィシ	bill, poster ビル, ポウスタ
ばりき **馬力** bariki	**beygir gücü** ベイギル ギュジュ	horsepower ホースパウア
ばりとん **バリトン** bariton	**bariton** バリトン	baritone バリトウン

は

日	トルコ	英
はる **春** haru	**ilkbahar** イルクバハル	spring スプリング
はる **張る** (伸ばす) haru	**germek** ゲルメッキ	stretch, extend ストレチ, イクステンド
はる **貼る** haru	**yapıştırmak** ヤプシトゥルマック	stick, put on スティク, プト オン
はるかな **遥かな** harukana	**uzak** ウザック	distant, far-off ディスタント, ファーロフ
はるかに (遠くに) **遥かに** harukani	**uzakta** ウザックタ	far, far away ファー, ファー アウェイ
ばるぶ **バルブ** barubu	**vana, valf** ヴァナ, ヴァルフ	valve ヴァルヴ
はれ **晴れ** hare	**güzel hava** ギュゼル ハワ	fine weather ファイン ウェザ
ばれえ **バレエ** baree	**bale** バレ	ballet バレイ
ばれーど **パレード** pareedo	**geçit töreni, geçit resmi** ゲチット トゥレニ, ゲチット レスミ	parade パレイド
ばれーぼーる **バレーボール** bareebooru	**voleybol** ヴォレイボル	volleyball ヴァリボール
はれつする **破裂する** haretsusuru	**patlamak, infilak etmek** パトラマック, インフィラーク エトメッキ	explode, burst イクスプロウド, バースト
ばれっと **パレット** paretto	**palet** パレット	palette パレト
ばれりーな **バレリーナ** bareriina	**balerin** バレリン	ballerina バレリーナ
はれる **晴れる** (空が) hareru	**açılmak** アチュルマック	clear up クリア アプ
(疑いが)	**temizlenmek** テミズレンメッキ	(be) cleared (ビ) クリアド
はれる **腫れる** hareru	**şişmek** シシメッキ	(become) swollen (ビカム) スウォウルン
ばれる **ばれる** bareru	**açığa çıkmak, ortaya çık-mak** アチュア チュクマック, オルタヤ チュク マック	(be) exposed, come to light (ビ) イクスポウズド, カム トゥ ライト

日	トルコ	英
ばろっく **バロック** barokku	**barok** バロック	Baroque バロウク
ぱろでぃー **パロディー** parodii	**parodi** パロディ	parody パロディ
ばろめーたー **バロメーター** baromeetaa	**barometre** バロメトレ	barometer バラミタ
はわい **ハワイ** hawai	**Hawai** ハヴァイ	Hawaii ハワイー
はん **判** han	**mühür, damga** ミュヒュル, ダムガ	(personal) seal, seal, stamp (パーソナル) **スィール**, スィール, スタンプ
ばん **晩** ban	**akşam** アクシャム	evening, night **イーヴニング**, **ナ**イト
ぱん **パン** pan	**ekmek** エキメッキ	bread ブレド
〜屋	**fırın** フルン	bakery ベイカリ
はんいご **反意語** han-igo	**karşıt anlamlı sözcük, zıt** **anlamlı sözcük** カルシュット アンラムル ソズジュック, **ズット** アンラムル ソズジュック	antonym アントニム
反 **同義語**	**eş anlamlı sözcük** エシ アンラムル ソズジュック	synonym **スィ**ノニム
はんえい **繁栄** han-ei	**refah, başarı** レファーフ, バシャル	prosperity プラスペリティ
〜する	**başarılı ve zengin olmak** バシャルル ヴェ ゼンギン オルマック	(be) prosperous (ビ) **プラ**スペラス
はんが **版画** hanga	**gravür** グラヴュル	print, woodcut プリント, **ウ**ドカト
はんがー **ハンガー** hangaa	**askı** アスク	(coat) hanger (コウト) **ハ**ンガ
はんかがい **繁華街** hankagai	**kalabalık cadde** カラバルック ジャッデ	busy street ビズィ スト**リ**ート
はんがく **半額** hangaku	**yarı fiyat** ヤル フィヤット	half price **ハ**ーフ プライス

は

日	トルコ	英
はんかち **ハンカチ** hankachi	**mendil** メンディル	handkerchief ハンカチフ
はんがりー **ハンガリー** hangarii	**Macaristan** マジャリスタン	Hungary ハンガリ
はんかん **反感** hankan	**antipati** アンティパティ	antipathy アンティパスィ
はんぎゃくする **反逆する** hangyakusuru	**başkaldırmak, isyan et- mek** バシカルドゥルマック, イスヤーン エト メッキ	rebel リベル
はんきょう **反響** hankyou	**yankı, eko** ヤンク, エコ	echo エコウ
ぱんく **パンク** panku	**lastik patlaması** ラスティッキ パトラマス	puncture, flat tire パンクチャ, フラト タイア
ばんぐみ **番組** bangumi	**program** プログラム	program, ⑧pro- gramme プロウグラム, プログラム
ばんぐらでしゅ **バングラデシュ** banguradeshu	**Bangladeş** バングラデシ	Bangladesh バングラデシュ
はんけい **半径** hankei	**yarıçap** ヤルチャップ	radius レイディアス
反 直径	**çap** チャップ	diameter ダイアメタ
はんげき **反撃** hangeki	**karşı saldırı** カルシュ サルドゥル	counterattack カウンタラタク
~する	**karşı saldırıya geçmek** カルシュ サルドゥルヤ ゲチメッキ	strike back ストライク バク
はんけつ **判決** hanketsu	**karar, mahkeme kararı** カラル, マフケメ カラル	judgment ヂャヂメント
はんげつ **半月** hangetsu	**yarım ay** ヤルマイ	half-moon ハフムーン
ばんごう **番号** bangou	**numara, sayı** ヌマラ, サユ	number ナンバ
はんこうする **反抗する** hankousuru	**direnmek, karşı koymak** ディレンメッキ, カルシュ コイマック	resist, oppose リズィスト, オポウズ
はんざい **犯罪** hanzai	**suç** スチ	crime クライム

は

日	トルコ	英
~者	**suçlu** スチル	criminal クリミナル
はんさむな ハンサムな hansamuna	**yakşıklı** ヤクシュックル	handsome ハンサム
はんさよう 反作用 hansayou	**tepki, reaksiyon** テプキ, レアクスィヨン	reaction リアクション
はんじ 判事 hanji	**yargıç** ヤルグッチ	judge チャヂ
はんしゃ 反射 hansha	**yansıma** ヤンスマ	reflection, reflex リフレクション, リーフレクス
~する	**yansımak** ヤンスマック	reflect リフレクト
はんじゅくたまご 半熟卵 hanjukutamago	**rafadan yumurta** ラファダン ユムルタ	soft-boiled egg ソフトボイルド エグ
はんしょく 繁殖 hanshoku	**üreme** ユレメ	propagation プラパゲイション
~する	**üremek** ユレメッキ	propagate プラパゲイト
はんすと ハンスト hansuto	**açlık grevi** アチルック グレヴィ	hunger strike ハンガ ストライク
はんする 反する hansuru	**aykırı olmak, ters olmak, zıt olmak** アイクル オルマック, テルス オルマック, ズット オルマック	(be) contrary to (ビ) カントレリ トゥ
ばんそう 伴奏 bansou	**eşlik, refakat** エシリッキ, レファーカット	accompaniment アカンパニメント
~する	**eşlik etmek** エシリッキ エトメッキ	accompany アカンパニ
ばんそうこう 絆創膏 bansoukou	**yara bandı** ヤラ バンドゥ	adhesive bandage アドヒースィヴ バンディヂ
はんそく 反則 （スポーツなどの） hansoku	**faul** ファウル	foul ファウル
はんそで 半袖 hansode	**kısa kollu** クサ コルル	short sleeves ショート スリーヴズ
はんたー ハンター hantaa	**avcı** アヴジュ	hunter ハンタ

は

日	トルコ	英
<ruby>反対<rt>はんたい</rt></ruby> （逆の関係） hantai	**zıt, ters** ズット, テルス	(the) opposite, (the) contrary （ズィ）ア**ポ**ズィト,（ザ）**カ**ントレリ
（抵抗・異議）	**itiraz** イーティラース	opposition, objection アポ**ズィ**ション, オブ**チェ**クション
〜側	**karşı taraf, diğer taraf** カル**シュ** タラフ, ディ**エ**ル タラフ	opposite side, other side ア**ポ**ズィト **サ**イド, ア**ザ サ**イド
〜する	**itiraz etmek, karşı çıkmak** イーティ**ラ**ース エト**メ**ッキ, カル**シュ** チュク**マ**ック	oppose, object to オ**ポ**ウズ, オブ**チェ**クト トゥ
<ruby>判断<rt>はんだん</rt></ruby> handan	**yargı, karar** ヤル**グ**, カ**ラ**ル	judgment **チャ**ヂメント
〜する	**yargıya varmak, karar vermek** ヤルグ**ヤ** ヴァル**マ**ック, カ**ラ**ル ヴェル**メ**ッキ	judge **チャ**ヂ
<ruby>番地<rt>ばんち</rt></ruby> banchi	**sokak numarası** ソ**カ**ック ヌマ**ラ**ス	street number スト**リ**ート **ナ**ンバ
<ruby>範疇<rt>はんちゅう</rt></ruby> hanchuu	**kategori** カテゴ**リ**	category **キャ**ティゴーリ
パンツ （下着の） pantsu	**külot, iç çamaşırı** キュ**ロ**ット, **イ**チ チャマシュ**ル**	briefs, underwear ブ**リ**ーフス, **ア**ンダウェア
（洋服の）	**pantolon** パント**ロ**ン	pants, trousers **パ**ンツ, ト**ラ**ウザズ
<ruby>判定<rt>はんてい</rt></ruby> hantei	**karar** カ**ラ**ル	judgment, decision **チャ**ヂメント, ディ**ス**イジョン
<ruby>パンティー<rt>ぱんてぃー</rt></ruby> pantii	**külot, kadın donu** キュ**ロ**ット, カ**ド**ゥン ド**ヌ**	panties **パ**ンティズ
〜ストッキング	**külotlu çorap** キュロット**ル** チョ**ラ**ップ	pantyhose, tights パンティ**ホ**ウズ, **タ**イツ
<ruby>ハンディキャップ<rt>はんでぃきゃっぷ</rt></ruby> handikyappu	**handikap** ハンディ**カ**ップ	handicap **ハ**ンディキャプ
<ruby>判定する<rt>はんていする</rt></ruby> hanteisuru	**hakemlik etmek** ハケム**リ**ッキ エト**メ**ッキ	judge **チャ**ヂ

は

日	トルコ	英
はんてん **斑点** hanten	**benek** ベネッキ	spot, speck スパト, スペク
ばんど **バンド** (ベルト) bando	**kuşak** クシャック	band バンド
(音楽の)	**müzik grubu** ミュズィッキ グルブ	band バンド
はんとう **半島** hantou	**yarımada** ヤルマダ	peninsula ペニンシュラ
はんどうたい **半導体** handoutai	**yarı iletken** ヤル イレトケン	semiconductor セミコンダクタ
はんどばっぐ **ハンドバッグ** handobaggu	**el çantası** エル チャンタス	handbag, purse ハンドバグ, パース
はんどぶっく **ハンドブック** handobukku	**el kitabı** エル キタブ	handbook ハンドブク
はんどる **ハンドル** (自転車の) handoru	**gidon** ギドン	handlebars ハンドルバーズ
(自動車の)	**direksiyon** ディレキスィヨン	steering wheel スティアリング (ホ)ウィール
はんにち **半日** hannichi	**yarım gün** ヤルム ギュン	half a day ハフ ア デイ
はんにん **犯人** hannin	**suçlu** スチル	offender, criminal オフェンダ, クリミナル
ばんねん **晩年** bannen	**son yıllar** ソン ユルラル	last years ラスト イヤズ
はんのう **反応** hannou	**tepki, reaksiyon** テプキ, レアクスィヨン	reaction, response リアクション, リスパンス
～**する**	**tepki göstermek** テプキ ギョステルメッキ	react to, respond to リアクト トゥ, リスパンド トゥ
ばんぱー **バンパー** banpaa	**tampon** タンポン	bumper バンパ
はんばーがー **ハンバーガー** hanbaagaa	**hamburger** ハンブルゲル	hamburger ハンバーガ
はんばい **販売** hanbai	**satış** サトゥシ	sale セイル

は

日	トルコ	英
〜する	**satmak** サトマック	sell, deal in セル, ディール イン
<ruby>万博<rt>ばんぱく</rt></ruby> banpaku	**Uluslararası Sergiler, Dünya Sergiler, Expo** ウルスララス セルギレル, デュンヤー セルギレル, エキスポ	Expo エクスポウ
<ruby>半端な<rt>はんぱな</rt></ruby> hanpana	**eksik** エキスィッキ	odd, incomplete アド, インコンプリート
<ruby>反復する<rt>はんぷくする</rt></ruby> hanpukusuru	**tekrarlamak** テクラールラマック	repeat リピート
<ruby>パンフレット<rt>ぱんふれっと</rt></ruby> panfuretto	**broşür** ブロシュル	pamphlet, bro-chure パンフレト, ブロウシュア
<ruby>半分<rt>はんぶん</rt></ruby> hanbun	**yarım, yarı** ヤルム, ヤル	half ハフ
<ruby>ハンマー<rt>はんまー</rt></ruby> hanmaa	**çekiç** チェキッチ	hammer ハマ
〜投げ	**çekiç atma** チェキッチ アトマ	hammer throw ハマ スロウ
<ruby>反目<rt>はんもく</rt></ruby> hanmoku	**antagonizm** アンタゴニズム	antagonism アンタゴニズム
<ruby>反乱<rt>はんらん</rt></ruby> hanran	**isyan, başkaldırı** イスヤーン, バシカルドゥル	revolt リヴォウルト
<ruby>氾濫する<rt>はんらんする</rt></ruby> hanransuru	**sel basmak** セル バスマック	flood, overflow フラド, オウヴァフロウ
<ruby>凡例<rt>はんれい</rt></ruby> hanrei	**lejant** レジャント	explanatory notes イクスプラナトーリ ノウツ
<ruby>反論<rt>はんろん</rt></ruby> hanron	**itiraz, karşı çıkma** イーティラース, カルシュ チュクマ	objection オブチェクション
〜する	**itiraz etmek, -e karşı çık-mak** イーティラース エトメッキ, エ カルシュ チュクマック	object オブチェクト

は

日	トルコ	英

ひ, ヒ

日本語	トルコ語	英語
ひ 火 hi	**ateş** アテシ	fire ファイア
ひ 日　（太陽・日光） hi	**güneş, güneş ışığı** ギュネシ, ギュネシ ウシュウ	sun, sunlight サン, サンライト
（日にち）	**gün, tarih** ギュン, ターリヒ	day, date デイ, デイト
び 美 bi	**güzellik** ギュゼルリッキ	beauty ビューティ
ひあい 悲哀 hiai	**üzüntü, keder** ユズュンテュ, ケデル	sadness サドネス
ぴあす ピアス piasu	**küpe** キュペ	(pierced) earrings (ピアスト) イアリングズ
ひあたりのよい 日当たりのよい hiatarinoyoi	**güneşli** ギュネシリ	sunny サニ
ぴあにすと ピアニスト pianisuto	**piyanist** ピヤニスト	pianist ピアニスト
ぴあの ピアノ piano	**piyano** ピヤノ	piano ピアーノウ
ぴーく ピーク piiku	**zirve** ズィルヴェ	peak ピーク
びいしき 美意識 biishiki	**güzellik anlayışı** ギュゼルリッキ アンラユシュ	sense of beauty, esthetic sense センス オヴ ビューティ, エスセティク センス
びーず ビーズ biizu	**boncuk, tespih** ボンジュック, テスピフ	beads ビーヅ
ひーたー ヒーター hiitaa	**ısıtıcı** ウストゥジュ	heater ヒータ
ぴーなつ ピーナツ piinatsu	**yer fıstığı** イェル フストゥウ	peanut ピーナト
びーふ ビーフ biifu	**sığır eti, dana eti** スウル エティ, ダナ エティ	beef ビーフ
ぴーまん ピーマン 　（青唐辛子含む） piiman	**yeşilbiber** イェシルビベル	green pepper, bell pepper グリーン ペパ, ベル ペパ

ひ

日	トルコ	英
びーる **ビール** biiru	**bira** ビラ	beer ビア
ひーろー **ヒーロー** hiiroo	**kahraman** カフラマン	hero ヒアロウ
ひえる **冷える** hieru	**soğumak** ソウマック	(get) cold (ゲト) コウルド
びえん **鼻炎** bien	**burun iltihabı** ブルン イルティハーブ	nasal inflamma- tion, rhinitis ネイザル インフラメイショ ン, ライナイテス
びおら **ビオラ** biora	**viyola** ヴィヨラ	viola ヴァイオラ
ひがい **被害** higai	**hasar, zarar** ハサル, ザラル	damage ダミヂ
〜者	**acı çeken** アジュ チェケン	sufferer, victim サファラ, ヴィクティム
ひかえ **控え** (覚書) hikae	**not, memorandum** ノット, メモランドゥム	note, memoran- dum ノウト, メモランダム
(写し)	**kopya** コピヤ	copy, duplicate カピ, デュープリケト
(予備)	**yedek** イェデッキ	reserve リザーヴ
ひかえめな **控えめな** hikaemena	**mütevazı, alçak gönüllü** ミュテヴァーズ, アルチャック ギョニュル リュ	moderate, unas- suming マダレト, アナスーミング
ひかえる **控える** (自制する) hikaeru	**-den kaçınmak** デン カチュンマック	refrain from リフレイン フラム
(書き留める)	**not almak, not tutmak** ノット アルマック, ノット トゥトマック	write down ライト ダウン
(待機する)	**beklemek** ベクレメッキ	wait ウェイト
ひかく **比較** hikaku	**karşılaştırma, mukayese** カルシュラシトゥルマ, ムカーイェセ	comparison コンパリスン
〜する	**karşılaştırmak, mukaye- se etmek** カルシュラシトゥルマック, ムカーイェセ エトメッキ	compare コンペア

ひ

日	トルコ	英
びがく **美学** bigaku	**estetik** エステ**ティ**ッキ	aesthetics エス**セ**ティクス
ひかげ **日陰** hikage	**gölge** ギョル**ゲ**	shade **シェ**イド
ひがさ **日傘** higasa	**güneş şemsiyesi** ギュ**ネ**シ シェムスィイエ**ス**ィ	sunshade, parasol **サ**ンシェイド, **パ**ラソル
ひがし **東** higashi	**doğu** ド**ウ**	east **イー**スト
反西	**batı** バ**トゥ**	west **ウェ**スト
ひがしがわ **東側** higashigawa	**doğu tarafı** ド**ウ** タ**ラ**フ	east side **イー**スト **サ**イド
ひがしはんきゅう **東半球** higashihankyuu	**Doğu Yarım Küre** ド**ウ** ヤ**ル**ム キュ**レ**	Eastern Hemi-sphere **イー**スタン **ヘ**ミスフィア
ぴかぴかする **ぴかぴかする** pikapikasuru	**parlak, ışıl ışıl** パル**ラ**ック, ウ**シュ**ル ウ**シュ**ル	sparkly, glittering ス**パー**クリ, グ**リ**タリング
ひかり **光** hikari	**ışık** ウ**シュ**ック	light, ray **ラ**イト, **レ**イ
ひかる **光る** hikaru	**parlamak, ışık saçmak** パルラ**マ**ック, ウ**シュ**ック サチ**マ**ック	shine, flash **シャ**イン, フ**ラ**シュ
ひかんする **悲観する** hikansuru	**karamsar olmak, kötüm-ser olmak** カラム**サ**ル オル**マ**ック, キョテュム**セ**ル オル**マ**ック	(be) pessimistic about (ビ) ペスィ**ミ**スティック ア**バ**ウト
ひかんてきな **悲観的な** hikantekina	**karamsar, kötümser** カラム**サ**ル, キョテュム**セ**ル	pessimistic ペスィ**ミ**スティック
反 楽観的な	**iyimser** イイム**セ**ル	optimistic アプティ**ミ**スティック
ひきあげる **引き上げる** 　　　（高くする） hikiageru	**yükseltmek** ユクセルト**メ**ッキ	raise **レ**イズ
（上げる）	**kaldırmak** カルドゥル**マ**ック	pull up **プ**ル **ア**プ
ひきあげる **引き揚げる** hikiageru	**geri çekilmek, geri dön-mek** ゲ**リ** チェキル**メ**ッキ, ゲ**リ** ドゥン**メ**ッキ	return, pull out リ**ター**ン, **プ**ル **ア**ウト

ひ

日	トルコ	英
ひきいる **率いる** hikiiru	**yol göstermek, önderlik etmek** ヨル ギョステルメッキ, ウンデルリッキ エトメッキ	lead, conduct リード, コンダクト
ひきうける **引き受ける** （受け入れる） hikiukeru	**kabul etmek** カブール エトメッキ	accept アクセプト
（担当する）	**üstlenmek** ユストレンメッキ	undertake アンダテイク
ひきおこす **引き起こす** （生じさせる） hikiokosu	**-e yol açmak, sebep ol-mak** エ ヨル アチマック, セベップ オルマック	cause コーズ
ひきかえ **引き換え** hikikae	**değiş tokuş, takas** デイシ トクシ, タカス	exchange イクスチェインヂ
ひきかえす **引き返す** hikikaesu	**geri dönmek** ゲリ ドゥンメッキ	return, turn back リターン, ターン バク
ひきがね **引き金** hikigane	**tetik** テティッキ	trigger トリガ
ひきさく **引き裂く** hikisaku	**yırtmak** ユルトマック	tear up テア アプ
ひきさげる **引き下げる** （下げる） hikisageru	**aşağı çekmek** アシャウ チェキメッキ	pull down プル ダウン
（減らす）	**azaltmek** アザルトマック	reduce リデュース
ひきざん **引き算** hikizan	**çıkarma** チュカルマ	subtraction サブトラクション
反**足し算**	**toplama** トプラマ	addition アディション
ひきしお **引き潮** hikishio	**denizin çekilmesi** デニズィン チェキルメスィ	ebb tide エブ タイド
ひきしめる **引き締める** hikishimeru	**sıkmak, sıkılmak** スクマック, スクルマック	tighten タイトン
ひきずる **引きずる** hikizuru	**sürüklemek** スュリュクレメッキ	trail, drag トレイル, ドラグ
ひきだし **引き出し**（家具の） hikidashi	**çekmece** チェキメジェ	drawer ドローア

ひ

日	トルコ	英
（預金の）	**para çekme** パラ チェキメ	withdrawal ウィズドローアル
ひきだす **引き出す** （中の物を） hikidasu	**çıkarmak** チュカルマック	draw out ドロー アウト
（預金を）	**para çekmek** パラ チェキメッキ	withdraw ウィズドロー
ひきとめる **引き止める** hikitomeru	**tutmak** トゥットマック	keep, stop キープ, スタプ
ひきとる **引き取る** hikitoru	**almak, teslim almak** アルマック, テスリム アルマック	receive, claim リスィーヴ, クレイム
ひきにく **挽き肉** hikiniku	**kıyma** クイマ	ground meat, minced meat グランド ミート, ミンス ト ミート
ひきのばす **引き伸ばす** （拡大する） hikinobasu	**büyütmek, genişletmek** ビュユトメッキ, ゲニシレトメッキ	enlarge インラーヂ
（長くする）	**germek, uzatmak** ゲルメッキ, ウザトマック	stretch ストレチ
ひきはらう **引き払う** hikiharau	**boşaltmak, tahliye et- mek** ボシャルトマック, タフリエ エトメッキ	vacate, move out ヴェイケイト, ムーヴ アウ ト
ひきょうな **卑怯な** hikyouna	**sinsi, kurnaz** スィンスィ, クルナス	sneaky スニーキ
ひきわけ **引き分け** hikiwake	**berabere (kalmak)** ベラーベレ (カルマック)	draw, tie ドロー, タイ
ひきわたす **引き渡す** hikiwatasu	**teslim etmek** テスリム エトメッキ	hand over, deliver ハンド オウヴァ, ディリヴァ
ひく **引く**　（引っ張る） hiku	**çekmek** チェキメッキ	pull, draw プル, ドロー
（差し引く）	**çıkarmak** チュカルマック	deduct ディダクト
（参照する）	**-e bakmak** エ バクマック	consult コンサルト
ひく **弾く** hiku	**çalmak** チャルマック	play プレイ
ひくい **低い**　（位置が） hikui	**alçak** アルチャック	low ロウ

ひ

日	トルコ	英
（背が）	**kısa boylu** クサ ボイル	short ショート
びくびくする **びくびくする** bikubikusuru	**-den korkmak, -den ürk-mek** デン コルクマック, デン ユルクメッキ	(be) scared of (ビ) スケアド オヴ
ぴくるす **ピクルス** （塩漬け） pikurusu	**turşu** トゥルシュ	pickles ピクルズ
ひぐれ **日暮れ** higure	**akşam karanlığı, gün ba-tımı** アクシャム カランルウ, ギュン バトゥム	evening, dusk イーヴニング, ダスク
ひげ **ひげ** （口の） hige	**bıyık** ブユック	mustache マスタシュ
（頬の）	**sakal** サカル	side whiskers サイド (ホ)ウィスカズ
（顎の）	**sakal** サカル	beard ビアド
（動物の）	**bıyık** ブユック	whiskers (ホ)ウィスカズ
ひげき **悲劇** higeki	**trajedi** トラジェディ	tragedy トラヂェディ
ひけつ **秘訣** hiketsu	**sır** スル	secret スィークレト
ひけつする **否決する** hiketsusuru	**reddetmek** レッデトメッキ	reject リヂェクト
ひご **庇護** higo	**koruma, himaye** コルマ, ヒマーイェ	protection プロテクション
～する	**korumak, himaye etmek** コルマック, ヒマーイェ エトメッキ	protect プロテクト
ひこう **飛行** hikou	**uçuş** ウチュシ	flight フライト
～機	**uçak** ウチャック	airplane, plane エアプレイン, プレイン
ひこうしきの **非公式の** hikoushikino	**gayriresmî** ガイリレスミー	unofficial, infor-mal アナフィシャル, インフォーマル
びこうする **尾行する** bikousuru	**takip etmek, izlemek** ターキップ エトメッキ, イズレメッキ	follow ファロウ

ひ

日	トルコ	英
ひごうほうの **非合法の** higouhouno	**yasa dışı, kanuna aykırı** ヤサ ドゥシュ, カーヌーナ アイクル	illegal イリーガル
ひこく **被告** hikoku	**sanık, davalı** サヌック, ダーヴァール	defendant, (the) accused ディフェンダント, (ズィ) アキューズド
ひこようしゃ **被雇用者** hikoyousha	**çalışan** チャルシャン	employee インプロイイー
ひごろ **日頃** higoro	**her zaman, çoğu zaman** ヘル ザマーン, チョウ ザマーン	usually, always ユージュアリ, オールウェイズ
ひざ **膝** hiza	**diz** ディス	knee, lap ニー, ラプ
びざ **ビザ** biza	**vize** ヴィゼ	visa ヴィーザ
ひさいしゃ **被災者** hisaisha	**felaketzede** フェラーケットゼデ	victim, sufferer ヴィクティム, サファラ
ひさし **庇** (建物の) hisashi	**saçak** サチャック	eaves イーヴズ
(帽子の)	**şapka siperi** シャプカ スィペリ	visor ヴァイザ
ひざし **日差し** hizashi	**güneş ışığı** ギュネシ ウシュウ	sunlight サンライト
ひさしぶりに **久し振りに** hisashiburini	**uzun zaman sonra, uzun bir süre sonra** ウズン ザマーン ソンラ, ウズン ビ(ル) スュレ ソンラ	after a long time アフタ ア ローング タイム
ひざまずく **ひざまずく** hizamazuku	**diz çökmek** ディズ チョキメッキ	kneel down ニール ダウン
ひさんな **悲惨な** hisanna	**perişan** ペリーシャン	miserable, wretched ミゼラブル, レチェド
ひじ **肘** hiji	**dirsek** ディルセッキ	elbow エルボウ
ひしがた **菱形** hishigata	**eşkenar dörtgen** エシケナル ドゥルトゲン	rhombus, diamond shape, lozenge ランバス, ダイアモンド シェイプ, ラズィンヂ
びじねす **ビジネス** bijinesu	**ticaret, iş** ティジャーレット, イシ	business ビズネス

ひ

日	トルコ	英
〜マン	**iş adamı, iş kadını** イシ アダ厶, イシ カドゥヌ	businessman, businesswoman ビズネスマン, ビズネス**ウ**マン
ひじゅう 比重 hijuu	**özgül ağırlık, dansite** ウズ**ギュ**ル アウルルック, ダンスィテ	specific gravity スピスィフィク グラヴィティ
びじゅつ 美術 bijutsu	**güzel sanatlar** ギュゼル サナットラル	art, fine arts **アー**ト, **ファ**イン アーツ
〜館	**sanat müzesi** サ**ナ**ット ミュゼスィ	art museum **アー**ト ミューズィアム
ひじゅんする 批准する hijunsuru	**onaylamak** オナイラ**マ**ック	ratify **ラ**ティファイ
ひしょ 秘書 hisho	**sekreter** セクレテル	secretary **セ**クレテリ
ひじょう 非常 hijou	**acil durum** アージル ドゥルム	emergency イ**マー**デェンスィ
ひじょうかいだん 非常階段 hijoukaidan	**yangın merdiveni** ヤン**グ**ン メルディヴェニ	emergency staircase, emergency stairway イ**マー**デェンスィ ステアケイス, イ**マー**デェンスィ ステアウェイ
ひじょうきんの 非常勤の hijoukinno	**part-time, yarım gün** パルトタイ厶, ヤル厶 **ギュ**ン	part-time **パー**トタイ厶
ひじょうぐち 非常口 hijouguchi	**acil çıkış** アージル チュク**シ**	emergency exit イ**マー**デェンスィ **エ**グズィット
ひじょうしきな 非常識な hijoushikina	**saçma, mantıksız** サチ**マ**, マントゥック**スス**	absurd, unreasonable アブ**サー**ド, アン**リー**ズナブル
ひじょうな 非情な hijouna	**kalpsiz** カルプ**スィ**ス	heartless **ハー**トレス
ひじょうに 非常に hijouni	**çok, aşırı derecede** **チョ**ック, アシュル デレジェデ	very, unusually **ヴェ**リ, ア**ニュー**ジュアリ
ひしょち 避暑地 hishochi	**yazlık, tatil köyü** ヤズルック, ターティル キョ**ユ**	summer resort **サ**マ リゾート
びじん 美人 bijin	**güzel bir kadın** ギュゼル ピ(ル) カドゥン	beauty **ビュー**ティ

ひ

日	トルコ	英
ひすてりっくな **ヒステリックな** hisuterikkuna	**isterik** イステリッキ	hysterical ヒステリカル
ぴすとる **ピストル** pisutoru	**tabanca** タバンジャ	pistol ピストル
ぴすとん **ピストン** pisuton	**piston** ピストン	piston ピストン
びせいぶつ **微生物** biseibutsu	**mikrop** ミクロップ	microbe, microorganism マイクロウブ, マイクロウオーガニズム
ひそ **砒素** hiso	**arsenik** アルセニッキ	arsenic アースニク
ひぞう **脾臓** hizou	**dalak** ダラック	spleen スプリーン
ひそかな **密かな** hisokana	**gizli** ギズリ	secret, private スィークレト, プライヴェト
ひだ **ひだ** hida	**pli, büzgü** プリ, ビュズギュ	pleat, gathers プリート, ギャザズ
ひたい **額** hitai	**alın** アルン	forehead ファリド
びたみん **ビタミン** bitamin	**vitamin** ヴィタミン	vitamin ヴァイタミン
ひだり **左** hidari	**sol** ソル	left レフト
反右	**sağ** サー	right ライト
ひだりがわ **左側** hidarigawa	**sol tarafı** ソル タラフ	left side レフト サイド
ひつうな **悲痛な** hitsuuna	**feci, acıklı** フェジー, アジュックル	grievous, sorrowful グリーヴァス, サロウフル
ひっかかる **引っ掛かる** hikkakaru	**-e takılmak** エ タクルマック	get caught in ゲト コート イン
ひっかく **引っ掻く** hikkaku	**çizmek** チズメッキ	scratch スクラチ
ひっかける **引っ掛ける** hikkakeru	**asmak** アスマック	hang ハング

ひ

日	トルコ	英
ひっきしけん **筆記試験** hikkishiken	**yazılı sınav** ヤズル スナヴ	written examination リトン イグザミネイション
ひっくりかえす **ひっくり返す** hikkurikaesu	**ters çevirmek** テルス チェヴィルメッキ	knock over, over-turn ナク オウヴァ, オウヴァターン
ひっくりかえる **ひっくり返る** （倒れる） hikkurikaeru	**düşmek** デュシメッキ	fall over フォール オウヴァ
（さかさまになる）	**devrilmek** デヴリルメッキ	flip over, overturn フリプ オウヴァ, オウヴァターン
びっくりする **びっくりする** bikkurisuru	**şaşırmak** シャシュルマック	(be) surprised (ビ) サプライズド
ひづけ **日付** hizuke	**tarih** ターリヒ	date デイト
ひっこす **引っ越す** hikkosu	**taşınmak** タシュンマック	move, remove ムーヴ, リムーヴ
ひっこめる **引っ込める** hikkomeru	**geri almak** ゲリ アルマック	take back テイク バク
ぴっころ **ピッコロ** pikkoro	**pikolo** ピコロ	piccolo ピコロウ
ひつじ **羊** hitsuji	**koyun** コユン	sheep シープ
ひっしゅうの **必修の** hisshuuno	**zorunlu** ゾルンル	compulsory コンパルソリ
ひつじゅひん **必需品** hitsujuhin	**ihtiyaçlar** イフティヤーチラル	necessities ネセスィティズ
ひっすの **必須の** hissuno	**elzem, zorunlu** エルゼム, ゾルンル	indispensable インディスペンサブル
ひったくり **ひったくり** hittakuri	**kapkaç** カプカチ	purse-snatcher パーススナチャ
ひったくる **ひったくる** hittakuru	**kapmak** カプマック	snatch スナチ
ひっちはいく **ヒッチハイク** hicchihaiku	**otostop** オトストップ	hitchhike ヒチハイク
ぴっちゃー **ピッチャー** （水差し） picchaa	**sürahi** スュラーヒ	pitcher, ⑧jug ピチャ, チャグ

日	トルコ	英
(投手)	**atıcı** アトゥジュ	pitcher ピチャ
ひっぱる 引っ張る hipparu	**germek, uzatmak** ゲルメッキ, ウザトマック	stretch ストレチ
ひつよう 必要 hitsuyou	**gereklilik, ihtiyaç** ゲレッキリリッキ, イフティヤーチ	necessity, need ネセスィティ, ニード
～な	**gerekli** ゲレッキリ	necessary ネセセリ
ひていする 否定する hiteisuru	**inkâr etmek** インキャール エトメッキ	deny ディナイ
びでお ビデオ bideo	**video** ヴィデオ	video ヴィディオウ
びてきな 美的な bitekina	**estetik** エステティッキ	esthetic エスセティック
ひでり 日照り hideri	**kuraklık** クラックルック	drought ドラウト
ひと 人　(1人の人間) hito	**kişi** キシ	person, one パースン, ワン
(人類)	**insanoğlu** インサノール	mankind マンカインド
(他人)	**diğerleri, başkaları** ディエルレリ, バシカラル	others, other people アザズ, アザ ピープル
ひどい ひどい　(残忍な) hidoi	**zalim** ザーリム	cruel クルエル
ひといきで 一息で hitoikide	**bir solukta, bir nefeste** ビ(ル) ソルックタ, ビ(ル) ネフェステ	in one breath イン ワン ブレス
ひとがら 人柄 hitogara	**karakter** カラクテル	character キャラクタ
ひときれ 一切れ hitokire	**bir parça, bir dilim** ビ(ル) パルチャ, ビ(ル) ディリム	(a) piece (of) (ア) ピース (オヴ)
びとく 美徳 bitoku	**erdem, fazilet** エルデム, ファズィーレット	virtue ヴァーチュー
ひとくち 一口 hitokuchi	**bir lokma** ビ(ル) ロクマ	(a) mouthful (ア) マウスフル

ひ

日	トルコ	英
ひとごみ **人混み** hitogomi	**kalabalık** カラバルック	crowd クラウド
ひとさしゆび **人さし指** hitosashiyubi	**işaret parmağı** イシャーレット パルマウ	index finger, ®forefinger インデクス フィンガ, フォー フィンガ
ひとしい **等しい** hitoshii	**-e eşit** エ エシット	(be) equal to (ビ) イークワル トゥ
ひとじち **人質** hitojichi	**rehine, tutak** レヒーネ, トゥタック	hostage ハスティヂ
ひとそろい **一揃い** hitosoroi	**bir takım** ビ(ル) タクム	(a) set (ア) セト
ひとだかり **人だかり** hitodakari	**kalabalık** カラバルック	crowd クラウド
ひとで **人手** (他人の力) hitode	**yardım** ヤルドゥム	help, aid ヘルプ, エイド
(働き手)	**destek** デステッキ	hand, support ハンド, サポート
ひとなみの **人並みの** hitonamino	**sıradan** スラダン	ordinary, average オーディネリ, アヴァリヂ
ひとびと **人々** hitobito	**insanlar** インサンラル	people, men ピープル, メン
ひとまえで **人前で** hitomaede	**herkesin önünde** ヘルケスィン オニュンデ	in public イン パブリク
ひとみ **瞳** hitomi	**göz bebeği** ギョス ベベイ	pupil ピュービル
ひとみしりする **人見知りする** hitomishirisuru	**utanmak, utangaç olmak** ウタンマック, ウタンガチ オルマック	(be) shy, (be) wary of strangers (ビ) シャイ, (ビ) ウェアリ オヴ ストレインヂャズ
ひとめで **一目で** hitomede	**bir bakışta** ビ(ル) バクシタ	at a glance アト ア グランス
ひとやすみ **一休み** hitoyasumi	**mola** モラ	rest, break レスト, ブレイク
ひとりごとをいう **独り言を言う** hitorigotowoiu	**kendi kendine konuş-mak** ケンディ ケンディネ コヌシマック	talk to oneself トーク トゥ

ひ

日	トルコ	英
ひとりっこ **一人っ子** hitorikko	**tek çocuk** テッキ チョジュック	only child **オ**ウンリ **チャ**イルド
ひとりで **一人で** hitoride	**yalnız, tek başına** ヤンヌス, テッキ バシュナ	alone, by oneself ア**ロ**ウン, **バ**イ
ひとりぼっちで **独りぼっちで** hitoribocchide	**yapayalnız, yalnız** ヤパヤンヌス, ヤンヌス	alone ア**ロ**ウン
ひとりよがり **独り善がり** hitoriyogari	**kendini beğenmiş** ケンディニ ベエンミッシ	self-satisfaction セルフサティス**ファ**クション
ひな **雛** hina	**civciv** ジヴジヴ	chick **チ**ク
ひなたで **日向で** hinatade	**güneşte** ギュネシテ	in the sun イン ザ **サ**ン
ひなんする **避難する** hinansuru	**sığınmak** スウンマック	take refuge **テ**イク・レ**フュー**デ
ひなんする **非難する** hinansuru	**suçlamak** スチラマック	blame, accuse プレイム, ア**キュー**ズ
ひなんをあびる **非難を浴びる** hinanwoabiru	**-den suçlanmak** デン スチランマック	(be) accused of (ビ) ア**キュー**ズド オヴ
びにーる **ビニール** biniiru	**vinil** ヴィニル	vinyl **ヴァ**イニル
〜ハウス	**sera** セラ	(PVC) greenhouse (ピーヴィー**ス**ィー) グリーンハウス
ひにく **皮肉** hiniku	**iğneleme, ironi** イーネレメ, イロニ	sarcasm, irony **サ**ーキャズム, **ア**イアロニ
〜な	**iğneleyici, ironik** イーネレイジ, イロニッキ	sarcastic, ironic サー**キャ**スティク, アイ**ラ**ニク
ひにょうき **泌尿器** hinyouki	**üriner sistem** ユリネル スィステム	urinary organs **ユ**アリネリ **オ**ーガンズ
ひにん **避妊** hinin	**doğum kontrolü, hamileliği önleme** ドウム コントロリュ, ハーミレリイ ウンレメ	contraception カントラ**セ**プション
ひにんする **否認する** hininsuru	**inkâr etmek** インキャール エトメッキ	deny ディ**ナ**イ
びねつ **微熱** binetsu	**hafif ateş** ハフィフ アテシ	slight fever スライト **フィー**ヴァ

ひ

日	トルコ	英
ひねる **捻る** hineru	**bükmek** ビュキメッキ	twist, twirl トウィスト, トワール
ひのいり **日の入り** hinoiri	**gün batımı** ギュン バトゥ厶	sunset サンセット
ひので **日の出** hinode	**gün doğumu** ギュン ドウ厶	sunrise サンライズ
ひばな **火花** hibana	**kıvılcım** クヴルジュ厶	spark スパーク
ひばり **雲雀** hibari	**tarla kuşu** タルラ クシュ	lark ラーク
ひはん **批判** hihan	**eleştiri** エレシティリ	criticism クリティスィズム
～する	**eleştirmek** エレシティルメッキ	criticize クリティサイズ
ひび **ひび** hibi	**çatlak** チャトラック	crack クラク
ひびき **響き** hibiki	**eko** エコ	sound, echo サウンド, エコウ
ひびく **響く** hibiku	**eko yapmak, yankılan-mak** エコ ヤプマック, ヤンクランマック	resound, echo リザウンド, エコウ
ひひょう **批評** hihyou	**eleştiri** エレシティリ	criticism, review クリティスィズム, リヴュー
～する	**eleştirmek** エレシティルメッキ	criticize, review クリティサイズ, リヴュー
ひふ **皮膚** hifu	**cilt, deri** ジルト, デリ	skin スキン
～科	**dermatoloji, cildiye** デルマトロジ, ジルディイェ	dermatology デーマタロヂ
ひぼうする **誹謗する** hibousuru	**iftira etmek, iftira atmak** イフティラー エトメッキ, イフティラー アトマック	slander スランダ
ひぼんな **非凡な** hibonna	**olağanüstü** オラアニュステュ	exceptional イクセプショナル
ひま **暇** hima	**boş vakit** ボシ ヴァキット	leisure, spare time リージャ, スペア タイム

ひ

日	トルコ	英
〜な	**boş** ボシ	free, not busy フリー, ナト ビズィ
ひまご **曾孫** himago	**torun çocuğu** トルン チョジュウ	great-grandchild グレイトグランドチャイルド
ひまん **肥満** himan	**şişmanlık, obezlik** シシマンルック, オベズリッキ	obesity オウビースィティ
ひみつ **秘密** himitsu	**sır** スル	secret スィークレト
〜の	**gizli** ギズリ	secret スィークレト
びみょうな **微妙な** bimyouna	**ince** インジェ	subtle, delicate サトル, デリケト
ひめい **悲鳴** himei	**çığlık** チュールック	scream, shriek スクリーム, シュリーク
〜を上げる	**bağırmak, çığlık atmak** バウルマック, チュールック アトマック	scream, shriek スクリーム, シュリーク
ひめんする **罷免する** himensuru	**azletmek, yol vermek** アズレットメッキ, ヨル ヴェルメッキ	dismiss ディスミス
ひも **紐** himo	**ip, sicim** イップ, スィジム	string, cord ストリング, コード
ひやかす **冷やかす** hiyakasu	**takılmak, alay etmek** タクルマック, アライ エトメッキ	banter, tease バンタ, ティーズ
ひゃく **百** hyaku	**yüz** ユス	hundred ハンドレド
ひゃくまん **百万** hyakuman	**milyon** ミリヨン	million ミリオン
びゃくや **白夜** byakuya	**beyaz gece** ベヤス ゲジェ	midnight sun ミドナイト サン
ひやけ **日焼け** hiyake	**güneş yanığı** ギュネシ ヤヌウ	suntan, sunburn サンタン, サンバーン
〜する	**güneş yanığı olmak, bronzlaşmak** ギュネシ ヤヌウ オルマック, ブロンズラシマック	(get) suntanned, get a suntan (ゲト) サンタンド, ゲト ア サンタン
〜止め	**güneş kremi** ギュネシ クレミ	sunscreen サンスクリーン

ひ

日	トルコ	英
ひやす **冷やす** hiyasu	**soğutmak** ソウト**マック**	cool, ice **クール**, **アイス**
ひゃっかじてん **百科事典** hyakkajiten	**ansiklopedi** アンス**ィ**クロペ**ディ**	encyclopedia インサイクロウ**ピー**ディア
ひややかな **冷ややかな** hiyayakana	**soğuk, ilgisiz** ソ**ウ**ック, イルギ**スィ**ス	cold, indifferent **コ**ウルド, イン**ディ**ファレント
ひゆ **比喩** hiyu	**benzetme, mecaz** ベンゼト**メ**, メ**ジャ**ース	figure of speech **フィ**ギャ オヴ ス**ピー**チ
(暗喩)	**mecaz** メ**ジャ**ース	metaphor **メ**タフォー
～的な	**mecazi** メ**ジャ**ー**ズィ**ー	figurative **フィ**ギュラティヴ
ひゅーず **ヒューズ** hyuuzu	**elektrik sigortası** エレクト**リッ**キ ス**ィ**ゴルタス	fuse **フュー**ズ
ひゅーまにずむ **ヒューマニズム** hyuumanizumu	**hümanizm, insancıllık** ヒュマ**ニ**ズム, インサンジュル**ルック**	humanism **ヒュー**マニズム
びゅっふぇ **ビュッフェ** byuffe	**açık büfe** ア**チュッ**ク **ビュ**フェ	buffet プ**フェ**イ
ひょう **票** hyou	**oy** **オ**イ	vote **ヴォ**ウト
ひょう **表** hyou	**tablo** **タ**プロ	table, diagram **テ**イブル, **ダ**イアグラム
ひょう **雹** hyou	**dolu** **ド**ル	hail **ヘ**イル
ひよう **費用** hiyou	**maliyet** マーリ**エッ**ト	cost **コ**スト
びょう **秒** byou	**saniye** サー**ニ**エ	second **セ**コンド
びよう **美容** biyou	**güzellik bakımı** ギュゼル**リッ**キ バク**ム**	beauty treatment **ビュー**ティ ト**リー**トメント
～院	**güzellik salonu, kuaför** ギュゼル**リッ**キ サロ**ヌ**, クア**フォ**ル	beauty salon, hair salon **ビュー**ティ サ**ラ**ン, **ヘ**ア サ**ラ**ン
～師	**güzellik uzmanı** ギュゼル**リッ**キ ウズマ**ヌ**	beautician ビュー**ティ**シャン

日	トルコ	英
びょういん **病院** byouin	**hastane** ハスターネ	hospital ハスピトル
ひょうか **評価** hyouka	**değerlendirme** デエルレンディルメ	assessment, estimation アセスメント, エスティメイション
～する	**değerlendirmek** デエルレンディルメッキ	estimate, evaluate エスティメイト, イヴァリュエイト
ひょうが **氷河** hyouga	**buzul** ブズル	glacier グレイシャ
びょうき **病気** byouki	**hastalık** ハルタルック	illness, disease イルネス, ディズィーズ
～になる	**hastalanmak** ハスタランマック	get ill, get sick ゲト イル, ゲト スィック
ひょうきんな **ひょうきんな** hyoukinna	**şakacı** シャカジュ	jocular ヂャキュラ
ひょうけつ **票決** hyouketsu	**oylama** オイラマ	vote ヴォウト
ひょうげん **表現** hyougen	**ifade** イファーデ	expression イクスプレション
～する	**ifade etmek** イファーデ エトメッキ	express イクスプレス
ひょうご **標語** hyougo	**slogan** スロガン	slogan スロウガン
ひょうさつ **表札** hyousatsu	**isim levhası** イスィム レヴハス	nameplate, ⑧door-plate ネイムプレイト, ドープレイト
ひょうざん **氷山** hyouzan	**buz dağı** ブズ ダウ	iceberg アイスバーグ
ひょうし **表紙** hyoushi	**ön kapak** ウン カパック	cover カヴァ
ひょうじ **表示** hyouji	**belirti** ベリルティ	indication インディケイション
ひょうしき **標識** (道路の) hyoushiki	**trafik işareti** トラフィッキ イシャーレティ	road sign ロウド サイン
びょうしつ **病室** byoushitsu	**hastane odası** ハスターネ オダス	hospital room ハスピトル ルーム

ひ

日	トルコ	英
びょうしゃ **描写** byousha	**tasvir, betimleme** タスヴィル, ベティムレメ	description ディスクリプション
〜する	**tasvir etmek, anlatmak** タスヴィル エトメッキ, アンラトマック	describe ディスクライブ
びょうじゃくな **病弱な** byoujakuna	**hastalıklı** ハスタルックル	sickly スィクリ
ひょうじゅん **標準** hyoujun	**standart, ölçün** スタンダルト, ウルチュン	standard スタンダド
〜語	**standart dil, ölçünlü dil** スタンダルト ディル, ウルチュンリュ ディル	standard language スタンダド ラングウィデ
〜的な	**standart, ölçünlü** スタンダルト, ウルチュンリュ	standard, normal スタンダド, ノーマル
ひょうじょう **表情** hyoujou	**yüz ifadesi** ユズ イファーデスィ	(facial) expression (フェイシャル) イクスプレション
ひょうしょうする **表彰する** hyoushousuru	**övmek** ウヴメッキ	commend, honor コメンド, アナ
ひょうてき **標的** hyouteki	**hedef** ヘデフ	target ターゲト
びょうてきな **病的な** byoutekina	**hastalıklı** ハスタルックル	morbid, sick モービド, スィク
ひょうてん **氷点** hyouten	**donma noktası** ドンマ ノクタス	freezing point フリーズィング ポイント
びょうどう **平等** byoudou	**eşitlik** エシットリッキ	equality イクワリティ
〜の	**eşit** エシット	equal イークワル
びょうにん **病人** byounin	**hasta** ハスタ	sick person, patient スィク パースン, ペイシェント
ひょうはく **漂白** hyouhaku	**ağartma** アアルトマ	bleaching ブリーチング
〜剤	**ağartıcı** アアルトゥジュ	bleach, bleaching agent ブリーチ, ブリーチング エイヂェント

ひ

日	トルコ	英
～する	**ağartmak** アアルトマック	bleach ブリーチ
ひょうばん **評判** hyouban	**ün, şöhret, nam** ユン, ショフレット, ナム	reputation レピュテイション
ひょうほん **標本** hyouhon	**numune** ヌムーネ	specimen, sample スペスィメン, サンプル
ひょうめん **表面** hyoumen	**yüzey** ユゼイ	surface サーフェス
～張力	**yüzey gerilimi** ユゼイ ゲリリミ	surface tension サーフィス テンション
びょうりがく **病理学** byourigaku	**patoloji** パトロジ	pathology パサロヂ
ひょうりゅうする **漂流する** hyouryuusuru	**akıntıya kapılmak, akıntı- ya sürüklenmek** アクントゥヤ カプルマック, アクントゥヤ スュリュッキレンメッキ	drift ドリフト
ひょうろん **評論** hyouron	**eleştiri** エレシティリ	critique, review クリティーク, リヴュー
～家	**eleştirici, eleştirmen** エレシティリジ, エレシティルメン	critic, reviewer クリティク, リヴューア
ひよくな **肥沃な** hiyokuna	**verimli, bereketli** ヴェリムリ, ベレケットリ	fertile ファートル
ひよけ **日除け** hiyoke	**güneşlik** ギュネシリッキ	sunshade サンシェイド
ひよこ **ひよこ** hiyoko	**civciv, yavru kuş** ジヴジヴ, ヤヴル クシ	chick チク
ひらおよぎ **平泳ぎ** hiraoyogi	**kurbağalama (yüzme)** クルバアラマ (ユズメ)	breaststroke ブレストストロウク
ひらく **開く** (開ける) hiraku	**açmak** アチマック	open オウプン
(開始する)	**açmak, başlatmak** アチマック, バシラトマック	open, start オウプン, スタート
ひらける **開ける** (開化した) hirakeru	**uygar, medenî** ウイガル, メデニー	(be) civilized (ビ) スィヴィライズド
(広がる)	**yayılmak** ヤユルマック	spread, open スプレド, オウプン

ひ

日	トルコ	英
（発展する）	**gelişmek** ゲリシメッキ	develop ディヴェロプ
ひらめ 平目 hirame	**dil balığı, yassı balık** ディル バルウ, ヤッス バルック	flounder, flatfish フラウンダ, フラトフィシュ
ひらめく 閃く （頭に） hirameku	**aklına gelmek** アクルナ ゲルメッキ	come to mind カム トゥ マインド
ひりつ 比率 hiritsu	**oran** オラン	ratio レイショウ
びりやーど ビリヤード biriyaado	**bilardo** ビラルド	billiards ビリアヅ
ひりょう 肥料 hiryou	**gübre** ギュブレ	fertilizer, manure ファーティライザ, マニュア
ひる 昼 hiru	**öğle, öğle vakti** ウーレ, ウーレ ヴァクティ	noon ヌーン
ぴる ピル piru	**kontraseptif hapı, do-ğum kontrol hapı** コントラセプティフ ハプ, ドウム コントロル ハプ	pill, oral contra-ceptive ピル, オーラル カントラセプティヴ
ひるがえる 翻る hirugaeru	**dalgalanmak** ダルガランマック	flutter フラタ
ひるごはん 昼御飯 hirugohan	**öğle yemeği** ウーレ イェメイ	lunch ランチ
びるでぃんぐ ビルディング birudingu	**bina** ビナー	building ビルディング
ひるね 昼寝 hirune	**öğle uykusu** ウーレ ウイクス	afternoon nap アフタヌーン ナプ
ひるま 昼間 hiruma	**gündüz** ギュンデュス	daytime デイタイム
ひるやすみ 昼休み hiruyasumi	**öğle tatili, yemek molası** ウーレ ターティリ, イェメッキ モラス	lunch break, noon recess ランチ ブレイク, ヌーン リセス
ひれいする 比例する hireisuru	**ile orantılı olmak** イレ オラントゥル オルマック	(be) in proportion to (ビ) イン プロポーション トゥ
ひれつな 卑劣な hiretsuna	**namert** ナーメルト	despicable, sneaky デスピカブル, スニーキ

ひ

日	トルコ	英
ひれにく **ヒレ肉** hireniku	**fileto** フィレト	fillet フィレイ
ひろい **広い** hiroi	**geniş** ゲニシ	wide, broad ワイド，ブロード
ひろいん **ヒロイン** hiroin	**kadın kahraman** カドゥン カフラマン	heroine ヘロウイン
ひろう **拾う** hirou	**almak** アルマック	pick up ピク アプ
ひろうえん **披露宴** hirouen	**düğün** デュユン	wedding banquet ウェディング バンクウェット
ひろがる **広がる** hirogaru	**genişlemek, yayılmak** ゲニシレメッキ，ヤユルマック	extend, expand イクステンド，イクスパンド
ひろげる **広げる** hirogeru	**genişletmek, yaymak** ゲニシレトメッキ，ヤイマック	extend, enlarge イクステンド，インラーヂ
ひろさ **広さ** hirosa	**genişlik** ゲニシリッキ	width ウィドス
ひろば **広場** hiroba	**meydan** メイダン	open space, plaza オウプン スペイス，プラーザ
ひろま **広間** hiroma	**(büyük) salon** (ビュユック) サロン	hall, saloon ホール，サルーン
ひろまる **広まる** hiromaru	**yayılmak** ヤユルマック	spread, (be) propagated スプレド，(ビ) プラパゲイティド
ひろめる **広める** hiromeru	**yaymak** ヤイマック	spread, propagate スプレド，プラパゲイト
びわ **枇杷** biwa	**yenidünya, Malta eriği** イェニデュンヤー，マルタ エリイ	loquat ロウクワト
ひん **品** hin	**zarafet, şıklık** ザラーフェット，シュックルック	elegance エリガンス
びん **便** (飛行機の) bin	**uçuş** ウチュシ	flight フライト
びん **瓶** bin	**şişe** シシェ	bottle バトル
ぴん **ピン** (画びょう) pin	**raptiye** ラプティイェ	(drawing) pin (ドローイング) ピン

ひ

日	トルコ	英
ひんい **品位** hin-i	**saygınlık, haysiyet** サイグンルック, ハイスィエット	dignity ディグニティ
びんかんな **敏感な** binkanna	**hassas, duyarlı** ハッサス, ドゥヤルル	sensitive, suscepti- ble センスィティヴ, サセプティ ブル
ぴんく **ピンク** pinku	**pembe** ペンベ	pink ピンク
〜の	**pembe** ペンベ	pink ピンク
ひんけつ **貧血** hinketsu	**anemi, kansızlık** アネミ, カンスズルック	anemia アニーミア
ひんこん **貧困** hinkon	**yoksulluk, fakirlik** ヨクスルルック, ファキルリッキ	poverty パヴァティ
ひんし **品詞** hinshi	**sözcük türü** ソズジュック テュリュ	part of speech パート オヴ スピーチ
ひんしつ **品質** hinshitsu	**kalite, nitelik** カリテ, ニテリッキ	quality クワリティ
ひんしの **瀕死の** hinshino	**ölmekte olan** ウルメッキテ オラン	dying ダイイング
ひんじゃくな **貧弱な** hinjakuna	**zayıf, güçsüz** ザユフ, ギュチスス	poor, meager, fee- ble プア, ミーガ, フィーブル
ひんしゅ **品種** hinshu	**çeşit, tür, cins** チェシット, テュル, ジンス	variety, breed ヴァライエティ, ブリード
びんしょうな **敏捷な** binshouna	**atik, çevik** アティッキ, チェヴィッキ	agile アデル
ひんと **ヒント** (暗示) hinto	**ima** イーマー	hint ヒント
ひんど **頻度** hindo	**sıklık** スクルック	frequency フリークウェンスィ
ぴんと **ピント** pinto	**odak** オダック	focus フォウカス
ひんぱんな **頻繁な** hinpanna	**sık** スク	frequent フリークウェント
ひんぱんに **頻繁に** hinpanni	**sık sık** スク スク	frequently フリークウェントリ

ひ

日	トルコ	英
びんぼう **貧乏** binbou	**yoksulluk, fakirlik** ヨクスルルック, ファキルリッキ	poverty パヴァティ
～な	**yoksul, fakir** ヨクスル, ファキル	poor プア

ふ, フ

日	トルコ	英
ぶ **部** (部数) bu	**adet** アデット	copy カピ
(部署)	**bölüm** ボゥリュム	section セクション
ぶあい **歩合** buai	**oran, nispet** オラン, ニスペット	rate レイト
(パーセント)	**yüzde** ユズデ	percentage パセンティヂ
ぶあいそうな **無愛想な** buaisouna	**asosyal** アソスィアル	unsociable アンソウシャブル
ふぁいる **ファイル** fairu	**dosya** ドスィア	file ファイル
ふぁいんだー **ファインダー** faindaa	**vizör** ヴィゾゥル	viewfinder ヴューファインダ
ふぁうる **ファウル** fauru	**faul** ファウル	foul ファウル
ふぁしずむ **ファシズム** fashizumu	**faşizm** ファシズム	fascism ファシズム
ふぁすとふーど **ファストフード** fasutofuudo	**fast food, hazır yemek** ファースト フード, ハズル イェメッキ	fast food ファスト フード
ふぁすなー **ファスナー** fasunaa	**fermuar** フェルムアル	fastener, zipper ファスナ, ズィパ
ぶあつい **分厚い** buatsui	**kalın** カルン	thick スィク
ふぁっくす **ファックス** fakkusu	**faks** ファクス	fax ファクス
ふぁっしょん **ファッション** fasshon	**moda** モダ	fashion ファション

ふ

日	トルコ	英
ふあん **不安** fuan	**endişe** エンディシェ	uneasiness アニーズィネス
～な	**endişeli** エンディシェリ	uneasy, anxious アニーズィ, **ア**ンクシャス
ふぁんていな **不安定な** fuanteina	**dengesiz** デンゲスィス	unstable アンス**テ**イブル
ふぁんでーしょん **ファンデーション** fandeeshon	**fondöten** フォンドゥ**テ**ン	foundation ファウン**デ**イション
ふぃーと **フィート** fiito	**fit** フィット	feet **フ**ィート
ふぃーりんぐ **フィーリング** fiiringu	**his, duygu** ヒス, ドゥイグ	feeling **フ**ィーリング
ふぃーるど **フィールド** fiirudo	**saha** サーハ	field **フ**ィールド
～ワーク	**saha çalışması** サーハ チャルシマス	fieldwork **フ**ィールドワーク
ふぃぎゅあすけーと **フィギュアスケート** figyuasukeeto	**artistik patinaj** アルティス**テ**ィッキ パティナージ	figure skating **フ**ィギャ ス**ケ**イティング
ふぃくしょん **フィクション** fikushon	**kurgu, hayal** クル**グ**, ハ**ヤ**ール	fiction **フ**ィクション
ふいっち **不一致** fuicchi	**uyuşmazlık, anlaşmazlık** ウユシマズ**ル**ック, アンラシマズ**ル**ック	disagreement ディサグ**リ**ーメント
ふぃっとねすくらぶ **フィットネスクラブ** fittonesukurabu	**spor salonu** スポル サロ**ヌ**	fitness center **フ**ィトネス **セ**ンタ
ふいの **不意の** fuino	**ani, beklenmedik** アー**ニ**ー, ベク**レ**ンメディッキ	sudden, unexpected **サ**ドン, アニクス**ペ**クティド
ふぃりぴん **フィリピン** firipin	**Filipinler** フィリピンレル	Philippines **フ**ィリピーンズ
ふぃるたー **フィルター** firutaa	**filtre** フィルトレ	filter **フ**ィルタ
ふぃるむ **フィルム** firumu	**film** フィルム	film **フ**ィルム
ふぃんらんど **フィンランド** finrando	**Finlandiya** フィン**ラ**ンディヤ	Finland **フ**ィンランド

日	トルコ	英
ふうあつ **風圧** fuuatsu	**rüzgâr basıncı** リュズギャル バスンジュ	wind pressure ウィンド プレシャ
ふうかする **風化する** fuukasuru	**aşınmak** アシュンマック	weather, fade with time ウェザ, フェイド ウィズ タイム
ふうき **風紀** fuuki	**disiplin** ディスィプリン	discipline ディスィプリン
ぶーけ **ブーケ** buuke	**buket, çiçek demeti** ブケット, チチェッキ デメティ	bouquet ブーケイ
ふうけい **風景** fuukei	**manzara** マンザラ	scenery スィーナリ
～画	**peyzaj, manzara resmi** ペイザージ, マンザラ レスミ	landscape ランドスケイプ
ふうさする **封鎖する** fuusasuru	**kuşatma yapmak, abluka etmek** クシャトマ ヤプマック, アブルカ エトメッキ	blockade ブラケイド
ふうし **風刺** fuushi	**hicvetme** ヒジヴェットメ	satire サタイア
ふうしゃ **風車** fuusha	**yel değirmeni** イェル デイルメニ	windmill ウィンドミル
ふうしゅう **風習** fuushuu	**gelenek, âdet** ゲレネッキ, アーデット	customs カスタムズ
ふうしん **風疹** fuushin	**kızamıkçık** クザムックチュック	rubella ルーベラ
ふうせん **風船** fuusen	**balon** バロン	balloon バルーン
ふうそく **風速** fuusoku	**rüzgâr hızı** リュズギャル フズ	wind velocity ウィンド ヴェラスィティ
ふうぞく **風俗** fuuzoku	**âdet** アーデット	manners, customs マナズ, カスタムズ
ふうちょう **風潮** fuuchou	**trend, eğilim** ティレンド, エイリム	trend トレンド
ぶーつ **ブーツ** buutsu	**çizme, bot** チズメ, ボット	boots ブーツ
ふうど **風土** fuudo	**iklim** イクリム	climate クライメト

ふ

日	トルコ	英
ふうとう **封筒** fuutou	**zarf** ザルフ	envelope エンヴェロウプ
ふうふ **夫婦** fuufu	**karı koca, çift** カル コジャ, チフト	married couple, spouses マリド **カ**プル, ス**パ**ウセズ
ふうみ **風味** fuumi	**tat, lezzet** タット, レッゼット	flavor, taste, ⑧flavour フレイヴァ, テイスト, フレイヴァ
ぶーむ **ブーム** buumu	**geçici bir moda** ゲチジ ビ(ル) モダ	boom, fad **ブ**ーム, **ファ**ド
ふうりょく **風力** fuuryoku	**rüzgâr gücü** リュズギャル ギュジュ	wind power **ウィ**ンド **パ**ウア
ぶーる **プール** puuru	**yüzme havuzu** ユズメ ハヴズ	swimming pool ス**ウィ**ミング **プ**ール
ふうんな **不運な** fuunna	**şanssız** シャンス**ス**ス	unlucky アン**ラ**キ
ふえ **笛** fue	**düdük** デュデュック	whistle (ホ)**ウィ**スル
ふぇいんと **フェイント** feinto	**çalım** チャルム	feint **フェ**イント
ふぇすてぃばる **フェスティバル** fesutibaru	**festival** フェスティ**ヴァ**ル	festival **フェ**スティヴァル
ふぇみにすと **フェミニスト** feminisuto	**feminist** フェミ**ニ**スト	feminist **フェ**ミニスト
ふぇみにずむ **フェミニズム** feminizumu	**feminizm** フェミ**ニ**ズム	feminism **フェ**ミニズム
ふぇりー **フェリー** ferii	**feribot** フェリ**ボ**ト	ferry **フェ**リ
ふえる **増える** fueru	**artmak** アルト**マ**ック	increase インク**リ**ース
ふぇんしんぐ **フェンシング** fenshingu	**eskrim** エスク**リ**ム	fencing **フェ**ンスィング
ふぇんす **フェンス** fensu	**çit** チト	fence **フェ**ンス
ぶえんりょな **無遠慮な** buenryona	**pervasız, açık konuşan** ペルヴァー**ス**ス, ア**チュ**ック コヌシャン	blunt, impudent ブ**ラ**ント, **イ**ンピュデント

ふ

日	トルコ	英
ふぉあぐら **フォアグラ** foagura	**kaz ciğeri** カス ジエリ	foie gras フワー グラー
ふぉーく **フォーク** fooku	**çatal** チャタル	fork **フォー**ク
ふぉーまっと **フォーマット** foomatto	**format, biçim** フォルマット, ビチム	format **フォー**マト
ふぉーむ **フォーム** foomu	**form, biçim, şekil** フォルム, ビチム, シェキル	form **フォー**ム
ふぉーらむ **フォーラム** fooramu	**forum, toplu tartışma** フォルム, トプル タルトゥシマ	forum **フォー**ラム
ふぉるだ **フォルダ** foruda	**klasör** クラソゥル	folder, directory **フォ**ウルダ, ディレクタリ
ふおんな **不穏な** fuonna	**tehditkâr, tehdit edici** テフディトキャル, テフディット エディジ	threatening スレトニング
ぶか **部下** buka	**maiyet** マイイェット	subordinate サブ**オー**ディネト
ふかい **深い** fukai	**derin** デリン	deep, profound **ディー**プ, プロ**ファ**ウンド
ふかいな **不快な** fukaina	**iğrenç, rahatsız** イーレンチ, ラハットスス	unpleasant アンプ**レ**ザント
ふかかいな **不可解な** fukakaina	**anlaşılması güç, anlama- sı zor** アンラシュルマス ギュチ, アンラマス ゾル	incomprehensible インカンプリ**ヘ**ンスィブル
ふかけつな **不可欠な** fukaketsuna	**elzem, olmazsa olmaz** エルゼム, オルマズサ オルマス	indispensable インディス**ペ**ンサブル
ふかさ **深さ** fukasa	**derinlik** デリンリッキ	depth **デ**プス
ふかのうな **不可能な** fukanouna	**imkânsız, olamaz** イムキャンスス, オラマス	impossible イン**パ**スィブル
ふかんぜんな **不完全な** fukanzenna	**kusurlu, mükemmel ol- mayan** クスルル, ミュケンメル オルマヤン	imperfect イン**パー**フィクト
ぶき **武器** buki	**silah** スィラフ	arms, weapon **アー**ムズ, **ウェ**ポン
ふきかえ **吹き替え** fukikae	**dublaj** ドゥブ**ラー**ジ	dubbing, dubbing audio **ダ**ビング, **ダ**ビング **オー** ディオウ

ふ

日	トルコ	英
ふきげんな **不機嫌な** fukigenna	**keyifsiz** ケイフ**ス**ィス	bad-tempered バドテンパド
ふきそくな **不規則な** fukisokuna	**düzensiz** デュゼン**ス**ィス	irregular イレギュラ
ふきだす **噴き出す** fukidasu	**fışkırmak, püskürmek** フシクル**マ**ック, ピュスキュル**メ**ッキ	spout スパウト
（笑い出す）	**kahkaha basmak, kahka- ha koparmak** カフカハ バス**マ**ック, カフカハ コパル**マ**ック	burst out laughing バースト アウト **ラ**フィング
ふきつな **不吉な** fukitsuna	**uğursuz** ウウル**ス**ス	ominous **ア**ミナス
ふきでもの **吹き出物** fukidemono	**sivilce** スィ**ヴ**ィルジェ	pimple **ピ**ンプル
ぶきみな **不気味な** bukimina	**esrarengiz** エスラーレン**ギ**ス	weird, uncanny **ウ**ィアド, アン**キ**ャニ
ふきゅうする **普及する** fukyuusuru	**yayılmak** ヤユル**マ**ック	spread, diffuse ス**プ**レド, ディ**フュ**ーズ
ふきょう **不況** fukyou	**ekonomik durgunluk** エコノ**ミ**ッキ ドゥル**グ**ンルック	recession, slump リ**セ**ション, ス**ラ**ンプ
ぶきような **不器用な** bukiyouna	**sakar, beceriksiz** **サ**カル, ベジェリッキ**ス**ィス	clumsy, awkward ク**ラ**ムズィ, **オ**ークワド
ふきん **付近** fukin	**çevre** **チ**ェヴレ	neighborhood **ネ**イバフド
ふきんこう **不均衡** fukinkou	**dengesizlik** デンゲ**ス**ィズリッキ	imbalance イン**バ**ランス
ふく **吹く** （風が） fuku	**esmek** エス**メ**ッキ	blow ブ**ロ**ウ
ふく **拭く** fuku	**silmek** スィル**メ**ッキ	wipe **ワ**イプ
ふく **服** fuku	**kıyafet, giysi** クヤー**フ**ェット, **ギ**イスィ	clothes ク**ロ**ウズ
ふくえきする **服役する** fukuekisuru	**hapis yatmak** **ハ**ピス ヤト**マ**ック	serve one's term **サ**ーヴ **タ**ーム
ふくげんする **復元する** fukugensuru	**restore etmek** レスト**レ** エト**メ**ッキ	restore, recon- struct リスト**ー**, リーコンスト**ラ**クト

ふ

日	トルコ	英
ふくざつな **複雑な** fukuzatsuna	**karmaşık** カルマ**シュ**ック	complicated **カ**ンプリ**ケ**イティド
ふくさよう **副作用** fukusayou	**yan etki** ヤン エト**キ**	side effect **サ**イド イ**フェ**クト
ふくさんぶつ **副産物** fukusanbutsu	**yan ürün** ヤン ユ**リュ**ン	by-product **バ**イプ**ラ**ダクト
ふくし **副詞** fukushi	**belirteç** ベリル**テ**ッチ	adverb **ア**ド**ヴァ**ープ
ふくし **福祉** fukushi	**refah, sosyal yardımlaş-ma** レ**ファ**ーフ, ソスィ**ヤ**ル ヤルドゥムラシ**マ**	welfare **ウェ**ルフェア
ふくしゅう **復讐** fukushuu	**intikam, öç** インティ**カ**ーム, **ウ**チ	revenge リ**ヴェ**ンヂ
～する	**intikam almak** インティ**カ**ーム アル**マ**ック	revenge on リ**ヴェ**ンヂ オン
ふくしゅう **復習** fukushuu	**gözden geçirme, tekrar ele alma** ギョズ**デ**ン ゲチル**メ**, テク**ラ**ール エ**レ** ア**ル**マ	review リ**ヴュ**ー
～する	**gözden geçirmek** ギョズ**デ**ン ゲチル**メ**ッキ	review リ**ヴュ**ー
ふくじゅうする **服従する** fukujuusuru	**itaat etmek** イタ**ア**ト エト**メ**ッキ	obey, submit to オ**ベ**イ, サブ**ミ**ト トゥ
ふくすう **複数** fukusuu	**çoğul** チョ**ウ**ル	plural プル**ア**ラル
反 単数	**tekil** テ**キ**ル	singular **スィ**ンギュラ
ふくせい **複製** fukusei	**kopya, reprodüksiyon** **コ**ピヤ, レプロデュクスィ**ヨ**ン	reproduction リープロ**ダ**クション
ふくそう **服装** fukusou	**kıyafet, giysi** クヤー**フェ**ット, ギイ**ス**ィ	dress, clothes **ド**レス, ク**ロ**ウズ
ふくだい **副題** fukudai	**alt başlık** **ア**ルト バシ**ル**ック	subtitle **サ**ブタイトル
ふくつう **腹痛** fukutsuu	**mide ağrısı, karın ağrısı** ミー**デ** アール**ス**, カ**ル**ン アール**ス**	stomachache ス**タ**マケイク
ふくまく **腹膜** fukumaku	**periton, karın zarı** ペリ**ト**ン, カ**ル**ン ザ**ル**	peritoneum ペリト**ニ**ーアム

ふ

日	トルコ	英
～炎	peritonit, karın zarı yangısı ペリトニット, カルン ザル ヤングス	peritonitis ペリト**ナ**イティス
ふくむ **含む** fukumu	içermek, kapsamak イチェル**メ**ッキ, カプサ**マ**ック	contain, include コン**テ**イン, インク**ルー**ド
ふくめる **含める** fukumeru	dâhil etmek ダー**ヒ**ル エト**メ**ッキ	include インク**ルー**ド
ふくらはぎ **ふくらはぎ** fukurahagi	baldır バル**ドゥ**ル	calf **キャ**フ
ふくらます **膨らます** fukuramasu	şişirmek, kabartmak シシル**メ**ッキ, カバルト**マ**ック	swell, expand ス**ウェ**ル, イクス**パ**ンド
ふくらむ **膨らむ** fukuramu	şişmek, kabarmak シシ**メ**ッキ, カバル**マ**ック	swell, (get) big ス**ウェ**ル, (ゲト) **ビ**グ
ふくれる **膨れる** fukureru	şişmek, kabarmak シシ**メ**ッキ, カバル**マ**ック	swell ス**ウェ**ル
ふくろ **袋** fukuro	çanta, torba **チャ**ンタ, ト**ル**バ	bag, sack **バ**グ, **サ**ク
ふくろう **梟** fukurou	baykuş バイ**ク**シ	owl **ア**ウル
ふけいざいな **不経済な** fukeizaina	ekonomik olmayan, iktisadî olmayan エコノ**ミ**ッキ **オ**ルマヤン, イクティサー**ディ**ー **オ**ルマヤン	uneconomical アニーコ**ナ**ミカル
ふけつな **不潔な** fuketsuna	pis, kirli **ピ**ス, キル**リ**	unclean, dirty アンク**リー**ン, **ダー**ティ
ふける **老ける** fukeru	yaşlanmak ヤシラン**マ**ック	grow old グ**ロ**ウ **オ**ウルド
ふこう **不幸** fukou	mutsuzluk ムトスズ**ル**ック	unhappiness, misfortune アン**ハ**ピネス, ミス**フォー**チュン
～な	mutsuz ムト**ス**ス	unhappy アン**ハ**ピ
ふごう **符号** fugou	işaret, simge イ**シャー**レット, ス**ィム**ゲ	sign **サ**イン
ふごうかく **不合格** fugoukaku	başarısızlık バシャルスズ**ル**ック	failure **フェ**イリャ

日	トルコ	英
ふこうへいな **不公平な** fukouheina	**haksız** ハクスス	unfair, partial アンフェア, パーシャル
ふごうりな **不合理な** fugourina	**mantıksız** マントゥックスス	unreasonable アンリーズナブル
ぶざー **ブザー** buzaa	**zil** ズィル	buzzer バザ
ふざい **不在** fuzai	**yokluk, mevcut olmayan** ヨックルック, メヴジュット オルマヤン	absence アブセンス
ふさがる **塞がる**（一杯になる） fusagaru	**dolu olmak** ドル オルマック	(be) occupied (ビ) アキュパイド
（詰まる）	**tıkanmak** トゥカンマック	(be) filled (ビ) フィルド
（閉まる）	**kapatılmak** カパトゥルマック	(be) closed (ビ) クロウズド
ふさく **不作** fusaku	**kötü hasat** キョテュ ハサット	bad harvest バド ハーヴェスト
ふさぐ **塞ぐ**（占める） fusagu	**işgal etmek, doldurmak** イシガール エトメッキ, ドルドゥルマック	occupy アキュパイ
（閉める・遮断する）	**kapatmak** カパトマック	close, block クロウズ, ブラク
ふざける **ふざける** fuzakeru	**şaka yapmak** シャカ ヤプマック	joke, jest ヂョウク, ヂェスト
ぶさほうな **不作法な** busahouna	**terbiyesiz, nezaketsiz** テルビエスィス, ネザーケットスィス	ill mannered, rude イル マナド, ルード
ふさわしい **ふさわしい** fusawashii	**uygun, elverişli** ウイグン, エルヴェリシリ	suitable, becoming スータブル, ビカミング
ふし **節**（太くなっている所） fushi	**boğum** ボウム	knot, gnarl ナト, ナール
（関節）	**eklem** エクレム	joint, knuckle ヂョイント, ナクル
ふじ **藤** fuji	**morsalkım** モルサルクム	wisteria ウィスティアリア
ふしぎな **不思議な** fushigina	**gizemli, tuhaf** ギゼムリ, トゥハフ	mysterious, strange ミスティアリアス, ストレインヂ

ふ

日	トルコ	英
<ruby>不自然な<rt>ふしぜんな</rt></ruby> fushizenna	**doğal olmayan, anormal** ドアル オルマヤン, アノルマル	unnatural アンナチュラル
<ruby>不死鳥<rt>ふしちょう</rt></ruby> fushichou	**anka kuşu, feniks** アンカ クシュ, フェニックス	phoenix フィーニクス
<ruby>無事に<rt>ぶじに</rt></ruby> bujini	**sağ salim** サー サーリム	safely, without incident セイフリ, ウィザウト インスィデント
<ruby>不死身の<rt>ふじみの</rt></ruby> fujimino	**ölümsüz, ebedî** ウリュムスュズ, エベディー	immortal イモータル
<ruby>不十分な<rt>ふじゅうぶんな</rt></ruby> fujuubunna	**yetersiz, kifayetsiz** イエテルスィズ, キファーイエットスィズ	insufficient インサフィシェント
<ruby>部署<rt>ぶしょ</rt></ruby> busho	**bölüm** ボゥリュム	department ディパートメント
<ruby>負傷<rt>ふしょう</rt></ruby> fushou	**yara** ヤラ	wound ウーンド
～者	**yaralı** ヤラル	injured person インヂャド パースン
～する	**yaralanmak** ヤラランマック	(be) injured (ビ) インヂャド
<ruby>不精な<rt>ぶしょうな</rt></ruby> bushouna	**tembel** テンベル	lazy レイズィ
<ruby>腐食<rt>ふしょく</rt></ruby> fushoku	**korozyon, aşındırma** コロズィオン, アシュンドゥルマ	corrosion カロウジョン
<ruby>侮辱<rt>ぶじょく</rt></ruby> bujoku	**hakaret** ハカーレット	insult インサルト
～する	**hakaret etmek** ハカーレット エトメッキ	insult インサルト
<ruby>不信<rt>ふしん</rt></ruby> fushin	**güvensizlik** ギュヴェンスィズリッキ	distrust ディストラスト
<ruby>不親切な<rt>ふしんせつな</rt></ruby> fushinsetsuna	**nezaketsiz** ネザーケットスィズ	unkind アンカインド
<ruby>不信任<rt>ふしんにん</rt></ruby> fushinnin	**güvensizlik** ギュヴェンスィズリッキ	no-confidence ノウカンフィデンス
<ruby>不正<rt>ふせい</rt></ruby> fusei	**adaletsizlik, haksızlık** アダーレットスィズリッキ, ハックスズルック	injustice インヂャスティス

ふ

日	トルコ	英
～な	**haksız, adaletsiz** ハックスス, アダーレットスィス	unjust, foul アンヂャスト, ファウル
ふせいかくな **不正確な** fuseikakuna	**hatalı, yanlış** ハタール, ヤンルシ	inaccurate イナキュレト
ふせぐ **防ぐ** （食い止める） fusegu	**engellemek, alıkoymak** エンゲルレメッキ, アルコイマック	stem, hinder ステム, ヒンダ
（防止する）	**önlemek** ウンレメッキ	prevent プリヴェント
ふせる **伏せる** （うつ伏せになる） fuseru	**yüzüstü olmak** ユズュステュ オルマック	lie on one's face ライ オン フェイス
（隠す）	**gizlemek** ギズレメッキ	conceal コンスィール
ぶそう **武装** busou	**silahlanma** スィラフランマ	armaments アーマメンツ
～する	**silahlanmak** スィラフランマック	arm アーム
ふそく **不足** fusoku	**eksiklik, noksanlık** エキスィッキリッキ, ノクサンルック	want, lack ワント, ラク
～する	**eksik olmak, yetersiz olmak** エキスィッキ オルマック, イェテルスィス オルマック	(be) short of, lack (ビ) ショート オヴ, ラク
ふそくの **不測の** fusokuno	**beklenmedik, umulmadık** ベクレンメディッキ, ウムルマドゥック	unforeseen アンフォースィーン
ふぞくの **付属の** fuzokuno	**ekli** エキリ	attached アタチト
ふた **蓋** futa	**kapak** カパック	lid リド
ふだ **札** fuda	**etiket, kart** エティケット, カルト	label, tag レイベル, タグ
ぶた **豚** buta	**domuz** ドムス	pig ピグ
ぶたい **舞台** butai	**sahne** サフネ	stage ステイヂ
ふたご **双子** futago	**ikiz** イキス	twins トウィンズ

ふ

日	トルコ	英
〜座	**İkizler Burcu** イキズレル プルジュ	Twins, Gemini トウィンズ, **チ**ェミナイ
ふたしかな **不確かな** futashikana	**belirsiz** ベリル**ス**ィス	uncertain アン**サ**ートン
ふたたび **再び** futatabi	**tekrar, yine, yeniden** テク**ラ**ール, **イ**ネ, イ**ェ**ニデン	again, once more ア**ゲ**イン, ワンス **モ**ー
ぶたにく **豚肉** butaniku	**domuz eti** ド**ム**ス エ**ティ**	pork **ポ**ーク
ふたん **負担** futan	**yük** ユック	burden **バ**ードン
ふだんぎ **普段着** fudangi	**gündelik giysi** ギュンデ**リ**ッキ **ギ**イスィ	casual wear **キャ**ジュアル **ウェ**ア
ふだんの **普段の** fudanno	**alışılmış, her zamanki** アルシュル**ム**シ, **ヘ**ル ザマーン**キ**	usual **ユ**ージュアル
ふだんは **普段は** fudanwa	**genellikle, çoğu kez** ゲネル**リ**ッキレ, チョ**ウ ケ**ス	usually **ユ**ージュアリ
ふち **縁** fuchi	**kenar** ケ**ナ**ル	edge, brink **エ**ヂ, ブ**リ**ンク
ふちゅういな **不注意な** fuchuuina	**dikkatsiz** ディッカット**ス**ィス	careless **ケ**アレス
ぶちょう **部長** buchou	**direktör** ディレク**トゥ**ル	director ディ**レ**クタ
ふつうの **普通の** futsuuno	**normal, genel** ノル**マ**ル, ゲ**ネ**ル	normal, general **ノ**ーマル, **チ**ェネラル
ふつうは **普通は** futsuuwa	**genellikle, genelde** ゲネル**リ**ッキレ, ゲネル**デ**	usually **ユ**ージュアリ
ふつうよきん **普通預金** futsuuyokin	**vadesiz mevduat** ヴァーデ**ス**ィス メヴドゥー**ア**ート	ordinary deposit **オ**ーディネリ ディ**パ**ズィト
ぶっか **物価** bukka	**fiyat** フィ**ヤ**ット	prices プ**ラ**イセズ
ふっかつ **復活** fukkatsu	**(yeniden) canlanma** イ**ェ**ニデン ジャンラン**マ**	revival, comeback リ**ヴァ**イヴァル, カム**バ**ク
〜祭	**paskalya** パス**カ**リヤ	Easter **イ**ースタ
〜する	**yeniden canlanmak** イ**ェ**ニデン ジャンラン**マ**ック	revive リ**ヴァ**イヴ

ふ

日	トルコ	英
ぶつかる **ぶつかる** butsukaru	**çarpmak** チャルプマック	hit, collide ヒト, コライド
ふっきゅうする **復旧する** fukkyuusuru	**eski hâline gelmek** エスキ ハーリネ ゲルメッキ	(be) restored (ビ) リストード
ぶっきょう **仏教** bukkyou	**Budizm** ブディズム	Buddhism ブディズム
～徒	**Budist** ブディスト	Buddhist ブディスト
ぶつける **ぶつける** （衝突する） butsukeru	**-e çarpmak** エ チャルプマック	bump against バンプ アゲンスト
（投げて当てる）	**atmak** アトマック	throw at スロウ アト
ふっこう **復興** fukkou	**yeniden canlandırma, kalkınma** イェニデン ジャンランドゥルマ, カルクンマ	reconstruction, re-vival リーコンストラクション, リヴァイヴァル
～する	**yeniden canlandırmak, kalkınmak** イェニデン ジャンランドゥルマック, カルクンマック	reconstruct, revive リーコンストラクト, リヴァイヴ
ふつごう **不都合** futsugou	**zahmet, sıkıntı** ザフメット, スクントゥ	inconvenience インコンヴィーニエンス
ぶっしつ **物質** busshitsu	**madde** マッデ	matter, substance マタ, サブスタンス
ふっそ **弗素** fusso	**flor** フロル	fluorine フルオリーン
ぶつぞう **仏像** butsuzou	**Buda heykeli** ブダ ヘイケリ	Buddha statue ブダ スタチュー
ぶったい **物体** buttai	**cisim, nesne** ジスィム, ネスネ	object, thing アブヂェクト, スィング
ふっとうする **沸騰する** futtousuru	**kaynamak** カイナマック	boil ボイル
ぶつり **物理** butsuri	**fizik** フィジック	physics フィズィクス
～学者	**fizikçi** フィズィキチ	physicist フィズィスィスト

ふ

544

日	トルコ	英
ふで **筆** fude	**fırça** フルチャ	writing brush ライティング ブラシュ
ふていかんし **不定冠詞** futeikanshi	**belirsiz tanımlık** ベリルスィス タヌムルック	indefinite article インデフィニト アーティクル
ふていし **不定詞** futeishi	**mastar, eylemlik** マスタル, エイレムリッキ	infinitive インフィニティヴ
ふていの **不定の** futeino	**belirsiz** ベリルスィス	indefinite インデフィニト
ふてきとうな **不適当な** futekitouna	**elverişsiz, uygun olmayan** エルヴェリシスィス, ウイグン オルマヤン	unsuitable アンスータブル
ふと **ふと** futo	**birden, ansızın** ビルデン, アンスズン	suddenly, by chance サドンリ, バイ チャンス
ふとい **太い** (直径や幅が) futoi	**kalın** カルン	big, thick ビグ, スィク
(声が)	**kalın, tok** カルン, トック	deep ディープ
ぶどう **葡萄** budou	**üzüm** ユズュム	grapes グレイプス
ふどうさん **不動産** fudousan	**taşınmaz mal, mülk** タシュンマズ マル, ミュルキ	real estate, real property, immovables リーアル イステイト, リーアル プラパティ, イムーヴァブルズ
反 動産	**taşınır mal** タシュヌル マル	movables ムーヴァブルズ
ふとうな **不当な** futouna	**haksız, adaletsiz** ハクスス, アダーレットスィス	unjust アンチャスト
ふところ **懐** (懐中) futokoro	**cep** ジェップ	pocket パケト
(財布)	**cüzdan** ジュズダン	purse パース
(胸)	**göğüs** ギョユス	bosom, breast ブザム, ブレスト
ふとさ **太さ** futosa	**kalınlık** カルンルック	thickness スィクネス

日	トルコ	英
ふとじ **太字** futoji	**kalın font, kalın yazı** カルン フォント, カルン ヤズ	bold type ボウルド **タイプ**
ふともも **太腿** futomomo	**uyluk** ウイルック	thigh **サイ**
ふとる **太る** futoru	**kilo almak, şişmanlamak** キロ アルマック, シシマンラマック	grow fat グロウ **ファト**
ふとん **布団** futon	**yer yatağı, yorgan** イェル ヤタウ, ヨルガン	bedding, futon ベディング, **フートーン**
ふなよい **船酔い** funayoi	**deniz tutması** デニス トゥトゥマス	seasickness **スィースィ**クネス
ぶなんな **無難な** bunanna	**güvenli** ギュヴェンリ	safe, acceptable **セイフ**, アクセ**プタブル**
ふにんしょう **不妊症** funinshou	**kısırlık** クスルルック	sterility ステ**リ**リティ
ふね **船[舟]** fune	**gemi, vapur** ゲミ, ヴァプル	boat, ship ボウト, **シプ**
（ボート）	**kayık** カユック	boat ボウト
ふねんせいの **不燃性の** funenseino	**yanmaz** ヤンマス	nonflammable, fireproof ナン**フラ**マブル, **ファイアプ**ルーフ
ふはい **腐敗** fuhai	**çürüme, kokuşma** チュリュメ, コクシマ	putrefaction ピュート**レ**ファクション
ぶひん **部品** buhin	**parça, eleman** パル**チャ**, エレ**マン**	part, component **パー**ト, コン**ポウ**ネント
ふぶき **吹雪** fubuki	**kar fırtınası** カル フルト**ゥ**ナス	snowstorm スノウストーム
ぶぶん **部分** bubun	**kısım, parça** クスム, パル**チャ**	part, portion **パー**ト, **ポー**ション
ふへい **不平** fuhei	**memnuniyetsizlik, hoşnutsuzluk** メムヌーニイェットスィズ**リ**ッキ, ホシヌットスズ**ル**ック	dissatisfaction ディスサティス**ファ**クション
ぶべつ **侮蔑** bubetsu	**aşağılama, hor görme** アシャウラ**マ**, **ホ**ル ギョル**メ**	contempt コン**テ**ンプト
ふへんてきな **普遍的な** fuhentekina	**evrensel, üniversal** エヴレン**セ**ル, ユニヴェル**サ**ル	universal ユーニ**ヴァー**サル

ふ

日	トルコ	英
ふべんな **不便な** fubenna	**uygunsuz, elverişsiz** ウイグンスス, エルヴェリシスィス	inconvenient インコンヴィーニェント
ふほうな **不法な** fuhouna	**yasa dışı, kanunsuz** ヤサ ドゥシュ, カーヌーンスス	unlawful アンローフル
ふまん **不満** fuman	**hoşnutsuzluk** ホシヌットスズルック	discontent ディスコンテント
～な	**hoşnutsuz** ホシヌットスス	discontented ディスコンテンティド
ふみきり **踏切** fumikiri	**demir yolu geçidi** デミル ヨル ゲチディ	railroad crossing (レイルロウド) クロースィング
ふみだい **踏み台** fumidai	**tabure merdiven** タブレ メルディヴェン	stool, stepladder ストゥール, ステプラダ
ふみんしょう **不眠症** fuminshou	**uykusuzluk, uyuyamaz-lık** ウイクスズルック, ウユヤマズルック	insomnia インサムニア
ふむ **踏む** fumu	**basmak** バスマック	step, tread ステプ, トレド
ふめいな **不明な** fumeina	**bilinmeyen, tanınmayan** ビリンメイェン, タヌンマヤン	unknown アンノウン
ふめいよ **不名誉** fumeiyo	**onursuzluk, haysiyetsiz-lik** オヌルスズルック, ハイスィイェットスィズリッキ	dishonor ディスアナ
～な	**onursuz, haysiyetsiz** オヌルスス, ハイスィイェットスィス	dishonorable ディサナラブル
ふめいりょうな **不明瞭な** fumeiryouna	**belirsiz, açık olmayan** ベリルスィス, アチュック オルマヤン	obscure, unclear オブスキュア, アンクリア
ふもうな **不毛な** fumouna	**kısır, verimsiz** クスル, ヴェリムスィス	sterile ステリル
ふもと **麓** fumoto	**dağ eteği** ダー エテイ	foot フト
ぶもん **部門** bumon	**bölüm** ボゥリュム	section セクション
ふやす **増やす** fuyasu	**artırmak, çoğaltmak** アルトゥルマック, チョアルトマック	increase インクリース
ふゆ **冬** fuyu	**kış** クシ	winter ウィンタ

ふ

日	トルコ	英
ふゆかいな **不愉快な** fuyukaina	**hoş olmayan, nahoş** ホシ オルマヤン, ナーホシ	disagreeable ディサグリーアブル
ぶよう **舞踊** buyou	**oyun, dans** オユン, ダンス	dance ダンス
ふようする **扶養する** fuyousuru	**desteklemek** デステッキレメッキ	support サポート
ふような **不用な** fuyouna	**gereksiz, lüzumsuz** ゲレッキスィズ, リュズムスス	unnecessary アンネセセリ
ふらい **フライ** furai	**kızartma, kızartılmış** クザルトマ, ソザルトゥルムシ	fry, fried フライ, フライド
ふらいと **フライト** furaito	**uçuş** ウチュシ	flight フライト
ぷらいど **プライド** puraido	**gurur, övünç** グルル, ウヴュンチ	pride プライド
ふらいどぽてと **フライドポテト** furaidopoteto	**patates kızartması, cips** パタテス クザルトマス, ジプス	French fries, Ⓑchips フレンチ フライズ, チプス
ぷらいばしー **プライバシー** puraibashii	**gizlilik, özel hayat** ギズリリッキ, ウゼル ハヤット	privacy プライヴァスィ
ふらいぱん **フライパン** furaipan	**tava** タヴァ	frying pan, skillet フライイング パン, スキレト
ぷらいべーとな **プライベートな** puraibeetona	**hususi, özel** フスースィー, ウゼル	private プライヴェト
ふらいんぐ **フライング** furaingu	**hatalı çıkış** ハタール チュクシ	false start フォールス スタート
ぷらいんど **ブラインド** buraindo	**perde** ペルデ	blind ブラインド
	（シャッター式）**panjur** パンジュル	shutter blind シャタ ブラインド
ぷらうす **ブラウス** burausu	**bluz** ブルズ	blouse ブラウス
ぷらぐ **プラグ** puragu	**fiş, elektrik fişi** フィシ, エレキトリッキ フィシ	plug プラグ
ぷらさがる **ぶら下がる** burasagaru	**asılmak** アスルマック	hang, dangle ハング, ダングル

ふ

日	トルコ	英
ぶらさげる **ぶら下げる** burasageru	**asmak** アスマック	hang, suspend ハング，サスペンド
ぶらし **ブラシ** burashi	**fırça** フルチャ	brush ブラシュ
ぶらじゃー **ブラジャー** burajaa	**sutyen** スティエン	brassiere, bra ブラズィア，ブラー
ぶらじる **ブラジル** burajiru	**Brezilya** ブレズィリヤ	Brazil ブラズィル
ぶらす **プラス** purasu	**artı** アルトゥ	plus プラス
反 マイナス	**eksi** エキスィ	minus マイナス
ぷらすちっく **プラスチック** purasuchikku	**plastik** プラスティッキ	plastic プラスティク
～モデル	**plastik model** プラスティッキ モデル	plastic model kit プラスティク マドル キト
ふらすとれーしょん **フラストレーション** furasutoreeshon	**hüsran** ヒュスラーン	frustration フラストレイション
ぷらずま **プラズマ** purazuma	**plazma** プラズマ	plasma プラズマ
ぷらちな **プラチナ** purachina	**platin** プラティン	platinum プラティナム
ぶらっくりすと **ブラックリスト** burakkurisuto	**kara liste** カラ リステ	blacklist ブラクリスト
ふらっしゅ **フラッシュ** furasshu	**flaş** フラシ	(camera) flash (キャメラ) フラシュ
ぷらねたりうむ **プラネタリウム** puranetariumu	**planetaryum** ピラネタリウム	planetarium プラニテアリアム
ぶらぶらする （さまよう） buraburasuru	**boş boş dolaşmak, amaçsız gezinmek** ボシ ボシ ドラシマック, アマチスス ゲ ズィンメッキ	wander ワンダ
（怠ける）	**tembel olmak** テンベル オルマック	(be) lazy (ビ) レイズィ
（揺れ動く）	**sallanmak** サッランマック	swing, dangle スウィング，ダングル

ふ

日	トルコ	英
ふらめんこ **フラメンコ** furamenko	**flamenko** フィラメンコ	flamenco フラメンコウ
ぷらん **プラン** puran	**plan** ピラン	plan プラン
ぶらんこ **ぶらんこ** buranko	**salıncak** サルンジャック	swing, trapeze スウィング，トラピーズ
ふらんす **フランス** furansu	**Fransa** フランサ	France フランス
～語	**Fransızca** フランスズジャ	French フレンチ
～の	**Fransız** フランスス	French フレンチ
～料理	**Fransız yemeği** フランスス イェメイ	French food フレンチ フード
ぷらんたー **プランター** purantaa	**ekici kutusu** エキジ クトゥス	planter プランタ
ふらんちゃいず **フランチャイズ** furanchaizu	**acentelik** アジェンテリッキ	franchise フランチャイズ
ぶらんでー **ブランデー** burandee	**brendi, konyak** ブレンディ, コニャック	brandy ブランディ
ぶらんど **ブランド** burando	**marka** マルカ	brand ブランド
ふり **不利** furi	**dezavantaj** デザヴァンタージ	disadvantage ディサドヴァンティヂ
～な	**dezavantajlı** デザヴァンタージル	disadvantageous ディサドヴァンテイヂャス
ぷりーつ **プリーツ** puriitsu	**pili, kırma** ピリ, クルマ	pleat プリート
ふりーの **フリーの** furiino	**serbest** セルベスト	free フリー
ぶりーふ **ブリーフ** buriifu	**erkek donu** エルケッキ ドヌ	briefs ブリーフス
ふりえき **不利益** furieki	**dezavantaj, zarar** デザヴァンタージ, ザラル	disadvantage ディサドヴァンティヂ
ふりかえる **振り返る** (後ろを) furikaeru	**arkaya bakmak** アルカヤ バクマック	look back ルク バク

ふ

日	トルコ	英
（過去を）	**geçmişi hatırlamak** ゲチミシ ハトゥルラマック	look back ルク バク
ふりこ 振り子 furiko	**sarkaç** サルカチュ	pendulum ペンデュラム
ふりこむ 振り込む furikomu	**para transferi yapmak, para aktarmak** パラ トランスフェリ ヤプマック, パラ ア クタルマック	transfer money トランスファー マニ
ぷりずむ プリズム purizumu	**prizma** プリズマ	prism プリズム
ぷりぺいど プリペイド puripeido	**ön ödeme, peşinat** ウン ウデメ, ペシーナート	prepaid プリーペイド
ふりむく 振り向く furimuku	**arkaya dönmek** アルカヤ ドゥンメッキ	turn to, look back ターント トゥ, ルク バク
ぶりょく 武力 buryoku	**silahlı kuvvetler, askeri güç** スィラフル クッヴェットレル, アスケリー ギュチ	military power ミリテリ パウア
ふりん 不倫 furin	**zina, yasak aşk** ズィナー, ヤサック アシク	adultery アダルタリ
ぷりん プリン purin	**puding, muhallebi** プディンキ, ムハッレビ	(custard) pudding, ®milk pudding (カスタド) プディング, ミ ルク プディング
ぷりんす プリンス purinsu	**prens** プレンス	prince プリンス
ぷりんせす プリンセス purinsesu	**prenses** プレンセス	princess プリンセス
ぷりんたー プリンター purintaa	**yazıcı** ヤズジュ	printer プリンタ
ふる 降る furu	**yağmak** ヤーマック	fall フォール
ふる 振る furu	**sallamak, çalkalamak** サッラマック, チャルカラマック	shake, wave シェイク, ウェイヴ
ふるい 古い furui	**eski** エスキ	old, ancient オウルド, エインシェント
ぶるー ブルー buruu	**mavi** マーヴィ	blue ブルー

ふ

日	トルコ	英
～の	**mavi** マーヴィ	blue ブルー
ふるーつ **フルーツ** furuutsu	**meyve** メイヴェ	fruit フルート
ふるーと **フルート** furuuto	**flüt** フリュト	flute フルート
ぶるーべりー **ブルーベリー** buruuberii	**yaban mersini** ヤバン メルスィニ	blueberry ブルーベリ
ふるえる **震える** furueru	**titremek** ティトレメッキ	tremble, shiver トレンブル, シヴァ
ぶるがりあ **ブルガリア** burugaria	**Bulgaristan** ブルガリスタン	Bulgaria バルゲアリア
ふるくさい **古臭い** furukusai	**eski moda, modası geç-** **miş** エスキ モダ, モダス ゲチミッシ	old-fashioned, ob- solete **オウルドファ**ションド, アブ ソリート
ふるさと **故郷** furusato	**memleket** メムレケット	home town, home **ホウム タ**ウン, **ホ**ウム
ぶるどーざー **ブルドーザー** burudoozaa	**buldozer** ブルドゼル	bulldozer **ブ**ルドウザ
ぷるとにうむ **プルトニウム** purutoniumu	**plutonyum** プルトニュム	plutonium プルートウニアム
ふるほん **古本** furuhon	**ikinci el kitap** イキンジ エル キタップ	used book **ユ**ーズド **ブ**ク
ふるまう **振る舞う** furumau	**davranmak, davranış** **göstermek** ダヴランマック, ダヴラヌシ ギョステル メッキ	behave ビヘイヴ
ふるわせる **震わせる** furuwaseru	**titretmek** ティトレトメッキ	shake, make trem- ble **シェ**イク, メイク トレンブ ル
ぶれいな **無礼な** bureina	**nezaketsiz, kaba** ネザーケット**スィ**ス, カバ	impolite, rude インポライト, **ル**ード
ぷれいぼーい **プレイボーイ** pureibooi	**çapkın, mirasyedi** チャプクン, ミーラスイエディ	playboy プレイボイ
ぶれーき **ブレーキ** bureeki	**fren** フレン	brake ブレイク

ふ

日	トルコ	英
～をかける	**fren yapmak** フレン ヤプマック	put on the brake, hit the brakes プト オン ザ ブレイク, ヒト ザ ブレイクス
ふれーむ **フレーム** fureemu	**çerçeve** チェルチェヴェ	frame フレイム
ぷれーやー **プレーヤー** pureeyaa	**oyuncu** オユンジュ	player プレイア
ぷれす **プレス** (押すこと) puresu	**basma** バスマ	press プレス
(報道機関)	**basın, matbuat** バスン, マトブアート	(the) press (ザ) プレス
ぷれすれっと **ブレスレット** buresuretto	**bilezik** ビレズィッキ	bracelet ブレイスレト
ぷれぜんてーしょん **プレゼンテーション** purezenteeshon	**sunum, konuşma** スヌム, コヌシマ	presentation プリーゼンテイション
ぷれぜんと **プレゼント** purezento	**hediye, armağan** ヘディイェ, アルマアン	present プレズント
～する	**hediye etmek** ヘディイェ エトメッキ	present プリゼント
ふれっくすたいむ **フレックスタイム** furekkusutaimu	**esnek çalışma saatleri** エスネッキ チャルシマ サアトレリ	flextime, flexitime フレクスタイム, フレクスィ タイム
ぷれっしゃー **プレッシャー** puresshaa	**baskı, stres** バスク, ストレス	pressure プレシャ
ぷれはぶじゅうたく **プレハブ住宅** purehabujuutaku	**prefabrik konut** プレファブリッキ コヌット	prefabricated house, prefab home プリーファブリケイティド ハウス, プリーファブ ホウ ム
ふれる **触れる** (言及する) fureru	**-den bahsetmek** デン バフセットメッキ	mention メンション
(触る)	**dokunmak** ドクンマック	touch タチ
ぶれんど **ブレンド** burendo	**harman** ハルマン	blend ブレンド
ふろ **風呂** furo	**banyo** バンヨ	bath バス

日	トルコ	英
_{ふろあ} **フロア** （階） furoa	**kat** カット	floor フロー
（床）	**zemin** ゼミン	floor フロー
_{ぶろーかー} **ブローカー** burookaa	**komisyoncu, aracı** コミスィオンジュ, アラジュ	broker ブロウカ
_{ぶろーち} **ブローチ** buroochi	**broş** ブロシュ	brooch ブロウチ
_{ぶろーどばんど} **ブロードバンド** buroodobando	**genişbant** ゲニシバント	broadband ブロードバンド
_{ふろく} **付録** furoku	**ek, ilave** エキ, イラーヴェ	supplement, appendix サプリメント, アペンディックス
_{ぷろぐらまー} **プログラマー** puroguramaa	**bilgisayar programcısı** ビルギサヤル プログラムジュス	programmer プロウグラマ
_{ぷろぐらみんぐ} **プログラミング** puroguramingu	**programlama** プログラムラマ	programming プロウグラミング
_{ぷろぐらむ} **プログラム** puroguramu	**program** プログラム	program, ⑱programme プロウグラム, プロウグラム
_{ぷろじぇくと} **プロジェクト** purojekuto	**proje** プロジェ	project プラヂェクト
_{ぷろせす} **プロセス** purosesu	**süreç, proses** スュレッチ, プロセス	process プラセス
_{ぷろっこりー} **ブロッコリー** burokkorii	**brokoli** ブロコリ	broccoli ブラコリ
_{ぷろてくたー} **プロテクター** purotekutaa	**koruyucu** コルユジュ	protector プロテクタ
（盾）	**kalkan** カルカン	shield シールド
_{ぷろてすたんと} **プロテスタント** purotesutanto	**Protestan** プロテスタン	Protestant プラテスタント
_{ぷろでゅーさー} **プロデューサー** purodyuusaa	**yapımcı, prodüktör** ヤプムジュ, プロデュクトル	producer プロデューサ
_{ぷろの} **プロの** purono	**profesyonel** プロフェスィオネル	professional プロフェショナル

ぷ

日	トルコ	英
反 アマチュアの	**amatör** アマ**トゥ**ル	amateur ア**マ**チャ
ぷろばいだー **プロバイダー** purobaidaa	**sağlayıcı** サーラユ**ジュ**	provider プロ**ヴァ**イダ
ぷろふぃーる **プロフィール** purofiiru	**profil** プロ**フィ**ル	profile プ**ロ**ウファイル
ぷろぽーしょん **プロポーション** puropooshon	**oran, nispet** オ**ラ**ン, ニス**ペ**ット	proportion プロ**ポー**ション
ぷろぽーずする **プロポーズする** puropoozusuru	**evlenme teklif etmek** エヴレン**メ** テク**リ**フ エト**メ**ッキ	propose marriage to プロ**ポー**ズ **マ**リヂ トゥ
ぷろもーしょん **プロモーション** puromooshon	**reklam yapma, promosyon** レク**ラ**ム ヤプ**マ**, プロモス**ィオ**ン	promotion プロ**モ**ウション
ぷろれす **プロレス** puroresu	**profesyonel güreş** プロフェス**ィオ**ネル ギュレ**シ**	professional wrestling プロ**フェ**ショナル **レ**スリング
ぷろろーぐ **プロローグ** puroroogu	**önsöz, giriş** **ウ**ンソゥズ, ギリ**シ**	prologue プ**ロ**ウログ
ぶろんず **ブロンズ** buronzu	**tunç, bronz** **トゥ**ンチ, ブ**ロ**ンズ	bronze ブ**ラ**ンズ
ふろんと **フロント** furonto	**resepsiyon** レセプス**ィヨ**ン	front desk, ®reception desk フ**ラ**ント **デ**スク, リ**セ**プション **デ**スク
ぶろんど **ブロンド** burondo	**sarışın** サル**シュ**ン	blonde ブ**ラ**ンド
ふろんとがらす **フロントガラス** furontogarasu	**ön cam** **ウ**ン ジャ**ム**	windshield, ®windscreen **ウィ**ンドシールド, **ウィ**ンドスクリーン
ふわ **不和** fuwa	**uyuşmazlık, anlaşmazlık** ウユシマズ**ル**ック, アンラシマズ**ル**ック	discord **ディ**スコード
ふん **分** fun	**dakika** ダキー**カ**	minute **ミ**ニト
ふん **糞** fun	**dışkı** ドゥシ**ク**	feces, excrement **フィ**ースィーズ, **エ**クスクレメント
ぶん **文** bun	**cümle** ジュム**レ**	sentence **セ**ンテンス

ふ

日	トルコ	英
ふんいき **雰囲気** fun-iki	**hava, atmosfer** ハワ, アトモスフェル	atmosphere **ア**トモスフィア
ふんか **噴火** funka	**patlama** パトラマ	eruption イラプション
～する	**patlamak, lav püskür-mek** パトラマック, **ラ**ヴ ピュスキュルメッキ	erupt イ**ラ**プト
ぶんか **文化** bunka	**kültür** キュル**テュ**ル	culture **カ**ルチャ
～的な	**kültürel** キュルテュ**レ**ル	cultural **カ**ルチャラル
ぶんかい **分解** bunkai	**parçalanma** パルチャラン**マ**	decomposition ディーカンポ**ズィ**ション
～する	**parçalanmak** パルチャラン**マ**ック	resolve into, decompose リ**ザ**ルヴ イン**トゥ**, ディーコン**ポ**ウズ
ふんがいする **憤慨する** fungaisuru	**-e kızgın olmak, öfkelen-mek** エ ク**ズ**グン オル**マ**ック, ウフケレンメッキ	(be) indignant at (ビ) イン**ディ**グナント アト
ぶんがく **文学** bungaku	**edebiyat** エデビ**ヤ**ート	literature **リ**テラチャ
～の	**edebî** エデ**ビ**ー	literary **リ**タレリ
ぶんかつ **分割** bunkatsu	**bölme** **ボ**ルメ	division ディ**ヴィ**ジョン
～する	**bölmek** ボル**メ**ッキ	divide ディ**ヴァ**イド
～払い	**taksit** タク**ス**ィット	installment plan インス**トー**ルメント プラン
ぶんげい **文芸** bungei	**sanat ve edebiyat** サ**ナ**ット **ヴェ** エデビ**ヤ**ート	arts and literature **アー**ツ アンド **リ**テラチャ
ぶんけん **文献** bunken	**evrak, belge, literatür** エヴ**ラ**ーク, ベル**ゲ**, リテラ**テュ**ル	literature, documents **リ**テラチャ, **ダ**キュメンツ
ぶんご **文語** bungo	**edebî dil** エデ**ビ**ー **ディ**ル	literary language **リ**タレリ **ラ**ングウィヂ

ふ

日	トルコ	英
ぶんこぼん **文庫本** bunkobon	**cep kitabı** ジェップ キタプ	pocket book パケト ブク
ふんさいする **粉砕する** funsaisuru	**parçalamak, paramparça etmek** パルチャラマック, パランパルチャ エト メッキ	smash, crush スマシュ, クラシュ
ぶんし **分子** (物質の) bunshi	**molekül** モレキュル	molecule マレキュール
(分数の)	**pay** パイ	numerator ニューマレイタ
反 分母	**payda** パイダ	denominator ディナミネイタ
ふんしつする **紛失する** funshitsusuru	**kaybetmek** カイベトメッキ	lose ルーズ
ぶんしょ **文書** bunsho	**belge, doküman** ベルゲ, ドキュマン	document ダキュメント
ぶんしょう **文章** bunshou	**cümle** ジュムレ	sentence センテンス
ふんすい **噴水** funsui	**çeşme** チェシメ	fountain ファウンテン
ぶんすう **分数** bunsuu	**kesir** ケスィル	fraction フラクション
ぶんせき **分析** bunseki	**analiz, inceleme** アナリズ, インジェレメ	analysis アナリスィス
～する	**analiz etmek, incelemek** アナリズ エトメッキ, インジェレメッキ	analyze アナライズ
ふんそう **紛争** funsou	**çatışma, mücadele** チャトゥシマ, ミュジャーデレ	conflict, dispute カンフリクト, ディスピュート
ぶんたい **文体** buntai	**stil, edebî tarz** スティル, エデビー タルズ	(literary) style (リタレリ) スタイル
ぶんたんする **分担する** buntansuru	**paylaşmak** パイラシマック	share シェア
ぶんどき **分度器** bundoki	**iletki, açıölçer** イレトキ, アチュウルチェル	protractor プロトラクタ
ぶんぱい **分配** bunpai	**dağıtım** ダウトゥム	distribution ディストリビューション

日	トルコ	英
～する	**dağıtmak** ダウトマック	distribute ディストリビュト
ぶんぴつ **分泌** bunpitsu	**salgılama** サルグラマ	secretion スィクリーション
ふんべつ **分別** funbetsu	**sağduyu, aklıselim** サードゥユ, アクルセリーム	discretion, good sense ディスクレション, グド セ ンス
ぶんべん **分娩** bunben	**doğum, çocuk doğurma** ドウム, チョジュック ドウルマ	childbirth チャイルドバース
～する	**doğurmak** ドウルマック	(be) delivered of (ビ) ディリヴァド オヴ
ぶんぼ **分母** bunbo	**payda** パイダ	denominator ディナミネイタ
反 **分子**	**pay** パイ	numerator ニューマレイタ
ぶんぽう **文法** bunpou	**dil bilgisi, gramer** ディル ビルギスィ, グラメル	grammar グラマ
ぶんぼうぐ **文房具** bunbougu	**kırtasiye** クルタースィイェ	stationery ステイショネリ
ふんまつ **粉末** funmatsu	**toz, pudra** トズ, プドラ	powder パウダ
ぶんみゃく **文脈** bunmyaku	**bağlam, kontekst** バーラム, コンテクスト	context カンテクスト
ぶんめい **文明** bunmei	**medeniyet, uygarlık** メデニイェット, ウイガルルック	civilization スィヴィリゼイション
ぶんや **分野** bun-ya	**çalışma alanı, çalışma sahası** チャルシマ アラヌ, チャルシマ サーハス	field, line フィールド, ライン
ぶんり **分離** bunri	**ayırma, ayrılma** アユルマ, アイルルマ	separation セパレイション
～する	**ayırmak, ayrılmak** アユルマック, アイルルマック	separate セパレイト
ぶんりょう **分量** bunryou	**miktar** ミクタル	quantity クワンティティ

ぶ

日	トルコ	英
<ruby>分類<rt>ぶんるい</rt></ruby> bunrui	**sınıflandırma, gruplan-dırma, tasnif** スヌフランドゥル**マ**, グルップランドゥル**マ**, タス**ニ**フ	classification クラスィフィ**ケ**イション
～する	**sınıflandırmak, gruplan-dırmak** スヌフランドゥル**マ**ック, グルップランドゥル**マ**ック	classify into ク**ラ**スィファイ イントゥ
<ruby>分裂<rt>ぶんれつ</rt></ruby> bunretsu	**bölünme** ボゥリュン**メ**	split, division ス**プ**リト, ディ**ヴィ**ジョン
～する	**bölünmek** ボゥリュン**メ**ッキ	split into ス**プ**リト イントゥ

へ

へ, へ

へ 屁 he	**yellenme, osuruk** イェルレン**メ**, オス**ル**ック	fart **ファ**ート
<ruby>ヘア<rt>へあ</rt></ruby> hea	**saç** **サ**チ	hair **ヘ**ア
～スタイル	**saç stili, saç modeli** **サ**チ スティ**リ**, **サ**チ モデ**リ**	hairstyle **ヘ**アスタイル
～ブラシ	**saç fırçası** **サ**チ フル**チャ**ス	hairbrush **ヘ**アブラシュ
<ruby>ペア<rt>ぺあ</rt></ruby> pea	**çift** **チ**フト	pair **ペ**ア
<ruby>塀<rt>へい</rt></ruby> hei	**duvar** ドゥ**ヴァ**ル	wall, fence **ウォ**ール, **フェ**ンス
<ruby>兵役<rt>へいえき</rt></ruby> heieki	**askerlik** アスケル**リ**ッキ	military service **ミ**リテリ **サ**ーヴィス
<ruby>平穏な<rt>へいおんな</rt></ruby> heionna	**sakin** サー**キ**ン	calm **カ**ーム
<ruby>閉会<rt>へいかい</rt></ruby> heikai	**kapanma, kapanış** カパン**マ**, カパ**ヌ**シ	closure ク**ロ**ウジャ
～する	**kapanmak** カパ**マ**ック	close ク**ロ**ウズ

日	トルコ	英
へいがい **弊害** heigai	**olumsuz etki** オルムスス エトキ	bad effect, nega-tive effect バド イフェクト, ネガティヴ イフェクト
へいき **兵器** heiki	**silahlar** スィラフラル	arms, weapons アームズ, ウェポンズ
へいきな **平気な** heikina	**umursamaz, ilgisiz** ウムルサマス, イルギスィス	calm, indifferent カーム, インディファレント
へいきん **平均** heikin	**ortalama** オルタラマ	average アヴァリヂ
〜する	**ortalamasını almak** オルタラマスヌ アルマック	average アヴァリヂ
〜台	**denge aleti** デンゲ アーレティ	balance beam バランス ビーム
へいげん **平原** heigen	**ova** オヴァ	plain プレイン
へいこう **平衡** heikou	**denge** デンゲ	equilibrium イークウィリブリアム
へいこうしている **平行している** heikoushiteiru	**-e paralel** エ パラレル	parallel to パラレル トゥ
へいこうしへんけい **平行四辺形** heikoushihenkei	**paralelkenar** パラレルケナル	parallelogram パラレラグラム
へいこうする **閉口する** heikousuru	**-den sıkılmış** デン スクルムシ	(be) embarrassed at (ビ) インバラスト アト
へいごうする **併合する** heigousuru	**egemenliği altına almak** エゲメンリイ アルトゥナ アルマック	annex to アネクス トゥ
へいこうせん **平行線** heikousen	**paralel çizgi** パラレル チズギ	parallel lines パラレル ラインズ
へいこうぼう **平行棒** heikoubou	**paralel bar** パラレル バル	parallel bars パラレル バーズ
へいこうゆにゅう **並行輸入** heikouyunyuu	**paralel ithalat** パラレル イトハーラート	parallel import パラレル インポート
へいさ **閉鎖** heisa	**kapanma** カパンマ	shutdown, closure シャットダウン, クロウジャ
〜する	**kapanmak** カパンマック	shut down, close シャット ダウン, クロウズ

へ

日	トルコ	英
へいし **兵士** heishi	**asker** アスケル	soldier ソウルヂャ
へいじつ **平日** heijitsu	**hafta içi, iş günü** ハフタ イチ, イシ ギュニュ	weekday ウィークデイ
へいじょうの **平常の** heijouno	**normal** ノルマル	normal ノーマル
へいぜんと **平然と** heizento	**sakince, sakin bir şekil- de** サーキンジェ, サーキン ビ(ル) シェキルデ	calmly カームリ
~した	**sakin** サーキン	calm, cool カーム, クール
へいち **平地** heichi	**düz arazi** デュス アラーズィ	flat ground フラト グラウンド
へいてん **閉店** heiten	**kapanış** カパヌシ	closing クロウズィング
~する	**kapanmak** カパンマック	close クロウズ
へいねつ **平熱** heinetsu	**normal vücut sıcaklığı** ノルマル ヴュジュット スジャックルゥ	normal tempera- ture ノーマル テンパラチャ
へいほう **平方** heihou	**kare** カレ	square スクウェア
~キロメートル	**kilometrekare** キロメトレカレ	square kilometer スクウェア キラミタ
~メートル	**metrekare** メトレカレ	square meter スクウェア ミータ
へいぼんな **平凡な** heibonna	**sıradan** スラダン	common, ordinary カモン, オーディネリ
へいめん **平面** heimen	**düzey** デュゼイ	plane プレイン
へいや **平野** heiya	**ova** オヴァ	plain プレイン
へいわ **平和** heiwa	**barış** バルシ	peace ピース
~な	**barış dolu, huzurlu** バルシ ドル, フズルル	peaceful ピースフル

へ

日	トルコ	英
べーこん **ベーコン** beekon	**domuz pastırması** ドムス パストゥルマス	bacon ベイコン
べーじゅ **ベージュ** beeju	**bej** ベージ	beige ベイジュ
べーす **ベース**（基礎・土台） beesu	**temel, taban** テメル, タバン	base ベイス
（低音）	**bas** バス	bass バス
ぺーす **ペース** peesu	**hız** フズ	pace ペイス
～メーカー	**kalp pili** カルプ ピリ	pacemaker ペイスメイカ
ぺーすとする **ペーストする** peesutosuru	**yapıştırmak** ヤプシトゥルマック	paste ペイスト
へきが **壁画** hekiga	**duvar resmi** ドゥヴァル レスミ	mural ミュアラル
へくたーる **ヘクタール** hekutaaru	**hektar** ヘクタル	hectare ヘクテア
へこむ **へこむ** hekomu	**çukurlaşmak** チュクルラシマック	(be) dented, sink (ビ) デンティド, スィンク
へこんだ **へこんだ** hekonda	**çukurlu** チュクルル	dented デンティド
べすと **ベスト**（チョッキ） besuto	**yelek** イェレッキ	vest, Ⓑwaistcoat ヴェスト, ウェイストコウト
（最上）	**en iyisi** エニイスィ	best ベスト
～セラー	**en çok satılan** エン チョック サトゥラン	best seller ベスト セラ
へそ **へそ** heso	**göbek** ギョベッキ	navel ネイヴェル
へだたり **隔たり**（距離） hedatari	**mesafe** メサーフェ	distance ディスタンス
（差異）	**fark, ayrım** ファルク, アイルム	difference ディファレンス
へだてる **隔てる** hedateru	**ayırmak, bölmek** アユルマック, ボルメッキ	partition パーティション

日	トルコ	英
へたな **下手な** hetana	**sakar, beceriksiz** サカル, ベジェリッキスィス	clumsy, poor クラムズィ, プア
ぺだる **ペダル** pedaru	**pedal** ペダル	pedal ペダル
べっきょする **別居する** bekkyosuru	**ayrı yaşamak** アイル ヤシャマック	live separately リヴ セパレトリ
べっそう **別荘** bessou	**villa** ヴィッラ	villa ヴィラ
べっど **ベッド** beddo	**yatak** ヤタック	bed ベド
ぺっと **ペット** petto	**evcil hayvan** エヴジル ハイヴァン	pet ペト
へっどほん **ヘッドホン** heddohon	**kulaklık** クラックルック	headphone ヘドフォウン
へっどらいと **ヘッドライト** heddoraito	**far** ファル	headlight ヘドライト
べつに **別に** (取り立てて) betsuni	**özellikle, bilhassa** ウゼルリッキレ, ビルハッサ	in particular イン パティキュラ
(別々に)	**ayrı ayrı** アイル アイル	apart アパート
べつの **別の** betsuno	**başka** バシカ	different, another ディファレント, アナザ
べつべつの **別々の** betsubetsuno	**ayrı** アイル	separate, respective セパレイト, リスペクティヴ
へつらう **へつらう** hetsurau	**övgüler düzmek** ウヴギュレル デュズメッキ	flatter フラタ
べとなむ **ベトナム** betonamu	**Vietnam** ヴィエトナム	Vietnam ヴィエトナーム
へどろ **へどろ** hedoro	**sulu çamur** スル チャムル	sludge, colloidal sediment スラヂ, コロイダル セディメント
ぺなるてぃー **ペナルティー** penarutii	**ceza, penaltı** ジェザー, ペナルトゥ	penalty ペナルティ
～キック	**penaltı atışı, penaltı vuruşu** ペナルトゥ アトゥシュ, ペナルトゥ ヴルシュ	penalty kick ペナルティ キク

へ

日	トルコ	英
^{ぺにす}**ペニス** penisu	**penis, erkeğin cinsel organı** ペニス, エルケイン ジンセル オルガヌ	penis ピーニス
^{ぺぱーみんと}**ペパーミント** pepaaminto	**nane** ナーネ	peppermint ペパミント
^{へび}**蛇** hebi	**yılan** ユラン	snake, serpent スネイク, サーペント
^{へや}**部屋** heya	**oda** オダ	room ルーム
^{へらす}**減らす** herasu	**azaltmak** アザルトマック	decrease, reduce ディクリース, リデュース
^{べらんだ}**ベランダ** beranda	**veranda** ヴェランダ	veranda ヴェランダ
^{へり}**へり** heri	**kenar** ケナル	edge, border エヂ, ボーダ
^{へりうむ}**ヘリウム** heriumu	**helyum** ヘリュム	helium ヒーリアム
^{へりくだる}**へりくだる** herikudaru	**kendini alçaltmak, kendini küçük düşürmek** ケンディニ アルチャルトマック, ケンディニ キュチュッキ デュシュルメッキ	abase oneself, put oneself down アベイス, プト ダウン
^{へりこぷたー}**ヘリコプター** herikoputaa	**helikopter** ヘリコプテル	helicopter ヘリカプタ
^{へりぽーと}**ヘリポート** heripooto	**helikopter pisti** ヘリコプテル ピスティ	heliport ヘリポート
^{へる}**経る** heru	**geçmek** ゲチメッキ	pass, go by パス, ゴウ バイ
^{へる}**減る** heru	**azalmak** アザルマック	decrease, diminish ディクリース, ディミニシュ
^{べる}**ベル** beru	**zil** ズィル	bell ベル
^{ぺるー}**ペルー** peruu	**Peru** ペル	Peru ペルー
^{べるぎー}**ベルギー** berugii	**Belçika** ベルチカ	Belgium ベルヂャム
^{へるつ}**ヘルツ** herutsu	**hertz** ヘルツ	hertz ハーツ

へ

日	トルコ	英
^{べると}**ベルト** beruto	**kemer** ケメル	belt ベルト
〜コンベアー	**bantlı konveyör** バントル コンヴェヨル	belt conveyor ベルト カンヴェイア
^{へるにあ}**ヘルニア** herunia	**fıtık** フトゥック	hernia ハーニア
^{へるめっと}**ヘルメット** herumetto	**kask** カスク	helmet ヘルメト
^{へろいん}**ヘロイン** heroin	**eroin** エロイン	heroin ヘロウイン
^{へん}**辺** (図形の) hen	**kenar** ケナル	side サイド
(辺り)	**civar** ジヴァール	neighborhood ネイバフド
^{べん}**便** (大便) ben	**dışkı** ドゥシク	excrement, feces エクスクレメント, フィースィーズ
(便利)	**kolaylık, uygunluk** コライルック, ウイグンルック	convenience コンヴィーニエンス
^{べん}**弁** ben	**valf, vana** ヴァルフ, ヴァナ	valve ヴァルヴ
^{ぺん}**ペン** pen	**kalem** カレム	pen ペン
^{へんあつき}**変圧器** hen-atsuki	**transformatör, gerilim trafosu** トランスフォルマトゥル, ゲリリム トラフォス	transformer トランスフォーマ
^{へんか}**変化** henka	**değişim** デイシム	change チェインヂ
^{べんかい}**弁解** benkai	**mazeret, bahane** マーゼレット, バハーネ	excuse イクスキュース
〜する	**mazeret bulmak, bahane bulmak** マーゼレット ブルマック, バハーネ ブルマック	make an excuse, excuse oneself メイク アン イクスキュース, イクスキューズ
^{へんかく}**変革** henkaku	**reform** レフォルム	reform, change リフォーム, チェインヂ

へ

日	トルコ	英
〜する	**reform yapmak** レフォルム ヤプマック	reform, change リフォーム, チェインヂ
へんかする **変化する** henkasuru	**değişmek** デイシメッキ	change チェインヂ
へんかんする **返還する** henkansuru	**iade etmek, geri vermek** イアーデ エトメッキ, ゲリ ヴェルメッキ	return リターン
ぺんき **ペンキ** penki	**boya** ボヤ	paint ペイント
へんきゃく **返却** henkyaku	**iade** イアーデ	return リターン
〜する	**iade etmek, geri vermek** イアーデ エトメッキ, ゲリ ヴェルメッキ	return リターン
べんきょう **勉強** benkyou	**ders çalışma** デルス チャルシマ	study, work スタディ, ワーク
〜する	**ders çalışmak** デルス チャルシマック	study, work スタディ, ワーク
へんきょく **編曲** henkyoku	**aranjman, düzenleme** アランジマン, デュゼンレメ	arrangement アレインヂメント
〜する	**aranjman yapmak** アランジマン ヤプマック	arrange アレインヂ
ぺんぎん **ペンギン** pengin	**penguen** ペングエン	penguin ペングウィン
へんけん **偏見** henken	**ön yargı, peşin hüküm** ウン ヤルグ, ペシン ヒュキュム	prejudice, bias プレデュディス, バイアス
べんご **弁護** bengo	**savunma** サヴンマ	defense, advocacy ディフェンス, アドヴォカスィ
〜士	**avukat** アヴカット	lawyer, counsel ローヤ, カウンセル
〜する	**savunmak** サヴンマック	plead, defend プリード, ディフェンド
へんこう **変更** henkou	**değiştirme** デイシティルメ	change, alteration チェインヂ, オールタレイション
〜する	**değiştirmek** デイシティルメッキ	change, alter チェインヂ, オルタ

へ

日	トルコ	英
へんさい 返済　　（返金） hensai	geri ödeme ゲリ ウデメ	repayment リペイメント
へんさん 編纂 hensan	derleme デルレメ	compilation カンピレイション
～する	derlemek デルレメッキ	compile, edit コンパイル, エディト
へんじ 返事 henji	cevap, yanıt ジェヴァープ, ヤヌット	reply, answer リプライ, アンサ
～をする	cevap vermek, yanıtla- mak ジェヴァープ　ヴェルメッキ, ヤヌットラ マック	answer, reply アンサ, リプライ
へんしゅう 編集 henshuu	editörlük エディトルリュック	editing エディティング
～者	editör エディトゥル	editor エディタ
～する	editörlük yapmak エディトルリュック ヤプマック	edit エディト
べんしょうする 弁償する benshousuru	tazmin etmek, zararını karşılamak タズミーン エトメッキ, ザラルヌ カルシュ ラマック	compensate, reim- burse カンペンセイト, リーイン バース
へんしょくする 変色する henshokusuru	rengi uçmak, solmak レンギ ウチマック, ソルマック	discolor ディスカラ
へんじん 変人 henjin	garip kişi, tuhaf kişi ガリップ キシ, トゥハフ キシ	eccentric person イクセントリク パースン
へんずつう 偏頭痛 henzutsuu	migren ミグレン	migraine マイグレイン
へんせい 編成 hensei	düzenleme, organizas- yon デュゼンレメ, オルガニザスィオン	formation, organi- sation フォーメイション, オーガニ ゼイション
～する	düzenlemek デュゼンレメッキ	form, organize, Ⓑorganise フォーム, オーガナイズ, オーガナイズ
へんたい 変態　（昆虫などの） hentai	başkalaşma バシカラシマ	metamorphosis メタモーフォスィス
ぺんだんと ペンダント pendanto	pandantif パンダンティフ	pendant ペンダント

へ

日	トルコ	英
べんち **ベンチ** benchi	**bank** バンク	bench ベンチ
ぺんち **ペンチ** penchi	**kerpeten** ケルペテン	pliers プライアズ
へんどう **変動** (物価などの) hendou	**dalgalanma** ダルガランマ	fluctuations フラクチュエイションズ
(物事の)	**değişim** デイシム	change チェインヂ
べんとう **弁当** bentou	**öğle yemeği kutusu, ye- mek kutusu** ウーレ イエメイ クトゥス, イエメッキ ク トゥス	lunch, box lunch ランチ, バクス ランチ
へんとうせん **扁桃腺** hentousen	**bademcik** バーデムジック	tonsils タンスィルズ
へんな **変な** henna	**garip, tuhaf** ガリップ, トゥハフ	strange, peculiar ストレインヂ, ピキューリア
ぺんねーむ **ペンネーム** penneemu	**takma ad** タクマ アット	pen name ペン ネイム
べんぴ **便秘** benpi	**kabız** カブス	constipation カンスティペイション
へんぴな **辺鄙な** henpina	**uzak, uzakta** ウザック, ウザックタ	remote リモウト
へんぴん **返品** henpin	**iade edilmiş mal** イアーデ エディルミッシ マル	returned goods リターンド グツ
〜する	**iade etmek** イアーデ エトメッキ	return リターン
へんぼう **変貌** henbou	**şekil değiştirme** シェキル デイシティルメ	transfiguration トランスフィギュレイション
〜する	**şekil değiştirmek, baş- kalaşmak** シェキル デイシティルメッキ, バシカラシ マック	undergo a com- plete change アンダゴウ ア コンプリート チェインヂ
べんりな **便利な** benrina	**müsait, uygun, elverişli** ミュサーイット, ウイグン, エルヴェリシ リ	convenient コンヴィーニェント
べんろん **弁論** benron	**tartışma, müzakere** タルトゥシマ, ミュザーケレ	discussion, debate ディスカション, ディベイト

日	トルコ	英

ほ，ホ

ほ 帆 ho	**yelken** イェルケン	sail セイル
ほ 穂 ho	**başak** バシャック	ear イア
ほあん 保安 hoan	**emniyet, güvenlik** エムニイェット，ギュヴェンリッキ	security スィキュアリティ
ほいくし 保育士 hoikushi	**kreş öğretmeni** クレシ ウーレトメニ	child care worker チャイルド ケア ワーカ
ほいくしょ 保育所 hoikusho	**kreş** クレシ	daycare center, day nursery デイケア センタ，デイ ナーサリ
ぼいこっと ボイコット boikotto	**boykot** ボイコット	boycott ボイカト
〜する	**boykot etmek** ボイコット エトメッキ	boycott ボイカト
ほいっする ホイッスル hoissuru	**düdük** デュデュック	whistle (ホ)ウィスル
ぼいらー ボイラー boiraa	**kazan** カザン	boiler ボイラ
ぼいん 母音 boin	**ünlü** ユンリュ	vowel ヴァウエル
反 子音	**ünsüz** ユンスュス	consonant カンソナント
ぼいん 拇印 boin	**parmak izi** パルマック イズィ	thumbprint サムプリント
ぽいんと ポイント pointo	**nokta** ノクタ	point ポイント
ほう 法　　　（方法） hou	**yöntem, metot** ヨンテム，メトット	method, way メソド，ウェイ
（法律・規則）	**yasa, kural** ヤサ，クラル	law, regulation ロー，レギュレイション
ぼう 棒 bou	**çubuk, sopa** チュブック，ソパ	stick, rod スティク，ラド

ほ

日	トルコ	英
_{ほうあん} 法案 houan	**kanun maddesi** カーヌーン マッデスィ	bill ビル
_{ほうい} 方位 houi	**yön, istikamet** ヨン, イスティカーメット	direction ディレクション
_{ぼうえい} 防衛 bouei	**savunma, müdafaa** サヴンマ, ミュダーファア	defense, Ⓑdefence ディフェンス, ディフェンス
～する	**savunmak, müdafaa et-mek** サヴンマック, ミュダーファア エトメック	defend ディフェンド
_{ほうえいする} 放映する houeisuru	**yayınlamak, yayın yap-mak** ヤユンラマック ヤユン ヤプマック	broadcast ブロードカスト
_{ぼうえき} 貿易 boueki	**ticaret** ティジャーレット	trade, commerce トレイド, カマス
_{ぼうえんきょう} 望遠鏡 bouenkyou	**teleskop** テレスコップ	telescope テレスコウプ
_{ぼうえんれんず} 望遠レンズ bouenrenzu	**teleobjektif** テレオブジェクティフ	telephoto lens テレフォウトウ レンズ
_{ほうおう} 法王 houou	**Papa** パパ	Pope ポウプ
_{ぼうおんの} 防音の bouonno	**ses geçirmez** セス ゲチルメス	soundproof サウンドプルーフ
_{ほうか} 放火 houka	**kundakçılık** クンダクチュルック	incendiary fire インセンディエリ ファイア
_{ぼうか} 防火 bouka	**yangın önleme** ヤングン ウンレメ	fire prevention ファイア プリヴェンション
_{ぼうがい} 妨害 bougai	**engel** エンゲル	obstruction オブストラクション
～する	**engellemek, mâni yap-mak** エンゲルレメッキ, マーニー ヤプマック	disturb, hinder ディスターブ, ハインダ
_{ほうかいする} 崩壊する houkaisuru	**yıkılmak** ユクルマック	collapse カラプス
_{ほうがく} 方角 hougaku	**yön, istikamet** ヨン, イスティカーメット	direction ディレクション
_{ほうかご} 放課後 houkago	**okul sonrası, okuldan sonra** オクル ソンラス, オクルダン ソンラ	after school アフタ スクール

ほ

日	トルコ	英
ぼうかんしゃ **傍観者** boukansha	**seyirci** セイルジ	onlooker アンルカ
ぼうかんする **傍観する** boukansuru	**seyretmek** セイレトメッキ	look on ルクオン
ほうがんなげ **砲丸投げ** hougannage	**gülle atma** ギュッレ アトマ	shot put シャトプト
ほうき **箒** houki	**süpürge** スュピュルゲ	broom ブルム
ぼうぎょ **防御** bougyo	**savunma** サヴンマ	defense, ⑧defence ディフェンス, ディフェンス
〜する	**savunmak** サヴンマック	defend, protect ディフェンド, プロテクト
ぼうくうごう **防空壕** boukuugou	**hava saldırısı sığınağı** ハワ サルドゥルス スウナウ	air-raid shelter エアレイド シェルタ
ぼうくん **暴君** boukun	**tiran** ティラン	tyrant タイアラント
ほうげん **放言** hougen	**patavatsız söz** パタヴァットスス ソゥス	unreserved talk, wild remark アンリザーヴド トーク, ワ イルド リマーク
ほうげん **方言** hougen	**lehçe, diyalekt** レフチェ, ディヤレクト	dialect ダイアレクト
ぼうけん **冒険** bouken	**macera** マージェラ	adventure アドヴェンチャ
〜する	**risk almak, riske girmek** リスク アルマック, リスケ ギルメッキ	take a risk, run a risk テイク ア リスク, ラン ア リスク
ほうけんせい **封建制** houkensei	**feodalizm, feodalite** フェオダリズム, フェオダリテ	feudalism フューダリズム
ほうけんてきな **封建的な** houkentekina	**feodal** フェオダル	feudal フューダル
ほうこう **方向** houkou	**yön, istikamet** ヨン, イスティカーメット	direction ディレクション
ぼうこう **暴行** boukou	**saldırı, tecavüz** サルドゥル, テジャーヴュス	assault アソールト
ほうこく **報告** houkoku	**rapor** ラポル	report リポート

ほ

日	トルコ	英
〜する	**rapor etmek, bildirmek** ラポル エトメッキ, ビルディルメッキ	report, inform リ**ポー**ト, イン**フォー**ム
ぼうさい 防災 bousai	**afet önleme** アー**フェ**ット ウンレメ	prevention of disasters プリ**ヴェ**ンション オヴ ディ**ザ**スタズ
ぼうし 帽子 boushi	**şapka, kep, başlık** シャプ**カ**, **ケ**ップ, バシルック	hat, cap ハト, **キャ**プ
ほうしき 方式 houshiki	**sistem, metot** ス**ィ**ステム, メ**トット**	system, method **ス**ィステム, **メ**ソド
ほうしする 奉仕する houshisuru	**hizmet etmek, servis yapmak** ヒズメット エトメッキ, セル**ヴィ**ス ヤプマック	serve **サー**ヴ
ほうしゃせん 放射線 houshasen	**radyasyon** **ラ**ディアスィオン	radiation レイディ**エ**イション
ほうしゃのう 放射能 houshanou	**radyoaktivite** **ラ**ディオアクティヴィテ	radioactivity レイディオウアク**ティ**ヴィティ
ほうしゅう 報酬 houshuu	**ücret, karşılık** ユ**ジュ**レット, カルシュ**ル**ック	remuneration リミューナ**レ**イション
ぼうすいの 防水の bousuino	**su geçirmez** **ス** ゲチルメス	waterproof **ウォー**タプルーフ
ほうせき 宝石 houseki	**mücevher, kıymetli taş** ミュジェヴ**ヘ**ル, クイメット**リ タ**シ	jewel **デュー**エル
ぼうぜんと 呆然と bouzento	**boş boş** **ボ**シ **ボ**シ	blankly, in a daze ブ**ラ**ンクリ, イン ア **デ**イズ
ほうそう 包装 housou	**paketleme, ambalaj** パ**ケ**ットレメ, アンバ**ラ**ージ	wrapping **ラ**ピング
ほうそう 放送 housou	**yayın** ヤ**ユ**ン	broadcast ブ**ロ**ードキャスト
〜局	**yayın istasyonu** ヤ**ユ**ン イスタスィオ**ヌ**	broadcasting station ブ**ロ**ードキャスティング ス**テ**イション
ほうそく 法則 housoku	**kural** ク**ラ**ル	law, rule **ロ**ー, **ルー**ル
ほうたい 包帯 houtai	**sargı bezi, bandaj** サル**グ** ベ**ズ**ィ, バン**ダー**ジ	bandage **バ**ンディヂ

ほ

日	トルコ	英
ぼうだいな **膨大な** boudaina	**koskoca, kocaman, mu-azzam** コスコジャ, コジャマン, ムアッザム	enormous, huge イノーマス, **ヒュー**デ
ぼうたかとび **棒高跳び** boutakatobi	**sırıkla atlama** スルックラ アトラ**マ**	pole vault ポウル **ヴォー**ルト
ぼうちゅうざい **防虫剤** bouchuuzai	**böcek ilacı** ボジェッキ イラジュ	mothball **モー**スボール
ほうちょう **包丁** houchou	**mutfak bıçağı** ムト**ファック** プチャ**ウ**	kitchen knife **キ**チン **ナ**イフ
ぼうちょうする **膨張する** bouchousuru	**şişmek, kabarmak** シシメッキ, カバル**マック**	expand, swell イクス**パ**ンド, ス**ウェ**ル
ほうっておく **ほうっておく** houtteoku	**yalnız başına bırakmak, tek başına bırakmak** ヤンヌス バシュ**ナ** ブラク**マック**, **テッ**キ バシュ**ナ** ブラク**マック**	leave alone, neglect **リー**ヴ ア**ロ**ウン, **ニ**グレクト
ほうてい **法廷** houtei	**mahkeme** マフケ**メ**	court **コー**ト
ほうていしき **方程式** houteishiki	**denklem** デンキレ**ム**	equation イク**ウェ**イション
ほうてきな **法的な** houtekina	**yasal, hukuki** ヤ**サ**ル, フク**ー**キー	legal **リー**ガル
ほうどう **報道** houdou	**haber** ハ**ベ**ル	news, report **ニュー**ズ, リ**ポー**ト
～**する**	**haber etmek, haber vermek** ハ**ベ**ル エト**メ**ッキ, ハ**ベ**ル ヴェル**メ**ッキ	report, inform リ**ポー**ト, イン**フォー**ム
ぼうどう **暴動** boudou	**ayaklanma** アヤックラン**マ**	riot **ラ**イオト
ほうにんする **放任する** houninsuru	**bırakmak** ブラク**マック**	leave **リー**ヴ
ほうび **褒美** houbi	**ödül** ウ**デュ**ル	reward リ**ウォー**ド
ぼうふう **暴風** boufuu	**fırtına** フルト**ゥナ**	storm, gale ス**トー**ム, **ゲ**イル
～**雨**	**yağmur fırtınası** ヤー**ム**ル フルト**ゥナ**ス	storm, rainstorm ス**トー**ム, **レ**インストーム
ほうふくする **報復する** houfukusuru	**misilleme yapmak** ミスィッレ**メ**ヤプ**マック**	retaliate リ**タ**リエイト

ほ

日	トルコ	英
<ruby>防腐剤<rt>ぼうふざい</rt></ruby> boufuzai	**antiseptik** アンティセプティック	preservative プリザーヴァティヴ
<ruby>豊富な<rt>ほうふな</rt></ruby> houfuna	**zengin** ゼンギン	rich in, abundant in リチ イン, アバンダント イン
<ruby>方法<rt>ほうほう</rt></ruby> houhou	**yöntem, metot** ヨンテム, メトット	way, method ウェイ, メソド
<ruby>豊満な<rt>ほうまんな</rt></ruby> houmanna	**tombul, tıknaz** トンブル, トゥクナス	plump プランプ
<ruby>亡命<rt>ぼうめい</rt></ruby> boumei	**iltica, sığınma** イルティジャー, スウンマ	political asylum ポリティカル アサイラム
<ruby>訪問<rt>ほうもん</rt></ruby> houmon	**ziyaret** ズィヤーレット	visit, call ヴィズィト, コール
～する	**ziyaret etmek** ズィヤーレット エトメッキ	visit ヴィズィト
<ruby>暴利<rt>ぼうり</rt></ruby> bouri	**aşırı kazanç, aşırı kâr** アシュル カザンチ, アシュル キャール	excessive profits イクセスィヴ プラフィツ
<ruby>法律<rt>ほうりつ</rt></ruby> houritsu	**yasa, hukuk, kanun** ヤサ, フクーク, カーヌーン	law ロー
<ruby>放り投げる<rt>ほうりなげる</rt></ruby> hourinageru	**atmak** アトマック	throw, toss スロウ, トス
<ruby>謀略<rt>ぼうりゃく</rt></ruby> bouryaku	**komplo** コンプロ	plot プラト
<ruby>暴力<rt>ぼうりょく</rt></ruby> bouryoku	**şiddet** シッデット	violence ヴァイオレンス
～団	**gangster, çete** ガングステル, チェテ	gang, crime syndicate ギャング, クライム スィンディカト
<ruby>ボウリング<rt>ぼうりんぐ</rt></ruby> bouringu	**bovling** ボーリンキ	bowling ボウリング
<ruby>放る<rt>ほうる</rt></ruby> houru	**atmak** アトマック	throw, toss スロウ, トス
<ruby>ボウル<rt>ぼうる</rt></ruby> bouru	**kâse** キャーセ	bowl ボウル
<ruby>法令<rt>ほうれい</rt></ruby> hourei	**yasa** ヤサ	law, ordinance ロー, オーディナンス

ほ

日	トルコ	英
ほうれんそう **ホウレンソウ** hourensou	**ıspanak** ウスパナック	spinach スピニチ
ほうろう **放浪** hourou	**amaçsız dolaşma** アマッチスス ドラシマ	wandering ワンダリング
ほえる **吠える** hoeru	**havlamak** ハヴラマック	bark バーク
ほお **頬** hoo	**yanak** ヤナック	cheek チーク
ぼーいふれんど **ボーイフレンド** booifurendo	**erkek arkadaş** エルケッキ アルカダシ	boyfriend ボイフレンド
ぽーかー **ポーカー** pookaa	**poker** ポケル	poker ポウカ
ほーす **ホース** hoosu	**hortum** ホルトゥム	hose ホウズ
ぽーず **ポーズ** poozu	**poz** ポス	pose ポウズ
～をとる	**poz vermek** ポス ヴェルメッキ	pose ポウズ
ぼーと **ボート** booto	**kayık, sandal** カユック, サンダル	boat ボウト
ぼーなす **ボーナス** boonasu	**ikramiye, prim** イクラーミエ, プリム	bonus ボウナス
ほおべに **頬紅** hoobeni	**allık** アルルック	rouge ルージュ
ほおぼね **頬骨** hoobone	**elmacık kemiği** エルマジュック ケミイ	cheekbones チークボウンズ
ほーむ **ホーム**　　(家) hoomu	**ev** エヴ	home ホウム
（プラットホーム）	**peron** ペロン	platform プラトフォーム
～シック	**vatan hasreti** ヴァタン ハスレティ	homesickness ホウムスィクネス
～ステイ	**aile yanında konaklama, aile yanında kalma** アイレ ヤヌンダ コナックラマ, アイレ ヤ ヌンダ カルマ	homestay ホウムステイ

ほ

日	トルコ	英
～センター	**yapı market** ヤプ マルケット	home center, ®DIY store ホウム センタ, ディーアイ ワイ ストー
～ページ	**ana sayfa, web sitesi** アナ サイファ, ウェブ スィテスィ	home page ホウム ペイヂ
～レス	**evsiz** エヴスィス	homeless ホウムレス
ぽーらんど ポーランド poorando	**Polonya** ポロンヤ	Poland ポウランド
ぼーりんぐ ボーリング（掘削） booringu	**delme** デルメ	boring ボーリング
ほーる ホール （広間） hooru	**salon** サロン	hall ホール
ぼーる ボール booru	**top** トップ	ball ボール
ぼーるがみ ボール紙 boorugami	**karton** カルトン	cardboard カードボード
ほかくする 捕獲する hokakusuru	**ele geçirmek** エレ ゲチルメッキ	capture キャプチャ
ぼかす ぼかす bokasu	**bulanıklaştırmak** ブラヌックラシトゥルマック	blur ブラー
ほかの 他の hokano	**başka** バシカ	another, other アナザ, アザ
ほがらかな 朗らかな hogarakana	**neşeli** ネシェリ	cheerful チアフル
ほかんする 保管する hokansuru	**depolamak, stok yap-mak** デポラマック, ストック ヤプマック	keep, store キープ, ストー
ぼきん 募金 bokin	**para toplama** パラ トプラマ	fund-raising ファンドレイズィング
ほくおう 北欧 hokuou	**Kuzey Avrupa** クゼイ アヴルパ	Northern Europe ノーザン ユアロプ
ぼくさー ボクサー bokusaa	**boksör** ボクソゥル	boxer バクサ
ぼくし 牧師 bokushi	**papaz** パパス	pastor, parson パスタ, パースン

ほ

日	トルコ	英
ぼくじょう **牧場** bokujou	**otlak, mera** オトラック, メラ	pasture, ranch パスチャ, ランチ
ぼくしんぐ **ボクシング** bokushingu	**boks** ボクス	boxing バクスィング
ほくせい **北西** hokusei	**kuzeybatı** クゼイバトゥ	northwest ノースウェスト
ぼくそう **牧草** bokusou	**ot** オト	grass グラス
ぼくちく **牧畜** bokuchiku	**hayvancılık** ハイヴァンジュルック	stock farming スタク ファーミング
ほくとう **北東** hokutou	**kuzeydoğu** クゼイドウ	northeast ノースイースト
ほくとしちせい **北斗七星** hokutoshichisei	**Büyükayı** ビュユッカユ	Big Dipper, ⑧Plough ビグ ディパ, プラウ
ほくぶ **北部** hokubu	**kuzey bölgesi** クゼイ ボウルゲスィ	northern part ノーザン パート
ぼくめつする **撲滅する** bokumetsusuru	**yok etmek, imha etmek** ヨック エトメッキ, イムハー エトメッキ	exterminate イクスターミネイト
ほくろ **ほくろ** hokuro	**ben** ベン	mole モウル
ほけつ **補欠** hoketsu	**yedek** イェデッキ	substitute サブスティテュート
ぽけっと **ポケット** poketto	**cep** ジェプ	pocket パケト
ぼける **ぼける** bokeru	**bunamak** ブナマック	grow senile グロウ スィーナイル
ほけん **保険** hoken	**sigorta** スィゴルタ	insurance インシュアランス
〜会社	**sigorta şirketi** スィゴルタ シルケティ	insurance compa- ny インシュアランス カンパニ
〜金	**sigorta parası** スィゴルタ パラス	insurance money インシュアランス マニ
ほけん **保健** hoken	**sağlık** サールック	health, hygiene ヘルス, ハイヂーン

ほ

日	トルコ	英
ぼこう **母校** bokou	**mezun olunan okul** メーズン オルナン オクル	alma mater, one's old school アルマ マータ, オウルド ス クール
ほこうしゃ **歩行者** hokousha	**yaya** ヤヤ	pedestrian, walker ペデストリアン, **ウォ**ーカ
ぼこく **母国** bokoku	**ana vatan** アナ ヴァタン	mother country マザ **カ**ントリ
ほごする **保護する** hogosuru	**korumak** コルマック	protect プロテクト
ほこり **誇り** hokori	**gurur** グルル	pride プライド
ほこる **誇る** hokoru	**-e gurur duymak** エ グルル ドゥイマック	(be) proud of (ビ) プラウド オヴ
ほし **星** hoshi	**yıldız** ユルドゥス	star スター
～占い	**yıldız falı** ユルドゥス ファル	horoscope ホロスコウプ
ほしい **欲しい** hoshii	**istemek, arzu etmek** イステメッキ, **ア**ルズ エトメッキ	want, wish for ワント, **ウィ**シュ フォ
ほしがる **欲しがる** hoshigaru	**istemek, arzu etmek** イステメッキ, **ア**ルズ エトメッキ	want, wish for ワント, **ウィ**シュ フォ
ぼじしょん **ポジション** pojishon	**konum, pozisyon** コ**ヌ**ム, ポズィスィ**オ**ン	position ポ**ズィ**ション
ほしゃく **保釈** hoshaku	**kefalet** ケファーレット	bail ベイル
～金	**kefalet parası** ケファーレット パラス	bail ベイル
ほしゅ **保守** hoshu	**muhafazakârlık, tutucu-luk** ムハーファザキャル**ル**ック, トゥトゥジュ**ル**ック	conservatism コン**サー**ヴァティズム
～的な	**muhafazakâr, tutucu** ムハーファザキャル, トゥトゥジュ	conservative コン**サー**ヴァティヴ
ほしゅう **補習** hoshuu	**ek ders** エキ デルス	extra lessons **エ**クストラ **レ**スンズ
ぼしゅう **募集**　(求人) boshuu	**işe alım** イシェ アルム	recruitment リク**ルー**トメント

ほ

日	トルコ	英
～する	**işe almak** イシェ アルマック	recruit リク**ルー**ト
ほじゅうする 補充する hojuusuru	**yeniden doldurmak** イェ二デン ドル**ドゥ**ルマック	supplement, re-plenish **サ**プリメント, リプ**レ**ニシュ
ほじょ 補助 hojo	**yardım, destek** ヤル**ドゥ**ム, デス**テ**ッキ	assistance ア**スィ**スタンス
～する	**yardım etmek, destekle-mek** ヤル**ドゥ**ム エト**メ**ッキ, デステッキレ**メ**ッキ	assist ア**スィ**スト
ほしょう 保証 hoshou	**garanti** ガラン**ティ**	guarantee ギャラン**ティー**
～書	**garanti belgesi, garanti kartı** ガラン**ティ** ベルゲ**スィ**, ガラン**ティ** カル**トゥ**	written guarantee リトン ギャラン**ティー**
～する	**garanti etmek** ガラン**ティ** エト**メ**ッキ	guarantee, assure ギャラン**ティー**, ア**シュ**ア
～人	**kefil, garantör** ケ**フィ**ル, ガラン**トゥ**ル	guarantor, surety **ギャ**ラント一, **シュ**アティ
ほす 干す hosu	**kurutmak** クルト**マ**ック	dry, air ド**ラ**イ, **エ**ア
ぽすたー ポスター posutaa	**afiş** ア**フィ**シ	poster **ポ**ウスタ
ほすと ホスト　(主人) hosuto	**ev sahibi** エヴ サー**ヒ**ビ	host **ホ**ウスト
ぽすと ポスト posuto	**posta kutusu** **ポ**スタ ク**トゥ**ス	mailbox, letter box **メ**イルバクス, **レ**タ バクス
ぼせい 母性 bosei	**annelik** アンネ**リ**ッキ	motherhood **マ**ザフド
ほそい 細い hosoi	**ince** イン**ジェ**	thin, slim **スィ**ン, ス**リ**ム
ほそう 舗装 hosou	**asfaltlama** アスファルト**ラ**マ	pavement **ペ**イヴメント
～する	**asfaltlamak** アスファルト**ラ**マック	pave **ペ**イヴ

ほ

日	トルコ	英
ほそく 補足 hosoku	**ek, ilave** エキ, イラーヴェ	supplement サプリメント
～する	**eklemek, ilave etmek** エクレメッキ, イラーヴェ エトメッキ	supplement サプリメント
ほそながい 細長い hosonagai	**ince uzun** インジェ ウズン	long and slender ローング アンド スレンダ
ほぞん 保存 hozon	**muhafaza, koruma** ムハーファザ, コルマ	preservation プレザヴェイション
（データなどの）	**kaydetme** カイデトメ	saving セイヴィング
～する	**muhafaza etmek** ムハーファザ エトメッキ	preserve, keep プリザーヴ, キープ
（データなどを）	**kaydetmek** カイデトメッキ	save セイヴ
ぼたい 母胎 botai	**anne karnı** アンネ カルヌ	mother's womb, uterus マザズ ウーム, ユーテラス
ほたてがい 帆立貝 hotategai	**tarak, deniz tarağı** タラック, デニス タラウ	scallop スカロプ
ほたる 蛍 hotaru	**ateş böceği** アテシ ブジェイ	firefly ファイアフライ
ぼたん ボタン botan	**düğme** デューメ	button バトン
ぼち 墓地 bochi	**mezarlık** メザルルック	graveyard グレイヴヤード
ほちょう 歩調 hochou	**adım** アドゥム	pace, step ペイス, ステプ
ぼっきするする 勃起する bokkisuru	**kalkmak, dikleşmek** カルクマック, ディクレシメッキ	(be) erect, erect (ビ) イレクト, イレクト
ほっきにん 発起人 hokkinin	**fikir babası** フィキル ババス	promoter, proposer プロモウタ, プロポウザ
ほっきょく 北極 hokkyoku	**Kuzey Kutbu** クゼイ クトゥブ	North Pole ノース ボウル
～圏	**Kuzey Kutup Dairesi** クゼイ クトゥップ ダイレスィ	Arctic Circle アークティク サークル

ほ

日	トルコ	英
～星	**Kutup Yıldızı** クトゥップ ユルドゥズ	Pole Star ポウル スター
ほっく **ホック** （掛け金） hokku	**kanca** カンジャ	hook フク
ほっけー **ホッケー** hokkee	**hokey** ホケイ	hockey ハキ
ほっさ **発作** hossa	**kriz, nöbet** クリス, ヌゥベット	fit, attack フィト, アタク
ぼっしゅうする **没収する** bosshuusuru	**müsadere etmek** ミュサーデレ エトメッキ	confiscate カンフィスケイト
ほっそく **発足** hossoku	**açılış** アチュルシ	inauguration イノーギュレイション
ぽっと **ポット** potto	**demlik** デムリッキ	pot, teapot パト, ティーパト
ほっとする **ほっとする** hottosuru	**rahatlamak, ferahlamak** ラハトラマック, フェラフラマック	feel relieved フィール リリーヴド
ほっとどっぐ **ホットドッグ** hottodoggu	**sosisli sandviç** ソスィスリ サンドヴィッチ	hot dog ハト ドグ
ほっとらいん **ホットライン** hottorain	**direkt telefon hattı** ディレクト テレフォン ハットゥ	hotline ハトライン
ぽっぷす **ポップス** poppusu	**pop müzik** ポップ ミュズィッキ	pop music パプ ミューズィク
ぼでぃーがーど **ボディーガード** bodiigaado	**koruma, muhafız** コルマ, ムハーフス	bodyguard バディガード
ぼでぃーちぇっく **ボディーチェック** bodiichekku	**üst arama** ユスト アラマ	body search, frisk- ing バディ サーチ, フリスキン グ
ぽてとちっぷ **ポテトチップ** potetochippu	**patates cipsi** パタテス ジプスィ	chips, ®crisps チプス, クリスプス
ほてる **ホテル** hoteru	**otel** オテル	hotel ホウテル
ほてる **火照る** hoteru	**yüzü kızarmak** ユズュ クザルマック	feel hot, flush フィール ハト, フラシュ
ほどう **舗道** hodou	**asfalt yol** アスファルト ヨル	paved road ペイヴド ロウド

ほ

日	トルコ	英
ほどう 歩道 hodou	**kaldırım** カルドゥルム	sidewalk, ⑧pave-ment サイドウォーク, ペイヴメント
～橋	**üst geçit** ユスト ゲチット	footbridge フトブリヂ
ほどく 解く hodoku	**çözmek** チョズメッキ	untie, unfasten アンタイ, アンファスン
ほとけ 仏 hotoke	**Buda** ブダ	Buddha ブダ
ぼとる ボトル botoru	**şişe** シシェ	bottle バトル
ほとんど ほとんど hotondo	**hemen hemen** ヘメン ヘメン	almost, nearly オールモウスト, ニアリ
ぼにゅう 母乳 bonyuu	**anne sütü** アンネ スュテュ	mother's milk マザズ ミルク
ほにゅうどうぶつ 哺乳動物 honyuudoubutsu	**memeliler** メメリレル	mammal ママル
ほね 骨 hone	**kemik** ケミッキ	bone ボウン
（魚の）	**kılçık** クルチュック	(fish) bone （フィシュ）ボウン
～折り	**zahmet** ザフメット	pains, efforts ペインズ, エファツ
～組み	**çerçeve, yapı** チェルチェヴェ, ヤプ	frame, structure フレイム, ストラクチャ
ほのお 炎 honoo	**alev** アレヴ	flame フレイム
ほのめかす ほのめかす honomekasu	**ima etmek** イーマー エトメッキ	hint, suggest ヒント, サグチェスト
ぽぴゅらーな ポピュラーな popyuraana	**popüler** ポピュレル	popular パピュラ
ぼぶすれー ボブスレー bobusuree	**yarış kızağı** ヤルシ クザウ	bobsleigh バブスレイ
ほほえましい 微笑ましい hohoemashii	**hoş, tatlı** ホシ, タットル	pleasing プリーズィング

ほ

日	トルコ	英
<ruby>微笑む<rt>ほほえむ</rt></ruby> hohoemu	**-e gülümsemek** エ ギュリュムセメッキ	smile at スマイル アト
<ruby>褒める<rt>ほめる</rt></ruby> homeru	**övmek** ウヴメッキ	praise プレイズ
<ruby>ぼやく<rt>ぼやく</rt></ruby> boyaku	**şikâyet etmek** シキャーイェット エトメッキ	complain コンプレイン
<ruby>ぼやける<rt>ぼやける</rt></ruby> boyakeru	**bulanıklaşmak** ブラヌックラシマック	blur, grow fuzzy ブラ, グロウ ファズィ
<ruby>保養<rt>ほよう</rt></ruby> hoyou	**dinlenme, istirahat** ディンレンメ, イスティラハット	rest レスト
～地	**sağlık tesisi** サールック テーシィスィ	health resort ヘルス リゾート
<ruby>洞穴<rt>ほらあな</rt></ruby> horaana	**mağara** マアラ	cave ケイヴ
<ruby>ボランティア<rt>ぼらんてぃあ</rt></ruby> borantia	**gönüllü** ギョニュルリュ	volunteer ヴァランティア
<ruby>ポリープ<rt>ぽりーぷ</rt></ruby> poriipu	**polip** ポリプ	polyp パリプ
<ruby>ポリエステル<rt>ぽりえすてる</rt></ruby> poriesuteru	**polyester** ポリエステル	polyester パリエスタ
<ruby>ポリエチレン<rt>ぽりえちれん</rt></ruby> poriechiren	**polietilen** ポリエティレン	polythene, poly-ethylene パリスィーン, パリエスィリーン
<ruby>ポリオ<rt>ぽりお</rt></ruby> porio	**çocuk felci** チョジュック フェルジ	polio ポウリオウ
<ruby>ポリシー<rt>ぽりしー</rt></ruby> porishii	**politika** ポリティカ	policy パリスィ
<ruby>ポリ袋<rt>ぽりぶくろ</rt></ruby> poribukuro	**plastik torba, naylon tor-ba** プラスティッキ トルバ, ナイロン トルバ	plastic bag プラスティック バグ
<ruby>ボリューム<rt>ぼりゅーむ</rt></ruby>（音量） boryuumu	**ses ayarı, ses seviyesi** セス アヤル, セス セヴィイェスィ	volume ヴァリュム
（量）	**hacim** ハジム	volume ヴァリュム
<ruby>捕虜<rt>ほりょ</rt></ruby> horyo	**esir, tutsak** エスィル, トゥットサック	prisoner of war (POW) プリズナ オヴ ウォー

ほ

日	トルコ	英
ほる 掘る horu	**kazmak** カズマック	dig, excavate **ディ**グ, **エ**クスカヴェイト
ほる 彫る horu	**oymak** オイマック	carve, engrave **カー**ヴ, イン**グ**レイヴ
ぼると ボルト （ねじ） boruto	**cıvata** ジュ**ヴァ**タ	bolt **ボウ**ルト
（電圧の単位）	**volt** **ヴォ**ルト	volt **ヴォ**ウルト
ぼるとがる ポルトガル porutogaru	**Portekiz** **ポ**ルテキス	Portugal **ポー**チュガル
〜語	**Portekizce** ポルテ**キ**ズジェ	Portuguese ポーチュ**ギー**ズ
ぼるの ポルノ poruno	**porno** **ポ**ルノ	pornography ポー**ナ**グラフィ
ほるもん ホルモン horumon	**hormon** ホル**モ**ン	hormone **ホー**モウン
ほるん ホルン horun	**korno** コル**ノ**	horn **ホー**ン
ほれる 惚れる horeru	**-e aşk olmak** エ **ア**シク オル**マ**ック	fall in love with **フォー**ル イン **ラ**ヴ ウィズ
ぼろしゃつ ポロシャツ poroshatsu	**polo gömlek** **ポ**ロ ギョム**レ**ッキ	polo shirt **ポ**ウロウ **シャー**ト
ほろびる 滅びる horobiru	**yok olmak** **ヨ**ック オル**マ**ック	fall, perish **フォー**ル, **ペ**リシュ
ほろぼす 滅ぼす horobosu	**yıkmak, mahvetmek** ユク**マ**ック, **マ**フヴェトメッキ	ruin, destroy **ルー**イン, ディス**ト**ロイ
ぼろぼろの ぼろぼろの boroborono	**yırtık pırtık, eski püskü** ユル**トゥ**ック プル**トゥ**ック, エス**キ** ピュス**キュ**	shabby **シャ**ビ
ほん 本 hon	**kitap** キ**タ**ップ	book **ブ**ク
〜屋	**kitapçı** キタップ**チュ**	bookstore **ブ**クストー
ぼん 盆 bon	**tepsi** テプ**スィ**	tray ト**レ**イ

ほ

日	トルコ	英
ほんかくてきな **本格的な** honkakutekina	**otantik** オタン**ティッ**キ	genuine, authentic チェ**ニュ**イン, オー**セン**ティック
ほんかん **本館** honkan	**ana bina** ア**ナ** ビ**ナー**	main building **メイン** ビルディング
ほんきで **本気で** honkide	**ciddi olarak** ジッ**ディー** オ**ラ**ラック	seriously, earnestly **ス**ィアリアスリ, **ア**ーネストリ
ほんきの **本気の** honkino	**ciddi** ジッ**ディー**	serious **ス**ィアリアス
ほんこん **香港** honkon	**Hong Kong** ホン**グ** コン**グ**	Hong Kong ハン**グ カ**ング
ほんしつ **本質** honshitsu	**esas** エ**サー**ス	essence **エ**センス
〜的な	**esaslı** エ**サー**スル	essential イ**セン**シャル
ほんしゃ **本社** honsha	**genel merkez** ゲ**ネ**ル メル**ケ**ス	head office ヘド **オ**ーフィス
ほんしん **本心** honshin	**gerçek ruh, gerçek gönül** ゲル**チェッ**キ ル**ー**フ, ゲル**チェッ**キ ギョ**ニュ**ル	real intention リーアル インテンション
ほんせき **本籍** honseki	**kayıtlı adres** カユッ**トゥ**ル アド**レ**ス	registered domicile レヂス**タ**ド **ダ**ミサイル
ほんだな **本棚** hondana	**kitap rafı, kitaplık rafı** キ**タッ**プ ラ**フ**, キ**タッ**プルック ラ**フ**	bookshelf **ブ**クシェルフ
ほんど **本土** hondo	**ana kara** ア**ナ** カ**ラ**	mainland **メ**インランド
ぽんど **ポンド** (重さの) pondo	**libre** リブレ	pound **パ**ウンド
(イギリスの通貨)	**paunt** **パ**ウント	pound **パ**ウンド
ほんとう **本当** hontou	**gerçek** ゲル**チェッ**キ	truth ト**ルー**ス
ほんとうに **本当に** hontouni	**gerçekten** ゲル**チェッ**キテン	truly, really ト**ルー**リ, **リ**ーアリ

日	トルコ	英
ほんとうの **本当の** hontouno	**gerçek, hakiki** ゲルチェッキ, ハキーキー	true, real トルー, リーアル
ほんね **本音** honne	**gerçek niyet** ゲルチェッキ ニイェット	true mind トルー マインド
ぼんねっと **ボンネット** bonnetto	**kaput** カプット	hood, ®bonnet フド, ボネト
ほんの **ほんの** honno	**sadece** サーデジェ	just, only チャスト, オウンリ
ほんのう **本能** honnou	**içgüdü** イチギュデュ	instinct インスティンクト
～的な	**içgüdüsel** イチギュデュセル	instinctive インスティンクティヴ
ぽんぷ **ポンプ** ponpu	**pompa** ポンパ	pump パンプ
ほんぶん **本文** honbun	**metin** メティン	text テクスト
ぼんべ **ボンベ** bonbe	**tüp** テュップ	cylinder スィリンダ
ほんめい **本命** honmei	**favori** ファヴォリ	favorite フェイヴァリト
ほんものの **本物の** honmonono	**hakiki, gerçek** ハキーキー, ゲルチェッキ	genuine チェニュイン
ほんやく **翻訳** hon-yaku	**çeviri** チェヴィリ	translation トランスレイション
～家	**çevirmen** チェヴィルメン	translator トランスレイタ
～する	**çevirmek** チェヴィルメッキ	translate トランスレイト
ぼんやりした **ぼんやりした** （ぼやけた） bon-yarishita	**bulanık** ブラヌック	dim, vague ディム, ヴェイグ
ぼんやりと **ぼんやりと** （ぼやけて） bon-yarito	**hayal meyal, belirsiz şe-** **kilde** ハヤール メヤル, ベリルスィス シェキルデ	dimly, vaguely ディムリ, ヴェイグリ

ほ

日	トルコ	英

ま, マ

^ま間 （空間） ma	**boşluk** ボシルック	space スペイス
（時間）	**ara** アラ	time, interval タイム, インタヴァル
^{まーがりん}マーガリン maagarin	**margarin** マルガリン	margarine マーヂャリン
^{まーく}マーク maaku	**işaret** イシャーレット	mark マーク
^{まーけっと}マーケット maaketto	**pazar, market** パザル, マルケット	market マーケト
^{まーじん}マージン （余白） maajin	**marj** マルジ	margin マーヂン
（利ざや）	**kâr marjı** キャール マルジュ	margin マーヂン
^{まーまれーど}マーマレード maamareedo	**marmelat** マルメラット	marmalade マーマレイド
^{まい}枚 mai	**tabaka, yaprak** タバカ, ヤプラック	sheet, piece シート, ピース
^{まい}毎 mai	**her** ヘル	every, each エヴリ, イーチ
^{まいあさ}毎朝 maiasa	**her sabah** ヘル サバフ	every morning エヴリ モーニング
^{まいく}マイク maiku	**mikrofon** ミクロフォン	microphone マイクロフォウン
^{まいくろばす}マイクロバス maikurobasu	**minibüs** ミニビュス	minibus ミニバス
^{まいご}迷子 maigo	**kayıp çocuk** カユップ チョジュック	stray child ストレイ チャイルド
^{まいこむ}舞い込む maikomu	**çat kapı gelmek** チャト カプ ゲルメッキ	come unexpectedly カム アニクスペクティドリ
^{まいしゅう}毎週 maishuu	**her hafta** ヘル ハフタ	every week エヴリ ウィーク

ま

日	トルコ	英
まいそうする **埋葬する** maisousuru	**gömmek** ギョンメッキ	bury ベリ
まいつき **毎月** maitsuki	**her ay** ヘル アイ	every month エヴリ マンス
まいなーな **マイナーな** mainaana	**küçük** キュチュック	minor マイナ
まいなす **マイナス** mainasu	**eksi** エキスィ	minus マイナス
反 プラス	**artı** アルトゥ	plus プラス
まいにち **毎日** mainichi	**her gün** ヘル ギュン	every day エヴリ デイ
まいねん **毎年** mainen	**her yıl** ヘル ユル	every year エヴリ イア
まいばん **毎晩** maiban	**her akşam** ヘル アクシャム	every evening エヴリ イーヴニング
まいる **マイル** mairu	**mil** ミル	mile マイル
まう **舞う** mau	**dans etmek** ダンス エトメッキ	dance ダンス
まうえに **真上に** maueni	**tam üstünde** タム ユステュンデ	directly above ディレクトリ アバヴ
まうす **マウス** mausu	**fare** ファーレ	mouse マウス
～パッド	**fare altlığı** ファーレ アルトルウ	mouse pad マウス パド
まうんてんばいく **マウンテンバイク** mauntenbaiku	**dağ bisikleti** ダー ビスィクレティ	mountain bike マウンテン バイク
まえ **前** mae	**ön** ウン	front フラント
まえあし **前足** maeashi	**ön ayak, ön bacak** ウン アヤック, ウン バジャック	forefoot フォーフト
まえがき **前書き** maegaki	**ön söz** ウン ソゥス	preface プレフェス

ま

日	トルコ	英
まえがみ **前髪** maegami	**kâkül** キャーキュル	bangs, forelock, ⑧fringe バングズ, **フォ**ーラク, フリンヂ
まえきん **前金** maekin	**avans, öndelik** ア**ヴァ**ンス, ウン**デ**リッキ	advance アド**ヴァ**ンス
まえに **前に** (かつて) maeni	**önce** ウンジェ	before, ago ビ**フォ**ー, ア**ゴ**ウ
まえの **前の** maeno	**ön** ウン	front, former フ**ラ**ント, **フォ**ーマ
(前回の)	**en son** エン ソン	last **ラ**スト
まえば **前歯** maeba	**ön dişler** ウン ディ**シ**レル	front teeth フ**ラ**ント **ティ**ース
まえむきの **前向きの** maemukino	**olumlu, pozitif** オルム**ル**, ポ**ジ**ティフ	positive **パ**ズィティヴ
まえもって **前もって** maemotte	**önceden** ウン**ジェ**デン	beforehand ビ**フォ**ーハンド
まかせる **任せる** makaseru	**emanet etmek, itimat et-mek** エマー**ネ**ット エト**メ**ッキ, イー**ティ**マート エト**メ**ッキ	leave, entrust **リ**ーヴ, イント**ラ**スト
まがりかど **曲がり角** magarikado	**köşe** キョ**シェ**	corner **コ**ーナ
まがる **曲がる** magaru	**eğilmek, bükülmek** エ**イ**ルメッキ, ビュ**キュ**ルメッキ	bend, curve **ベ**ンド, **カ**ーヴ
(道を)	**dönmek** ドゥン**メ**ッキ	turn **タ**ーン
まかろに **マカロニ** makaroni	**makarna** マ**カ**ルナ	macaroni マカ**ロ**ウニ
まき **薪** maki	**odun** オ**ドゥ**ン	firewood **ファ**イアウド
まきじゃく **巻き尺** makijaku	**şerit metre** シェ**リ**ット **メ**トレ	tape measure **テ**イプ **メ**ジャ
まぎらわしい **紛らわしい** magirawashii	**yanıltıcı** ヤヌル**トゥ**ジュ	misleading, confusing ミス**リ**ーディング, コン**フュ**ーズィング

ま

日	トルコ	英
まぎれる 紛れる magireru	**ile karışmak** イレ カルシマック	(be) confused with (ビ) コンフューズド ウィズ
（気が）	**oyalanmak, (dikkatini)** **başka yöne çekmek** オヤランマック,（ディッカティニ）　バシカ ヨネ チェキメッキ	(be) diverted by (ビ) ディヴァーティド バイ
まく 幕 maku	**perde** ペルデ	curtain カートン
（芝居の）	**sahne** サフネ	act アクト
まく 蒔く　（種を） maku	**ekmek** エキメッキ	sow ソウ
まく 巻く maku	**sarmak** サルマック	roll, wrap ロウル, ラプ
まく 撒く maku	**serpmek, saçmak** セルプメッキ, サチマック	sprinkle, scatter スプリンクル, スキャタ
まぐにちゅーど マグニチュード magunichuudo	**büyüklük** ビュユックリュック	magnitude マグニテュード
まぐねしうむ マグネシウム maguneshiumu	**magnezyum** マグネズィウム	magnesium マグニーズィアム
まぐま マグマ maguma	**magma** マグマ	magma マグマ
まくら 枕 makura	**yastık** ヤストゥック	pillow ピロウ
まくる まくる makuru	**çemremek** チェムレメッキ	roll up ロウル アプ
まぐれ まぐれ magure	**şans** シャンス	fluke フルーク
まぐろ 鮪 maguro	**ton balığı, orkinos** トン バルウ, オルキノス	tuna テューナ
まけ 負け make	**yenilgi** イェニルギ	defeat ディフィート
まけどにあ マケドニア makedonia	**Makedonya** マケドニヤ	Macedonia マセドウニア
まける 負ける makeru	**yenilmek, kaybetmek** イェニルメッキ, カイベトメッキ	(be) defeated, lose (ビ) ディフィーティド, ルー ズ

ま

日	トルコ	英
（値段を）	**indirmek** インディル**メ**ッキ	reduce リデュース
まげる 曲げる mageru	**bükmek, eğmek** ビュク**メ**ッキ，エー**メ**ッキ	bend ベンド
まご 孫 mago	**torun** ト**ル**ン	grandchild グランドチャイルド
まごころ 真心 magokoro	**içtenlik** イチテン**リ**ッキ	sincerity スィン**セ**リティ
まごつく まごつく magotsuku	**şaşkın olmak, kafa karış-** **tırmak** シャシ**ク**ン オル**マ**ック，カ**ファ** カルシトゥ ル**マ**ック	(be) confused （ビ）コン**フュー**ズド
まこと 誠　　（真実） makoto	**gerçek** ゲル**チェ**ッキ	truth ト**ルー**ス
（真心）	**içtenlik** イチテン**リ**ッキ	sincerity スィン**セ**リティ
まざこん マザコン mazakon	**anne kompleksi** アン**ネ** コンプレク**ス**ィ	mother complex **マ**ザ カンプレクス
まさつ 摩擦 masatsu	**sürtünme** スュルテュン**メ**	friction フリクション
まさに 正に masani	**tam** **タ**ム	just, exactly **チャ**スト，イグ**ザ**クトリ
まさる 勝る masaru	**-den daha üstün, -den** **daha iyi** デン ダ**ハ** ユス**テュ**ン，デン ダ**ハ** イ**イ**	(be) superior to （ビ）ス**ピ**アリア トゥ
まじっく マジック　（手品） majikku	**hokkabazlık** ホッカバーズ**ル**ック	magic **マ**ヂク
まじない まじない majinai	**sihir, büyü** スィ**ヒ**ル，ビュ**ユ**	charm, spell **チャー**ム，スペル
まじめな 真面目な majimena	**ciddî** ジッ**ディー**	serious ス**ィ**アリアス
まじょ 魔女 majo	**cadı** ジャ**ドゥ**	witch **ウィ**チ
まじる 混[交]じる majiru	**ile karışmak** イ**レ** カルシ**マ**ック	(be) mixed with （ビ）**ミ**クスト ウィズ
まじわる 交わる majiwaru	**kesişmek** ケスィシ**メ**ッキ	cross, intersect ク**ロー**ス，インタ**セ**クト

ま

日	トルコ	英
ます **増す** masu	**artmak** アルトマック	increase インクリース
ます **鱒** masu	**alabalık** アラバルック	trout トラウト
ますい **麻酔** masui	**anestezi** アネステズィ	anesthesia アニススィージャ
まずい **まずい** （おいしくない） mazui	**tatsız, lezzetsiz** タットスス, レッゼットスィス	not good ナト グド
（よくない）	**kötü** キョテュ	not good ナト グド
（質が悪い）	**düşük kaliteli** デュシュッキ カリテリ	poor プア
ますかっと **マスカット** masukatto	**misket (üzümü)** ミスケット (ユズュミュ)	muscat マスカト
ますから **マスカラ** masukara	**maskara** マスカラ	mascara マスキャラ
ますく **マスク** masuku	**maske** マスケ	mask マスク
ますこみ **マスコミ** masukomi	**kitle iletişim, medya** キトレ イレティシム, メディア	mass media マス ミーディア
まずしい **貧しい** mazushii	**yoksul, fakir** ヨクスル, ファキル	poor プア
ますたーど **マスタード** masutaado	**hardal** ハルダル	mustard マスタド
ますます **ますます** masumasu	**gittikçe** ギッティキチェ	more and more モー アンド モー
ますめでぃあ **マスメディア** masumedia	**kitle iletişim araçları** キトレ イレティシム アラチラル	mass media マス ミーディア
ませた **ませた** maseta	**yaşına göre erken geliş- miş** ヤシュナ ギョレ エルケン ゲリシミッシ	precocious プリコウシャス
まぜる **混[交]ぜる** mazeru	**karıştırmak** カルシトゥルマック	mix, blend ミクス, ブレンド
また **又** mata	**tekrar, yine** テクラール, イネ	again アゲイン

ま

日	トルコ	英
（その上）	**üstelik, ayrıca** ユステリッキ, アイルジャ	moreover, besides モーロウヴァ, ビサイヅ
まだ **未だ** mada	**henüz** ヘニュス	yet, still イェト, スティル
またがる **跨がる** matagaru	**(ata) binmek, bacaklarını açarak oturmak** （アタ）ビンメッキ, バジャックラルヌ ア**チャ**ラック オトゥル**マック**	straddle, mount スト**ラ**ドル, **マ**ウント
またせる **待たせる** mataseru	**bekletmek** ベクレト**メ**ッキ	keep waiting **キー**プ ウェイティング
またたく **瞬く**　（光が） matataku	**hızlı yanıp sönmek** フズル ヤヌップ ソン**メ**ッキ	wink, blink **ウィ**ンク, ブ**リ**ンク
または **又は** matawa	**veya, ya da** ヴェヤー, ヤ ダ	or **オー**
まだら **斑** madara	**benek** ベ**ネ**ッキ	spots ス**パ**ッツ
まち **町[街]** machi	**şehir, kasaba** シェ**ヒ**ル, カ**サ**バ	town, city **タ**ウン, ス**イ**ティ
まちあいしつ **待合室** machiaishitsu	**bekleme salonu** ベクレメ サロ**ヌ**	waiting room **ウェ**イティング **ルー**ム
まちあわせる **待ち合わせる** machiawaseru	**buluşmak, randevu vermek** ブルシ**マ**ック, ランデヴ ヴェル**メ**ッキ	arrange to meet, rendezvous with ア**レ**インヂ トゥ ミート, **ラー**ンデイヴ ウィズ
まちがい **間違い** machigai	**yanlış, kusur** ヤン**ル**シ, ク**ス**ル	mistake, error ミス**テ**イク, **エ**ラ
（過失）	**kabahat, kusur** カバ**ハ**ット, ク**ス**ル	fault, slip **フォ**ルト, ス**リ**プ
まちがえる **間違える**　（誤る） machigaeru	**yanlış yapmak, hata yapmak** ヤン**ル**シ ヤプ**マ**ック, ハ**ター** ヤプ**マ**ック	make a mistake **メ**イク ア ミス**テ**イク
（取り違える）	**ile karıştırmak** イ**レ** カルシトゥル**マ**ック	mistake for ミス**テ**イク フォ
まちどおしい **待ち遠しい** machidooshii	**dört gözle beklemek** ド**ォ**ルト **ギョ**ズレ ベクレ**メ**ッキ	(be) looking forward to （ビ）**ル**キング **フォー**ワド トゥ

日	トルコ	英
まつ **待つ** matsu	**beklemek** ベクレメッキ	wait ウェイト
まっかな **真っ赤な** makkana	**kıpkırmızı** クプクルムズ	bright red ブライト レド
まっき **末期** makki	**son dönem** ソン ドネム	end, last stage エンド, ラスト ステイヂ
〜がん	**terminal dönem** テルミナル ドネム	terminal cancer ターミナル キャンサ
まっくらな **真っ暗な** makkurana	**kapkaranlık** カプカランルック	pitch-dark ピチダーク
まっくろな **真っ黒な** makkurona	**simsiyah** スィムスィヤハ	deep-black ディープブラク
まつげ **まつげ** matsuge	**kirpik** キルピッキ	eyelashes アイラシェズ
まっさーじ **マッサージ** massaaji	**masaj** マサージ	massage マサージ
〜する	**masaj yapmak** マサージ ヤプマック	massage マサージ
まっさおな **真っ青な** massaona	**masmavi** マスマーヴィ	deep blue ディープ ブルー
（顔色が）	**uçuk, solgun** ウチュック, ソルグン	pale ペイル
まっさきに **真っ先に** massakini	**ilk önce** イルキ ウンジェ	first of all ファースト オヴ オール
まっしゅるーむ **マッシュルーム** masshuruumu	**mantar** マンタル	mushroom マシュルーム
まっしろな **真っ白な** masshirona	**bembeyaz** ベンベヤス	pure white ピュア (ホ)ワイト
まっすぐな **まっすぐな** massuguna	**dümdüz** デュムデュス	straight ストレイト
まっすぐに **まっすぐに** massuguni	**dümdüz** デュムデュス	straight ストレイト
まったく **全く（完全に）** mattaku	**tamamen** タマーメン	completely, entirely コンプリートリ, インタイアリ

ま

日	トルコ	英
（全然）	**hiç** ヒッチ	at all アト **オール**
（本当に）	**gerçekten** ゲルチェキテン	really, truly リーアリ, トルーリ
まったん **末端** mattan	**uç** ウチ	end, tip エンド, **ティ**プ
まっち **マッチ** macchi	**kibrit** キプリット	match **マ**チ
（試合）	**maç** マッチ	match, bout **マ**チ, **バ**ウト
まっとれす **マットレス** mattoresu	**minder** ミンデル	mattress **マ**トレス
まつばづえ **松葉杖** matsubazue	**koltuk değneği** コル**トゥ**ック デー**ネイ**	crutches ク**ラ**チズ
まつり **祭り** matsuri	**festival, bayram** フェスティ**ヴァ**ル, バイラム	festival **フェ**スティヴァル
まと **的** mato	**hedef** ヘ**デ**フ	mark, target **マ**ーク, **タ**ーゲト
まど **窓** mado	**pencere** ペン**ジェ**レ	window **ウィ**ンドウ
～口	**gişe** ギ**シェ**	window **ウィ**ンドウ
まとめ **まとめ** matome	**özet** ウ**ゼ**ット	summary **サ**マリ
まとめる **まとめる** matomeru	**toplamak** トプラ**マ**ック	collect, get together コ**レ**クト, **ゲ**ト ト**ゲ**ザ
（整える）	**ayarlamak** アヤルラ**マ**ック	adjust, arrange ア**チャ**スト, アレ**イ**ンヂ
（解決する）	**halletmek, çözmek** **ハ**ッレットメキ, **チョ**ズメキ	settle **セ**トル
まどり **間取り** madori	**kat planı** **カ**ット プラ**ヌ**	layout of a house **レ**イアウト オ**ヴ** ア **ハ**ウス
まなー **マナー** manaa	**terbiye, görgü** テル**ビ**イェ, ギョル**ギュ**	manners **マ**ナズ

ま

日	トルコ	英
まないた **まな板** manaita	**mutfak tahtası, kesme tahtası** ムト**ファック** タフタス, ケス**メ** タフタス	cutting board カティング ボード
まなざし **眼差し** manazashi	**bakış** バ**ク**シ	look ル**ク**
まなつ **真夏** manatsu	**yaz ortası** ヤス オル**タ**ス	midsummer ミ**ド**サマ
まなぶ **学ぶ** manabu	**öğrenmek** ウー**レ**ンメッキ	learn, study **ラー**ン, ス**タ**ディ
まにあ **マニア** mania	**manyak** マ**ニ**ヤック	maniac メイ**ニ**アク
まにあう **間に合う** maniau	**-e yetişmek** エ イ**エ**ティシメッキ	(be) in time for (ビ) イン **タ**イム フォ
（必要を満たす）	**yetmek** イェ**ト**メッキ	answer, (be) enough **アン**サ, (ビ) イ**ナ**フ
まにあわせる **間に合わせる** maniawaseru	**ile yetinmek, ile idare et-mek** イ**レ** イェ**ティ**ンメッキ, イ**レ** イ**ダー**レ エ**ト**メッキ	make do with メイク **ドゥー** ウィズ
まにきゅあ **マニキュア** manikyua	**manikür** マニ**キュ**ル	manicure **マ**ニキュア
まにゅある **マニュアル** manyuaru	**el kitabı, kullanma kıla-vuzu** エル キ**タ**ブ, ク**ッ**ランマ ク**ラ**ヴズ	manual **マ**ニュアル
まぬがれる **免れる** manugareru	**kurtulmak** クル**トゥ**ルマック	avoid, evade ア**ヴォ**イド, イ**ヴェ**イド
まぬけな **間抜けな** manukena	**aptal, budala, ahmak** アプ**タ**ル, ブ**ダ**ラ, アフ**マ**ック	stupid, silly ス**テュー**ピド, **スィ**リ
まねーじゃー **マネージャー** maneejaa	**müdür, yönetici** ミュ**デュ**ル, ヨネ**ティ**ジ	manager **マ**ニヂャ
まねく **招く** maneku	**davet etmek** ダー**ヴェ**ット エト**メ**ッキ	invite イン**ヴァ**イト
（引き起こす）	**sebep olmak** セ**ベ**ップ オル**マ**ック	cause **コー**ズ
まねする **真似する** manesuru	**taklit etmek, örnek al-mak** タク**リー**ト エト**メ**ッキ, ウル**ネ**ック アル**マ**ック	imitate, mimic **イ**ミテイト, **ミ**ミク

ま

日	トルコ	英
まばらな **まばらな** mabarana	**seyrek, dağınık** セイレッキ, ダウヌック	sparse スパース
まひ **麻痺** mahi	**felç** フェルチ	paralysis パラリスィス
～する	**felç olmak** フェルチ オルマック	(be) paralyzed (ビ) パラライズド
まひる **真昼** mahiru	**gün ortası, öğle vakti** ギュン オルタス, ウーレ ヴァクティ	midday, noon ミドデイ, ヌーン
まふぃあ **マフィア** mafia	**mafya** マフィヤ	Mafia マーフィア
まぶしい **眩しい** mabushii	**göz kamaştırıcı** ギョス カマシトゥルジュ	glaring, dazzling グレアリング, ダズリング
まぶた **瞼** mabuta	**göz kapağı** ギョス カパウ	eyelid アイリド
まふゆ **真冬** mafuyu	**kış ortası** クシ オルタス	midwinter ミドウィンタ
まふらー **マフラー** （襟巻き） mafuraa	**atkı** アトク	muffler マフラ
（自動車などの）	**susturucu** スストゥ゙ルジュ	muffler マフラ
まほう **魔法** mahou	**sihir, büyü** スィヒル, ビュユ	magic マデク
まぼろし **幻** maboroshi	**hayalet** ハヤーレット	phantom ファントム
まみず **真水** mamizu	**tatlı su** タトゥル ス	fresh water フレシュ ウォータ
まめ **豆** mame	**fasulye** ファスリエ	bean ビーン
まめつする **摩滅する** mametsusuru	**aşınmak** アシュンマック	(be) worn down (ビ) ウォーン ダウン
まもなく **間もなく** mamonaku	**biraz sonra, birazdan, yakında** ビラス ソンラ, ビラズダン, ヤクンダ	soon スーン
まもり **守り** mamori	**savunma** サヴンマ	defense, ⑧defence ディフェンス, ディフェンス

ま

日	トルコ	英
まもる 守る mamoru	**savunmak, korumak** サヴンマック, コルマック	defend, protect ディフェンド, プロテクト
まやく 麻薬 mayaku	**uyuşturucu, narkotik** ウユシトゥルジュ, ナルコティッキ	narcotic, drug ナーカティク, ドラグ
まゆ 眉 mayu	**kaş** カシ	eyebrow アイブラウ
～墨	**kaş kalemi** カシ カレミ	eyebrow pencil アイブラウ ペンスル
まよう 迷う（気持ちなどが） mayou	**duraksamak, tereddüt etmek** ドゥラクサマック, テレッデュト エトメッキ	hesitate, dither ヘズィテイト, ディザ
（道に）	**yolunu kaybetmek** ヨルヌ カイベトメッキ	(be) lost, lose one's way (ビ) ロースト, ルーズ ウェイ
まよなか 真夜中 mayonaka	**gece yarısı** ゲジェ ヤルス	midnight ミドナイト
まらそん マラソン marason	**maraton** マラトン	marathon マラソン
まらりあ マラリア mararia	**sıtma** ストマ	malaria マレアリア
まりね マリネ marine	**marine** マリネ	marinade マリネイド
まりふぁな マリファナ marifana	**esrar** エスラール	marijuana マリワーナ
まる 丸 maru	**daire** ダイレ	circle サークル
まるい 円[丸]い marui	**yuvarlak** ユヴァルラック	round, circular ラウンド, サーキュラ
まるで まるで marude	**tıpkı, gibi** トゥプク, ギビ	just as ジャスト アズ
まるまるとした 丸々とした marumarutoshita	**tombul** トンブル	plump プランプ
まれーしあ マレーシア mareeshia	**Malezya** マレズィヤ	Malaysia マレイジャ

ま

日	トルコ	英
まれな **稀な** marena	**nadir, az bulunur** ナーディル, アズ ブルヌル	rare レア
まれに **稀に** mareni	**nadiren** ナーディレン	rarely, seldom レアリ, セルドム
まろにえ **マロニエ** maronie	**at kestanesi** アット ケスターネスィ	horse chestnut ホース チェスナト
まわす **回す** mawasu	**döndürmek** ドゥンドゥルメッキ	turn, spin ターン, スピン
まわり **周り** (周囲) mawari	**çevre** チェヴレ	circumference, perimeter サカムファレンス, ペリマタ
(付近)	**çevre, mahalle** チェヴレ, マハッレ	neighborhood ネイバフド
まわる **回る** mawaru	**dönmek** ドゥンメッキ	turn around, spin ターン アラウンド, スピン
(循環)	**dolaş(tır)mak** ドラシ(トゥル)マック	circulate サーキュレイト
まん **万** man	**on bin** オン ビン	ten thousand テン サウザンド
まんいんである **満員である** man-indearu	**dolu** ドル	(be) full (ビ) フル
まんえんする **蔓延する** man-ensuru	**yayılmak, dağılmak** ヤユルマック, ダウルマック	spread スプレド
まんが **漫画** manga	**manga, çizgi romanı** マンガ, チズギ ロマヌ	cartoon, comic カートゥーン, カミク
まんき **満期** manki	**vade, süre sonu** ヴァーデ, スュレ ソヌ	expiration, maturity エクスピレイション, マチュリティ
〜になる	**vade olmak, süresi dolmak** ヴァーデ オルマック, スュレスィ ドルマック	expire イクスパイア
まんきつする **満喫する** mankitsusuru	**zevk almak** ゼヴク アルマック	enjoy fully インチョイ フリ
まんげきょう **万華鏡** mangekyou	**kaleydoskop** カレイドスコプ	kaleidoscope カライドスコウプ

ま

日	トルコ	英
まんげつ **満月** mangetsu	**dolunay** ドルナイ	full moon フル ムーン
まんごー **マンゴー** mangoo	**mango** マンゴ	mango マンゴウ
まんじょういっちで **満場一致で** manjouicchide	**oy birliğiyle** オイ ビルリイイレ	unanimously ユーナニマスリ
まんしょん **マンション** manshon	**apartman, daire** アパルトマン, ダイレ	apartment, flat アパートメント, フラト
まんせいの **慢性の** manseino	**kronik, süreğen** クロニッキ, スュレエン	chronic クラニク
まんぞく **満足** manzoku	**memnuniyet, tatmin** メムヌーニイェット, タトミーン	satisfaction サティスファクション
〜する	**-den memnun** デン メムヌン	(be) satisfied with (ビ) サティスファイド ウィズ
〜な	**memnuniyet verici, tat-minkâr** メムヌーニイェット ヴェリジ, タトミンキャル	satisfactory サティスファクトリ
まんちょう **満潮** manchou	**met** メット	high tide ハイ タイド
反 干潮	**cezir, inik deniz** ジェズィル, イニッキ デニス	low tide ロウ タイド
まんてん **満点** manten	**tam puan** タム プアン	perfect mark パーフェクト マーク
まんどりん **マンドリン** mandorin	**mandolin** マンドリン	mandolin マンドリン
まんなか **真ん中** mannaka	**orta, merkez** オルタ, メルケス	center of センタ オヴ
まんねんひつ **万年筆** mannenhitsu	**dolma kalem** ドルマ カレム	fountain pen ファウンティン ペン
まんびきする **万引きする** manbikisuru	**dükkân hırsızlığı yapmak** デュッキャン フルスズルウ ヤプマック	shoplift シャプリフト
まんぷくする **満腹する** manpukusuru	**doymak** ドイマック	have eaten enough ハヴ イートン イナフ
まんべんなく **まんべんなく** （むらなく） manbennaku	**eşit olarak** エシット オララック	evenly イーヴンリ

ま

日	トルコ	英
（漏れなく）	**istisnasız** イスティスナースス	without exception ウィザウト イクセプション
まんほーる **マンホール** manhooru	**rögar** ロゥガル	manhole マンホウル
まんもす **マンモス** manmosu	**mamut** マムット	mammoth マモス

み, ミ

日	トルコ	英
み **実** mi	**meyve** メイヴェ	fruit, nut フルート, ナト
み **身** mi	**beden** ベデン	body バディ
みあきる **見飽きる** miakiru	**görmekten bıkmak** ギョルメッキテン ブクマック	(be) sick of seeing (ビ) スィク オヴ スィーイング
みあげる **見上げる** miageru	**kafasını kaldırıp bakmak,** **başını kaldırıp bakmak** カファスヌ カルドゥルップ バクマック, バシュヌ カルドゥルップ バクマック	look up at ルク アプ アト
みあわせる **見合わせる**（延期する） miawaseru	**ertelemek** エルテレメッキ	postpone ポウストポウン
（互いに見合う）	**bakışmak** バクシマック	look at each other ルク アト イーチ アザ
みーてぃんぐ **ミーティング** miitingu	**toplantı** トプラントゥ	meeting ミーティング
みいら **ミイラ** miira	**mumya** ムミヤ	mummy マミ
みうしなう **見失う** miushinau	**gözden kaybetmek** ギョズデン カイベトメッキ	miss, lose sight of ミス, ルーズ サイト オヴ
みうち **身内** miuchi	**akraba** アクラバー	relatives レラティヴズ
みえる **見える** mieru	**gözükmek** ギョズュキメッキ	see, (be) seen スィー, (ビ) スィーン
（見受けられる）	**görünmek** ギョリュンメッキ	look, seem ルク, スィーム

日	トルコ	英
みおくる **見送る** miokuru	**uğurlamak, uğurlamaya gitmek** ウウルラマック, ウウルラマヤ ギトメッキ	see off, see スィー オーフ, スィー
みおとす **見落とす** miotosu	**gözden kaçırmak** ギョズ**デ**ン カチュル**マ**ック	overlook, miss オウヴァ**ル**ク, ミス
みおろす **見下ろす** miorosu	**aşağı görmek, tepeden bakmak** アシャ**ウ** ギョル**メ**ッキ, テペ**デ**ン バクマック	look down ル**ク ダ**ウン
みかいけつの **未解決の** mikaiketsuno	**çözümlenmemiş** チョズュム**レ**ンメミッシ	unsolved アン**サ**ルヴド
みかいの **未開の** mikaino	**medeniyetsiz, barbar** メデニイェット**ス**ィス, バルバル	primitive, uncivilized プ**リ**ミティヴ, アン**ス**ィヴィ**ラ**イズド
みかえり **見返り** mikaeri	**karşılık** カルシュ**ル**ック	rewards リ**ウォ**ーヅ
みかく **味覚** mikaku	**tat** **タ**ット	palate, sense of taste パ**レ**ト, **セ**ンス オヴ **テ**イスト
みがく **磨く** migaku	**parlatmak, cilalamak** パルラト**マ**ック, ジラーラ**マ**ック	polish, brush **パ**リシュ, ブ**ラ**シュ
(技能を)	**geliştirmek, iyileştirmek** ゲリシティル**メ**ッキ, イイレシティル**メ**ッキ	improve, train インプ**ル**ーヴ, トレイン
みかけ **見かけ** mikake	**görünüm** ギョリュ**ニュ**ム	appearance ア**ピ**アランス
みかた **味方** (同盟) mikata	**müttefik** ミュッテ**フィ**ッキ	friend, ally フ**レ**ンド, ア**ラ**イ
みかづき **三日月** mikazuki	**hilal (ay)** ヒ**ラ**ール (**ア**イ)	crescent moon ク**レ**セント **ム**ーン
みかん **蜜柑** mikan	**mandalina** マンダ**リ**ナ	mandarin **マ**ンダリン
みかんせいの **未完成の** mikanseino	**tamamlanmamış, bitmemiş** タマムランマムシ, **ビ**トメミッシ	unfinished, incomplete アン**フィ**ニシュト, インコンプ**リ**ート
みき **幹** miki	**gövde** ギョヴ**デ**	tree trunk, trunk ト**リ**ー ト**ラ**ンク, ト**ラ**ンク

み

日	トルコ	英
みぎ **右** migi	**sağ** サー	right ライト
反 **左**	**sol** ソル	left レフト
みぎうで **右腕** migiude	**sağ kol** サー コル	right arm ライト アーム
みきさー **ミキサー** mikisaa	**mikser** ミクセル	mixer, blender ミクサ, ブレンダ
〜車	**beton arabası** ベトン アラバス	concrete mixer カンクリート ミクサ
みぐるしい **見苦しい** (非礼な) migurushii	**edebe aykırı, edepsiz** エデベ アイクル, エデップスィス	indecent インディーセント
(目障りな)	**çirkin** チルキン	unsightly, indecent アンサイトリ, インディーセント
みごとな **見事な** migotona	**güzel, mükemmel, harika** ギュゼル, ミュケンメル, ハーリカ	beautiful, fine ビューティフル, ファイン
みこみ **見込み** (可能性) mikomi	**olasılık, ihtimal** オラスルック, イフティマール	possibility パスィビリティ
(期待)	**beklenti** ベクレンティ	prospect プラスペクト
(有望)	**umut** ウムット	promise, hope プラミス, ホウプ
みこんの **未婚の** mikonno	**bekâr** ベキャル	unmarried, single アンマリド, スィングル
みさ **ミサ** misa	**Katolik ayini** カトリッキ アーイニ	mass マス
みさいる **ミサイル** misairu	**füze** フュゼ	missile ミスィル
みさき **岬** misaki	**burun** ブルン	cape ケイプ
みじかい **短い** mijikai	**kısa** クサ	short, brief ショート, ブリーフ
みじめな **惨めな** mijimena	**sefil** セフィル	miserable, wretched ミゼラブル, レチド

み

日	トルコ	英
みじゅくな **未熟な** 　　　（熟していない） mijukuna	**olmamış, olgunlaşmamış** オルマムシ, オルグンラシマムシ	unripe アンライプ
（発達していない）	**gelişmemiş** ゲリシメミシ	immature イマテュア
みしらぬ **見知らぬ** mishiranu	**yabancı, tanınmayan** ヤバンジュ, タヌンマヤン	strange, unfamiliar ストレインヂ, アンファミリア
みしん **ミシン** mishin	**dikiş makinesi** ディキシ マキネスィ	sewing machine ソウイング マシーン
みす **ミス**　　　（誤り） misu	**hata, yanlış, kusur** ハター, ヤンルシ, クスル	mistake ミステイク
みず **水** mizu	**su** ス	water ウォータ
（水道の）	**musluk suyu** ムスルック スユ	tap water タプ ウォータ
（発泡性でない）	**durgun su** ドゥルグン ス	still water スティル ウォータ
（発泡性の）	**maden suyu, soda** マーデン スユ, ソダ	sparkling water, carbonated water スパークリング　ウォータ, カーボネイティド ウォータ
みずいろ **水色** mizuiro	**açık mavi** アチュック マーヴィ	light blue ライト ブルー
みずうみ **湖** mizuumi	**göl** ギョル	lake レイク
みずがめざ **水瓶座** mizugameza	**Kova Burcu** コヴァ ブルジュ	Water Bearer, Aquarius ウォータ　ベアラ, アクウェ アリアス
みずから **自ら** mizukara	**şahsen, bizzat** シャフセン, ビッザト	personally, in per- son パーソナリ, イン パースン
みずぎ **水着** mizugi	**mayo** マヨ	swimsuit スウィムスート
みずさし **水差し** mizusashi	**sürahi** スラーヒ	pitcher, water jug, Ⓑjug ピチャ, ウォータ　チャグ, チャグ
みずしらずの **見ず知らずの** mizushirazuno	**yabancı** ヤバンジュ	strange ストレインヂ

み

日	トルコ	英
みずたまもよう **水玉模様** mizutamamoyou	**puantiyeli** プアンティエリ	polka dots ポウルカ ダッツ
みすてりー **ミステリー** misuterii	**gizem** ギゼム	mystery ミスタリ
みすてる **見捨てる** misuteru	**terketmek** テルケトメッキ	abandon アバンドン
みずぶくれ **水膨れ** mizubukure	**su toplaması** ス トプラマス	blister ブリスタ
みずべ **水辺** mizube	**sahil** サーヒル	waterside ウォータサイド
みずぼうそう **水ぼうそう** mizubousou	**suçiçeği** スチチェイ	chicken pox チキン パクス
みすぼらしい **みすぼらしい** misuborashii	**kılıksız** クルックスス	shabby シャビ
みずみずしい **瑞々しい** mizumizushii	**taze** ターゼ	fresh フレシュ
みずむし **水虫** mizumushi	**ayak mantarı** アヤック マンタル	athlete's foot アスリーツ フト
みせ **店** mise	**dükkân, mağaza** デュッキャン, マアザ	store, shop ストー, シャプ
みせいねん **未成年** miseinen	**reşit olmayan** レシット オルマヤン	minor, person under age マイナ, パースン アンダ エイヂ
みせかけの **見せかけの** misekakeno	**yapmacık** ヤプマジュック	feigned, pretend フェインド, プリテンド
みせびらかす **見せびらかす** misebirakasu	**hava atmak** ハワ アトマック	show off ショウ オーフ
みせびらき **店開き** misebiraki	**açılış, açma** アチュルシ, アチマ	opening オウプニング
みせもの **見世物** misemono	**gösteri** ギョステリ	show ショウ
みせる **見せる** miseru	**göstermek** ギョステルメッキ	show, display ショウ, ディスプレイ
みぞ **溝** mizo	**hendek, oluk** ヘンデッキ, オルック	ditch, gutter ディチ, ガタ

み

日	トルコ	英
（隔たり）	**açıklık, boşluk** アチックルック，ボシルック	gap ギャップ
みぞおち **みぞおち** mizoochi	**karın boşluğu** カルン ボシルウ	pit of the stomach ピト オヴ ザ スタマク
みぞれ **霙** mizore	**sulu kar** スル カル	sleet スリート
みだし **見出し** midashi	**başlık** バシルック	headline, heading ヘドライン，ヘディング
みたす **満たす** mitasu	**doldurmak** ドルドゥルマック	fill フィル
みだす **乱す** midasu	**rahatsız etmek, düzeni bozmak** ラハットスス エトメッキ，デュゼニ ボズマック	throw into disorder スロウ イントゥ ディスオーダ
みだれる **乱れる** midareru	**düzensiz olmak** デュゼンスィス オルマック	(be) out of order （ビ）アウト オヴ オーダ
みち **道** michi	**yol** ヨル	way, road ウェイ，ロウド
みちすう **未知数** michisuu	**bilinmeyen miktar** ビリンメイエン ミクタル	unknown quantity アンノウン クワンティティ
みちびく **導く** michibiku	**yol göstermek, rehberlik etmek** ヨル ギョステルメッキ，レフベルリッキ エトメッキ	lead, guide リード，ガイド
みちる **満ちる**（潮が） michiru	**yükselmek** ユクセルメッキ	rise, flow ライズ，フロウ
（物が）	**dolmak** ドルマック	(be) filled with （ビ）フィルド ウィズ
みつかる **見つかる** mitsukaru	**bulunmak** ブルンマック	(be) found （ビ）ファウンド
みつける **見つける** mitsukeru	**bulmak** ブルマック	find, discover ファインド，ディスカヴァ
みっこう **密航** mikkou	**kaçakçılık** カチャクチュルック	smuggling スマグリング
みっこくする **密告する** mikkokusuru	**gammazlamak, ihbar etmek** ガンマズラマック，イフバール エトメッキ	inform, tip off インフォーム，ティプ オーフ

み

日	トルコ	英
みっしつ **密室** misshitsu	**kapalı oda** カパル オダ	closed room クロウズド ルーム
みっせつな **密接な** missetsuna	**yakın** ヤクン	close, intimate クロウス, インティメット
みつど **密度** mitsudo	**yoğunluk** ヨウンルック	density デンスィティ
みつにゅうこく **密入国** mitsunyuukoku	**yasa dışı giriş** ヤサ ドゥシュ ギリシ	illegal entry into a country イリーガル エントリ イントゥ ア カントリ
みつばい **密売** mitsubai	**yasa dışı ticaret** ヤサ ドゥシュ テイジャーレット	illicit sale イリスィト セイル
みつばち **蜜蜂** mitsubachi	**bal arısı** バル アルス	honeybee ハニビー
みっぺいする **密閉する** mippeisuru	**sıkıca kapatmak** スクジャ カパトマック	close up クロウズ アプ
みつめる **見つめる** mitsumeru	**gözünü dikmek** ギョズュニュ ディキメッキ	gaze at ゲイズ アト
みつもり **見積もり** mitsumori	**tahminî hesap, fiyat teklifi** タフミーニー ヘサープ, フィヤット テクリフィ	estimate エスティメト
みつもる **見積もる** mitsumoru	**tahmin etmek** タフミーン エトメッキ	estimate エスティメイト
みつやく **密約** mitsuyaku	**gizli anlaşma** ギズリ アンラシマ	secret understanding スィークレト アンダスタンディング
みつゆ **密輸** mitsuyu	**kaçakçılık** カチャクチュルック	smuggling スマグリング
みつりょう **密漁[猟]** mitsuryou	**kaçak avcılık** カチャック アヴジュルック	poaching ポウチング
みていの **未定の** miteino	**karar verilmemiş** カラル ヴェリルメミシ	undecided アンディサイデド
みとおし **見通し** mitooshi	**olasılık** オラスルック	prospect プラスペクト
みとめる（受け入れる） **認める** mitomeru	**kabul etmek** カブール エトメッキ	accept, acknowledge アクセプト, アクナリヂ

み

日	トルコ	英
（認識する）	**tanımak** タヌマック	recognize レコグナイズ
みどりいろ 緑色 midoriiro	**yeşil** イェシル	green グリーン
みとりず 見取り図 mitorizu	**taslak, kroki** タスラック，クロキ	sketch スケチ
みとれる 見とれる mitoreru	**-e hayranlıkla bakmak** エ ハイランルックラ バクマック	look admiringly at ルク アドマイアリングリ アト
みな 皆 mina	**herkes** ヘルケス	all オール
みなおす 見直す （再検討する） minaosu	**yeniden incelemek** イェニデン インジェレメッキ	reexamine リーイグザミン
みなす 見なす minasu	**düşünülmek** デュシュニュルメッキ	think of as スィンク オヴ アズ
みなと 港 minato	**liman** リマン	harbor, port ハーバ，ポート
みなみ 南 minami	**güney** ギュネイ	south サウス
反北	**kuzey** クゼイ	north ノース
みなみあふりか 南アフリカ minamiafurika	**Güney Afrika** ギュネイ アフリカ	South Africa サウス アフリカ
みなみあめりか 南アメリカ minamiamerika	**Güney Amerika** ギュネイ アメリカ	South America サウス アメリカ
みなみがわ 南側 minamigawa	**güney tarafı** ギュネイ タラフ	south side サウス サイド
みなみじゅうじせい 南十字星 minamijuujisei	**Güney Haçı** ギュネイ ハチュ	Southern Cross サザン クロース
みなみはんきゅう 南半球 minamihankyuu	**Güney Yarım Küre** ギュネイ ヤルム キュレ	Southern Hemisphere サザン ヘミスフィア
みなもと 源 minamoto	**kaynak, memba** カイナック，メンバー	source ソース
みならい 見習い minarai	**çıraklık** チュラックルック	apprenticeship アプレンティスシプ

み

日	トルコ	英
（人）	**çırak** チュラック	apprentice アプレンティス
〜期間	**deneme süresi** デネメ スュレスィ	probationary period プロウベイショナリ ピアリオド
みならう 見習う minarau	**taklit etmek** タクリート エトメッキ	learn, imitate, follow suit ラーン, イミテイト, フォロウ スート
みなれた 見慣れた minareta	**tanıdık, bildik** タヌドゥック, ビルディッキ	familiar, accustomed ファミリア, アカスタムド
みにくい 醜い minikui	**çirkin** チルキン	ugly アグリ
みにちゅあ ミニチュア minichua	**minyatür** ミニャテュル	miniature ミニアチャ
みぬく 見抜く minuku	**iç yüzünü anlamak, gerçek niyetini anlamak** イチ ユズュニュ アンラマック, ゲルチェッキ ニイェティニ アンラマック	see through スィー スルー
みねらる ミネラル mineraru	**mineral, maden** ミネラル, マーデン	mineral ミナラル
〜ウォーター	**maden suyu** マーデン スユ	mineral water ミナラル ウォータ
みのうの 未納の minouno	**ödenmemiş** ウデンメミシ	unpaid アンペイド
みのがす 見逃す （見落とす） minogasu	**gözden kaçırmak** ギョズデン カチュルマック	overlook オウヴァルク
（黙認する）	**göz yummak, görmezden gelmek** ギョス ユンマック, ギョルメズデン ゲルメッキ	connive at, quietly condone コナイヴ アト, クワイエトリ コンドウン
みのしろきん 身代金 minoshirokin	**kurtulmalık, fidye** クルトゥルマルック, フィディエ	ransom ランソム
みのる 実る （実がなる） minoru	**meyve vermek** メイヴェ ヴェルメッキ	ripen ライプン
（成果が上がる）	**meyvesini vermek** メイヴェスィニ ヴェルメッキ	bring results ブリング リザルツ

み

日	トルコ	英
みはらし 見晴らし miharashi	**panoramik manzara** パノラミック マンザラ	unbroken view, panoramic view アンブロウクン **ヴュー**, パノラミク **ヴュー**
みはる 見張る miharu	**gözlem altına almak** ギョズレム アルトゥナ アルマック	keep under observation **キープ** アンダ アブザ**ヴェイ**ション
みぶり 身振り miburi	**jest** ジェスト	gesture **ヂェ**スチャ
みぶん 身分 mibun	**kimlik** キムリッキ	identity アイ**デ**ンティティ
～証明書	**kimlik kartı** キムリッキ カルトゥ	ID, identity card アイ**ディー**, アイ**デ**ンティティ **カード**
みぼうじん 未亡人 miboujin	**dul** ドゥル	widow **ウィ**ドウ
みほん 見本 mihon	**örnek, numune** ウルネッキ, ヌムーネ	sample, specimen **サ**ンプル, ス**ペ**スィメン
みまう 見舞う mimau	**ziyaret etmek** ズィヤーレット エトメッキ	visit, inquire after **ヴィ**ズィト, イン**ク**ワイア アフタ
みまもる 見守る mimamoru	**gözetmek** ギョゼットメッキ	keep one's eyes on **キープ** アイズ オン
みまわす 見回す mimawasu	**etrafına bakmak, sağa sola bakmak** エトラフナ バクマック, サア ソラ バクマック	look about ルク ア**バ**ウト
みまん 未満 miman	**-den daha az** デン ダハ アス	under, less than **ア**ンダ, レス ザン
みみ 耳 mimi	**kulak** クラック	ear **イ**ア
みみかき 耳掻き mimikaki	**kulak kürdanı** クラック キュルダヌ	earpick **イ**アピク
みみず 蚯蚓 mimizu	**solucan** ソルジャン	earthworm **ア**ースワーム
みめい 未明 mimei	**şafak öncesi** シャファック ウンジェスィ	before daybreak ビフォ **デ**イブレイク
みもと 身元 mimoto	**kimlik** キムリッキ	identity アイ**デ**ンティティ

み

日	トルコ	英
みゃく **脈** myaku	**nabız** ナブス	pulse パルス
みやげ **土産** miyage	**hediye** ヘディイェ	souvenir スーヴニア
みやこ **都** miyako	**başkent** バシケント	capital (city) キャピトル (スィティ)
みゃんまー **ミャンマー** myanmaa	**Myanmar** ミャンマル	Myanmar ミャンマ
みゅーじかる **ミュージカル** myuujikaru	**müzikal, müzikli oyun** ミュズィカル, ミュズィクリ オユン	musical ミューズィカル
みゅーじしゃん **ミュージシャン** myuujishan	**müzisyen** ミュズィスィエン	musician ミューズィシャン
みょうじ **名字** myouji	**soyadı** ソヤドゥ	family name, sur-name ファミリ ネイム, サーネイム
みょうな **妙な** myouna	**tuhaf** トゥハフ	strange ストレインヂ
みらい **未来** mirai	**gelecek, istikbal** ゲレジェッキ, イスティキバール	future フューチャ
みりぐらむ **ミリグラム** miriguramu	**miligram** ミリグラム	milligram, Ⓑmilligramme ミリグラム, ミリグラム
みりめーとる **ミリメートル** mirimeetoru	**milimetre** ミリメトレ	millimeter, Ⓑmillimetre ミリミータ, ミリミータ
みりょうする **魅了する** miryousuru	**büyülemek, hayran bı-rakmak** ビュユレメッキ, ハイラン ブラクマック	fascinate ファスィネイト
みりょく **魅力** miryoku	**çekicilik, cazibe** チェキジリッキ, ジャーズィベ	charm チャーム
～的な	**çekici, cazibeli** チェキジ, ジャーズィベリ	charming チャーミング
みる **見る** miru	**-i görmek, -e bakmak** イ ギョルメッキ, エ バクマック	see, look at スィー, ルク アト
みるく **ミルク** miruku	**süt** スュット	milk ミルク
みれにあむ **ミレニアム** mireniamu	**bin yıllık dönem** ビン ユルルック ドゥネム	millennium ミレニアム

み

日	トルコ	英
みれん **未練** miren	**bağlılık** バールルック	attachment アタチメント
みわける **見分ける** miwakeru	**-den ayırmak, -den ayırt etmek** デン アユルマック, デン アユルト エトメッキ	distinguish from ディスティングウィシュ フラム
みんえい **民営** min-ei	**özel yönetim** ウゼル ヨネティム	private manage-ment プライヴェト マニヂメント
みんかんの **民間の** minkanno	**özel** ウゼル	private, civil プライヴェト, スィヴィル
反 **公の**	**resmî** レスミー	official オフィシャル
みんく **ミンク** minku	**vizon** ヴィゾン	mink ミンク
みんげいひん **民芸品** mingeihin	**halk sanatı** ハルク サナトゥ	folk craft article フォウク クラフト アーティクル
みんじそしょう **民事訴訟** minjisoshou	**hukuk davası** フクーク ダーヴァース	civil action (law-suit) スィヴィル アクション (ロースート)
反 **刑事訴訟**	**ceza davası** ジェザー ダーヴァース	criminal action クリミナル アクション
みんしゅう **民衆** minshuu	**halk, insanlar** ハルク, インサンラル	people, populace ピープル, パピュラス
みんしゅか **民主化** minshuka	**demokratikleştirme** デモクラティッキレシティルメ	democratization ディマクラティゼイション
みんしゅしゅぎ **民主主義** minshushugi	**demokrasi** デモクラスィ	democracy ディマクラスィ
みんぞく **民族** minzoku	**ulus, millet** ウルス, ミッレット	race, nation レイス, ネイション
〜性	**ulusal özellikler** ウルサル ウゼルリッキレル	racial characteris-tics レイシャル キャラクタリスティクス
みんと **ミント** minto	**nane** ナーネ	mint ミント
みんぽう **民法** minpou	**medenî hukuk** メデニー フクーク	civil law スィヴィル ロー

み

日	トルコ	英
みんよう **民謡** min-you	**halk şarkısı, türkü** ハルク シャルクス, テュルキュ	folk song **フォウク** ソング
みんわ **民話** minwa	**halk masalı** ハルク マサル	folk tale **フォウク** テイル

む, ム

むいしきに **無意識に** muishikini	**bilinçsizce, şuursuzca** ビリンチ**スィズ**ジェ, シュウル**スズ**ジャ	unconsciously アン**カン**シャスリ
むいちもんの **無一文の** muichimonno	**beş parasız, meteliksiz** ベシ パラ**スス**, メテリッキ**スィス**	penniless **ペ**ニレス
むいみな **無意味な** muimina	**anlamsız** アンラム**スス**	meaningless **ミー**ニングレス
むーるがい **ムール貝** muurugai	**midye** ミディエ	mussel **マ**サル
むえきな **無益な** muekina	**faydasız, yararsız, nafile** ファイダ**スス**, ヤラル**スス**, ナーフィ**レ**	useless, futile **ユー**スレス, **フュー**トル
むかいあう **向かい合う** mukaiau	**yüzleşmek** ユズレシ**メッ**キ	face **フェ**イス
むかいがわ **向かい側** mukaigawa	**karşı taraf** カル**シュ** タラフ	opposite side **ア**ポズィト サイド
むがいな **無害な** mugaina	**zararsız** ザラル**スス**	harmless **ハー**ムレス
むかう **向かう** (進む) mukau	**-e gitmek** エ ギト**メッ**キ	go to, leave for **ゴ**ウ トゥ, **リー**ヴ フォ
(面する)	**-e bakmak** エ バク**マッ**ク	face, look on **フェ**イス, **ル**ク オン
むかえる **迎える** mukaeru	**karşılamak** カルシュラ**マッ**ク	meet, welcome **ミー**ト, **ウェ**ルカム
むかし **昔** (ずっと前) mukashi	**uzun süre önce, çok es-kiden, epey önce** ウズン スュ**レ ウン**ジェ, **チョッ**ク エスキ**デン**, エ**ペ**イ **ウン**ジェ	long ago **ロー**ング ア**ゴ**ウ
(古い時代)	**eski zaman** エス**キ** ザ**マー**ン	old times **オ**ウルド **タ**イムズ

日	トルコ	英
むかつく　（胃が） **むかつく** mukatsuku	**midesi bulanmak** ミーデスィ ブランマック	feel sick, feel nau-seous フィール スィク, フィール ノーシャス
（腹が立つ）	**kızmak, öfkelenmek** クズマック, ウフケレンメッキ	(get) disgusted (ゲト) ディスガスティド
むかで **百足** mukade	**kırkayak** クルカヤック	centipede センティピード
むかんけいな **無関係な** mukankeina	**ilgisiz** イルギスィス	irrelevant イレレヴァント
むかんしん **無関心** mukanshin	**kayıtsızlık, umursamaz-lık** カユットスズルック, ウムルサマズルック	indifference インディファレンス
むき **向き** muki	**yön** ヨン	direction ディレクション
むぎ **麦**　（小麦） mugi	**buğday** ブーダイ	wheat (ホ)ウィート
（大麦）	**arpa** アルパ	barley バーリ
むきげんの **無期限の** mukigenno	**süresiz** スュレスィス	indefinite インデフィニト
むきだしの **剥き出しの** mukidashino	**çıplak** チュプラック	bare, naked ベア, ネイキド
むきちょうえき **無期懲役** mukichoueki	**ömür boyu hapis, müeb-bet hapis** ウミュル ボユ ハピス, ミュエッベット ハピス	life imprisonment ライフ インプリズンメント
むきりょくな **無気力な** mukiryokuna	**tembel** テンベル	inactive, lazy イナクティヴ, レイズィ
むきんの **無菌の** mukinno	**bakterisiz** バクテリスィス	germ-free ヂャームフリー
むく **向く**　（適する） muku	**-e uygun olmak, -e uy-mak** エ ウイグン オルマック, エ ウイマック	suit スート
（面する）	**-e bakmak** エ バクマック	turn to face ターン トゥ フェイス
むく **剥く** muku	**soymak** ソイマック	peel, pare ピール, ペア

む

日	トルコ	英
むくちな **無口な** mukuchina	**az konuşan, sessiz** アス コヌシャン, セッスィス	taciturn, silent **タ**スィターン, **サ**イレント
むくむ **むくむ** mukumu	**şişmek, kabarmak** シシメッキ, カバルマック	swell スウェル
むける **向ける** mukeru	**-e çevirmek, -e dönmek** エ チェヴィルメッキ, エ ドゥンメッキ	turn to, direct to **タ**ーン トゥ, ディ**レ**クト トゥ
むげんの **無限の** mugenno	**sonsuz, sınırsız** ソンスス, スヌルスス	infinite **イ**ンフィニト
むこう **向こう** （先方） mukou	**diğer taraf** ディエル タラフ	other party **ア**ザ パーティ
（反対側） 	**karşı taraf** カルシュ タラフ	opposite side ア**ポ**ズィト **サ**イド
むこう **無効** mukou	**geçersizlik** ゲチェルスィズリッキ	invalidity インヴァ**リ**ディティ
～の 	**geçersiz** ゲチェルスィス	invalid イン**ヴァ**リド
むこうみずな **向こう見ずな** mukoumizuna	**atak, cüretkâr** アタック, ジュレットキャル	reckless **レ**クレス
むこくせきの **無国籍の** mukokusekino	**yurtsuz, vatansız** ユルトスス, ヴァタンスス	stateless ス**テ**イトレス
むごん **無言** mugon	**sessizlik, sükût** セッスィズリッキ, スュクート	silence, mum **サ**イレンス, **マ**ム
むざい **無罪** muzai	**suçsuzluk, beraat** スチスズルック, ベラーアット	innocence **イ**ノセンス
むざんな **無残な** muzanna	**kötü, berbat** キョテュ, ベルバット	miserable, cruel **ミ**ゼラブル, **ク**ルエル
むし **虫** mushi	**böcek** ボウジェッキ	insect **イ**ンセクト
（みみずの類） 	**solucan** ソルジャン	worm **ワ**ーム
むしあつい **蒸し暑い** mushiatsui	**sıcak ve nemli** スジャック ヴェ ネムリ	hot and humid **ハ**ト アンド **ヒュ**ーミド
むしする **無視する** mushisuru	**görmezden gelmek, bil- mezden gelmek** ギョルメズデン ゲルメッキ, ビルメズデン ゲルメッキ	ignore イグ**ノ**ー

日	トルコ	英
むした **蒸した** mushita	**buharla pişirilmiş** プハルラ ピシリルミシ	steamed スティームド
むじつ **無実** mujitsu	**suçsuzluk** スチスズルック	innocence イノセンス
～の	**suçsuz** スチスス	innocent イノセント
むじの **無地の** mujino	**düz, desensiz** デュス, デセンスィス	plain, unpatterned プレイン, アンパタンド
むしば **虫歯** mushiba	**çürük diş** チュリュック ディシ	cavity, tooth decay キャヴィティ, トゥース ディケイ
むしめがね **虫眼鏡** mushimegane	**büyüteç** ビュユテッチ	magnifying glass マグニファイイング グラス
むじゃきな **無邪気な** mujakina	**saf** サフ	innocent イノセント
むじゅん **矛盾** mujun	**çelişki, tezat** チェリシキ, テザート	contradiction カントラディクション
～する	**ile çelişmek** イレ チェリシメッキ	(be) inconsistent with (ビ) インコンスィステント ウィズ
むじょうけんの **無条件の** mujoukenno	**koşulsuz, şartsız** コシュルスス, シャルトスス	unconditional アンコンディショナル
むじょうな **無情な** mujouna	**amansız, acımasız, merhametsiz** アマンスス, アジュマスス, メルハメットスィス	heartless, cold ハートレス, コウルド
むしょうの **無償の** mushouno	**karşılıksız** カルシュルックスス	gratis, voluntary グラティス, ヴァランテリ
むしょくの **無職の** mushokuno	**işsiz** イシスィス	without occupation ウィザウト アキュペイション
むしょくの **無色の** mushokuno	**renksiz** レンキスィス	colorless, ⒝colourless カラレス, カラレス
むしる **むしる** mushiru	**yolmak** ヨルマック	pluck, pick プラク, ピク
むしんけいな **無神経な** mushinkeina	**duyarsız** ドゥヤルスス	insensitive インセンスィティヴ

む

日	トルコ	英
むじんぞうの **無尽蔵の** mujinzouno	**tükenmez** テュケンメス	inexhaustible イニグゾースティブル
むじんとう **無人島** mujintou	**ıssız ada** ウッスス アダ	uninhabited island, desert island アニンハビティド アイラン ド, デザト アイランド
むしんろん **無神論** mushinron	**ateizm** アテイズム	atheism エイスィイズム
むす **蒸す** musu	**buğulamak, buharla pi-** **şirmek** ブウラマック, ブハルラ ピシルメッキ	steam スティーム
むすうの **無数の** musuuno	**sayısız** サユスス	innumerable イニューマラブル
むずかしい **難しい** muzukashii	**zor, güç** ゾル, ギュチ	difficult, hard ディフィカルト, ハード
むすこ **息子** musuko	**oğul** オウル	son サン
むすびつく **結び付く** musubitsuku	**ile bağlı olmak** イレ バール オルマック	(be) tied up with, bond together (ビ) タイド アプ ウィズ, バ ンド トゲザ
むすびめ **結び目** musubime	**düğüm** デュユム	knot ナト
むすぶ **結ぶ** musubu	**bağlamak** バーラマック	tie, bind タイ, バインド
（つなぐ）	**ile bağlamak** イレ バーラマック	link with リンク ウィズ
（完了する）	**tamamlamak, sonuçlan-** **dırmak** タマムラマック, ソヌチランドゥルマック	make, conclude メイク, コンクルード
むすめ **娘** musume	**kız** クス	daughter ドータ
むせいげんの **無制限の** museigenno	**sınırsız** スヌルスス	free, unrestricted フリー, アンリストリクティ ド
むせきにんな **無責任な** musekininna	**sorumsuz, mesuliyetsiz** ソルムスス, メスーリイェットスィス	irresponsible イリスパンスィブル
むせる **むせる**（息がつまる） museru	**tıkanmak** トゥカンマック	(be) choked with (ビ) チョウクト ウィズ

日	トルコ	英
むせん 無線 musen	telsiz テルスィス	wireless ワイアレス
むだ 無駄　(浪費) muda	israf イスラーフ	waste ウェイスト
～な	faydasız, yararsız ファイダスス, ヤラルスス	useless, futile ユースレス, フュートル
むだんで 無断で mudande	izinsiz, habersiz イズィンスィス, ハベルスィス	without notice, without permission ウィザウト ノウティス, ウィザウト パミション
むたんぽで 無担保で mutanpode	güvencesiz, teminatsız ギュヴェンジェスィス, テーミナートスス	without security ウィザウト スィキュアリティ
むちな 無知な muchina	cahil, bilgisiz ジャーヒル, ビルギスィス	ignorant イグノラント
むちゃな 無茶な muchana	mantıksız, korkusuz マントゥックスス, コルクスス	unreasonable アンリーズナブル
むちゅうである 夢中である muchuudearu	-e dalmış, -e kendini vermiş エ ダルムシ, エ ケンディニ ヴェルミシ	(be) absorbed in (ビ) アブソーブド イン
むてんかの 無添加の mutenkano	katkısız カトゥックスス	additive-free アディティヴフリー
むとんちゃくな 無頓着な mutonchakuna	dikkatsiz, kayıtsız ディカットスィス, カユットスス	indifferent, careless インディファレント, ケアレス
むなしい 空しい munashii	boş, boşuna ボシ, ボシュナ	empty, vain エンプティ, ヴェイン
むね 胸 mune	göğüs ギョユス	breast, chest ブレスト, チェスト
むのうな 無能な munouna	kabiliyetsiz, beceriksiz カービリイェットスィス, ベジェリッキスィス	incompetent インカンピテント
むのうやくの 無農薬の munouyakuno	pestisitsiz ペスティスィットスィス	pesticide-free ペスティサイドフリー
むふんべつな 無分別な mufunbetsuna	patavatsız, düşüncesiz パタヴァットスス, デュシュンジェスィス	indiscreet インディスクリート
むほうな 無法な muhouna	haksız, yasa dışı, kanunsuz ハックスス, ヤサ ドゥシュ, カーヌーンスス	unjust, unlawful アンヂャスト, アンローフル

む

日	トルコ	英
むぼうな **無謀な** mubouna	**atak, pervasız** アタック, ペルヴァースス	reckless レクレス
むほん **謀反** muhon	**isyan, ayaklanma** イスヤーン, アヤックランマ	rebellion リベリオン
むめいの **無名の** mumeino	**anonim, isimsiz** アノニム, イスィムスィス	nameless, un-known ネイムレス, アンノウン
むら **村** mura	**köy** キョイ	village ヴィリヂ
むらがる **群がる** muragaru	**akın etmek, toplanmak** アクン エトメッキ, トプランマック	gather, flock ギャザ, フラク
むらさきいろ **紫色** murasakiiro	**mor** モル	purple, violet パープル, ヴァイオレト
むりな **無理な** murina	**imkânsız, olamaz** イムキャーンスス, オラマズ	impossible インパスィブル
むりょうの **無料の** muryouno	**bedava, ücretsiz** ベダーヴァ, ユヂュレットスィス	free フリー
むりょくな **無力な** muryokuna	**güçsüz, kuvvetsiz** ギュチスス, クッヴェットスィス	powerless パウアレス
むれ **群れ** mure	**sürü** スュリュ	group, crowd グループ, クラウド

め

め, メ

め **目** me	**göz** ギョス	eye アイ
め **芽** me	**filiz, sürgün** フィリス, スュルギュン	sprout, bud スプラウト, バド
めあて **目当て** meate	**amaç, hedef** アマッチ, ヘデフ	aim, objective エイム, オブヂェクティヴ
めい **姪** mei	**yeğen** イェエン	niece ニース
めいあん **名案** meian	**iyi fikir** イイ フィキル	good idea グド アイディーア

日	トルコ	英
めいおうせい **冥王星** meiousei	**Plüton** プリュトン	Pluto プルートウ
めいかいな **明快な** meikaina	**açık** アチュック	clear, lucid クリア, **ルー**スィド
めいかくな **明確な** meikakuna	**net** ネット	clear, accurate クリア, **ア**キュレト
めいがら **銘柄** meigara	**marka** マルカ	brand, description ブランド, ディスク**リ**プショ ン
めいぎ **名義** meigi	**ad** アット	name ネイム
めいさい **明細** meisai	**ayrıntı, detay** アイルント**ゥ**, デ**タ**イ	details ディー**テ**イルズ
めいさく **名作** meisaku	**şaheser, başyapıt** シャーヘ**セ**ル, **バ**シャ**プ**ット	masterpiece マスタピース
めいし **名刺** meishi	**kartvizit** カルトヴィ**ズ**ィット	business card ビズネス **カ**ード
めいし **名詞** meishi	**isim** イ**ス**ィム	noun **ナ**ウン
めいしょ **名所** meisho	**ünlü yer, turistik yer** ユン**リュ イ**エル, トゥリス**ティ**ッキ **イ**エル	noted place, nota- ble sights **ノ**ウティド プレイス, **ノ** タブル **サ**イツ
めいしん **迷信** meishin	**batıl inanç** バートゥル イ**ナ**ンチ	superstition スーパス**ティ**ション
めいじん **名人** meijin	**uzman, usta** ウズ**マ**ン, ウ**ス**タ	master, expert **マ**スタ, **エ**クスパート
めいせい **名声** meisei	**ün, şöhret** ユン, ショフ**レ**ット	fame, reputation フェイム, レピュ**テ**イション
めいそう **瞑想** meisou	**meditasyon** メディタス**ィオ**ン	meditation メディ**テ**イション
めいちゅうする **命中する** meichuusuru	**isabet etmek, hedefi vur- mak** イサーベット エト**メ**ッキ, ヘデ**フィ** ヴル マック	hit ヒト
めいはくな **明白な** meihakuna	**belli, aşikâr** ベッリ, アーシ**キャ**ール	clear, evident クリア, **エ**ヴィデント

め

日	トルコ	英
めいぼ **名簿** meibo	**isim listesi** イスィム リステスィ	list of names リスト オヴ ネイムズ
めいめい **銘々** meimei	**her biri** ヘル ビリ	each, everyone イーチ, エヴリワン
めいよ **名誉** meiyo	**şeref, onur** シェレフ, オヌル	honor, Ⓑhonour アナ, アナ
〜棄損 (中傷)	**iftira, karalama** イフティラー, カララマ	libel, slander ライベル, スランダ
めいりょうな **明瞭な** meiryouna	**net, belli** ネット, ベッリ	clear, plain クリア, プレイン
めいれい **命令** meirei	**emir, talimat** エミル, ターリマート	order, command オーダ, コマンド
〜する	**emretmek, emir vermek** エムレトメキ, エミル ヴェルメキ	order オーダ
めいろ **迷路** meiro	**labirent** ラビレント	maze, labyrinth メイズ, ラビリンス
めいろうな **明朗な** meirouna	**neşeli** ネシェリ	cheerful, bright チアフル, ブライト
めいわく **迷惑** meiwaku	**sıkıntı, baş belası** スクントゥ, バシ ベラース	trouble, nuisance トラブル, ニュースンス
めうえ **目上** meue	**üst** ユスト	senior スィーニア
めーかー **メーカー** meekaa	**imalatçı, üretici** イーマーラーチュ, ユレティジ	maker, manufacturer メイカ, マニュファクチャラ
めーたー **メーター** meetaa	**metre, sayaç** メトレ, サヤッチ	meter ミータ
めーとる **メートル** meetoru	**metre** メトレ	meter, Ⓑmetre ミータ, ミータ
めかた **目方** mekata	**ağırlık** アウルルック	weight ウェイト
めかにずむ **メカニズム** mekanizumu	**mekanizma** メカニズマ	mechanism メカニズム
めがね **眼鏡** megane	**gözlük** ギョズリュック	glasses グラスィズ

め

日	トルコ	英
めがへるつ **メガヘルツ** megaherutsu	**megahertz** メガヘルツ	megahertz メガハーツ
めがみ **女神** megami	**tanrıça** タンルチャ	goddess ガデス
めきしこ **メキシコ** mekishiko	**Meksika** メキスィカ	Mexico メクスィコウ
めぐすり **目薬** megusuri	**göz damlası** ギョス ダムラス	eye drops アイ ドラプス
めぐまれる **恵まれる** megumareru	**-e nasip olmak** エ ナスィープ オルマック	(be) blessed with (ビ) ブレスト ウィズ
めぐみ **恵み** (恩恵) megumi	**lütuf, ihsan** リュトゥフ, イフサーン	favor, Ⓑfavour フェイヴァ, フェイヴァ
(天恵)	**nimet** ニーメット	blessing ブレスィング
めぐらす **巡らす** megurasu	**sarmak, kuşatmak** サルマック, クシャトマック	surround サラウンド
めくる **めくる** mekuru	**çevirmek** チェヴィルメッキ	turn over, flip ターン オウヴァ, フリプ
めぐる **巡る** meguru	**dolaşmak** ドラシマック	travel around トラヴェル アラウンド
めざす **目指す** mezasu	**amaçlamak** アマチラマック	aim at エイム アト
めざましい **目覚ましい** mezamashii	**dikkate değer** ディッカッテ デエル	remarkable リマーカブル
めざましどけい **目覚まし時計** mezamashidokei	**çalar saat** チャラル サアト	alarm clock アラーム クラク
めざめる **目覚める** mezameru	**uyanmak** ウヤンマック	awake アウェイク
めした **目下** meshita	**(yaşça) küçük** (ヤシチャ) キュチュック	junior デューニア
めしべ **雌しべ** meshibe	**dişi organ** ディシ オルガン	pistil ピスティル
めじるし **目印** mejirushi	**işaret** イシャーレット	sign, mark サイン, マーク
めす **雌** mesu	**dişi** ディシ	female フィーメイル

め

日	トルコ	英
めずらしい **珍しい** mezurashii	**nadir, seyrek** ナーディル, セイレッキ	unusual, rare アニュージュアル, レア
めだつ **目立つ** medatsu	**dikkat çekici, göze çarpan** ディッカット チェキジ, ギョゼ チャルパン	(be) conspicuous (ビ) コンスピキュアス
めだま **目玉** medama	**göz küresi** ギョス キュレスィ	eyeball アイボール
〜焼き	**göz yumurta** ギョス ユムルタ	sunny-side-up, fried egg サニーサイドアプ, フライド エグ
めだる **メダル** medaru	**madalya** マダリヤ	medal メドル
めちゃくちゃな **めちゃくちゃな** mechakuchana	**karmakarışık, karman çorman** カルマカルシュック, カルマン チョルマン	confused, messy コンフューズド, メスィ
めっか **メッカ** mekka	**Mekke** メッケ	Mecca メカ
めっき **鍍金** mekki	**kaplama** カプラマ	plating プレイティング
めっせーじ **メッセージ** messeeji	**mesaj** メサージ	message メスィヂ
めったに **滅多に** mettani	**nadiren, seyrek** ナーディレン, セイレッキ	seldom, rarely セルドム, レアリ
めつぼうする **滅亡する** metsubousuru	**mahvolmak, yok olmak** マフヴォルマック, ヨック オルマック	go to ruin ゴウ トゥ ルーイン
めでぃあ **メディア** media	**medya** メディヤ	media ミーディア
めでたい **めでたい** medetai	**kutlanan, kutlamaya ilişkin** クットラナン, クットラマヤ イリシキン	happy, celebratory ハピ, セレブレイトリ
めど **目処** medo	**olasılık, ihtimal** オラスルック, イフティマール	prospect プラスペクト
めにゅー **メニュー** menyuu	**menü, yemek listesi** メニュ, イェメッキ リステスィ	menu メニュー
めのう **瑪瑙** menou	**akik** アキック	agate アガト

め

日	トルコ	英
めばえる **芽生える** mebaeru	**çimlenmek, filizlenmek** チムレンメッキ, フィリズレンメッキ	sprout スプラウト
（感情が）	**doğmak** ドーマック	begin to grow ビギン トゥ グロウ
めまい **目まい** memai	**baş dönmesi** バシ ドゥンメスィ	dizziness, vertigo ディズィネス, ヴァーティゴ ウ
めも **メモ** memo	**not** ノット	memo メモウ
めもり **目盛り** memori	**ölçek** ウルチェッキ	graduation グラデュエイション
めもりー **メモリー** memorii	**bellek, hafıza** ベッレッキ, ハーフザ	memory メモリ
めやす **目安** meyasu	**kıstas, kriter** クスタース, クリテル	yardstick, standard ヤードスティク, スタンダド
めりーごーらうんど **メリーゴーラウン** **ド** meriigooraundo	**atlıkarınca** アトルカルンジャ	merry-go-round, carousel, ⑧round- about メリゴウラウンド, キャルセ ル, ラウンダバウト
めりっと **メリット** meritto	**fazilet, erdem** ファズィーレット, エルデム	merit メリト
めろでぃー **メロディー** merodii	**melodi, ezgi** メロディ, エズギ	melody メロディ
めろん **メロン** meron	**kavun** カウン	melon メロン
めん **綿** men	**pamuk** パムック	cotton カトン
めん **面** （マスク・仮面） men	**maske** マスケ	mask マスク
（側面）	**yön** ヨン	aspect, side アスペクト, サイド
（表面）	**yüz, yüzey** ユス, ユゼイ	face, surface フェイス, サーフェス
めんえき **免疫** men-eki	**bağışıklık** バウシュックルック	immunity イミューニティ
めんかい **面会** menkai	**görüşme, ziyaret** ギョリュシメ, ズィヤーレット	interview インタヴュー

め

日	トルコ	英
めんきょ **免許** menkyo	**ehliyet** エフリイェット	license ライセンス
〜証	**ehliyet, ruhsat** エフリイェット, ルフサット	license ライセンス
めんしき **面識** menshiki	**tanıdık, bildik** タヌドゥック, ビルディッキ	acquaintance アクウェインタンス
めんじょう **免状** menjou	**diploma** ディプロマ	diploma, license ディプロウマ, ライセンス
めんしょくする **免職する** menshokusuru	**işten çıkarmak** イシテン チュカルマック	dismiss ディスミス
めんじょする **免除する** menjosuru	**muaf tutmak, bağışık tutmak** ムアーフ トゥトマック, バウシュック トゥトマック	exempt イグゼンプト
めんする **面する** mensuru	**-e bakmak** エ バクマック	face on, look out on to フェイス オン, ルク アウト オン トゥ
めんぜい **免税** menzei	**vergi muafiyeti, vergi bağışıklığı** ヴェルギ ムアーフィイェティ, ヴェルギ バウシュックルウ	tax exemption タクス イグゼンプション
〜店	**duty-free mağaza** デューティフリー マアザ	duty-free shop デューティフリー シャプ
〜品	**gümrüksüz mal** ギュムリュックスュス マル	tax-free articles タクスフリー アーティクルズ
めんせき **面積** menseki	**alan** アラン	area エアリア
めんせつ **面接** mensetsu	**mülakat, görüşme** ミュラーカート, ギョリュシメ	interview インタヴュー
〜試験	**mülakat** ミュラーカート	personal interview パーソナル インタヴュー
めんてなんす **メンテナンス** mentenansu	**bakım onarım** バクム オナルム	maintenance メインテナンス
めんどうな **面倒な** mendouna	**baş belası, sorun yaratan** バシ ベラース, ソルン ヤラタン	troublesome, difficult トラブルサム, ディフィカルト
めんどり **雌鶏** mendori	**tavuk** タヴック	hen ヘン

め

日	トルコ	英
めんばー **メンバー** menbaa	**üye** ユイェ	member メンバ
めんぼう **綿棒** menbou	**pamuklu çubuk** パムックル チュブック	cotton swab カトン スワブ
めんみつな **綿密な** menmitsuna	**titiz, kılı kırk yaran** ティティス, クル クルク ヤラン	meticulous メティキュラス
めんもく **面目** menmoku	**yüz** ユス	honor, credit アナ, クレディト
めんるい **麺類** menrui	**makarna, erişte** マカルナ, エリシテ	noodles ヌードルズ

も, モ

もう **もう** (すでに) mou	**artık** アルトゥック	already オールレディ
(間もなく)	**biraz sonra, yakında** ビラス ソンラ, ヤクンダ	soon スーン
もうかる **儲かる** moukaru	**kârlı, kazançlı** キャルル, カザンチル	(be) profitable (ビ) プラフィタブル
もうけ **儲け** mouke	**kâr, kazanç** キャール, カザンチ	profit, gains プラフィト, ゲインズ
もうける **儲ける** moukeru	**kazanmak** カザンマック	make a profit, gain メイク ア プラフィト, ゲイン
もうしあわせ **申し合わせ** moushiawase	**anlaşma, sözleşme** アンラシマ, ソズレシメ	agreement アグリーメント
もうしいれ **申し入れ** moushiire	**teklif, öneri** テクリフ, ウネリ	proposition プラポズィション
もうしこみ **申し込み** (加入などの手続き) moushikomi	**başvuru** バシヴル	subscription サブスクリプション
(要請・依頼)	**talep** タレップ	request for リクウェスト フォ
もうしこむ **申し込む** (加入する・応募する) moushikomu	**başvurmak, abone ol-mak** バシヴルマック, アボネ オルマック	apply for, sub-scribe アプライ フォ, サブスクライブ

も

日	トルコ	英
（依頼する）	**talep etmek** タレップ エトメッキ	request, ask for リク**ウェ**スト, **ア**スク フォ
もうしでる **申し出る** moushideru	**teklif etmek, önermek** テクリフ エトメッキ, ウネルメッキ	offer, propose **オ**ファ, プロ**ポ**ウズ
もうすぐ **もうすぐ** mousugu	**biraz sonra, yakında** ビラス ソンラ, ヤクンダ	soon **ス**ーン
もうすこし **もう少し** mousukoshi	**biraz daha** ビラス ダハ	some more, a little more サム **モ**ー, ア リトル **モ**ー
もうそう **妄想** mousou	**hayal, kuruntu** ハヤール, クルントゥ	delusion ディ**ル**ージョン
もうちょう **盲腸** mouchou	**apandis, kör bağırsak** ア**パ**ンディス, **キョ**ル バウル**サ**ック	appendix ア**ペ**ンディクス
もうどうけん **盲導犬** moudouken	**rehber köpek** レフベル キョ**ペ**ッキ	seeing-eye　dog, guide dog **ス**ィーイング**ア**イ　**ド**ーグ, **ガ**イド **ド**ーグ
もうどく **猛毒** moudoku	**ölümcül zehir** ウリュム**ジュ**ル ゼヒル	deadly poison **デ**ドリ **ポ**イズン
もうふ **毛布** moufu	**battaniye** バッター二エ	blanket ブ**ラ**ンケト
もうもくの **盲目の** moumokuno	**görme engelli** ギョル**メ** エンゲル**リ**	blind ブ**ラ**インド
もうれつな **猛烈な** mouretsuna	**şiddetli, sert** シッデット**リ**, **セ**ルト	violent, furious **ヴァ**イオレント, **フュ**アリアス
もうろうとした **もうろうとした** mouroutoshita	**hayal meyal** ハヤール メ**ヤ**ル	dim, indistinct **デ**ィム, インディ**ス**ティンクト
もえつきる **燃え尽きる** moetsukiru	**yanıp yok olmak** ヤ**ヌ**ップ **ヨ**ック オル**マ**ック	burn out **バ**ーン **ア**ウト
もえる **燃える** moeru	**yanmak** ヤン**マ**ック	burn, blaze **バ**ーン, ブ**レ**イズ
もーたー **モーター** mootaa	**motor** モトル	motor **モ**ウタ
〜ボート	**motorbot** モトルボット	motorboat **モ**ウタボウト

も

日	トルコ	英
もがく **もがく** mogaku	**debelenmek, (acıdan) kıvranmak** デベレンメッキ, (アジュダン) クヴランマック	struggle, writhe ストラグル, **ライ**ズ
もくげきする **目撃する** mokugekisuru	**tanık olmak, şahit olmak** タ**ヌ**ック オル**マ**ック, シャー**ヒ**ット オル**マ**ック	see, witness **スィ**ー, **ウィ**トネス
もくざい **木材** mokuzai	**kereste** ケ**レ**ステ	wood, lumber **ウ**ド, **ラ**ンバ
もくじ **目次** mokuji	**içindekiler** イ**チ**ンデ**キ**レル	(table of) contents (**テ**イブル オヴ) **カ**ンテンツ
もくせい **木星** mokusei	**Jüpiter** ジュ**ピ**テル	Jupiter **チュ**ピタ
もくぞうの **木造の** mokuzouno	**ahşap** アフ**シャ**ップ	wooden **ウ**ドン
もくちょう **木彫** mokuchou	**ahşap oymacılığı** アフ**シャ**ップ オイマ**ジュ**ル**ウ**	wood carving **ウ**ド **カ**ーヴィング
もくてき **目的** mokuteki	**amaç** ア**マ**ッチ	purpose **パ**ーパス
～地 	**varış yeri** ヴァ**ル**シ イ**エ**リ	destination デスティ**ネ**イション
もくにんする **黙認する** mokuninsuru	**görmezlikten gelmek** ギョルメズリッキ**テ**ン ゲル**メ**ッキ	give a tacit consent **ギ**ヴ ア **タ**スィット コン**セ**ント
もくはんが **木版画** mokuhanga	**gravür** グラ**ヴュ**ル	woodcut **ウ**ドカト
もくひけん **黙秘権** mokuhiken	**susma hakkı** スス**マ** ハック	(the) right to remain silent (ザ) **ラ**イト トゥ リ**メ**イン **サ**イレント
もくひょう **目標** mokuhyou	**hedef** ヘ**デ**フ	mark, target **マ**ーク, **タ**ーゲト
もくもくと **黙々と** mokumokuto	**sessizce** セッ**スィ**ズジェ	silently **サ**イレントリ
もくようび **木曜日** mokuyoubi	**perşembe** ペル**シェ**ンベ	Thursday **サ**ーズデイ
もぐる **潜る** moguru	**dalmak** ダル**マ**ック	dive into **ダ**イヴ イントゥ

も

日	トルコ	英
もくろく 目録 mokuroku	**katalog** カタログ	list, catalog, ⑧catalogue リスト, **キャ**タローグ, **キャ**タローグ
もけい 模型 mokei	**model, maket** モデル, マケット	model **マ**ドル
モザイク mozaiku	**mozaik** モザイキ	mosaic モウ**ゼ**イイク
もし moshi	**eğer** エエル	if **イ**フ
もじ 文字 moji	**harf** ハルフ	letter, character **レ**タ, **キャ**ラクタ
もしゃ 模写 mosha	**kopya** コピャ	copy **カ**ピ
もぞう 模造 mozou	**taklit, imitasyon** タクリート, イミタスィオン	imitation イミ**テ**イション
もたらす もたらす motarasu	**getirmek, götürmek** ゲティル**メ**キ, ギョテュル**メ**キ,	bring ブ**リ**ング
もたれる もたれる motareru	**-e dayanmak, -e yaslan-mak** エ ダヤン**マ**ック, エ ヤスラン**マ**ック	lean on, lean against **リ**ーン オン, **リ**ーン ア**ゲ**ンスト
モダンな modanna	**modern** モ**デ**ルン	modern **マ**ダン
もちあげる 持ち上げる mochiageru	**kaldırmak** カルドゥル**マ**ック	lift, raise **リ**フト, **レ**イズ
もちあじ 持ち味　(特色) mochiaji	**özellik, karakteristik** ウゼル**リ**ッキ, カラクテリス**ティ**ッキ	characteristic キャラクタリ**ス**ティック
(特有の味)	**-e özgü tat** エ ウズ**ギュ タ**ット	peculiar flavor ピ**キュー**リア フ**レ**イヴァ
もちいる 用いる mochiiru	**kullanmak** クッラン**マ**ック	use **ユ**ーズ
もちかえる 持ち帰る mochikaeru	**eve götürmek** エ**ヴェ** ギョテュル**メ**キ	bring home ブ**リ**ング **ホ**ウム
もちこたえる 持ちこたえる mochikotaeru	**tahammül etmek, dayan-mak** タハン**ミュ**ル エト**メ**ッキ, ダヤン**マ**ック	hold on, endure **ホ**ウルド **オ**ン, イン**デュ**ア

も

日	トルコ	英
もちこむ **持ち込む** mochikomu	**götürmek** ギョテュルメッキ	carry in **キャリ イン**
もちにげする **持ち逃げする** mochinigesuru	**alıp kaçmak** アルップ カチマック	go away with **ゴウ アウェイ ウィズ**
もちぬし **持ち主** mochinushi	**sahip, mal sahibi** サーヒップ, マル サーヒビ	owner, proprietor **オウナ, プラプライアタ**
もちはこぶ **持ち運ぶ** mochihakobu	**taşımak** タシュマック	carry **キャリ**
もちもの **持ち物** (所持品) mochimono	**kişisel eşya, şahsi eşya** キシセル エシャー, シャフスィー エシャー	belongings **ビローンギングズ**
(所有物)	**mal, mülk** マル, ミュルキ	property **プラパティ**
もちろん **もちろん** mochiron	**elbette, tabii** エルベッテ, タビイ	of course **オフ コース**
もつ **持つ** (携帯している) motsu	**taşımak** タシュマック	have **ハヴ**
(所有している)	**-de var, sahip olmak** デ ヴァル, サーヒップ オルマック	have, possess **ハヴ, ポゼス**
(保持する)	**tutmak** トゥトマック	hold **ホウルド**
もっかんがっき **木管楽器** mokkangakki	**(tahta) nefesli çalgı, (tahta) üflemeli çalgı** (タフタ) ネフェスリ チャルグ, (タフタ) ユフレメリ チャルグ	woodwind instrument **ウドウィンド インストルメント**
もっきん **木琴** mokkin	**ksilofon** クスィロフォン	xylophone **ザイロフォウン**
もっていく **持って行く** motteiku	**götürmek** ギョテュルメッキ	take, carry **テイク, キャリ**
もってくる **持って来る** mottekuru	**getirmek** ゲティルメッキ	bring, fetch **ブリング, フェチ**
もっと **もっと** motto	**daha** ダハ	more **モー**
もっとー **モットー** mottoo	**motto, slogan** モット, スロガン	motto **マトウ**
もっとも **最も** mottomo	**en** エン	most **モウスト**

も

日	トルコ	英
もっともな **もっともな** mottomona	**makul, sağduyulu** マークル, サードゥユル	reasonable, natural リーズナブル, ナチュラル
もっぱら **専ら** moppara	**çoğunlukla, başlıca** チョウンルックラ, バシルジャ	chiefly, mainly チーフリ, メインリ
もつれる **もつれる** motsureru	**arapsaçına dönmek** アラプサチュナ ドゥンメッキ	(be) tangled (ビ) タングルド
もてなす **もてなす** motenasu	**eğlendirmek, ağırlamak** エーレンディルメッキ, アウルラマック	entertain エンタテイン
もてはやす **もてはやす** motehayasu	**övmek, methetmek** ウヴメッキ, メトヘトメッキ	praise a lot, make a hero of プレイズ ア ラト, メイク ア ヒーロウ オヴ
もでむ **モデム** modemu	**modem** モデム	modem モウデム
もてる **もてる** moteru	**popüler, çok beğenilen** ポピュレル, チョック ベエニレン	(be) popular with, (be) popular among (ビ) パピュラ ウィズ, (ビ) パピュラ アマング
もでる **モデル** moderu	**model, manken** モデル, マンケン	model マドル
〜チェンジ	**model değişimi** モデル デイシミ	model changeover マドル チェインヂョウヴァ
もと **本[基, 元]**（基礎） moto	**temel, esas** テメル, エサース	foundation ファウンデイション
（起源）	**kaynak, köken** カイナック, キョケン	origin オーリヂン
もどす **戻す**　（元へ返す） modosu	**iade etmek, geri vermek** イアーデ エトメッキ, ゲリ ヴェルメッキ	return リターン
もとせん **元栓** motosen	**ana musluk** アナ ムスルック	main tap メイン タプ
もとづく **基づく**　（起因する） motozuku	**-den kaynaklanmak** デン カイナックランマック	come from カム フラム
（依拠する）	**-e dayanmak** エ ダヤンマック	(be) based on (ビ) ベイスト オン
もとめる **求める**　（捜す） motomeru	**aramak** アラマック	look for ルク フォ

日	トルコ	英
（要求する）	**talep etmek** タレップ エトメッキ	ask, demand アスク, ディマンド
（欲する）	**istemek** イステメッキ	want ワント
もともと 元々 （元来） motomoto	**aslında** アスルンダ	originally オリヂナリ
（生来）	**doğuştan** ドウシタン	by nature バイ ネイチャ
もどる 戻る （引き返す） modoru	**geri dönmek** ゲリ ドゥンメッキ	turn back ターン バク
（元に返る）	**geri dönmek** ゲリ ドゥンメッキ	return, come back リターン, カム バク
もなこ モナコ monako	**Monako** モナコ	Monaco マナコウ
もにたー モニター （監査） monitaa	**denetleyen** デネトレイェン	monitor マニタ
（ディスプレイ）	**monitör, bilgisayar ekranı** モニトゥル, ビルギサヤル エクラヌ	monitor マニタ
もの 物 mono	**şey, nesne** シェイ, ネスネ	thing, object スィング, アブヂェクト
ものおき 物置 monooki	**ardiye, depo** アルディイェ, デポ	storeroom ストールーム
ものおと 物音 monooto	**gürültü, ses** ギュリュルテュ, セス	noise, sound ノイズ, サウンド
ものがたり 物語 monogatari	**öykü, hikâye** ウイキュ, ヒキャーイェ	story ストーリ
ものくろの モノクロの monokurono	**siyah beyaz** スィヤフ ベヤス	monochrome, black-and-white マノクロウム, ブラク アンド (ホ)ワイト
ものごと 物事 monogoto	**işler, şeyler** イシレル, シェイレル	things スィングズ
ものしり 物知り monoshiri	**bilgin, kültürlü** ビルギン, キュルテュリュリュ	learned man ラーネド マン
ものずきな 物好きな monozukina	**meraklı** メラークル	curious キュアリアス

も

日	トルコ	英
ものすごい **物凄い** monosugoi	**şahane, harikulade** シャーハーネ, ハーリクラーデ	wonderful, great ワンダフル, グレイト
（恐ろしい）	**korkunç** コルクンチ	terrible, horrible テリブル, ホリブル
ものたりない **物足りない** monotarinai	**yetersiz** イェテルスィス	unsatisfactory アンサティスファクトリ
ものほし **物干し** monohoshi	**çamaşır askısı** チャマシュル アスクス	clothesline クロウズライン
ものまね **物真似** monomane	**taklit** タクリート	impersonation インパーソネイション
ものれーる **モノレール** monoreeru	**monoray** モノライ	monorail マノレイル
ものろーぐ **モノローグ** monoroogu	**monolog** モノログ	monologue マノローグ
ものわかりのよい **物分かりのよい** monowakarinoyoi	**mantıklı, anlayışlı** マントゥックル, アンラユシル	sensible, under-standing センスィブル, アンダスタンディング
もばいるの **モバイルの** mobairuno	**taşınabilir, mobil** タシュナビリル, モビル	mobile モウビル
もはん **模範** mohan	**örnek** ウルネッキ	example, model イグザンプル, マドル
もふく **喪服** mofuku	**matem elbisesi** マーテム エルビセスィ	mourning dress モーニング ドレス
もほう **模倣** mohou	**taklit, imitasyon** タクリート, イミタスィオン	imitation イミテイション
～する	**taklit etmek** タクリート エトメッキ	imitate イミテイト
もみのき **樅の木** mominoki	**köknar ağacı** キョクナル アアジュ	fir tree ファートリー
もむ **揉む** momu	**ovmak, masaj yapmak** オヴマック, マサージ ヤプマック	rub, massage ラブ, マサージ
もめごと **揉め事** momegoto	**tartışma, kavga** タルトゥシマ, カヴガ	quarrel, dispute クウォレル, ディスピュート

も

日	トルコ	英
もめる **揉める** momeru	**derde girmek, ağız dala-şına girmek** デルデ ギルメッキ, アウズ ダラシュナ ギルメッキ	get into trouble, get into a dispute ゲト イントゥ トラブル, ゲト イントゥ ア ディスピュート
もも **腿** momo	**uyluk, but** ウイルック, ブット	thigh サイ
もも **桃** momo	**şeftali** シェフターリ	peach ピーチ
もや **もや** moya	**pus, hafif sis** プス, ハフィフ スィス	haze, mist ヘイズ, ミスト
もやし **もやし** moyashi	**soya filizi** ソヤ フィリズィ	bean sprout ビーン スプラウト
もやす **燃やす** moyasu	**yakmak** ヤクマック	burn バーン
もよう **模様** moyou	**desen** デセン	pattern, design パタン, ディザイン
もよおす **催す** moyoosu	**düzenlemek** デュゼンレメッキ	hold, give ホウルド, ギヴ
もよりの **最寄りの** moyorino	**en yakın** エン ヤクン	nearby ニアバイ
もらう **貰う** morau	**almak, teslim almak** アルマック, テスリム アルマック	get, receive ゲト, リスィーヴ
もらす **漏らす** morasu	**kaçırmak, sızdırmak** カチュルマック, スズドゥルマック	leak リーク
	（秘密を）**(gizli bilgiyi) sızdırmak** （ギズリ ビルギイ）スズドゥルマック	let out, leak レト アウト, リーク
もらる **モラル** moraru	**ahlak, moral** アフラーク, モラル	morals モラルズ
もり **森** mori	**orman** オルマン	woods, forest ウヅ, フォレスト
もる **盛る** moru	**yığmak** ユーマック	pile up パイル アプ
	（料理を）**tabağa koymak** タバア コイマック	dish up ディシュ アプ
もるひね **モルヒネ** moruhine	**morfin** モルフィン	morphine モーフィーン

も

日	トルコ	英
もれる **漏れる** moreru	**sızmak, kaçmak** スズマック, カチマック	leak, come through リーク, カム スルー
（秘密が）	**dışarı sızmak** ドゥシャル スズマック	leak out リーク アウト
もろい **もろい** moroi	**kırılgan** クルルガン	fragile, brittle フラヂル, ブリトル
もろっこ **モロッコ** morokko	**Fas** ファス	Morocco モラコウ
もん **門** mon	**kapı, ana giriş kapısı** カプ, アナ ギリシ カプス	gate ゲイト
もんく **文句** monku	**şikâyet, itiraz** シキャーイェット, イーティラース	complaint コンプレイント
～を言う	**yakınmak, şikâyet etmek** ヤクンマック, シキャーイェット エトメッキ	complain コンプレイン
もんごる **モンゴル** mongoru	**Moğolistan** モオリスタン	Mongolia マンゴウリア
もんだい **問題** mondai	**soru, sorun, problem** ソル, ソルン, プロブレム	question, problem クウェスチョン, プラブレム

も

日	トルコ	英

や, ヤ

や **矢** ya	**ok** オック	arrow ア□ウ
や―ど **ヤード** yaado	**yarda** ヤルダ	yard ヤード
やおちょうをする **八百長をする** yaochouwosuru	**şike yapmak, hile yap-mak** シケ ヤプマック, ヒーレ ヤプマック	fix a game フィクス ア ゲイム
やおや **八百屋** yaoya	**manav** マナヴ	vegetable store, ⑧greengrocer's (shop) ヴェヂタブル ストー, グリーングロウサズ (シャプ)
やがいで **野外で** yagaide	**açık havada** アチュック ハヴァダ	outdoor, open-air アウトドー, オウプンエア
やがて **やがて** yagate	**birazdan, biraz sonra, yakında** ビラズダン, ビラス ソンラ, ヤクンダ	soon スーン
(そのうち)	**bir gün, vakti gelince** ビル ギュン, ヴァクティ ゲリンジェ	one day, in due course ワン デイ, イン デュー コース
やかましい **やかましい** yakamashii	**gürültülü** ギュリュルテュリュ	noisy, clamorous ノイズィ, クラモラス
やかん **夜間** yakan	**gece, gece vakti** ゲジェ, ゲジェ ヴァクティ	night (time) ナイト (タイム)
やかん **薬缶** yakan	**su ısıtıcı** ス ウストゥジュ	kettle ケトル
(紅茶沸かし)	**çaydanlık** チャイダンルック	tea kettle ティー ケトル
やぎ **山羊** yagi	**keçi** ケチ	goat ゴウト
~座	**Oğlak Burcu** オーラック ブルジュ	Goat, Capricorn ゴウト, キャプリコーン
やきにく **焼き肉** yakiniku	**kebap, rosto** ケバップ, □スト	roast meat □ウスト ミート
やきもちをやく **焼き餅を焼く** yakimochiwoyaku	**kıskanmak** クスカンマック	(be) jealous of (ビ) ヂェラス オヴ

や

日	トルコ	英
やきゅう **野球** yakyuu	**beyzbol** ベイスボル	baseball ベイスボール
やきん **夜勤** yakin	**gece çalışması** ゲジェ チャルシマス	night duty ナイト デューティ
やく **焼く** yaku	**yakmak** ヤクマック	burn バーン
（パン・ケーキなどを）	**(fırında) pişirmek** （フルンダ）ピシルメッキ	bake ベイク
（肉などを）	**kızartmak** クザルトマック	roast ロウスト
やく **役**　　　（地位） yaku	**pozisyon, yer, mevki** ポズィスィオン, イェル, メヴキー	post, position ポウスト, ポズィション
（任務）	**görev, vazife** ギョレヴ, ヴァズィーフェ	duty, service デューティ, サーヴィス
（配役）	**rol** ロル	part, role パート, ロウル
やく **約** yaku	**yaklaşık** ヤクラシュック	about アバウト
やく **訳** yaku	**çeviri, tercüme** チェヴィリ, テルジュメ	translation トランスレイション
やくいん **役員** yakuin	**yönetim kurulu üyesi** ヨネティム クルル ユイエスィ	officer, official オーフィサ, オフィシャル
やくがく **薬学** yakugaku	**eczacılık** エジザージュルック	pharmacy ファーマスィ
やくざ **やくざ** yakuza	**gangster, mafya** ガングステル, マフィヤ	gangster ギャングスタ
やくざいし **薬剤師** yakuzaishi	**eczacı** エジザージュ	pharmacist, druggist, ®chemist ファーマスィスト, ドラギスト, ケミスト
やくしゃ **役者** yakusha	**oyuncu, aktör, aktris** オユンジュ, アクトゥル, アクトリス	actor, actress アクタ, アクトレス
やくしんする **躍進する** yakushinsuru	**ilerlemek, gelişmek** イレルレメッキ, ゲリシメッキ	make progress メイク プラグレス
やくす **訳す** yakusu	**tercüme etmek, çevirmek** テルジュメ エトメッキ, チェヴィルメッキ	translate トランスレイト

や

日	トルコ	英
やくそう **薬草** yakusou	**şifalı ot, şifalı bitki** シファール オット, シファール ビトキ	medicinal herb メ**ディ**スィナル **アー**プ
やくそく **約束** yakusoku	**söz, vaat** ソゥス, ヴァアット	promise プ**ラ**ミス
〜する	**söz vermek** ソゥス ヴェル**メ**ッキ	promise プ**ラ**ミス
やくだつ **役立つ** yakudatsu	**yararlı olmak, faydalı ol-mak** ヤラル**ル** オル**マ**ック, ファイダル オル**マ**ック	(be) useful (ビ) **ユー**スフル
やくひん **薬品** yakuhin	**ilaç** イ**ラ**ッチ	medicine, drugs メ**ディ**スィン, ド**ラ**グズ
やくめ **役目** yakume	**görev** ギョ**レ**ヴ	duty **デュー**ティ
やくわり **役割** yakuwari	**rol** ロル	part, role **パー**ト, **ロ**ウル
やけい **夜景** yakei	**gece manzarası** ゲ**ジェ** マン**ザ**ラス	night view **ナ**イト **ヴュー**
やけど **火傷** yakedo	**yanık** ヤ**ヌ**ック	burn **バー**ン
〜する	**yanmak** ヤン**マ**ック	burn, (get) burned **バー**ン, (ゲト) **バー**ンド
やける **焼ける** yakeru	**yanmak** ヤン**マ**ック	burn **バー**ン
（肉・魚などが）	**kızartılmak** クザルトゥル**マ**ック	(be) roasted, (be) broiled (ビ) **ロ**ウスティド, (ビ) プ**ロ**イルド
やこうせいの **夜行性の** yakouseino	**gececil, gece aktif olan** ゲ**ジェ**ジル, ゲ**ジェ** アク**ティ**フ オ**ラ**ン	nocturnal ナク**ター**ナル
やこうとりょう **夜光塗料** yakoutoryou	**fosforlu boya, parlayan boya** フォスフォル**ル** ボ**ヤ**, パルラ**ヤ**ン ボ**ヤ**	luminous paint **ルー**ミナス **ペ**イント
やさい **野菜** yasai	**sebze** セブ**ゼ**	vegetables **ヴェ**ヂタブルズ
やさしい **易しい** yasashii	**kolay, basit** コ**ラ**イ, バ**スィ**ット	easy, plain **イー**ズィ, プ**レ**イン

日	トルコ	英
<ruby>優<rt>やさ</rt></ruby>しい yasashii	**nazik** ナーズィッキ	gentle, kind **チェ**ントル, **カ**インド
<ruby>養<rt>やしな</rt></ruby>う yashinau	**desteklemek** デステッキレメッキ	support, keep サ**ポー**ト, **キー**プ
（育てる）	**büyütmek, yetiştirmek** ビュユトメッキ, イェティシティルメッキ	raise, bring up **レ**イズ, ブリング **ア**プ
<ruby>野次<rt>やじ</rt></ruby>る yajiru	**yuhalamak** ユハラマック	hoot, jeer **フー**ト, **チ**ア
<ruby>矢印<rt>やじるし</rt></ruby> yajirushi	**ok** オック	arrow **ア**ロウ
<ruby>野心<rt>やしん</rt></ruby> yashin	**hırs** フルス	ambition アン**ビ**ション
〜<ruby>的<rt>てき</rt></ruby>な	**hırslı** フルスル	ambitious アン**ビ**シャス
<ruby>安<rt>やす</rt></ruby>い yasui	**ucuz** ウジュス	cheap, inexpensive **チー**プ, イニクス**ペ**ンスィヴ
<ruby>安売<rt>やすう</rt></ruby>り yasuuri	**indirim, iskonto** インディリム, イスコント	discount, bargain sale **ディ**スカウント, **バー**ゲン セイル
<ruby>安<rt>やす</rt></ruby>っぽい yasuppoi	**ucuz ve kalitesiz** ウジュス **ヴェ** カリテスィス	cheap, tawdry **チー**プ, **トー**ドリ
<ruby>休<rt>やす</rt></ruby>み　（休憩） yasumi	**mola** モラ	rest **レ**スト
（休日）	**tatil** ターティル	holiday, vacation **ハ**リデイ, ヴェイ**ケ**イション
<ruby>休<rt>やす</rt></ruby>む　（休息する） yasumu	**dinlenmek** ディンレン**メ**ッキ	rest **レ**スト
（欠席する）	**-e gelmemek, -e katılmamak** エ **ゲ**ルメメッキ, エ カ**トゥ**ルママック	(be) absent from （ビ）**ア**ブセント フラム
<ruby>安<rt>やす</rt></ruby>らかな yasurakana	**huzurlu, sakin** フズル**ル**, サー**キ**ン	peaceful, quiet **ピー**スフル, ク**ワ**イエト
<ruby>安<rt>やす</rt></ruby>らぎ yasuragi	**huzur, sükûnet** フズル, スュキューネット	peace, tranquility **ピー**ス, トランク**ウィ**リティ
<ruby>やすり<rt>やすり</rt></ruby> yasuri	**eğe, törpü** エ**エ**, トゥル**ピュ**	file **ファ**イル

や

日	トルコ	英
やせいの **野生の** yaseino	**vahşi, yabani** ヴァフシー, ヤバーニー	wild ワイルド
やせた **痩せた** （体が） yaseta	**ince, zayıf** インジェ, ザユフ	thin, slim スィン, スリム
（土地が）	**kısır, kıraç, çorak** クスル, クラッチ, チョラック	poor, barren プア, バレン
やせる **痩せる** yaseru	**zayıflamak, kilo vermek** ザユフラマック, キロ ヴェルメッキ	(become) thin, lose weight (ビカム) スィン, ルーズ ウェイト
やそう **野草** yasou	**yabani ot** ヤバーニー オット	wild grass ワイルド グラス
やたい **屋台** yatai	**tezgâh** テズギャフ	stall, stand ストール, スタンド
やちょう **野鳥** yachou	**yabani kuş** ヤバーニー クシ	wild bird ワイルド バード
やちん **家賃** yachin	**kira** キラー	rent レント
やっかいな **厄介な** yakkaina	**baş belası, sıkıntılı** バシ ベラース, スクントゥル	troublesome, annoying トラブルサム, アノイイング
やっきょく **薬局** yakkyoku	**eczane** エジザーネ	pharmacy, drugstore, Ⓑchemist ファーマスィ, ドラグストー, ケミスト
やっつける **やっつける** （一気にやる） yattsukeru	**bir kerede yapmak** ビ(ル) ケレデ ヤプマック	finish (in one go) フィニシュ (イン ワン ゴウ)
（打ち倒す）	**yere vurmak, vurup düşürmek** イェレ ヴルマック, ヴルップ デュシュルメッキ	beat down, defeat ビート ダウン, ディフィート
やっと **やっと** （ようやく） yatto	**sonunda** ソヌンダ	at last アト ラスト
（辛うじて）	**ancak, zar zor** アンジャック, ザル ゾル	barely ベアリ
やつれた **やつれた** yatsureta	**yıpranmış, bitkin, tükenmiş** ユプランムシ, ビトキン, テュケンミッシ	haggard ハガード

日	トルコ	英
やといぬし **雇い主** yatoinushi	**işveren** イシヴェレン	employer インプロイア
やとう **雇う** yatou	**iş vermek, çalıştırmak,** **işe almak** イシ ヴェルメッキ, チャルシトゥルマック, イシェ アルマック	employ インプロイ
やとう **野党** yatou	**muhalefet partisi** ムハーレフェット パルティスィ	opposition party アポジション パーティ
反 与党	**iktidar partisi** イクティダール パルティスィ	party in power パーティ イン パウア
やなぎ **柳** yanagi	**söğüt** ソウユット	willow ウィロウ
やぬし **家主** yanushi	**ev sahibi, kiraya veren** エヴ サーヒビ, キラーヤ ヴェレン	owner of a house オウナ オヴ ア ハウス
やね **屋根** yane	**çatı** チャトゥ	roof ルーフ
〜裏	**çatı katı** チャトゥ カトゥ	garret, attic ギャレット, アティック
やはり **やはり**（依然として） yahari	**hâlâ, henüz** ハーラー, ヘニュス	still スティル
（結局）	**nihayet, sonuç olarak,** **sonunda** ニハーイェット, ソヌッチ オララック, ソ ヌンダ	after all アフタ オール
（他と同様に）	**de, da** デ, ダ	too, also トゥー, オールソウ
やばんな **野蛮な** yabanna	**barbar, vahşi** バルバル, ヴァフシー	barbarous, savage バーバラス, サヴィヂ
やぶる **破る** yaburu	**yırtmak** ユルトマック	tear テア
やぶれる **破れる** yabureru	**yırtılmak** ユルトゥルマック	(be) torn (ビ) トーン
やぶれる **敗れる** yabureru	**yenilmek** イェニルメッキ	(be) beaten, (be) defeated (ビ) ビートン, (ビ) ディ フィーティド
やぼう **野望** yabou	**hırs** フルス	ambition アンビション

や

日	トルコ	英
やま 山 yama	**dağ** ダー	mountain マウンテン
～火事	**orman yangını** オルマン ヤングヌ	forest fire フォレスト ファイア
やましい やましい yamashii	**suçlu hissetmek** スチル ヒッセトメッキ	feel guilty フィール ギルティ
やみ 闇 yami	**karanlık** カランルック	darkness ダークネス
やみくもに 闇雲に yamikumoni	**rastgele, gelişigüzel** ラストゲレ, ゲリシギュゼル	at random, rashly アト ランダム, ラシュリ
やむ 止む yamu	**durmak** ドゥルマック	stop, (be) over スタプ, (ビ) オウヴァ
(雨・雪・風が)	**dinmek** ディンメッキ	stop スタプ
やめる 止める yameru	**bırakmak, son vermek** ブラクマック, ソン ヴェルメッキ	stop, end スタプ, エンド
やめる 辞める　(引退する) yameru	**emekli olmak** エメッキリ オルマック	retire リタイア
(辞職する)	**istifa etmek, ayrılmak** イスティファー エトメッキ, アイルルマック	resign, quit リザイン, クウィト
やりがいのある やりがいのある yarigainoaru	**zahmete değer, yapma-ya değer** ザフメテ デエル, ヤプマヤ デエル	worthwhile ワース(ホ)ワイル
やりとげる やり遂げる yaritogeru	**başarmak, üstesinden gelmek** バシャルマック, ユステスィンデン ゲルメッキ	accomplish アカンプリシュ
やりなおす やり直す yarinaosu	**tekrar denemek** テクラール デネメッキ	try again トライ アゲイン
やる やる yaru	**yapmak** ヤプマック	do ドゥー
(与える)	**vermek** ヴェルメッキ	give ギヴ
やるき やる気 yaruki	**motivasyon, güdü** モティヴァスィオン, ギュデュ	drive, motivation ドライヴ, モウティヴェイション

や

日	トルコ	英
やわらかい **柔[軟]らかい** yawarakai	**yumuşak** ユムシャック	soft, tender ソーフト, **テ**ンダ
やわらぐ **和らぐ** (弱まる) yawaragu	**azalmak** アザル**マ**ック	lessen **レ**スン
(静まる)	**sakinleşmek** サーキンレシ**メ**ッキ	calm down **カ**ーム **ダ**ウン
やわらげる **和らげる** (楽にする) yawarageru	**rahatlatmak, ferahlatmak** ラハトラト**マ**ック, フェラフラト**マ**ック	allay, ease ア**レ**イ, **イ**ーズ
(静める)	**yatıştırmak, teskin et- mek** ヤトゥシトゥル**マ**ック, テス**キ**ン エト**メ**ッキ	soothe, calm **ス**ーズ, **カ**ーム
やんちゃな **やんちゃな** yanchana	**yaramaz, haşarı** ヤラ**マ**ス, ハ**シャ**ル	naughty, mischie- vous **ノ**ーティ, **ミ**スチヴァス

ゆ, ユ

ゆ **湯** yu	**sıcak su** ス**ジャ**ック ス	hot water ハト **ウォ**ータ
ゆいいつの **唯一の** yuiitsuno	**yalnız, bir tek** ヤン**ヌ**ス, ビ(ル) **テ**ッキ	only, unique **オ**ウンリ, ユー**ニ**ーク
ゆいごん **遺言** yuigon	**vasiyet, vasiyetname** ヴァスィ**イェ**ット, ヴァスィ**イェ**ットナーメ	will, testament **ウィ**ル, **テ**スタメント
ゆうい **優位** yuui	**üstünlük** ユステュン**リュ**ック	predominance, su- periority プリ**ダ**ミナンス, スピアリ**オ**ーリティ
ゆういぎな **有意義な** yuuigina	**önemli, anlamlı** オネム**リ**, アンラム**ル**	significant スィグ**ニ**フィカント
ゆううつな **憂鬱な** yuuutsuna	**kederli, kara sevdalı, me- lankolik** ケデル**リ**, カ**ラ** セヴ**ダ**ール, メランコ**リ**ッキ	melancholy, gloomy **メ**ランカリ, グ**ルー**ミ
ゆうえきな **有益な** yuuekina	**faydalı, yararlı** ファイダ**ル**, ヤラル**ル**	useful, beneficial **ユ**ースフル, ベ**ニ**フィシャル

日	トルコ	英
ゆうえつかん **優越感** yuuetsukan	**üstünlük duygusu** ユステュンリュック ドゥイグス	sense of superiority センス オヴ スピアリオリティ
ゆうえんち **遊園地** yuuenchi	**lunapark, eğlence parkı** ルナパルク, エーレンジェ パルク	amusement park アミューズメント パーク
ゆうかい **誘拐** （子どもの） yuukai	**(çocuk) kaçırma** (チョジュック) カチュルマ	kidnapping キドナピング
（拉致）	**(adam) kaçırma** (アダム) カチュルマ	abduction アブダクション
ゆうがいな **有害な** yuugaina	**zararlı** ザラルル	bad, harmful バド, ハームフル
ゆうかしょうけん **有価証券** yuukashouken	**menkul belgeler** メンクル ベルゲレル	valuable securities ヴァリュアブル スィキュアリティズ
ゆうがた **夕方** yuugata	**akşam** アクシャム	evening イーヴニング
ゆうがな **優雅な** yuugana	**zarif, hoş** ザリフ, ホシ	graceful, elegant グレイスフル, エリガント
ゆうかん **夕刊** yuukan	**akşam gazetesi** アクシャム ガゼテスィ	evening paper イーヴニング ペイパ
ゆうかんな **勇敢な** yuukanna	**cesaretli, cesur, yürekli** ジェサーレットリ, ジェスル, ユレッキリ	brave, courageous ブレイヴ, カレイヂャス
ゆうき **勇気** yuuki	**cesaret, yüreklilik** ジェサーレット, ユレッキリリッキ	courage, bravery カーリヂ, ブレイヴァリ
ゆうきゅうきゅうか **有給休暇** yuukyuukyuuka	**ücretli izin** ユジュレットリ イズィン	paid vacation, Ⓑpaid holiday ペイド ヴェイケイション, ペイド ホリデイ
（年休）	**yıllık izin** ユルルック イズィン	annual holiday アニュアル ホリデイ
ゆうけんしゃ **有権者** yuukensha	**seçmen** セチメン	electorate イレクトレト
ゆうこう **有効** yuukou	**geçerlilik** ゲチェルリリッキ	validity ヴァリディティ
ゆうこうかんけい **友好関係** yuukoukankei	**dostluk ilişkileri** ドストルック イリシキレリ	friendly relations with フレンドリ リレイションズ ウィズ

ゆ

日	トルコ	英
ゆうこうこく **友好国** yuukoukoku	**dost ülke** ドスト ユルケ	friendly nation フレンドリ ネイション
ゆうごうする **融合する** yuugousuru	**kaynaştırmak, birleştir-mek** カイナシトゥルマック, ビルレシティルメッキ	fuse フューズ
ゆうこうな **有効な** yuukouna	**geçerli, muteber** ゲチェルリ, ムーテベル	valid, effective **ヴァリド**, イフェクティヴ
ゆーざー **ユーザー** yuuzaa	**kullanıcı** クッラヌジュ	user **ユーザ**
〜名	**kullanıcı adı** クッラヌジュ アドゥ	user name **ユーザ** ネイム
ゆうざい **有罪** yuuzai	**suçluluk** スチルルック	guilt **ギルト**
〜の	**suçlu** スチル	guilty **ギルティ**
ゆうし **有志** yuushi	**gönüllü** ギョニュルリュ	volunteer ヴァランティア
ゆうし **融資** yuushi	**finansman, kredi** フィナンスマン, クレディ	financing, loan フィナンスィング, **ロウン**
〜する	**finanse etmek, akçala-mak** フィナンセ エトメッキ, アクチャラマック	finance フィナンス
ゆうしゅうな **優秀な** yuushuuna	**çok iyi, mükemmel** **チョック イイ**, ミュケンメル	excellent **エクセレント**
ゆうしょう **優勝** yuushou	**şampiyonluk** シャンピヨンルック	championship **チャンピオンシプ**
〜する	**şampiyonluğu kazan-mak** シャンピヨンルウ カザンマック	win a champion-ship **ウィン** ア **チャンピオンシプ**
ゆうじょう **友情** yuujou	**dostluk, arkadaşlık** ドストルック, アルカダシルック	friendship フレンドシプ
ゆうしょく **夕食** yuushoku	**akşam yemeği** アクシャム イエメイ	supper, dinner **サパ**, ディナ
ゆうじん **友人** yuujin	**arkadaş** アルカダシ	friend フレンド
ゆうずう **融通** (その場の対応) yuuzuu	**esneklik** エスネッキリッキ	flexibility フレクスィビリティ

ゆ

日	トルコ	英
~する （貸す）	ödünç vermek, borç vermek ウデュンチ ヴェルメッキ, ボルチ ヴェルメッキ	lend レンド
ゆうせいな 優勢な yuuseina	üstün ユステュン	superior, predominant スピアリア, プリダミナント
ゆうせん 優先 yuusen	öncelik ウンジェリッキ	priority プライオーリティ
~する （他に）	-den daha öncelikli olmak, -den daha önemli olmak デン ダハ ウンジェリッキリ オルマック, デン ダハ ウネムリ オルマック	have priority ハヴ プライオーリティ
ゆうぜんと 悠然と yuuzento	sakin, kendine hâkim サーキン, ケンディネ ハーキム	composedly コンポウズドリ
ゆうそうする 郵送する yuusousuru	postalamak, postaya atmak, postaya vermek ポスタラマック, ポスタヤ アトマック, ポスタヤ ヴェルメッキ	send by mail センド バイ メイル
ゆーたーんする ユーターンする yuutaansuru	u dönüşü yapmak ウ ドゥニュシュ ヤプマック	make a U-turn メイク ア ユーターン
ゆうだいな 雄大な yuudaina	muhteşem, görkemli ムフテシェム, ギョルケムリ	grand, magnificent グランド, マグニフィセント
ゆうだち 夕立 yuudachi	sağanak サアナック	evening squall イーヴニング スクウォール
ゆうどう 誘導 yuudou	güdüm ギュデュム	guidance ガイダンス
ゆうどくな 有毒な yuudokuna	zehirli ゼヒルリ	poisonous ポイズナス
ゆーとぴあ ユートピア yuutopia	ütopya ユトピヤ	Utopia ユートウピア
ゆうのうな 有能な yuunouna	yetenekli イェテネッキリ	able, capable エイブル, ケイパブル
ゆうはつする 誘発する yuuhatsusuru	sebep olmak, yol açmak セベップ オルマック, ヨル アチマック	cause コーズ
ゆうひ 夕日 yuuhi	akşam güneşi アクシャム ギュネシ	setting sun セティング サン

ゆ

日	トルコ	英
ゆうびん 郵便 yuubin	**posta** ポスタ	mail, ⑧mail, post メイル, メイル, ポウスト
～為替	**posta havalesi** ポスタ ハヴァーレスィ	money order マニ オーダ
～局	**postane** ポスターネ	post office ポウスト オーフィス
～番号	**posta kodu** ポスタ コドゥ	zip code, postal code, ⑧postcode ズィプ コウド, ポウストル コウド, ポウストコウド
ゆうふくな 裕福な yuufukuna	**zengin, varlıklı** ゼンギン, ヴァルルックル	rich, wealthy リチ, ウェルスィ
ゆうべ 夕べ yuube	**dün gece** デュン ゲジェ	last night ラスト ナイト
ゆうべんな 雄弁な yuubenna	**güzel konuşan** ギュゼル コヌシャン	eloquent エロクウェント
ゆうぼうな 有望な yuubouna	**ümit veren, ümit verici, geleceği parlak** ユミット ヴェレン, ユミット ヴェリジ, ゲ レジェイ パルラック	promising, hopeful プラミスィング, ホウプフル
ゆうぼくみん 遊牧民 yuubokumin	**göçebe, bedevî** ギョチェベ, ベデヴィー	nomad ノウマド
ゆうほどう 遊歩道 yuuhodou	**mesire, gezinti yolu** メスィーレ, ゲズィンティ ヨル	promenade プラメネイド
ゆうめいな 有名な yuumeina	**ünlü, meşhur** ユンリュ, メシフル	famous, well- known フェイマス, ウェルノウン
ゆーもあ ユーモア yuumoa	**mizah, komiklik, espri** ミザーフ, コミッキリッキ, エスプリ	humor ヒューマ
ゆーもらすな ユーモラスな yuumorasuna	**komik, mizahi** コミッキ, ミザーヒー	humorous ヒューマラス
ゆうやけ 夕焼け yuuyake	**gün batımı, gün batması** ギュン バトゥム, ギュン バトマス	sunset, ⑧evening glow サンセット, イーヴニング グ ロウ
ゆうやみ 夕闇 yuuyami	**akşam karanlığı, alaca karanlık** アクシャム カランルウ, アラジャ カラン ルック	dusk, twilight ダスク, トワイライト

ゆ

日	トルコ	英
ゆうよ **猶予** （延期） yuuyo	**erteleme, tecil** エルテレメ, テージル	delay, grace ディレイ, グレイス
ゆうりな **有利な** yuurina	**avantajlı** アヴァンタジル	advantageous アドヴァンテイヂャス
ゆうりょうな **優良な** yuuryouna	**yüksek kaliteli** ユクセッキ カリテリ	superior, excellent スピアリア, エクセレント
ゆうりょうの **有料の** yuuryouno	**ücretli** ユジュレットリ	fee-based フィーベイスト
ゆうりょくな **有力な** yuuryokuna	**güçlü, kuvvetli, etkili** ギュチリュ, クッヴェットリ, エトキリ	strong, powerful ストローング, パウアフル
ゆうれい **幽霊** yuurei	**hayalet** ハヤーレット	ghost ゴウスト
ゆーろ **ユーロ** yuuro	**avro** アヴロ	Euro ユアロ
ゆうわく **誘惑** yuuwaku	**ayartma, baştan çıkarma** アヤルトマ, バシタン チュカルマ	temptation テンプテイション
〜する	**ayartmak, baştan çıkar-mak** アヤルトマック, バシタン チュカルマック	tempt, seduce テンプト, スィデュース
ゆか **床** yuka	**taban** タバン	floor フロー
ゆかいな **愉快な** yukaina	**hoş, zevkli** ホシ, ゼヴクリ	pleasant, cheerful プレザント, チアフル
ゆがむ **歪む** yugamu	**eğrilmek** エーリルメッキ	(be) distorted (ビ) ディストーティド
ゆき **雪** yuki	**kar** カル	snow スノウ
ゆくえふめいの **行方不明の** yukuefumeino	**kayıp** カユップ	missing ミスィング
ゆげ **湯気** yuge	**buhar, istim** ブハル, イスティム	steam, vapor スティーム, ヴェイパ
ゆけつ **輸血** yuketsu	**kan nakli, kan aktarımı** カン ナクリ, カン アクタルム	blood transfusion ブラド トランスフュージョン
ゆさぶる **揺さぶる** yusaburu	**sarsmak, sallamak** サルスマック, サッラマック	shake, move シェイク, ムーヴ

ゆ

日	トルコ	英
ゆしゅつ **輸出** yushutsu	**ihracat, ihraç** イフラージャート, イフラーチ	export エクスポート
反 **輸入**	**ithalat, ithal** イトハーラート, イトハール	import インポート
～する	**ihraç etmek** イフラーチ エトメッキ	export エクスポート
反 **輸入する**	**ithal etmek** イトハール エトメッキ	import インポート
ゆすぐ **ゆすぐ** yusugu	**durulamak** ドゥルラマック	rinse リンス
ゆすり **強請** yusuri	**şantaj** シャンタージ	blackmail ブラクメイル
ゆずりうける **譲り受ける** yuzuriukeru	**devralmak** デヴラルマック	take over テイク オウヴァ
ゆする **強請る** yusuru	**şantaj yapmak, tehditle almak** シャンタージ ヤプマック, テフディットレ アルマック	extort, blackmail イクストート, ブラクメイル
ゆずる **譲る**　(引き渡す) yuzuru	**teslim etmek, devretmek** テスリム エトメッキ, デヴレトメッキ	hand over, give ハンド オウヴァ, ギヴ
(譲歩する)	**kabullenmek, kabul et-mek** カブルレンメッキ, カブール エトメッキ	concede to コンスィード トゥ
(売る)	**satmak** サトマック	sell セル
ゆせいの **油性の** yuseino	**yağ bazlı, yağlı** ヤー バズル, ヤール	oil-based, oily オイルベイスト, オイリ
ゆそうする **輸送する** yusousuru	**taşımak, nakletmek** タシュマック, ナクレトメッキ	transport, carry トランスポート, キャリ
ゆたかな **豊かな** yutakana	**zengin, bol** ゼンギン, ボル	abundant, rich アバンダント, リチ
ゆだねる **委ねる** yudaneru	**-e emanet etmek, güven-mek** エ エマーネット エトメッキ, ギュヴェンメッキ	entrust with イントラスト ウィズ
ゆだやきょう **ユダヤ教** yudayakyou	**Yahudilik, Musevilik** ヤフディリッキ, ムーセヴィーリッキ	Judaism ヂューダイズム

ゆ

日	トルコ	英
ゆだやじん **ユダヤ人** yudayajin	**Yahudi** ヤフディ	Jew ヂュー
ゆだん **油断** yudan	**dikkatsizlik** ディッカットスィズリッキ	carelessness ケアレスネス
～する	**dikkatsiz olmak** ディカットスィス オルマック	(be) off one's guard (ビ) オフ ガード
ゆちゃくする **癒着する** yuchakusuru	**yapışmak** ヤプシマック	adhere アドヒア
ゆっくり **ゆっくり** yukkuri	**yavaşça, yavaş yavaş** ヤヴァシチャ, ヤヴァシ ヤヴァシ	slowly スロウリ
反 速く	**çabuk, hızlı** チャブック, フズル	quickly, fast クウィックリ, ファスト
ゆでたまご **茹で卵** yudetamago	**haşlanmış yumurta** ハシランムシ ユムルタ	boiled egg ボイルド エグ
ゆでる **茹でる** yuderu	**haşlamak** ハシラマック	boil ボイル
ゆでん **油田** yuden	**petrol sahası, petrol yatağı, petrol kuyusu** ペトロル サーハス, ペトロル ヤタウ, ペトロル クユス	oil field オイル フィールド
ゆにゅう **輸入** yunyuu	**ithalat, ithal** イトハーラート, イトハール	import インポート
反 輸出	**ihracat, ihraç** イフラージャート, イフラーチ	export エクスポート
～する	**ithal etmek** イトハール エトメッキ	import, introduce インポート, イントロデュース
反 輸出する	**ihraç etmek** イフラーチ エトメッキ	export エクスポート
ゆび **指** (手の) yubi	**parmak** パルマック	finger フィンガ
(足の)	**ayak parmağı** アヤック パルマウ	toe トウ
ゆびわ **指輪** yubiwa	**yüzük** ユズュック	ring リング
結婚～	**alyans, nişan yüzüğü** アリヤンス, ニシャン ユズュユ	marriage ring マリヂ リング

ゆ

日	トルコ	英
ゆみ **弓** yumi	**yay** ヤイ	bow バウ
ゆめ **夢** yume	**rüya** リュヤー	dream ドリーム
ゆらい **由来** yurai	**köken, kaynak** キョケン, カイナック	origin オーリヂン
ゆり **百合** yuri	**zambak** ザンバック	lily リリ
ゆりかご **揺り籠** yurikago	**beşik** ベシッキ	cradle クレイドル
ゆるい **緩い** (厳しくない) yurui	**hoşgörülü, müsamahalı** ホシギョリュリュ, ミュサーマハル	lenient リーニエント
(締まっていない)	**gevşek** ゲヴシェッキ	loose ルース
ゆるがす **揺るがす** yurugasu	**sarsmak, sallamak** サルスマック, サッラマック	shake, swing シェイク, スウィング
ゆるし **許し** (許可) yurushi	**izin, müsaade** イズィン, ミュサーデ	permission パミション
ゆるす **許す** (許可する) yurusu	**izin vermek, müsaade etmek** イズィン ヴェルメッキ, ミュサーデ エトメッキ	allow, permit アラウ, パミト
(容赦する)	**affetmek** アッフェトメッキ	forgive, pardon フォギヴ, パードン
ゆるむ **緩む** (たるむ) yurumu	**gevşemek, laçka olmak** ゲヴシェメッキ, ラチカ オルマック	loosen ルースン
(緊張が)	**rahatlamak, yumuşamak** ラハトラマック, ユムシャマック	relax リラクス
ゆるめる **緩める** (ほどく) yurumeru	**gevşetmek** ゲヴシェトメッキ	loosen, unfasten ルースン, アンファスン
(速度を遅くする)	**yavaşlamak** ヤヴァシラマック	slow down スロウ ダウン
ゆるやかな **緩やかな** (服が) yuruyakana	**bol, geniş** ボル, ゲニシ	loose ルース
(風が)	**yumuşak, hafif** ユムシャック, ハフィフ	soft ソーフト

ゆ

日	トルコ	英
(坂が)	**hafif meyilli** ハフィフ メイルリ	gentle, lenient ヂェントル, リーニエント
ゅれ 揺れ yure	**sarsıntı, titreşim** サルスントゥ, ティトレシム	vibration, tremor ヴァイブレイション, トレマ
ゆれる 揺れる yureru	**sarsmak, sallanmak** サルスマック, サッランマック	shake, sway シェイク, スウェイ

よ, ヨ

日	トルコ	英
よ 世 yo	**dünya, âlem** デュンヤー, アーレム	world, life ワールド, ライフ
よあけ 夜明け yoake	**şafak, gün ağarması** シャファック, ギュン アアルマス	dawn, daybreak ドーン, デイブレイク
よい 酔い (アルコールの) yoi	**sarhoşluk** サルホシルック	drunkenness ドランクンネス
(乗り物全般の)	**taşıt tutması, hareket hastalığı** タシット トゥトマス, ハレケット ハスタルウ	motion sickness モウション スィクネス
(車の)	**araba tutması** アラバ トゥトマス	carsickness カースィクネス
(船の)	**deniz tutması** デニス トゥトマス	seasickness スィースィクネス
(飛行機の)	**uçak tutması** ウチャック トゥトマス	airsickness エアスィクネス
よい 良[善]い yoi	**iyi** イイ	good グド
よいん 余韻 yoin	**yankılanma** ヤンクランマ	reverberations リヴァーバレイションズ
よう 用 (用事) you	**iş** イシ	business, task ビズネス, タスク
ようい 用意 youi	**hazırlık** ハズルルック	preparations プレパレイションズ
～する	**hazırlamak** ハズルラマック	prepare プリペア

よ

日	トルコ	英
ようい な **容易な** youina	**kolay, basit** コライ, バスィット	easy, simple **イーズィ, スィンプル**
ようい ん **要因** youin	**etmen, faktör** エトメン, ファク**トゥ**ル	factor **ファクタ**
ようえき **溶液** youeki	**eriyik, solüsyon** エリイッキ, ソリュスィ**オン**	solution ソ**ルー**ション
ようかいする **溶解する** youkaisuru	**eritmek** エリト**メッ**キ	melt **メ**ルト
ようがん **溶岩** yougan	**lav, püskürtü** ラヴ, ピュスキュル**テュ**	lava **ラー**ヴァ
ようぎ **容疑** yougi	**şüphe** シュプ**ヘ**	suspicion サス**ピ**ション
〜者	**sanık** サ**ヌ**ック	suspect **サ**スペクト
ようきな **陽気な** youkina	**hoş, neşeli** ホシ, ネシェリ	cheerful, lively **チ**アフル, **ラ**イヴリ
ようきゅう **要求** youkyuu	**talep** タレップ	demand, request ディ**マ**ンド, リク**ウェ**スト
〜する	**talep etmek** タレップ エト**メッ**キ	demand, require ディ**マ**ンド, リク**ワ**イア
ようぐ **用具** yougu	**alet** アー**レッ**ト	tools **トゥー**ルズ
ようけん **用件** youken	**iş** イシ	matter, business **マ**タ, **ビ**ズネス
ようご **用語** （ことばづかい） yougo	**anlatım, ifade tarzı** アンラ**トゥ**ム, イファー**デ** タルズ	wording **ワー**ディング
（語彙）	**kelime hazinesi** ケリメ ハズィー**ネ**スィ	vocabulary ヴォウ**キャ**ビュレリ
（専門用語）	**terim** テリム	term, terminology **ター**ム, ター**ミ**ナロヂ
ようさい **要塞** yousai	**kale, hisar** カ**レ**, ヒサル	fortress **フォー**トレス
ようし **養子** （男の） youshi	**manevi evlat** マーネ**ヴィ**ー エヴ**ラ**ート	adopted son ア**ダ**プティド **サ**ン
（女の）	**manevi kız** マーネ**ヴィ**ー ク**ス**	adopted daughter ア**ダ**プティド **ドー**タ

よ

日	トルコ	英
ようじ **幼児** youji	**bebek, çocuk** ベベッキ, チョジュック	baby, child ベイビ, **チャ**イルド
ようじ **用事** youji	**iş** イシ	errand, task エランド, **タ**スク
ようしき **様式** youshiki	**tarz, stil** タルズ, スティル	mode, style モウド, スタイル
ようしょく **養殖** youshoku	**kültür balıkçılığı** キュルテュル バルックチュルウ	cultivation カルティ**ヴェ**イション
～する	**yetiştirmek** イエティシティルメッキ	cultivate, raise **カ**ルティヴェイト, **レ**イズ
ようじん **用心** youjin	**dikkat** ディッカット	attention ア**テ**ンション
～する	**-e dikkat etmek** エ ディッカット エトメッキ	(be) careful of, (be) careful about (ビ) **ケ**アフル オヴ,(ビ) **ケ**アフル アバウト
ようす **様子** (外見) yousu	**görünüş** ギョリュ**ニュ**シ	appearance ア**ピ**アランス
(状態)	**durum** ドゥルム	state of affairs ス**テ**イト オヴ ア**フェ**アズ
(態度)	**tavır, tutum** タヴル, トゥ**トゥ**ム	attitude **ア**ティテュード
ようする **要する** yousuru	**gerektirmek** ゲレキティルメッキ	require, need リク**ワ**イア, **ニ**ード
ようせい **要請** yousei	**talep** タレップ	demand, request ディ**マ**ンド, リク**ウェ**スト
～する	**talep etmek** タレップ エトメッキ	demand ディ**マ**ンド
ようせき **容積** youseki	**hacim** ハジム	capacity, volume カパ**スィ**ティ, **ヴァ**リュム
ようせつする **溶接する** yousetsusuru	**kaynak yapmak** カイナック ヤプマック	weld **ウェ**ルド
ようそ **要素** youso	**unsur, eleman** ウンスル, エレマン	element, factor **エ**レメント, **ファ**クタ
ようだい **容体** youdai	**durum** ドゥルム	condition コン**ディ**ション

よ

日	トルコ	英
ようちえん **幼稚園** youchien	**anaokulu** アナオクル	kindergarten キンダガートン
ようちな **幼稚な** youchina	**çocukça** チョジュックチャ	childish チャイルディシュ
ようちゅう **幼虫** youchuu	**larva, kurtçuk** ラルヴァ, クルトチュック	larva ラーヴァ
ようつう **腰痛** youtsuu	**bel ağrısı, lumbago** ベル アールス, ルンバゴ	lumbago, lower back pain ランベイゴウ, ロウア バク ペイン
ようてん **要点** youten	**ana nokta** アナ ノクタ	main point, gist メイン ポイント, ヂスト
ようと **用途** youto	**kullanım, amaç** クッラヌム, アマッチ	use, purpose ユーズ, パーパス
ようねん **幼年** younen	**(erken) çocukluk** (エルケン) チョジュックルック	early childhood アーリ チャイルドフド
ようび **曜日** youbi	**haftanın günü** ハフタヌン ギュニュ	day of the week デイ オヴ ザ ウィーク
ようふ **養父** youfu	**manevi baba** マーネヴィー パパ	foster father フォスタ ファーザ
ようふく **洋服** youfuku	**giysi, elbise** ギイスィ, エルビセ	clothes, dress クロウズ, ドレス
ようぶん **養分** youbun	**besin** ベスィン	nourishment ナーリシュメント
ようぼ **養母** youbo	**manevi anne** マーネヴィー アンネ	foster mother フォスタ マザ
ようぼう **容貌** youbou	**görünüş** ギョリュニュシ	looks ルクス
ようもう **羊毛** youmou	**yün** ユン	wool ウル
ようやく **ようやく** youyaku	**sonunda, nihayet** ソヌンダ, ニハーイェット	at last アト ラスト
ようやくする **要約する** youyakusuru	**özetlemek** ウゼットレメッキ	summarize サマライズ
ようりょくそ **葉緑素** youryokuso	**klorofil** クロロフィル	chlorophyll クローラフィル

よ

日	トルコ	英
ようれい **用例** yourei	**örnek** ウルネッキ	example イグ**ザ**ンプル
よーぐると **ヨーグルト** yooguruto	**yoğurt** ヨウルト	yogurt **ヨ**ウガト
よーろっぱ **ヨーロッパ** yooroppa	**Avrupa** アヴルパ	Europe **ユ**アロプ
よか **余暇** yoka	**boş vakit** ボシ ヴァキット	leisure **リ**ージャ
よが **ヨガ** yoga	**yoga** ヨガ	yoga **ヨ**ウガ
よかん **予感** yokan	**önsezi, öngörü** ウンセズィ, ウンギョリュ	premonition, fore-sight プリー**マ**ニシャン, **フォー**サイト
～する	**içine doğmak, malum ol-mak** イチネ ドーマック, マール ム オルマック	have a hunch ハヴ ア **ハ**ンチ
よきする **予期する** yokisuru	**beklemek, ummak** ベクレメッキ, ウンマック	anticipate アン**ティ**スィペイト
よきん **預金** yokin	**mevduat** メヴドゥアート	savings, deposit **セ**イヴィングズ, ディ**パ**ズィト
～する	**bankaya para yatırmak** バンカヤ パラ ヤトゥルマック	deposit money in ディ**パ**ズィト **マ**ニ イン
よく **欲** yoku	**istek, arzu** イステッキ, アルズ	desire ディ**ザ**イア
～のない	**tokgözlü** トックギョズリュ	satiated **セ**イシエイティド
反 貪欲な	**açgözlü** アチギョズリュ	greedy グ**リ**ーディ
よく **良く** (うまく) yoku	**iyi** イイ	well **ウェ**ル
(しばしば)	**sık sık** スクスク	often, frequently **オー**フン, フ**リ**ークウェントリ
(十分に)	**iyice, yeterince** イイジェ, イェテリンジェ	fully, sufficiently **フ**リ, サ**フィ**シェントリ
よくあさ **翌朝** yokuasa	**ertesi sabah** エルテスィ サバフ	next morning ネクスト **モー**ニング

日	トルコ	英
_{よくあつする} **抑圧する** yokuatsusuru	**baskı yapmak** バスク ヤプマック	oppress オプレス
_{よくげつ} **翌月** yokugetsu	**gelecek ay** ゲレジェッキ アイ	next month ネクスト マンス
_{よくしつ} **浴室** yokushitsu	**banyo** バンヨ	bathroom バスルム
_{よくじつ} **翌日** yokujitsu	**ertesi gün** エルテスィ ギュン	next day ネクスト デイ
_{よくせいする} **抑制する** yokuseisuru	**kontrol etmek, zapt et-mek** コントロル エトメッキ, ザプテトメッキ	control, restrain コントロウル, リストレイン
_{よくそう} **浴槽** yokusou	**küvet** キュヴェット	bathtub バスタブ
_{よくねん} **翌年** yokunen	**ertesi yıl** エルテスィ ユル	next year ネクスト イヤ
_{よくばりな} **欲張りな** yokubarina	**açgözlü, hırslı** アチギョズリュ, フルスル	greedy グリーディ
_{よくぼう} **欲望** yokubou	**istek, hırs** イステッキ, フルス	desire, ambition ディザイア, アンビション
_{よくよう} **抑揚** yokuyou	**tonlama** トンラマ	intonation イントネイション
_{よけいな} **余計な**（不必要な） yokeina	**gereksiz, lüzumsuz** ゲレッキスィス, リュズムスス	unnecessary アンネスィセリ
（余分な）	**aşırı, ölçüsüz** アシュル, ウルチュスス	excessive, surplus イクセスィヴ, サープラス
_{よける} **避[除]ける** yokeru	**-den kaçınmak, -den sa-kınmak** デン カチュンマック, デン サクンマック	avoid アヴォイド
_{よけんする} **予見する** yokensuru	**öngörmek, tahmin et-mek** ウンギョルメッキ, タフミーン エトメッキ	foresee フォースィー
_{よこ} **横**（側面） yoko	**yan** ヤン	side サイド
（幅）	**genişlik** ゲニシリッキ	width ウィドス
反縦	**uzunluk** ウズンルック	length レングス

よ

日	トルコ	英
よこう **予行** yokou	**prova** プロヴァ	rehearsal リハーサル
よこぎる **横切る** yokogiru	**(karşıdan karşıya) geç-mek** (カルシュダン カルシュヤ) ゲチメッキ	cross, cut across クロース, カト アクロース
よこく **予告** yokoku	**önceden bildirme** ウンジェデン ビルディルメ	advance notice アドヴァンス ノウティス
〜する	**önceden bildirmek, önceden haber vermek** ウンジェデン ビルディルメッキ, ウンジェデン ハベル ヴェルメッキ	announce beforehand アナウンス ビフォーハンド
〜編 (映画の)	**fragman** フラグマン	trailer トレイラ
よごす **汚す** yogosu	**kirletmek, pisletmek** キルレトメッキ, ピスレットメッキ	soil, stain ソイル, ステイン
よこたえる **横たえる** yokotaeru	**yatırmak** ヤトゥルマック	lay down レイ ダウン
(身を)	**uzanmak, yatmak** ウザンマック, ヤトマック	lay oneself down, lie down レイ ダウン, ライ ダウン
よこたわる **横たわる** yokotawaru	**uzanıp yatmak** ウザヌップ ヤトマック	lie down, stretch out ライ ダウン, ストレチ アウト
よこめでみる **横目で見る** yokomedemiru	**yan gözle bakmak** ヤン ギョズレ バクマック	cast a sideways glance キャスト ア サイドウェイズ グランス
よごれ **汚れ** yogore	**kir, kirlilik, pislik** キル, キルリリッキ, ピスリッキ	dirt, stain ダート, ステイン
よごれる **汚れる** yogoreru	**kirlenmek, pislenmek** キルレンメッキ, ピスレンメッキ	(become) dirty (ビカム) ダーティ
よさん **予算** yosan	**bütçe** ビュッチェ	budget バヂェト
よしゅうする **予習する** yoshuusuru	**derse hazırlık yapmak** デルセ ハズルルック ヤプマック	prepare for a lesson プリペア フォア レスン
よしん **余震** yoshin	**artçı sarsıntı, artçı deprem** アルッチュ サルスントゥ, アルッチュ デプレム	aftershock アフタショック

よ

日	トルコ	英
よせる **寄せる** (引き寄せる) yoseru	**-e doğru çekmek** エ ドール チェキメッキ	pull toward, Ⓑdraw towards プル トゥウォード, ドロー トゥウォーズ
(脇へ動かす)	**bir kenara koymak** ビ(ル) ケナラ コイマック	put aside プト アサイド
よせん **予選** yosen	**eleme maçı** エレメ マチュ	preliminary contest プリリミネリ **カ**ンテスト
よそ **余所** yoso	**başka yer** バシ**カ** イェル	another place ア**ナ**ザ プレイス
よそう **予想** yosou	**tahmin** タフミーン	expectation エクスペク**テ**イション
～**する**	**tahmin etmek** タフミーン エトメッキ	expect, anticipate イクス**ペ**クト, アン**ティ**スィ ペイト
よそおう **装う** yosoou	**gibi görünmek, gibi davranmak** ギビ ギョリュンメッキ, ギビ ダヴランマッ ク	pretend プリ**テ**ンド
よそく **予測** yosoku	**tahmin** タフミーン	prediction プリ**ディ**クション
～**する**	**tahmin etmek, öngörmek** タフミーン エトメッキ, **ウ**ンギョルメッキ	forecast **フォ**ーキャスト
よそもの **余所者** yosomono	**yabancı** ヤバンジュ	stranger スト**レ**インヂャ
よそよそしい **よそよそしい** yosoyososhii	**soğuk, mesafeli** ソ**ウ**ック, メサーフェリ	cold, distant **コ**ウルド, **ディ**スタント
よだれ **よだれ** yodare	**salya** サリヤ	slaver, drool ス**ラ**ヴァ, ド**ル**ール
よち **余地** yochi	**yer** イェル	room, space **ル**ーム, ス**ペ**イス
よつかど **四つ角** yotsukado	**kavşak** カヴシャック	crossroads, Ⓑcrossing ク**ロ**ースロウヅ, ク**ロ**ースィ ング
よっきゅう **欲求** yokkyuu	**istek** イス**テ**ッキ	desire ディ**ザ**イア
よっぱらい **酔っ払い** yopparai	**sarhoş** サル**ホ**シ	drunk ド**ラ**ンク

よ

日	トルコ	英
よっぱらう **酔っ払う** yopparau	**sarhoş olmak** サルホシ オルマック	get drunk ゲト ドランク
よてい **予定** （個々の） yotei	**plan** ピラン	plan プラン
（全体的な）	**program, takvim** プログラム, タクヴィム	schedule スケデュル
よとう **与党** yotou	**iktidar partisi** イクティダール パルティスィ	party in power パーティ イン パウア
反 野党	**muhalefet partisi** ムハーレフェット パルティスィ	opposition party アポズィション パーティ
よどんだ **淀んだ** yodonda	**akmaz, durgun** アクマス, ドゥルグン	(be) stagnant (ビ) スタグナント
よなかに **夜中に** yonakani	**gece yarısı** ゲジェ ヤルス	at midnight アト ミドナイト
よのなか **世の中** yononaka	**dünya** デュンヤー	world, society ワールド, ソサイエティ
よはく **余白** yohaku	**sayfa kenar boşlukları** サイファ ケナル ボシルックラル	page margins ペイヂ マーヂンズ
よび **予備** yobi	**yedek, ihtiyat** イェデッキ, イフティヤート	reserve, spare リザーヴ, スペア
〜の	**yedek** イェデッキ	reserve, spare リザーヴ, スペア
よびかける **呼び掛ける** yobikakeru	**çağırmak, seslenmek** チャウルマック, セスレンメッキ	call out, address コール アウト, アドレス
よびりん **呼び鈴** yobirin	**zil** ズィル	ring, bell リング, ベル
よぶ **呼ぶ** （招く） yobu	**davet etmek** ダーヴェット エトメッキ	invite インヴァイト
（称する）	**diyen, adlı** ディイェン, アドル	call, name コール, ネイム
（声で呼ぶ）	**çağırmak** チャウルマック	call コール
よぶんな **余分な** yobunna	**fazla** ファズラ	extra, surplus エクストラ, サープラス
よほう **予報** yohou	**tahmin, tahmin raporu** タフミーン, タフミーン ラポル	forecast フォーキャスト

よ

日	トルコ	英
よぼう 予防 yobou	**önlem, tedbir** ウンレム, テドビル	prevention プリヴェンション
～する	**önlemek** ウンレメッキ	prevent from プリヴェント フラム
～注射	**aşı** アシュ	preventive injection プリヴェンティヴ インヂェクション
よみがえる よみがえる yomigaeru	**canlanmak, hayata dönmek** ジャンランマック, ハヤータ ドゥンメッキ	revive リヴァイヴ
よむ 読む yomu	**okumak** オクマック	read リード
よめ 嫁 yome	**karı, eş** カル, エシ	wife ワイフ
（新婦）	**gelin** ゲリン	bride ブライド
（息子の妻）	**gelin** ゲリン	daughter-in-law ドータリンロー
よやく 予約 yoyaku	**rezervasyon, yer ayırtma** レゼルヴァスィオン, イェル アユルトマ	reservation, Ⓑbooking レザヴェイション, ブキング
～する	**yer ayırtmak, rezervasyon yapmak** イェル アユルトマック, レゼルヴァスィオン ヤプマック	reserve, Ⓑbook リザーヴ, ブク
よゆう 余裕　（空間の） yoyuu	**(boş) yer** （ボシ）イェル	room, space ルーム, スペイス
（時間の）	**(boş) zaman** （ボシ）ザマーン	time to spare タイム トゥ スペア
よりかかる 寄りかかる yorikakaru	**-e dayanmak, -e yaslanmak** エ ダヤンマック, エ ヤスランマック	lean against リーン アゲンスト
よりそう 寄り添う yorisou	**yanında olmak** ヤヌンダ オルマック	draw close ドロー クロウス
よる 因[依]る （原因となる） yoru	**-den dolayı, yüzünden** デン ドラユ, ユズュンデン	(be) due to （ビ）デュー トゥ
（依拠する）	**-e dayanmak** エ ダヤンマック	(be) based on （ビ）ベイスト オン

よ

日	トルコ	英
よる **寄る** （接近する） yoru	**yaklaşmak, yakına gelmek** ヤクラシマック, ヤクナ ゲルメッキ	approach アプロウチ
（立ち寄る）	**-e uğramak** エ ウーラマック	call at, call on コール アト, コール オン
（脇へ動く）	**kenara çekilmek** ケナラ チェキルメッキ	step aside ステプ アサイド
よる **夜** yoru	**gece** ゲジェ	night ナイト
よるだん **ヨルダン** yorudan	**Ürdün** ユルデュン	Jordan チョーダン
よろい **鎧** yoroi	**zırh** ズルフ	armor, ⒝armour アーマ, アーマ
よろこばす **喜ばす** yorokobasu	**memnun etmek, mutlu etmek** メムヌン エトメッキ, ムトル エトメッキ	please, delight プリーズ, ディライト
よろこび **喜び** yorokobi	**sevinç, mutluluk, zevk** セヴィンチ, ムトルルック, ゼヴク	joy, delight チョイ, ディライト
よろこぶ **喜ぶ** yorokobu	**-e sevinmek, sevinç duymak** エ セヴィンメッキ, セヴィンチ ドゥイマック	(be) glad, (be) pleased (ビ) グラド, (ビ) プリーズド
よろめく **よろめく** yoromeku	**sendelemek** センデレメッキ	stagger スタガ
よろん **世論** yoron	**kamuoyu** カムオユ	public opinion パブリク オピニオン
よわい **弱い** yowai	**zayıf, güçsüz** ザユフ, ギュチスュス	weak ウィーク
（気が）	**korkak, ürkek** コルカック, ユルケッキ	timid ティミド
（光などが）	**zayıf** ザユフ	feeble, faint フィーブル, フェイント
よわさ **弱さ** yowasa	**zayıflık, güçsüzlük** ザユフルック, ギュチスュズルック	weakness ウィークネス
よわび **弱火** yowabi	**kısık ateş** クスック アテシ	low flame ロウ フレイム
⒜ **強火**	**yüksek ateş** ユクセッキ アテシ	high flame ハイ フレイム

よ

日	トルコ	英
よわまる **弱まる** yowamaru	**zayıflamak, güçsüzleş-mek** ザユフラ**マ**ック, ギュチス**ズレシ**メッキ	weaken **ウィー**クン
よわみ **弱み** yowami	**zayıf nokta, zayıf yön** ザ**ユ**フ ノク**タ**, ザ**ユ**フ **ヨ**ン	weak point **ウィー**ク **ポ**イント
よわむし **弱虫** yowamushi	**korkak, ödlek** コル**カ**ック, ウド**レ**ッキ	coward **カ**ウアド
よわる **弱る** yowaru	**zayıflamak, güçsüzleş-mek** ザユフラ**マ**ック, ギュチス**ズレシ**メッキ	grow weak グロウ **ウィー**ク
(困る)	**sıkılmak, sıkıntılı olmak** スクル**マ**ック, スクン**トゥ**ル オル**マ**ック	(be) worried (ビ) **ワー**リド
よん **四** yon	**dört** **ドゥ**ルト	four **フォー**
よんじゅう **四十** yonjuu	**kırk** ク**ル**ク	forty **フォー**ティ

よ

日	トルコ	英

ら, ラ

らいう
雷雨
raiu
gök gürültülü yağmur
ギョク ギュルルテュリュ ヤームル
thunderstorm
サンダストーム

らいおん
ライオン
raion
aslan
アスラン
lion
ライオン

らいげつ
来月
raigetsu
gelecek ay, önümüzdeki ay
ゲレジェッキ アイ, ウニュミュズデキ アイ
next month
ネクスト マンス

らいしゅう
来週
raishuu
gelecek hafta, önümüzdeki hafta
ゲレジェッキ ハフタ, ウニュミュズデキ ハフタ
next week
ネクスト ウィーク

らいせ
来世
raise
öbür dünya, ahiret
ウビュル デュンヤー, アーヒレット
afterlife, next life
アフタライフ, ネクスト ライフ

らいたー
ライター
raitaa
çakmak
チャクマック
lighter
ライタ

らいと
ライト
raito
ışık, lamba
ウシュック, ランバ
light
ライト

らいにちする
来日する
rainichisuru
Japonya'ya gelmek
ジャポンヤヤ ゲルメッキ
visit Japan
ヴィズィト ヂャパン

らいねん
来年
rainen
gelecek yıl, gelecek sene, önümüzdeki yıl, önümüzdeki sene
ゲレジェッキ ユル, ゲレジェッキ セネ, ウニュミュズデキ ユル, ウニュミュズデキ セネ
next year
ネクスト イア

らいばる
ライバル
raibaru
rakip
ラキープ
rival
ライヴァル

らいひん
来賓
raihin
konuk, misafir
コヌック, ミサーフィル
guest
ゲスト

らいふすたいる
ライフスタイル
raifusutairu
yaşam tarzı, yaşam stili
ヤシャム タルズ, ヤシャム スティリ
lifestyle
ライフスタイル

らいふる
ライフル
raifuru
tüfek
テュフェッキ
rifle
ライフル

らいめい
雷鳴
raimei
gök gürültüsü, gök gürlemesi
ギョク ギュルルテュスュ, ギョク ギュルレメスィ
thunder
サンダ

ら

日	トルコ	英
らいらっく **ライラック** rairakku	**leylak** レイラック	lilac **ライラク**
らおす **ラオス** raosu	**Laos** ラオス	Laos **ラウス**
らくえん **楽園** rakuen	**cennet** ジェンネット	paradise **パラダイス**
らくがき **落書き** rakugaki	**duvar yazısı** ドゥ**ヴァ**ル ヤ**ズ**ス	scribble, graffiti ス**ク**リブル, グラ**フィ**ーティ
らくさつする **落札する** rakusatsusuru	**ihale kazanmak** イハー**レ** カ**ザ**ンマック	make a successful bid **メ**イク ア サク**セ**スフル **ビ**ド
らくせんする **落選する** rakusensuru	**seçim kaybetmek** セ**チ**ム **カ**イベトメッキ	(be) defeated in (ビ) ディ**フィ**ーティド イン
反 **当選する**	**seçim kazanmak** セ**チ**ム カ**ザ**ンマック	(be) elected (ビ) イ**レ**クティド
らくだ **駱駝** rakuda	**deve** デ**ヴェ**	camel **キャ**メル
らくだいする **落第する** rakudaisuru	**sınıfta kalmak** ス**ヌ**フ**タ** カル**マ**ック	fail **フェ**イル
反 **進級する**	**sınıf geçmek** ス**ヌ**フ ゲチ**メ**ッキ	move on to the next grade **ムー**ヴ オン トゥ ザ **ネ**クスト グ**レ**イド
らくてんてきな **楽天的な** rakutentekina	**iyimser** イイム**セ**ル	optimistic アプティ**ミ**スティク
らくな **楽な** rakuna	**rahat, konforlu** ラ**ハ**ット, コンフォル**ル**	comfortable **カ**ンフォタブル
（容易な）	**kolay, basit** コ**ラ**イ, バ**ス**ィット	easy **イ**ーズィ
らくのう **酪農** rakunou	**süt çiftliği** ス**ュ**ット チフトリ**イ**	dairy (farm) **デ**アリ (**ファ**ーム)
～家	**süt çiftçisi** ス**ュ**ット チフチ**ス**ィ	dairy farmer **デ**アリ **ファ**ーマ
らぐびー **ラグビー** ragubii	**ragbi** ラグビ	rugby **ラ**グビ
らくようじゅ **落葉樹** rakuyouju	**yaprak döken ağaçlar** ヤプ**ラ**ック ドゥ**ケ**ン アア**チ**ラル	deciduous tree ディ**ス**ィデュアス ト**リ**ー

5

日	トルコ	英
图 常緑樹	**yaprak dökmeyen ağaç-lar** ヤプラック **ドゥ**クメイェン アアチ**ラ**ル	evergreen (tree) エヴァグリーン (トリー)
らくらい 落雷 rakurai	**yıldırım çarpması, yıldı-rım düşmesi** ユルドゥルム チャルプマ**ス**, ユルドゥルム デュシメ**スィ**	thunderbolt サンダボウルト
らけっと ラケット raketto	**raket** ラ**ケ**ット	racket ラケト
らじうむ ラジウム rajiumu	**radyum** **ラ**ディウム	radium レイディアム
らじえーたー ラジエーター rajieetaa	**radyatör** ラディヤ**トゥ**ル	radiator レイディエイタ
らじお ラジオ rajio	**radyo** **ラ**ディオ	radio レイディオウ
らじこん ラジコン rajikon	**radyo kontrolü** **ラ**ディオ コントロ**リュ**	radio control レイディオウ コント**ロ**ウル
らずべりー ラズベリー razuberii	**ahududu** アフ**ドゥドゥ**	raspberry ラズベリ
らせん 螺旋 rasen	**sarmal, spiral** サル**マ**ル, スピ**ラ**ル	spiral スパイアラル
らちする 拉致する rachisuru	**kaçırmak** カチュル**マ**ック	kidnap, abduct **キ**ドナプ, アブ**ダ**クト
らっかー ラッカー rakkaa	**lake, vernik** **ラ**ケ, ヴェル**ニ**ック	lacquer **ラ**カ
らっかする 落下する rakkasuru	**düşmek** デュシ**メ**ック	drop, fall **ド**ラプ, **フォ**ール
らっかんする 楽観する rakkansuru	**iyimser olmak** イイム**セ**ル オル**マ**ック	(be) optimistic about (ビ) アプティ**ミ**スティク ア**パ**ウト
らっかんてきな 楽観的な rakkantekina	**iyimser** イイム**セ**ル	optimistic アプティ**ミ**スティク
图 悲観的な	**karamsar, kötümser** カラム**サ**ル, キョテュム**セ**ル	pessimistic ペスィ**ミ**スティク
らっきーな ラッキーな rakkiina	**şanslı** シャンス**ル**	lucky **ラ**キ

5

日	トルコ	英
らっこ **ラッコ** rakko	**deniz samuru** デニス サムル	sea otter スィー アタ
らっしゅあわー **ラッシュアワー** rasshuawaa	**işe gidiş-geliş saatleri** イシェ ギディシ ゲリシ サアトレリ	rush hour ラッシュ アワア
らっぷ **ラップ** （音楽の） rappu	**rap müzik** ラプ ミュズィキ	rap music ラプ ミューズィク
（食品用の）	**streç film** ストレッチ フィルム	wrap, Ⓑclingfilm ラプ, クリングフィルム
らでぃっしゅ **ラディッシュ** radisshu	**turp** トゥルプ	radish ラディシュ
らてんご **ラテン語** ratengo	**Latince** ラティンジェ	Latin ラティン
らてんの **ラテンの** ratenno	**Latin** ラティン	Latin ラティン
らぶれたー **ラブレター** raburetaa	**aşk mektubu** アシク メクトゥブ	love letter ラヴ レタ
らべる **ラベル** raberu	**etiket** エティケット	label レイベル
らべんだー **ラベンダー** rabendaa	**lavanta** ラヴァンタ	lavender ラヴェンダ
らむ **ラム** （ラム酒） ramu	**rom** ロム	rum ラム
（子羊の肉）	**kuzu** クズ	lamb ラム
らん **蘭** ran	**orkide** オルキデ	orchid オーキド
らんおう **卵黄** ran-ou	**yumurta sarısı** ユムルタ サルス	yolk ヨウク
らんく **ランク** ranku	**rütbe, mevkî, makam** リュトベ, メヴキー, マカム	rank ランク
らんざつな **乱雑な** ranzatsuna	**düzensiz, darmadağınık** デュゼンスィス, ダルマダウヌック	disorderly ディスオーダリ
らんし **乱視** ranshi	**astigmat** アスティグマット	astigmatism, distorted vision アスティグマティズム, ディストーティド ヴィジョン

ら

日	トルコ	英
らんそう **卵巣** ransou	**yumurtalık** ユムルタルック	ovary **オ**ウヴァリ
らんとう **乱闘** rantou	**çatışma, arbede** チャトゥシ**マ**, アル**ベ**デ	fray, brawl フレイ, ブロール
らんなー **ランナー** rannaa	**koşucu** コシュジュ	runner **ラ**ナ
らんにんぐ **ランニング** ranningu	**koşu** コ**シュ**	running **ラ**ニング
らんぱく **卵白** ranpaku	**yumurta beyazı, yumur- ta akı** ユムル**タ** ベヤズ, ユムル**タ** ア**ク**	egg white, albu- men **エ**グ (ホ)**ワ**イト, アルビュー メン
らんぷ **ランプ** ranpu	**lamba** **ラ**ンパ	lamp **ラ**ンプ
らんぼうな **乱暴な** ranbouna	**şiddetli** シッデット**リ**	violent, rough **ヴァ**イオレント, **ラ**フ
らんようする **乱用する** ran-yousuru	**suistimal etmek, kötüye kullanmak** ス**イ**スティマール エト**メ**ッキ, キョテュ **イェ** クッラン**マ**ック	misuse, abuse ミス**ユ**ーズ, ア**ビュ**ーズ

り

り, リ

りあるな **リアルな** riaruna	**gerçek** ゲル**チェ**ッキ	real **リ**ーアル
りーぐ **リーグ** riigu	**lig** **リ**ッキ	league **リ**ーグ
～戦	**lig maçı** **リ**ッキ マ**チュ**	league series **リ**ーグ ス**ィ**リーズ
りーだー **リーダー** riidaa	**önder, lider** ウン**デ**ル, リ**デ**ル	leader **リ**ーダ
～シップ	**liderlik, önderlik** リデル**リ**ッキ, ウンデル**リ**ッキ	leadership **リ**ーダシプ
りーどする **リードする** riidosuru	**öncülük etmek** ウンジュ**リュ**ッキ エト**メ**ッキ	lead **リ**ード

日	トルコ	英
りえき **利益** rieki	**kâr, kazanç** キャール, カザンチ	profit, return プラフィト, リターン
りか **理科** rika	**fen** フェン	science サイエンス
りかい **理解** rikai	**anlama, kavrama** アンラマ, カヴラマ	comprehension カンプリヘンション
〜する	**anlamak, kavramak** アンラマック, カヴラマック	understand アンダスタンド
りきせつする **力説する** rikisetsusuru	**vurgulamak** ヴルグラマック	emphasize エンファサイズ
りきゅーる **リキュール** rikyuuru	**likör** リキョル	liqueur リカー
りきりょう **力量** rikiryou	**yetenek, kabiliyet** イェテネッキ, カービリイェット	ability アビリティ
りく **陸** riku	**kara** カラ	land ランド
りくえすと **リクエスト** rikuesuto	**talep, rica** タレップ, リジャー	request リクウェスト
りくぐん **陸軍** rikugun	**kara kuvvetleri** カラ クッヴェットレリ	army アーミ
りくじょうきょうぎ **陸上競技** rikujoukyougi	**atletizm** アトレティズム	athletics アスレティクス
りくつ **理屈** rikutsu	**mantık** マントゥック	reason, logic リーズン, ラヂク
りくらいにんぐしーと **リクライニングシート** rikuraininngushiito	**arkaya yatan koltuk** アルカヤ ヤタン コルトゥック	reclining seat リクライニング スィート
りこうな **利口な** rikouna	**akıllı, zeki** アクルル, ゼキー	clever, bright クレヴァ, ブライト
りこーる **リコール** （欠陥商品の回収） rikooru	**geri çağırma** ゲリ チャウルマ	recall リコール
（解職）	**azletme** アズレトメ	recall リコール
りこしゅぎ **利己主義** rikoshugi	**bencillik, egoizm** ベンジルリッキ, エゴイズム	egoism イーゴウイズム

り

日	トルコ	英
りこてきな **利己的な** rikotekina	**bencil, egoist** ベンジル, エゴイスト	egoistic イーゴウ**イ**スティク
りこん **離婚** rikon	**boşanma** ボシャンマ	divorce ディ**ヴォ**ース
りさいくる **リサイクル** risaikuru	**geri dönüşüm** ゲリ ドゥニュ**シュ**ム	recycling リ**サ**イクリング
りさいたる **リサイタル** risaitaru	**resital** レスィ**タ**ル	recital リ**サ**イトル
りざや **利鞘** rizaya	**kâr marjı** **キャ**ール マル**ジュ**	profit margin, margin プラフィト **マ**ーヂン, **マ**ーヂン
りさんする **離散する** risansuru	**dağılmak, dağınık olmak** ダウル**マッ**ク, ダウ**ヌッ**ク オル**マッ**ク	(be) scattered (ビ) ス**キャ**タド
りし **利子** rishi	**faiz** ファー**イ**ズ	interest **イ**ンタレスト
りじゅん **利潤** rijun	**kâr, kazanç** **キャ**ール, カ**ザ**ンチ	profit, gain プラフィト, **ゲ**イン
りす **栗鼠** risu	**sincap** スィン**ジャ**ップ	squirrel ス**ク**ワーレル
りすく **リスク** risuku	**risk, tehlike** リ**ス**キ, テフリ**ケ**	risk **リ**スク
りすと **リスト** risuto	**liste** リス**テ**	list **リ**スト
りずむ **リズム** rizumu	**ritim, dizem** リ**ティ**ム, ディ**ゼ**ム	rhythm **リ**ズム
りせい **理性** risei	**mantık, aklıselim** マン**トゥッ**ク, **ア**クルセリーム	reason, sense **リ**ーズン, **セ**ンス
〜的な	**mantıklı, rasyonel** マントゥック**ル**, ラスィオ**ネ**ル	rational **ラ**ショナル
りそう **理想** risou	**ideal, ülkü** イデ**ア**ル, ユル**キュ**	ideal アイ**ディ**ーアル
〜主義	**idealizm** イデ**ア**リズム	idealism アイ**ディ**ーアリズム
〜的な	**ideal** イデ**ア**ル	ideal アイ**ディ**ーアル

り

日	トルコ	英
りそく **利息** risoku	**faiz** ファーイズ	interest インタレスト
りちうむ **リチウム** richiumu	**lityum** リティウム	lithium リスィアム
りちてきな **理知的な** richitekina	**zihinsel, entelektüel** ズィヒンセル, エンテレクテュエル	intellectual インテレクチュアル
りつ **率** （割合） ritsu	**oran, nispet** オラン, ニスペット	rate レイト
（百分率）	**yüzde, yüzde oranı** ユズデ, ユズデ オラヌ	percentage パセンティヂ
りっきょう **陸橋** rikkyou	**üst geçit, üst yol** ユスト ゲチット, ユスト ヨル	overpass オウヴァパス
りっこうほしゃ **立候補者** rikkouhosha	**aday** アダイ	candidate キャンディデイト
りっこうほする **立候補する** rikkouhosuru	**aday olmak** アダイ オルマック	run for office ラン フォ オーフィス
りっしょうする **立証する** risshousuru	**kanıtlamak, ispat etmek** カヌトラマック, イスパート エトメッキ	prove プルーヴ
りったい **立体** rittai	**küp** キュップ	solid サリド
～交差	**üst geçit, çok düzeyli kavşak** ユスト ゲチット, チョック デュゼイリ カヴシャック	overpass, multi-level crossing オウヴァパス
～的な	**üç boyutlu** ユチ ボユットル	three-dimensional スリーディメンショナル
りっとる **リットル** rittoru	**litre** リトレ	liter, ⒷＬitre リータ, リータ
りっぱな **立派な** rippana	**mükemmel, şahane** ミュケンメル, シャーハーネ	excellent, splendid エクセレント, スプレンディド
りっぷくりーむ **リップクリーム** rippukuriimu	**dudak kremi** ドゥダック クレミ	lip cream リプ クリーム
りっぽう **立方** rippou	**küp** キュップ	cube キューブ
～センチ	**santimetre küp** サンティメトレ キュプ	cubic centimeter キュービク センティミータ

り

日	トルコ	英
～体	**kübik** キュビッキ	cube **キューブ**
～メートル	**metre küp** メトレ キュップ	cubic meter **キュービク ミータ**
りっぽう 立法 rippou	**yasama** ヤサ**マ**	legislation レヂス**レ**イション
～権	**yasama yetkisi** ヤサ**マ** イェトキ**ス**ィ	legislative power レヂス**レ**イティヴ **パ**ウア
りてん 利点 riten	**avantaj** アヴァン**タ**ージ	advantage アド**ヴァ**ンティヂ
りとう 離島 ritou	**uzak ada, ıssız ada** ウ**ザ**ック ア**ダ**, ウッ**ス**ス ア**ダ**	isolated island **ア**イソレイティド **ア**イランド
りとぐらふ リトグラフ ritogurafu	**litografya** リト**グ**ラフィヤ	lithograph **リ**ソグラフ
りにゅうしょく 離乳食 rinyuushoku	**bebek maması** ベ**ベ**ッキ ママ**ス**	baby food **ベ**イビ **フ**ード
りねん 理念 rinen	**temel düşünce, prensip** テ**メ**ル デュ**シュ**ンジェ, プレン**ス**ィップ	philosophy, principles フィ**ラ**ソフィ, プ**リ**ンスィプルズ
りはーさる リハーサル rihaasaru	**prova** プ**ロ**ヴァ	rehearsal リ**ハ**ーサル
りはつ 理髪 rihatsu	**saç kesimi, saç traşı** **サ**チ ケ**ス**ィミ, **サ**チ ト**ラ**シュ	haircut **ヘ**アカト
～店	**berber** ベル**ベ**ル	barbershop, Ⓑ barber **バ**ーバシャプ, **バ**ーバ
りはびり リハビリ rihabiri	**rehabilitasyon, iyileştirme** レハビリタス**ィオ**ン, イイレシティル**メ**	rehabilitation リハビリ**テ**イション
りはんする 離反する rihansuru	**-den uzaklaşmak, -den ayrılmak** デン ウザック**ラ**シ**マ**ック, デン アイ**ル**ル**マ**ック	(be) estranged from (ビ) イスト**レ**インヂド フ**ラ**ム
りひてんしゅたいん リヒテンシュタイン rihitenshutain	**Lihtenştayn** リヒテンシュ**タ**イン	Liechtenstein **リ**クテンスタイン
りふじんな 理不尽な rifujinna	**mantıksız** マント**ゥ**ック**ス**ス	unreasonable アン**リ**ーズナブル

日	トルコ	英
りふと **リフト** （スキーの） rifuto	**telesiyej** テレスィエージ	chair lift **チェア** リフト
りべーと **リベート** ribeeto	**iade** イアーデ	rebate **リ**ーペイト
りべつする **離別する** ribetsusuru	**ayrılmak** アイルル**マック**	separate **セ**パレイト
りべらるな **リベラルな** riberaruna	**liberal** リベラル	liberal **リ**ベラル
りぽーと **リポート** ripooto	**rapor, haber** ラポル, ハベル	report リ**ポ**ート
りぼん **リボン** ribon	**şerit, kurdele** シェリット, クル**デ**レ	ribbon **リ**ボン
りむじん **リムジン** rimujin	**limuzin** リム**ズィ**ン	limousine **リ**ムズィーン
りもこん **リモコン** rimokon	**uzaktan kumanda** ウザック**タ**ン ク**マ**ンダ	remote control リ**モ**ウト コント**ロ**ウル
りゃくご **略語** ryakugo	**kısaltma** クサルトゥ**マ**	abbreviation アブリヴィ**エ**イション
りゃくしきの **略式の** （非公式） ryakushikino	**resmî olmayan, gayri resmî** レス**ミ**ー オル**マ**ヤン, **ガ**イリ レス**ミ**ー	informal イン**フォ**ーマル
りゃくす （簡単にする） **略す** ryakusu	**kısaltmak** クサルトゥ**マック**	abridge, abbreviate アブ**リ**ヂ, アブ**リ**ーヴィエイト
（省く）	**atlamak** アトラ**マック**	omit オウ**ミ**ト
りゃくだつする **略奪する** ryakudatsusuru	**yağmalamak** ヤーマラ**マック**	plunder, pillage プ**ラ**ンダ, **ピ**リヂ
りゆう **理由** riyuu	**neden, sebep** ネ**デ**ン, セ**ベ**ップ	reason, cause **リ**ーズン, **コ**ーズ
りゅういき **流域** ryuuiki	**havza** ハヴ**ザ**	valley, basin **ヴァ**リ, **ベ**イスン
りゅういする **留意する** ryuuisuru	**-e dikkat etmek** エ ディッ**カ**ット エト**メ**ッキ	pay attention to **ペ**イ ア**テ**ンション トゥ
りゅうがく **留学** ryuugaku	**yurt dışında okuma** ユルト ドゥシュン**ダ** オク**マ**	studying abroad ス**タ**ディング アプ**ロ**ード

り

日	トルコ	英
〜生	**yabancı öğrenci** ヤバンジュ ウーレンジ	foreign student **フォ**リン ス**テュー**デント
りゅうこう 流行 ryuukou	**moda** モダ	fashion, vogue **ファ**ション, **ヴォ**ゥグ
（病気や思想などの）	**yaygınlık** ヤイグンルック	prevalence プレ**ヴァ**レンス
〜する	**moda olmak** モダ オル**マ**ック	(be) in fashion （ビ）イン **ファ**ション
（病気が）	**yaygınlaşmak** ヤイグンラシ**マ**ック	(be) widespread （ビ）**ワ**イドスプレド
りゅうざん 流産 ryuuzan	**çocuk düşürme, düşük** チョジュック デュシュル**メ**, デュ**シュ**ック	miscarriage ミス**キャ**リヂ
りゅうし 粒子 ryuushi	**zerre, molekül** ゼッレ, モレ**キュ**ル	particle **パー**ティクル
りゅうしゅつする 流出する ryuushutsusuru	**dışarı akmak** ドゥシャル ア**ク**マック	flow out フロウ **ア**ウト
りゅうせい 隆盛 ryuusei	**refah** レ**ファー**フ	prosperity プラス**ペ**リティ
りゅうせんけいの 流線型の ryuusenkeino	**aerodinamik** アエロディナ**ミ**ッキ	streamlined スト**リー**ムラインド
りゅうちょうに 流暢に ryuuchouni	**akıcı (şekilde)** アクジュ（シェキル**デ**）	fluently フル**エ**ントリ
りゅうつう 流通 ryuutsuu	**dolaşım** ドラ**シュ**ム	distribution ディストリ**ビュー**ション
〜する	**dolaşmak** ドラシ**マ**ック	circulate **サー**キュレイト
りゅうどうてきな 流動的な ryuudoutekina	**akıcı, akışkan** アク**ジュ**, アク**シ**カン	fluid フ**ルー**イド
りゅうにゅうする 流入する ryuunyuusuru	**içeri akmak** イチェリ ア**ク**マック	flow in フロウ **イ**ン
りゅうねんする 留年する ryuunensuru	**sınıfta kalmak** スヌフタ カル**マ**ック	repeat the same grade level リ**ピー**ト ザ **セ**イム グ**レ**イド レ**ヴェ**ル
りゅうは 流派 ryuuha	**okul** オ**ク**ル	school ス**クー**ル

り

日	トルコ	英
りゅっくさっく **リュックサック** ryukkusakku	**sırt çantası** スルト チャンタス	backpack, ruck-sack バクパク, ラクサク
りょう **漁** ryou	**balık avı, balık tutma** バルック アヴ, バルック トゥトマ	fishing フィシング
りょう **寮** ryou	**yurt, öğrenci yurdu** ユルト, ウーレンジ ユルドゥ	dormitory, ⑧hall of residence ドーミトーリ, ホール オヴ レズィデンス
りょう **猟** ryou	**avcılık** アヴジュルック	hunting, shooting ハンティング, シューティング
りょう **量** ryou	**nicelik, miktar** ニジェリッキ, ミクタール	quantity クワンティティ
りよう **利用** riyou	**kullanım, kullanış** クッラヌム, クッラヌシ	usage ユースィヂ
りょうがえ **両替** ryougae	**döviz** ドゥヴィス	exchange イクスチェインヂ
〜する	**para bozdurmak, para değiştirmek** パラ ボズドゥルマック, パラ デイシティリ メッキ	change, exchange into チェインヂ, イクスチェインヂ イントゥ
りょうがわに **両側に** ryougawani	**(her) iki tarafta, (her) iki yanda** (ヘル) イキ タラフタ, (ヘル) イキ ヤンダ	on both sides オン ボウス サイヅ
りょうきん **料金** ryoukin	**ücret** ユジュレット	charge, fee チャーヂ, フィー
りょうくう **領空** ryoukuu	**hava sahası** ハワ サーハス	(territorial) air-space (テリトーリアル) エアスペイス
りょうし **漁師** ryoushi	**balıkçı** バルックチュ	fisherman フィシャマン
りょうし **猟師** ryoushi	**avcı** アヴジュ	hunter ハンタ
りょうじ **領事** ryouji	**konsolos** コンソロス	consul カンスル
〜館	**konsolosluk** コンソロスルック	consulate カンスレト
りようし **理容師** riyoushi	**berber** ベルベル	barber バーバ

り

日	トルコ	英
りょうしき 良識 ryoushiki	**sağduyu** サードゥユ	good sense グド センス
りょうじゅう 猟銃 ryoujuu	**av tüfeği** アヴ テュフェイ	hunting gun ハンティング ガン
りょうしゅうしょう 領収証 ryoushuushou	**fiş, makbuz** フィシ, マクブス	receipt リスィート
りょうしょうする 了承する ryoushousuru	**razı olmak, muvafakat etmek** ラーズ オルマック, ムヴァーファカット エトメッキ	consent コンセント
りょうしん 両親 ryoushin	**ebeveyn, anne baba** エベヴェイン, アンネ ババ	parents ペアレンツ
りょうしん 良心 ryoushin	**vicdan** ヴィジダーン	conscience カンシェンス
りようする 利用する riyousuru	**kullanmak, yararlanmak, faydalanmak** クッランマック, ヤラルランマック, ファイダランマック	use, utilize ユーズ, ユーティライズ
りょうせいの 良性の ryouseino	**iyicil, iyi huylu, tehlikesiz** イイジル, イイ フイル, テフリケスィス	benign ビナイン
りょうせいるい 両生類 ryouseirui	**amfibi** アンフィビ	amphibian アンフィビアン
りょうて 両手 ryoute	**iki el** イキ エル	both hands ボウス ハンツ
りょうど 領土 ryoudo	**toprak** トプラック	territory テリトーリ
りょうはんてん 量販店 ryouhanten	**büyük mağazacılık** ビュユック マアザジュルック	volume retailer ヴァリュム リーテイラ
りょうほう 両方 ryouhou	**her ikisi** ヘル イキスィ	both ボウス
りょうめん 両面 ryoumen	**(her) iki taraf** (ヘル) イキ タラフ	both sides, two sides ボウス サイツ, トゥー サイツ
りょうようする 療養する ryouyousuru	**iyileşmek, sağlığına yeniden kavuşmak** イイレシメッキ, サールウナ イェニデン カヴシマック	recuperate リキューパレイト
りょうり 料理 ryouri	**yemek** イェメッキ	cooking クキング

り

日	トルコ	英
〜する	**yemek pişirmek, yemek hazırlamak** イェメッキ ピシルメッキ, イェメッキ ハズ ルラマック	cook クク
りょうりつする 両立する ryouritsusuru	**ile uyumlu** イレ ウユムル	(be) compatible with (ビ) コンパティブル ウィズ
りょかく 旅客 ryokaku	**yolcu** ヨルジュ	passenger パセンヂャ
〜機	**yolcu uçağı** ヨルジュ ウチャウ	passenger plane パセンヂャ プレイン
りょくちゃ 緑茶 ryokucha	**yeşil çay** イェシル チャイ	green tea グリーン ティー
りょけん 旅券 ryoken	**pasaport** パサポルト	passport パスポート
りょこう 旅行 ryokou	**seyahat, yolculuk** セヤハット, ヨルジュルック	travel, trip トラヴェル, トリプ
〜する	**seyahat etmek, yolculuk etmek** セヤハット エトメッキ, ヨルジュルック エ トメッキ	travel トラヴェル
〜代理店	**seyahat acentesi** セヤハット アジェンテスィ	travel agency トラヴェル エイヂェンスィ
りょひ 旅費 ryohi	**seyahat masrafları** セヤハット マスラフラル	travel expenses トラヴェル イクスペンセズ
りらっくすする リラックスする rirakkususuru	**dinlenmek, rahatlamak** ディンレンメッキ, ラハットラマック	relax リラクス
りりくする 離陸する ririkusuru	**kalkmak, havalanmak** カルクマック, ハヴァランマック	take off テイク オーフ
りりつ 利率 riritsu	**faiz oranı** ファーイズ オラヌ	interest rate インタレスト レイト
りれー リレー riree	**bayrak koşusu, bayrak yarışı** バイラック コシュス, バイラック ヤルシュ	relay リーレイ
りれきしょ 履歴書 rirekisho	**öz geçmiş** ウズ ゲチミシ	curriculum vitae, CV カリキュラム ヴィータイ, スィーヴィー
りろん 理論 riron	**kuram, teori** クラム, テオリ	theory スィオリ

り

日	トルコ	英
〜的な	**kuramsal, teorik** クラム**サ**ル, テオ**リ**ッキ	theoretical スィオ**レ**ティカル
反 応用的な	**uygulamalı** ウイグラ**マ**ル	applied, practical アプ**ラ**イド, プ**ラ**クティカル
りんかく 輪郭 rinkaku	**silüet** スィリュ**エ**ット	outline **ア**ウトライン
りんぎょう 林業 ringyou	**ormancılık** オルマンジュ**ル**ック	forestry **フォ**レストリ
りんく リンク rinku	**bağlantı** バーラン**トゥ**	link **リ**ンク
りんご 林檎 ringo	**elma** エル**マ**	apple **ア**プル
りんごく 隣国 ringoku	**komşu ülke** コム**シュ** ユル**ケ**	neighboring country **ネ**イバリング **カ**ントリ
りんじの 臨時の rinjino	**geçici** ゲチ**ジ**	temporary, special **テ**ンポレリ, ス**ペ**シャル
反 常任の	**daimî** ダー**イ**ミー	standing, regular ス**タ**ンディング, **レ**ギュラ
りんしょうの 臨床の rinshouno	**klinik** クリ**ニ**ッキ	clinical ク**リ**ニカル
りんじん 隣人 rinjin	**komşu** コム**シュ**	neighbor **ネ**イバ
りんす リンス rinsu	**saç kremi** サチ ク**レ**ミ	rinse **リ**ンス
りんち リンチ rinchi	**linç** **リ**ンチ	lynch **リ**ンチ
りんね 輪廻 rinne	**ruh göçü, reenkarnasyon** ル**フ** ギョ**チュ**, レエンカルナスィ**オ**ン	cycle of rebirth, metempsychosis **サ**イクル オヴ リ**バー**ス, メテンプスィ**コ**ウスィス
りんぱ リンパ rinpa	**lenf** **レ**ンフ	lymph **リ**ンフ
〜腺	**lenf bezi** **レ**ンフ ベ**ズ**ィ	lymph gland **リ**ンフ グ**ラ**ンド

り

日	トルコ	英
りんり **倫理** rinri	**ahlak bilimi, töre bilimi, etik** アフラーク ビリミ, トレ ビリミ, エティッキ	ethics エスィクス
～的な	**ahlaki** アフラーキー	ethical, moral エスィカル, モーラル

る, ル

るい **類** rui	**tür, çeşit** テュル, チェシット	kind, sort カインド, ソート
るいご **類語** ruigo	**sinonim, eş anlamlı sözcük** スィノニム, エシ アンラムル ソズジュック	synonym スィノニム
るいじ **類似** ruiji	**benzerlik, benzeyiş** ベンゼルリッキ, ベンゼイシ	resemblance リゼンブランス
～する	**benzemek** ベンゼメッキ	resemble リゼンブル
るいせきする **累積する** ruisekisuru	**biriktirmek** ビリキティルメッキ	accumulate アキューミュレイト
るーきー **ルーキー** ruukii	**yeni, acemi çaylak** イェニ, アジェミ チャイラック	rookie ルキ
るーずな **ルーズな** ruuzuna	**gevşek** ゲヴシェッキ	loose ルース
(服が)	**geniş** ゲニッシ	loose ルース
るーつ **ルーツ** ruutsu	**kökeni, aslı esası** キョケニ, アスル エサース	roots ルーツ
るーと **ルート** (道筋) ruuto	**yol** ヨル	route, channel ルート, チャネル
(平方根)	**karekök** カレキョク	root ルート
るーまにあ **ルーマニア** ruumania	**Romanya** ロマンヤ	Romania ロウメイニア
るーむめいと **ルームメイト** ruumumeito	**oda arkadaşı** オダ アルカダシュ	roommate ルームメイト

日	トルコ	英
るーる **ルール** ruuru	**kural, kaide** クラル, カーイデ	rule ルール
るーれっと **ルーレット** ruuretto	**rulet** ルレット	roulette ルーレト
るくせんぶるく **ルクセンブルク** rukusenburuku	**Lüksemburg** リュクセンブルグ	Luxembourg ラクセンバーグ
るすばんでんわ **留守番電話** rusubandenwa	**telesekreter** テレセクレテル	answering machine アンサリング マシーン
るねっさんす **ルネッサンス** runessansu	**Rönesans** ロネサンス	Renaissance ルネサーンス
るびー **ルビー** rubii	**yakut** ヤークット	ruby ルービ

れ, レ

れい **例** rei	**örnek** ウルネッキ	example イグザンプル
れい **礼** (あいさつ) rei	**selamlama** セラームラマ	bow, salutation バウ, サリュテイション
(感謝)	**teşekkür** テシェッキュル	thanks サンクス
れいあうと **レイアウト** reiauto	**düzen, plan, tertip** デュゼン, プラン, テルティップ	layout レイアウト
れいえん **霊園** reien	**mezarlık, kabristan** メザルルック, カブリスタン	cemetery セミテリ
れいおふ **レイオフ** reiofu	**işten çıkarma** イシテン チュカルマ	layoff レイオーフ
れいか **零下** reika	**sıfırın altında** スフルン アルトゥンダ	below zero ビロウ ズィアロウ
れいがい **例外** reigai	**istisna** イスティスナー	exception イクセプション
れいかん **霊感** reikan	**ilham** イルハーム	inspiration インスピレイション

れ

日	トルコ	英
れいき **冷気** reiki	**soğuk hava** ソウック ハワ	chill, cold チル, コウルド
れいぎ **礼儀** reigi	**terbiye, görgü kuralları** テルビイェ, ギョルギュ クラルラル	etiquette, manners エティケト, マナズ
れいきゃくする **冷却する** reikyakusuru	**soğutmak** ソウトマック	cool クール
れいきゅうしゃ **霊柩車** reikyuusha	**cenaze arabası** ジェナーゼ アラバス	hearse ハース
れいぐうする **冷遇する** reiguusuru	**soğuk davranmak** ソウック ダヴランマック	treat coldly トリート コウルドリ
れいこくな **冷酷な** reikokuna	**zalim, acımasız** ザーリム, アジュマスス	cruel クルーエル
れいじょう **令状** （逮捕状） reijou	**tutuklama belgesi, tevkif müzekkeresi** トゥトゥックラマ ベルゲスィ, テヴキフ ミュゼッケレスィ	warrant ウォラント
れいじょう **礼状** reijou	**teşekkür mektubu** テシェッキュル メクトゥブ	thank-you letter サンキュー レタ
れいせいな **冷静な** reiseina	**soğukkanlı** ソウックカンル	calm, cool カーム, クール
れいせん **冷戦** reisen	**soğuk savaş** ソウック サヴァシ	cold war コウルド ウォー
れいぞうこ **冷蔵庫** reizouko	**buzdolabı** ブズドラブ	refrigerator リフリヂャレイタ
れいたんな **冷淡な** reitanna	**soğuk tavırlı, duygusuz** ソウック タヴルル, ドゥイグスス	cold, indifferent コウルド, インディファレント
れいだんぼう **冷暖房** reidanbou	**klima** クリマ	air conditioning エア コンディショニング
れいとう **冷凍** reitou	**donma** ドンマ	freezing フリーズィング
～庫	**derin dondurucu** デリン ドンドゥルジュ	freezer フリーザ
～食品	**dondurulmuş gıda, dondurulmuş yiyecek** ドンドゥルルムシ グダー, ドンドゥルルムシ イイェジェッキ	frozen foods フロウズン フーヅ

れ

日	トルコ	英
〜する	**dondurmak** ドンドゥル**マック**	freeze フリーズ
れいはい **礼拝** reihai	**ibadet, namaz** イバー**デット**, ナ**マス**	worship, service **ワ**ーシップ, **サ**ーヴィス
〜堂 （キリスト教の）	**küçük kilise, şapel** キュ**チュック** キ**リセ**, シャ**ペル**	chapel **チャ**ペル
〜する	**ibadet etmek, namaz kıl-mak** イバー**デット** エト**メッキ**, ナ**マス** クル**マッ**ク	worship **ワ**ーシップ
れいふく **礼服** reifuku	**resmî giysi, resmî elbise** レス**ミー** ギイ**スィ**, レス**ミー** エルビ**セ**	full dress フル ド**レ**ス
れいぼう **冷房** reibou	**klima** ク**リマ**	air conditioning **エ**ア コン**ディ**ショニング
れいんこーと **レインコート** reinkooto	**yağmurluk** ヤームル**ルック**	raincoat, ⑧mack-intosh **レ**インコウト, **マ**キントシュ
れーざー **レーザー** reezaa	**lazer** ラ**ゼル**	laser **レ**イザ
れーす **レース** （競走） reesu	**yarış** ヤル**シ**	race **レ**イス
（編物）	**dantel, örgü** ダン**テル**, ウル**ギュ**	lace **レ**イス
れーずん **レーズン** reezun	**kuru üzüm** ク**ル** ユ**ズュム**	raisin **レ**イズン
れーだー **レーダー** reedaa	**radar** ラ**ダル**	radar **レ**イダー
れーと **レート** reeto	**kur** ク**ル**	rate **レ**イト
れーる **レール** reeru	**ray** **ラ**イ	rail **レ**イル
れきし **歴史** rekishi	**tarih** ター**リヒ**	history **ヒ**ストリ
れぎゅらーの **レギュラーの** regyuraano	**düzenli** デュ**ゼン**リ	regular **レ**ギュラ
れくりえーしょん **レクリエーション** rekurieeshon	**rekreasyon, eğlence** レクレア**スィオン**, エー**レン**ジェ	recreation レクリ**エ**イション

れ

日	トルコ	英
れこーでぃんぐ **レコーディング** rekoodingu	**kayıt** カユット	recording リコーディング
れこーど **レコード** （音盤） rekoodo	**plak** ピラッキ	record レコード
（記録）	**kayıt** カユット	record レコード
れじ **レジ** （清算台） reji	**kasa** カサ	check-out, cashier チェカウト, カシア
（レジスター）	**yazar kasa** ヤザル カサ	cash register キャシュ レヂスタ
れしーと **レシート** reshiito	**fiş, makbuz** フィシ, マクブス	receipt リスィート
れしぴ **レシピ** reshipi	**yemek tarifi** イェメッキ ターリフィ	recipe レスィピ
れじゅめ **レジュメ** rejume	**özet** ウゼット	résumé, summary レズュメイ, サマリ
れすとらん **レストラン** resutoran	**lokanta, restoran** ロカンタ, レストラン	restaurant レストラント
れすりんぐ **レスリング** resuringu	**güreş** ギュレシ	wrestling レスリング
れせぷしょん **レセプション** resepushon	**resepsiyon** レセプスィヨン	reception リセプション
れたす **レタス** retasu	**marul, kıvırcık salata** マルル, クヴルジュック サラタ	lettuce レタス
れつ **列** retsu	**sıra, kuyruk** スラ, クイルック	line, row, queue ライン, ロウ, キュー
れつあくな **劣悪な** retsuakuna	**kötü** キョテュ	inferior, poor インフィアリア, プア
れっかーしゃ **レッカー車** rekkaasha	**(oto) çekici** オト チェキジ	wrecker, tow truck レカ, トウ トラク
れっきょする **列挙する** rekkyosuru	**sıralamak** スララマック	enumerate イニューメレイト
れっしゃ **列車** ressha	**tren** ティレン	train トレイン
れっすん **レッスン** ressun	**ders** デルス	lesson レスン

れ

日	トルコ	英
れっせきする **列席する** ressekisuru	**katılmak, yer almak** カトゥルマック, イェル アルマック	attend アテンド
れっとう **列島** rettou	**adalar** アダラル	islands アイランヅ
ればー **レバー** (肝臓) rebaa	**kara ciğer, ciğer** カラ ジエル, ジエル	liver リヴァ
(取っ手)	**tutamak** トゥタマック	lever レヴァ
れぱーとりー **レパートリー** repaatorii	**repertuvar** レペルトゥヴァル	repertoire, repertory レパトワー, レパトーリ
れふぇりー **レフェリー** referii	**hakem, yargıcı** ハケム, ヤルグジュ	referee レファリー
れべる **レベル** reberu	**seviye, düzey** セヴィイェ, デュゼイ	level レヴェル
れぽーと **レポート** repooto	**rapor** ラポル	report リポート
れもん **レモン** remon	**limon** リモン	lemon レモン
れんあい **恋愛** ren-ai	**aşk, sevgi** アシク, セヴギ	love ラヴ
～結婚	**aşk evliliği** アシク エヴリリイ	love match ラヴ マチ
れんが **煉瓦** renga	**tuğla** トゥーラ	brick ブリク
れんきゅう **連休** renkyuu	**birbirini izleyen tatil** ビルビリニ イズレイェン ターティル	consecutive holidays コンセキュティヴ ハリデイズ
れんけい **連携** renkei	**iş birliği, ortaklık** イシ ビルリイ, オルタクルック	cooperation, tie-up コウアパレイション, タイアプ
れんけつ **連結** renketsu	**bağlantı** バーラントゥ	connection コネクション
～する	**bağlamak** バーラマック	connect コネクト
れんごう **連合** rengou	**birlik, sendika** ビルリッキ, センディカ	union ユーニョン

れ

日	トルコ	英
れんさい 連載 rensai	**tefrika** テフリカ	serial publication **ス**ィアリアル　パブリ**ケ**イ ション
れんさはんのう 連鎖反応 rensahannou	**zincir reaksiyonu** ズィンジル レアクスィヨ**ヌ**	chain reaction **チェ**イン リ**ア**クション
れんじ レンジ　（ガス台） renji	**üstü ocak** ユス**テュ** オ**ジャ**ック	gas stove, Ⓑcook- er **ギャ**ス スト**ウ**ヴ、**ク**カ
電子～	**mikrodalga fırın** ミクロダルガ フ**ル**ン	microwave oven **マ**イクロウェイヴ **ア**ヴン
れんじつ 連日 renjitsu	**her gün** ヘル **ギュ**ン	every day **エ**ヴリ デイ
れんしゅう 練習 renshuu	**pratik, antrenman** プラ**ティ**ッキ、アントレン**マ**ン	practice, exercise プ**ラ**クティス、**エ**クササイズ
～する	**pratik yapmak, antren- man yapmak** プラ**ティ**ッキ ヤプ**マ**ック、アントレン**マ**ン ヤプ**マ**ック	practice, train プ**ラ**クティス、ト**レ**イン
れんず レンズ renzu	**mercek, lens** メル**ジェ**ッキ、**レ**ンス	lens **レ**ンズ
れんそうする 連想する rensousuru	**ile ilişkilendirmek** イレ イリシキレンディル**メ**ッキ	associate with ア**ソ**ウシエイト **ウィ**ズ
れんぞく 連続 renzoku	**süreklilik, devam** スュレックリ**リ**ッキ、デ**ヴァ**ーム	continuation コンティニュ**エ**イション
～する	**devam etmek, sürmek** デ**ヴァ**ーム エト**メ**ッキ、スュル**メ**ッキ	continue コン**ティ**ニュー
れんたい 連帯 rentai	**dayanışma, birlik** ダヤヌシ**マ**、ビル**リ**ッキ	solidarity サリ**ダ**リティ
～保証人	**kefil** ケ**フィ**ル	cosigner コウ**サ**イナ
れんたかー レンタカー rentakaa	**kiralık araba** キラー**ル**ック ア**ラ**パ	rental car, rent-a- car **レ**ンタル **カ**ー、**レ**ンタ**カ**ー
れんたる レンタル rentaru	**kiralık** キラー**ル**ック	rental **レ**ンタル
れんとげん レントゲン rentogen	**röntgen** **ロ**ントゲン	X-rays **エ**クスレイズ
～技師	**röntgen uzmanı** **ロ**ントゲン ウズマ**ヌ**	radiographer レイディ**オ**ウグラファ

れ

日	トルコ	英
れんぽう 連邦 renpou	**federasyon** フェデラスィオン	federation フェデレイション
れんめい 連盟 renmei	**lig, spor ligi** リグ, スポル リギ	league リーグ
れんらく 連絡 renraku	**bağlantı, irtibat** バーラントゥ, イルティバート	liaison, contact リエイゾーン, **カ**ンタクト
～する	**bağlantı sağlamak, irtibat kurmak** バーラントゥ サーラマック, イルティバート クルマック	connect with コネクト ウィズ
れんりつ 連立 renritsu	**koalisyon** コアリスィオン	coalition コウア**リ**ション
～政権	**koalisyon hükûmeti** コアリスィオン ヒュキューメ**ティ**	coalition government コウア**リ**ション **ガ**ヴァンメント

ろ, ロ

ろう 蝋 rou	**bal mumu** バル ムム	wax **ワ**クス
ろうあしゃ 聾唖者 rouasha	**işitme ve konuşma engelli** イシトメ ヴェ コヌシマ エンゲル**リ**	deaf and speech-impaired, ⑱deaf-mute **デ**フ アンド スピーチインペアド, **デ**フミュート
ろうか 廊下 rouka	**koridor** コリドル	corridor, hallway **コ**リダ, **ホ**ールウェイ
ろうか 老化 rouka	**yaşlanma** ヤシランマ	aging, growing old **エ**イヂング, グ**ロ**ウイング **オ**ウルド
ろうがん 老眼 rougan	**presbiyopi** プレスビヨピ	presbyopia プレズビ**オ**ウピア
ろうきゅうかした 老朽化した roukyuukashita	**eskimiş, yıpranmış** エスキミッシ, ユプラン**ム**ッシ	old, decrepit **オ**ウルド, ディク**レ**ピト
ろうご 老後 rougo	**emeklilik sonrası** エメッキリリッキ ソンラス	old age **オ**ウルド **エ**イヂ
ろうし 労使 roushi	**işçi ve işveren** イシ**チ** ヴェ イシヴェレン	labor and management **レ**イバ アンド **マ**ニヂメント

ろ

日	トルコ	英
ろうじん **老人** roujin	**yaşlı, ihtiyar** ヤシル, イフティヤル	older people オウルダ ピープル
ろうそく **蝋燭** rousoku	**mum** ムム	candle キャンドル
ろうどう **労働** roudou	**çalışma, iş, emek** チャルシマ, イシ, エメッキ	labor, work, Ⓑla- bour レイバ, ワーク, レイバ
〜組合	**işçi sendikası** イシチ センディカス	labor union レイバ ユーニョン
〜災害	**iş kazası** イシ カザース	labor accident レイバ アクスィデント
〜時間	**mesai saatleri, çalışma saatleri** メサーイー サアトレリ, チャルシマ サアトレリ	working hours ワーキング アウアズ
〜者	**işçi** イシチ	laborer, worker レイバラ, ワーカ
ろうどく **朗読** roudoku	**sesli okuma** セスリ オクマ	reading aloud リーディング
ろうねん **老年** rounen	**yaşlılık** ヤシルルック	old age オウルド エイヂ
ろうひする **浪費する** rouhisuru	**israf etmek, tutumsuzluk etmek** イスラーフ エトメッキ, トゥトゥムスズルック エトメッキ	waste ウェイスト
ろーしょん **ローション** rooshon	**losyon** ロスィオン	lotion ロウション
ろーてーしょん **ローテーション** rooteeshon	**rotasyon** ロタスィオン	rotation ロウテイション
ろーぷ **ロープ** roopu	**halat, urgan** ハラット, ウルガン	rope ロウプ
ろーぷうえい **ロープウエイ** roopuuei	**teleferik** テレフェリッキ	ropeway ロウプウェイ
ろーらーすけーと **ローラースケート** rooraasukeeto	**tekerlekli paten** テケルレッキリ パテン	roller skating ロウラ スケイティング
ろーん **ローン** roon	**borç para, ödünç para, kredi** ボルチ パラ, オデュンチ パラ, クレディ	loan ロウン

ろ

日	トルコ	英
ろかする 濾過する rokasuru	**süzmek, süzgeçten ge- çirmek** スュズメッキ, スュズゲチテン ゲチルメッキ	filter フィルタ
ろく 六 roku	**altı** アルトゥ	six スィクス
ろくおん 録音 rokuon	**ses kaydı** セス カイドゥ	recording リコーディング
～する	**kaydetmek** カイデトメッキ	record, tape リコード, テイプ
ろくが 録画 rokuga	**video kaydı** ヴィデオ カイドゥ	video recording, filming ヴィディオウ リコーディン グ, フィルミング
～する	**kaydetmek** カイデトメッキ	record on リコード オン
ろくがつ 六月 rokugatsu	**haziran** ハズィーラン	June ヂューン
ろくじゅう 六十 rokujuu	**altmış** アルトムシ	sixty スィクスティ
ろくまく 肋膜 rokumaku	**plevra** プレヴラ	pleura プルーラ
ろくろ 轆轤 rokuro	**çömlekçi çarkı** チョムレッキチ チャルク	potter's wheel パタズ (ホ)ウィール
ろけーしょん ロケーション rokeeshon	**konum** コヌム	location ロウケイション
ろけっと ロケット roketto	**roket, füze** ロケット, フュゼ	rocket ラケト
ろこつな 露骨な rokotsuna	**açık, dobra dobra** アチュック, ドブラ ドブラ	plain, blunt プレイン, ブラント
ろじ 路地 roji	**ara sokak** アラ ソカック	alley, lane アリ, レイン
ろしあ ロシア roshia	**Rusya** ルスィヤ	Russia ラシャ
～語	**Rusça** ルスチャ	Russian ラシャン
ろす ロス rosu	**kayıp** カユップ	loss ロース

ろ

日	トルコ	英
～タイム	**uzatma dakikası** ウザトマ ダキーカス	injury [added] time, loss of time インデュリ[アディド] タイム, ロース オヴ タイム
ろせん **路線** rosen	**hat, güzergâh** ハット, ギュゼルギャーフ	route, line ルート, ライン
～図	**yol haritası, güzergâh haritası** ヨル ハリタス, ギュゼルギャーフ ハリタス	route map ルート マプ
ろっかー **ロッカー** rokkaa	**dolap, eşya dolabı** ドラップ, エシヤー ドラブ	locker ラカ
ろっくくらいみんぐ **ロッククライミング** rokkukuraimingu	**kaya tırmanışı** カヤ トゥルマヌシュ	rock-climbing ラククライミング
ろっくんろーる **ロックンロール** rokkunrooru	**rakınrol** ラクンロル	rock 'n' roll ラクンロウル
ろっこつ **肋骨** rokkotsu	**kaburga** カブルガ	rib リブ
ろっじ **ロッジ** rojji	**dağ evi, kulübe** ダー エヴィ, クリュペ	lodge ラヂ
ろびー **ロビー** robii	**lobi** ロビ	lobby ラビ
ろぶすたー **ロブスター** robusutaa	**ıstakoz** ウスタコス	lobster ラブスタ
ろぼっと **ロボット** robotto	**robot** ロボット	robot ロウボト
ろまんしゅぎ **ロマン主義** romanshugi	**romantizm** ロマンティズム	romanticism ロウマンティスィズム
ろまんちすと **ロマンチスト** romanchisuto	**romantik** ロマンティッキ	romanticist ロウマンティスィスト
ろめんでんしゃ **路面電車** romendensha	**tramvay** トラムヴァイ	streetcar, trolley, ®tram ストリートカー, トラリ, トラム
ろんぎ **論議** rongi	**tartışma, müzakere** タルトゥシマ, ミュザーケレ	discussion, argument ディスカション, アーギュメント
～する	**tartışmak** タルトゥシマック	discuss, argue ディスカス, アーギュー

ろ

日	トルコ	英
ろんきょ **論拠** ronkyo	**kanıt, argüman** カ**ヌ**ット, アルギュ**マ**ン	basis of an argument **ベ**イスィス オヴ アン **アー**ギュメント
ろんじる **論じる** ronjiru	**tartışmak, münakaşa etmek** タルトゥシ**マ**ック, ミュナーカ**シャ** エト**メ**ッキ	discuss, argue ディス**カ**ス, **アー**ギュー
ろんそう **論争** ronsou	**tartışma, münakaşa** タルトゥシ**マ**, ミュナーカ**シャ**	dispute, controversy ディス**ピュ**ート, **カ**ントロ**ヴァー**スィ
～する	**tartışmak, münakaşa etmek** タルトゥシ**マ**ック, ミュナーカ**シャ** エト**メ**ッキ	argue, dispute **アー**ギュー, ディス**ピュ**ート
ろんてん **論点** ronten	**tartışma konusu** タルトゥシ**マ** コ**ヌ**ス	point at issue **ポ**イント アト **イ**シュー
ろんぶん **論文** ronbun	**makale** マカー**レ**	paper **ペ**イパ
(学位取得のための)	**tez** **テ**ス	thesis **スィ**ースィス
ろんり **論理** ronri	**mantık** **マ**ントゥク	logic **ラ**ヂク
～的な	**mantıklı** **マ**ントゥク**ル**	logical **ラ**ヂカル

ろ

日	トルコ	英

わ, ワ

わ 輪 wa	**halka** ハルカ	ring, loop リング, ループ
わ 和　　(総和) wa	**toplam** トプラム	sum サム
(調和)	**uyum** ウユム	harmony ハーモニ
わーるどかっぷ ワールドカップ waarudokappu	**Dünya Kupası** デュンヤー クパス	World Cup ワールド カプ
わいしゃつ ワイシャツ waishatsu	**gömlek** ギョムレッキ	(dress) shirt (ドレス) シャート
わいせつな わいせつな waisetsuna	**müstehcen, açık saçık** ミュステフジェン, アチュック サチュック	obscene, indecent オブスィーン, インディーセント
わいぱー ワイパー waipaa	**silecek** スィレジェッキ	wipers ワイパズ
わいやー ワイヤー waiyaa	**tel** テル	wire ワイア
わいろ 賄賂 wairo	**rüşvet** リュシヴェット	bribery, bribe ブライバリ, ブライブ
わいん ワイン wain	**şarap** シャラップ	wine ワイン
～グラス	**şarap kadehi** シャラップ カデヒ	wineglass ワイングラス
～リスト	**şarap listesi** シャラップ リステスィ	wine list ワイン リスト
わおん 和音 waon	**akor** アコル	chord コード
わかい 若い wakai	**genç** ゲンチ	young ヤング
わかいする 和解する wakaisuru	**ile uzlaşmak, ile barış-mak** イレ ウズラシマック, イレ バルシマック	(be) reconciled with (ビ) レコンサイルド ウィズ
わかがえる 若返る wakagaeru	**gençleşmek** ゲンチレシメッキ	(be) rejuvenated (ビ) リチュヴァネイティド

日	トルコ	英
わかさ **若さ** wakasa	**gençlik** ゲンチリッキ	youth ユース
わかす **沸かす** wakasu	**kaynatmak** カイナトマック	boil ボイル
わがままな **わがままな** wagamamana	**bencil, egoist** ベンジル, エゴイスト	selfish, wilful セルフィシュ, ウィルフル
わかもの **若者** wakamono	**genç** ゲンチ	young man ヤング マン
わかる **分かる** wakaru	**anlamak** アンラマック	understand, see アンダスタンド, スィー
わかれ **別れ** wakare	**ayrılık** アイルルック	parting, farewell パーティング, フェアウェル
わかれる **分かれる** （区分される） wakareru	**-e ayrılmak** エ アイルルマック	(be) divided into (ビ) ディヴァイデド イン トゥ
（分岐する）	**-den ayrılmak** デン アイルルマック	branch off from ブランチ オーフ フラム
わかれる **別れる** wakareru	**-den ayrılmak** デン アイルルマック	part from パート フラム
わかわかしい **若々しい** wakawakashii	**genç** ゲンチ	youthful ユースフル
わき **脇** waki	**yan, kenar** ヤン, ケナル	side サイド
わきのした **脇の下** wakinoshita	**koltuk altı** コルトゥック アルトゥ	armpit アームピト
わきばら **脇腹** wakibara	**böğür, karının yan tarafı** ボゥユル, カルヌン ヤン タラフ	side サイド
わきみち **脇道** wakimichi	**yan sokak** ヤン ソカック	side street サイド ストリート
わきやく **脇役** wakiyaku	**yardımcı rol** ヤルドゥムジュ ロル	supporting　role, minor role サポーティング ロウル, マ イナ ロウル
わく **湧く**　（水などが） waku	**kaynamak, fışkırmak** カイナマック, フシクルマック	gush, flow ガシュ, フロウ
わく **沸く**　（湯が） waku	**kaynamak** カイナマック	boil ボイル

わ

日	トルコ	英
わく **枠** (囲み) waku	**çerçeve** チェルチェヴェ	frame, rim フレイム, リム
わくせい **惑星** wakusei	**gezegen** ゲゼゲン	planet プラネット
わくちん **ワクチン** wakuchin	**aşı** アシュ	vaccine ヴァクスィーン
わけ **訳** wake	**neden, sebep** ネデン, セベップ	reason, cause リーズン, コーズ
わけまえ **分け前** wakemae	**pay, hisse** パイ, ヒッセ	share, cut シェア, カト
わける **分ける** (区別する) wakeru	**sınıflandırmak, ayırmak, tasnif etmek** スヌフランドゥルマック, アユルマック, タスニフ エトメッキ	classify クラスィファイ
	(分割する) **bölmek, ayırmak** ボルメッキ, アユルマック	divide, part ディヴァイド, パート
	(分配する) **dağıtmak, taksim etmek** ダウトマック, タクスィム エトメッキ	distribute, share ディストリビュト, シェア
	(分離する) **ayırmak, ayrılmak** アユルマック, アイルルマック	separate, part セパレイト, パート
わごむ **輪ゴム** wagomu	**lastik bant** ラスティッキ バント	rubber band ラバ バンド
わごんしゃ **ワゴン車** wagonsha	**aile arabası, steyşın araba** アイレ アラバス, ステイシュン アラバ	station wagon ステイション ワゴン
わざ **技** waza	**teknik** テクニッキ	technique, art テクニーク, アート
わざと **わざと** wazato	**kasten, bilerek, bile bile** カステン, ビレレッキ, ビレ ビレ	on purpose, intentionally オン パーパス, インテンショナリ
わさび **山葵** wasabi	**vasabi** ワサビ	wasabi ワサビ
わざわい **災い** wazawai	**talihsizlik, kötü talih** ターリヒスィズリッキ, キョテュ ターリヒ	misfortune ミスフォーチュン
わし **鷲** washi	**kartal** カルタル	eagle イーグル

日	トルコ	英
わしょく **和食** washoku	**Japon yemeği** ジャポン イェメイ	Japanese food ヂャパニーズ フード
わずかな **僅かな** wazukana	**az** アス	a few, a little ア フュー, ア リトル
わずらわしい **煩わしい** wazurawashii	**baş belası** バシ ベラース	troublesome トラブルサム
わすれっぽい **忘れっぽい** wasureppoi	**unutkan** ウヌトカン	forgetful フォゲトフル
わすれもの **忘れ物** wasuremono	**kayıp eşya** カユップ エシャー	thing left behind スィング レフト ビハインド
わすれる **忘れる** wasureru	**unutmak** ウヌトマック	forget フォゲト
わた **綿** wata	**pamuk** パムック	cotton カトン
わだい **話題** wadai	**konu, mevzu** コヌ, メヴズー	topic タピク
わだかまり **わだかまり** wadakamari	**kötü his** キョテュ ヒス	bad feelings バド フィーリングズ
わたし **私** watashi	**ben** ベン	I アイ
～の	**benim** ベニム	my マイ
わたしたち **私たち** watashitachi	**biz** ビス	we ウィー
～の	**bizim** ビズィム	our アウア
わたす **渡す** watasu	**vermek, uzatmak** ヴェルメッキ, ウザトマック	hand ハンド
(引き渡す)	**teslim etmek** テスリム エトメッキ	hand over, surrender ハンド オウヴァ, サレンダ
わたる **渡る** wataru	**geçmek** ゲチメッキ	cross, go over クロース, ゴウ オウヴァ
わっくす **ワックス** wakkusu	**cila** ジラー	wax ワクス
わっと **ワット** watto	**vat** ワット	watt ワト

わ

日	トルコ	英
わな 罠 wana	**tuzak, kapan** トゥ**ザ**ック, カパン	trap ト**ラ**プ
わに 鰐 wani	**timsah** ティム**サ**フ	crocodile, alligator クラカダイル, **ア**リゲイタ
わびる 詫びる wabiru	**-den özür dilemek** デン ウ**ズ**ュル ディレメッキ	apologize to ア**パ**ロヂャイズ トゥ
わふうの 和風の wafuuno	**Japon tarzı, Japon stili** ジャ**ポ**ン タル**ズ**, ジャ**ポ**ン スティ**リ**	Japanese ヂャパ**ニ**ーズ
わへいこうしょう 和平交渉 waheikoushou	**barış müzakeresi, barış görüşmesi** バ**ル**シ ミュザーケレ**スィ**, バ**ル**シ ギョ**リュ**シメ**スィ**	peace negotiation **ピ**ース ニゴウシ**エ**イション
わめく わめく wameku	**haykırmak, bağırmak** ハイクル**マ**ック, バウル**マ**ック	shout, cry out **シャ**ウト, ク**ラ**イ **ア**ウト
わやく 和訳 wayaku	**Japonca çeviri** ジャ**ポ**ンジャ チェ**ヴィ**リ	Japanese translation ヂャパ**ニ**ーズ トランス**レ**イション
わらい 笑い warai	**kahkaha, gülme** カハカ**ハ**, ギュル**メ**	laugh, laughter **ラ**フ, **ラ**フタ
～話	**komik hikâye** コ**ミ**ッキ ヒキャー**イェ**	funny story **ファ**ニ ス**ト**ーリ
わらう 笑う warau	**gülmek** ギュル**メ**ッキ	laugh **ラ**フ
わらわせる 笑わせる warawaseru	**güldürmek** ギュルデュル**メ**ッキ	make laugh **メ**イク **ラ**フ
(ばかげた)	**saçma** サチ**マ**	ridiculous, absurd リ**ディ**キュラス, アプ**サ**ード
わりあい 割合 wariai	**oran** オ**ラ**ン	rate, ratio **レ**イト, **レ**イシオウ
わりあて 割り当て wariate	**tahsis** タフ**スィ**ース	assignment, allotment ア**サ**インメント, ア**ラ**トメント
わりあてる 割り当てる wariateru	**tahsis etmek** タフ**スィ**ース エト**メ**ッキ	assign, allot ア**サ**イン, ア**ラ**ト
わりかんにする 割り勘にする warikannisuru	**hesabı bölüşmek, hesabı kırışmak** ヘサ**ブ** ボリュシ**メ**ッキ, ヘサ**ブ** クルシ**マ**ック	split the bill スプ**リ**ト ザ **ビ**ル

わ

日	トルコ	英
わりこむ **割り込む** warikomu	**araya girmek, sözü kes-mek** アラヤ ギルメッキ, ソウズュ ケスメッキ	cut in カト イン
わりざん **割り算** warizan	**bölme** ボゥルメ	division ディ**ヴィ**ジョン
反 **掛け算**	**çarpma** チャルプマ	multiplication マルティプリ**ケ**イション
わりびき **割り引き** waribiki	**indirim, iskonto** インディリム, イス**コ**ント	discount **ディ**スカウント
わりびく **割り引く** waribiku	**indirim yapmak, iskonto yapmak** インディリム ヤプマック, イス**コ**ント ヤプ マック	discount, reduce **ディ**スカウント, リ**デュ**ース
わりまし **割り増し** warimashi	**ek ücret, ekstra masraf** **エ**キ ユジュレット, **エ**クストラ マスラフ	extra charge **エ**クストラ **チャ**ーヂ
〜料金	**ek ücret** **エ**キ ユジュレット	extra charge **エ**クストラ **チャ**ーヂ
わる **割る** （壊れる・ひびが入る） waru	**kırmak, çatlamak** クルマック, チャトラマック	break, crack ブレイク, クラク
（分割する）	**-e bölmek** エ ボルメッキ	divide into ディ**ヴァ**イド イントゥ
（裂く）	**yarmak** ヤルマック	split, chop スプリト, **チャ**プ
わるい **悪い** warui	**kötü, fena** キョ**テュ**, フェ**ナ**ー	bad, wrong バド, **ロ**ング
わるくち **悪口** warukuchi	**sözlü taciz** ソズ**リュ** ター**ジ**ズ	(verbal) abuse (**ヴァ**ーバル) ア**ビュ**ース
わるつ **ワルツ** warutsu	**vals** **ヴァ**ルス	waltz **ウォ**ールツ
わるもの **悪者**　（男の） warumono	**kötü adam** キョ**テュ** ア**ダ**ム	bad guy, villain バド **ガ**イ, **ヴィ**レン
（女の）	**kötü kadın** キョ**テュ** カ**ドゥ**ン	villain **ヴィ**レン
われめ **割れ目** wareme	**çatlak, yarık** チャト**ラ**ック, ヤ**ル**ック	crack, split クラク, スプリト
われる **割れる**　（壊れる） wareru	**kırılmak, bozulmak** クルル**マ**ック, ボズル**マ**ック	break ブレイク

わ

日	トルコ	英
（裂ける）	**yarılmak** ヤルル**マック**	crack, split **クラ**ク, スプリト
われわれ **我々** wareware	**biz** ビス	we, ourselves **ウィー**, アウア**セル**ヴズ
わん **椀** wan	**kâse** キャー**セ**	bowl **ボ**ウル
わん **湾** wan	**körfez** キョル**フェ**ス	bay, gulf **ベ**イ, **ガ**ルフ
わんがん **湾岸** wangan	**sahil, kıyı, deniz kenarı** サー**ヒ**ル, ク**ユ**, デニス ケナル	coast **コ**ウスト
わんきょくする **湾曲する** wankyokusuru	**eğilmek** エイル**メッ**キ	curve, bend **カ**ーヴ, **ベ**ンド
わんぱくな **腕白な** wanpakuna	**yaramaz, haşarı** ヤラ**マ**ス, ハ**シャ**ル	naughty **ノ**ーティ
わんぴーす **ワンピース** wanpiisu	**elbise** エルビ**セ**	dress **ド**レス
わんりょく **腕力** wanryoku	**fiziksel güç** フィズィク**セ**ル **ギュ**チ	physical strength **フィ**ズィカル スト**レ**ングス

わ

付　録

日常会話

あいさつ

日々のあいさつ —こんにちは—

● **おはようございます.**
Günaydın.
ギュナイドゥン
Good morning.

● **こんにちは.**
Merhaba.
メルハバ
Good afternoon.

● **こんばんは.**
İyi akşamlar.
イイ アクシャムラル
Good evening.

● **(同年代や年下の人に)やあ！**
Selam.
セラーム
Hello. / Hi.

● **おやすみなさい.**
İyi geceler.
イイ ゲジェレル
Good night.

近況・暮らしぶりをたずねる・答える —お元気ですか—

● **お元気ですか. / 元気？**
Nasılsınız? / Nasılsın?
ナスルスヌズ / ナスルスン
How are you?

●調子はどうですか.

Nasıl gidiyor?

ナスル ギディヨ(ル)

How is it going?

●はい, 元気です. あなたは(君は)？

İyiyim. Ya siz (Ya sen)?

イイイム ヤ スィス(ヤ セン)

I'm fine. And you?

●まあまあです.

Şöyle böyle.

シゥイレ ボゥイレ

So-so.

●お元気そうですね. / 元気そうね.

İyi görünüyorsunuz. / İyi görünüyorsun.

イイ ギョリュニュヨルスヌス / イイ ギョリュニュヨルスン

You look good.

●お仕事はいかがですか. / 仕事はどう？

İşleriniz nasıl? / İşlerin nasıl?

イシレリニス ナスル / イシレリン ナスル

How are you doing with your business?

●忙しいです.

Yoğunum.

ヨウヌム

I'm busy.

●ご両親はお元気ですか.

Anneniz ve babanız nasıl?

アンネニス ヴェ ババヌス ナスル

How are your parents ?

●奥さん(ご主人)はお元気ですか.

Eşiniz nasıl?

エシニス ナスル

How is your wife (husband)?

●(ユルマズ・)アフメットさん(男性)はお元気でしょうか.

Ahmet Bey nasıl?

アフメット ベイ ナスル

How is Mr. YILMAZ?

●みんな元気です.

Teşekkür ederim. Herkes iyi.

テシェッ**キュ**ル エデリム ヘルケス イ**イ**

Thank you. They are all well.

●それは何よりです.

Bunu duyduğuma sevindim.

ブ**ヌ** ドゥイ**ドゥ**ウマ セヴィン**ディ**ム

I'm glad to hear that.

初対面・再会のときのあいさつ —はじめまして—

●はじめまして.

(Tanıştığımıza) memnun oldum.

(タヌシトゥ**ウ**ムザ) メム**ヌ**ン オル**ドゥ**ム

Nice to meet you.

●お目にかかれてうれしいです.

Tanıştığıma memnun oldum.

タヌシトゥ**ウ**マ メム**ヌ**ン オル**ドゥ**ム

Nice to see you.

●(ユルマズ・)ゼイネップさん(女性)ではありませんか.

Zeynep Hanım, siz misiniz?

ゼイネップ ハ**ヌ**ム ス**ィ**ス ミス**ィ**ニス

Aren't you Ms YILMAZ?

●私を覚えていらっしゃいますか.

Beni hatırlıyor musunuz?

ベ**ニ** ハトゥル**ル**ヨル ムス**ヌ**ス

Do you remember me?

●お久しぶりです.

Görüşmeyeli uzun zaman oldu.

ギョリュシメイェリ ウズン ザマーン オルドゥ

I haven't seen you for a long time.

旅のあいさつ —ようこそ！—

●ようこそトルコへ.

Türkiye'ye hoş geldiniz.

テュルキイェイェ ホシ ゲルディニス

Welcome to Turkey.

●ようこそイスタンブルへ.

İstanbul'a hoş geldiniz.

イスタンブラ ホシ ゲルディニス

Welcome to Istanbul.

●疲れましたか. ／ 疲れたの？

Yoruldunuz mu? / Yoruldun mu?

ヨルルドゥヌス ム ／ ヨルルドゥン ム

Are you tired?

●ええ, 大丈夫です.

Hayır, iyiyim.

ハユル イイイム

No, I'm fine.

●ちょっと疲れました.

Biraz yoruldum.

ビラス ヨルルドゥム

I'm a little tired.

●時差ぼけかもしれません.

Jet lag olabilir.

ジェトラグ オラビリル

It's probably jet lag.

●お出迎えありがとうございます.

Beni karşılamaya geldiğiniz için teşekkür ederim.

ベニ カルシュラマヤ ゲルディイニス イチン テシェックュル エデリム

Thank you for coming to pick me up.

招待・訪問のあいさつ —すてきなお家ですね—

●ぜひうちにいらしてください.

Lütfen bizi ziyarette gelin.

リュトフェン ビズィ ズィヤーレッテ ゲリン

Please come to visit me.

●ぜひうかがいます.

Mutlaka gelirim.

ムトラカー ゲリリム

I'm definitely coming.

●お招きいただきありがとうございます.

Davetiniz için teşekkür ederim.

ダーヴェティニス イチン テシェックュル エデリム

Thanks for inviting me.

●すてきなお家ですね.

Eviniz ne kadar güzel.

エヴィニス ネ カダル ギュゼル

What a wonderful house you have!

●日本のおみやげです.

Japonya'dan hediye getirdim.

ジャポンヤダン ヘディイェ ゲティルディム

I have brought a souvenir from Japan.

別れのあいさつ —さようなら—

●さようなら.

Görüşürüz. / (留まる人に)**Hoşça kalın.** / (去る人に)**Güle güle.**

ギョリュ**シュ**リュス / **ホ**シチャ カルン / ギュレ ギュレ

See you. / Good-bye.

●バイバイ.
(留まる人に)**Hoşça kalın.** / (去る人に)**Güle güle.**

ホシチャ カルン. / ギュレ ギュレ

Bye. / Bye-bye.

●もう行かなくては.
Artık gitmem gerek.

アルトゥック ギトメム ゲレッキ

I must leave now.

●また近いうちに.
Yakında görüşürüz.

ヤクンダ ギョリュシュリュス

See you soon.

●じゃあまたあとで.
Sonra görüşürüz.

ソンラ ギョリュシュリュス

See you later.

●また明日.
Yarın görüşürüz.

ヤルン ギョリュシュリュス

See you tomorrow.

●どうぞ, 楽しい旅を！
İyi yolculuklar!

イイ ヨルジュルックラル

Have a nice trip!

●お気をつけて！
Kendinize iyi bakın!

ケンディニゼ イイ バクン

Take care!

●あなたもね！
Siz de!

スィズ デ

You too!

●**今度は日本で会いましょう.**

Bir dahaki sefere Japonya'da görüşelim.

ビ(ル) ダハキ セフェレ ジャポンヤダ ギョリュシェリム

Next time, let's meet in Japan.

●**奥さん(ご主人)によろしくお伝えください.**

Eşinize selam söyleyin.

エシニゼ セラーム ソゥイレイン

Please send my regards to your wife (husband).

●**ご家族によろしくお伝えください.**

Ailenize selam söyleyin.

アイレニゼ セラーム ソゥイレイン

Please send my greetings to your family.

食事

食事に誘う —食事に行きませんか—

●**お腹がすきました.**

Acıktım.

アジュクトゥム

I'm hungry.

●**のどが乾きました.**

Susadım.

スサドゥム

I'm thirsty.

●**喫茶店で休みましょう.**

Bir kafede mola verelim.

ビ(ル) カフェデ モラ ヴェレリム

Let's take a break at a café.

●**お昼は何を食べようか.**

Öğle yemeğinde ne yiyelim?

ウーレ イェメインデ ネ イイェリム

What shall we have for lunch?

● 一緒に食事に行きませんか.
Beraber yemeğe gidelim mi?
ベラーベル イェメエ ギデリム ミ
Shall we eat together?

● 中華料理はどうですか.
Çin yemeğine ne dersiniz ?
チン イェメイネ ネ デルスィニス
How about Chinese food?

● 何か食べたいものはありますか.
Yemek istediğiniz bir şey var mı?
イェメッキ イステディイニス ビ (ル) シェイ ワル ム
Is there anything particular you'd like to eat?

● 嫌いなものはありますか.
Sevmediğiniz bir şey var mı?
セヴメディイニス ビ (ル) シェイ ワル ム
Is there anything particular you don't like to eat?

● (私は)なんでも大丈夫です.
(Ben) her şeyi yerim.
(ベン) ヘル シェイ イェリム
I'm OK with anything.

● あまり辛いものは苦手です.
Fazla acı olanı yiyemem.
ファズラ アジュ オラヌ イイェメム
I cannot eat too spicy food.

● いいレストランを教えてくれませんか.
İyi bir restoran tavsiye eder misiniz ?
イイ ビ (ル) レストラン タヴスィエ エデル ミスィニス
Could you recommend a good restaurant?

● この食堂は食べ物はおいしくて値段も手ごろです.
Bu lokantada yemekler lezzetli ve fiyatları da fena değil.
ブ ロカンタダ イェメッキレル レッゼットリ ヴェ フィヤトラル ダ フェナー デイル
The food in this restaurant is delicious and the prices are not expensive.

● (私が)ごちそうしますよ.

(Ben) size ısmarlarım.

(ベン) スィゼ ウスマルラルム

I'll treat you.

レストランに入るときの表現 —何分ぐらい待ちますか—

● 6時から3名で予約をお願いします.

Saat altıya üç kişilik bir rezervasyon yaptırmak istiyorum.

サアト アルトゥヤ ユチ キシリッキ ビ(ル) レゼルヴァスィヨン ヤプトゥルマック イスティ ヨルム

I'd like to make a reservation for three persons for six o'clock.

● 何分ぐらい待ちますか.

Kaç dakika beklememiz gerekecek?

カチ ダキーカ ベクレメミス ゲレケジェッキ

For how long will we have to wait?

● ここにお名前を書いてください.

Lütfen buraya isminizi yazın.

リュトフェン ブラヤ イスミニズィ ヤズン

Please write down your name here.

● テラス席に座れますか.

Terasta oturabilir miyiz?

テラスタ オトゥラビリル ミイス

Can we be seated on the terrace?

● 7時に予約をしています.

Saat yediye rezervasyon yaptırdım.

サアト イェディイエ レゼルヴァスィヨン ヤプトゥルドゥム

I have booked a place for seven o'clock.

● 2人です.

İki kişiyiz.

イキ キシイス

We are two.

● **1人です.**

Yalnızım.

ヤル**ヌ**ズム

I am alone.

● **禁煙席と喫煙席, どちらがよろしいですか.**

Sigara içilen mi yoksa içilmeyen bir yer mi tercih edersiniz?

スィガラ イチレン ミ ヨックサ イチルメイェン ビ(ル) イェル ミ テルジフ エデルスィニス

Would you prefer smoking or non-smoking area?

● **たばこをお吸いになりますか.**

Sigara kullanıyor musunuz?

スィガラ クッラ**ヌ**ヨル ムスヌス

Do you smoke?

● **禁煙席をお願いします.**

Sigara içilmeyen yer olsun lütfen.

スィガラ イ**チ**ルメイェン **イェ**ル オル**スン リュ**トフェン

Non-smoking area please.

● **こちらへどうぞ.**

Böyle buyurun lütfen.

ボイレ ブ**ユ**ルン **リュ**トフェン

Right this way please.

● **この席はあいていますか.**

Bu masa boş mu?

ブ マサ ボシ ム

Is this table reserved ?

注文する —本日のスープは何ですか—

● **ご注文はお決まりですか.**

Karar verdiniz mi?

カラール ヴェルディニズ ミ

May I take your order?

●メニューを見せてください.
Menü alabilir miyim lütfen?
メニュ アラビリル ミイム リュトフェン
Could I have the menu ?

●お勧めはなんですか.
Ne tavsiye edersiniz?
ネ タヴスィイェ エデルスィニス
What do you recommend?

●この店の自慢料理は何ですか.
Bu restorana özel yemeğiniz var mı?
ブ レストラナ ウゼル イェメイニス ワルム
What's your specialty?

●本日のスープは何ですか.
Günün çorbası nedir?
ギュニュン チョルバス ネディル
What's the soup of the day?

●チーズの盛り合わせをください.
Karışık peynir tabağı olsun lütfen?
カルシュック ペイニル タバウ オルスン リュトフェン
I'd like a cheese plate, please.

●魚にします.
Balık olsun lütfen.
バルック オルスン リュトフェン
I'd like fish.

●肉にします.
Et olsun lütfen.
エット オルスン リュトフェン
I'd like meat.

●ステーキの焼き具合はどのようにしましょうか？
Etiniz nasıl pişsin?
エティニス ナスル ピシスィン
How would you like your steak?

● ミディアムにしてください.

Orta pişmiş olsun lütfen.

オルタ ピシミッシ オルスン リュトフェン

Medium, please.

● レアにしてください.

Az pişmiş olsun lütfen.

アス ピシミシ オルスン リュトフェン

Rare, please.

● ウエルダンにしてください.

İyi pişmiş olsun lütfen.

イイ ピシミッシ オルスン リュトフェン

Well-done, please.

● ミックスサラダもください.

Karışık salata da alabilir miyim lütfen ?

カルシュック サラタ ダ アラビリル ミイム リュトフェン

I'd like a mixed salad too, please.

● ピラフを少なめにしていただけますか.

Pilav az olsun.

ピラヴ アス オルスン

Please give me a small order of rice pilaf.

食事の途中で ―小皿を持ってきてください―

● 小皿を持ってきてください.

Servis tabağı alabilir miyim?

セルヴィス タバウ アラビリル ミイム

Please bring a small plate.

● お水をいただけますか.

Bir bardak su alabilir miyim?

ビ(ル) バルダック ス アラビリル ミイム

I'd like a glass of water.

● (レストランで食べ残したものを指して)**これを包んでいただけますか?**

Bunu paket yapar mısınız?

ブヌ パケット ヤパル ムスヌス

Can I have this take away ?

レストランでの苦情 —頼んだものがまだ来ません—

● **これは火が通っていません。**

Bu iyi pişmemiş.

ブ イイ ピシメミシ

This is undercooked.

● **スープが冷めています。**

Çorba soğumuş.

チョルバ ソウムシ

The soup is cold.

● **私が頼んだのはナスのケバブです。**

Ben patlıcan kebabı söyledim.

ベン パトルジャン ケバブ ソウイレディム

I have ordered eggplant kebab.

● **これは注文していません。**

Bunu sipariş etmedim.

ブヌ スィパーリシ エトメディム

I have not ordered this.

● (私たちの)**頼んだものがまだ来ません。**

Siparişlerimiz henüz gelmedi.

スィパーリシレリミス ヘニュス ゲルメディ

Our order hasn't arrived yet.

● **確認してまいります。**

Kontrol edeceğim.

コントロル エデジェイム

I'll go and check.

●申し訳ありません.

Özür dilerim.

ウズュル ディレリム

I'm very sorry.

●もうしばらくお待ちください.

Lütfen biraz daha bekleyin.

リュトフェン ビラス ダハ ベクレイン

Please wait for a bit more while.

お酒を飲む —ワインをグラスでください—

●飲み物は何がいいですか.

Ne içersiniz?

ネ イチェルスィニス

What would you like to drink?

●ワインリストはありますか.

Şarap listesi var mı?

シャラップ リステスィ ワル ム

Do you have a wine list?

●ワインをグラスでください.

Bir kadeh şarap lütfen.

ビ(ル) カデフ シャラップ リュトフェン

A glass of wine, please.

●アルコールはだめなんです.

İçki içmiyorum.

イチキ イチミヨルム

I don't drink alcohol.

●一口ならいただきます.

Sadece bir yudum alayım.

サーデジェ ビ(ル) ユドゥム アラユム

I'll have a sip.

●乾杯！
Şerefe!
シェレフェ！
Cheers!

デザートを注文する ―私はアイスクリームにします―

●デザートには何がありますか.
Tatlı olarak neler var?
タトル オララック ネレル ワル
What do you have for dessert?

●私はアイスクリームにします.
Ben dondurma alayım.
ベン ドンドゥルマ アラユム
I'd like some ice cream.

●お腹が一杯でデザートは要りません.
Doyduğum için tatlı istemiyorum.
ドイドゥウム イチン タトル イステミヨルム
I will not have dessert because I'm so full.

支払いのときの表現 ―お勘定をお願いします―

●割り勘にしましょう.
Hesabı bölüşelim.
ヘサーブ ボゥリュシェリム
Let's split the bill.

●お勘定をお願いします.
Hesap lütfen.
ヘサープ リュトフェン
Check, please.

●クレジットカードで払います.
Kredi kartıyla ödeyeceğim.
クレディ カルトゥイラ ウデイェジェイム
I'll pay by credit card.

●カードはご使用になれません.

Kredi kartı kabul etmiyoruz.

クレディ カルトゥ カブール エトミヨルス

We cannot accept cards.

●現金でお願いします.

Nakit lütfen.

ナキット リュトフェン

Cash please.

●計算が間違っています.

Hesap yanlış.

ヘサープ ヤンルシ

This was added up wrong.

●おつりが足りません.

Para üstü eksik.

パラ ユステュ エキスィッキ

You short-changed me.

● 100リラ札を渡しました.

Yüz lira verdim.

ユズ リラ ヴェルディム

I gave you TL 100.

ファストフードを注文するときの表現 —ここで食べます—

●ハンバーガー2個をお願いします. テイクアウトで.

İki hamburger alabilir miyim lütfen? Paket olacak.

イキ ハンブルゲル アラビリル ミイム リュトフェン パケット オラジャック

Two hamburgers to go, please.

●マスタード抜きにしてください.

Hardalsız olsun lütfen.

ハルダルスス オルスン リュトフェン

Hold the mustard, please.

●ホットドッグとオレンジジュースをください.
Sosisli sandviç ve portakal suyu lütfen.
ソスィスリ サンドヴィチ ヴェ ポルタカル スユ リュトフェン
A hot dog and an orange juice, please.

●スモールをお願いします.
Küçük boy lütfen.
キュチュク ボイ リュトフェン
Small, please.

●ミディアムをお願いします.
Orta boy lütfen.
オルタ ボイ リュトフェン
Medium, please.

●ラージをお願いします.
Büyük boy lütfen.
ビュユック ボイ リュトフェン
Large, please.

●氷は入れないでください.
Buzsuz olsun.
ブズスス オルスン
No ice, please.

●ここで食べます.
Burada yiyeceğim.
ブラダ イイェジェイム
I'll eat it here.

●持ち帰ります.
Paket olacak.
パケット オラジャック
I'd like this to go.

食事の途中の会話 —どうやって食べるんですか—

●冷めないうちに召し上がれ.
Soğumadan yiyin.

ソウマダン イイン

Eat it before it gets cold.

●たくさん召し上がってください.
Bol bol alın lütfen.

ボル ボル アルン リュトフェン

Please have as much as you'd like.

●お口に合えばいいのですが.
Umarım beğenirsiniz.

ウマルム ベエニルスィニス

I hope you like it.

●いただきます.
（食べる人に）**Afiyet olsun.** / （作った人に）**Elinize sağlık.**

アーフィイェット オルスン / エリニゼ サールック

Enjoy your meal.

●すごいごちそうですね.
Müthiş görünüyor!

ミュティシ ギョリュニュヨル

It looks amazing!

●わあ. いい香り.
Ne güzel kokuyor.

ネ ギュゼル コクヨル

Wow. It smells nice.

●おいしい！
Lezzetli!

レッゼットリ

Delicious!

●これ, 大好物なんです.
Bunu çok severim.
ブヌ チョック セヴェリム
This is my favorite.

●サラダはセルフサービスです.
Salataları kendiniz alın.
サラタラル ケンディニス アルン
Help yourself to the salad.

●スープの味はいかがですか.
Çorba nasıl olmuş?
チョルバ ナスル オルムシ
How did you like the soup?

●鉄板が熱いですよ.
Tava sıcak.
タヴァ スジャック
The pan is hot.

●手をやけどしないようにしてください.
Eliniz yanmasın.
エリニス ヤンマスン
Watch out your hands.

●これは何ですか.
Bu nedir?
ブ ネディル
What is this?

●どうやって食べるんですか.
Bunu nasıl yiyorsunuz?
ブヌ ナスル イイヨルスヌス
How do you eat this?

●手で食べていいんですか.
Elle yenir mi?
エルレ イェニル ミ
Can I use my hands?

●こうやって食べるんです.
Bu şekilde yiyorsunuz.
ブ シェキルデ イイヨルスヌス
You eat it like this.

●これも食べられますか.
Bu da yeniyor mu?
ブ ダ イェニヨル ム
Can you eat this too?

●それは飾りです.
O süs.
オ スュス
That's for decoration.

●それは食べられません.
O yenmez.
オ イェンメス
We don't eat that.

●食べるのは初めてです.
İlk defa yiyorum.
イルク デファー イイヨルム
This is the first time I've eaten this.

●ごめんなさい, これはちょっと食べられません.
Affedersiniz, bunu yiyemiyorum.
アッフェデルスィニス ブヌ イイェミヨルム
I'm sorry, but I can't eat this.

●アレルギーがあるんです.
Alerjim var.
アレルジム ワル
I have an allergy.

●(食べ物 / 飲み物の)おかわりはいかがですか.
Biraz daha alır mısınız?
ビラス ダハ アルル ムスヌス
How about another helping? / How about another drink?

● もう十分（食べ物 / 飲み物を）いただきました.

Çok yedim. / Çok içtim.

チョック イェディム / チョック イチティム

I've already had enough.

● お腹が一杯です.

Doydum.

ドイドゥム

I'm full.

● たいへんおいしかったです, ごちそうさま.

Yemek çok lezzetliydi, elinize sağlık.

イェメッキ チョック レッゼットリイディ エリニゼ サールック

The meal was delicious, thank you.

買い物

売り場を探す　―安い靴を探しています―

● いらっしゃいませ.

Size yardımcı olabilir miyim?

スィゼ ヤルドゥムジュ オラビリル ミイム

May I help you?

● パスポートケースはありますか.

Pasaport kılıfınız var mı?

パサポルト クルフヌス ワル ム

Do you have passport cases?

● 文房具はどこにありますか.

Kırtasiye nerede bulabilirim?

クルタースィイェ ネレデ ブラビリリム

Where can I buy stationery?

● ジーンズを探しています.

Kot pantolon arıyorum.

コット パントロン アルヨルム

I'm looking for jeans.

●イスタンブールの地図を探しています．

İstanbul haritasını arıyorum.

イス*タ*ンブル ハリ*タ*スヌ ア*ル*ヨルム

I'm looking for the maps of Istanbul.

●安い靴を探しています．

Ucuz bir ayakkabı arıyorum.

ウ*ジュ*ス ピ(ル) ア*ヤ*ッカブ ア*ル*ヨルム

I'm looking for some inexpensive shoes.

●婦人服はどこにありますか．

Kadın giyisileri nerede?

*カ*ドゥン ギイスィレリ *ネ*レデ

Where are women's garments?

●こちらにございます．

Burada.

*ブ*ラダ

It's here.

●3階にあります．

İkinci katta.

イ*キ*ンジ カッ*タ*

That's on the second floor.

●地下2階にあります．

Eksi ikinci katta.

エク*ス*ィ イ*キ*ンジ カッ*タ*

It's on the second floor underground.

●エレベーターで5階に行ってください．

Asansörle dördüncü kata gidin.

アサン*ソ*ゥルレ ドゥル*デュ*ンジュ カ*タ* *ギ*ディン

Please take the elevator to the 4th floor.

●あちらの階段で上がってください．

Oradaki merdivenden çıkın.

*オ*ラダキ メルディ*ヴェ*ンデン **チ**クン

Please take the stairway over there to go up.

● **あちらの階段で下りてください.**
Oradaki merdivenden inin.
オラダキ メルディヴェンデン イニン
Please, take the stairway over there to go down.

● **申し訳ございません, こちらでは扱っておりません.**
Üzgünüm, bizde yok.
ユズギュニュム ビズデ ヨック
I'm sorry, we don't have it here.

品物を見せてもらう・品物について聞く
—色違いのものはありますか—

● **あれを見せてくださいますか.**
Onu bana gösterir misiniz?
オヌ バナ ギョステリル ミスィニス
Could you show me that one, please?

● **このイヤリングを見せてください.**
Şu küpeyi gösterir misiniz lütfen?
シュ キュペイ ギョステリル ミスィニス リュトフェン
Please show me those earrings.

● **右端のものを見せてください.**
Sağ uçtakini gösterin lütfen.
サー ウチタキニ ギョステリン リュトフェン
Please show me the one at the very right end.

● **左端のものを見せてください.**
En soldakini gösterin lütfen.
エン ソルダキニ ギョステリン リュトフェン
Please show me the one at the very left end.

● **左から3つ目のものを見せてください.**
Soldan üçüncüsünü gösterin lütfen.
ソルダン ユチュンジュスュニュ ギョステリン リュトフェン
Please show me the third one from the left.

●ほかのを見せてくださいますか.

Diğerlerini gösterir misiniz?

ディエルレリニ ギョステリル ミスィニス

Could you show me the others please?

●サイズはいくつですか.

Kaç beden giyiyorsunuz?

カチ ベデン ギイヨルスヌス

What size do you wear?

●サイズはSです.

Small. / Küçük beden.

スモール / キュチュック ベデン

I wear small size.

●サイズはMです.

Medium giyiyorum.

ミディウム ギイヨルム

I wear medium size.

●サイズはLです.

Large. / Büyük beden.

ラージ / ビュユック ベデン

I wear large size.

●サイズがわかりません.

Kaç beden giydiğimi bilmiyorum.

カチ ベデン ギイディィミ ビルミヨルム

I don't know my size.

●大きすぎます

Büyük geldi.

ビュユック ゲルディ

This is too big.

●小さすぎます

Küçük geldi.

キュチュック ゲルディ

This is too small.

●長すぎます.
Uzun geldi.
ウズン ゲルディ
This is too long.

●短かすぎます.
Kısa geldi.
クサ ゲルディ
This is too short.

●ちょうどいいです.
Üstüme tam oturdu.
ユステュメ タム オトゥルドゥ
This fits me.

●違うデザインはありますか.
Başka bir modeli var mı?
バシカ ビ(ル) モデリ ワル ム
Do you have another pattern?

●これより大きいサイズはありますか.
Bunun daha büyüğü var mı?
ブヌン ダハ ビュユユ ワル ム
Do you have a larger size of this?

●これより小さいサイズはありますか.
Bunun daha küçüğü var mı?
ブヌン ダハ キュチュユ ワル ム
Do you have a smaller size of this?

●色違いのものはありますか.
Başka bir rengi var mı?
バシカ ビ(ル) レンギ ワル ム
Do you have it in a different color?

●これで黒のものはありますか.
Bunun siyahı var mı?
ブヌン スィヤフ ワル ム
Do you have this in black?

試着する —試着してもいいですか—

● **試着してもいいですか.**
Bunu deneyebilir miyim?
ブヌ デネイェビリル ミイム
Can I try this on?

● **鏡はありますか.**
Ayna var mı?
アイナ ワル ム
Is there a mirror?

● **ぴったりです.**
Tam oldu.
タム オルドゥ
It fits me perfectly!

● **ちょっときついです.**
Biraz dar.
ビラス ダル
It's a bit tight.

● **ちょっとゆるいです.**
Biraz bol.
ビラス ボル
It's a bit loose.

● **似合うかなぁ.**
Acaba bu bana yakışır mı?
アジャバー ブ バナ ヤクシュル ム
I wonder if this suits me.

● **(私には)似合わないみたい.**
Bana yakışmaz.
バナ ヤクシマス
It wouldn't suit me.

●お似合いですよ.
Size yakıştı.
スィゼ ヤクシトゥ
It suits you. / It looks good on you.

●こちらのほうがお似合いです.
Bu size daha çok yakıştı.
ブ スィゼ ダハ チョック ヤクシトゥ
This one looks better on you.

品物を買う —全部でいくらですか—

●これをください.
Bunu alacağım.
ブヌ アラジャウム
I'll buy this.

●これを3つください.
Bundan üç tane alacağım.
ブンダン ユチ ターネ アラジャウム
I'll take three of these.

●いくらですか.
Ne kadar?
ネ カダル
How much? / How much is it?

●全部でいくらですか.
Hepsi ne kadar tuttu?
ヘプスィ ネ カダル トゥットゥ
How much is it in total?

●免税にしてください.
Tax-free olarak satın almak istiyorum.
タクス フリー オララック サトゥン アルマック イスティヨルム
I want to buy tax-free.

●気に入りましたが値段が高すぎます.

Beğendim ama fiyatı çok pahalı.

ベエンディム アマ フィヤトゥ チョック パハル

I like it, but the price is too expensive.

●まけてもらえますか.

İndirim yapar mısınız?

インディリム ヤパル ムスヌス

Can you give me a discount?

●クレジットカードは使えますか.

Kredi kartı geçerli mi?

クレディ カルトゥ ゲチェルリ ミ

Can I pay by credit card?

●現金でお支払いします.

Nakit ödeyeceğim.

ナキット ウデイェジェイム

I'll pay in cash.

●カードでお支払いします.

Kredi kartıyla ödeyeceğim.

クレディ カルトゥイラ ウデイェジェイム

I'll pay by credit card.

●別々に包んでいただけますか.

Ayrı ayrı paketleyebilir misiniz?

アイル アイル パケットレイェビリル ミスィニス

Could you wrap them separately?

●これを日本に送ってもらえますか.

Bunu Japonya'ya gönderebilir misiniz?

ブヌ ジャポンヤヤ ギョンデレビリル ミスィニス

Could you send this to Japan?

●どのくらい日数がかかりますか.

Kaç gün sürer?

カチ ギュン スュレル

How long will it take?

●話が違います.
Öyle söylemediniz.
ウイレ ソウイレメディニス
That's not what you have said.

●これを新しいのと取り替えてほしいのですが.
Bunu yenisiyle değiştirmek istiyorum.
ブヌ イェニスィイレ デイシティルメッキ イスティヨルム
I'd like to exchange this for a new one.

●これがレシートです.
Buyurun fişiniz.
ブユルン フィシニス
Here's the receipt.

トラブル・緊急事態

困ったときの表現 —交番はどこですか—

●ちょっと困っています.
Bir sorunum var.
ビ(ル) ソルヌム ワル
I've got a problem.

●交番はどこですか.
Karakol nerede?
カラコル ネレデ
Where is the police station?

●道に迷いました.
Yolumu kaybettim.
ヨルム カイベッティム
I got lost.

●コンタクトレンズを落としました.
Kontakt lensimi düşürdüm.
コンタクト レンスィミ デュシュルデュム
I've dropped my contact lens.

紛失・盗難のときの表現 ―パスポートをなくしました―

●パスポートをなくしました.

Pasaportumu kaybettim.

パサポルトゥム カイベッティム

I've lost my passport.

●電車の中にかばんを忘れました.

Trende çantamı unuttum.

ティレンデ チャンタム ウヌットゥム

I have left my bag in the train.

●ここに上着を忘れたようです.

Burada ceketimi unutmuş olabilirim.

ブラダ ジェケティミ ウヌットムシ オラビリリム

I might have left my jacket here.

●ここにはありませんでした.

Burada yok.

ブラダ ヨック

It's not here.

●見つかったらホテルに電話をください.

Bulduğunuzda lütfen oteli arayın.

ブルドゥウヌズダ リュトフェン オテリ アラユン

Please call the hotel when you find it.

●何を盗まれましたか.

Neyiniz çalındı?

ネイニス チャルンドゥ

What was stolen?

●財布をすられました.

Cüzdanım çalındı.

ジュズダヌム チャルンドゥ

My wallet has been stolen.

●かばんを盗まれました.

Çantam çalındı.

チャンタム チャルンドゥ

My bag has been stolen.

●かばんの特徴を教えてください.

Çantanızı tarif eder misiniz?

チャンタヌズ ターリフ エデル ミスィニス

Could you please describe your bag?

●この大きさの黒い肩掛けかばんです.

Bu büyüklükte, siyah renkli omuz çantası.

ブ ビュユックリュックテ スィヤフ レンキリ オムス チャンタス

It's a black shoulder bag, about this size.

●目撃者はいますか.

Herhangi bir tanık var mı?

ヘルハンギ ビ(ル) タヌック ワル ム

Are there any witnesses?

●あの人が見ていました.

Şu kişi tanık oldu.

シュ キシ タヌック オルドゥ

That person saw it happen.

子供が迷子になったときの表現 —息子がいなくなりました—

●息子がいなくなりました.

Oğlum kayboldu.

オールム カイボルドゥ

My son got lost.

●彼を探してください.

Lütfen onu bulun.

リュトフェン オヌ ブルン

Please find him.

● 息子は 5 歳です.

Oğlum beş yaşında.

オールム ベシ ヤシュンダ

My son is five years old.

● 名前は太郎です.

Adı Taro.

アドゥ タロ

His name is Taro.

● 白いＴシャツとジーンズを着ています.

Üzerinde beyaz bir tişört ve kot pantolonu var.

ユゼリンデ ベヤス ビ(ル) ティーショルト ヴェ コット パントロヌ ワル

He's wearing a white T-shirt and jeans.

● Ｔシャツには飛行機の絵がついています.

Tişörtünün üzerinde bir uçak resmi var.

ティーショルテュニュン ユゼリンデ ビ(ル) ウチャック レスミ ワル

There's a picture of an airplane on his T-shirt.

● これが彼の写真です.

Bu onun fotoğrafı.

ブ オヌン フォトーラフ

This is his photograph.

助けを求める ―助けて！―

● 助けて！

İmdat!

イムダート

Help!

● 火事だ！

Yangın var!

ヤングン ワル

Fire!

●どろぼう！
Hırsız!
フルスス
Thief!

●おまわりさん！
Polis!
ポリス
Police!

●お医者さんを呼んでください！
Doktor çağırın!
ドクトル チャウルン
Call a doctor!

●救急車を呼んでください！
Ambulans çağırın!
アンブランス チャウルン
Get an ambulance!

●事故です！
Kaza olmuş!
カザー オルムッシ
There's been an accident!

●こっちに来てください．
Lütfen buraya gelin.
リュトフェン ブラヤ ゲリン
Please come here.

●けが人がいます．
Yaralı var.
ヤラル ワル
There is an injured person.

●病人がいます．
Hasta var.
ハスタ ワル
There is a sick person.

事件に巻き込まれて　―大使館の人に話をしたいのです―

●私は(犯罪・事故の)被害者です.

Mağdur olan benim.

マードゥル オラン ベニム

I'm the victim.

●何も知りません.

Hiçbir şey bilmiyorum.

ヒッチビ(ル) シェイ ビルミヨルム

I don't know anything.

●日本大使館の人に話をしたいのです.

Japon Büyükelçiliği'nden biri ile konuşmak istiyorum.

ジャポン ビュユックエルチリインデン ビリ イレ コヌシマック イスティヨルム

I'd like to talk to someone at the Japan Embassy.

●日本語の通訳が必要です.

Japonca bilen bir çevirmene ihtiyacım var.

ジャポンジャ ビレン ビ(ル) チェヴィルメネ イヒティヤージュム ワル

I need a Japanese translator.

●日本語のできる弁護士と話がしたいです.

Japonca bilen bir avukatla konuşmak istiyorum.

ジャポンジャ ビレン ビ(ル) アヴカットラ コヌシマック イスティヨルム

I'd like to talk to a lawyer who can speak Japanese.

分野別単語集

味　tat /タット/

旨い	**güzel**	/ギュゼル/	英 nice
美味しい	**lezzetli**	/レッゼットリ/	英 nice, delicious
まずい	**kötü**	/キョテュ/	英 not good
甘い	**tatlı**	/タトル/	英 sweet
辛い	**acı**	/アジュ/	英 hot, pungent
苦い	**acı**	/アジュ/	英 bitter
渋い	**ekşi**	/エキシ/	英 astringent
酸っぱい	**ekşi**	/エキシ/	英 sour, acid
塩辛い	**tuzlu**	/トゥズル/	英 salty
甘酸っぱい	**mayhoş**	/マイホシ/	英 sweet and sour
濃い	**koyu**	/コユ/	英 thick, strong
薄い	**hafif**	/ハフィフ/	英 weak
あっさりした	**yağsız**	/ヤースス/	英 simple
しつこい(油こい)	**yağlı**	/ヤール/	英 heavy
軽い	**hafif**	/ハフィフ/	英 light, slight
重い	**ağır**	/アウル/	英 heavy

家　ev /エヴ/

門	**kapı**	/カプ/	英 gate
玄関	**giriş, antre**	/ギリシ, アントレ/	英 entrance
ドア	**kapı**	/カプ/	英 door
バルコニー	**balkon**	/バルコン/	英 balcony
庭	**bahçe**	/バフチェ/	英 garden, yard
部屋	**oda**	/オダ/	英 room
和室	**Japon stili oda**	/ジャポン スティリ オダ/	英 Japanese-style room
リビングルーム	**salon, oturma odası**	/サロン, オトゥルマ オダス/	英 living room
ダイニング	**yemek odası**	/イェメッキ オダス/	英 dining room
書斎	**çalışma odası**	/チャルシマ オダス/	英 study

寝室　yatak odası /ヤタック オダス/ 英 bedroom

浴室　banyo /バンヨ/ 英 bathroom

トイレ　tuvalet /トゥヴァレット/ 英 bathroom

キッチン　mutfak /ムトファック/ 英 kitchen

物置　ardiye, depo /アルディイェ, デポ/ 英 storeroom

屋根　çatı /チャトゥ/ 英 roof

窓　pencere /ペンジェレ/ 英 window

車庫　garaj /ガラージ/ 英 garage

塀　duvar /ドゥヴァル/ 英 wall, fence

インターホン　diafon /ディアフォン/ 英 interphone

衣服　giysi /ギイスィ/

スーツ　takım elbise /タクム エルビセ/ 英 suit

ズボン　pantolon /パントロン/ 英 trousers

スラックス　bol pantolon /ボル パントロン/ 英 slacks

スカート　etek /エテッキ/ 英 skirt

ミニスカート　mini etek /ミニ エテッキ/ 英 mini

ワンピース　elbise /エルビセ/ 英 dress, one-piece

シャツ　gömlek /ギョムレッキ/ 英 shirt

ポロシャツ　polo gömlek /ポロ ギョムレッキ/ 英 polo shirt

Tシャツ　tişört /ティーシュルト/ 英 T-shirt

セーター　kazak /カザック/ 英 sweater, pullover

タートルネック　balıkçı yaka /バルックチュ ヤカ/ 英 turtleneck

ベスト　yelek /イェレッキ/ 英 vest

ブラウス　bluz /ブルズ/ 英 blouse

着物　kimono /キモノ/ 英 kimono

コート　palto, (女性用)manto /パルト, マント/ 英 coat

ジャケット　ceket /ジェケット/ 英 jacket

ダウンジャケット　şişme mont /シシメ モント/ 英 down jacket

レインコート　yağmurluk /ヤームルルック/ 英 raincoat

長袖　uzun kollu /ウズン コルル/ 英 long sleeves

半袖　kısa kollu /クサ コルル/ 英 short sleeves

ノースリーブの　kolsuz /コルスス/ 英 sleeveless

ベルト　kemer /ケメル/ 英 belt

ネクタイ　kravat /クラヴァット/ 英 necktie, tie

分野別単語集

マフラー　**atkı** / アトク / 輿 muffler

スカーフ　**eşarp** / エシャルプ / 輿 scarf

手袋　**eldiven** / エルディヴェン / 輿 gloves

靴　**ayakkabı** / アヤッカブ / 輿 shoes, boots

靴下　**çorap** / チョラップ / 輿 socks, stockings

和服　**Japon kıyafeti** / ジャポン クヤーフェティ / 輿 Japanese clothes

色　renk / レンキ /

黒　**siyah** / スィヤハ / 輿 black

グレー　**gri** / グリ / 輿 gray

白　**beyaz** / ベヤス / 輿 white

青　**mavi** / マーヴィ / 輿 blue, green

赤　**kırmızı** / クルムズ / 輿 red

緑　**yeşil** / イェシル / 輿 green

茶　**kahverengi** / カフヴェレンギ / 輿 light brown

紫　**mor** / モル / 輿 purple, violet

黄　**sarı** / サル / 輿 yellow

黄緑　**fıstıki** / フストゥキー / 輿 yellowish green

透明　**şeffaf** / シェファフ / 輿 transparent

オレンジ　**turuncu** / トゥルンジュ / 輿 orange

水色　**açık mavi** / アチュック マーヴィ / 輿 sky-blue

ピンク　**pembe** / ペンベ / 輿 pink

紺　**lacivert** / ラージヴェルト / 輿 dark blue

ベージュ　**bej** / ベージ / 輿 beige

金色　**altın rengi** / アルトゥン レンギ / 輿 gold

銀色　**gümüş rengi** / ギュミュシ レンギ / 輿 silver

家具　mobilya / モビリア /

箪笥　**dolap** / ドラップ / 輿 chest of drawers

椅子　**sandalye** / サンダリエ / 輿 chair, stool

ソファー　**kanepe** / カネペ / 輿 sofa, couch

机　**masa** / マサ / 輿 desk, bureau

テーブル　**masa** / マサ / 輿 table

本棚　**kitaplık** / キタプルック / 輿 bookshelf

食器棚 **büfe** / ビュフェ / 澳 cupboard

カーテン **perde** / ペルデ / 澳 curtain

絨毯 **halı** / ハル / 澳 carpet, rug

ベッド **yatak** / ヤタック / 澳 bed

家族 **aile** / アイレ /

父 **baba** / パパ / 澳 father

母 **anne** / アンネ / 澳 mother

兄 **ağabey, abi** / アアベイ, アービ / 澳 elder brother

姉 **abla** / アブラ / 澳 elder sister

弟 **(küçük erkek) kardeş** / (キュチュック エルケッキ) カルデシ / 澳 (younger) brother

妹 **(küçük kız) kardeş** / (キュチュック クス) カルデシ / 澳 (younger) sister

夫 **eş, koca** / エシ, コジャ / 澳 husband

妻 **eş, karı** / エシ, カル / 澳 wife

息子 **oğul** / オウル / 澳 son

娘 **kız** / クス / 澳 daughter

祖父 **dede** / デデ / 澳 grandfather

祖母 (父方)**babaanne,** (母方)**anneanne** / パパアンネ, アンネアンネ / 澳 grand-mother

叔[伯]父 (父方)**amca,** (母方)**dayı** / アムジャ, ダユ / 澳 uncle

叔[伯]母 (父方)**hala,** (母方)**teyze** / ハラ, テイゼ / 澳 aunt

いとこ **kuzen** / クゼン / 澳 cousin

甥 **(erkek) yeğen** / (エルケッキ) イェエン / 澳 nephew

姪 **(kız) yeğen** / (クス) イェエン / 澳 niece

曾祖父 **büyük dede, büyük büyükbaba** / ビュユック デデ, ビュユック ビュユックババ / 澳 great-grandfather

曾祖母 **büyük nine, büyük büyükanne** / ビュユック ニネ, ビュユック ビュユッカンネ / 澳 great-grandmother

孫 **torun** / トルン / 澳 grandchild

曾孫 **torun çocuğu** / トルン チョジュウ / 澳 great-grandchild

養父 **üvey baba** / ユヴェイ ババ / 澳 foster father

養母 **üvey anne** / ユヴェイ アンネ / 澳 foster mother

舅 **kayınpeder, kaynata** / カユンペデル, カイナタ / 澳 father-in-law

姑 **kayınvalide, kaynana** / カユンヴァーリデ, カイナナ / 澳 mother-in-law

分野別単語集

両親 **ebeveyn** / エベヴェイン / 英 parents
兄弟 **erkek kardeş** / エルケッキ カルデシ / 英 brother
姉妹 **kız kardeş** / クス カルデシ / 英 sister
夫婦 **karı koca** / カル コジャ / 英 couple
子供 **çocuk** / チョジュック / 英 child
養子 **manevi evlat** / マーネヴィー エヴラート / 英 adopted child
養女 **manevi kız** / マーネヴィー クス / 英 adopted daughter
末っ子 **en küçük çocuk** / エン キュチュック チョジュック / 英 youngest child
長男 **en büyük oğul** / エン ビュユック オウル / 英 oldest son
長女 **en büyük kız** / エン ビュユック クス / 英 oldest daughter
親戚 **akraba** / アクラバー / 英 relative
先祖 **ata** / アタ / 英 ancestor
母方 **anne tarafı** / アンネ タラフ / 英 mother's side
父方 **baba tarafı** / ババ タラフ / 英 father's side

体 **vücut** / ヴュジュット /

頭 **baş** / バシ / 英 head
肩 **omuz** / オムス / 英 shoulder
首 **boyun** / ボユン / 英 neck
胸 **göğüs** / ギョユス / 英 breast, chest
腹 **karın** / カルン / 英 belly
背 **sırt** / スルト / 英 back
手 **el** / エル / 英 hand
手首 **bilek** / ビレッキ / 英 wrist
掌 **avuç** / アヴチ / 英 palm of the hand
肘 **dirsek** / ディルセッキ / 英 elbow
腰 **bel** / ベル / 英 waist
足 **ayak** / アヤック / 英 foot
膝 **diz** / ディス / 英 knee, lap
股 **uyluk** / ウイルック / 英 thigh
脹脛 **baldır** / バルドゥル / 英 calf
足首 **ayak bileği** / アヤック ビレイ / 英 ankle
髪 **saç** / サチ / 英 hair
顔 **yüz** / ユス / 英 face
眉 **kaş** / カシ / 英 eyebrow

睫毛　**kirpik** / キルピッキ / 英 eyelashes

目　**göz** / ギョス / 英 eye

耳　**kulak** / クラック / 英 ear

鼻　**burun** / ブルン / 英 nose

口　**ağız** / アウス / 英 mouth

歯　**diş** / ディシ / 英 tooth

木　ağaç / アアチ /

根　**kök** / キョキ / 英 root

幹　**gövde** / ギョヴデ / 英 trunk

枝　**dal** / ダル / 英 branch, bough

芽　**tomurcuk** / トムルジュック / 英 bud

葉　**yaprak** / ヤプラック / 英 leaf, blade

実　**meyve** / メイヴェ / 英 fruit, nut

種子　**tohum** / トフム / 英 seed

松　**çam** / チャム / 英 pine

柳　**söğüt** / ソユット / 英 willow

竹　**bambu** / バンブ / 英 bamboo

白樺　**huş ağacı** / フシ アアジュ / 英 white birch

銀杏　**mabet ağacı** / マーベット アアジュ / 英 ginkgo

栗の木　**kestane ağacı** / ケスターネ アアジュ / 英 chestnut tree

桜　**kiraz ağacı** / キラス アアジュ / 英 cherry tree

アカシヤ　**akasya** / アカスィア / 英 acacia

椿　**kamelya** / カメリア / 英 camellia

梅　**erik ağacı** / エリッキ アアジュ / 英 plum tree

椰子　**palmiye** / パルミイェ / 英 palm

分野別単語集

気象　hava durumu / ハヴァ ドゥルム /

晴れ　**açık** / アチュック / 英 fine

快晴　**çok güzel** / チョック ギュゼル / 英 fine

曇り　**bulutlu** / ブルットル / 英 cloudy

雨　**yağmur** / ヤームル / 英 rain

小雨　**hafif yağmur** / ハフィフ ヤームル / 英 light rain

雪　**kar** / カル / 英 snow

霙 **sulu kar** / スル カル / 澳 sleet

霧 **sis** / スィス / 澳 fog, mist

雷 **gök gürültüsü, yıldırım** / ギョク ギュリュルテュス, ユルドゥルム / 澳 thunder

雷雨 **gök gürültülü yağmur** / ギョク ギュリュルテュリュ ヤームル / 澳 thunderstorm

台風 **tayfun** / タイフン / 澳 typhoon

気温 **sıcaklık** / スジャックルック / 澳 temperature

湿度 **nem oranı** / ネム オラヌ / 澳 humidity

風力 **rüzgâr gücü** / リュズギャル ギュジュ / 澳 force of the wind

気圧 **hava basıncı** / ハワ バスンジュ / 澳 atmospheric pressure

高気圧 **yüksek hava basıncı** / ユクセッキ ハワ バスンジュ / 澳 high atmospheric pressure

低気圧 **alçak hava basıncı** / アルチャック ハワ バスンジュ / 澳 low pressure, depression

季節・月　mevsim, ay / メヴスィム, アイ /

春 **ilkbahar** / イルクバハール / 澳 spring

夏 **yaz** / ヤス / 澳 summer

秋 **sonbahar** / ソンバハール / 澳 autumn, fall

冬 **kış** / クシ / 澳 winter

月 **ay** / アイ / 澳 month

1月 **ocak** / オジャック / 澳 January

2月 **şubat** / シュバット / 澳 February

3月 **mart** / マルト / 澳 March

4月 **nisan** / ニーサン / 澳 April

5月 **mayıs** / マユス / 澳 May

6月 **haziran** / ハズィーラン / 澳 June

7月 **temmuz** / テンムス / 澳 July

8月 **ağustos** / アウストス / 澳 August

9月 **eylül** / エイリュル / 澳 September

10月 **ekim** / エキム / 澳 October

11月 **kasım** / カスム / 澳 November

12月 **aralık** / アラルック / 澳 December

魚介　balık ve deniz ürünleri / バルック ヴェ デニズ ユリュンレリ /

くろだい
黒鯛　çipura / チプラ / ⊛ black sea bream

いわし
鰯　hamsi / ハムスィ / ⊛ sardine

いしもち
石持　eşkina / エシキナ / ⊛ croaker

あじ
鯵　istavrit / イスタヴリット / ⊛ horse mackerel

さけ
鮭　somon balığı / ソモン バルウ / ⊛ salmon

さば
鯖　uskumru / ウスクムル / ⊛ mackerel

まぐろ
鮪　ton balığı / トン バルウ / ⊛ tuna

かつお
鰹　palamut / パラムット / ⊛ bonito

うなぎ
鰻　yılan balığı / ユラン バルウ / ⊛ eel

すずき
鱸　levrek / レヴレッキ / ⊛ perch

たこ
蛸　ahtapot / アフタポット / ⊛ octopus

いか
烏賊　kalamar / カラマル / ⊛ cuttlefish, squid

えび
海老　karides / カリデス / ⊛ shrimp, prawn, lobster

いせえび
伊勢海老　ıstakoz / ウスタコス / ⊛ lobster

かに
蟹　yengeç / イェンゲッチ / ⊛ crab

さざえ
サザエ　deniz salyangozu / デニス サリヤンゴズ / ⊛ turban shell

あわび
鮑　denizkulağı / デニズクラウ / ⊛ abalone

あさり
浅蜊　kum midyesi / クム ミディエスィ / ⊛ clam

うに
海胆　deniz kestanesi / デニズ ケスターネスィ / ⊛ sea urchin

なまこ
海鼠　deniz hıyarı / デニズ フヤル / ⊛ sea cucumber

かき
牡蠣　istiridye / イスティリディエ / ⊛ oyster

果物　meyve / メイヴェ /

あんず
杏　kayısı / カユス / ⊛ apricot

いちご
苺　çilek / チレッキ / ⊛ strawberry

おれんじ
オレンジ　portakal / ポルタカル / ⊛ orange

きうい
キウイ　kivi / キヴィ / ⊛ kiwi

ぐれーぷふるーつ
グレープフルーツ　greyfurt / グレイフルト / ⊛ grapefruit

さくらんぼ
サクランボ　kiraz / キラス / ⊛ cherry

すいか
西瓜　karpuz / カルプス / ⊛ watermelon

なし
梨　armut / アルムット / ⊛ pear

かき
柿　Trabzon hurması / トラブゾン フルマス / ⊛ persimmon

びわ
枇杷　yenidünya / イェニデュンヤー / ⊛ loquat

分野別単語集

パイナップル　**ananas** / アナナス / 澳 pineapple

バナナ　**muz** / ムス / 澳 banana

パパイヤ　**papaya** / パパヤ / 澳 papaya

葡萄　**üzüm** / ユズュム / 澳 grape

プラム　**erik** / エリッキ / 澳 plum

マンゴー　**mango** / マンゴ / 澳 mango

蜜柑　**mandalina** / マンダリナ / 澳 mandarin

メロン　**kavun** / カウン / 澳 melon

桃　**şeftali** / シェフターリ / 澳 peach

林檎　**elma** / エルマ / 澳 apple

レモン　**limon** / リモン / 澳 lemon

棗　**hurma** / フルマ / 澳 date

無花果　**incir** / インジル / 澳 fig

化粧品　makyaj malzemesi, kozmetik / マキヤージ マルゼメスィ , コズメティッキ /

口紅　**ruj** / ルージ / 澳 rouge, lipstick

アイシャドー　**far** / ファル / 澳 eye shadow

マスカラ　**maskara** / マスカラ / 澳 mascara

リップクリーム　**dudak kremi** / ドゥダック クレミ / 澳 lip cream

リップグロス　**dudak parlatıcısı** / ドゥダック パルラトゥジュス / 澳 lip gloss

化粧水　**losyon** / ロスィオン / 澳 skin lotion

クレンジングクリーム　**makyaj temizleme kremi** / マキヤージ テミズレメ クレミ / 澳 cleansing cream

コールドクリーム　**yüz kremi** / ユズ クレミ / 澳 cold cream

ファンデーション　**fondöten** / フォンドゥテン / 澳 foundation

パック　**maske** / マスケ / 澳 pack

洗顔料　**yüz yıkama jeli** / ユズ ユカマ ジェリ / 澳 cleansing cream [foam]

日焼け止めクリーム　**güneş kremi** / ギュネシ クレミ / 澳 sunscreen

シャンプー　**şampuan** / シャンプアン / 澳 shampoo

リンス　**saç kremi** / サチ クレミ / 澳 rinse

トリートメント　**saç bakımı** / サチ バクム / 澳 treatment

石鹸　**sabun** / サブン / 澳 soap

時間　zaman / ザマーン /

年	yıl, sene / ユル, セネ /	澳 year
月	ay / アイ /	澳 month
週	hafta / ハフタ /	澳 week
日	gün / ギュン /	澳 day, date
時	saat / サアト /	澳 time, hour
分	dakika / ダキーカ /	澳 minute
秒	saniye / サーニエ /	澳 second
日付	tarih / ターリヒ /	澳 date
曜日	gün / ギュン /	澳 day
午前	öğleden önce / ウーレデン ウンジェ /	澳 morning
午後	öğleden sonra / ウーレデン ソンラ /	澳 afternoon
朝	sabah / サバフ /	澳 morning
昼	(正午)öğle, (日中)gündüz / ウーレ, ギュンデュス /	澳 daytime, noon
夜	gece / ゲジェ /	澳 night
夜明け	şafak / シャファック /	澳 dawn, daybreak
日没	gün batımı / ギュン バトゥム /	澳 sunset
夕方	akşam / アクシャム /	澳 late afternoon, evening
深夜	gece yarısı / ゲジェ ヤルス /	澳 midnight
今日	bugün / ブギュン /	澳 today
明日	yarın / ヤルン /	澳 tomorrow
明後日	öbür gün / ウビュル ギュン /	澳 day after tomorrow
昨日	dün / デュン /	澳 yesterday
一昨日	evvelki gün / エッヴェルキ ギュン /	澳 day before yesterday

分野別単語集

自然災害　doğal afet / ドアル アーフェット /

豪雨	şiddetli yağmur / シッデトリ ヤームル /	澳 heavy rain
雪崩	çığ / チュー /	澳 avalanche
土砂崩れ	heyelan / ヘエラーン /	澳 landslide
(河川の)氾濫	sel / セル /	澳 flood
陥没	çöküntü / チョキュンテュ /	澳 dipression
地盤沈下	yer çökmesi / イェル チョキメスイ /	澳 subsidence (of the ground)
山火事	orman yangını / オルマン ヤングヌ /	澳 forest fire
竜巻	hortum / ホルトゥム /	澳 tornado

地震 **deprem** / デプレム / 澳 earthquake
津波 **tsunami** / トスナミ / 澳 tsunami

職業 **meslek** / メスレッキ /

医師 **doktor, hekim** / ドクトル, ヘキム / 澳 doctor
イラストレーター **çizer** / チゼル / 澳 illustrator
運転手 **şöför** / ショフゥル / 澳 driver
エンジニア **mühendis** / ミュヘンディス / 澳 engineer
音楽家 **müzisyen** / ミュズィスィエン / 澳 musician
会社員 **ofis çalşanı** / オフィス チャルシャヌ / 澳 office worker
介護士 **bakıcı** / バクジュ / 澳 care worker
画家 **ressam** / レッサム / 澳 painter
写真家 **fotoğrafçı** / フォトーラフチュ / 澳 photographer
看護師 **hemşire** / ヘムシレ / 澳 nurse
客室乗務員 **kabin memuru** / カビン メームル / 澳 cabin crew
教員 **öğretmen** / ウーレトメン / 澳 teacher
銀行員 **bankacı** / バンカジュ / 澳 bank clerk
警察官 **polis** / ポリス / 澳 police officer
芸術家 **sanatçı** / サナッチュ / 澳 artist
建築家 **mimar** / ミーマール / 澳 architect
工員 **fabrika çalışanı** / ファブリカ チャルシャヌ / 澳 factory worker
工業デザイナー **endüstriyel tasarımcı** / エンデュストリイェル タサルムジュ /
澳 industrial designer
公務員 **devlet memuru** / デヴレット メームル / 澳 public worker
裁判官 **yargıç, hâkim** / ヤルグッチ, ハーキム / 澳 judge
作家 **yazar** / ヤザル / 澳 writer, author
商人 **tüccar** / テュッジャル / 澳 merchant
消防士 **itfaiyeci** / イトファーイイェジ / 澳 fire fighter
職人 **usta** / ウスタ / 澳 workman, artisan
新聞記者 **gazeteci** / ガゼテジ / 澳 pressman, reporter
スタイリスト **giyimçizer, stilist** / ギイムチゼル, スティリスト / 澳 stylist
政治家 **politikacı** / ポリティカジュ / 澳 statesman, politician
セールスマン **satış elemanı** / サトゥシ エレマヌ / 澳 salesman
船員 **gemici** / ゲミジ / 澳 crew, seaman
大工 **marangoz** / マランゴス / 澳 carpenter

通訳　**tercüman** / テルジュマン / 㡊 interpreter

デザイナー　**tasarımcı** / タサルムジュ / 㡊 designer

店員　**satış elemanı, satıcı** / サトゥシ エレマヌ, サトゥジュ / 㡊 clerk

農業(従事者)　**çiftçi** / チフッチ / 㡊 farmer

判事　**hâkim** / ハーキム / 㡊 judge

秘書　**sekreter** / セクレテル / 㡊 secretary

美容師　**kuaför** / クアフゥル / 㡊 beautician

不動産屋　**emlakçı** / エムラークチュ / 㡊 estate agent

弁護士　**avukat** / アヴカット / 㡊 lawyer, barrister

編集者　**editör** / エディトゥル / 㡊 editor

薬剤師　**eczacı** / エジザージュ / 㡊 pharmacist, druggist

漁師　**balıkçı** / バルックチュ / 㡊 fisherman

食器　sofra eşyaları / ソフラ エシャーラル /

コップ　**bardak** / バルダック / 㡊 glass

カップ　**fincan** / フィンジャン / 㡊 cup

ティーカップ　**çay fincanı** / チャイ フィンジャヌ / 㡊 tea cup

グラス　**bardak** / バルダック / 㡊 glass

ワイングラス　**kadeh** / カデフ / 㡊 wineglass

(ビール)ジョッキ　**bira bardağı** / ビラ バルダウ / 㡊 jug, mug

水差し　**sürahi** / スラーヒ / 㡊 pitcher

やかん　**çaydanlık** / チャイダンルック / 㡊 tea kettle

コーヒー沸し　**cezve** / ジェズヴェ / 㡊 Turkish coffee pot

コースター　**bardak altlığı** / バルダック アルトルウ / 㡊 coaster

皿　**tabak** / タバック / 㡊 plate, dish

小皿　**servis tabağı** / セルヴィス タバウ / 㡊 small plate

大皿　**büyük tabak** / ビュユック タバック / 㡊 platter

箸　**yemek çubukları** / イェメッキ チュブックラル / 㡊 chopsticks

スプーン　**kaşık** / カシュック / 㡊 spoon

フォーク　**çatal** / チャタル / 㡊 fork

ナイフ　**bıçak** / ブチャック / 㡊 knife

ストロー　**pipet** / ピペット / 㡊 straw

分野別単語集

人体　insan vücudu / インサン ヴュジュドゥ /

<ruby>脳<rt>のう</rt></ruby>　**beyin** / ベイン / 圏 brain

<ruby>骨<rt>ほね</rt></ruby>　**kemik** / ケミッキ / 圏 bone

<ruby>筋肉<rt>きんにく</rt></ruby>　**kas** / カス / 圏 muscle

<ruby>血管<rt>けっかん</rt></ruby>　**kan damarı** / カン ダマル / 圏 blood vessel

<ruby>神経<rt>しんけい</rt></ruby>　**sinir** / スィニル / 圏 nerve

<ruby>気管支<rt>きかんし</rt></ruby>　**bronş** / ブロンシ / 圏 bronchus

<ruby>食道<rt>しょくどう</rt></ruby>　**yemek borusu** / イエメッキ ボルス / 圏 gullet

<ruby>肺<rt>はい</rt></ruby>　**akciğer** / アクジェル / 圏 lung

<ruby>心臓<rt>しんぞう</rt></ruby>　**kalp** / カルプ / 圏 heart

<ruby>胃<rt>い</rt></ruby>　**mide** / ミーデ / 圏 stomach

<ruby>大腸<rt>だいちょう</rt></ruby>　**kalın bağırsak** / カルン バウルサック / 圏 large intestine

<ruby>小腸<rt>しょうちょう</rt></ruby>　**ince bağırsak** / インジェ バウルサック / 圏 small intestine

<ruby>十二指腸<rt>じゅうにしちょう</rt></ruby>　**onikiparmak bağırsağı** / オニキパルマック バウルサウ / 圏 duodenum

<ruby>盲腸<rt>もうちょう</rt></ruby>　**kör bağırsak** / キョル バウルサック / 圏 cecum

<ruby>肝臓<rt>かんぞう</rt></ruby>　**karaciğer** / カラジェル / 圏 liver

<ruby>膵臓<rt>すいぞう</rt></ruby>　**pankreas** / パンクレアス / 圏 pancreas

<ruby>腎臓<rt>じんぞう</rt></ruby>　**böbrek** / ボウブレッキ / 圏 kidney

数字　sayı / サユ /

<ruby>0<rt>ぜろ, れい</rt></ruby>　**sıfır** / スフル / 圏 zero

<ruby>1<rt>いち</rt></ruby>　(基数)**bir** / ビル / 圏 one , (序数)**birinci** / ビリンジ / 圏 first

<ruby>2<rt>に</rt></ruby>　(基数)**iki** / イキ / 圏 two , (序数)**ikinci** / イキンジ / 圏 second

<ruby>3<rt>さん</rt></ruby>　(基数)**üç** / ユチ / 圏 three , (序数)**üçüncü** / ユチュンジュ / 圏 third

<ruby>4<rt>し, よん</rt></ruby>　(基数)**dört** / ドゥルト / 圏 four , (序数)**dördüncü** / ドゥルデュンジュ / 圏 fourth

<ruby>5<rt>ご</rt></ruby>　(基数)**beş** / ベシ / 圏 five , (序数)**beşinci** / ベシンジ / 圏 fifth

<ruby>6<rt>ろく</rt></ruby>　(基数)**altı** / アルトゥ / 圏 six , (序数)**altıncı** / アルトゥンジュ / 圏 sixth

<ruby>7<rt>しち, なな</rt></ruby>　(基数)**yedi** / イェディ / 圏 seven , (序数)**yedinci** / イェディンジ / 圏 seventh

<ruby>8<rt>はち</rt></ruby>　(基数)**sekiz** / セキス / 圏 eight , (序数)**sekizinci** / セキズィンジ / 圏 eighth

<ruby>9<rt>く, きゅう</rt></ruby>　(基数)**dokuz** / ドクス / 圏 nine , (序数)**dokuzuncu** / ドクズンジュ / 圏 ninth

<ruby>10<rt>じゅう</rt></ruby>　(基数)**on** / オン / 圏 ten , (序数)**onuncu** / オヌンジュ / 圏 tenth

<ruby>11<rt>じゅういち</rt></ruby>　(基数)**on bir** / オン ビル / 圏 eleven

　　(序数)**on birinci** / オン ビリンジ / 圏 eleventh

<ruby>12<rt>じゅうに</rt></ruby>　(基数)**on iki** / オニキ / 圏 twelve , (序数)**on ikinci** / オニキンジ / 圏 twelfth

分野別単語集

じゅうさん
13 (基数)**on üç** / オニュチ / 函 thirteen

(序数)**on üçüncü** / オニュチュンジュ / 函 thirteenth

じゅうし、じゅうよん
14 (基数)**on dört** / オンドゥルト / 函 fourteen

(序数)**on dördüncü** / オンドゥルデュンジュ / 函 fourteenth

じゅうご
15 (基数)**on beş** / オン ベシ / 函 fifteen

(序数)**on beşinci** / オンベシンジ / 函 fifteenth

じゅうろく
16 (基数)**on altı** / オナルトゥ / 函 sixteen

(序数)**on altıncı** / オナルトゥンジュ / 函 sixteenth

じゅうしち、じゅうなな
17 (基数)**on yedi** / オニェディ / 函 seventeen

(序数)**on yedinci** / オニェディンジ / 函 seventeenth

じゅうはち
18 (基数)**on sekiz** / オン セキス / 函 eighteen

(序数)**on sekizinci** / オンセキズィンジ / 函 eighteenth

じゅうく、じゅうきゅう
19 (基数)**on dokuz** / オンドクス / 函 nineteen

(序数)**on dokuzuncu** / オンドクズンジュ / 函 nineteenth

にじゅう
20 **yirmi** / イィルミ / 函 twenty

にじゅういち
21 **yirmi bir** / イィルミ ビル / 函 twenty-one

さんじゅう
30 **otuz** / オトゥス / 函 thirty

よんじゅう、しじゅう
40 **kırk** / クルク / 函 forty

ごじゅう
50 **elli** / エッリ / 函 fifty

ろくじゅう
60 **altmış** / アルトゥムシ / 函 sixty

ななじゅう、しちじゅう
70 **yetmiş** / イェトミシ / 函 seventy

はちじゅう
80 **seksen** / セキセン / 函 eighty

きゅうじゅう
90 **doksan** / ドクサン / 函 ninety

ひゃく
100 **yüz** / ユス / 函 a hundred

せん
1,000 **bin** / ビン / 函 a thousand

まん、いちまん
10,000 **on bin** / オン ビン / 函 ten thousand

じゅうまん
100,000 **yüz bin** / ユズ ビン / 函 one hundred thousand

ひゃくまん
1,000,000 **bir milyon** / ビル ミリヨン / 函 one million

せんまん、いっせんまん
10,000,000 **on milyon** / オン ミリヨン / 函 ten million

おく、いちおく
100,000,000 **yüz milyon** / ユズ ミリヨン / 函 one hundred million

にばい
2倍 **iki kat** / イキ カット / 函 double

さんばい
3倍 **üç kat** / ユチ カット / 函 triple

にぶんのいち
1/2 **ikide bir, yarım, buçuk** / イキデ ビル、ヤルム、ブチュック / 函 a half

さんぶんのに
2/3 **üçte iki** / ユチテ イキ / 函 two thirds

れいてんいち
0.1 **onda bir** / オンダ ビル / 函 point one

にてんいちよん
2.14 **iki yüzde on dört** / イキ ユズデ オン ドゥルト / 函 two point fourteen

スポーツ　spor /スポル/

柔道　judo /ジュド/ 🇬🇧 judo

体操　jimnastik /ジムナスティッキ/ 🇬🇧 gymnastics

新体操　ritmik jimnastik /リトミッキ ジムナスティッキ/ 🇬🇧 rhythmic gymnastics

バレーボール　voleybol /ヴォレイボル/ 🇬🇧 volleyball

バスケットボール　basketbol /バスケットボル/ 🇬🇧 basketball

ハンドボール　hentbol /ヘントボル/ 🇬🇧 handball

卓球　masa tenisi /マサ テニスィ/ 🇬🇧 table tennis

バドミントン　badminton /バドミントン/ 🇬🇧 badminton

水泳　yüzme /ユズメ/ 🇬🇧 swimming

水球　su topu /ストプ/ 🇬🇧 water polo

平泳ぎ　kurbağalama /クルバアラマ/ 🇬🇧 breaststroke

背泳ぎ　sırtüstü yüzme /スルテュステュ ユズメ/ 🇬🇧 backstroke

バタフライ　kelebekleme /ケレベッキレメ/ 🇬🇧 butterfly stroke

テニス　tenis /テニス/ 🇬🇧 tennis

スケート　patinaj /パティナージ/ 🇬🇧 skating

ラグビー　ragbi /ラグビ/ 🇬🇧 rugby

アメリカンフットボール　amerikan futbolu /アメリカン フットボル/ 🇬🇧 (American) football

野球　beyzbol /ベイズボル/ 🇬🇧 baseball

ソフトボール　softbol /ソフトボル/ 🇬🇧 softball

サッカー　futbol /フットボル/ 🇬🇧 soccer, football

ゴルフ　golf /ゴルフ/ 🇬🇧 golf

スキー　kayak /カヤック/ 🇬🇧 skiing, ski

マラソン　maraton /マラトン/ 🇬🇧 marathon

陸上競技　atletizm /アトレティズム/ 🇬🇧 athletic sports

ハンマー投げ　çekiç atma /チェキッチ アトマ/ 🇬🇧 hammer throw

槍投げ　cirit atma /ジリット アトマ/ 🇬🇧 javelin throw

幅跳び　uzun atlama /ウズン アトラマ/ 🇬🇧 broad jump

走り高跳び　yüksek atlama /ユクセッキ アトラマ/ 🇬🇧 high jump

棒高跳び　sırıkla atlama /スルックラ アトラマ/ 🇬🇧 pole vault

ウエイトリフティング　halter /ハルテル/ 🇬🇧 weightlifting

レスリング　güreş /ギュレシ/ 🇬🇧 wrestling

アーチェリー　okçuluk /オクチュルック/ 🇬🇧 archery

ボクシング　boks /ボクス/ 🇬🇧 boxing

カヌー **kano** / カノ / 英 canoe

フェンシング **eskrim** / エスクリム / 英 fencing

ゴールボール **goalball** / ゴルボル / 英 goalball

パラパワーリフティング **para halter** / パラ ハルテル / 英 para powerlifting

シッティングバレーボール **oturarak voleybol** / オトゥララック ヴォレイボ
ル / 英 sitting volleyball

車いすバスケットボール **tekerlekli sandalye basketbolu** / テケルレッ
キリ サンダリエ バスケットボル / 英 wheelchair basketball

車いすフェンシング **tekerlekli sandalye eskrim** / テケルレッキリ サンダ
リエ エスクリム / 英 wheelchair fencing

車いすテニス **tekerlekli sandalye tenisi** / テケルレッキリ サンダリエ テニ
スィ / 英 wheelchair tennis

ウィールチェアーラグビー **tekerlekli sandalye ragbi** / テケルレッキリ サ
ンダリエ ラグビ / 英 wheelchair rugby

台所用品 **mutfak gereçleri** / ムトファック ゲレッチレリ /

鍋 **tencere** / テンジェレ / 英 pan

圧力鍋 **düdüklü tencere** / デュデュックリュ テンジェレ / 英 pressure cooker

薬缶 **çaydanlık** / チャイダンルック / 英 kettle

フライパン **tava** / タヴァ / 英 frying pan

包丁 **bıçak** / ブチャック / 英 kitchen knife

俎 **kesme tahtası** / ケスメ タフタス / 英 cutting board

お玉 **kepçe** / ケプチェ / 英 ladle

杓文字 **tahta kaşık** / タフタ カシュック / 英 ladle

ボウル **kâse** / キャーセ / 英 bowl

水切りボウル **süzgeç** / スュズゲチ / 英 colander

計量カップ **ölçü bardak** / ウルチュ バルダック / 英 measuring cup

調理ばさみ **mutfak makası** / ムトファック マカス / 英 poultry shears

フライ返し **spatula** / スパトゥラ / 英 spatula

泡立て器 **çırpıcı** / チュルプジュ / 英 whisk

ミキサー **blender** / ブレンデル / 英 blender

炊飯器 **pilav pişirme makinesi** / ピラヴ ピシルメ マキネスィ / 英 rice cooker

分野別単語集

電気製品　elektronik eşyalar / エレクトロニッキ エシヤーラル /

<ruby>冷房<rt>れいぼう</rt></ruby>　**klima** / クリマ / ㊩ air conditioning

<ruby>扇風機<rt>せんぷうき</rt></ruby>　**vantilatör** / ヴァンティラトゥル / ㊩ electric fan

<ruby>暖房<rt>だんぼう</rt></ruby>　**ısıtma** / ウストマ / ㊩ heating

<ruby>ストーブ<rt>すとーぶ</rt></ruby>　**soba** / ソバ / ㊩ heater, stove

<ruby>掃除機<rt>そうじき</rt></ruby>　**elektrik süpürgesi** / エレクトリッキ スュピュルゲスィ / ㊩ vacuum cleaner

<ruby>洗濯機<rt>せんたくき</rt></ruby>　**çamaşır makinesi** / チャマシュル マキネスィ / ㊩ washing machine

<ruby>乾燥機<rt>かんそうき</rt></ruby>　**kurutma makinesi** / クルトマ マキネスィ / ㊩ dryer

<ruby>ドライヤー<rt>どらいやー</rt></ruby>　**saç kurutma makinesi** / サチ クルトマ マキネスィ / ㊩ drier

<ruby>照明<rt>しょうめい</rt></ruby>　**aydınlatma** / アイドゥンラトマ / ㊩ lighting

<ruby>冷蔵庫<rt>れいぞうこ</rt></ruby>　**buzdolabı** / ブズドラブ / ㊩ refrigerator

<ruby>冷凍庫<rt>れいとうこ</rt></ruby>　**derin dondurucu** / デリン ドンドゥルジュ / ㊩ freezer

<ruby>電子レンジ<rt>でんしれんじ</rt></ruby>　**mikrodalga fırın** / ミクロダルガ フルン / ㊩ microwave oven

<ruby>テレビ<rt>てれび</rt></ruby>　**televizyon** / テレヴィズィオン / ㊩ television

<ruby>パソコン<rt>ぱそこん</rt></ruby>　**bilgisayar** / ビルギサヤル / ㊩ personal computer

<ruby>プリンター<rt>ぷりんたー</rt></ruby>　**yazıcı** / ヤズジュ / ㊩ printer

<ruby>ファックス<rt>ふぁっくす</rt></ruby>　**faks** / ファクス / ㊩ fax

<ruby>コピー機<rt>こぴーき</rt></ruby>　**fotokopi makinesi** / フォトコピ マキネスィ / ㊩ copier

動物　hayvan / ハイワン /

<ruby>ライオン<rt>らいおん</rt></ruby>　**aslan** / アスラン / ㊩ lion

<ruby>虎<rt>とら</rt></ruby>　**kaplan** / カプラン / ㊩ tiger

<ruby>豹<rt>ひょう</rt></ruby>　**pars** / パルス / ㊩ leopard, panther

<ruby>麒麟<rt>きりん</rt></ruby>　**zürafa** / ズュラーファー / ㊩ giraffe

<ruby>象<rt>ぞう</rt></ruby>　**fil** / フィル / ㊩ elephant

<ruby>鹿<rt>しか</rt></ruby>　**geyik** / ゲイッキ / ㊩ deer

<ruby>豚<rt>ぶた</rt></ruby>　**domuz** / ドムス / ㊩ pig

<ruby>牛<rt>うし</rt></ruby>　**sığır** / スウル / ㊩ cattle

<ruby>羊<rt>ひつじ</rt></ruby>　**koyun** / コユン / ㊩ sheep

<ruby>山羊<rt>やぎ</rt></ruby>　**keçi** / ケチ / ㊩ goat

<ruby>熊<rt>くま</rt></ruby>　**ayı** / アユ / ㊩ bear

<ruby>駱駝<rt>らくだ</rt></ruby>　**deve** / デヴェ / ㊩ camel

<ruby>河馬<rt>かば</rt></ruby>　**su aygırı** / ス アイグル / ㊩ hippopotamus

パンダ **panda** / パンダ / 國 panda

コアラ **koala** / コアラ / 國 koala

カンガルー **kanguru** / カングル / 國 kangaroo

栗鼠 **sincap** / スィンジャップ / 國 squirrel

猿 **maymun** / マイムン / 國 monkey, ape

ゴリラ **goril** / ゴリル / 國 gorilla

狼 **kurt** / クルト / 國 wolf

狸 **rakun** / ラクン / 國 raccoon dog

狐 **tilki** / ティルキ / 國 fox

猪 **yaban domuzu** / ヤバン ドムズ / 國 wild boar

兎 **tavşan** / タヴシャン / 國 rabbit

野兎 **yaban tavşanı** / ヤバン タヴシャヌ / 國 hare

鼠 **fare** / ファーレ / 國 rat, mouse

犬 **köpek** / キョペッキ / 國 dog

猫 **kedi** / ケディ / 國 cat

鯨 **balina** / バリナ / 國 whale

海豹 **ayı balığı** / アユ バルウ / 國 seal

海豚 **yunus** / ユヌス / 國 dolphin

分野別単語集

鳥 **kuş** / クシ /

鶏 **tavuk** / タヴック / 國 fowl, chicken

七面鳥 **hindi** / ヒンディ / 國 turkey

アヒル **ördek** / ウルデッキ / 國 (domestic) duck

白鳥 **kuğu** / クウ / 國 swan

鶴 **turna** / トゥルナ / 國 crane

鷹 **şahin** / シャーヒン / 國 hawk

鷲 **kartal** / カルタル / 國 eagle

コンドル **Güney Amerika akbabası** / ギュネイ アメリカ アクババス /
國 condor

啄木鳥 **ağaçkakan** / アアチカカン / 國 woodpecker

燕 **kırlangıç** / クルラングチ / 國 swallow

水鳥 **su kuşu** / ス クシュ / 國 waterfowl

郭公 **guguk kuşu** / ググック クシュ / 國 cuckoo

鳩 **güvercin** / ギュヴェルジン / 國 pigeon, dove

鶯 **Japon bülbülü** / ジャポン ビュルビュリュ / 國 Japanese nightingale

鴎 <ruby>鴎<rt>かもめ</rt></ruby> **martı** / マルトゥ / ㊍ sea gull

<ruby>雲雀<rt>ひばり</rt></ruby> **tarla kuşu** / タルラ クシュ / ㊍ lark

<ruby>鶫<rt>つぐみ</rt></ruby> **ardıç kuşu** / アルドゥッチ クシュ / ㊍ thrush

<ruby>烏<rt>からす</rt></ruby> **karga** / カルガ / ㊍ crow

<ruby>梟<rt>ふくろう</rt></ruby> **baykuş** / バイクシ / ㊍ owl

ペンギン **penguen** / ペングエン / ㊍ penguin

度量衡 ağırlıklar ve ölçüler / アウルルックラル ヴェ ウルチュレル /

●距離

ミリ **milimetre** / ミリメトレ / ㊍ millimeter

センチ **santimetre** / サンティメトレ / ㊍ centimeter

<ruby>メートル<rt>めーとる</rt></ruby> **metre** / メトレ / ㊍ meter

<ruby>キロ<rt>きろ</rt></ruby> **kilometre** / キロメトレ / ㊍ kilometer

<ruby>ヤード<rt>やーど</rt></ruby> **yarda** / ヤルダ / ㊍ yard

<ruby>マイル<rt>まいる</rt></ruby> **mil** / ミル / ㊍ mile

●面積

<ruby>平方メートル<rt>へいほうめーとる</rt></ruby> **metrekare** / メトレカレ / ㊍ square meter

<ruby>平方キロメートル<rt>へいほうきろめーとる</rt></ruby> **kilometrekare** / キロメトレカレ / ㊍ square kilometer

<ruby>アール<rt>あーる</rt></ruby> **ar** / アル / ㊍ are

<ruby>ヘクタール<rt>へくたーる</rt></ruby> **hektar** / ヘクタル / ㊍ hectare

●重さ

<ruby>グラム<rt>ぐらむ</rt></ruby> **gram** / グラム / ㊍ gram

<ruby>キロ<rt>きろ</rt></ruby> **kilogram** / キログラム / ㊍ kilogram

<ruby>オンス<rt>おんす</rt></ruby> **ons** / オンス / ㊍ ounce

<ruby>ポンド<rt>ぽんど</rt></ruby> **libre** / リブレ / ㊍ pound

<ruby>トン<rt>とん</rt></ruby> **ton** / トン / ㊍ ton

●体積

<ruby>立方センチ<rt>りっぽうせんち</rt></ruby> **santimetreküp** / サンティメトレキュップ / ㊍ cubic centimeter

<ruby>リット<rt>りっとる</rt></ruby> **litre** / リトレ / ㊍ liter

<ruby>立方メートル<rt>りっぽうめーとる</rt></ruby> **metreküp** / メトレキュップ / ㊍ cubic meter

●速度

<ruby>キロ<rt>きろ</rt></ruby> **kilometre** / キロメトレ / ㊍ kilometer/hour

<ruby>マイル<rt>まいる</rt></ruby> **mil** / ミル / ㊍ mile/hour

<ruby>ノット<rt>のっと</rt></ruby> **knot** / ノット / ㊍ knot/hour

●温度
摂氏　**santigrat derece** / サンティグラット デレジェ / 🇬🇧 Celsius

肉　et / エト /

牛肉　**sığır eti** / スウル エティ / 🇬🇧 beef
子牛　**dana eti** / ダナ エティ / 🇬🇧 veal
豚肉　**domuz eti** / ドムス エティ / 🇬🇧 pork
鶏肉　**tavuk eti** / タヴック エティ / 🇬🇧 chicken
鴨肉　**ördek eti** / ウルデッキ エティ / 🇬🇧 duck
羊の肉　**koyun eti** / コユン エティ / 🇬🇧 mutton
子羊の肉　**kuzu eti** / クズ エティ / 🇬🇧 lamb
挽肉　**kıyma** / クイマ / 🇬🇧 ground meat
赤身　**kırmızı et** / クルムズ エト / 🇬🇧 lean
リブロース　**antrikot** / アントリコット / 🇬🇧 rib
ヒレ肉　**bonfile** / ボンフィレ / 🇬🇧 fillet
サーロイン　**kontrfile** / コントルフィレ / 🇬🇧 sirloin
タン　**dil** / ディル / 🇬🇧 tongue
レバー　**ciğer** / ジエル / 🇬🇧 liver
鶏のもも肉　**but** / ブット / 🇬🇧 leg
鶏の手羽先　**tavuk kanadı** / タヴック カナドゥ / 🇬🇧 chicken wings
ハム　**jambon** / ジャンボン / 🇬🇧 ham
干し肉　**pastırma** / パストゥルマ / 🇬🇧 pastrami
薫製　**füme** / フュメ / 🇬🇧 smoked
ソーセージ　**sosis** / ソスィス / 🇬🇧 sausage
ベーコン　**beykın** / ベイクン / 🇬🇧 bacon
サラミ　**salam** / サラム / 🇬🇧 salami

飲み物　içecek / イチェジェッキ /

水　**su** / ス / 🇬🇧 water
ミネラルウォーター　**maden suyu** / マーデン スユ / 🇬🇧 mineral water
炭酸水　**soda** / ソダ / 🇬🇧 soda water
赤ワイン　**kırmızı şarap** / クルムズ シャラップ / 🇬🇧 red wine
白ワイン　**beyaz şarap** / ベヤス シャラップ / 🇬🇧 white wine
ロゼ　**roze şarap** / ロゼ シャラップ / 🇬🇧 rosê

分野別単語集

ビール **bira** / ビラ / ® beer
生ビール **fıçı bira** / フチュ ビラ / ® draft beer
ウイスキー **viski** / ヴィスキ / ® whiskey
シャンパン **şampanya** / シャンパンヤ / ® champagne
日本酒 **sake, Japon pirinç şarabı** / サケ, ジャポン ピリンチ シャラブ / ® sake
アルコール **alkol** / アルコル / ® alcohol
カクテル **kokteyl** / コクテイル / ® cocktail
コーラ **kola** / コラ / ® Coke
ジュース **meyve suyu** / メイヴェ スユ / ® juice
レモネード **limonata** / リモナタ / ® lemonade
ジンジャーエール **zencefil gazozu** / ゼンジェフィル ガゾズ / ® ginger ale
ミルク **süt** / スュット / ® milk
コーヒー **kahve** / カフヴェ / ® coffee
カフェオレ **sütlü kahve** / スュットリュ カフヴェ / ® cafe au lait
アイスコーヒー **soğuk kahve** / ソウック カフヴェ / ® iced coffee
紅茶 **çay** / チャイ / ® tea
ミルクティー **sütlü çay** / スュットリュ チャイ / ® tea with milk
レモンティー **limonlu çay** / リモンル チャイ / ® tea with lemon
アイスティー **soğuk çay** / ソウック チャイ / ® iced tea
緑茶 **yeşil çay** / イェシル チャイ / ® green tea
烏龍茶 **oolong çayı** / ウーロン チャユ / ® oolong tea
ココア **sıcak çikolata** / スジャック チコラタ / ® hot chocolate
サーレップ(ラン科植物から作る飲み物) **salep** / サーレップ / ® salep

花 **çiçek** / チチェッキ /

朝顔 **gündüzsefası** / ギュンデュズセファス / ® morning glory
紫陽花 **ortanca** / オルタンジャ / ® hydrangea
菖蒲 **süsen** / スュセン / ® flag, iris
カーネーション **karanfil** / カランフィル / ® carnation
ガーベラ **gerbera** / ゲルベラ / ® gerbera
菊 **krizantem** / クリザンテム / ® chrysanthemum
コスモス **kozmos çiçeği** / コズモス チチェイ / ® cosmos
桜 **kiraz çiçeği** / キラズ チチェイ / ® cherry blossoms
シクラメン **tavşankulağı** / タヴシャンクラウ / ® cyclamen

スイートピー　**ıtırşahi** / ウトゥルシャーヒ / 英 sweet pea

水仙　**nergis** / ネルギス / 英 narcissus

睡蓮　**nilüfer** / ニリュフェル / 英 water lily

菫　**menekşe** / メネキシェ / 英 violet

蒲公英　**karahindiba** / カラヒンディバ / 英 dandelion

チューリップ　**lale** / ラーレ / 英 tulip

椿　**kamelya** / カメリヤ / 英 camellia

菜の花　**kolza** / コルザ / 英 rape blossoms

薔薇　**gül** / ギュル / 英 rose

向日葵　**ayçiçeği** / アイチチェイ / 英 sunflower

牡丹　**şakayık** / シャカーユック / 英 peony

マーガレット　**papatya** / パパティヤ / 英 marguerite

百合　**zambak** / ザンバック / 英 lily

蘭　**orkide** / オルキデ / 英 orchid

病院　**hastane** / ハスターネ /

救急病院　**acil servis** / アージル セルヴィス / 英 emergency hospital

総合病院　**genel hastane** / ゲネル ハスターネ / 英 general hospital

医師　**doktor** / ドクトル / 英 doctor

看護師　**hemşire** / ヘムシレ / 英 nurse

薬剤師　**eczacı** / エジザージュ / 英 pharmacist, druggist

患者　**hasta** / ハスタ / 英 patient

診察室　**muayene odası** / ムアイェネ オダス / 英 consulting room

手術室　**ameliyat odası** / アメリヤート オダス / 英 operating room

病棟　**koğuş** / コウシ / 英 ward

病室　**hasta odası** / ハスタ オダス / 英 sickroom, ward

薬局　**eczane** / エジザーネ / 英 pharmacy

レントゲン　**röntgen** / ロゥントゲン / 英 X rays

眼科　**oftalmoloji** / オフタルモロジ / 英 ophthalmology

形成外科　**plastik cerrahi** / ピラスティッキ ジェッラーヒー / 英 plastic surgery

外科　**genel cerrahi** / ゲネル ジェッラーヒー / 英 surgery

産婦人科　**kadın hastalıkları ve doğum** / カドゥン ハスタルックラル ヴェ ドゥム / 英 obstetrics and gynecology

歯科　**diş hekimliği** / ディシ ヘキムリイ / 英 dental surgery

口腔外科　**ağız diş ve çene cerrahisi** / アウズ ディシ ヴェ チェネ ジェッラー

ヒ–スイ / 函 oral and maxillofacial surgery

耳鼻咽喉科 **kulak burun boğaz** / クラック ブルン ボアズ / 函 otorhinolar-yngology

小児科 **çocuk hastalıkları** / チョジュック ハスタルックラル / 函 pediatrics

整形外科 **ortopedi** / オルトペディ / 函 orthopedics

内科 **iç hastalıkları** / イチ ハスタルックラル / 函 internal medicine

泌尿器科 **üroloji** / ユロロジ / 函 urology

病気 **hastalık** / ハスタルック /

インフルエンザ **grip** / グリップ / 函 influenza

ノロウイルス **norovirüs** / ノロヴィリュス / 函 norovirus

赤痢 **dizanteri** / ディザンテリ / 函 dysentery

コレラ **kolera** / コレラ / 函 cholera

チフス **tifüs** / ティフュス / 函 typhoid, typhus

マラリア **sıtma** / ストマ / 函 malaria

ジフテリア **kuşpalazı** / クシパラズ / 函 diphtheria

結核 **verem** / ヴェレム / 函 tuberculosis

エイズ **AİDS** / エイズ / 函 AIDS

アルツハイマー病 **alzheimer hastalığı** / アルゼイメル ハスタルウ / 函 Alz-heimer's disease

麻疹 **kızamık** / クザムック / 函 measles

風邪 **nezle** / ネズレ / 函 cold

おたふく風邪 **kabakulak** / カバクラック / 函 mumps

癌 **kanser** / カンセル / 函 cancer

頭痛 **baş ağrısı** / バシ アールス / 函 headache

食中毒 **gıda zehirlenmesi** / グダー ゼヒルレンメスイ / 函 food poisoning

盲腸炎 **apandisit** / アパンディスイット / 函 appendicitis

腹痛 **karın ağrısı** / カルン アールス / 函 stomachache

ストレス **stres** / ストレス / 函 stress

虫歯 **çürük diş** / チュリュック ディシ / 函 decayed tooth

捻挫 **burkulma** / ブルクルマ / 函 sprain

骨折 **kemik kırılması** / ケミッキ クルルマス / 函 fracture

打撲 **berelenme** / ベレレンメ / 函 bruise

脱臼 **çıkık** / チュクック / 函 dislocation

文房具　kırtasiye /クルターズィイェ/

鉛筆　kurşun kalem /クルシュン カレム/ 英 pencil

万年筆　dolma kalem /ドルマ カレム/ 英 fountain pen

ボールペン　tükenmez kalem /テュケンメス カレム/ 英 ball-point pen

シャープペンシル　uçlu kalem /ウチュル カレム/ 英 mechanical pencil

消しゴム　silgi /スィルギ/ 英 eraser, rubber

インク　mürekkep /ミュレッケップ/ 英 ink

コンパス　pergel /ペルゲル/ 英 compasses

絵の具　boya /ボヤ/ 英 paints, colors

パレット　boya paleti /ボヤ パレティ/ 英 palette

クレヨン　mum boyası /ムン ボヤス/ 英 crayon

クレパス　pastel boya /パステル ボヤ/ 英 pastel crayon

色鉛筆　renkli kalem /レンキリ カレム/ 英 colored pencil

ノート　defter /デフテル/ 英 notebook

スケッチブック　eskiz defteri /エスキス デフテリ/ 英 sketchbook

手帳　not defteri /ノット デフテリ/ 英 notebook

日記帳　günlük /ギュンリュック/ 英 diary

葉書　kartpostal /カルトポスタル/ 英 postal card

便箋　mektup kâğıdı /メクトゥップ キャウドゥ/ 英 letter paper

封筒　zarf /ザルフ/ 英 envelope

糊　yapıştırıcı /ヤプシトゥルジュ/ 英 glue

セロテープ　seloteyp /セロテイプ/ 英 Scotch tape

クリップ　ataç /アタッチ/ 英 clip

ホッチキス　zımba /ズンバ/ 英 stapler

店　dükkân /デュッキャン/

八百屋　manav /マナヴ/ 英 vegetable store

花屋　çiçekçi /チチェッキチ/ 英 flower shop

魚屋　balıkçı /バルックチュ/ 英 fish shop

肉屋　kasap /カサップ/ 英 meat shop

酒屋(酒・タバコ屋)　tekel bayisi /テケル バーイスィ/ 英 liquor store

パン屋　fırıncı /フルンジュ/ 英 bakery

薬局　eczane /エジザーネ/ 英 pharmacy, drugstore

文房具店　kırtasiyeci /クルターズィイェジ/ 英 stationery store

靴屋　**ayakkabıcı** / アヤッカブジュ / 🇬🇧 shoe store

本屋　**kitapçı** / キタップ**チュ** / 🇬🇧 bookstore

雑貨屋　**tuhafiyeci** / トゥハーフィイェジ / 🇬🇧 variety store

時計屋　**saatçi** / サアッチ / 🇬🇧 watch store

理髪店　**berber** / ベルベル / 🇬🇧 barbershop

クリーニング店　**kuru temizleyici** / クル テミズレイジ / 🇬🇧 laundry

玩具店　**oyuncakçı** / オユンジャック**チュ** / 🇬🇧 toyshop

不動産屋　**emlakçı** / エムラーク**チュ** / 🇬🇧 real estate agent

家具屋　**mobilyacı** / モビリヤジュ / 🇬🇧 furniture store

キオスク　**büfe** / ビュフェ / 🇬🇧 kiosk

スーパーマーケット　**süpermarket** / スュペルマルケット / 🇬🇧 supermarket

デパート　**alışveriş merkezi** / アルシヴェリッシ メルケズィ / 🇬🇧 department store

商店　**bakkal** / バッカル / 🇬🇧 grocery

野菜　sebze / セブゼ /

胡瓜　**salatalık** / サラタルック / 🇬🇧 cucumber

茄子　**patlıcan** / パトルジャン / 🇬🇧 eggplant, aubergine

人参　**havuç** / ハヴッチ / 🇬🇧 carrot

大根　**turp** / トゥルプ / 🇬🇧 radish

じゃが芋　**patates** / パタテス / 🇬🇧 potato

里芋　**gölevez** / ギョレヴェズ / 🇬🇧 taro

カボチャ　**bal kabağı** / バル カバウ / 🇬🇧 pumpkin

牛蒡　**dulavrat otu kökü** / ドゥラヴラットトゥ キュキュ / 🇬🇧 burdock

白菜　**Çin lahanası** / チン ラハナス / 🇬🇧 Chinese cabbage

菠薐草　**ıspanak** / ウスパナック / 🇬🇧 spinach

葱　(ポロ葱) **pırasa,** (青ネギ) **taze soğan** / プラサ, ターゼ ソアン / 🇬🇧 leek

玉葱　**soğan** / ソアン / 🇬🇧 onion

莢隠元　**taze fasulye** / ターゼ ファスリエ / 🇬🇧 green bean

枝豆　**soya fasulyesi** / ソヤ ファスリエスィ / 🇬🇧 green soybeans

大蒜　**sarmısak** / サルムサック / 🇬🇧 garlic

トマト　**domates** / ドマテス / 🇬🇧 tomato

ピーマン　**dolmalık biber** / ドルマルック ビベル / 🇬🇧 green pepper

キャベツ　**lahana** / ラハナ / 🇬🇧 cabbage

レタス　**marul** / マルル / 🇬🇧 lettuce

あすぱらがす
アスパラガス **kuşkonmaz** / クシコンマス / 英 asparagus

かりふらわー
カリフラワー **karnabahar** / カルナバハル / 英 cauliflower

ぶろっこりー
ブロッコリー **brokoli** / ブロコリ / 英 broccoli

せろり
セロリ **kereviz** / ケレヴィス / 英 celery

いたりあんぱせり
イタリアンパセリ **maydanoz** / マイダノス / 英 parsley

ぐりーんぴーす
グリーンピース **bezelye** / ベゼリエ / 英 pea

とうもろこし
玉蜀黍 **mısır** / ムスル / 英 corn

きのこ
茸 **mantar** / マンタル / 英 mushroom

もやし
もやし **soya filizi** / ソヤ フィリズィ / 英 bean sprout

かぶ
かぶ (かぶの一種)**şalgam** / シャルガム / 英 turnip

ずっきーに
ズッキーニ **kabak** / カバック / 英 zucchini

でぃる
ディル **dereotu** / デレオトゥ / 英 dill

びーと
ビート **pancar** / パンジャル / 英 beet

あーてぃちょーく
アーティチョーク **enginar** / エンギナル / 英 artichoke

すべりひゆ
スベリヒユ **semizotu** / セミゾトゥ / 英 purslane

曜日 **haftanın günleri** / ハフタヌン ギュンレリ /

にちようび
日曜日 **pazar** / パザル / 英 Sunday

げつようび
月曜日 **pazartesi** / パザルテスィ / 英 Monday

かようび
火曜日 **salı** / サル / 英 Tuesday

すいようび
水曜日 **çarşamba** / チャルシャンバ / 英 Wednesday

もくようび
木曜日 **perşembe** / ペルシェンベ / 英 Thursday

きんようび
金曜日 **cuma** / ジュマー / 英 Friday

どようび
土曜日 **cumartesi** / ジュマルテスィ / 英 Saturday

しゅう
週 **hafta** / ハフタ / 英 week

しゅうまつ
週末 **hafta sonu** / ハフタ ソヌ / 英 weekend

へいじつ
平日 **hafta içi** / ハフタ イチ / 英 weekday

きゅうじつ
休日 **tatil** / ターティル / 英 holiday, vacation

さいじつ
祭日 **resmî tatil** / レスミー ターティル / 英 national holiday, festival day

分野別単語集

トルコ料理 **Türk yemeği** / テュルク イェメイ /

れんずまめのすーぷ
レンズ豆のスープ **mercimek çorbası** / メルジメッキ チョルバス / 英 lentil soup

ひつじかいのさらだ
羊飼いのサラダ **çoban salatası** / チョバン サラタス / 英 shepherd's salad

キュウリの冷たいヨーグルトスープ　cacık / ジャジュック / 英 tzatziki

ラフマジュン(トルコ風ピザ)　lahmacun / ラフマージュン / 英 lahmacun

白インゲン豆のトマト煮込み　kuru fasulye / クル ファスリエ / 英 white bean stew

ムサカ(茄子と肉の重ね焼き)　musakka / ムサッカ / 英 moussaka

挽き割り小麦のピラフ　bulgur pilavı / ブルグル ピラヴ / 英 cracked wheat pilaf

ドネルケバブ　döner kebap / ドゥネル ケバップ / 英 doner kebab

焼肉団子　ızgara köfte / ウズガラ キョフテ / 英 grilled meatballs

肉野菜のシチュー　güveç / ギュヴェッチ / 英 stew

バクラヴァ(薄いパイ生地の菓子)　baklava / バクラヴァ / 英 baklava

ライスプリン　sütlaç / スュトラッチ / 英 rice pudding

マルメロのシロップ煮　ayva tatlısı / アイヴァ タトゥルス / 英 oven-baked quince in thick syrup

トルコ風胡麻ベーグル　simit / スィミット / 英 Turkish bagle

トルコ風スコーン　poğaça / ポアチャ / 英 pastry

2020 年 5 月 10 日　　初版発行

デイリー 日本語・トルコ語・英語 辞典

2020 年 5 月 10 日　　第 1 刷発行

監　修　川口裕司 (かわぐち・ゆうじ)
編　者　三省堂編修所
発行者　株式会社三省堂　代表者 北口克彦
印刷者　三省堂印刷株式会社
発行所　株式会社三省堂
　　　　〒 101-8371
　　　　東京都千代田区神田三崎町二丁目 22 番 14 号
　　　　　　　　電話　編集　(03) 3230-9411
　　　　　　　　　　　　営業　(03) 3230-9412
　　　　　　　　https://www.sanseido.co.jp/

落丁本・乱丁本はお取り替えいたします。

ISBN978-4-385-12293-9

〈デイリー日トルコ英・768pp.〉